KB146943

한국의 과학과 문명 016

한국의 과학기술과 여성

“이 저서는 2010년도 대한민국 교육부와 한국학중앙연구원(한국학진흥사업단)을 통해
한국학 특정분야 기획연구(한국과학문명사) 사업의 지원을 받아 수행된 연구임.”(AKS-2010-AMZ-2101)

한국의 과학기술과 여성

초판 1쇄 2019년 11월 30일
초판 3쇄 2021년 12월 29일

지은이 김영희·김수진·이꽃메·이순구·하정옥

출판책임 박성규
편집주간 선우미정
편집 이동하·이수연·김혜민
디자인 김정호
마케팅 전병우
경영지원 김은주·나수정
제작관리 구법모
물류관리 엄철용

펴낸이 이정원
펴낸곳 도서출판 들녘
등록일자 1987년 12월 12일
등록번호 10-156
주소 경기도 파주시 회동길 198
전화 031-955-7374 (대표)
031-955-7381 (편집)
팩스 031-955-7393
이메일 dulnyouk@dulnyouk.co.kr
홈페이지 www.dulnyouk.co.kr

ISBN 979-11-5925-488-8 (94910)
979-11-5925-113-9 (세트)
CIP 2019048474

이 도서의 국립중앙도서관 출판예정도서목록(CIP)은 서지정보유통지원시스템 홈페이지(http://seoji.nl.go.kr)와
국가자료공동목록시스템(http://www.nl.go.kr/kolisnet)에서 이용하실 수 있습니다.

값은 뒤표지에 있습니다. 잘못된 책은 구입하신 곳에서 바꿔드립니다.

한국의 과학과 문명 016

한국의 과학기술과 여성

김영희·김수진·이꽃메·이순구·하정옥 지음

들녘

김영희 金英姬

서울대학교 영어영문학과를 졸업하고 동대학원에서 영문학 석사와 박사학위를 받았다. 현재 카이스트(KAIST) 인문사회과학부 교수로 재직 중이다. 『비평의 객관성과 실천적 지평』(1993), 『새 여성학 강의』(공저 2005), *Reconsidering Social Identification: Race, Gender, Class, and Caste*(공저 2010) 등을 저술하였다.

김수진 金秀珍

연세대학교 사회학과와 동대학원을 졸업하고, 서울대학교 사회학과 대학원에서 사회학 박사학위를 받았다. 현재 대한민국역사박물관 학예연구관으로 재직 중이다. 『모성의 담론과 현실』(공저 1999), 『젠더연구의 방법과 사회분석』(공저 2006), 『신여성, 근대의 과잉』(2009), 『사회사/역사사회학』(공저 2016) 등을 저술하였다.

이꽃메 李꽃메

서울대학교 간호학과를 졸업하고 서울대학교 보건대학원에서 보건학 석사와 박사학위를 받았다. 현재 상지대학교 간호학과 교수로 재직 중이다. 『한국근대간호사』(2002), 『간호의 역사』(공저 1998), 『한의학, 식민지를 앓다』(공저 2008), 『지역사회보건간호학』(공저 2017) 등을 저술하였다.

이순구 李舜九

고려대학교 사학과를 졸업하고 한국학중앙연구원 한국학대학원에서 석사와 박사학위를 받았다. 2019년 국사편찬위원회 편사연구관을 퇴직한 후, 현재 조선시대 여성사 연구를 계속하고 있다. 『조선의 가족 천개의 표정』(2011), *Women and Confucianism in Choson Korea*(2011, 공저), 『한국여성사 깊이읽기』(2013, 공저), 『양동마을과 공동체의 미래』(2017, 공저) 등을 저술하였다.

하정옥 河政玉

서울대학교 농생물학과를 졸업하고 동대학원 사회학과에서 문학 석사와 사회학 박사학위를 받았다. 서울대학교 여성연구소에서 연구부교수를 역임했고 현재 대한민국역사박물관 학예연구관으로 재직 중이다. 『남성의 과학을 넘어서』(공저 1999), 『과학연구윤리』(공저 2001), *International Science and Technology Education*(공저 2015), *Gender, Health, and History in Modern East Asia*(공저 2017) 등을 저술하였다.

〈한국의 과학과 문명〉 총서

일러두기

- 이 책의 각 '장'과 '절' 및 '소절'을 집필한 각 필자들의 이름은 '서문'에서 밝혀두고, 차례나 해당 본문에서는 별도로 표기하지 않았다.

- 명사의 붙여쓰기는 이 책의 키워드를 이루는 단어는 붙여쓰기를 원칙으로 했지만, 경우에 따라서는 가독성을 위해 띄어쓰기를 했다.

- 주석은 각 장별로 미주로 한다.

- 인용 도판은 최대한 출처를 밝히고 저작권자의 허락을 얻었으나 일부 저작권자를 찾지 못하여 게재 허가를 받지 못한 도판에 대해서는 확인되는 대로 통상 기준에 따른 허가 절차를 밟기로 한다.

〈한국의 과학과 문명〉 총서를 펴내며

우리나라는 현재 세계 최고 수준의 메모리 반도체, 스마트폰, 디스플레이, 철강, 선박, 자동차 생산국으로서 과학기술 분야의 경이적인 발전으로 세계의 주목을 받고 있다. 그것을 가능케 한 요인의 하나가 한국이 오랜 기간 견지해 온 우수한 과학기술 문화와 역사 속에 있다고 우리는 생각한다.

문명이 시작된 이래 한국은 항상 높은 수준을 굳건히 지켜온 동아시아 문명권의 일원으로서 그 위치를 잃은 적이 없었다. 우리는 한국이 이룩한 과학기술 문화와 역사의 총체를 '한국의 과학문명'이라 부르려 한다. 금속활자·고려청자 등으로 대표되는 한국 과학문명의 창조성은 천문학·기상학·수학·지리학·의학·양생술·농학·박물학 등 과학 분야를 비롯하여 금속제련·방직·염색·도자·활자·인쇄·종이·기계·화약·선박·건축 등 기술 분야에서도 다양하게 분명히 드러난다.

우리는 이런 내용을 종합하는 〈한국의 과학과 문명〉 총서를 발간하고자 한다. 이 총서의 제목은 중국의 과학문명에 대한 새로운 인식의 지평을 연 조지프 니덤(Joseph Needham)의 『중국의 과학과 문명』을 염두에 두고 만들었다. 그러나 니덤이 전근대에 국한한 반면 우리는 전근대와 근현대를 망라하여 한국 과학문명의 총체적 가치와 의미를 온전히 담은 총서의 발간을 목표로 한다. 나아가 한국의 과학과 문명이 지닌 보편적 가치를 세계에 발신하고자 한다. 지금까지 한국은 세계 과학문명의 일원으로 정당한 가치를 인정받지 못한 채, 중국의 아류로 인식되어왔다. 이 총서에서는 한국 과학문명이 지닌 보편성과 독자성을 함께 추적하여 그것이 독자적인 과학문명이자 세계 과학문명의 당당한 일원임을 입증하고자 한다. 우리는 이 총서에서 근현대 한국 과학기술 발전의 역사와 구조를 밝힐 것이며, 이로써 인류의 과학기술 발전사를 새로이 해명하는 데에 기여할 것이다.

이 총서에서는 한국의 과학문명이 역사적으로 독자적인 가치와 의미를 상실하지 않았던 생명력에 주목한다. 이를 위해 전근대 시기에는 중국 중심의 세계 질서 아래서도 한국의 과학문명이 독자성을 유지하면서 발전을 지속한 동력을 탐구한다. 근현대 시기에는 강대국 중심 세계체제의 강력한 흡인력 아래서도 한국의 과학기술이 놀라운 발전과 성장을 이룩한 요인을 탐구한다.

우리는 이 총서에서 국수적인 민족주의나 근대 지상주의를 동시에 경계하며, 과거와 현재가 대화하고 내부와 외부가 부단히 교류하는 가운데 형성되고 발전되어온 열린 과학문명사를 기술하고자 한다. 이 총서를 계기로 한국 과학문명에 대한 관심과 이해가 더욱 깊어지기를 기대한다.

마지막으로 〈한국의 과학과 문명〉 총서의 발간은 교육부와 한국학중앙연구원 한국학진흥사업단의 지원에 크게 힘입었음을 밝히며 이에 감사를 표한다.

〈한국의 과학과 문명〉 총서 기획편집위원회

서문

이 연구는 다양한 전공의 다섯 연구자가 '여성의 과학기술 실천'이라는 주제를 가지고 함께 공부해보자는, 어쩌면 무모한 포부를 가지고 모인 세미나로 시작되었다. 그리고 그것은 각자의 전공을 넘어서서 미답의 영역으로 나아가는 모험의 과정이었다. 개중에는 이 공동연구가 아니었으면 어쩌면 평생 모르고 지나갔을 자료들을 접하고 공부하는 소중한 기회였을뿐더러 그 자료들을 바라보는 시각을 새로 조정하기 위한 끝없는 고투기도 했다. 조선시대에서 근대이행기까지 여성들이 수행한 과학기술 실천을 분석한다는 과제는 연구 대상을 정하는 데서부터 새로운 발상과 이론적 탐구를 요구하였고, 이것은 물론 간단한 일이 아니었다. 그것은 여성들이 수행해온 다양한 실천들—많은 경우 기술 실천은 고사하고 '실천'으로도 이름 불리지 못한 실천들—을 '기술'로 호명하고 가시화하는 일이었다. 그리고 이런 호명이 설득력을 가질 수 있도록 다양한 자료들과 연구 성과들을 재해석하고 재기술하는 일이었다.

우리가 애초부터 과거 여성의 과학기술 실천에 대한 새로운 '발굴'을 목표하기보다 기존의 시각과는 다르게 그 실천을 재해석하는 데 집중하고자 한 것도 그 때문이다. 사실, 역사적 사실의 새로운 발굴은 이렇게 방대한 분야와 시대를 망라하는 연구에서 다섯 명의 연구자가 해낼 수 있는 일이 아니기도 하거니와, 새로운 해석을 통해 여성의 과학기술 실천의 규모와 면면한 역사를 드러내는 것은 발굴 못지않은 의미가 있다는 것이 우리의 입장이라고 하겠다. 실제로 우리는 시각 전환을 통해 역사적 사실이 어떻게 달리 보일 수 있는지를 경험하며 스스로 놀라기도 하였다. 물론 기존에 축적된 연구 성과의 기반에서만 가능한 일이고 그런 만큼 우리의 연구는 선행 연구들에 빚진 바 크다. 그렇지만 우리가 추구하는 시각에서 역사를 읽고 사실을 포착하고자 한 기존 연구가 별로 없었던 것도 사실이다. 가령 의식주 실천만 하더라도 노동이나 문화의 차원에서 접근하거나 아니면 의상의 역사라든가 하는 각론 차원의 연구들이 대다수였다. 이 점이 우리를 힘들게도 했지만 다른 한편으로는 새로운 탐색으로 나아가는 원동력이기도 했다. 세미나는 항용 대여섯 시간을 훌쩍 넘기면서 끝없는 이야기와 질문들로 채워졌다. 그사이 소속이나 거취가 바뀐 팀원이 셋이나 되는 긴 세월이었다. 그 대화와 토론의 결과를 이렇게 한 권의 책으로 담아낸다. 물론 우리는 이제 첫 걸음을 떼었을 뿐이고, 이런저런 아쉬움도 적지 않다. 향후 관심 있는 연구자들과의 더 넓고 깊은 대화와 소통으로 이어지기를 기대할 뿐이다.

집필에 들어가기 전에 오랜 공동연구를 거쳤거니와, 집필에서도 우리의 원칙은 단순한 분업이 아니라 협업을 지향하자는 것이었다. 초고는 각자 분담하여 작성을 하였지만, 초고의 방향 설정이나 구상 단계에서부터 협업이 이루어졌고, 초고가 나온 후에도 상호 검토와 토론을 거듭하며 계속 수정해나가는 과정을 거쳤다. 제시된 의견들이 모두 반영되기는 물론 힘들었고, 그런 면에서 각 글의 일차적인 책임은 초고 작성자에게 있는 셈이다. 그렇지만 이 책은 우리 다섯 명 연구자의 협업의 산물이며 어떤 면에서는 협업도 넘어선 공동작업의 결과라고 말할 수 있다. 우리가 목차에 필자 이름들을 적는 대신 여기서 각 대목의 초고 작성자 이름을 밝히기로 한 것도 이런 뜻에서인데, 사실 이처럼 협업 내지 공동작업의 소산이다 보니 자연히 목차에 각 글의 필자 이름을 밝히기가 쉽지 않기도 했다.

1장 서론은 김영희와 하정옥이 공동 집필하였고, 2장 조선시대 편은 의료와 기타 일부를 제외하고는 이순구가 집필하였다. 2장 2절 '여성의 기술적 실천' 중 "기술적 실천의 환경", 의생활 직조 부분의 "직조 기술의 발전과 상품화", 3절 '여성의 기술적 지식' 중 "한글 글쓰기 체계의 발전과 여성"은 김영희, 2절 '여성의 기술적 실천' 중 식생활 조리법 부분의 "조리법과 채소 재배법의 발달"은 김수진·하정옥, 그리고 4절 '조선시대 여성과 의료'는 이꽃메가 집필하였다. 이꽃메는 3장 근대이행기 편의 4절 '근대이행기 여성과 의료'도 집필하였다. 3장 1절에서 3절의 필자는 김수진과 하정옥이다. 김수진은 1절의 "공사 영역의 재편과 자본주의적 상품 도입", 2절의 의생활 부분과 식생활 부분, 그리고 3절의 "가정학 유학생과 가사과 교사"와 "방신영의 『조선요리제법』"을 썼으며, 하정옥은 1절의 "식민지적 자본주의 산업구조와 근대 과학기술체제", 2절의 농업 부분, 3절의 "기술인력 양성 제도의 변화", "여성 노동자: 견직·면방직 노동", "미용기술인"을 집필하였다. 2절의 "교육 및 지식체계의 변화", "여성의 기술적 지식의 재편"은 김수진과 하정옥이 공동 집필하였다. 마지막으로 4장 결론은 하정옥과 김영희가 공동으로 작성하였다.

이 책이 나오기까지 많은 분들의 도움이 있었다. 한국학중앙연구원의 전용훈 교수님, 전북대학교의 김근배 교수님, 실학박물관 학예사 정성희 선생님, 한국학중앙연구원 책임연구원 정해은 선생님, 문화재청 문화재위원 김연희 선생님이 초고를 검토하고 귀한 의견과 조언을 주셨다. 이 자리를 빌려 깊은 감사를 드린다. 자료 수집에 도움을 주신 카이스트의 시정곤, 고동환 교수님께도 감사드린다. 시정곤 교수님은 '한글' 부분 초고를 읽고 소중한 조언을 주신 바도 있다. 또한 '한국의 과학과 문명' 총서를 관장하는 전북대학교 한국과학문명학연구소에 감사드린다. 이 책이 출간되기까지는 소장 신동원 교수님을 비롯하여 문만용, 전종욱, 김태호 교수님, 신미영 선생님의 지원과 배려가 큰 힘이 되었다. 특히 신향숙 선생님은 실질적으로 우리 연구팀의 여섯 번째

멤버라 할 만큼 일찍부터 세미나에 합류하여 공부를 함께 하며 시종일관 지원을 아끼지 않았다. 마지막으로 촉박한 일정에도 깔끔하게 책을 만들어주신 들녘출판사 박성규 주간님, 한채린 디자인팀장님을 비롯하여 실무진 여러분께 감사드린다.

2019년 11월

지은이를 대표하여 김영희 씀.

차례

3장 근대이행기 여성과 과학기술

도로솟슬그릇셔ᄂᆞᆫ흔솔ᄋᆞᆯ소못ᄌᆞ거ᄇᆞ거든퍼퓽퀸어조ᄌᆞ기
오려ᄊᆞᆯ좁ᄋᆞᆸ이ᄊᆞ지거든쓰고ᄋᆞ네모지게ᄒᆞ려면반죽을되
너코지〻ᄂᆞᆫ법이잇ᄂᆞ니라

증편법 진말을물게다소ᄒᆞ고,ᄊᆞᆯ물을달게ᄒᆞ야반죽ᄒᆞ고,더
소ᄂᆞᆫ,임의로,ᄇᆡ여,져준슈건을,우희덥고,약과,지〻닷ᄒᆞ야
빗치누러면쓰ᄂᆞᆫ이라,츙계을먼져지〻고그기름에약과ᄂᆞᆫ죵지〻라

인졀미 인도롤ᄂᆞᆫ,잇그릇셔담아,잠간,ᄯᅧ너야,츙체에걸너밧쳐
을마초와,타,실옹에,죠리기로,솔노ᄯᅥ,드리워보ᄋᆞ,되게엉
긘죽만치되거든,녹말을,잠간,타,니게,조려,접시에,ᄯᅥ보아,
죡편어리ᄃᆞ시엉긔거든ᄉᆞ긔에,펴셔,어린후,버혀쓰라녹몰
을파히ᄃᆞ면,빗쳐부희고,ᄯᅮᆨ〻ᄒᆞ고조리기를과이ᄒᆞ면빗치검으니라ᄋᆞ복분ᄌᆞ도이뒤로ᄒᆞ면잉도보담ᄂᆞ흐니라

화젼법 화젼고,씨코,ᄃᆞᆫ〻ᄒᆞᆫ,문비로,겹질벗겨,ᄊᆞᆯ물을,ᄃᆞᆯ게,타,통노고
에붓고,문비에,왼,졉죠로,만이박아,싱강을,엷기,졉어,너ᄒᆞ
ᄉᆞᆺ불에,불을,ᄯᅥ게말고,죠려,빗치븕고,ᄊᆞᆯ이속〻드리ᄂᆞ드리

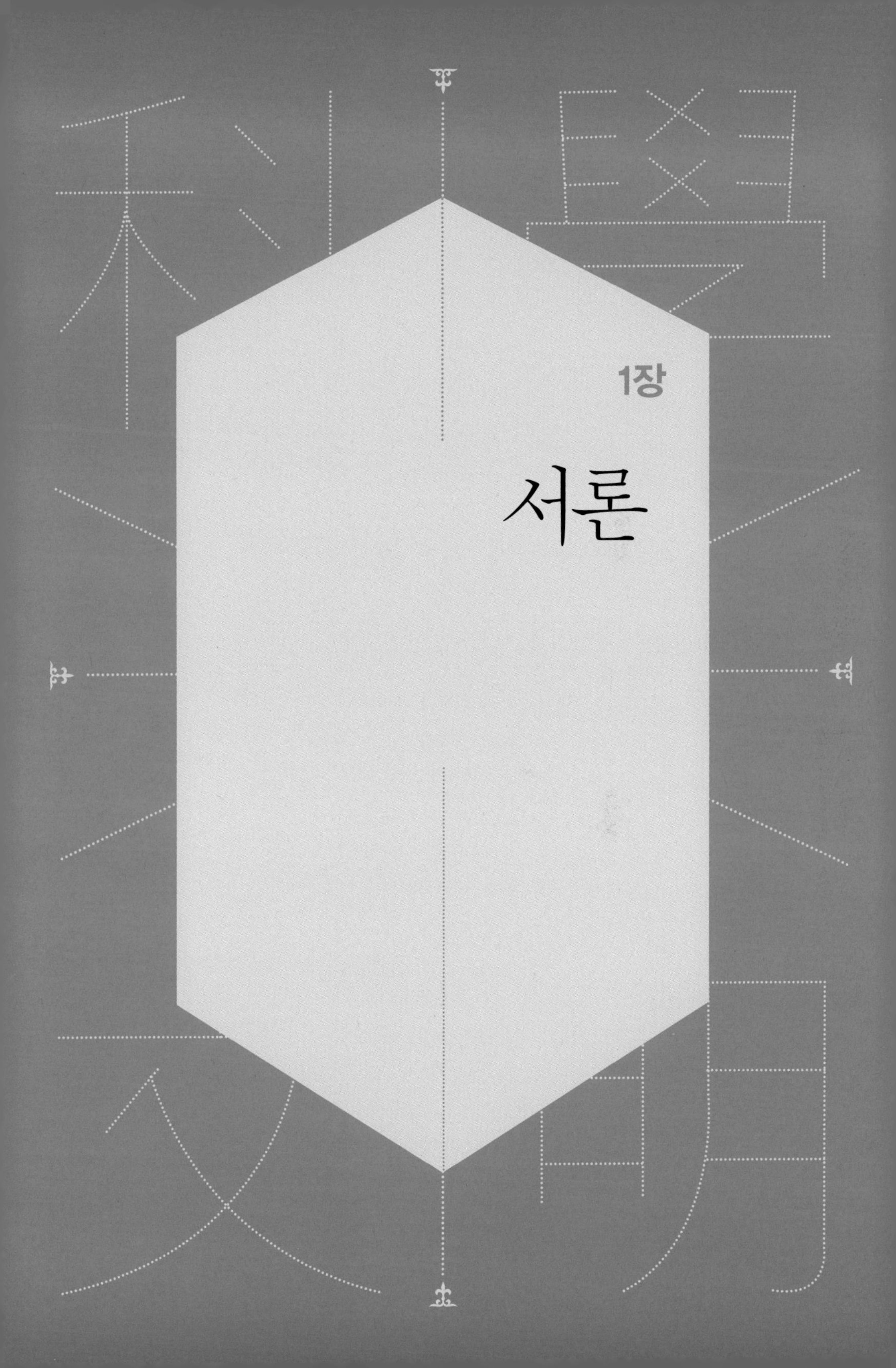

1장

서론

1. 과학기술과 여성

이 책은 전근대에서 근대이행기에 이르는 시기 여성의 기술 실천을 다룬다. 이는 한국 과학기술의 역사의 빈 공간을 채우는 작업이자 여성의 관점에서 다시 기술하는 작업이 될 것이다. 이럴 때 가장 먼저 직면하게 되는 것은 과연 '여성의 기술 실천'을 어떻게 규정하고 그 범위를 어떻게 정할 것인가 하는 물음이다. 이 물음은 근대와는 다른 전근대의 기술 실천이 무엇인가, 나아가 과학과 기술이 과연 무엇인가라는 더 폭넓은 문제와 이어진다.

오늘날 우리가 과학기술에 대해 갖는 지배적인 이미지는 산업적·경제적 효용성을 갖는 공학적 구현물이다. 이념형적 의미에서 '기술' 혹은 '과학기술(technology)' 개념은 과학적 탐구에 기반한 응용적 실천 및 그 결과물을 가리킨다. 여기서 과학적 탐구란 근대적 분과학문 제도 속의 그것이며, 근대의 과학과 기술은 그 개념부터 단순한 학문 제도를 넘어서 상업적·산업적 자본주의 질서의 구축 및 그에 입각한 공사 영역의 분리 등 삶과 사회 전반의 근대적 재편에 기반을 두고 있다. 다시 말해 현재 지배적인 '과학'과 '기술' 개념들은 근대적 질서에 기초하여 새로 재구성되거나 새로 도입된 근대적 개념이라고 할 수 있다. 그리고 공사 영역의 분리가 젠더 이분법과 중첩된다는 점에서는 남성 중심적 개념이기도 하며, 근대로의 진입이 서구에서부터 시작되었던 만큼 이 책에서 다루는 시기의 한국을 포함한 비서구권의 입장에서 보면 서구 중심적인 개념이기도 하다.

그렇다면 근대의 과학기술 개념이 그것 나름대로 지닌 역사적 근거와 필연성에도 불구하고 그 유효성은 근대에 한정되는 것이 아닐까 하는 의문을 가져볼 수 있다. 근대에 한정된 시선을 벗어날 때 우리가 과학기술이라 부를 수 있는 것은 과연 무엇일까? 이는 과학기술의 본뜻에 대한 근본적 물음을 요구한다. 이 난제를 규명하기 위해서는 이론적 천착이 필요하겠지만, 전근대의 실천들 및 그 성격을 구체적으로 살펴보는 가운데 그 해답에 접근하는 것도 한 방편이 될 것이다.

가령 조선시대 성별 역할과 관련하여 이 질문에 접근할 수도 있다. 조선시대의 성별 역할은 그 시대의 강력한 도덕적 규범인 '내외법(內外法)'에 따라 분명히 구분된다. 여기서 남녀의 성별 역할은 각기 안과 밖, 집안과 집밖을 주 영역으로 하는 것으로 설정되며, 이런 공간적 구분은 상징적·이념적 의미를 동반하며 작동된다. 내외의 구분은 일견 공사 영역의 구분이 성별 분업과 중첩되는 근대적 체제와 그 기본 성격에서 큰 차이가 없어 보일 수도 있다. 그러나 공사 영역이 미분화된 전근대 사회인 조선시대의 성별 역할 구분은 근대 자본주의 사회의 그것과는 근본적인 차이를 갖는다. 무엇보다 '내외'에서 말하는 '안과 밖'부터가 근대의 사적 영역과 공적 영역과는 그 성격이 다르다. 집안은 자본주의 사회에서처럼 생산과 유통에서 격절된 소비와 재생산을 전담하는 영역이 아니라, 생산과 소비, 유통, 재생산의 상당 부분을 담당하며 그런 의미에서 '사회적' 기능을 수행하는 단위였다. 그리고 여성은 이와 관련된 제반 노동을 수행하는 주된 행위자였다.

조선시대 여성들이 '집안'에서 행한 일상적인 노동이 그 성격 자체로는 가령 자본제 수공업장에서 수행되는 노동과 다르지 않음은 직조의 예에서도 분명하다. 다만 그 노동이 수행되는 맥락, 즉 조선시대의 직조처럼 집안에서 영위되는 여타의 활동으로부터 분화되지 않은 채 수행되느냐 아니면 이른바 가정과 별도의 공적 공간에서 임금과 교환되는 특화된 노동이냐 하는 점이 다를 뿐이다. 이처럼 노동의 성격만 보자면 조선시대 여성들의 일상적 노동은 나름의 축적된 지식과 체계에 바탕하여 당대 사회에 필요한 물자를 생산한다는 점에서 그 자체로 '기술적(technological)' 실천이라고 해야 할 것이다. 사실 이들의 노동이야말로 자급자족체제를 근간으로 한 조선 사회에 필요한 물자와 재화를 생산하고 유지하는 데 중추적인 역할을 해왔다. 조선시대 여성들은 단순히 필요한 생활물자의 생산만이 아니라 기술 발전에도 중요한 역할을 했다. 예컨대 양잠 기술과 직조 기술의 발전은 주로 여성의 손으로 이루어졌다. 또한 여성들은 식생활을 책임지면서 식재료를 확대하고 조리법을 발전시켰다.

이처럼 조선시대 여성들 대다수가 하나의 집단으로서 당대 사회의 필수적 기술 실천에 참여했다는 점에서, 여성들의 집단적인 기술 영역 진출이 근대에 이르러 비로소 가능해졌다는 통념은 정확하지 않다. 그것은 근대에 형성된 과학기술 개념을 전근대에 그대로 이입한 결과일 뿐이다. 근대 이전의 과학기술을 총체적으로 이해하기 위해서는 오히려 대다수 여성들이 집안을 관장하는 주체로서 집단적으로 광의의 과학기술적 실천을 수행해왔다고 보는 새로운 시각이 필요하다. 우리의 관심은 바로 여기에 두어진다. 물론 근대적 과학기술 개념을 적용해도 '과학기술자'라 부르기에 손색이 없는, 그러나 지워져 있거나 가려져 있던 여성들과 그들의 실천을 발굴하는 일도 중요하다. 이 책에서도 궁인(宮人)이나 장인(匠人) 등 전문기술직에서 활동한 조선 여성들의 존재에 주목하기도 했다. 그러나 우리의 주된 관심은 이런 '발굴'보다는 당대 사회의 운용에 중추적 역할을 한 무명의 다수 여성들의 노동을 기술 실천으로 '호명'하고 가시화하는 데 두어진다.

그렇다면 조선시대 여성들의 노동을 포함할 수 있는 좀 더 폭넓은 '기술' 개념이 필요하며, 그것이 '기술'의 본뜻에 접근하는 길이기도 하다. 그리고 이를 위해서는 일차적으로 '기술'에 대한 근대 이후의 지배적 관념에서 벗어날 필요가 있다.[1] 현재 통용되는 '기술'이나 '과학'이라는 용어 자체가 서구에서—그것도 일본을 거쳐— 수입된 것[2]으로, 전근대 시대에 실행되고 축적된 넓은 의미의 기술적 실천과 과학적 지식들의 대다수가 당시 '기술'이나 '과학'으로 명명된 바 없을 뿐 아니라, 현재의 관점에서 재구성할 때도 근대의 '공적'이고 '산업적', '전문적'인 실천·지식들의 전형에 가장 근접한 것들만을 '과학'과 '기술'로 호명하는 경우가 많다. 이런 시각으로는 전근대 시대의 기술 실천의 전모를 있는 그대로 바라보기가 어려우며, 특히 여성의 관점에서 보자면 이같은 한계는 더욱 분명해진다. 전근대의 기술 실천의 대다수가 일상생활의 운용과 분리할 수 없이 얽혀 있었는데, 그 가운데서도 여성들의 실천의 경우에는 더 그러했기 때문이다. 공사 이분법에 기초하여 공적 영역의 한 '전문' 분야로 인정되는 활동에만 국한하여 과학기술적 실천을 이해하는 근대적 관념을 넘어서려면, 여성이 이른바 '사적' 영역에서 담당해온 실천의 '공적' 함의를 읽어내는 노력이 필요하며, 그럴 때 여성들이 근대 이전부터 수행해온 과학기술적 실천도 가시화할 수 있을 것이다.

이처럼 전근대 여성들의 기술 실천을 포착하기 위해서는 근대적인 전문-비전문, 산업-일상의 이분법에 바탕한 협소한 틀에서 벗어나 과학기술 개념을 확장할 필요가 있다. 이 확장된 개념은 근대이행기의 경우에도 '근대적' 기술에 국한되지 않으면서, 전통적으로 수행해온 '전근대적' 기술을 포함해 당시 여성들이 수행한 기술적 실천의 총체적인 모습에 좀 더 다가갈 수 있게 해줄 것이다.

그렇다고 근대적인 과학기술 개념을 단순히 배척하거나 폐기하려는 것은 아니다. 근대적 과학기술 개념은 나름의 역사적 변화를 반영한 개념이지 단순한 이데올로기적 허상은 아니다. 다만 이 개념이 탈역사화를 거쳐 보편적인 관념으로 화하는 것은 경계할 필요가 있다. 사실 근대 과학기술 개념을 단순 폐기하고 확장된 개념을 모든 시대에 적용하는 것 역시 또 하나의 비역사적 보편론이려니와, 근대적인 특수성, 그 위업과 위험 모두에서 결정적인 전환을 반영하는 그 특수성을 지워버릴 위험이 있다. 실제로 근대이행기는 전근대적인 과학기술 개념과 실천이 새로 부상하는 근대적인 그것들과 공존하며 길항하고 또 서로를 (재)구축해가는 시기였다. 따라서 근대이행기의 서술에서는 과학기술의 근대적 개념과 확장된 개념을 함께 사용할 수밖에 없으며, 이런 복합적 시야의 긴장을 감당해내는 것이 우리의 과제라고 할 수 있다. 우리에게 필요한 것은 근대 과학기술 개념의 상대화이자 과학기술 개념 자체의 역사화이다.

2. 관련 연구 동향과 한국 여성과학기술사 서술의 의미

이같은 우리의 접근방식은 과학기술학 및 과학기술사 연구의 최근 동향들과 맞물려 있다고 할 수 있다. 근자에 과학기술학 분야에서는 과학기술의 협소한 개념에 대한 문제제기와 함께 과학기술을 바라보는 틀을 전환하려는 이론적 시도가 이루어지고 있다. 그중 주목할 만한 것이 과학기술의 발전과 변화에서 사용자가 하는 역할에 주목하며 과학기술의 주체를 과학기술의 개발자로부터 사용자를 포함하는 쪽으로 확대하려는 경향이다.[3] 이같은 패러다임 확대의 경향은 일부 '정치적' 문제제기와도 맞물린다. 젠더, 민중, 비서구의 관점에서의 문제제기가 그것인데, 남성에서 여성으로, 전문 과학·공학자에서 민중으로, 근대과학기술 발전의 진원지였던 서구에서 비서구로 시야를 확대하는 순간, 남성·전문가·서구 중심의 과학기술 개념에 대한 물음이 수반되기 마련이다.

과학기술 연구에서 젠더적 접근은 대략 1980년대를 전후하여 '페미니스트 과학기술학(feminist technology studies, FTS)'이라는 독자적인 흐름을 형성할 정도로 입지를 구축해왔고, 과학기술의 사회적 토양과 발현 양태를 젠더의 관점에서 조감하는 가운데 많은 통찰을 제공하고 있다.[4] 여성들의 실천에 초점을 맞춘 우리의 연구는 크게 보아 젠더적 접근의 한 양태라고 할 수 있다. 그런 한편, 좁은 의미의 여성 '과학자'나 '기술자'를 배제하지는 않으면서도 1차적인 초점을 익명의 여성 다중에 두고자 하는 우리의 시각은 소수 엘리트의 성취에 주목하기보다는 과학기술의 수행과 발전에 기여한 민초의 존재를 복원해내고자 하는 민중사적 접근 경향과 궤를 같이한다.[5] 그리고 서구가 아닌 동아시아 한국의 전근대 시기가 관심의 중요한 한 축이 되는 만큼, 우리의 연구는 과학기술 개념 및 실천을 바라보는 서구 중심적 편향에 대한 탈식민주의를 비롯한 최근의 문제제기와도 이어진다.[6] 중요한 것은 이 세 문제의식이 한데 결합될 때, 달리 말해 각각이 다른 두 문제의식을 자체 내에 내장할 때, 이들 각각이 기획하는 시각 전환도 좀 더 원만하게 이루어질 수 있다는 점이다.

우리는 전근대 및 근대이행기 한국의 여성들의 기술 실천을 서술함에 있어 과학기술사 서술에서의 이같은 새로운 연구 경향과 요구들을 결합해내고자 한다. 그리고 이는 한국 과학기술 문명의 특수성에 접근하는 한 방편이기도 하다. 비서구 중에서도 동아시아에 속하는 한국의 전근대 및 근대이행기 시기의 여성이라는 범주에는 복잡한 역학관계가 얽혀 있으며, 이것이 한국 과학기술문명의 성격과 긴밀한 관계가 있다고 보기 때문이다. 가령 서구중심주의만 해도, 한국은 근대로 접어들면서 서구의 직접적 지배 아래 놓이기보다는 일본 제국주의의 매개를 통해 서구의 정신적·물질적 지배가 관철된 경우이다. 이로 인해 제국과 식민의 길항이나 전근대로부터 근대로의 전환이 한결 복잡한 형태를 띠게 될 것은 자명한데, 근대이행기를 다루는 우리의 문제의식의 한 끝은 여기에 닿아 있다. 우리가 근대적인 면모가 한결 전면화되는 본격 근대의 시기보다 근대이행기에 집중한 소이도 바로 이런 전환을 당위적인 결과로서가 아니라 여러 변수가 개입하고 각축하는 역사적 과정으로 바라보는 데 관건적인 시기라 보았기 때문이다.

근자에 한국사에 대한 대중적 관심이 커지고 학문적으로도 새로운 접근이 다양하게 이루어짐에도 불구하고 여성과 과학기술에 대한 연구는 여전히 부족하다. 관련 사료의 부족이 일차적 요인이겠지만, 프레임 그 자체의 부재가 사실을 발견하고 개념화하는 작업 자체를 봉쇄해온 탓도 있다. 국제적인 페미니스트 과학기술사 전반을 보더라도 여전히 한국을 비롯한 비서구 문화권이나 전근대 시기에 대한 연구는 매우 부족하다.[7] 중국의 사례를 다룬 서구 학자 브레이(Francesca Bray)의 독보적 연구[8]가 나온 이래 근대 이전 시기나 아시아 지역에 대해 간헐적으로 연구물이 나오고 있지만 아직 턱없이 부족한 실정이다. 우리의 연구가 한국사와 페미니스트 과학기술사의 이러한 결핍을 메꾸는 데 기여하게 되기를 기대한다.

물론 이 책이 가진 한계도 분명할 것이며 우리 스스로 초점을 좁힌 면도 있다. 이를 미리 밝혀두는 것으로 이 대목의 논의를 마무리하고자 한다. 우리의 연구가 잊혀진 여성 과학기술자를 발굴하는 데 일차적인 초점이 있는 것은 아니라는 점과 그 취지는 앞서 언급한 바 있다. 또한 무명의 여성들이 수행해온 기술적 실천에 집중한 우리의 연구는 기술을 통한 젠더 구성에 주된 관심을 기울이는 브레이의 연구에 비해 직접적인 연구 대상의 폭이 좁은 셈이다. 이 역시 우리의 의도적인 선택이다. 가령 전근대의 주생활을 다룸에 있어 우리가 주생활을 영위하는 데 필요한 여성의 기술적 실천을 다룬다면 브레이는 가옥 구조가 어떻게 젠더질서를 생산하고 재생산하는가를 주로 검토한다. 이 대목에서의 브레이의 접근방식은 젠더와 과학기술에 대한 좀 더 다면적인 조감을 가능하게 하는 이점이 있는 한편, 통상적인 중국 젠더 구조의 관찰과 크게 차이가 없어질 위험도 없지 않다. 우리의 선택은 전근대 여성들의 기술적 실천에 대한 연구가 일천한 현재의 연구 상황에서 우선 그 실천들의 구체적인 양상을 가급적 풍부하게 드러내고 기술로 호명해내는 작업이 무엇보다도 시급하다는 판단에서 비롯된 것이다. 이 책이 조선 사회 혹은 근대이행기 사회의 젠더질서에 대한 좀 더 총체적인 조감으로 나아가는 한 초석이 되기를 기대해본다.

3. 연구의 대상과 책의 구성

앞에서 언급했듯이 이 책이 다루는 연구 대상은 전근대와 근대이행기 한국에서 여성들이 수행한 과학기술 실천이다. 여기서 전근대는 조선시대를, 근대이행기는 19세기 말에서 1920년대까지를 가리키는데, 필요한 경우에는 그 이후까지도 논의를 확대하였다. 그런데 우리의 연구 대상을 확정하기 위해서는 시기를 정하는 것과 아울러 '기술 실천'의 경계를 새로 확정할 필요가 있다. 앞서 말했듯, 근대 기술 개념을 보편화하기보다는 그것은 근대에 국한하며 좀 더 확장된 개념을 함께 사용하고자 하는 것이 우리의 취지이기 때문이다. 이 책에서 우리는 '기술'(혹은 '과학기술', technology)이란 물적 대상을 체계적이고 합목적적으로 변화시키는 일련의 실천이라고 규정하는 데 합의하였다. 이렇게 정의한 취지는 한편으로는 과학기술 개념을 확장하면서 동시에 지나친 확대 또한 경계하는 데 있다. 과학기술 개념을 모든 활동, 모든 실천으로 확대하는 경우, 실제로 여성들이 수행해온 과학기술적 활동의 변별성을 지워버리고 결국 그것을 가시화한다는 목표 자체를 배반하게 될 위험이 있기 때문이다. 우리가 '과학기술'을 정의할 때 '물적 대상'과 관련된 것으로 한정한 것은 이런 무차별한 확대를 제어하기 위함이다.

이런 정의에 따라 우리 연구에서 포괄하는 기술은 크게 범주화하면 농업, 식·의·주 관련 활동, 의료, 그리고 한글이다. 이 중 한글 항목을 포함시킨 것에 대해서는 별도의 설명이 필요할 듯하다. 우리의 정의에 따르더라도 한글을 과연 기술로 볼 수 있느냐 하는 의문이 생길 법하다. 한글은 문자나 서체 차원에서는 '물적' 측면을 지니지만 문어(文語) 체계의 차원에서는 '물적' 체계라기보다는 '상징적' 체계라고 볼 수 있기 때문이다. 그럼에도 불구하고 우리가 한글을 포함하기로 한 것은 발명된 문자 한글이 글쓰기 체계의 기술공학(technology)적 성격을 두드러지게 보여주는 흥미로운 사례이거니와, 전근대 한국의 여성들의 과학기술적 실천에서도 매우 중요한 역할을 하였기 때문이다. 기술의 습득에서 수행, 그리고 지식으로의 전화(轉化)까지 기술의 매 국면마다 언어가 필연적으로 개입하게 마련이다. 그중에서도 문자언어는 안정적 형태의 지식의 정리·축적·전승을 가능하게 하는데, 조선 여성들에게 한글이라는 새로운 기술공학이 주어진 것은 이들의 기술 실천과 지식 축적에 결정적인 역할을 하였다. 이는 비단 여성들만에 국한된 일도 아니었다. 가령 조선 중후기에 의료 등 과학적 지식의 대중화가 이루어질 때 사용된 문자도 대개가 한글이었다.

연구 대상을 확정하고도 남는 문제가 또 하나 있다. 그것은 전근대의, 혹은 근대이행기의 한국 여성의 과학기술 실천이 단일체가 아니라 내적 차이를 내장한 복합적 대상이라는 점에서 비롯한다. 가령 전근대 조선만 하더라도 시기적·지역적 차이가 있으며, 여성이라고 하더라도 신분이나 계급에 따른 차이가 엄연한 것이다. 우리는 연구와 집필의 과정에서 이런 차이를 예각화하고자 하였다. 그러나 특히 전근대 시기의 경우, 사료의 부족으로 인한 한계 또한 컸다. 우리가 다루는 연구 대상은 주로 일상생활이나 문화와 직결되어 있는데, 일상생활과 문화는 조선시대의 공식적 기록의 대상에서 배제되거나 주변화되는 경향이 있다. 따라서 남아 있는 사료 자체가 매우 한정되어 있고, 하물며 위와 같은 차이들의 구체적 양태를 확정할 만한 사료는 더욱 부족하다. 여성의 경우 그나마 남아 있는 자료는 대부분 양반층 여성과 관련된 것이고, 하층민 여성의 경우는 이들 자료 등을 통해 그 실상을 간접적으로 추정해볼 수 있을 뿐이다. 이 책에서도 가능한 대로 그 간격을 채우고자 했으나 역시 비어 있는 부분이 많다. 거기다 우리의 연구대상들은 농업과 의료를 제외하면 기존의 과학기술사 연구에서 잘 다루지 않았던 영역이다. 이들에 대한 연구는 기술의 차원보다는 노동이나 문화의 차원에서 접근하는 것들이 대종을 이루고 있다고 할 수 있다. 우리의 연구는 이런 선행 연구들에 빚지면서 동시에 그 내용들을 새롭게 정의한 기술의 관점에서 재해석하는 작업이기도 했다.

이 책의 구성은 다음과 같다. 책은 크게 조선시대와 근대이행기로 나뉜다. 조선시대를 다룬 장에서는 기술적 실천의 사상적 배경, 기술적 실천, 기술적 지식, 의료의 순서로 서술된다. 기술적 실천에서는 조선 사회의 생산과 유통 체계를 살펴봄으로써 여성들의 기술 실천의 맥락과 역할을 간단히 짚어본 후, 여성들의 일상적 기술 실천을 농업, 식생활, 의생활, 주생활로 나누어 그 양상과 의미를 살펴보고, 마지막으로 궁인과 장인 등 조선시대에 전문기술자 집단으로 인정받은 여성들의 존재와 활동에 주목한다. 이어서 기술적 지식에서는 여성들이 집필한 실용기술서와 이 기술서 작성의 주된 매체였던 한글을 다룬다.

근대이행기 역시 대체로 조선시대의 서술 순서를 따랐다. 다만, 당시 기술적 실천에서 나타난 변화를 이해하기 위해서는 그 저변에 자리한 거대한 사회적 변동에 대한 이해가 선행되어야 한다는 판단에서, 산업구조와 과학기술체계 및 지식체계에 일어난 변화를 먼저 비교적 길게 서술하였다. 그리고 이어서 각각의 실천을 다룰 때도 전통적인 기술적 실천과의 연속성과 변화를 관찰하기에 적절한 부문들에 집중하고 그에 따라 서술의 비중에도 변화를 주었다.

'의료'는 조선시대와 근대이행기 모두 여타의 기술적 실천에서 떼어 끝에 배치하여 별도로 검토한다. 의료는 전근대 시기에도 이미 그 전문성이 특화된 분야인 데다, 여성 참여의 방식이나 규모에서 전근대나 근대에 모두 남다른 의미를 갖고 있기 때문이다.

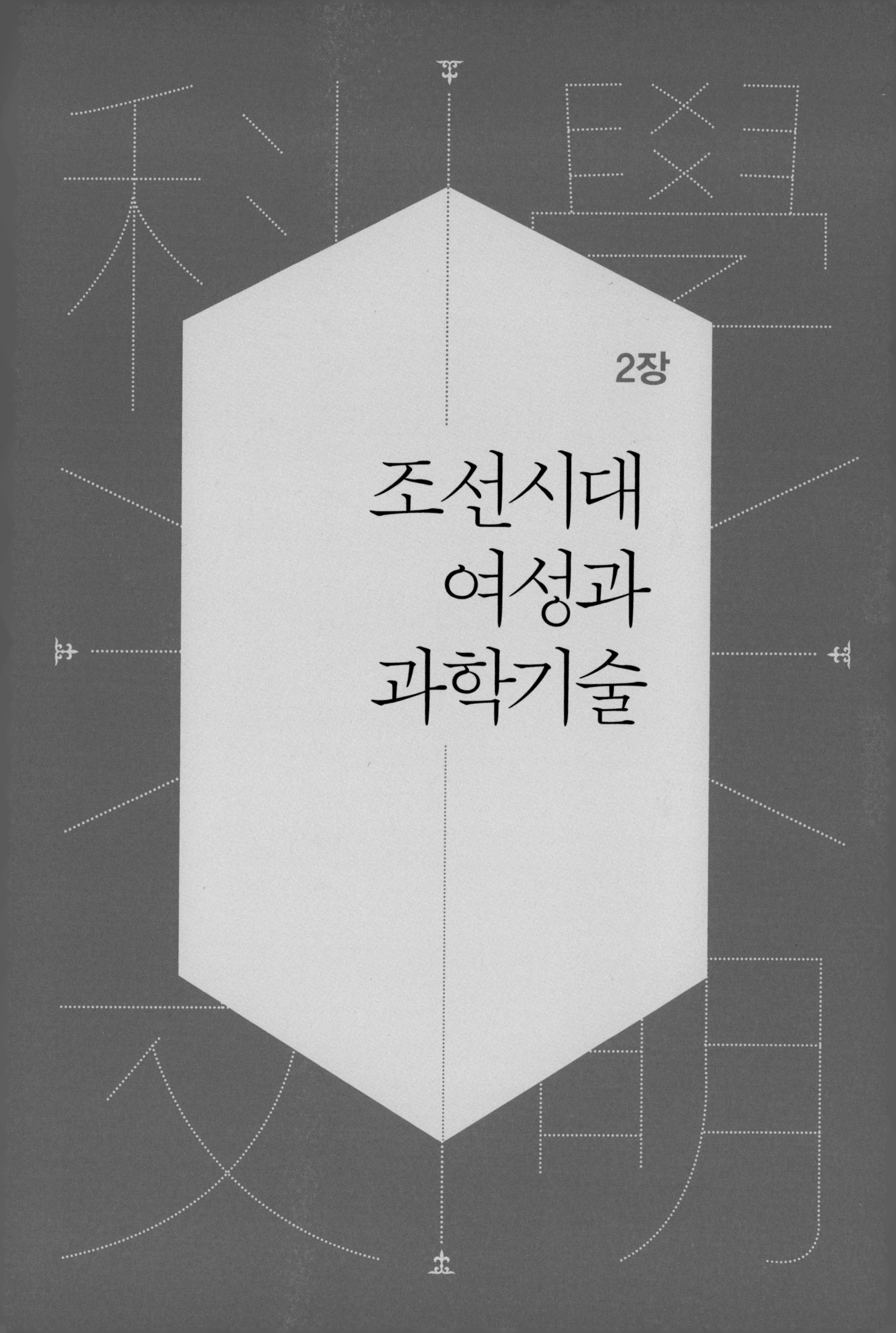

2장

조선시대 여성과 과학기술

조선시대 대다수 여성들은 계층과 계급을 불문하고 생존의 이유에서든 규범적 이유에서든 몸을 부지런히 움직여야 했다. 그리고 그 노동은 의식주 등 현실의 필요에 부응하는 매우 실용적인 목적을 갖고 있었다. 이같은 노동이란 그 자체로 기술 실천의 성격을 띠거니와, 또한 일부 여성들은 궁인이나 장인 등의 위치에서 좀 더 특화되고 전문화된 기술 실천을 수행하였다. 특히 의녀(醫女)는 조선의 내외법이 만들어낸 조선 고유의 여성 전문기술직 집단이었다. 조선시대 여성들은 또한 이러한 노동의 결과를 글로 정리해냄으로써 기술적 지식의 집적과 전승에도 기여하였다. 이같은 여성들의 기술적 지식의 축적에 기여한 것이 어떤 면에서는 그 자체로 하나의 기술이라 할 수 있는 '한글'의 존재였다.

'조선시대 여성과 과학기술'을 다루는 이 장에서는 이같은 다양한 기술 실천을 분야 및 직군별로 살펴보고자 하는데, 한글에 대해서도 별도의 공간을 할애할 것이다. 그런데 그에 앞서 이러한 기술 실천이 이루어지는 맥락을 따져볼 필요가 있다. 기술 실천은 그것이 기술로서 현실에 효력을 발휘하기 위해서라도 나름의 효율성과 합리성, 달리 말해 '과학성'을 추구하게 마련인데, 다만 무엇이 과학적이고 합리적인가는 문화와 시대에 따라 달라진다. 전근대 조선에서 합리성 추구의 바탕에는 성리학을 비롯한 다양한 사유체계가 자리하고 있었다. 또한 조선시대 여성들의 기술 실천은 자급자족 중심의 비자본주의 조선시대의 생산 및 유통의 구조 속에서 이루어졌다. 이른바 가사노동 혹은 가내노동에 해당하는 여성들의 노동이 자본주의 근대에서와 달리 사회 전체의 물적 생산과 재생산에서 중추적인 자리를 차지할 수 있었던 것도 바로 이런 구조에서 기인한 것이다. 따라서 당대 여성들의 기술 실천을 온전히 이해하기 위해서는 그것이 어떤 사상적·경제적 맥락에서 이루어졌는가를 살펴보는 일이 필수적이다. 우리의 논의는 여기에서 출발한다.

1절

조선시대 여성들의 사유체계

조선 여성들에 대한 기록을 보면 여성들의 사고에는 술수(術數), 성리학, 민간신앙, 불교적 신앙 등 다양한 사상이 그 근저에 깔려 있음을 알 수 있다. 이 중에 조선에서 주축을 이루는 사상은 성리학 그리고 술수라고 할 수 있을 것이다. 물론 민간신앙은 고대 이래로 있어온 사상이고 불교도 여전히 영향을 미치는 것이 사실이지만, 대표성은 조선의 특성상 성리학과 술수에서 찾을 수 있다.

1. 술수와 성리학

"수양총서(壽養叢書)에 이르기를 오월 진일(辰日)에 옆문 내기를 비단옷을 입고 하면, 살림이 만 배가 된다고 하였다. 부엌 만들기는 서남쪽은 좋고 동북은 불길하다. 솥을 건 흙은 우물에 쓰지 말고 우물 흙을 솥에 쓰지 말아야 하니 다 흉하다."[1]

18세기 말 빙허각 이씨(1759-1824)가 『규합총서(閨閤叢書)』 「술수략(術數略)」에서 한 말이다. 술수란 음양(陰陽)과 복서(卜筮)로 길흉을 점치는 것인데, 빙허각은 이를 『규합총서』의 끝부분에 배치했다. 실생활에서 술수를 어떻게 활용할 것인가를 보이고 있는 것이다. 부엌에 문내기, 솥을 거는 일, 우물을 관리하는 일 등은 일상생활에서 실제로 하는 일들인데, 이런 일들을 무리 없이 잘 해내기 위해서는 어떤 의식 속에 그것을 행하는 것이 좋은지를 서술했다. 「술수략」에는 수많은 각종 생활에서 피해야 할 일과 해야 할 일들이 적혀 있다. 이를 보면 빙허각이 집안의 일들을 처리할 때 술수를 중시하며 또 적극 활용하고 있는 것을 알 수 있다. 술수 관련 내용은 반드시 「술수략」에만 나오는 것은 아니다. 『규합총서』의 요소요소에서 자주 발견할 수 있다. 조선의 한다하는 지식인이었던 빙허각은 왜 이렇게 술수를 중시한 것일까?

"이번 12월 초5일 목욕 길시(吉時)는 신시(申時)입니다."[2]

1683년(숙종 9) 12월 5일, 명성왕후 즉 숙종의 어머니가 승하했을 때 예조에서 처음으로 올린 계(啓)의 내용이다. 조정에서는 대비의 승하를 알리는 것이 가장 우선이었지만, 그 후로 공식적인 상례 절차에서 첫 번째로 한 일은 바로 이처럼 시신의 목욕과 염습(殮襲)의 길시(吉時)를 정하는 일이었다. 이때 정해진 길시는 목욕은 신시, 염습은 술시(戌時)였다. 모든 예를 실행하는 데 가장 먼저 해야 하는 일이 길한 날짜와 시간을 정하는 것이다.

조선에서는 왕실 행사이든 국가 행사이든 언제나 길일과 길시 선택이 필수였다. 술수가 기본인 것이다. 좋은 날짜와 시간을 정하는 것은 왕실이나 국가의 길흉화복을 좌우한다고 생각했다. 조선에서 술수는 날짜를 잡는 것에 한정되지 않았다. 묏자리를 정하는 데도 중요했고, 집을 지을 때도 물론 사용됐다. 특히 묏자리는 후대의 자손에게 지속적으로 영향을 미친다는 차원에서 중요했다. 장희빈의 처음 인장리[경기 양주] 묘는 15년 만에 강원도 유생 함일해의 "용(龍)이 있으나 혈(穴)이 없고 수법(水法)이 합당하지 못하다."는 의견에 따라 천장(遷葬)이 될 상황에 놓이게 된다.[3] 장희빈이 후궁이고 사약을 먹고 죽었지만, 왕세자[훗날 경종]의 어머니이기 때문에 그 묏자리는 논란의 대상이 될 정도로 중요했다. 조선에서 풍수지리도 술수의 중요한 한 파트였다.

조선은 처음 한양 도성을 정할 때도 이 풍수지리에 근거했다. 그리고 이후 모든 국가적 행사에 길일과 방위를 택하는 일을 일상적으로 실행해 왔다. 말하자면 술수는 조선에서 기본적인 사유체계의 하나였던 것이다.

이와 같이 술수를 중시하고 있는 것을 보면 빙허각 이씨가 자신의 책에 술수략을 쓰고 실생활에서 이를 적극 수용하고 있는 것은 매우 자연스러운 일이다. 빙허각은 당대에 이미 알려진 지식인 여성이었다. 그러한 빙허각이 술수를 중시한 것은 술수가 이처럼 국가적으로도 인정되는 사유체계였기 때문이다. 국가도 빙허각도 술수는 우주 자연의 질서이자 운영 원리로서 당시 현실 세계를 설명할 수 있는 합리적이며 과학적인 체계라고 생각했던 것이다.

그렇다면 이러한 술수는 조선이 국시로 하는 성리학과는 어떤 관계에 있었을까? 술수와 성리학은 크게 충돌하지 않은 것으로 보인다. 술수가 원래 음양오행설에 근거하고 있는데, 이 음양오행은 유교나 성리학과 그 근본이 다르지 않기 때문이다. 유교가 도덕성을 주로 얘기하고 있지만, 도덕성의 근거를 마련해주는 우주 자연의 질서에 음양오행이 있다. 성리학에서는 인간이 도덕성을 실천할 수 있는 것은 변하지 않는 우주 자연의 질서 이(理)를 인간이 품부(稟賦) 받아서 가지고 있기 때문이라고 했다. 즉, 인간과 자연은 근본 원리가 다르지 않고 따라서 성리학적 도덕성의 추구는 곧 우주 자연 질서에 순응하는 것이었다. 이렇게 술수와 성리학은 궤를 같이할 수 있었던 것으로 보인다.

> "천지의 도는 다름이 아니라 음양·오행의 기(氣)가 태극의 순수한 이(理)와 함께 사물에 부여되어 사물이 모두 그 삶을 영위하게 한 것일 뿐이다."[4]

임윤지당(任允摯堂, 1721-1793)이 자신의 『윤지당유고』 '이기심성설(理氣心性說)'에서 한 말이다. 윤지당은 조선을 대표하는 여성 성리학자로 조선 유학사에서 중요한 위치를 차지하는 임성주(1711~1788)의 동생이다. 남매가 조선 성리학의 경향이나 대표성을 잘 보여줄 수 있는 학자들이다. 그런 윤지당이 "천지의 도는 음양·오행의 기와 태극의 순수한 이가 사물에 부여"된 것이라고 말하고 있다. 성리학에서 말하는 기가 음양오행에 근거하고 있음을 알려준다. 따라서 조선에서 음양오행에 근거하는 술수와 성리학은 서로 통하는 면이 있었다.

다만 성리학은 천지의 도를 도덕적으로 실천하는 것에 더 주안점을 두어 도덕성의 실천과 성인되기를 목표로 했다. 각기 주력하는 분야가 달랐다고 할 수 있다.

> "아아! 내가 비록 부녀자이기는 하지만, 천부적으로 부여받은 성품은 애초에 남녀 간에 다름이 없다. 비록 안연(顔淵)이 배운 것을 능히 따라갈 수는 없다고 하더라도 내가 성인(聖人)을 사모하는 뜻은 매우 간절하다."[5]

〈그림 2-1〉 임윤지당의 『윤지당유고』 (출처: 한국학중앙연구원 한국민족문화대백과사전)

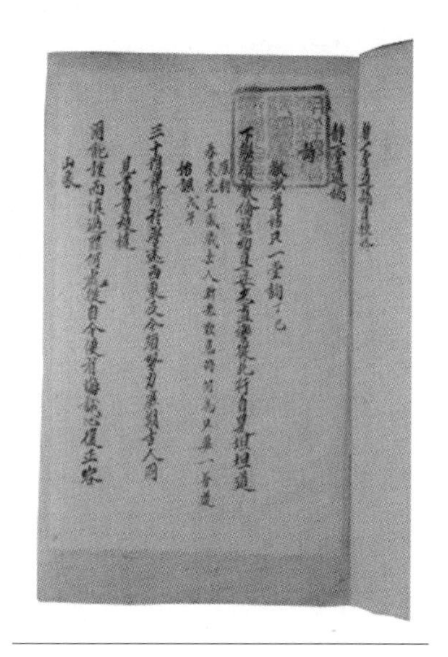

〈그림 2-2〉 강정일당의 『정일당유고』 (출처: 한국학중앙연구원 한국민족문화대백과사전)

역시 임윤지당이 '극기복례위인설(克己復禮爲人說)'에서 한 말이다. 천부적으로 부여받은 성품에 남녀의 차이가 없다고 지적한 것도 주목되지만, 더 눈에 띄는 것은 "성인을 사모하는 뜻이 간절하다."는 말이다. 이는 성리학적인 도덕성을 실천해서 성인의 경지에 나아가고 싶다는 것을 뜻한다. 당시 조선의 성리학이 추구하는 목표를 잘 보여주고 있다. 또 조금 나중 시기의 여성성리학자 강정일당은 다음과 같이 말했다.

> "저는 일개 부인으로서 몸은 집안에 갇혀 있고 배운 것도 아는 것도 없으나 그래도 바느질하고 청소하는 여가에 옛 경서와 고전을 읽으면서 그 이치를 궁리하고 옛사람들의 행실을 본받아 선현들의 경지에 이르기를 작정하고 있습니다. …인의를 실천하여 온당하고 바른 마음을 세워서 성현(聖賢)을 배운다면 누가 그것을 제지하겠습니까? 성현도 대장부이며 당신도 대장부입니다. 무엇이 두려워서 하지 않겠습니까?

부디 바라옵건대 날마다 덕을 새롭게 하고 반드시 성현이 되기를 기약하소서."[6]

강정일당이 성인이 되고자 하는 목표 의식이 뚜렷한 것을 볼 수 있다. 정일당은 임윤지당보다 50년 후의 사람인데, 윤지당의 "천부적으로 부여받은 성품에 남녀 간의 차이가 없다."는 말을 이어받아 성리학적 도덕성의 실천, 성인되기에 몰두했다.

조선의 대표적인 여성 성리학자가 모두 도덕성의 실천과 성인되기를 목표로 내세우고 있는 것은 이 당시 대부분의 일반 여성들이 이러한 의식세계 속에 살고 있었다는 것을 알려준다. 술수를 강조한 빙허각도 기본적으로 성리학적 세계관을 가지고 있었다. 빙허각도 남편 서유본이 죽고 얼마 있지 않아 죽어서 이른바 열녀의식을 표출한 사람으로 기억된다. 열녀의식은 성리학적 도덕성에 충실한 결과이다.

조선의 대부분의 여성들은 이렇게 성리학적인 도덕성을 기본으로 살았다. 즉, 그들의 의식세계를 중요하게 지배한 것은 성리학이었다. 조선 후기 열녀가 양산되면서 심지어 노비들까지고 열녀가 되고자 했는데, 도덕성이 조선 사회에서 차지하는 비중이 얼마나 컸는가를 단적으로 보여준다. 임윤지당이나 강정일당처럼 성리학을 이론적으로 이해하지는 못한다고 하더라도 대부분의 여성들이 도덕성을 최우선으로 하고 살았던 것이다.

이러한 분위기는 하루아침에 이루어진 것은 아니다. 조선이 건국과 동시에 성리학을 대표 이념으로 하고 주자가례와 소학, 삼강행실도 등을 보급하면서 조선 사람들은 점차 국가의 의도에 따라 성리학적 도덕성을 내면화했다.

조선 초기 인수대비(소혜왕후, 1437-1504)[7]는 『내훈(內訓)』의 서문에서 "성인(聖人)의 학문을 보지 못하고 하루아침에 갑자기 귀하게 되면 이는 원숭이에게 의관을 갖추어준 것과 같다."고 말했다.[8] 『내훈』은 여성들을 위한 교육서인데, 여기에서 여성들에게 성인의 학문을 알 것을 권하고 있다. 즉, 여성으로서 여성들에게 처음으로 성리학적 도덕성의 중요성을 알려주고 있는 것이다. 당시 조선 사회의 큰 틀이 성리학적으로 변화해가고 있는 만큼 거기에 발맞추는 것이 필요하다고 본 인수대비의 제안이었다.

그 후 여성들의 성리학적 도덕성의 내면화가 어느 정도 이루어졌는지를 알 수 있는 것은 17세기 정부인 안동 장씨의 실기(實記)를 통해서이다.

> "성인의 행동도 모두가 인륜의 날마다 늘 하는 일이라면, 사람들이 성인을 배우지 않는 것을 근심할 뿐이지, 진실로 성인을 배우게 된다면 또한 무슨 어려운 일이 있겠는가?"[9]

장씨부인의 경우 이 말을 항상 자식들에게 강조하고 있는데, 그것은 자신이 이미 이 생각을 완전히 내면화했다는 뜻이다. 따라서 17세기쯤에는 인수대비가 제시했던 성리학적 도덕성이 여성들에게 어느 정도 내면화된 단계였다는 것을 알 수 있다.

그리고 그 후 조선 18, 19세기가 되면 임윤지당, 강정일당에서 보듯이 여성들의 성리학 자체를 연구할 정도로 성리학적 도덕성에 매우 경도되어 있었다는 것을 확인할 수 있다. 거듭 말하지만, 조선 후기 열녀가 양산된 것은 이러한 성리학적 도덕성의 실천과 불가분의 관계이다. 이는 사실 조선의 남성들에게도 다르지 않았다. 조선 후기로 갈수록 효자가 많아지고 효 실행방법이 극단화된 것은 도덕성의 실천에서 여성과 남성이 다르지 않았음을 보여주는 사례이다.

조선에서 술수와 성리학은 조선 여성의 의식세계를 지배하는 양대 사유체계였다고 할 수 있다. 현실생활의 실제 행해야 하는 일에서는 술수를 이용하여 화를 피하고 복을 구하고자 했으며, 이념적인 생활에서는 도덕성을 견지하여 모범적인 삶을 영위하고자 했다. 이러한 큰 배경을 놓고 볼 때 술수와 성리학은 조선에서 합리성이며 과학적 원리였다. 즉, 민간신앙 이른바 미신과는 확연히 구분되는 것이었다.

> 집을 진압하는 곳을 정히 하는 법과 음양구기(陰陽拘忌)하는 술을 달아 부적과 귀신 쫓는 일체의 속방에 미쳤으니 이로써 뜻밖의 환을 막고 무당, 박수에 빠짐을 멀리할 것이다.[10]

빙허각이 술수 서문에서 술수가 속방 즉 민간신앙에서 하는 방법을 다 대신할 수 있으니 무당, 박수로 대표되는 민간신앙이나 미신에 빠지지 말 것을 권하고 있다. 술수는 확연하게 민간신앙과는 차원이 다르다는 것을 보여주고 있는 것이다. 술수를 잘 활용하면 뜻밖의 환을 막을 수 있으니 무당이나 박수에는 비교가 안 된다는 취지의 설명이다.

이처럼 술수와 성리학은 적어도 국가 전체를 운영할 정도의 논리를 갖고 있는 대표 사상이었던 것이다. 이 부분은 특히 주목해두어야 한다. 가령 술수가 오늘날의 시각에서 민간신앙의 범주에 드는 것이 아닐까 할 수 있는데, 그것은 지금의 시각이고 당시의 논리와 시각에서는 술수와 성리학은 우주 자연의 질서를 설명하는 틀이었고 국가의 운영체계였다. 오늘날이 아닌 당시의 시각으로 이를 인정할 필요가 있다.

2. 민간신앙

그렇다면 주류 사상이었던 술수와 성리학에서 경계한 민간신앙은 조선에서 완전히 사라져 역할을 하지 못했을까? 빙허각 이씨가 「술수략」 서문에서 민간신앙은 구제(驅除)되어야 할 것으로 시사했는데, 과연 현실생활에서 빙허각이 권한 대로 일반 여성들은 무당과 박수를 멀리했느냐는 것이다.

> "지난해 9월 9일·동지와 금년 2월 초하루에 매양 4경이 되면 제가 취선당 서쪽 우물가에서 찬을 마련하여 희빈의 침실에 바치면 희빈[張禧嬪]과 숙영·시영이 손을 모아 축원하기를, '원하건대, 원망하는 마음을 풀어주소서. 요사이의 소원은 곧 민중전(閔中殿)을 죽이는 것입니다.'라고 하였습니다. 그리고 태자방 신당인 경우에는 숙정이 항상 주관하였습니다. 지난해 11월 신사(神祀) 때에는 무녀가 갓을 쓰고 붉은 옷을 입은 채 활과 화살을 가지고 춤추고 또 활을 쏘면서 '내가 마땅히 민중전을 죽이리라. 민중전이 죽는다면, 어찌 좋지 않으랴?'라고 하였습니다. 저와 숙정·시영도 과연 손을 모아서 빌기를 '이와 같이 된다면 너무나 다행할 것이다.'라고 하였습니다. 대개 11월의 신사에는 서강의 무녀가 이렇게 하였고, 2월에 신당을 철거하자 금천교 가에 사는 무녀가 하였는데, 철생이 그 이름을 알고 있습니다."[11]

1701년(숙종 27) 장희빈의 인현왕후 민씨 저주사건에서 궁녀 축생을 공초한 내용이다. 장희빈이 무녀에게 신당을 설치하게 하고 민중전의 죽음을 기원했다는 것이다. 공초의 사실 관계를 확인할 수는 없지만, 왕실에서 무녀와 접촉을 했고 귀신에게 제사 지내는 일[神祀]을 했다는 것은 알 수 있다. 이 사건으로 장희빈은 결국 사약을 받게 된다.

18세기가 시작되는 시기인데, 왕실에서 여전히 무당과 주술에 의존하고 있는 모습을 볼 수 있다. 빙허각의 경계대로 여성들이 무당과 박수를 멀리하기만 했던 것은 아니었다. 현실생활에서 현실적으로 가장 가깝게 의존하게 되는 것은 여전히 민간신앙이었다고 할 수 있다.

사실 조선은 건국 초기에 음사(淫祀)에 대한 규제를 강력하게 시행했다. 음사란 정사(正祀)의 상대개념으로 옳지 않은 제사이며 이른바 민간신앙이라고 할 수 있다.

> "『곡례(曲禮)』에서 말하기를 '그 귀신이 아닌데 제사지내는 것을 이름하여 음사라고 한다. 음사로는 복을 받을 수 없다.'라고 하였으니 이는 필연적인 이치로서 바꿀 수 없는 것입니다."[12]

『성종실록』에 있는 기록이다. 음사는 그 정당한 귀신이 아닌데 제사지내는 것이라고 한다. 즉, 정당한 제사인 정사가 아니라는 것이다. 그러면서 음사는 복을 받을 수 없다고 했다. 따라서 규제를 건의하고 있다.

조선 초기 이렇게 음사에 대한 규제가 강력하게 된 것은 정사를 중하게 생각하는 예(禮)에서 나온 것이기도 했지만, 당시 음사가 대단히 성행한 것도 중요한 이유였다. 조선 초기 성리학이 도입되기는 했지만, 여전히 불교적인 분위기가 있었고 아울러 음사가 성행했다.

> "음사를 금하는 영(令)은 원전에 실려 있으나 민습이 오래도록 물들어 있어 귀신을 숭상하는 풍습이 사라지지 않고 있습니다. 혹 무격(巫覡)의 요망한 설을 믿으며 생사화복이 모두 신에게 달렸다고 여깁니다. 이에 음사를 숭상하여 혹은 집에서 혹은 들에서 행하지 않는 곳이 없어 즐겨 노래 부르고 춤을 추는 것이 그치지 않습니다."[13]

『세종실록』의 기록인데, 이 당시 규제가 시작됐음에도 불구하고 음사가 성행했음을 보여준다. 집단으로 하는 야제(野祭), 상례(喪禮)음사, 산천·성황제뿐 아니라 개인적으로 무당을 찾거나 굿을 하는 것 등 음사, 다시 말하면 민간신앙이 일반적으로 퍼져 있음을 알 수 있다. 사실 조선이 민간신앙을 음사로 규정하기 전까지 민간신앙은 제재의 대상이 아니었다. 고려에서는 불교와 크게 갈등하지 않으며 공존했다. 민간신앙은 인류 역사와 함께 있어오면서 그 역할을 해왔던 것이다. 그러나 조선에서는 이제 규제의 대상이 됐다.

> 도성 안에서 야제를 행한 자, 사족(士族)의 부녀로서 산간이나 물가에 놀이 잔치를 하거나 야제, 산천·성황의 사묘제를 직접 지낸 자는… 모두 장 100에 처한다.
>
> 경성 안에 무격(巫覡)으로 거주하는 자는 논죄한다.[14]

결국 『경국대전』 형전(刑典) 금제(禁制)에 위와 같은 내용들이 올라가 음사는 법적으로 금지된다. 무당이 도성 안에 거주하는 것 자체를 금지했다. 그렇다면 과연 음사는 조선에서 자취를 감추게 됐을까? 그렇지 않았다. 앞의 장희빈 사례에서 보는 것과 같이 이 음사는 여전히 존재했다. 물론 장희빈이 사약을 받을 만큼 무당을 불러 신사(神祀)를 행한 것은 불법적인 것이었지만, 그 존재 자체가 사라지지는 않았던 것이다.

왕실만이 아니라 일반 사가에서도 민간신앙은 계속됐다. 무당은 여전히 역할을 하고 있었다.

> "해주의 요망한 무당이 역적 이남(李枏)을 위해 사당을 세우고, 또한 역적 허견 및 죄로 죽은 중 처경(處瓊)을 배향하고서 영험이 있다고 말하

므로, 어리석은 백성들이 쏠리듯이 모여든다고 하니, 일이 지극히 해괴합니다. 그 도를 다스리는 신하가 비록 이미 그 사당을 철거하고 또한 요망한 무당의 죄를 다스리기는 했지만, 그들의 죄를 엄중하게 다스리지 않을 수 없습니다."[15]

숙종 13년(1687)의 일이니 역시 조선 후기 기록인데, 무당이 영험하다는 소문이 있으니 사람들이 쏠리듯 모여들었다는 것이다. 『경국대전』을 통하여 법적으로 금지를 했지만, 민간에서는 여전히 무당에 대한 의존도가 높았던 것을 볼 수 있다.

조선의 일반민들은 민간신앙을 통해 어려운 문제를 해결하고자 하는 것이 가장 손쉬운 방법이었을 것이다. 술수라는 것은 빙허각 사례에서 보듯이 전문적인 지식이 필요했다. 따라서 무당에 의존하는 게 훨씬 쉽고도 가까운 일이었다. 빙허각이 무당과 박수를 경계한 것은 그만큼 무당을 찾는 사람들이 많았다는 것을 반증한다.

조선의 여성들이 크게 봤을 때 술수와 성리학이라는 기본 사유체계 안에서 산 것이 사실이지만, 일상에서의 크고 작은 일을 해결하는 데는 민간신앙이 더 유효했다고 할 수 있다. 술수가 좀 멀리 있는 것인 데 반해 무당이나 신당에 비는 것은 훨씬 직접적이며 바로 행할 수 있는 일이었다. 따라서 이 민간신앙은 비공식적이기는 하지만, 술수보다 오히려 더 여성들의 일상생활을 구체적으로 책임졌다고 할 수 있을 것이다.

3. 불교

조선에서 불교는 위축되었다. 성리학이 주류 사상이 되면서 불교는 기존의 종교적 역할을 일정 부분 유지하는 정도였다. 성종 23년(1492) 인수대비가 언문교지를 내려 "역대 제왕이 불교를 배척하고 싶어도 끊지 못한 것은 인심이 동요하는 것을 걱정해서"라고 하면서 불교의 역할을 중시했다. 당시 불교에 대한 통제가 한창이었는데, 인수대비는 불교의 쓰임을 얘기하고 있는 것이다. 그만큼 불교가 아직은 민간 전반에 영향을 미치고 있었기 때문이다. 그러나 인수대비의 이러한 옹호론이 있어도 불교가 조선 사회에서 역할을 하는 것은 한계가 있었다. 이미 조선이 성리학 사회로 나아가고 있었기 때문이다.

"유생(儒生), 부녀로서 절에 올라가는 자는 장 100에 처한다", "여염집에 승니(僧尼)로 유숙하는 자는 논죄한다", "사노비·전지(田地)를 절에 시주로 바친 자는 논죄 후에 그 노비·전지를 국가에 소속시킨다"는 『경국대전』 형전의 금제 조항들을 보면 불교가 활발할 수는 없었다. 비공식적으로 절에 가는 부녀자들이 없었던 것은 아니었지만, 법령으로 금지돼 있는 것을 지속적으로 행하는 것은 역시 한계가 있었다. 여성들의 절 방문이나 시주는 점차 줄어들 수밖에 없었을 것이다.

불교가 살아남는 방법은 실생활에 필요한 역할을 하는 것이었다. 18세기 말 『노상추일기』를 보면, 노상추가 집짓기를 절의 중들에게 의뢰하는 것을 볼 수 있다. 그리고 실제 일정 기간 후 건축이 완성되었다. 그 외에 노상추는 조상 산소 관리를 일부 절에 맡긴다. 집짓기, 묘 관리, 두부 만들기 등 종교라기보다는 실생활에 도움이 되는 역할을 담당하고 있는 것을 볼 수 있다.

한편으로는 민간신앙을 포섭함으로서 존재 의의를 유지한 면도 있다. 삼신각 등 도교적 요소를 포함한 것도 불교의 또 다른 역할로 여성들에게도 어필할 수 있었던 것으로 보인다. 여성들은 공식적으로는 아니더라도 불교를 통해 심리적인 위안을 얻었을 것이다. 실제 절에 시주하는 주체가 여성인 경우를 쉽게 찾아볼 수 있다. 그러나 불교와의 관계는 여성에게서 보조적인 관계일 수밖에 없었다. 조선이 불교 사회가 아니었기 때문이다.

조선은 성리학 사회였다. 조선의 여성들은 성리학적 사고를 기반으로 살아갔다. 봉제사접빈객(奉祭祀接賓客)을 통해 치가(治家), 즉 집안을 전반적으로 잘 운영해나가는 것이 성리학적인 윤리에 부합했다. 기본적으로 성리학적 윤리관이 중심에 있고 일상생활을 해나가는데, 흉과 화는 피하고 길과 복은 가져오기 위해서 술수 등에 의존했다. 그러나 술수와 성리학이 중심이었다고는 하나 현실생활에서는 민간신앙에 더 쉽게 의존하는 측면이 없지 않았다. 따라서 여성들의 사유체계는 성리학이 주류를 이루지만, 술수나 민간신앙 그리고 불교 등에 복합적으로 영향을 받았다고 할 수 있다.

2절

여성의 기술적 실천

1. 기술적 실천의 환경

한 사회의 기술적 실천은 기술 발전 수준이나 기술자 집단의 형성 등 좁은 의미의 기술적 요인을 넘어서 물적 재화의 생산과 유통 및 그것을 포함한 전반적인 사회 운용의 경제적·사회적 구조와 밀접하게 연관되어 있다. 조선시대 여성들의 기술적 실천 또한 당대 사회 전체의 맥락 속에서 바라볼 때 그 비중과 역할을 제대로 파악할 수 있다. 따라서 여성들이 수행한 기술적 실천을 구체적으로 살펴보기에 앞서 조선 사회에서 물적 재화가 생산·유통되는 구조 및 그것과 교차하는 성별 분업 구조에 대해 간단히 살펴보기로 한다.

조선시대 기술적 실천의 전모를 파악하기 위해서는 우선 조선 사회가 전근대 비자본주의 사회라는 기본적인 사실에서 출발할 필요가 있다. 교환가치의 극대화를 기본 작동 원리로 하는 자본주의 사회에서 생산과 유통은 상품화된 재화를 주축으로 하며, 근대의 과학기술 또한 공적·산업적·전문적 기술 중심으로 구축된다. 이에 비해 전근대 비자본주의 사회는 기본적으로 자급자족경제로서, 상품의 생산과 유통은 전체 사회의 물적 재화의 운용에서 부분적인 역할을 할 뿐이다. 조선 사회 역시 자급자족경제를 근간으로 하며 선물경제(膳物經濟) 혹은 증답경제(贈答經濟)와 시장경제가 이를 보조하는 구조를 갖고 있다. 한 가구 단위로 보자면, 삶의 유지에 필요한 기본 물자의 대부분을 집안에서 생산하여 소비하며, 지역적 특성이나 기술적 어려움으로 해당 가구 내 생산이 불가능한 물자들은 선물(특히 양반층의 경우)이나 주문생산 혹은 상품 구입을 통해 조달하는 구조를 갖고 있는 셈이다. 그런데 조선 사회의 상품은 전업기술자들에 의해 집밖에서 생산된 물자가 주종을 이루는 자본주의 사회의 상품과 달리 쌀이나 피륙처럼 집안에서 생산된 물자가 시장을 통해 유통되는 경우가 많았다는 점을 유의할 필요가 있다. 가내생산은 시장을 포함한 조선시대의 전체 물자 수급에서 중추적인 비중을 차지하였던 것이다. 그중에서도 먹을거리와 입을거리의 생산은 '농상(農桑)'으로 조선 사회의 기본 물자 생산의 중심이 되었는데, 뽕나무 재배를 뜻하는 '상'이라는 말로 양잠은 물론이고 직조까지 포괄하는 데서 알 수 있듯, 입을거리의 생산 또한 일차적으로는 광의의 '농업'으로 치부되었으며, 실제로도 농업과 수공업이 결합된 형태를 띠고 있었다. 그리고 여기서 생산된 물품이 자가소비와 선물, 납세, 시장을 통한 교환에 두루 쓰인 것이다.

물론 농업과 결합된 가내수공업 외에도 전업적 생산을 위한 관영 및 민영 수공업이 일찍부터 존재하였으며, 조선 후기로 가면서 전반적인 사회적 분업의 진전에 따라 전업적 생산에서 민영 수공업이 대폭 확대된다. 그리고 가내생산에서도 수공업이 농업으로부터 분리되며 상품 생산에 좀 더 비중을 두는 전업적 수공업의 형태로 전환하는 경향을 보이며, 이와 동시에 담배나 모시 등 수공업적 가공과 연계된 농업에서는 이들 작물을 전문으로 하는 전업적 농업이 나타난다. 자급자족경제를 보완하는 두 체계 중 선물경제로부터 시장경제로의 전환이 나타나기 시작하는 것이다.[16]

자급자족경제란 생활에 필요한 물자가 '집'을 기반으로 생산·소비되는 경제이며, 이는 곧 의식주와 관련된 기본적인 기술 실천들이 '집'에서 이루어짐을 의미한다. 그중에서도 주생활의 경우에는 가령 가옥 건축처럼 목수 등 전문가 집단의 기술적 실천에 의존하는 비중이 큰 편이고, 자급자족경제의 특성이 두드러지는 것은 아무래도 의생활과 식생활이다. 각 가구에서는 기본적인 옷가지들은 원료의 재배에서부터 방적, 방직, 의복 제작 및 관리의 다양한 공정을 포괄하는 가내생산을 통해 조달하고, 기타 신발이나 모자류, 장신구류 등 특히 그 재료를 개별 가정에서 구하기 어렵거나 전문적 기술이 요구되는 경우는 전업적 수공업으로 생산된 물건을 구입한다. 또한 조선 초기부터 모시, 베, 명주 등 이른바 특정 지역에서 가내수공업으로 생산된 명산품이 유명했던 것을 보면 좀 더 높은 품질의 물자에 대한 수요도 상당했던 것으로 보인다.[17] 식생활에서도 마찬가지로, 농촌의 양반층이나 농촌에 토지를 소유하고 있는 도시 양반층 및 농촌의 평민층은 주식과 부식의 대부분을 원료(농수산물)의 재배나 획득, 가공(알곡), 조리(음식)에 이르기까지 집안에서 자체적으로 해결하고, 해당 지역에서 나지 않는 곡물이나 수산물을 비롯한 지방 특산물을 선물이나 상품을 통해 조달하는 것이 일반적이다. 따라서 자급자족경제라 해도 가구 단위에서는 계층과 지역에 따라 자급도의 편차가 크기는 했으나, 근대 사회에 비해 상품이 보조적인 역할에 그치는 것만큼은 보편적인 현상이었다.

조선 사회에서 '집'은 이처럼 생산에서 분리된 '사적' 영역이 아니라 그 자체로 하나의 생산 단위의 역할을 수행하였다. 이는 전근대 사회 일반에서 나타나는 현상인데, 여기에 내외법이라는 성별격리규범으로 상징되듯 상대적으로 강고한 성별 분업구조가 중첩되어 있는 것이 조선 사회의 특징이다. 집의 안과 밖을 각기 여성과 남성의 영역으로 성별화하는 이 구조는 집과 사회를 구분하는 동시에 집안에서도 거처는 물론이고 작업의 물리적 공간이 어디냐에 따라 다시 안과 밖을 구분하는 이중적 성격을 가지고 있었다. 그래서 집 바깥에서 수행하는 농사가 실질적으로 남녀 공히 참여함에도 남성의 일로 이념화되어 있었다면, 농사를 제외한 의생활과 식생활의 유지는 협의의 '집안일'로 '안'에 해당하는 여성의 일이 되었다. 따라서 조선시대 여성들의 기술 실천의 전모를 파악하기 위해서는 기술 실천에서 가내생산이 차지하는 중심성 및 그 성별화된 구조를 유념해야 하며, 나아가 조선시대의 '집안일'이 자본주의 시대의 '가사노동'과 갖는 차별성, 즉 그 생산적 성격에 주목해야 한다. 그렇지 않을 때 조선시대의 다수의 기술 실천들, 특히 여성들이 행한 대다수 기술 실천들이 지워질 뿐 아니라, 기술에 관한 근대중심주의적 관점의 극복도 무망해지기 때문이다. 우리의 연구에서 여성들이 '집안일'로 수행한 실천들에 큰 비중을 두는 것도 이 때문이다.

전술한 대로 조선시대에 기본 생활물자는 대체로 집을 기반으로 생산되는 만큼, 그 전모를 좀 더 구체적으로 보는 데는 거꾸로 선물과 상품을 통해 조달되는 물자들을 확인하는 것도 도움이 될 법하다. 선물경제에 대폭 의존하는 것은 양반 계층에 국한된 일인데, 그들이 남긴 기록을 통해 양반가에서 주로 선물로 교환되었던 것이 무엇인지를 짐작해볼 수 있다. 특히 일기 자료가 좋은 연구 사료가 된다. 가령 이문건(李文楗, 1494-1567)의 『묵재일기(默齋日記)』(1535-1567), 유희춘(柳希春, 1513-1577)의 『미암일기(眉巖日記)』(1568-1577), 오희문(吳希文, 1539-1613)의 『쇄미록(瑣尾錄)』(1591-1601)이라든가, 여성의 언문 기록으로 남평 조씨(南平曺氏, 1574-1645)

의 『병자일기(丙子日記)』(1636-1640)나 기계 유씨(杞溪兪氏, 1818-1875)의 『경술일기(庚戌日記)』(1849-1851) 등을 들 수 있다.

선물을 보내온 상대는 지방관이나 친인척, 지인, 노비 등이었다. 지방관의 경우에는 곡물이나 건축자재 등 지방 재정의 일부를 관직자에게 재분배하는 형태였으며,[18] 친인척 등 사인(私人)의 선물은 자기 집안에서 생산한 물건이나 조달 혹은 구입한 물건들이었을 것으로 보인다. 선물의 대다수는 의식주 및 일상의례와 관련된 음식물 및 수공품류였는데,[19] 좀 더 구체적으로는 "곡물류를 비롯하여 면포, 의류, 문방구류, 용구류, 치계류, 포육류, 어패류, 찬물류, 과채류, 견과, 약재류, 자초류(紫草類) 등 일상용품에서 사치품까지 망라"[20]되었다. 선물 수수 빈도 또한 매우 높아서 유희춘이나 이문건의 경우에는 매일 1회를 넘거나 그에 근접하였으며, 가문의 격이 상대적으로 낮은 오희문도 월 평균 20회 전후의 매우 높은 빈도를 보여준다.[21]

조선시대의 상품은 도시 시장인 시전(市廛), 농촌의 장시(場市), 포구 시장을 중심으로 유통되었다. 시전이 궁에서 사용하는 물품을 납품하고 도시 거주민의 물자를 조달하였다면,[22] 장시는 지역 농민들이 물자를 교환하는 시장으로 기능하였고, 포구는 원격지 도매 유통의 거점 역할을 했다. 그런데 조선 중기 서울에 거주한 유희춘의 『미암일기』를 보면 시전과 장시, 포구 모두를 통해 다양한 종류의 물품을 구입한 것으로 나타난다.[23] 시장 유형에 따라 거래하는 물품이 다른 만큼, 여력이 있는 집안에서는 각종의 시장을 두루 이용하였던 것으로 보인다.

각 시장에서 취급한 물품을 보면, 17세기 중엽 서울의 시전에서는 무명, 명주, 중국에서 수입한 모자, 종이, 솜, 땔나무, 담배, 돼지고기, 양태(凉太), 반찬, 건축자재 등이 거래된 것으로 나타난다.[24] 18세기 후반에는 시전을 포함한 상가가 더욱 확대되며, 시전의 물품도 훨씬 다양해져서 각종 과일, 엿, 닭, 꿩고기, 계란, 족두리 및 패물류, 미투리, 짚신, 나막신 등 신발류 등이 시전을 통해서 판매되었다.[25] 실제로 19세기 중반의 『경술일기』를 16세기 남성들의 세 일기와 비교해보면, 연평균 물품 구매 빈도수에서 전자가 72회, 후자가 10~20회로, 각 집안 특성의 차이를 감안하더라도, 조선 후기로 가면서 시장을 통한 상품 구매가 대폭 증가하고 있음을 볼 수 있다.[26] 이에 반해 선물 수취 회수는 전자가 한 달 평균 약 3회로, 조선 후기에 선물경제의 기능은 부족한 물자 교환보다는 제사나 명절의 부조 중심으로 협소화되는 추세였다.[27]

장시의 물품 목록은 서유구(徐有榘, 1764-1845)의 『임원경제지(林園經濟志)』(1806-1842)에서 가장 자세하게 정리되어 있다. 이에 따르면 팔도의 311개 주군(州郡)에서 개장된 시장 1,052곳 중 가장 많은 수의 시장에서 취급한 물품은 쌀, 콩, 보리 등 곡식과 면화, 면포, 마포, 저포 등 솜 및 피륙, 그리고 어물이었는데, 이 중에서도 쌀, 면포, 어물이 200곳이 넘는 장시에서 거래된 것으로 나타난다. 그 밖에 장시에서 거래된 물품으로는 소, 담배, 철물, 솥, 유기, 종이, 자기, 토기 등이 있다.[28] 또한 특정 물품을 전문으로 취급하는 약령시(藥令市), 우마시(牛馬市), 목재시장, 땔감시장 등이 열렸다.[29] 그리고 포구는 원격지 도매업을 주로 하였지만, 서해에서 특정 어류의 어획기에 배 위에서 열리는 파시(波市)라든가 강가의 포구에서 선박이 정박할 때만 열리는 갯벌장 등을 통해 지역 주민들이 소금이나 해산물을 구하기도 하였다.[30]

그런데 장시 등 지방의 시장들은 상설시장이 아니었다. 여기서 생겨난 공백을 촌락이나 장시를 돌아다니며 매매하는 행상이 메꾸었으니, "어물, 소금, 미역, 생수철(生水鐵), 토기, 목물(木物) 등과 같이 무게나 부피가 크고 값이 비교적 헐한 상품을 지게에 짊어지고 다니는 등짐장사[負商], 그리고 의료, 장신구, 종이 등과 같이 부피가 작고 가벼우며 비교적 값비싼 상품을 보자기[褓]에 싸서 들고 다니거나 질빵에 걸머지고 다니는 봇짐장사[褓商]"가 있었다.[31] 그 밖에 화장품과 화장도구를 여성 상인들이 파는 일명 '여인전'인 분전(粉廛) 역시 앉아서 팔기도 했지만 돌아다니며 물품을 판매하기도 하였다.[32] 그리고 19세기 말에는 화장품, 장신구, 바느질그릇 등 잡다한 물건을 파는 여자 봇짐장수인 방물장수가 등장하였다. 조선시대 사람들은 이렇게 각종의 상거래를 통해 필요한 물자를 구하였거니와, 상품화되지 않았거나 더 뛰어난 품질의 물품을 원할 때는 수공업자에게 주문을 하기도 하였는데, 주로 고급 가구나 복잡한 기구 및 도구, 사치품 등을 주문제작에 의존하여 조달하였다.[33] 물론 가구와 농기구는 농가에서 직접 만드는 경우도 많았다.

이처럼 조선 사회에서는 각자 집안에서 조달할 수 없는 생필품 및 기타 물품을 선물 교환이나 상품 구입, 혹은 필요한 경우는 주문제작을 통해 보충하기는 하였으나, 식량이나 의복 등 기본 물품은 자체 조달을 기본으로 하고 있었다. 또한 선물과 상품도 많은 부분이 가내생산을 통해 생산되는 전근대적 특성을 보인다. 가내생산에서 여성이 차지한 몫은 매우 크다. 여성들은 '집'을 기반으로 다양한 기술을 통해 집안에서 소비할 물자를 생산하며, 이들이 생산한 물자는 나아가 집밖에서 유통되며 선물경제와 시장경제를 떠받치고, 면포의 경우 납세 수단으로서 의사(擬似)화폐의 기능까지 수행하였다. 자급자족경제는 물론이고 시장경제에서도 여성들의 역할이 얼마나 중요했는지는, 시전 전체를 통제하는 권한을 지닌 육의전(六矣廛)에 면포전(면), 면주전(명주), 포전(삼베), 저포전(모시) 등 여성들이 가내생산한 피륙을 취급하는 점포가 큰 비중을 차지했던 것에서도 알 수 있다.

조선시대 여성들의 기술 실천은 대다수 '집안일'과 직결되어 있었지만, 물론 공적 영역에서 전문기술자로 활동한 여성들도 일부 있다. 이들의 존재와 활동을 드러내고 상술하는 것 또한 우리의 또 다른 관심사이다. 뒤에서 상술할 조선 특유의 여성 의원 집단인 의녀나 궁에서 의식주를 유지하는 데 필요한 일상적인 노동을 담당하는 궁녀 집단의 존재는 이미 비교적 알려진 편이다. 물론 의녀를 제외하고는 이들이 나름의 전문적인 기술 실천을 수행한 인물이라는 점은 충분히 부각되지 않았다. 이들 외에도 머리장식과 미용을 담당하는 수모(首母), 바느질을 담당하던 침선장(針線匠)/침선비(針線婢) 등 특수 여성 기술자 집단이 활동하였으며, 양란으로 관청제도가 붕괴되었던 17세기 초에는 염모(染母), 진소장(眞梳匠, 참빗), 수비(繡婢), 봉조여인(縫造女人, 바느질과 옷 짓기), 양태장(凉太匠, 갓의 차양), 복완재작장(服琓裁作匠, 노리개와 꾸미개), 상화장(床花匠, 잔칫상 꽃), 모의장(毛衣匠, 방한용 모자) 등 8종에 여성 장인이 활동한 기록이 남아 있다.[34] 이 중 양태장의 경우는 18세기 초까지 여성 장인의 존재가 확인되고 이후로도 계속적으로 여성이 활동하였던 것으로 보이지만,[35] 이는 예외적인 경우고 이들 직종은 17세기 후반부터는 다시 남성으로 대치되는 경향을 보인다. 그러나 이른바 '남성' 직종들에 일시적으로라도 여성이 동원될 수 있었다는 점은, 공식적으로 장인의 직역을 부여받지 않고도 아마도 장인 가족의 일원으로 기술직에 종사한 이름 없는 여성들이 조선에 이미 다수 존재하였음을 추정케 해주는 사실이다.

2. 농업기술과 여성

1) 여성의 농사 참여도[36]

"우리 조선은 예로부터 여자가 부지런히 일하여 남자에 뒤지지 않았다. 조선에서 나는 고치실과 명주·베·모시·무명 등, 하나도 여자의 손을 거치지 아니한 것이 없다. 시정(市井)에서 물건을 팔고 사는 일에나, 논밭에서 밭 갈고 씨 뿌리는 일에도 부녀의 조력이 태반이다. 의류재봉과 주식모의(酒食謀議)가 다 여자 아니고서는 되지 아니하는 바이니, 이로써 보건대 조선산업사상에 실로 여자는 주요한 자리를 차지하고 있다."

이능화(1869-1945)는 『조선여속고』에서 조선 여성이 산업에서 차지한 역할을 이렇게 평가하였다. 또 조선 후기 유수원(柳壽垣, 1694-1755)은 "농가의 부녀는 농사일[耕耘]하고 식사를 마련하느라 겨를이 없을 정도로 바쁜데, 반드시 또 스스로 옷을 짜서 입어야 하니 그 옷 짜는 것이 막히고 잘 나가지 못한다."[37]고 말했다. 모두 조선에서 여성 노동이 차지하는 비중이 매우 컸다는 것을 보여주고 있다.

17세기에 만들어진 고상안(高尙顏)의 『농가월령(農家月令)』에서는 정월 우수가 지나 농사일 시작하기 전에 농사에 필요한 도롱이를 만든다고 했는데[38] 이때 남녀 도롱이를 함께 만든다고 서술되어 있다. 이 도롱이는 농사일정의 처음에 나오는 것으로 보아 농사와 관련하여 중요한 물품이었다는 사실을 알 수 있다. 그런데 이러한 도롱이를 만들 때 남자, 여자 양쪽의 것을 같이 만들었다고 하는 것은 농사의 시작에서부터 여자들이 함께 참여했을 개연성이 높음을 보여준다.

그렇다면 조선에서 여성들이 한 농사일의 규모는 어느 정도였을까? 이는 농사를 짓는 형태에 따라 다르게 나타날 수 있다. 500년의 긴 기간 동안 농업경영 형태에 변화가 없을 수 없었다. 조선 초기 농업경영 형태에 대해서는 각종의 다양한 학설이 제기되어 있으나 대체로 소농경영을 인정하는 경향을 보인다.

김태영은 자가(自家)경영 규모의 토지를 소유하고 가족노동을 포함하는 자기노동에 의존하여 토지를 경영하는 자영농의 유형이 조선 초기 소규모 개별적 경영의 전형적인 모습이며 가장 번영할 수 있는 형태였다고 보고 있다.[39] 이와 같은 자영농은 전체 농민호에서 점하는 비율이 절반 이상일 것으로 짐작되며, 토지소유 규모는 1~2결(結)[40] 정도로 추정된다고 한다.

이호철은 김태영과 달리 분산적인 소농민경영의 형태가 주류를 이루었다고 주장하였다. 즉, 이들 소농민경영은 단순히 소가족의 자영호만을 기반으로 하여 전개된 것은 아니고, 그 외에 비자립적인 예속호였던 협호(挾戶) 등의 노동력을 함께 포괄하는 이른바 편호(編戶)의 구성을 가지고 있었다고 한다.[41] 편호의 구성을 언급한 것이 김태영의 학설과 다른 점이다. 이호철의 학설에 의하면 조선 전기 소농경영의 소유 결수는 조선 후기보다 상대적으로 컸다. 따라서 같은 소농민경영이라도 조선 초기와 조선 후기 사이에는 경영면에서 상당한 차이가 있다.

이영훈도 전근대 사회에서 농민경영은 지배적으로 소농민경영이라고 하였던 점에서는 위 두 학설과 다르지 않으나 구체적인 사실 인식에서는 상이한 면이 있다.[42] 조선 전기에는 소농경영이 매우 취약한 존재로서 국가나 주인의 강한 인격적 지배하에 있었다. 그러나 조선 후기에 이르면 집약농업에 기초한 소경영으로 변화하게 되고 이에 따라 자립도가 강화되어 국가나 지주의 소경영에 대한 지배는 추상적이며 경제적인 것으로 전화되었다고 한다. 이는 조선 초기의 불안정한 소경영에서 조선 후기의 자립도가 강한 소경영으로 변화된 상황을 나타내주는 것이다. 즉, 소경영은 자체 발전 원리를 가지고 있으며 역사 발전의 요소가 될 수 있다고 보고 있다.

이상 몇 가지의 농업경영 형태에 대한 이론은 내용을 조금씩 달리하고는 있지만 대체로 조선 농업의 전형이 소농경영이었다는 데에는 큰 이견이 없다고 할 수 있다. 그렇다면 이러한 소농경영 형태의 농업에 투여된 노동력의 규모는 어느 정도일까?

대체로 소농에서 보유할 수 있는 토지의 양은 1~2결에 지나지 않은 것으로 보인다. 그런데 같은 소농을 주장하는 경우라도 경영 규모에 대해서는 각기 설을 달리하고 있는 것을 볼 수 있다. 규모가 3.3결이라는 주장도 있는데, 1~2결의 경우는 가족만으로도 농사를 지을 수 있다고 하겠지만 3.3결쯤 되면 한 집의 노동력으로는 감당하기 어려웠을 것이다. 따라서 주호-협호라는 관계 하에 집단적 단순협업을 통하여 농사를 지었을 것이라고 짐작하고 있다.

그렇다면 이러한 농업 형태에서 여성의 참여율은 어떻게 다르게 나타날까? 주로 가족노동에 기반하는 소농경영의 경우에는 여성이 참여하는 비율이 비교적 높을 것으로 추정된다. 가족노동에서 노동력을 제공할 수 있는 인원은 대략 4~5명 정도 되는데, 조선 초기의 가족이 대체로 직계가족이었음을 감안하면 이 숫자는 성인 남녀 모두를 포함해야만 나올 수 있는 숫자이다.[43] 결국 한 가족에서 성인 여성 모두가 가족노동에 동원되었다고 볼 수 있다.

조선 초기 농서인 『농사직설(農事直說)』에 나타난 농기구를 보면 대체로 인력으로 사용하는 것들로서, 가족노동에 알맞은 형태의 것들이다. 이는 조선 초기 농업경영 형태가 가족노동에 의존하는 1~2결의 소농경영이 지배적이라는 사실을 방증하는 것이기도 하다. 그리고 위에서 살펴본 바와 같이 여성들의 농사 비중은 상대적으로 클 수밖에 없다. 또한 3.3결의 좀 더 넓은 면적의 농업 규모였다고 해도, 조선 후기의 집약농업과 달리 경영 형태에서 집단적·조방적인 단순협업의 형태였다면 여성의 농사일은 역시 필요했을 것이다.

물론 이앙법 등 생산기술이 발달하고 농업 형태가 집약농업으로 바뀌는 조선 후기가 되면 김매기의 감소 등으로 여성 참여율이 줄어들 수 있다. 하지만 그렇다고 해도 가족 단위가 중심이 되는 소경영의 기본 틀이 유지되는 한 여성들의 농사일이 획기적으로 줄어들었을 것으로 보이지는 않는다. 이 부분은 농업 형태의 변화와 관련하여 좀 더 세밀한 연구가 필요하다.

외거노비에게 직영을 시킬 때 노(奴)에게 분급하는 전지의 면적이 대체로 20두락이라고 하는데, 이때 비(婢)에게 주는 전지의 면적도 같은 20두락 정도였다고 한다. 이는 노비라고 하는 특수 신분층에 한정되는 경우이지만 여성 노동의 비중을 짐작하게 하는 단서이다. 물론 비에게 주어지는 전지가 전적으로 여자 노비에 의해서 경작되는 것은 아닐 수 있다. 그러나 비에게도 같은 면적을 주었다고 하는 것은 책임 면에서 노와 비의 비중이 같음을 의미하는 것이고, 동시에 곧 비의 경작 능력이 노에 비하여 크게 뒤떨어지지 않는다는 사실을 보여주는 것이다.

조선에서 여성들이 농사일을 하는 것은 매우 일상적이었다. 농업경영 형태의 변화에 따라 시기적으로 참여 비율의 차이가 있을지 몰라도 기본적으로 농사가 여자들의 일에서 차지하는 비중은 결코 작지 않았다고 할 수 있다.

2) 여성 농사의 실제

(1) 김매기

조선 여성들의 농사일이 적지 않았다고 했는데, 그렇다면 여성들은 주로 어떤 농사일을 했을까? 힘든 근력노동보다는 세밀하고 지속적인 농사일정에 참여했을 가능성이 높다. 조선 여성들이 주로 참여한 농사는 김매기로 추측된다.

농사에서 가장 중요한 과정은 김매기였다. "옛말에 이르기를 호미 머리에 스스로 100본의 벼가 있다고 하였고 늙은 농부의 말에 모(苗)는 사람의 공을 알아준다고 했다."[44] '호미 머리에 100본의 벼가 있다는 것'은 농사의 성패가 김매기에 달렸다는 것의 다른 표현이다. 또 조선 전기의 농업서인 『금양잡록(衿陽雜錄)』에 "1년 동안 배불리 먹느냐 굶주리느냐는 여름철 김매기에 달렸네. 모두 김을 매어라. 제철을 놓치지 말아라."라는 말이 있는 것도 김매기의 중요성을 알려준다. 김매기를 잘하면 할수록 수확량이 늘어날 수 있다는 것이다.

> "돌샘골 올벼논을 매러 수야하고 용수 아내와 계집 안종 넷이 갔다."
> "돌샘골 논에 집의 종 여섯과 정수네도 서로 품앗이로 일했다."
> "돌샘골 올벼논을 두 벌째 매러 집의 종 아홉과 정수 부처(夫妻) 해서 열하나가 갔다."
> "흙당 논에 여덟이서 김매러 갔다. 정수 부처 장남이의 아내까지 열하나가 다섯 마지기를 두 벌씩 다 맨 셈이다."[45]

조선 17세기 『병자일기(丙子日記)』에 나오는 농사 관련 기록이다. 『병자일기』는 1636년에서 1640년까지 양반부인 남평 조씨(南平曺氏, 1574-1645)가 쓴 일기인데, 1638년 병자호란으로 충주에 피난 갔을 때 농사를 직접 관리하면서 진행 과정을 기록해두었다.

조씨부인의 집중적인 농사 기록은 1638년 3월에 시작된다. 음력 3월이니까 지금으로는 4월이라고 할 수 있다. 3월 2일 "흙당 논 열서 마지기를 정수와 소 한 마리, 사람 열하나가 갈았다."는 기록이 처음이다. 즉, 논농사의 시작이라고 할 수 있는 논갈이부터 기록이 돼 있다.

열서 마지기를 가는 데 정수와 소 한 마리, 사람 열하나가 갔다고 하는데, 여기에 여자가 참여한 것 같지는 않다. "오늘 돌샘골 논 일곱 마지기를 갈았다. 소하고 종 여섯이서 정수와 함께 갈았다."(3월 5일)는 기록도 마찬가지이다. "돌샘골 논에 종들 여섯이 가서 갈고 쇠스랑질하였다."(3월 8일)와 "집의 종 넷과 정수 형제가 달겨들어 거리실 논을 갈고 가래질하고 파고 왔다."(3월 17일)는 기록들은 모두 남자들이 가래질과 쇠스랑질을 한 것으로 짐작하게 해준다. 논을 삶는 작업 즉 가래질 후 논을 고르게 하는 작업도 주로 남자가 한 것으로 보인다. 그런데 김매기는 다르다. 위에 보이듯이 "돌샘골 올벼논을 매러 수야하고 용수 아내와 계집 안종 넷이 갔다."고 하는 것에서 김매기의 경우 여자들이 주축인 것을 볼 수 있다. 수야나 용수 아내 계집 안종이 모두 여자들인 것이다. "흙당 논에 여덟이서 김매러 갔다. 정수 부처와 장남이의 아내까지 열하나가 다섯 마지기 올벼논을 두 벌째 마저 매었다." '정수 부처'에서 정수 처가 함께 갔고, 장남이 아내도 참여한 것을 볼 수 있다. 여자들의 참여가 매우 자연스럽다.

물론 '계집 안종'이라고 해서 여자인 것이 명확히 표시된 경우도 있지만, '집의 종 여섯과 정수네'처럼 여자 종인지 남자 종인지를 알 수 없는 경우도 있다. 종이라고 할 때 반드시 여자가 포함돼 있는지는 알 수 없다. 그러나 김매기에서는 남녀 구분이 명확하지 않다고 해도 첫 번째 돌샘골 기록에서 보듯이 여자들이 주축인 경우가 있는 만큼 여자가 포함될 가능성은 높다. 김매기의 경우는 여자들이 주로 또 함께 하는 것이 일반적으로 보인다. 후에 서술할 것이지만, 김매기 도구인 호미의 모양이 사이즈가 작고 섬세한 손놀림에 적합한 것이어서 그 사용자가 주로 여성들이라고 짐작해볼 수 있는데, 이것도 여성의 김매기 참여 가능성을 높여준다고 하겠다.

1638년 『병자일기』의 전체 농사 기록에서 갈이와 삶기를 합한 것이 14

건인데, 김매기는 30여 건에 이른다. 그리고 기간을 보면 갈이와 삶기는 한 달(3월) 동안에 거의 끝이 난 반면, 김매기는 여러 달에 걸쳐 수시로 이루어지고 있는 것을 볼 수 있다.

1638년 조씨부인이 관장한 김매기 일정은 4월에 시작됐고 5월에 더 빈번해졌다. 거의 매일 김매기를 했다고 할 수 있다. 5월이 지난 이후에도 김매기는 계속됐을 것으로 보인다. 그런데 1638년 6월부터 『병자일기』에서는 김매기 기록을 더는 볼 수가 없다. 6월이 되자마자 조씨부인이 서울로 갔기 때문이다. 심양에 억류돼 있던 남편 남이웅(南以雄, 1575-1648)이 돌아오게 돼서 부인이 바로 6월 2일에 서울로 올라왔다. 이해에 더 이상은 농사 일기, 농사 기록을 볼 수 없다. 서울 생활이 다시 일상적으로 이루어졌기 때문이다.

그렇다면 6월 이후 김매기는 어떻게 됐을까? 더 진행이 됐다면 그것은 언제까지 계속됐을까? 1638년 일기에는 없지만, 1639년 『병자일기』에서는 5월 이후의 김매기 일정이 다시 나타난다. 이때의 논은 어느 지역인지 명확히 알 수가 없다. 충주에서 서울로 돌아와 있는 만큼 서울 근교의 어디였을 것으로 짐작할 뿐이다. 그래도 농사일정 자체는 다르지 않아서 다시 김매기 과정을 살펴볼 수 있다.

> "사람 일곱이 김매었다."(5.16.)
>
> "사람 아홉이 김매었다."(5.20~25.)
>
> "사람 여덟이서 김을 세 벌째 매었다."(5.28.)
>
> "사람 여덟이 김매러 갔다. 오후에 큰 논에 세 벌째 김매기를 시작하였다."(6.1.)
>
> "오늘은 김을 매지 않았다."(6.2.)
>
> "사람 여덟이 김을 매었다. 큰 논에 세 벌째 매기 시작하였다."(6.4.)

"계집종 둘이 김매러 갔다."(6.6.)

"사람 여덟이 김매었다. 김을 세 벌째 마저 매었다."(6.8.)

"동막(東幕)의 논에 사람 다섯이 가서 네 벌째 김을 매었다."(6.29.)

"사람 여섯이 가서 김매었다."(7.1.)

1639년의 김매기 기록에서 다시 확인할 수 있는 사항은 5월에는 김매기가 거의 매일같이 이루어지고 있다는 사실이다. 음력 5월이면 양력으로 6월인데, 벼가 어느 정도 자라기 시작했고 김매기가 매우 필요한 때라고 할 수 있다. 1638년과 비슷하게 거의 매일 김매기가 이루어지고 있다.

그런데 6월은 5월에 비해 김매기 사례가 줄어든다. 5월에 거의 매일 김매기를 했다면 6월은 2~3일에 한 번씩 한 것으로 보인다. 물론 매일 기록이 있다고 같은 논에 김을 매는 것은 아니다. 그러나 기록이 많다는 것은 어떤 논이든 기본적으로 김매기 횟수가 많다는 것을 뜻한다. 기록을 통해 볼 때 김매기는 5월에 반드시 집중적으로 이루어져야 하며 6월에는 그것을 유지해주는 것으로 보인다. 그렇다면 김매기는 6월로 끝이 났을까?

김매기가 최종적으로 나타나는 것은 1639년 7월 1일이다. 이 이후 김매기 기록은 보이지 않는다. 그러니까 요즘 일력으로 하면 8월 초까지 김매기가 이루어졌다는 것이다. 당시 기록들에서 8월 15일 즉 추석이면 추수가 이루어지는 것을 볼 수 있는데, 그것을 기준으로 한다면 추수 한 달 보름 전까지는 김매기가 행해졌다고 할 수 있다. 결국 김매기는 4월부터 6월까지 3개월에 걸쳐 이루어졌으며 이는 전체 농사일정 6개월 중에 반을 차지하는 기간이 된다. 갈이나 추수가 한 달 안에 이루어지는 것과는 대조적이다.

갈이나 삶기는 대체로 한 번에 끝나지만, 김매기는 반복적으로 이루어졌다. 초벌, 두 벌, 세 벌, 심지어는 네 벌까지 맨 기록도 보인다. 기본적으로 농사에서 김매기 일정이 가장 길게, 가장 많이 이루어졌음을 거듭 확인할 수 있다. 앞에서 인용한 "호미 머리에 100본의 벼가 있다는 것"이 괜히 하는 말이 아니라는 것을 알 수 있다. 실제로 김매기가 농사에서 가장 큰 비중을 차지한다는 것은 재론의 여지가 없다.

김매기는 여러 차례 그리고 꽤 오랜 기간에 걸쳐 지속적으로 이루어지는 만큼 당연히 많은 노동력을 필요로 한다. 갈이나 삶기에 최대 투입 인원이 5~6명인 것에 비하면, 김매기는 5~6명은 기본 인원 수준이며 한 번에 11명까지도 투입되는 것을 볼 수 있다. 이런 상황 때문에 한 벌의 김매기 과정을 마치는 경우 연인원은 24명에서 30명에 이르기도 했다.[46] 즉, 두 벌째에 24명, 세 벌째에 30명 등의 규모니까, 김매기가 모두 세 벌에 걸쳐 매게 된다고 하면 일반적으로 한 곳의 김매기 연인원은 100명에 이를 수 있다. 이는 인원수로만 봐도 대단한 노동력이 드는 작업 과정이었다.

이렇게 많은 노동력이 필요하다면 여자들이 김매기에 참여해야 하는 것은 당연한 일이었을 것이다. 여자들이 농사일로 바쁘다고 할 때 대표적인 것이 바로 이 김매기를 하는 것이라고 봐야 한다.

그리고 김매기는 갈이나 추수에 비해 그렇게 시급하지 않은 것으로 생각되기도 하지만, 다음의 사례를 보면 김매기도 얼마나 시기에 맞게 실시돼야 하는 것인지를 알 수 있다.

> "오늘도 정수가 계속하여 집안일을 하느라고 부치는 논이나 제 논이나 김을 묵히게 되니 이것도 알곡이라 이틀을 사람 열셋을 모아 매어준다. 이것도 품앗이로 맨 것이다."

위의 김매기 기록에 자주 등장했던 정수네의 김매기가 늦어져 한꺼번에 품앗이로 매게 했다는 내용이다. 정수는 사례를 통해 볼 때 조씨부인 집안 농사를 관리하는 일종의 집사 역할을 하고 있다고 생각된다. 그런데 따로 자신도 논을 가지고 있는 것이다. 정수는 주인집 일을 하느라고 자신 논의 김매기는 늦어졌다. 이런 사정을 아는 조씨부인은 며칠 후 사람을 모아 품앗이로 정수네 일을 하게 해준 것이다. 조씨부인의 표현으로 보아 김을 묵히는 것 즉 김매기가 늦어지는 것이 큰 문제인 것을 알 수 있다. 사람을 열셋이나 모으고 품앗이로 빨리 처리하고 있는 것이 그렇다. 거듭 농사에서 김매기의 중요성을 확인할 수 있다.

이 『병자일기』는 1638~9년 즉 17세기 중반의 기록들이다. 이때의 논농사는 이앙법 이전의 농사이고, 한전의 형태를 띠고 있는 것으로 보인다. 16세기부터 이앙법이 들어왔다고는 하지만, 17세기 중반까지는 이앙을 실시하는 곳은 드물며 논의 형태도 한전이라고 할 수 있다. 『병자일기』는 이러한 당시 상황을 잘 대변해주고 있다고 하겠다.

이앙법 이전 그리고 한전 형태에서 김매기는 훨씬 중요하다. 이앙법의 발달 자체가 김매기를 줄이기 위한 것이라는 주장을 통해서도 이를 알 수 있다. 한전보다 수전에서 김매기가 줄어드는 것도 마찬가지이다. 따라서 18세기 이후 수전이 많아지고 이앙법이 보편화되기 이전까지는 『병자일기』에서 확인하듯이 김매기는 전체 농사에서 핵심이었으며, 그 잦은 횟수와 지속성 때문에 남녀 불문으로 이 작업에 참여했을 가능성이 높다.

결과적으로 논농사가 수전이 아닌 한전의 형태로 밭농사와 유사한 성격일 때 김매기가 자주 그리고 길게 이루어졌으므로 이때에 여자들이 보다 농사일을 많이 했을 것이다. 그렇다면 조선 후기 이앙법이 아주 보편화됐을 때 여자들이 농사짓는 일은 거의 없게 됐을까? 현실은 그렇게 보이지 않는다. 조선 후기 기록에서도 여전히 여자들은 농사를 우선적으로 하고 그 후에 밥 짓고 길쌈하는 것으로 나오기 때문이다. 아마 이때에는 밭농사가 주된 역할이었을 것으로 보인다. 그런데 조선 후기에는 밭농사 작물의 확대, 즉 고구마·감자·고추·담배 등 수입 작물의 증가 등으로 여자들의 농사일의 비중은 더 늘어났을 가능성도 크다. 조선 여성들의 농사 참여는 전기에는 논농사가 큰 비중을 차지하는 농사일이었을 것으로 생각되고, 후기에는 논농사보다는 밭농사 중심의 작업이 이루어졌을 것으로 보인다.

(2) 김매기 농기구

김매기가 그렇게 중요했다고 한다면, 과연 김매기를 하는 농기구들은 어떤 것이 있었을까? 김매기 농기구로 가장 일반적인 것은 역시 호미이다. 조선 17세기 이후에는 호미가 더욱 발전했다고 한다. 이앙법으로 김매기가 줄었다고 하지만, 밭농사의 비중이 커졌고 또 논농사에서도 김매기가 전혀 없는 것은 아니었기 때문이다.

호미는 논에서 쓰는 것과 밭에서 쓰는 것으로 크게 구분되는데, 논호미는 논판 흙을 찍어서 앞으로 잡아당기면 호미밥이 한쪽 또는 양쪽으로 갈라지면서 벼포기 쪽으로 뒤엎어지게 되어 있었다. 밭호미는 산간지대에 쓰는 산간호미, 평지대에서 쓰는 평지호미로 크게 나누어볼 수 있다.

그런데 논과 밭을 종합하여 생김새에 따라 다시 분류를 하면 외귀호미, 양귀호미, 날호미, 수숫잎호미, 깻잎호미, 경지기, 막지기 등의 호미가 있다. 외귀호미는 날이 위로 올라가면서 좁고 뒤로 젖혀져 있기 때문에 땅에 대고 당길 때 흙이 날면을 따라 올라오다가 양옆으로 갈라져서 뒤로 넘어간다. 양귀호미는 흙을 끌어올리는 작업을 능률적으로 할 수 있게 자루를 길게 하였는데 고랑이 넓고 두둑에 북을 많이 주어야 할 북부 산간지대의 김매기에 많이 쓰였다. 외귀호미는 삼베과 같이 이랑을 좁게 짓고 심은 작물을 가꾸는 데 쓰기 편리한 호미였다. 양귀호미와 외귀호미는 모두 김매기, 씨솎음, 북주기, 골만들기 등에 널리 이용된 농기구였다.

막지기는 날이 뾰족한 호미로, 땅을 찍어 엎는 데 주로 쓰이며 곡식을 옮겨 심을 구덩이를 파는 데도 이용되었다. 평호미는 흔히 평대기라고도 하였다. 등과 날이 거의 평행으로 길게 뻗었고, 바닥면이 호미날의 두 귀 가운데 작은 귀가 완전히 없어서 마치 낫날 비슷하게 생겼는데 흙을 깎거나 풀뿌리를 자르는 데 매우 편리하였다.

우리나라 호미는 여러 가지로 발전했다. 이는 땅의 특성과 농작물 재배 기술 그리고 농사를 세밀히 하는 데 맞게 다듬어지고 발전시켜온 결과라고 한다.[47]

호미 외에 김매기를 할 수 있는 농기구로 후치가 있다. 후치는 오래된 농기구로 17세기 이후 밭 김매기에 광범위하게 사용되었다고 한다. 후치는 따비라고도 하는데 보습 폭이 좁고 길이가 짧으며 날끝이 예리하여 주로 밭고랑을 훑쳐서 김을 매는 데 이용되었고, 또 황무지를 개간하거나 땅을 가는 데 이용하기도 했다. 후치날의 뒤쪽에 두드레를 끼워서 북을 더 잘 주게 한 것은 흙덮기를 할 뿐 아니라 김도 함께 매는 데서 온 것이라고 볼 수 있다.

김매기 농기구 중에 여자들이 주로 사용했던 것은 호미 종류일 것으로 생각된다. 후치는 상대적으로 크고 근력이 많이 필요한 도구로서 섬세한 김매기에는 적합하지 않기 때문이다. 여성들이 호미의 주 사용자였던 만큼 여성들은 사용하면서 불편한 점을 이야기하고 효율성을 높일 방법을 건의하여 호미가 더 발전하는 데 기여했을 것으로 짐작된다.

(3) 씨앗 관리[48]

조선에서 여성들이 참여했을 가능성이 높은 농업 과정의 하나는 씨앗 관리이다. 오늘날의 기록에서도 씨앗 관리는 여성이 해온 것으로 언급되고 있다.[49] 섬세한 관리 과정이 여성들의 노동력을 필요로 한 것으로 보인다.

씨앗 관리는 봄에 종자 농사를 따로 할 만큼 농사에서 중요했다. 농사의 처음이라고 할 수 있는 씨앗 준비 과정은 어떻게 이루어지고 또 누구에 의해 주도되었을까? 조선에서 가장 널리 알려진 농서인 『농사직설』에는 간략하지만 종자를 준비하는 법이 서술돼 있다.

> 9가지 곡식을 거두어 견실하며 축축하지 않은 것을 선별한다. 키로 까불어서 쭉정이를 제거한 후 물에 담가 물에 뜨는 것은 건져낸 후 물을 빼고 충분히 말려 습기가 없도록 한 다음 빈 가마니에 보관한다.[50]

이 과정을 살펴보면 씨를 준비하는 일은 그 성격상 남녀 구별 없이 참여했을 가능성이 높은 것으로 보인다. 다만 씨앗 준비는 농번기가 되기 전에 이루어지는 작업이라, 이 시기에는 남자들이 비교적 한가한 데다 여자들은 가사 일의 틈틈이 농사일과 길쌈을 해야 하는 만큼 남자들이 더 적극적으로 참여했을 것으로 보인다. 그러나 이 중에서 키질의 경우는 여자들이 주로 했을 것으로 생각된다. 그 외에 물에 담가 건져 말리는 등의 일도 반드시 남자들이 전담했을 것으로 보이지는 않는다.

> 12월에 이르러 설즙을 받아 그릇에 모아 뚜껑을 덮어둔다. 씨 뿌릴 때 씨를 그 속에 담갔다가 말린다. 이와 같이 하기를 2번 한다. 또는 소나 말의 오줌을 통에 담아 씨를 그 속에 담갔다가 건져 말린다. 이것은 반드시 3번을 해야 한다.[51]

이는 보다 효과적인 농사를 위하여 씨앗 담그기를 다양한 방법으로 실행할 것을 권장한 내용이다. 앞에서 씨뿌리기 전에 씨앗을 준비하는 과정과 크게 다를 것이 없으나 수확을 좋게 하기 위해서 설즙이나 가축의 오줌을 이용하는 것이 특이하다.

구체적으로 볍씨를 준비하는 과정을 보면, 우선 볍씨를 물에 담가 3일이 지난 후에 건져 자루에 담아 따뜻한 곳에 두어 자주 들여다보고 썩지 않게 한다고 하였다. 이 과정은 일반 곡식의 씨앗을 준비하는 과정과 크게 다르지 않으나 물에서 건져 따뜻한 곳에 보관하여 싹을 틔워 씨뿌리기를 준비하는 것이 주목된다. 이것은 더욱 세심한 주의를 요하는 일이다. 즉, 따뜻한 곳에 보관할 때 썩지 않도록 해야 하며 싹이 트는 것도 그 길이를 잘 살펴 적절한 때에 밭에 뿌려야 하는 것이다. 앞의 밭갈이는 남자들에 의해 이루어졌을 것이지만, 이처럼 세밀하게 씨를 준비하고 또 뿌리는 것 등은 아마도 여성이 하지 않았을까 생각한다.

씨를 뿌린 후에는 다시 널빤지 등으로 흙을 덮고 관개를 한 다음 새가 먹지 못하도록 한 다고 했다. 이때에 흙을 덮고 관개하는 일은 남자들이 했을 것으로 보이며, 새가 먹지 못하도록 살피는 일은 여자들이나 아이들의 몫이었을 것이다.

뿌린 씨가 자라 잎이 2개가 나면 물을 빼고 손으로 김을 매준다고 한다. 이때에 손으로 김매기하는 것은 싹이 아직 어려 섬세하게 다루어야 하기 때문이다. 이처럼 조심스럽게 다루어야 한다면 남녀 모두 농사에 참여할 수 있는 상황일 때 일차 김매기는 여자가 담당하는 것이 더 자연스러워 보인다. 김매기의 전 과정은 앞의 김매기에서 서술했듯이 여자들의 역할이 큰 농사 과정이었다.

3) 농사일정 관리의 의미

조선 여성들의 농사 참여는 두 가지 형태라고 할 수 있다. 첫째는 앞에서

본 바와 같이 직접 김매기, 씨앗심기 등 근력노동을 하는 것이고, 둘째는 조씨부인처럼 농사일 전체를 관리하는 것이다. 평민 이하 여성들의 직접 노동이 농사에서 차지하는 비중이 크고 의미 있지만, 양반 부인으로서 집안에서 농사 전체를 관리하는 역할도 여성들의 농사일에서 의미가 작지는 않았다.

물론 김매기나 씨앗 관리처럼 직접 노동이 농사의 기본임은 부정할 수 없다. 그러나 농사일정 전체를 관리하는 것은 직접 농사가 더 잘 되도록 할 수 있었다. 기본적으로 농사는 특히 우리나라의 농사는 여름 한철 농사에 집중돼 있기 때문에 시기를 잘 맞추는 것이 무엇보다도 중요했고 그만큼 경험과 관리기술이 필요했다.

농사일정 관리를 살펴보려면, 앞에 김매기 과정에서 나타났던 조씨부인의 역할을 주목해볼 필요가 있다. 일기에서 조씨부인은 3월 초 논갈이부터 일정을 시작한다. 즉, 농사의 시작인 갈이를 먼저 사람을 시켜서 시작하고 있다. 3월 2일 "흙당논 열서 마지기를 정수와 소 한 마리, 사람 열하나가 갈았다."는 기록에서 시작해서 3월 3일은 벚고개 논갈이, 4일은 흙질, 5일은 돌샘골 논갈이 등의 차례로 일을 했다.

논갈이 순서를 이와 같이 잡은 것은 접근성, 크기 등의 이유가 있을 것이다. 흙당논이 열서 마지기이고, 벚고개논 열서 마지기, 돌샘골은 일곱 마지기이다. 즉, 대체로 크기순으로 논갈이를 한 것으로 보인다. 큰 논이 소출이 많을 것이니 소출이 많은 논 중심으로 순서를 정했을 개연성이 있다. 물론 여기에 거리가 얼마나 머냐는 것도 계산됐을 것으로 생각된다.

갈이를 하고 나면, 삶기라고 하는 과정이 있다. "돌샘골 논에 종들 여섯이 가서 갈고 쇠스랑질하였다."고 할 때 쇠스랑질이 삶기, 즉 갈아놓은 논의 흙을 쇠스랑질하여 부드럽게 하는 과정인 것이다. 흙이 부드러워야 그

다음에 씨를 뿌릴 수 있다. 쇠스랑질이나 가래질 등의 삶기는 갈이를 한 며칠 후에 이루어지는 것으로 보인다.

흙당골 논은 3월 2일에 간 날로부터 8일 후인 3월 10일 두 번째 가래질 즉 삶기를 했다고 나온다. 그러니까 갈이를 하고 나서 3~4일에 한 번 가래질한 것이다. 돌샘골 논의 경우는 3월 5일 갈이를 하고, 3월 7, 8일에 쇠스랑질, 가래질을 하고 있다. 결과적으로 논을 갈고 나서 3~4일 후에 흙을 부드럽게 하는 과정이 있었다. 조씨부인은 논갈이뿐 아니라 삶기에도 적절한 인원을 파견해서 일이 이루어지도록 하고 있다. 투여 인원, 작업 시기에 대해 정확한 지시를 하고 있는 것이다.

삶기가 이루어지고 나면 씨를 뿌린다. "오늘 돌샘골 논에 올벼 일곱 말 씨를 뿌리러 갔다."는 3월 9일 기록이 있는데, 그렇다면 돌샘골 논을 8일에 삶기하고 바로 다음 날 씨를 뿌리고 있는 것이다. 씨는 올벼라고 한다. 올벼란 일찍 수확하는 벼인데, 벼의 종류도 명확히 구분되어 있다. 이 기록을 통해서 씨는 논을 간 지 4~5일 후에 뿌리게 된다는 것을 알 수 있다. 씨뿌리기에서 흥미로운 것은 병작을 할 경우, 즉 소작인과 지주가 소출을 반반씩 갖기로 할 경우, 씨는 주인이 내준다는 점이다. 용수와 돗골 논 열너 마지기를 병작하기로 해서 씨를 가져가게 한 것이 그것을 보여준다.[52]

3월 중순경까지 대체로 씨뿌리기는 끝나는 것 같고, 4월 중순경이 되면 본격적으로 김매기가 시작된다. 김매기 과정은 4월 초에서 시작하여 7월 초까지 거의 3개월에 걸쳐 실행된다. 논갈이에서 씨뿌리기까지 한 달 내에 이루어지는 것에 비하면, 세 달 걸리는 김매기가 전체 농사에서 차지하는 비중이 얼마나 큰지를 다시 한 번 확인할 수 있다.

김매기 이후 농사 과정은 추수이다. 그런데 이 일기는 조씨부인이 서울로 돌아갔기 때문에 추수에 관한 기록은 없다. 그러나 추수도 농사일정으로 잘 관리되고 있는 것을 확인할 수는 있다. "흙당 논에 다섯이서 추수하였다."는 3월 26일 기록은 추수 관련 기록이다. 벼를 심고 있는 중에 추수 기록이 이상해 보일 수 있지만, 이것은 바로 보리 수확일 것으로 보인다. 흙당 논은 일부는 갈이를 해서 씨를 뿌리고 있지만, 일부는 이렇게 추수를 하고 있다. 즉, 일부 논은 이모작을 하고 있는 것이다. 역시 조씨부인은 5명이 가서 추수를 했다고 써서 규모 등을 알 수 있게 한다. 어느 논에 몇 명이 가서 추수했다는 것으로, 단순 기록이 아닌 관리 내용을 담은 기록이라고 할 수 있다. 이것이 봄보리 추수이지만, 이로 미루어보건대 가을 추수 내용도 비교적 정확하게 관리했을 것으로 생각된다.

조씨부인의 농사 기록은 남편이 돌아온 후 귀경함으로써 더 이상의 기록이 보이지 않지만, 다음 해 1639년에도 농사일이 계속되는 것을 볼 수 있다. 이때는 서울에 거주하고 있음에도 불구하고 농사 기록이 계속 나온다. 그렇다면 충주에 피난 가서 직접 눈으로 확인했기 때문에 농사 관리를 했다기보다는 기본적으로 농사경영을 주체적으로 했다고 보는 것이 맞을 것이다.

조씨부인은 단지 농사일이 있어서 기록하는 수준이 아니다. 논의 규모가 얼마인지, 동원되는 소가 있는지 없는지, 그리고 몇 마리인지, 투여되는 사람 수는 몇 명인지, 김매기는 몇 벌씩 맸는지, 어느 날짜에 어떤 일을 하는지 등을 정확히 기록하고 있다. 이는 단순히 농사를 지켜만 보고 있는 것이 아니라, 적극적으로 주도, 관리하고 있었다는 것을 보여준다. 남편 남이웅이 심양에 억류돼 있어서 대신 관리하는 차원이 아니라 조씨부인이 더 주요한 관리자라는 것이다. 그것은 서자인 아들이 있었음에도 이렇게 자신이 상세히 기록 관리한 것에서 확인된다.

물론 모든 양반부인이 이렇게 했으리라고 생각되지는 않는다. 그러나 조씨부인과 같은 사람이 존재한다는 것 자체가 양반부인 중에 농사관리를 주체적으로 해낸 사람들이 적지 않았다는 사실을 알려준다. 그리고 조씨부인 사례와 같이 양반의 경우 남자는 관직 생활 또는 관직에 나가기 위한 준비 과정 등으로 바쁜 만큼 농사일정 관리는 여자들이 했을 가능성이 높다.

농사에서 직접 농사를 짓고 수확하는 것이 무엇보다도 중요하지만, 농사 시기를 놓치지 않아 수확량이 좋게 하는 등 농사 전반의 성공을 위해서는 농사일정 관리도 역시 중요하다. 그리고 여기에는 직접 짓는 농사 못지않게 기술과 경험이 필요하다. 양반 여성들은 직접 농사노동을 하지는 않았지만, 조씨부인과 같이 경험과 관리 능력을 가지고 농사에 대한 기술적인 기여를 했다고 할 수 있다.

3. 식생활

1) 식생활의 의미

"식욕과 색욕은 본능[食色性也]"'이라는 맹자의 말을 굳이 인용하지 않더라도 인간의 존립 자체를 위해 가장 필요한 것은 음식이다. 음식을 먹어야 몸을 움직일 수 있고, 그로부터 인간의 모든 행위가 가능하다. 조선이 '권농상(勸農桑)' 정책을 앞세우고 그중에서도 농업을 우선적으로 권하는 것은 모두 먹을거리의 중요성에서 비롯된다. 음식은 생존을 영위하고 더 나아가서는 건강을 관리하는 역할을 하니 사실 이것은 세계 공통 식생활의 의미이다.

빙허각 이씨의 『규합총서』에는 '사대부 음식 먹을 때 다섯 가지를 생각하라'는 조항이 있는데, 힘듦의 다소를 헤아리고 저것이 어디서 왔는가를 생각하고, 큰 덕을 헤아려 섬기기를 다할 것이며, 마음에 과하게 탐내는 것을 막아 법을 삼을 것, 좋은 약으로 알아 형상(刑象)과 괴로운 것을 고치고, 도업(道業)을 이루어놓고서야 음식을 받아먹을 것 등 5가지이다.

음식이란 귀한 것이니 그 생산 과정을 생각하고 과도한 식탐을 경계하며 음식을 약으로 삼고 또 하는 일 없이 먹기만 하지 말라는 것을 말하고 있다. 일상에서 음식의 중요성을 모두 열거한 것이라고 할 수 있다. 특히 약이 될 수 있다는 것을 환기하고 공짜로 먹지 말라고 하는 충고가 주목된다. 당시 식생활이 가지는 의미의 요체를 잘 밝혀두고 있다.

서유구의 어머니 한산 이씨[53]도 "서울에 살아 농사에 대해서는 문외한이면서 밥 먹고 옷 입는 것만 밝히는 자들은 천하의 도적놈"이라고 하면서 굳은살 박히게 농사짓는 아들을 격려했다고 한다. 아들이 농사일하는 것이 안쓰러워 한 말일 수도 있지만, 기본적으로 농사 그리고 식생활이 중요하다는 인식을 가지고 있는 것을 볼 수 있다.

조선 후기에 이르러 식생활은 더 실질적으로 중요하게 인식된 것으로 보인다. 17, 18세기 『음식디미방』, 『산림경제』, 그리고 19세기 『규합총서』, 『임원경제지』 등 음식 관련 책들이 출현한 것이 그러한 인식의 결과가 아닌가 한다. 이 중에 『음식디미방』, 『규합총서』(1809)는 양반부인이 썼고, 『산림경제』(1716), 『임원경제지』(1824)는 홍만선, 서유구 등 양반남성이 썼다. 따라서 여성들이 집필한 책은 보다 실제 식생활 위주로 서술됐다고 할 수 있고, 『산림경제』와 『임원경제지』는 책의 제목에서 '경제'가 드러나 있듯이 좀 더 거시적으로 나라살림이라는 의미에서 식생활을 바라보고 있다고 할 수 있다. 그러나 이들 농사, 음식 관련 책들이 모두 먹는 문제를 기본으로 중시하고 있는 것만은 틀림이 없다.

조선에서 일상의 식사는 하루 2끼 혹은 3끼였던 것으로 보인다. 조선 후기 『노상추일기』, 『남천일록』과 같은 일기류에서는 점심 식사를 했다는 기록이 별로 눈에 띄지 않는다. 그러나 아침과 저녁 식사는 빠지지 않는 것을 볼 수 있다. 따라서 아침과 저녁은 필수이지만, 점심은 먹을 수도 있고 건너뛸 수도 있는 가능성이 있다. 그렇다면 조선의 식사는 오늘날과 같이 3끼이기보다는 2끼가 기본이었다고 표현하는 게 더 적절해 보인다.

그리고 조선의 좋은 의사 분류에서 최고의 의사인 '심의(心醫)' 다음이 '식의(食醫)'인 것을 보면,[54] 식생활로 건강을 관리할 수 있다는 생각을 기본적으로 가지고 있었음을 알 수 있다. 양반층 중심으로는 건강식, 보양식이 상당히 발달해 있었다.

그런데 조선에서는 식생활과 관련하여 또 하나의 중요한 과제가 있었다. 그것은 조선이 유교, 더 깊이는 성리학을 이념으로 하는 국가라는 점에 있다. 즉, 모든 행위에서 성리학적 도덕성을 생각하고 그를 실천하는 예를 중시하는 사회이기 때문에 그 원리가 잘 작동하도록 하기 위해 필요한 봉제사접빈객(奉祭祀接賓客)의 세계가 있다. 이는 조상을 위한 제사를 지내고 손님을 대접하는 일로, 조선의 근간이 되는 의례행위였다. 따라서 의례를 매우 중요하게 여겼던 조선 사회로서는 식생활에서 이 봉제사접빈객이 생존을 유지하는 것 이상으로 중요한 과제이기도 했다. 조선 후기에 이르면 평민층에도 이러한 성리학적 의례가 확산될 정도였다.

제사를 지내기 위해서는 음식이 필수불가결하다. 의례의 시작은 음식으로부터 이루어지는 것이다. 음식이 차려지고 나서 제사행위가 시작된다. 제사 하면 먼저 떠오르는 것이 제사음식인 것도 여기에 이유가 있다.

제사음식의 가장 기본은 술이다. 다른 음식들은 제사행위에서 고정된 위치에 차려져 있지만, 술은 의례를 진행하는 기제가 된다. 이른바 초헌(初獻)이라고 할 때 그 내용은 첫 번째 잔을 드리는 행위이다. 즉, 술은 의례의 핵심인 것이다. 따라서 조선의 양반가 부인이 제사음식으로 가장 신경 썼던 것은 바로 술이다. 고기나 생선은 그다음 문제이다.

정부인 안동 장씨(安東張氏, 1598-1673)가 쓴 『음식디미방』에서 150가지의 음식 중에 술이 3분의 1로 50여 가지에 이르는 것도 술이 차지하는 비중을 알게 한다. 빙허각 이씨의 『규합총서』 첫 번째 장 '주사의(酒食議)'에서도 음식 일반론을 서술한 다음 본격적으로 개별 음식들을 언급할 때 가장 먼저 나오는 것이 바로 술이다.

빙허각 이씨는 먼저 여러 나라 술 이름을 열거하고, 옛날 후비(后妃) 집안에서 만든 술 이름도 소개하고 있다.[55] 황제의 집안이 아닌 후비 집안의 술을 소개한다는 것이 술을 빚는 것이 여자의 중요한 역할임을 다시 확인해준다. 술로써 제사음식을 완비하고 또 집안에 오는 손님을 접대하여 집안의 격을 높이는 것이다.

홍만선은 『산림경제』 치선(治膳)에서 다른 어떤 조항보다 술빚기에 많은 지면을 할애하고 있다. 남새나 어육, 밥·죽, 장 담그는 법 등 주요 항목이 많은데, 그중 술에 대해서 가장 상세히 서술하고 있는 것이다. 백하주(白霞酒)부터 과하주(過夏酒), 꿀술[蜜酒]에 이르기까지 30종 가까이 된다. 그리고 빙허각 이씨의 시동생 서유구도 『임원경제지』 정조지(鼎俎志)에서 165종의 술을 소개하고 있다. 서유구 역시 봉제사접빈객의 중요성을 의식한 결과라고 생각된다.

17세기 남평 조씨의 『병자일기』에서는 여러 종류의 제사를 확인할 수 있다. 생가(生家)의 시부모, 양가(養家)의 시부모, 양조부모, 양증조부모, 외조부모, 양외조부모, 친정어머니, 그리고 먼저 죽은 자식과 그 며느리에 대한 제사 등이 있다.

이 중에 가장 중시되는 것은 물론 시부모에 대한 제사이다. 부모의 기제사를 대기(大忌)라고 표현하고 있는데, 예가 극진한 것을 볼 수 있다. 그러나 양가 시부모에 대한 제사는 친가에 비해 절절함이 덜한 것을 볼 수 있다. 남편 남이웅이 양자를 갔으니 양자 간 집에 대한 예(禮)가 더 중시되는 것이 당연하지만, 현실은 여전히 친가와의 친밀함이 더 강하다. 사실 친가 제사는 지낼 의무가 없는 것이기도 한데, 남이웅의 관직이 현달(顯達)했고 집안이 넉넉하여 친가 제사를 오히려 더 맡고 있는 것을 볼 수 있다.

더구나 생가 쪽의 제사 관행에 윤회(輪廻) 형태가 남아 있어서 남평 조씨가 제사를 수행하는 경우가 상당히 많았다. 윤회라고는 하지만 해마다 주관하는 집을 달리하는 철저한 윤회는 아니고, 주관은 큰집에서 하는 것을 원칙으로 하되 다만 제물은 돌아가면서 준비하는 절충적인 윤회 형태여서 더욱 그렇다. 조씨는 일기에서 "사직골 대기에 제물을 차려서 보냈다. 닷젓골댁의 차례지마는 우리가 했다."[56]고 적고 있다. 이는 제물을 준비하는 순서가 정해져 있다는 것을 알려주는 기록이다. 닷젓골댁은 남편의 바로 위인 둘째 형님 남이준의 부인인데, 그 아들 두정(斗正)이 죽은 후 아직 탈상이 되지 않은 때여서 아마도 조씨부인이 그 차례를 대신한 것으로 보인다. 더구나 조씨부인의 집에서는 이 닷젓골댁의 손자이자 두정의 아들인 중소(重召)를 죽은 아들의 양자로 삼고 있었기 때문에 그 관계가 특별해서 기꺼이 맡아준 것으로 보인다.

"문밖 어머님의 기제사였는데 조별좌가 오려고 하였으나 비 때문에 못 오시는가 싶다. 외손자라도 있었으면 하고 생각하니 가슴이 아프기 그지없다. 조카들도 하나도 못 오니 그런 섭섭함이 없다."[57] 문밖 어머니는 조씨부인의 친정어머니이다. 친정 제사를 주관하고 있는데 자신이 낳은 아들도 없고 또 조카들도 못 와서 섭섭하다는 표현이다. 이 시기까지 친정 제사를 딸들이 나누어 지내고[分割祭祀] 있는 모습을 볼 수 있다.

조씨부인의 또 다른 일기를 보면, 당시 사회에서 '접빈객'의 기능과 그 의미 등이 잘 담겨 있다. "영감의 벗님네들이 우리 일행을 극진히 대접하여주시니 이것은 영감이 그분들을 마음과 정성으로 다하여 대접하시기 때문일 것이다."라는 표현은 '접빈객'이 한마디로 양반 사회의 대표적인 공조 기능이었다는 것을 알게 한다. 양반이라는 신분적 특권을 같은 양반 내에서 유지하는 데 필요한 도움의 형태, 그것이 바로 '접빈객'이라고 할 수 있다. 양반이라는 신분적 특권을 유지해나가는 데는 선물경제가 큰 역할을 했는데, 접빈객 역시 넓은 의미의 선물경제의 일환이라 할 수 있다.

그리고 손님 접대에는 "이현(李俔)승지와 임판사가 와서 술을 석 잔씩 잡숫고 어두워질 무렵에 권집의가 와서 술을 여섯 잔씩 잡수셨다."[58] "이선산(李善山) 형제가 와서 약주를 잡수셨다."[59]와 같이 술이 필수불가결한 요소인 것을 알 수 있다.

그런데 이현승지와 권집의가 각각 술을 석 잔씩 또 여섯 잔씩 마신 것을 조씨부인은 어떻게 알고 있었을까? 그리고 왜 이것을 중요하게 파악하고 기록했을까? 이는 접빈객에서 매우 중요한 요소로 보인다. 남편 남이웅은 다른 집에 갔다가 술에 많이 취해 돌아와 집에서 넘어진 적이 있다. 즉, 술을 취하도록 마시면 사고가 날 수 있는 일이다. 조씨부인은 접빈객에서 이런 부분을 신경 썼던 것으로 보인다. 마신 양을 계산하고 술 내가는 것도 조절했을 것으로 생각된다.

그렇다면 술의 잔 수는 어떻게 계산했을까? 일기에는 기록이 없지만, 아마도 술을 담는 주전자의 크기를 기준으로 잔 수를 헤아렸을 것으로 생각된다. 몇 잔들이 주전자인가를 계산해서 사람들이 어느 정도 취했는지를 짐작한 것이다. 대단히 치밀하면서도 과학적인 관리라고 할 수 있다.

조선시대 접빈객을 단순 손님 접대라고 하면, 그것이 너무나 일상적인 일이어서 저절로 이루어지는 것이라고 생각하기 쉽다. 그러나 접빈객은 당시 사회의 중요한 사교활동이자 공조 관계로서 그 의미가 단순하지 않았다. 『병자일기』의 조씨부인은 그러한 접빈객의 의미를 잘 파악하고 자신의 오랜 경험을 바탕으로 절도 있게 그 역할을 수행한 것이다.

일상생활의 영위, 봉제사접빈객 등 식생활의 의미를 파악한 후에는 그것이 잘 실현되도록 실제 음식이 만들어지게 하는 것이 중요하다. 다음에서는 여성들이 어떻게 식생활의 재료들을 보관하고 또 가공하여 실질적인 식생활로 이어지도록 했는가를 살펴볼 필요가 있다.

2) 식품 보관법

(1) 곡식 보관

식생활이 시작되는 지점은 재료가 되는 식품을 보관하는 것에서부터라고 할 수 있다. 농사가 식생활의 바탕임은 앞서 말한 바 있지만, 굳이 말하자면 쌀을 생산하는 것까지는 농업에 해당하고, 생산된 쌀을 먹기 위해 보관하는 것부터는 식생활의 범주에 들어간다고 할 수 있다. 그렇다면 조선에서는 식품을 어떻게 보관했을까? 즉, 주식을 위한 곡식과 반찬을 위한 야채, 고기류 등을 음식으로 가공하기 전 어떻게 보관했을까 하는 것이다.

우선 주식이라고 할 수 있는 곡식들의 보관 형태를 살펴보자. 대체로 곡식들은 주로 곳간 혹은 광이라고 하는 장소에서 보관했다. 조선에서 부유한 양반가는 대부분 곳간을 소유하고 있었다.

"곳간에서 인심난다."는 속담이 있는데, 이는 곳간에 곡식이 잔뜩 쌓여 있으면, 자연 남에게 후하게 베풀 수 있다는 뜻이다. 이 속담을 통해 곳간에는 쌀로 대표되는 곡식이 보관돼 있다는 사실을 알 수 있다. 경주 최부자집 곳간이나 정여창 가옥의 곳간[60]을 보면 곳간의 규모가 꽤 크다. 안채나 사랑채보다는 작은 일자형 건물이지만, 독립된 공간을 확보하고 있다.

곡식을 보관할 때 최우선 과제는 부패를 방지하는 것이다. 보관이라는 것이 일정 기간 원래 상태를 유지하는 것인데, 이때에 그 상태를 유지하지 못하면 썩게 된다. 따라서 곡식을 보관하는 곳간은 공기가 잘 통하고 서늘해야 한다. 위의 정여창 가옥의 경우, 상부 즉 지붕 바로 아래 살창을 설치하여 여기를 통해 바람이 잘 통하도록 하고 있는 것을 볼 수 있다.

곳간에는 쌀 이외에 여러 가지 곡식들을 보관했을 것이다. 보리, 찹쌀, 수수, 기장, 조, 콩, 팥, 참깨, 들깨, 동부, 옥수수, 율무, 감자, 고구마 등등 쌀 외에 여러 농작물들이 있었다. 그러나 영세한 양반이나 일반민들의 경우는 곡식을 그렇게 여유 있게 가지고 있지는 못했다. 아마도 보통의 평민들은 뒤주나 혹은 쌀독 정도가 곡식 보관 장소였을 것이다.

뒤주는 두주(斗廚)·도궤(度櫃)·두도(斗度) 등으로도 불리며, 곡물을 보관하는 수장궤(收藏櫃)의 일종이다. 대청마루나 찬방에 두고 사용하며, 보관하는 곡물에 따라 크기가 다르다. 쌀을 보관하는 것은 대형이고 잡곡을 보관하는 것은 중형, 깨나 팥을 보관하는 것은 소형이다. 큰 것은 쌀뒤주, 작은 것은 팥뒤주라고 부르며 쌀과 잡곡을 구분해서 보관했다.

곳간을 보관 장소로 하는 것은 역시 경제력을 갖춘 양반층의 경우이고, 평민 이하 영세한 집에서는 이미 언급한 바와 같이 뒤주나 쌀독으로 곡식을 보관했다. 특히 가난한 집이라고 한다면 쌀독이 대표적인 곡식 보관 도구였을 것이다.

곳간과 관련하여 여성들의 역할은 보관 위치를 적절하게 정해서 농작물이 상하지 않게 하는 것으로 보인다. 농작물 생산 후 곳간으로 옮기는 것은 남자들이 주로 했을 것으로 보이지만, 옮겨진 농작물의 보관 위치를 잡고 또 꺼내 쓰기 편리한 순서를 정하는 것, 벌레나 쥐 등으로부터 손실이 없게 하는 일 등은 여성들이 관리했을 것이다.

흔히 '곳간 열쇠권'은 주부가 갖는다고 한다.[61] 중국에서 집안일의 남녀 역할 구분을 언급할 때 곳간 관리권은 여자가 갖고 있다고 했는데, 조선도 마찬가지이다. 조선은 기본적으로 가정 내에서 여성의 경제 관리권의 범위가 더 넓어, 경제운영 전반을 주인보다는 주부가 맡는 경우가 많았다.[62] 따라서 곳간 열쇠권을 여자가 가지고 곳간에서 어느 만큼의 곡식을 내고 들일지를 주도했을 것이다. 자연스럽게 보관된 곡식의 저장 상태를 확인하고 식품이 상하지 않도록 살피는 역할도 여성이 맡았다고 할 수 있다.

그러나 곡식 보관은 역시 장소 또는 보관 도구를 확보하는 것이 관건이고, 보관법 자체는 매우 단순하다고 할 수 있다. 이 당시 따로 보관을 위한 가공 과정이 없기 때문이다. 공기가 잘 통하게 하고 습기가 생기지 않게 한다면 곡식 보관에 그렇게 어려움은 없다고 할 수 있다. 물론 장마철에는 습기 때문에 신중을 기할 필요가 있다. 장마 후에는 햇볕을 쪼이고 문을 열어놓는 방식으로 관리했을 것이다.

때때로 보관 위치를 변경해주는 것도 관리 요령이 될 수 있다. 한자리에 계속 두면 공기가 통하지 않아 더 쉽게 상할 수 있다. 이때 무거운 곡식을 옮기는 것은 남자들 몫으로 생각된다. 그러나 이러한 여러 가지 보관 방법보다는 곳간이나 쌀독의 위치를 최대한 건냉한 곳으로 해서 곡식을 보관하는 것이 가장 기본적이면서도 우선적인 관리법이 됐을 것이다.

(2) 발효저장

곡식 외에 반찬을 위한 저장 방법도 중요했다. 반찬은 대체로 조리해서 먹는 것이지만, 그러나 바로 조리해서 먹는 음식으로만 식생활을 감당할 수는 없었다. 일정한 기간을 두고 먹을 수 있는 음식이 있어야 겨울을 대비하고 또 식생활의 분주함을 줄일 수 있다. 그리고 장류와 같이 반찬을 만드는 데 기본이 되는 식품도 있어서 이른바 필요에 의해 저장해두고 사용해야만 하는 음식들이 많았다.

김치는 대표적으로 오래 두고 먹을 수 있는 발효저장식품이다. 물론 대표적인 반찬이라고도 할 수 있다. 빙허각 이씨가 『규합총서』 주사의 반찬 만들기에서 첫 번째로 언급하는 것이 바로 김치이다. 그러나 『음식디미방』에는 김치 얘기는 없다. 『음식디미방』이 요리 위주의 책이다 보니 기본 반찬에 해당하는 김치에 대해서는 언급할 필요를 느끼지 않은 것으로 보인다.

김치는 삼국시대부터 있어온 것으로 알려져 있다. 조선 이전 김치는 소금에 절인 야채 정도의 의미였다고 할 수 있다, 조선에 이르러 고추가 도입되면서 다양한 양념이 추가되어 대표적인 발효저장식품이 됐다고 할 수 있다. 김치는 재료에 따라 조금씩 달라지는데 재료가 매우 다양하여 어육이 많이 들어가는 어육김치가 있을 정도이다.

빙허각 이씨는 김치에 대해 "무릇 김치를 담그면 물을 가려야 하니 물이 나쁘면 국 맛이 좋지 못하다."[63]라고 시작하고 있다. 이 시기 김치에 물이 많이 들어갔다는 사실을 짐작하게 한다.

섞박지, 어육김치, 동과섞박지, 동침이, 동가김치, 동지, 용인 오이지법, 산갓김치, 장짠지, 전복김치 등이 소개돼 있는데, 우리가 알고 있는 배추김치에 대해서는 언급이 없다. 반면 '김장할 때', '김장 후'와 같은 표현이 있는 것으로 보아 김장김치 즉 배추김치는 일상적으로 담는 것이어서 특별히 다루지 않고 다른 방법으로 담그는 김치들만 소개하는 것으로 보인다.

서유구도 김치를 중요하게 생각했던 것으로 보인다. 『임원경제지』에서 엄장채(醃藏菜), 제채(虀菜), 저채(菹菜)라고 하여 겨울을 대비한 채소 보관법 내지는 김치를 소개하고 있다.

겨울이 되어 뜰에 채소가 모두 없어지면 먹을 수 없으니 소금에 절여서 저장하는 방법을 생각하게 되었다. 엄은 절인다는 뜻으로 절여서 저장하여 두는 것을 말한다. 절일 때는 소름, 술지게미, 향료 등을 사용하여 겨울을 대비한다.[64]

『석명』에서 저(菹)는 조(阻)라고 했다. 날것을 발효시킨 것이다. 대개 엄채(醃菜), 저채(菹菜), 제채(虀菜)는 모두 한 종류이나 이름만 다른 것이다. 저는 한번 익으면 먹을 수 있고 엄채는 다시 씻어서 먹는다. 제는 작게 자르고 저는 뿌리와 잎을 통째로 발효시키는데 『후청록』에는 작게 자른 것을 제라 하고 통째로 한 것을 저라고 한다. 우리나라 사람들은 침채(沈菜)라고 부른다.[65]

겨울 동안 채소를 먹을 수 있어야 한다는 것을 중시하고 있다. 엄채나 저채, 제채가 약간씩 방식은 다르지만 대체로 절인 채소로 이른바 김치에 해당하는 식품이라는 것을 알 수 있다. 빙허각 이씨보다 김치에 대해 이론적으로 상세히 설명하고 있다고 할 수 있다. 각 소개된 김치 종류는 배추김치에서 가지김치까지 수십 종에 이르는 것을 볼 수 있다.

그런데 김치를 담글 때 중요한 것은 소금이었다. 술지게미나 향료도 채소 저장법으로 쓰였지만, 대체적으로는 소금에 절이는 것이 주류를 이뤘다. 빙허각 이씨는 소금을 따로 설명하고 있지 않지만, 서유구는 정조지 미료지류(味料之類)에서 소금을 맨 앞에 두고 설명한다. 소금은 짠 것이라며 처음 바닷물을 끓여서 소금을 만들었다고 했다. 중국에는 석염(石鹽), 목염(木鹽) 등 다양한 소금이 있지만, 우리나라는 삼면이 바다라서 모두 바다소금을 먹는다고 했다. 그러면서 자해염방(煮海鹽方)이라고 해서 바닷물을 가둬 소금을 얻는 법, 화염인염방(花鹽印鹽方)으로 소금을 정제하는 법 등을 상세히 소개하고 있다.

그리고 조선 후기 김치에서 또 하나 주목되는 것은 고추 도입 후 고춧가루가 김치에 과연 쓰였는가 하는 문제이다. 이 시기 고추장 만드는 법 등을 보면 고춧가루가 쓰인 것은 틀림없는데, 김치 담그기에서는 고춧가루에 대한 언급을 거의 찾아볼 수 없다. 김치의 대표라고 할 수 있는 배추김치의 경우 서유구는 소금에만 여러 번 절이는 것으로 설명하고 있다. 고추가 들어와 사용되기는 했지만 아직 김치에 다량으로 투입되는 단계는 아니었던 것으로 보인다.

『산림경제』는 치선(治膳)조에서 남새[채소]를 다루고는 있지만, 김치에 대해서는 언급하지 않았다. 주로 가지, 죽순 등 나물을 말리는 방법들에 대해서만 소개하고 있다.[66]

『규합총서』에 나와 있는 김치 종류는 실제 김치를 담근 경험에서 우러나온 표현들로 되어 있다. 섞박지는 김장 시기에 무와 배추를 절여 건지고, 독을 묻은 후에 먼저 가지, 오이, 동과 등을 넣고 젓갈을 한 번 깐 후 청각과 마늘, 고추붙이를 위에 많이 뿌려 채우고 국물이 적으면 조기젓국, 굴젓국을 가득 붓고 방석 등으로 덮어 익히는 김치라고 한다. 겨울에 익거든 생전복, 낙지와 함께 썰어내면 빛이 옥 같다는 것이다. 무와 배추를 기본으로 하고 동과, 가지 등 야채와 젓국을 주로 하는 국물 많은 김치라고 할 수 있다. 오늘날 백김치와 유사한 것으로 보인다.

어육김치 역시 김장할 시기에 하는 김치로 무와 배추, 굵은 갓, 오이, 가지, 호박, 고추 달린 채로 딴 고춧잎 등을 절여 켜켜이 넣고 대구, 북어, 민어 대가리들을 소고기 삶은 냉수에 넣어 달인 국물을 부어 만든다. 생선과 고기가 중요한 역할을 하는 김치라고 할 수 있다.

동과섞박지는 동과 속을 비워 조기젓국을 넣고 청각, 생강, 파, 고추를 찧어 넣어 뚜껑을 덮고 단단히 발라 덥지도 않고 얼지도 않는 데 세워두었다가 겨울에 열어보면 맑은 국이 가득한데, 이를 항아리에 쏟고 동과는 썰어 담가두고 먹으면 맛이 매우 아름답다고 한다.

동침이(동치미)는 작은 무를 기본으로 하고 외와 가지를 함께 절이고, 거기에 배, 유자, 파, 고추를 넣고 좋은 물에 소금 간하여 붓고 봉해둔다. 익었을 때 이 국물을 베이스로 꿀을 타고 생치를 고아 그 살을 섞으면 생치김치가 되고, 가는 국수를 넣고 돼지고기와 지단 후추와 잣을 뿌리면 이것이 냉면이라고 한다. 동가(冬茄)김치는 이름대로 가지김치인데, 맨드라미꽃을 넣는 것이 특이하다. 국물은 동치밋국보다 짠 듯하게 하는 것이다. 동지는 동치미와 거의 유사해 보이는데 다른 점은 무에 소금을 묻힌다는 점이다. 국물은 동치미보다 담백하고 시원하다고 한다.

용인 오이지법은 오늘날 오이지 담그는 법과 유사하다. 오이 100개에 냉수를 소금에 타 붓고, 다음 날 아래위를 바꾸는데 이렇게 하기를 예닐곱 번 한다고 한다. 용인 오이지가 유명하다고 했다. 이 용인 오이지는 『임원경제지』에도 자세히 소개돼 있다.

위의 여러 김치들은 담그는 시기가 대체로 김장을 담글 때라고 되어 있다. 오이지를 제외한다면 섞박지나 어육김치, 동치미 등이 김장 시기에 담그는 것으로 나타나 있다. 그런데 정작 여기에서 이른바 배추로 담그는 김장김치에 대해서는 설명이 돼 있지 않다. 김장은 필수적이며 일반적이었다. 그리고 시기적으로 김장을 담그는 시기가 정해져 있는 것은 역시 김치가 겨울철 반찬 혹은 음식으로서 반드시 필요한 것이었음을 알려준다. 채소가 없는 상황에서 반찬으로나 영양 면에서나 김치는 필수불가결했던 것으로 보인다.

장류는 김치 못지않게 중요한 발효저장식품이었다. 오히려 김치보다 더 근간이 되는 식품이라고 할 수 있다. "설부(說郛)에 이르기를 장은 팔진(八珍)의 주인이오 초는 음식총관이니 온갖 맛의 으뜸이라 하였다. 만일 장

맛이 사나우면 비록 진기하고 맛난 반찬일지라도 능히 잘 조화치 못할 것이니 어찌 중하지 아니하랴."[67]는 『규합총서』의 지적처럼 간장이나 된장은 모든 반찬을 만드는 기본이 된다.

장을 담글 때 가장 중요한 것은 물, 메주, 소금이다. 우선 메주를 잘 만들어야 하는데, 메주는 "빛이 푸르고 잘고 단단한 것이 일찍 쑨 것으로 좋다."고 한다.[68] 십여 일 볕에 말려 돌같이 단단할 때 솔로 깨끗이 쓸고 물에 두어 번 씻어 독에 넣는다. 그리고 소금물을 체에 밭쳐 독에 붓는다. 소금물이 싱거우면 메주가 가라앉으므로 그럴 경우 소금물을 떠서 소금을 더 타 넣는다. 소금물이 적당해지면 메주가 뜨게 된다. 이 상태로 익기를 기다리는 것이다.

서유구는 『임원경제지』에서 장 만들기를, 첫째 독 준비[비옹(備瓮)], 둘째 소금 고르기[택염(擇鹽)], 셋째 물 택하기[간수(揀水)], 넷째 말장[메주] 만들기, 다섯째 장 담그기[침장(沈醬)], 여섯째 장 뜨기[취장(取醬)]의 6단계로 순서 지우고 있다. 그러면서 장은 음식의 독을 다스릴 수 있을 정도로 중요하며, 콩으로만 만드는 우리나라 장이 천하제일이라고 했다.[69]

장 종류로는 『규합총서』에는 가장 일반적인 청장이 있고 어육장, 청태장, 고추장, 청육장, 즙장 등등이 있으며,[70] 『산림경제』에는 콩으로 하는 생황장(生黃醬), 숙황장(熟黃醬), 대맥장(大麥醬) 외에 메밀가루나 느릅나무 열매를 섞는 면장(麪醬), 유인장(楡仁醬) 등이 있다.

『규합총서』의 고추장은 특별히 주목되는데, 메주가루에 쌀가루를 쪄 곱게 찧은 것, 그리고 곱게 빻은 고춧가루를 섞어서 만든다고 되어 있다. 오늘날의 고추장 만드는 방법과 크게 다르지 않다. 조선 후기 고춧가루가 들어와서 실제 사용되고 있는 것을 확인할 수 있다. 그리고 "급히 청장을 만들어야 할 때"가 있다고 했는데, 소금, 밀가루를 볶고 묵은 된장을 섞는 방법을 소개했다. 서유구도 『임원경제지』에서 같은 방법으로 청장을 만들 수 있다고 했다.

장을 담그는 것은 시기와 날짜 선택에 매우 신중한 것을 볼 수 있다. 장이 모든 음식의 기본이 되므로 장맛은 특별히 중요했다. 김치나 장이 모두 발효식품이기는 마찬가지지만, 장류가 공정이 더 복잡한 만큼 맛이나 저장 상태에서 변수가 많았다. 따라서 '장 담기 좋은 날', '장 담기 꺼리는 날'이 있고, 장에 문제가 생겼을 어떻게 대처할 것인가도 중요한 논의점이 된다. 가장 큰 문제는 맛이 사납거나 벌레가 생기는 것이라고 할 수 있다.

> "삼복중에 장을 담그면 벌레가 생기지 않는다."
> "해 돋기 전과 해 진 뒤에 장을 담그면 파리가 안 꾄다." _『사시찬요보』

홍만선은 『산림경제』에서 위와 같이 벌레가 생기지 않는 시기를 인용하고 있다. 특히 벌레가 생겼을 때는 백부근(百部根) 등을 장 위에 얹으면 죽는다고 서술하고 있다.[71] 곰팡이가 피지 않도록 하는 것도 물론 중요했다.

빙허각 이씨는 장독이 더러우면 맛이 사나워질 수 있다고 하면서 하루 두 번씩 냉수로 깨끗이 씻어줄 것을 권한다. 또 독에 물기가 생기면 벌레가 나기 쉽다고 주의할 것을 당부했다. 그리고 장맛이 안 좋을 때는 무리[72] 두 되를 받아 넣으면 제맛이 되살아온다고 하면서 본초에 적혀 있다고 소개하고 있다. 본초는 『본초강목』을 말하는데, 이 내용은 『산림경제』 장 담그는 법에도 그대로 나와 있다.

그리고 빙허각 이씨는 장을 담그고 삼칠일 즉 3주 동안은 "초상난 집을 통하지 말고 아기 낳은 곳과 월경 있는 여인과 낯선 잡사람을 가까이 들이지 말고 자주 살펴 넘기지 말라."는 금기조항을 적고 있다. 이런 금기가 필요할 만큼 장 담그기는 중요하면서도 예민한 일이었다는 것을 다시 확인할 수 있다.

초는 장 다음으로 중요했다. "초는 장의 다음이니 집에 없어는 안 될 것이다."[73]는 빙허각 이씨의 말이 있다. 초가 장 다음이라면 초도 거의 음식의 기본이 된다는 말이다. 음식에서 신맛이 필요한 경우가 많았음을 알 수 있다. 초 역시 빚기에 좋은 날과 꺼리는 날이 따로 있다. 만드는 법은 정화수와 누룩가루 볶은 것을 섞어 봉해두었다가 찹쌀을 쪄서 넣고 다시 봉해두면 초가 된다고 했다.

(3) 건조 또는 특수보관법

발효저장 외에 건조저장하는 것도 냉장법 이전에는 자주 사용된 저장법이다. 고기나 야채는 곡식에 비해 수분이 많은 식품이므로 단순 보관이 어려웠다. 보관을 위해서는 가공 과정이 필요했다. 가공은 대체로 수분을 없애는 형태가 많았다. 고기의 경우, 말리는 방법이 주된 보관 방법이었다.

> 말리려는 고기를 보자기로 싸서 판자 위에 놓고 자주 밟으면 하루 안에 마른다. 고기의 편을 얇게 하여라. 또 더울 때나 비가 올 때 쉽게 말리려거든 독을 돌 위에 걸고 불을 때고 포육을 노끈으로 꿰어 독에 층층으로 둘러매어 말리되 서로 뒤집어서 말린다. 고기가 독에 혹 부딪히지 않도록 새끼로 매라. 또 더위에 쉽게 말리려면 포육을 얇게 떠 물가의 반석 위에 널어 자주 밟고 뒤집으며 널어서 말려라.[74]

안동 장씨가 『음식디미방』 어육편에서 고기 말리는 법을 소개한 내용이다. 대체로 오늘날의 육포 만들 때 고기 말리는 법과 비슷하다고 할 수 있다. '보자기로 싸서 밟는' 방법은 수분을 빼주는 것이라고 생각된다. 수분을 제거하고 공기 중에 말리는 것이다. 그런데 덥거나 비가 와서 빨리 말려야 할 때는 화력을 사용한다는 것이 주목된다. 또 한 가지 방법은 물가의 돌에 육포를 널어 말리는 것이다. 이것은 햇볕을 적극적으로 이용하는 것이라고 할 수 있다.

3가지의 고기 말리는 법이 소개되었지만, 모두 수분을 제거하는 방법이다. 단순히 밟아서 물기를 빼거나 혹은 거기에 추가로 불을 때서 수분을 증발시키거나 아니면 햇볕을 이용하는 것이다. 고기를 오래 두고 먹는 방법은 장조림과 같은 염장 방법을 제외한다면 대체로 말리는 방법이 가장 유용해 보인다. 말하자면 육포와 비슷한 방법이라고 할 수 있는데, 이 방법은 조선뿐 아니라 세계 공통으로 사용된 방법이라고 할 수 있다.

생선의 경우도 일차적으로 수분을 제거한다는 점에서는 고기 말리는 방법과 유사하다.

> 말리는 생선을 뼈를 발라 버리고 많이 씻어내어 핏기 없이 하여 편으로 만든다. 두 널빤지 가운데 넣고 지질러 물기가 없거든 소금 섞어 다시 지질렀다가 볕에 말리되 반만 마르면 다시 두 널빤지 사이에 끼워 밟아서 납작하게 하여 말리며, 볕이 없거든 시렁을 매고 발을 깔고 그 위에 널어 그 아래에 불을 피워 말린다. 연기를 쏘이면 고기에 벌레가 안 난다.[75]

생선도 널빤지에 넣어 눌러서 물기를 제거하는 것은 같은데, 여기에는 소금을 쓴다는 점이 다르다. 소금을 넣고 물기를 더 빼서 볕에 말리고 다시 또 널빤지 사이에 넣어 납작하게 한 후 또 볕에 말려서 고기보다 과정을 더 반복한다. 그런데 생선도 햇볕이 없다면 발에 얹고 밑에서 불을 때서 말린다. 햇볕 대신 불을 때는 것은 고기와 마찬가지다. 재미있는 것은 "연기를 쐬면 벌레가 안 생긴다."고 했는데, 실제로 연기의 항균 효과를 이용한 것으로 북구 등 춥고 습도가 높은 지역에서 많이 쓰는 일종의 훈제 방식과 같다고 할 수 있다. 해삼과 전복도 말려서 보관하는 형태이다. 단, 해삼과 전복은 삶아서 말리는 것[76]이 다르다. 건조법은 식품 저장에 가장 흔하게 쓰이는 방법인데, 식품에 따라 가벼운 염장이나 훈연이 가미되기도 하는 것을 볼 수 있다.

물기를 제거하는 보관법 외에 술지게미를 이용하는 방법 또는 된장을 쓰는 방법 등이 있다. 여름날 삶은 고기를 보관할 때 석 달 동안 말린 술지게미를 물을 살짝 뿌려 불에 따스하게 해서 그 속에 고기를 묻어두면 오래 지나도 썩지 않는다고 한다. 그리고 기름진 고기는 간장에 묻어두고 쓰면 열흘이 지나도 맛이 변하지 않는다는데, 단 장에 넣은 고기는 쓸 때 염분을 제거하고 쓸 것을 권한다.[77]

고기 보관은 기본적으로 말리는 것이 가장 보편적으로 쓰이는 방법이라고 할 수 있다. 습기가 부패의 기본 조건이라는 것을 파악하고 있는 것이다. 건조 외에 연기나 술지게미 등을 이용하는 것은 일종의 화학요법이라고 생각되며 장을 사용하는 것은 염장법이라고 할 수 있겠다.

채소를 보관하는 방법도 건조가 우선이라고 할 수 있다. 건강법(乾薑法)이라고 하여 생강을 껍질을 벗기고 볕에 말려두고 쓰는 것이 있다. 즉, 고기와 같이 습기를 말려서 보관했다가 사용하는 것이다. 호박, 고사리, 시래기 등 근래까지도 말려 사용하는 채소들은 조선시대에도 말려서 사용했을 것으로 보인다.

그런데 안동 장씨의 『음식디미방』이나 빙허각 이씨의 『규합총서』를 보면 채소의 경우 의외로 말리지 않고 보관하는 방법이 상당히 많았다. 건조가 아닌 방법은 사실상 단순 보관이기보다는 가공 저장에 더 가깝다고 할 수 있다.

수박과 동아는 깊은 동이나 큰 독에 쌀겨를 넣고 묻어서 얼지 않는 방에 두면 썩지 않는다고 한다.[78] 수박이나 동아는 모두 수분이 많은 채소로서 수분 섭취가 의미 있는 채소라고 할 수 있기 때문에 말려서 보관하는 것은 의미가 없다. 『규합총서』에서는 비슷한 종류인 동과와 호박을 더운 방에 두면 겨울에 상하지 않는다고 했다.[79] 쌀겨를 이용하든 더운 방에 두든 제철이 지난 후에도 먹을 수 있다면 이는 탁월한 보관 방법이라고 할 수 있다.

그중에 동아는 또 다른 방법으로 보관하기도 한다. 가을 수확기에 껍질을 벗기고 오려서 소금을 많이 해서 독에 넣었다가 이듬해 봄에 염분을 제거하고 먹는 것이다.[80] 쌀겨를 이용하여 본래 상태로 보관하는 것과는 달리 소금을 이용한 일종의 염장법이라고 할 수 있다. 아마도 염장법이 더 오래 보관할 수 있는 방법이었을 것이다.

무 종류도 흔하게 먹는 채소인데, "무나 순무는 서리 뒤에 크고 좋은 것을 칼로 꼬리를 베되 반 치만 남기고 움 나는 머리를 인두로 지져 묻으면 봄이 되어도 움이 안 나며 속이 햇것과 같다."고 한다.[81] 무 보관은 겨울철 탕이나 국을 끓일 때 매우 유용했을 것으로 생각된다.

> 팔구월에 늙지 않은 가지를 꼭지째 한 치 남짓씩 칼로 끊어 밀을 녹여 끝을 발라 추위와 더위가 적당한 곳에 두고 쓰라. 또 가지를 깊은 광주리에 재를 한 벌 깔고 가지 한 벌을 차곡차곡 놓고 또 재를 넣고 가지 넣어 그릇이 차거든 두껍게 덮어 연기가 안 나는 데 두고 겨울에 쓰면 좋다. 또 뽕나무 재를 독에 넣고 가지를 서리 전에 따서 꼭지를 재에 꽂아 반만 묻으면 변치 않아 새로 딴 것 같다.[82]

> 외와 가지는 잿물 받힌 마른 재에 두면 갓 딴 듯하고, 화롯재도 쓴다. 가지를 뜨물에 담그면 빛이 변치 않고 맛이 좋다. 연한 것을 꼭지 위 푸른 다대 덮인 것과 가시를 없이 하되, 꼭지를 따지 말고 물에 담가 즙을 빼기를 두어 때는 한 연후에 내어 말릴 제 담갔던 물에 소금을 타 묻히며 축수하기를 '이는 네 소금이니 네 능히 물들라' 한즉 비록 해가 묵도록 두어도 맛과 빛이 변하지 않으니 또한 이상한 일이라고 화한삼재도회(和漢三才圖會)에 하였다.[83]

가지를 간수하는 법이다. 안동 장씨나 빙허각 이씨 모두 재를 사용하여 날것으로 보관하는 방법을 쓰고 있는 것이 흥미롭다. 그러나 또 다른 방법으로는 꼭지를 적당히 자르고 밀랍을 발라 서늘한 곳에 두어 오래 쓴다는 안동 장씨법과 즙을 빼고 말렸다가 소금물을 묻혀서 보관하는 빙허각 이씨법이 존재한다. 이는 각기 생것으로 보관하는 것과 말려 보관하는 차이가 있다. 그런데 특히 주목되는 것은 빙허각 이씨의 '축수' 부분이다. 일종의 주문처럼 소금물이 들게 한다는 것인데, 지금으로 봐서는 비과학적이라고 하겠지만 당시에는 경험에서 나오는 방법으로 효과가 있었을 것이다.

그런데 수분제거법이 아니라 생으로 보관하는 것은 훨씬 더 주의를 요하고 많은 경험이 필요했을 것이다. 시행착오와 경험의 결과가 구두로 계속 전수돼 내려왔을 것으로 보인다. 안동 장씨가 이를 글로써 정리한 것은 경험의 과학화 혹은 전문화 과정이라고 볼 수 있다.

고사리는 동이 안에 깔고 소금을 여러 벌 뿌려 동이가 차면 돌을 지질러놓고 이튿날 물이 나거든 다른 독에 옮겨 돌로 지질러 다른 물이 들지 않게 하는 방법으로 저장을 한다. 이때 고사리 한 동에 소금이 7되나 들어간다고 하니[84] 강한 염장법이라고 할 수 있다.

보관, 저장만이 아니라 온도를 높여서 제철이 아닌데도 나물을 자라게 해서 사용하는 방법도 있었다.

> 마구간 앞에 움을 묻고 거름과 흙을 깔고 승검초·산갓·파·마늘을 심고, 그 움 위에 거름을 더 퍼부으면 움 안이 더워서 그 돋거든 겨울에 쓰면 좋다. 외·가지도 그리하면 겨울을 날 수 있다.[85]

이는 거의 오늘날의 비닐하우스 재배와 유사한 방식이라고 할 수 있다. 움이 이미 바깥 공기로부터 영향을 덜 받는 곳인데 거기에 거름을 잔뜩 넣어주면 온도가 상당히 올라가 겨울에도 파, 마늘, 오이나 가지가 자랄 수 있는 것이다. 안동 장씨가 『음식디미방』을 쓴 것이 17세기 중후반인데, 이때에 이미 겨울에도 채소를 길러 먹는 방법이 실행되고 있었던 것이다. 안동 장씨로 대표되는 당시의 여성들은 기본적으로 기온을 높게 하면 채소들이 자랄 수 있다는 원리와 그 방법을 알고 있었다고 보아야 한다. 더울 때 자라는 식물을 덥게 해주면 겨울에도 자랄 수 있다는 추론을 경험을 통해 한 것으로 보인다. 장씨가 책으로 정리해 보급하기 이전 이미 상당수 여성들이 이를 경험적으로 알고 있었으리라고 생각된다.

빙허각 이씨도 두릅을 더운 방 화분에 두고 키우는 법, 승검초를 겨울에 순이 나도록 하는 법, 소루쟁이를 움에 심고 키우는 법[86] 등 제철이 아닌 때에 나물을 키우는 방법을 알려준다. 안동 장씨보다 더 다양한 채소 키우기를 소개하고 있다. 이때가 이미 19세기에 접어든 때여서 빙허각은 더 많은 채소 보관 혹은 배양법을 소개할 수 있었던 것으로 보인다. 그 외에 송이, 고사리, 죽순 등을 어떻게 잘 말렸다가 먹을 것인지도 서술하고 있다.[87]

식품 보관은 당연히 필요에 의해 이루어진 일이다. 두었다가 필요할 때 꺼내 먹기 위해, 혹은 제사나 혼례 같은 행사에 쓰기 위해, 또 비상시를 대비해 보관했을 것이다. 고기나 생선은 틈틈이 단백질을 보충하고 채소는 비타민을 섭취하는 데 도움이 됐을 것이다. 파나 마늘을 움에서 키워 먹은 것은 파나 마늘이 양념으로 수시로 필요했기 때문으로 보인다.

3) 조리법

식품을 먹기 좋게 하는 일련의 과정을 조리라고 할 수 있다. 식품은 날것으로 먹을 수 있는 것도 많지만, 맛이나 소화, 위생, 안전 그리고 영양 등을 위해 가공 단계를 거쳐야 하는 경우가 훨씬 더 많다. 조선에서도 맛을 좋게 하고 또 안전하게 먹기 위해 여러 조리법을 개발했다.

빙허각 이씨의 『규합총서』나 안동 장씨의 『음식디미방』 등을 보면 조선의 조리법은 매우 많은데, 사실 오늘날의 방법과 크게 다르지 않기도 하다. 삶기, 찌기, 끓이기, 볶기, 조리기, 부치기, 무치기 등의 방법을 통해 밥, 면, 떡, 병과, 만두, 탕, 국, 조치, 찜, 조림, 구이, 전, 느름이, 나물 등 여러 형태의 음식을 만들어냈다.

삶고 찌고 볶고 무치는 등의 기본적이 조리법은 오늘날 우리 음식에서도 대부분 사용되는 것이나 그 결과물은 현재의 것과 좀 다르기도 하다. 여기에서는 특이점을 가지고 있는 조리법과 음식을 중심으로 서술하고자 한다.

(1) 밥과 면류

조선에서도 모든 음식 중에 기본은 밥이었다. 그런데 『규합총서』 첫 번째 편 주사의(酒食議) 즉 음식편에서 가장 먼저 언급되는 것은 술이다. 술이 의례용품으로 중요하기 때문에 일상적인 밥보다 우선한 것이라고 생각된다.

밥에 대해서는 우선 밥을 함부로 버리지 말라는 경고로부터 시작한다. 기본적으로 식량이 부족했던 시대 상황을 대변한 것으로 보인다. 서유구도 "밥이 음식이다."는 『설문해자』의 내용을 인용하면서 밥의 중요성을 강조하고 있다.[88]

밥을 잘 하는 데는 돌솥이 으뜸이고, 그다음이 오지탕관이라고 한다.[89] 돌솥이나 흙으로 만든 탕관은 모두 매우 높은 온도까지 뜨거워지고 그 온도가 오래 유지되는 도구들인데, 밥맛을 좋게 하는 데는 이러한 솥들이 좋다는 것을 알고 있었던 것으로 보인다. 가마솥도 같은 원리로 사용됐을 것이다.

밥 중에 팥물밥은 팥을 삶아 팥은 건지고 그 팥물로 밥을 하는 것이다. 이렇게 밥을 하면 맛이 별스럽게 좋다고 했는데,[90] 이것이 왕실에서 그대로 사용되었다. 왕의 수라상에는 항상 흰밥과 팥밥이 같이 올라갔다.[91] 맛뿐만 아니라 해독과 영양에서 팥밥이 좋다는 것이 왕의 밥으로 선택된 이유이다.

그 외에 『규합총서』에는 밥으로 오곡밥과 약밥이 있는데,[92] 사실 더 많은 종류의 밥이 있지만 별미로 먹을 만한 것들만 소개한 것으로 짐작된다. 특히 약밥은 지금도 그대로 사용할 수 있는 정도의 레시피가 잘 서술되어 있다.

그리고 천락수(天落水)라고 해서 하늘에서 떨어지는 빗물을 받아 밥을 지으면 붉은 쌀이 희어지고 흰 쌀이 붉어진다고 했는데, 시험해본즉 그대로 안 되더라는[93] 빙허각 이씨의 밥물에 대한 실험 결과가 있다. 즉, 전해지는 말을 실제로 그런지 검증해본 것이다. '유황배'를 만드는 경우도 같은 사례인데, 이를 통해 빙허각 이씨의 실험 정신을 볼 수 있다.

죽에서는 우유죽 즉 타락죽이 주목된다. 쌀을 불려 갈아 밭쳐서 끓이다가 반쯤 익었을 때 우유를 부어 섞어서 쑨다고 하는데, 이것이 내국(內局) 즉 내의원(內醫院) 방식이라고 말한다.[94] 왕이 먹는 죽이었다는 것이다. 그 외에 연근으로 하는 우분죽(藕粉粥), 삼합미음, 개암죽, 율무의이죽, 호두죽, 갈분의이 등이 있다.[95] '의이(薏苡)'라는 것은 쌀을 갈아서 밭친 것을 말하니 죽보다 더 고운 것이라고 할 수 있다.

밥을 대신할 수 있는 또 다른 음식으로 국수와 만두 등 면류가 있다. 국수는 주로 메밀가루가 주원료가 된다. 국수를 위해서는 메밀과 약간의 녹두를 섞어서 만드는데, 가루를 내는 것은 역시 찧는 방법을 쓴다.[96] 그 밖에 녹두를 이용한 녹말국수, 밀가루 국수로 보이는 착면 등이 있고, 좀 더 후대에는 왜면(倭麪) 즉 일본면도 있다.

만두는 메밀가루로 풀을 쑤고 그것을 반죽해서 개암 크기만큼 떼어 빚는다고 되어 있다. 속에 넣는 소는 무를 주원료로 하기도 하고 꿩고기나 쇠고기를 야채와 함께 다져 만들기도 한다. 만두 만드는 방법은 먼저 풀을 쑤어 반죽을 만든다는 점이 좀 다르고 그 외의 과정은 오늘날 만두 만드는 방법과 유사하다.

(2) 반찬

조리법 즉 요리에서 가장 많은 비중을 차지하는 것은 역시 반찬이다. 조리라고 하면 밥보다는 반찬을 만드는 것이 주가 된다. 반찬으로 가장 기본이 되는 것은 김치와 장인데, 이는 발효식품에서 이미 서술하였다.

생선, 고기, 채소 등이 바로 먹는 반찬으로 어떻게 조리되었는가 주목된다. 빙허각 이씨는 『규합총서』에서 반찬의 처음에 역시 김치를 소개하는데, 이어서 서술되는 것은 생선 조리법이다. 생선 요리는 우선 씻는 것이 중요한데, 미끄러운 표면에 기름을 두어 방울 떨어뜨리면 미끄럽지 않게 씻을 수 있다고 한다. 그리고 끓일 때 술을 조금 넣으면 뼈가 연해져

분 같다고 했다. 백봉숭아씨나 탱자를 넣어도 같은 효과가 있다고 한다.[97]

생선 관리에서는 이처럼 뼈를 연하게 하는 것, 그리고 비린내가 나지 않게 하는 것이 관건이었다. 산 잉어를 얻는 즉시 매달아 꼬리를 찢어 피가 떨어지게 하면 비린 맛이 없다거나 죽은 잉어는 아가미의 누런 즙을 없애면 비린 맛이 없다는 주장이 그것이다.[98] 그리고 잉어 뼈를 하물하물하게 하기 위해 뭉근한 불로 반나절 고면 뼈가 분같이 된다는 것 등, 비린내를 제거하고 연하게 요리할 수 있는 다양한 방법이 고안되어 활용된 것으로 보인다. 준치 뼈 없애는 법도 유사하다.

그리고 붕어 굽는 법, 붕어찜 하는 방법이 있고, 조기, 숭어, 쏘가리, 은구어, 농어, 문어, 송어, 민어, 메기, 가물치, 홍합, 해삼, 생복, 대구, 자라, 웅어, 게 등 각종 생선 요리법이 있다. 대개는 탕을 끓이거나 구이 혹은 찜 형태의 요리를 한다고 할 수 있다. 물론 여기에 젓갈 담그는 것이 있으나 이는 저장식품이다.

그런데 생선들 중 특히 주목되는 생선이 있는데, 바로 복어이다. 복어가 독이 있는 것은 이때에도 잘 알려진 사실이어서 다음과 같이 특별한 조리법이 사용됐다.

> 복어 배를 타고 보면 핏줄이 가로 세로 있으니 칼로 긁어 꼼꼼히 보아 실오라기만 한 것도 남기지 말고 다 없이 하고 여러 번 빨고 또 빨아 등과 배에 피 흔적도 없이 하되 살결을 상케 말아라. 노구 속에 백반 작은 조각과 기름을 많이 붓고 맑은 장과 미나리를 넣어 끓여라. 그 이리는 본대 독이 없으며 옛날에 부르기를 서시유라 하고 맛이 아주 아름다우니 생선 배에 넣고 실로 동여 뭉근한 불로 두어 시간을 끓여 먹어라.[99]

피를 하나도 남기지 않는 것이 중요해 보인다. 복어는 하돈(河豘)이라고 해서 맛이 좋은 생선으로 당시에도 유명했다. 하돈은 물에서 나는 새끼돼지라는 말인데 고기로 비견될 만큼 복어가 맛있다는 뜻이다. 그런데 복어는 치명적인 독이 있으므로 조리법이 특별히 중요하다. 복어의 독은 주로 난소를 비롯한 내장과 혈액에 있기 때문에 피를 전혀 흔적도 없게 하는 것이 관건이라고 할 수 있다.

1801년 12월 경상도 기장에서 유배 생활 중이던 심노숭(沈魯崇, 1762-1837)은 이 지역 사람들이 복어 요리를 하는 것을 바라보면서 그것이 안전할지 의구심을 가진다. 그러면서 하돈은 한양에서는 맹렬히 씻어서 피를 한 점이라도 남기지 않게 하는 방법을 쓴다고 술회하고 있다.[100] 특히 자신의 집에 있던 늙은 노비가 복어 요리법을 잘 안다고 했다. 피를 한 방울도 남기지 않고 요리할 줄 알아서 안전했다는 것이다. 그래서 이 노비가 죽고 나서는 거의 복어를 먹지 않았다고 한다.

그런데 심노숭의 우려와는 달리 기장 사람들은 서울과는 다르지만, 자신들의 방법으로 복어를 잘 요리해서 먹고 있고 특별한 문제도 없었다. 복어의 맹독성을 조선 사람들은 잘 알고 있으며, 독을 제거하고 먹기 위한 적절한 방법을 찾아서 행하고 있었던 것이다. 복어 독의 화학적 성분은 몰라도 그 위험성은 알고 대처하며 맛을 즐겼다고 할 수 있다.

『규합총서』의 고기반찬은 소고기, 개고기, 사슴고기, 양고기, 돼지고기, 꿩·닭고기, 메추라기, 참새, 잣나무새(백조), 웅장, 맷돼지고기 등 소고기부터 다양한 고기를 재료로 한다. 이는 『산림경제』 어육(魚肉)조에서 소고기, 돼지고기, 닭고기, 양고기, 노루고기, 토기고기 등이 있는 것과 유사하다.[101]

소고기 조리법은 『규합총서』의 경우 설하멱(雪下覓), 족편, 쇠곱창찜, 쇠꼬리 곰 등이 나오고, 『음식디미방』은 쇠고기 삶는 법, 양숙, 양숙편, 우족 등의 소 요리법이 있다. 설하멱은 구이요리이고 족편은 족을 고아서 편을 만든 것이며 쇠곱창찜은 소 창자에 쇠고기, 꿩, 닭고기 등을 다져 넣어 순대처럼 만들어 썰어 먹는 요리이다. 그리고 쇠꼬리곰은 곰국인데, 고추장을 넣어 개장국처럼 먹을 수도 있다고 했다. 조선시대에 가장 흔하게 섭취했던 육류 중 하나는 개고기이고, 소는 농사를 짓는 데 중요했기 때문에 조선 사회에서는 소를 잡아 섭취하는 것이 원칙적으로 금지되어 있었다. 따라서 개장국 만드는 방법은 따로 설명할 필요 없이 잘 알려져 있으니, 『음식디미방』에서 고추장 넣고 쇠꼬리곰국 만드는 방법을 개장국에 비유한 것으로 보인다. 그런데 고깃국 끓일 때 국이 끓은 후 고기를 넣어야 맛이 "아름답다"는 주의사항을 명시하고 있다. 생각보다 소고기 요리가 많지 않을 것을 볼 수 있다. 소고기를 자주 먹을 수 있는 것이 아니어서 그런 것으로 생각된다.

『규합총서』에서 소고기 다음으로 나오는 고기가 개고기인 것이 흥미롭다. 『규합총서』만의 특징은 아니고, 『음식디미방』도 어육류에서 개순대, 개고기산적느름이, 개장국느르미, 개장찜, 누렁개 삶는 법, 개고기 고는 법 등 개고기 조리에 대해 상당한 분량을 할애하고 있다. 이러한 서술을 보면, 당시 개고기가 꽤 일반적으로 먹는 고기였다는 사실을 알 수 있다. 개고기에 대한 꺼림이 없고, 쉽게 구할 수 있는 고기여서 그런 것으로 보인다.

> 누런개에 먼저 황계 한 마리를 먹여 대엿새쯤 지나면 그 개를 잡아 뼈를 발라 버리고, 고기를 아주 많이 씻어 청장 한 사발, 참기름 다섯 홉을 타서 작은 항아리에 넣고 항아리 부리를 김이 나지 않게 봉하여 중탕하되 저녁부터 아침까지 삶거나 아침부터 저녁이 되도록 삶아 초·간장에 파를 넣고 즙하여 먹는다. (『음식디미방』 어육류)

> 개고기는 모르는 사람은 깨끗이 씻어야 개 냄새가 없다 하되, 본초에 이르기를 살찐 것은 피 또한 향기로우니 어찌 피를 버리리오 하였으니 그 피가 사람에게 유익할뿐더러 고깃맛을 도우니 물에 씻어 고면 개내가 난다. (『규합총서』 주사의 개고기)[102]

두 책 모두 개고기 조리법을 상세히 다루고 있다. 그중에 안동 장씨의 조리법이 순대, 찜, 느름이, 장국 등으로 더 다양하다. 그런데 한 가지 크게 차이 나는 것은 안동 장씨는 개고기를 깨끗이 씻을 것을, 빙허각은 물에 씻어 끓이면 개비린내가 더 난다고 씻지 말 것을 권한다는 점이다. 『산림경제』에서도 개고기는 씻으면 개비린내가 난다고 했다.

> 개 한 마리를 껍질은 벗기고 뼈는 발라내어 먼저 뼈를 솥 속에 어긋맞게 앉힌다. 창자만은 씻어도 다른 장기 간·허파·염통·콩팥·지라와 살은 물에 씻어서는 안 된다. 물에 씻으면 개비린내가 난다. 쪼개어 조각을 내어 기름장과 후추·천초(川椒) 등 갖은 양념을 고루 뼈 위에 놓고, 도기(陶器)를 솥 부리에 앉혀놓고 밀가루를 개어 그 틈을 발라서 김이 새지 않게 하여, 사기 그릇 안에 물을 붓고 짚불로 뭉근히 고아 사기그릇의 물이 뜨거워지거든 물을 갈아준다. 이렇게 세 번을 하면 살은 이미 흐늘흐늘하게 익는다. 빈 섬 2~3개를 태우면 넉넉하다. 그 맛이 아주 좋아서 조금도 개비린내가 안 난다. (『속방』)

안동 장씨가 가장 먼저이고, 그다음 홍만선, 그리고 빙허각 이씨의 순서인데, 후대로 오면서 비린내를 안 나게 하기 위해서 씻지 말라고 하고 있다. 모두 경험에 의한 것일 텐데 주장은 상반되는 것을 볼 수 있다.

그러나 조리법에 차이는 있을지 모르지만, 기본적으로 후추, 파, 천초

등 향신료를 많이 넣는 점은 유사하다고 할 수 있다. 또한 개고기를 꺼려하는 모습을 찾아볼 수 없다는 것도 이들 책 모두에서 나타나는 흥미로운 점이다. 오늘날 개고기가 아무래도 기피식품인 것과는 차이가 크다. 소고기 등이 귀한 상황에서 쉽게 얻을 수 있는 단백질 공급원으로 개고기가 받아들여졌던 것이 아닌가 한다.

돼지고기는 찬 음식이고 풍을 일으킬 가능성이 있으며 회충 때문에도 해롭다고, 풍병 있는 사람이나 어린이는 많이 먹지 말 것을 권한다. 돼지껍질을 고아서 묵처럼 해서 먹기도 하고, 돼지새끼집찜은 새끼집을 이용한 것인데 맛은 좋으나 새끼 가진 돼지를 잡는 것은 덕을 쌓는 데 좋지 않다고 하여 일부러 하는 것은 권하지 않는다. 돼지고기를 쇠꼬챙이에 꿰어 숯불에 기름 발라 굽는 것을 중국 돼지고기 굽는 법이라고 말하고 있다.[103]

꿩이나 닭 등 새고기에 대해서는 꿩고기는 소고기나 개고기에 비해 고기에 대한 평가에서도 그렇게 좋지는 않다. "황제서(黃帝書)에 이르기를 병오(丙午)일에 꿩과 닭을 먹으면 남자는 자식이 없고 여인은 혈폐[폐경]하니 크게 꺼린다."[104]라는 인용문을 통해 알 수 있다.

꿩에 대해서는 봉추찜과 꿩고기 굽는 법 등이 있고, 그다음 메추라기, 승기악탕(勝妓樂湯), 칠향계(七香鷄) 등은 주로 뱃속에 다진 고기와 야채를 넣어 만드는 요리들이다. 새 종류들이 내장을 비우고 속을 채울 수 있다는 특성을 이용한 것이다. 승기악탕은 살찐 묵은 닭의 내장을 버리고 그 빈 속에 술, 기름, 초와 박오가리, 표고버섯, 파, 돼지고기 등을 썰어 넣고 국물이 있게 하는 것인데, 이것이 왜관(倭館) 음식으로 기생이나 음악보다 낫다는 뜻에서 승기악탕이라고 했다고 한다.

화채는 꿩고기와 야채, 돼지고기를 채 썬 오늘날 구절판과 같은 요리이고, 전유어는 오늘날 전인데 생선을 계란에 적시는 것이 아니라 계란을

흰자, 노른자 구분해서 먼저 철판에 올리고 그 위에 생선을 얹어 굽는 방식이다.

고기류를 반찬으로 하는 것이 가장 다양한 조리법과 시간을 요한다고 할 수 있다. 일단 고기 종류가 여러 가지이고, 구이, 찜, 곰국 등 먹는 방법이 다양하기 때문이다. 그리고 시간이 오래 걸리는 것은 같은 구이를 해도 기름장을 발라 굽기를 여러 차례 반복하는 방법이 많이 쓰이기 때문이다. 곰국의 경우처럼 하루 종일 끓여야 되는 경우도 있다. 전반적으로 고기 요리는 가격이 비싸고 구하기가 쉽지도 않아서 고급 요리로 분류된 것으로 보인다.

나물 종류는 『음식디미방』과 『규합총서』가 조리법에서 차이를 보인다. 『음식디미방』은 나물 자체로 요리하는 것들인 데 반해 『규합총서』는 다른 재료 특히 고기를 함께 넣어 만드는 방식이 많다. 동아느르미, 동아선, 동아돈채, 동화적, 가지느르미, 가지찜·외찜, 외화채, 연근채, 잡채 등은 『음식디미방』의 나물류이고, 송이찜, 죽순나물, 승검초, 동과선, 호박나물, 임자자반, 다시마자반, 섞자반 등은 『규합총서』에 보인다.

그런데 『음식디미방』의 동아적이나 가지느르미, 가지찜 하는 방법은 고기산적 또는 고기찜처럼 만들지만, 재료 자체는 동아나 가지만을 쓴다.[105] 반면 『규합총서』의 죽순나물이나 호박나물은 모두 고기를 함께 넣어 볶는 형태이다. 나물과 함께 언급된 자반류만 자체 재료 중심이다. 이러한 차이가 두 책 사이의 200년 시차 때문인지, 지역적 차이인지, 혹은 요리법의 진화인지는 확인하기가 어렵다.

(3) 병과

병과(餠菓)는 다양한 재료가 필요하고 또 시간과 공이 많이 들어가는 식품이다. 대표적으로 여성들에게 경험과 기술을 요하는 분야라고 할 수 있다. 따라서 여기에서 축적된 기술이 계속 전수되는 것도 필수였다.

병과는 밥과 반찬 외의 별미 식품이다. 떡과 과즐붙이[과자류]로 대표된다. 이들 식품은 식사용이기보다는 별미로서 간식이나 잔치음식이 될 수 있다.

증편변, 석이편법, 전화법, 잡과병법, 밤설기법, 연약과법, 다식법, 박산법, 앵도편법 등이 『음식디미방』에 있고, 『규합총서』에는 복령조화고, 백설고, 권전병, 유자단자, 원소병, 승검초단자, 석탄병, 도행병, 신과병, 혼돈병, 토란병, 남방감저병, 잡과편, 증편, 석이병, 두텁떡, 기단가오, 서여향병, 송기떡, 상화, 무떡, 백설기, 빙자, 대추조악, 꽃전, 송편, 인절미 등의 떡 종류가 있다.

그리고 이에 더하여 유밀과류로 약과, 강정이 있고, 매화산자(梅花饊子), 밥풀산자, 묘화산자, 메밀산자, 감사과, 연사라교, 계강과(桂薑果), 생강과, 건시단지, 밤조악, 황률다식, 흑임자다식, 용안, 녹말다식, 산사편, 쪽 정과, 앵두편, 복분자 딸기편, 모과 거른 정과, 모과 쪽 정과, 살구편·벗편, 유자 정과, 감자 정과, 연근 정과, 정문동 정과, 생강 정과, 왜감자 정과, 향설고(香雪膏), 유리류(柚梨榴) 정과, 순(蓴) 정과 등의 과즐붙이 즉 과자류가 있다.

산자 등은 혼합하는 재료에 매화부터 메밀까지 있고 감사과나 연사도 비슷한 방법으로 보인다. 계피와 생강으로 만드는 계강과, 감이나 밤, 흑임자로 하는 과자 또는 다식이 있고 과일 종류와 함께 만드는 정과들이 있다.

이들 과자류는 재료를 섞어 모양을 만들어 기름에 굽거나 튀기고 거기에 꿀과 잣 등을 넣어 단맛을 낸다. 당시에도 고급 특별식이나 간식, 잔치음식으로 일반 서민 집에서는 먹기 쉽지 않은 음식이었다.

1802년 3월 심노숭이 집에서 보내온 약과를 기장의 동네 아이들에게 나눠줬을 때 아이들은 평생 먹어보지 못한 것으로 목구멍에서 계속 달란다며 더 달라고 아우성이다.[106] 기장이 서울에서 멀리 떨어진 궁벽진 곳이지만, 이것이 기장에 사는 서민 아이들의 상황만은 아닐 것이다. 서울에서도 가난한 집 아이들이 약과나 강정, 산자를 접할 기회는 많지 않았다. 위에 보이는 조리법과 그 음식들은 아무래도 양반집에서 제사와 손님 접대라는 목적으로 실행되는 음식이라고 보는 것이 맞을 것이다.

사실 안동 장씨나 빙허각 이씨는 모두 양반집 부인들로서 경제적 기반이 뒷받침됐던 사람들이다. 이들이 소개한 음식들은 경제적 여유가 있어야 가능한 음식들이었다. 특히 고기류, 그중에서도 소고기는 비싼 재료였기 때문에 양반 이하의 서민층에서는 쉽게 접할 수 있는 음식은 아니었다. 심지어 양반가에서도 고기나 생선류의 음식을 일상적으로 만들어 먹었을 것으로 보이지는 않는다. 나물류 등은 일상식일 수 있지만, 고기나 생선 요리들은 주로 제사를 받들고 손님을 접대하기 위한 목적이었을 것으로 생각된다.

그런데 중요한 것은 어떠한 목적에 의한 것이든 음식을 잘 만들기 위해, 그리고 재료를 잘 보존하기 위해 경험을 통해 방법을 찾고 또 그것을 발전시키려고 노력했다는 점이다. 꺼려야 하는 식품이나 조리 방법 등을 당시로서는 경험에 의한 근거로서 설명하고 사용하지 말 것을 권한 것이다. 식생활은 주로 여성들의 경험과 기술적인 실천을 통해 유지 발전되었다고 말할 수 있다.

물론 『산림경제』나 『임원경제지』 등에서 식생활에 주목하지 않은 것은 아니다. 그러나 남성들의 음식에 대한 기술은 어디까지나 국가경제의 일환이라는 취지에서 다뤄진 것으로 보인다. 실생활의 식생활과는 얼마간 거리가 있어 보인다.

양반부인들로서는 자신에게 주어진 봉제사접빈객의 임무와 일상적인 식생활 운용을 잘하기 위해 어떻게 조리하는 것이 좋은지, 어떤 식품은 자주 먹으면 안 되는지 등을 면밀하게 파악하여 실천하였다. 그리고 이 모든 지식은 지속적인 경험과 새로운 기술적 시도를 통해 축적되었고, 기록에 의해 주변과 후대에 전승되었다. 가령 빙허각 이씨는 여러 가지 실험을 통해 음식 보관, 만들기에서 새로운 방법을 찾아내고 그것을 현실에 적용하며 널리 유통되도록 하는 것까지 염두에 둔 것을 볼 수 있다. 식생활에서의 여성들의 의미 있는 기술적 기여라고 할 수 있다. 이런 조리법의 개발은 식재료의 변화, 나아가 농업 작물의 변화와도 연관이 있었다. 그 한 사례로 배추를 비롯한 채소의 경우를 살펴보는 것으로 식생활의 논의를 마무리짓고자 한다.

(4) 조리법과 채소 재배법의 발달

염장식품으로서 '김치'의 기원은 삼국시대까지 거슬러 올라가는데 이후 그 형태와 종류는 계속 변화해왔다. 조선시대 김치의 변화에 영향을 미친 중요한 변인들로는 17세기 고추의 유입, 그리고 18세기 중반쯤 배추가 재배되기 시작한 것을 꼽을 수 있다. 물론 고추나 배추 같은 작물의 변화가 곧바로 김치의 재료나 조리법의 변화로 나타나는 것은 아니고 여기에는 상당한 시간이 걸린다. 고추와 관련해서는 앞서 서술한 바 있고, 이 소절에서는 배추에 대해서만 간략히 살펴보기로 한다.

오늘날 김치의 대표적인 주재료는 배추이지만, 조선시대까지 김치의 주재료는 무였다. 무의 재배법은 『임원경제지』에 이렇게 적혀 있다.

> 백색과 홍색의 두 품종이 있고, 거름진 사양토에 이랑을 만들어 재배한다. 1~2월에 파종하고 60일이면 뿌리나 잎을 먹을 수 있다. 겨울용으로는 일찍 심어 서리가 내린 후 거두어 김치를 담근다. 무의 품종은

> 뿌리가 길되 눈같이 희고 달며 배같이 연한 것이 절품(絶品)인데, 영남과 호남산이 중부 이북산보다 좋다. (『임원경제지』)[107]

배추(菘 또는 白菘, 일명 白菜)는 중국 북부 원산으로 1700년 전후 출판된 것으로 추정되는 『산림경제』에 처음으로 배추재배법(種菘菜)이 나온다. 『증보산림경제』에는 한글로 비채(菘菜, 숭채)라 되어 있고, 『해동농서』에는 배채(菘)라고 되어 있다고 한다.[108]

> 2월 상순에 종자를 뿌리면 3월 중순에 먹게 되고, 5월 상순에 종자를 뿌리면 6월 중순에 먹게 된다. 심은 다음에 재거름을 덮어주고 자주 물을 준다. (『산림경제』)
> 배추는 습하고 낮은 곳이 좋고, 가을배추는 추석 후에 파종함이 마땅하며, 중국 품종이 더욱 좋다. (『증보산림경제』)
> 배추는 무 재배와 같이 하며 특수재배법으로 황아법(黃芽法)이 있다. 다 자란 배추의 늙은 잎을 따내고 땅에서 두 치 높이의 심(心)부만 남긴 다음 거름진 흙으로 북돋아준 후 큰 항아리를 덮고 15일 후에 거두어 채소로 하는데, 이를 황아채라 한다. 그 맛이 기막히게 좋다. (『임원경제지』)[109]

이렇듯 배추 재배법이 있긴 하지만, 오늘날의 배추김치와 같은 품종이 개발되어 일반 민가에서 본격적으로 김치의 주재료로 쓰기 시작한 것은 19세기 말 근대이행기 무렵부터인 것으로 보인다. 그런데, 뒤에 3장 2절에서 다시 살펴보겠지만, 품종 개발이 새로운 조리법을 낳았다기보다는 김치 조리법의 발달이 배추 품종의 개발을 촉진한 것으로 보인다. 앞서 이야기한 대로, 서유구의 『임원경제지』에서 배추가 저채나 침채 같은 채소

염장 조리법의 하나로 거론되고 있기는 하지만, 배추가 김치의 주재료로 본격적으로 사용된 것은 겨울을 나는 늦가을 김장법이 확산되는 19세기 말부터인 것이다.

조선 후기로 갈수록 농서에 나타난 채소의 종류가 크게 증가하는 현상도 이와 마찬가지 원리로 볼 수 있다.[110] 조리법의 발달에 따라 먹을 수 있는 채소의 종류가 확대되고 더 많은 채소를 재배 작물로 만들어갔다고 할 수 있는 것이다.

〈표 2-1〉 조선시대 농서에 나타난 채소의 종류

농서 (편찬 연대)	채소의 종수	채소의 종류
『사시찬요초』 (1482)	15종	순무, 상추, 미나리, 아욱, 부추, 마늘, 파, 생강, 도라지, 겨자(갓), 오이, 수박, 동아, 가지, 염뿌리
『한정록』 (1618)	19종	순무, 부추, 상추, 파, 아욱, 미나리, 오이, 가지, 수박, 마늘, 생강, 동아, 겨자, 무, 머위, 참외, 염교, 오송채, 침채
『색경』 (1676)	22종	참외, 오이, 수박, 동아, 토란, 아욱, 가지, 순무, 무, 겨자(갓), 박, 생강, 마늘, 파, 부추(정구지), 염교, 상추, 들깨, 차조기, 엿귀, 버섯, 류수정총
『산림경제』 (1700?)	35종	순무, 부추, 상추, 파, 아욱, 미나리, 오이, 가지, 수박, 마늘, 생강, 동아, 겨자, 무, 머위, 참외, 염교, 박, 쪽파, 토란, 배추, 시금치, 고지, 쑥갓, 적노, 맨드라미, 고추, 곰달래, 동취, 게여목, 승엄초, 소롯, 버섯, 봉선화, 청양
『증보산림경제』 (1766)	49종	순무, 부추, 상추, 파, 아욱, 미나리, 오이, 가지, 수박, 마늘, 생강, 동아, 도라지, 겨자, 머위, 염교, 박, 호박, 토란, 배추, 시금치, 고지, 쑥갓, 우엉, 고추, 양하, 맨드라미, 감로, 올매(가차라기), 곰달래, 동취, 넘나물, 평지(유채), 게여목, 승암채(당귀), 소롯, 순, 아주까리, 두릅, 차조기, 회향, 오가목묘, 죽순, 형개, 노야기, 수세미, 더덕, 삽주, 박하, 군달

(출처: 김영진·이은웅, 417–418쪽 재구성)

김영진·이은웅은 이와 같은 채소 품종의 증가를 "재배기술의 다양한 발전"으로 읽었다. 물론 농업기술의 측면에서 보자면 야생의 식물이 '재배(culture)'의 대상으로 포괄되는 과정을 농업 재배기술의 발전으로 읽는 것은 당연하다. 그런데 채소 품종의 증가는 농업기술만의 발전이 아니라 조리법의 발전을 고려해야 온전히 이해될 수 있다. 필자들도 지적하듯이 "채소를 먹지 못하는 것도 굶주림으로 보았기" 때문에 조선의 농서에서 채소를 중요하게 다루었다는 것은,[111] 채소의 가장 중요한 의미는 먹을거리 즉 음식(특히 부식) 재료라는 데 있음을 말해주며, 따라서 채소 품종의 변화는 조리법의 발달과 떼어놓고 생각할 수 없다. 홍만선의 『산림경제』는 채소재배(治圃)를 제1권에서 복거(卜居)와 섭생(攝生), 치농(治農)에 이어 중요하게 다루면서 다음과 같은 서문을 달아 '부식의 재료'로서의 의미를 분명히 하고 있다.

> 곡식이 잘되지 못하는 것을 기(飢)라 하고 채소가 잘되지 못하는 것을 근(饉)이라 하니, 오곡 이외에는 채소가 또한 중요하다. 하물며 농가는 도시와 멀리 떨어져 있으므로 고기반찬을 해 먹기 어려우니, 마땅히 거주하는 곳 근방에다 남새밭을 만들고 **채소를 심어 일상의 반찬을 해야 한다.**[112] (강조는 인용자)

특히 한국의 채소 섭취 방식은 날것 그대로 먹기보다는 다양한 방식으로 조리하고 그것도 채소 종류별로 각각에 맞는 조리법을 적용하는 방식이기 때문에, 채소 종류의 증가는 채소별로 가장 최적의 조리법 개발이 수반되었음을 의미한다.

이처럼 채소 품종의 증가와 재배기술의 발달 그리고 조리법의 발달은 별개로 이루어지는 것이 아니라 여성들의 종합적 기술 실천에 의해 가능했음을 추측해볼 수 있다. 즉, 농작물의 재배, 그리고 먹을거리로의 선택과 조리법의 개발이 여성들에 의해 이루어지면서 각 과정이 분절된 것이 아닌 서로의 발전을 추동하는 전개 과정을 밟아온 것이다.

4. 의생활

1) 직조의 의미[113]

> "학교는 풍화(風化)의 근원이고, 농상(農桑)은 의식의 근본이니, 학교를 일으켜서 인재를 양성하고, 농상을 권장하여 백성을 잘살게 할 것입니다."[114]

태조 이성계가 즉위한 지 두 달 후 도평의사사에서 올린 시무책 중 하나이다. 교화(敎化)라는 인재 양성과 함께 첫 번째로 강조되는 것이 농상이라는 사실이 주목된다. 농상이 의식의 근본이며 따라서 백성을 잘살게 하기 위해서는 농상은 반드시 권장될 사안인 것이다.

농상은 '농사와 양잠(養蠶)'을 뜻하는데, 한마디로 먹고 입는 것을 생산한다는 뜻이다. 위에 표현된 대로 의식의 근본이다. 그런데 여기서 농사는 글자 그대로 농사를 말하지만, 양잠은 좁은 의미에서는 견 생산이지만 광의로는 직물 생산 전체를 말한다. 다시 말해 '상(桑)'이나 '양잠'은 뽕잎 따기나 누에치기, 심지어 견 생산만이 아니라, 면, 베 등 모든 직물의 생산을 포괄한다. 실제로 면이 보편화되면서는 '양잠'이라는 말에서 면이 갖는 비중이 더 커지는 것이다.

그러나 여기서 주목하고자 하는 것은 양잠의 내용이 견이냐 면이냐의 문제는 아니다. 더 중요한 것은 양잠 즉 직조가 농사와 동급으로 인식되었다는 사실에 있다. 심지어는 직조가 농사에 포함되기도 했다. 농사에 포함되면 직조의 고유 의미를 잃는 것처럼 생각될 수 있으나 실제는 직조가 농사 자체로 인식될 만큼 중요한 위치에 있었다고 보는 것이 더 타당하다. 『조선왕조실록』 기사에는 '권농상'이라는 표현도 많지만 그냥 '권농'이라고만 쓴 경우가 더 많은데, 이때 '권농'에는 일반적으로 '권상' 즉 직물 생산 장려가 포함되었다고 보아도 무방하다.

> "무릇 백성의 삶은 하루에 두 번 먹지 않으면 배고프고, 일 년 동안 옷을 짓지 않으면 헐벗게 됩니다."[115]

세종 즉위년(1418) 농사와 직조의 중요성을 강조한 또 하나의 기사이다. 살아가는 데 가장 근본이 되는 것은 식생활과 의생활임이 거듭 확인된다. 그런데 그 근본이 되는 생산에서 일반적으로 농사는 남자가, 양잠 즉 길쌈은 여자가 주로 책임지는 역할분담이었다. 물론 여자가 밭농사에 참여하기도 하고 남자가 실 생산을 위한 농사를 하기도 해서 농사와 직조의 성 역할 구분이 그렇게 명확하기만 한 것은 아니었다. 그러나 전반적으로는 조선에서 남과 여는 농사와 직조를 하면서 생활을 분담하여 책임졌다고 할 수 있다.

그렇다면 조선의 직조에서 양잠이 직조를 대표하고 가장 먼저 언급되는 이유는 무엇일까? 양잠 자체의 생산량이나 의생활 비중이 높지는 않지만, 친잠이라는 의식에서 보듯이 의생활을 상징하는 의미가 있기 때문으로 보인다.

"관에서는 농상을 권장하되 엄격하게 독려해서는 안 되고 백성들의 감정을 좇아 각기 그 생업을 잘 수행하도록 해야 한다."[116]고 한 세종대의 기록은 국가가 직조를 장려하되 가능한 한 백성들의 자발성을 유도하고 있는 것을 볼 수 있다. 국가는 백성보다 먼저 적극적으로 그리고 구체적으로 양잠 활성화 방안을 마련하기도 했다. 관청 부근에 뽕나무를 심게 하는 것, 뽕나무의 그루 수를 허위신고하거나 뽕나무를 잘 기르지 못한 경우 수령을 문책하는 것, 누에의 알인 잠종(蠶種)의 보급, 뽕나무의 재배와 배포, 양잠과 누에고치의 생산과 공납, 양잠기술의 전파 등을 담당한 기관인 잠실(蠶室)의 설치, 잠실에서 누에 치는 여성인 잠모(蠶母)의 선택, 잠모에 대한 상벌, 감역관 치폐(置廢), 그리고 잠서(蠶書)의 간행 보급 등을 관에서 적극적으로 주도하였다.

그러나 무엇보다도 양잠 권장을 가장 표나게 보여주는 것은 친잠의 강조, 친잠의(親蠶儀)에 대한 고증이라고 할 수 있다. 친잠은 왕의 친농처럼 왕비가 일반 여성을 대표해서 직조의 모범을 보이는 것으로, 양잠 즉 직조가 농사와 동등하게 중요하다는 것을 보여주며 나아가 양잠의 활성화를 기대하는 상징적 의례이다. 관에서는 해마다 친농과 함께 친잠의 중요성을 강조하면서 그 의식을 고례에 따라 실행하고자 하였다.

물론 중국의 고례를 그대로 따를 수는 없었다. 가령 중국의 경우에는 친잠은 황후가 직접 시행하고 선잠(先蠶: 양잠 제사)은 유사(有司)를 본단(本壇)에 보내어 행하게 함으로써 대개 선잠과 친잠이 동시에 진행된 것을 볼 수 있다.

그러나 우리나라는 중국과 기후가 달라 매해 선잠례를 행할 때 뽕나무 잎이 돋아나지 않아 친잠을 수행하기 어려운 점이 있었다. 따라서 뽕잎이 돋았으면 상서로운 날인 사일(巳日)을 택하여 선잠례와 친잠을 동시에 실시하고, 만일 잎이 돋아나지 않았으면 선잠을 먼저 실시한 후 친잠은 다시 좋은 사일을 택하여 행하도록 하자는 건의들이 있었다. 친잠의에 대해 이와 같이 건의가 있었다는 것은 양잠에 임하는 태도가 매우 신중했음을 나타내주는 것이다. 즉, 선잠이 하나의 제천의식으로 뽕나무 잎이 나기 전에 실시해도 문제가 없지만 친잠은 직조를 위한 뽕잎 채취를 실연하는 것이므로 뽕잎이 나오기 전에 행할 수 없는 것이다. 이는 친잠 실행에서 이념의 구현뿐만 아니라 실질성을 중시했음을 보여준다.

친잠 시행, 양잠 강조 정책을 보면, 조선 초기 직조업은 역시 잠업으로 대표되는 듯이 보인다. 그러나 이는 조선 초기 잠업이 직조업 전체를 상징적으로 대표하는 것에서 비롯된 일일 뿐이다. 거듭 말하지만, 실제는 다른 직물이 "양잠"에서 배제된 것이 아니다. 조선 후기로 가면서 견은 오히려 직물로서의 중요성이 면이나 베에 비하여 훨씬 떨어지게 된다. 특히 면은 실용성을 고려할 때 가장 우수한 직물이었기 때문에 점차 권상의 실질적인 의미를 대체해갔다.

> "우리나라에는 본래 목면이 없었는데… 고려 말 문익점이 중국에서 목면 씨를 가져오고 아울러 취자차(取子車)와 소사차(巢絲車)를 제작한 후, 나라 사람들이 앞다투어 그 법을 전수하여 백 년이 안 되어 중외(中外)에 널리 퍼지게 되었으니, 나라 사람들의 아래위 옷이 모두 이로써 지은 것이었다."[117]

이는 조신(曺伸, 1454-1529)의 『소문쇄록(謏聞瑣錄)』 목면조에 나오는 내용인데, 목면이 그 실용성 때문에 급속히 우리 생활에 전파된 실상을 보여주고 있다. 앞다투어 그 법을 전수했다는 대목이 주목된다. 그만큼 엄청난 수요가 있었다는 것을 뜻한다.

"사람이 살아가면서 반드시 의와 식에 의존하게 되는데, 옷은 뽕나무와 마(麻)에서 얻어진다. 그러나 상마(桑麻)의 쓰임은 목면에 미치지 못한다."는 조선 후기 실학자 이익(李瀷, 1681-1763)의 견해도 면 또는 면직물의 중요성을 시사해준다. 견직물은 실용적이기보다는 사치성 직물이며 마는 주로 여름철의 옷으로 쓰이기 때문에 제한적인 데 반해, 면은 비교적 저렴하며 보온성, 통기성이 뛰어나 사계절 언제든지 입을 수 있는 직물이었다. 이러한 현실적인 필요 때문에 면화가 고려 말에야 도입되었지만, 면직물이 일반인의 보편적인 의류로 자리잡는 데 그렇게 오랜 시간이 걸리지 않았던 것이다.

견, 면 이외에 중요한 기능을 담당한 직물은 마 즉 베였다. 특히 베는 화폐로 유통되었기 때문에 그 중요성이 더 강조되었다. 『경국대전』 국폐(國幣)조에는 국폐로서 포와 저화(楮貨)를 통용한다고 규정하고 있다. 즉, 포는 국가에서 인정하는 화폐였던 것이다. 그런데 저화는 화폐로서의 기능이 약한 반면, 포는 일반인들에게 널리 선호되었다. 국가에서는 이러한 경향을 억제하고자 건립 초기부터 저화 장려 정책을 적극적으로 실시하였지만, 포를 선호하는 경향은 계속되어 『경국대전』에서도 그대로 화폐로서의 위치를 유지한 것이다. 물론 저화의 기능 약화는 포의 중요성만 증가시킨 것이 아니라 쌀의 화폐로서의 기능도 확대시킨 것이 사실이다. 그러나 쌀은 국폐로 지정될 수는 없었으며, 따라서 화폐로서의 실질적인 중요한 역할은 포가 담당하고 있었다.

저화에 대한 적극적인 권장책에도 불구하고 저화의 유통이 부진했던 것은 저화의 태환보증(兌換保證) 기반이 약하다는 데에 원인이 있다. 상대적으로 포는 언제든지 교환이 가능한 실질적인 가치를 지니고 있었기 때문에 선호되었다. 이처럼 포는 곧 '돈'이라는 사실은 포의 중요성을 드러내주는 것이다. 면도 조선 후기에는 포와 함께 돈으로 사용되었다. 포와 면은 쌀과 함께 인간생활에 없어서는 안 되는 생활용품이었기 때문이다.

조선 초기 견, 면, 포로 대표되는 직물은 쌀과 함께 생활의 가장 근본적인 필수품이었으며, 따라서 국가 정책에서도 쌀에 비하여 소홀히 취급되지 않았다는 사실을 확인할 수 있다. 그리고 그 직조는 대부분 여성들이 책임지고 있었다. 여성들은 직조를 담당하면서 그 중요성을 잘 알고 있었기 때문에 가능한 한 직조의 생산이 원활하고 또 풍부하게 이루어지게 하려고 노력했다.

2) 여성의 직조

(1) 직조의 현실적 필요와 기술개발

조선의 여성들은 직조가 일상생활에 근간이 될 뿐만 아니라 경제생활 전반에서 차지하는 비중이 높다는 사실을 함께 인식하고 있었다. 면이나 베가 곧 화폐였기 때문에 그것이 경제생활의 핵심 즉 돈이 될 수 있다는 것을 알고 있었던 것이다.

> 가난한 집의 나라 세금은 심장을 도려낼 듯
> 시골 계집 옷 짜는 북은 이르는 곳마다 바빠
> 반 필밖에 못 짠 면포를 잘라내어
> 밝기도 전에 모두 논산 장으로 달려간다.[118]

이 기록은 여성들이 직조를 얼마나 열심히 했는지, 그리고 직조가 돈이 된다는 사실을 얼마나 명확히 인식하고 있었는지 등을 잘 보여준다. 세금을 내기 위해 면포를 짜고 그것을 시장에 내다판다는 것에서 직조의 환금성을 알 수 있다. 여자들은 집안의 세금을 내기 위해 면포를 돈으로 바꾸고 있다.[119]

조선에서 여자들은 기본적으로 면포 생산에 집중할 수밖에 없었다. "반 필 밖에 못 짠" 면포를 잘라내어 장으로 달려가는 것에서 면포 생산은 늘 부족했음을 알 수 있고, 부족한 만큼 그 생산을 늘리고자 직조에 열심이었으리라는 것도 알 수 있다. 결과적으로 여성들은 경제생활을 위해 면포를 가능한 한 빨리 그리고 많이 생산하려고 노력했을 것이다.

> "설부(說郛)에 이르되 남해 바다 속에 화산이 있어 그 가운데 불꽃이 때없이 활활 치솟아 산 위의 풀과 나무·새·짐승이 다 불 속에 있는

고로 짐승의 털과 새 깃으로 깁을 짜면 그 이름이 화완포(火浣布)니 무서운 추위에 입으면 땀이 나고 만일 낡아 더러워지면 불 속에 넣었다 꺼내면 더욱 빛나니 세상에 다시없는 보배라 하였다."[120]

빙허각 이씨가 『규합총서』의 봉임칙(縫紝則) 길쌈에서 인용한 중국 옷감 이야기이다. 화완포는 짐승 털과 새 깃으로 짠 것인데, 세상에 다시없는 보배라고 한다. 보배라는 것은 일단 값이 비쌀 수 있다. 신화와 같은 이야기지만, 이를 통해 직조물 중에 보배가 있을 수 있다는 것은 알 수 있게 한다. 화안포는 현실에 존재하지 않는 직물이겠지만, 현실에서도 보배와 같은 고가의 직조물은 있을 수 있다.

우선 견은 기본적으로 비싼 직물로 돈이 될 수 있는 직물이다. 중국의 화려한 견에 비하면 상품성이 떨어질 수 있지만, 일단 보온성과 부드러운 질감 때문에 고급 직물에 속했다. 면과 베는 일상 직물로 크게 비쌀 수는 없지만, 그래도 그것을 얼마나 정교하게 짜느냐에 따라 값이 달라질 수 있었다.

"씨 뺀 솜 센 저울로 여덟 냥이면 한 필이 될 것이니 좌우사(左右絲) 각각 열 톳씩 두 틀에 뽑아 한 오리씩 자아 날고, 북 둘 각각 씨하여 짜면 선초무늬 같다."[121]

역시 『규합총서』 '길쌈'에 나오는 직조법이다. 고투의 문장으로 정확한 내용 파악이 쉽지 않지만, 날줄과 씨줄을 적절히 해서 면포이면서도 비단무늬처럼 옷감을 짤 수 있다는 것이다. 이 방법대로 해서 선초무늬처럼 된다면 당연히 면이라고 해도 가격이 올라갈 수 있다. 직물의 고급화와 거기서 오는 이득의 증대를 기대할 수 있다.

따라서 여성들은 직조를 하는 데서 속도와 생산물의 양에 일차적으로 관심을 가졌겠지만, 또한 직물의 품질을 높여 더 많은 이익을 얻는 것도 생각했을 것이다. 여기에서 당연히 고급의 기술을 가지려고 하고 또 그것을 경험으로 축적하여 전수하기도 했을 것으로 보인다. 빙허각 이씨가 길쌈의 방법을 서술할 수 있었던 것은 이러한 경험이 누군가에 의해 전수돼왔기 때문에 가능했던 것이다.

(2) 직조의 과정과 작업 기술[122]

직조에서 시작은 실을 만드는 일이다. 그리고 그 실을 만들기 위해서는 누에치기 혹은 농사가 필요했다. 사실상 이 과정까지도 직조의 과정에 포함되어야 한다고 볼 수 있다. 여성의 직조를 서술하려면 이 부분을 먼저 언급하지 않을 수 없다.

누에치기를 시작하는 시기는 정월이다. 이때는 일종의 준비기라고 할 수 있는데, 초5일 잠신실(蠶神室)에 제사하는 것에서 시작한다. 주관자는 잠부(蠶婦)이며 술 대신 차를 쓴다. 아직 실질적인 양잠 행위는 없으나 왕실의 선잠례와 같이 잠신에 대한 의식이 경건하여 풍요로운 수확을 기원하는 자세를 엿볼 수 있다. 실질적인 양잠이 이루어지는 것은 3월부터이다.

먼저 겨울 동안 보관했던 잠종(蠶種)을 꺼내 거꾸로 매단 상태에서 통풍을 시키며 누에에게 좋은 곳으로 잠실의 위치를 정한다. 잠실의 위치를 정한 이후에는 누에의 색이나 모양 등을 살펴 누에의 종으로 쓸 만한 것인지를 구별해야 한다. 개미누에가 나오면 아직 섬세하므로 손으로 직접 만지기보다 닭털을 이용하여 보살펴주어야 한다. 먹이는 가는 잎을 골라 묵혀두지 말고 자주 먹이는데 대체로 하루 4번을 준다.

이와 같이 기르다 보면 큰잠을 자게 되고, 큰잠을 자고 난 후 먹이 15

16돈을 먹으면 누에가 늙게 된다. 실을 많이 얻느냐 적게 얻느냐는 전적으로 이때의 먹는 분량에 달려 있다. 또 늙는 속도에 따라 얻을 수 있는 실의 양이 달라지므로 주의해야 한다. 25일 정도가 적당하며 한 달 혹은 40일 만에 늙는 경우 실의 양이 적어진다.

고치가 만들어진 후에는 서늘한 곳을 가려서 엷게 펴놓아야 나방이 늦게 나온다. 고치실을 켜내는 방법은 오직 가늘고 둥글고 고루 단단하여 거칠게 마디진 데가 없도록 하는 데에 있다. 고치실을 켜는 데는 뜨거운 솥과 냉분이 있어야 한다.

> 큰 가마솥과 큰 시루가 있어야 하는데 가마 위에 시루를 얹어놓고 시루 안에 물을 가득 채운 후 작은 막대기 하나로 가로막아 두 사람이 마주하여 실을 켜야 한다. 물은 항상 뜨거워야 하며 저어 굴리면서 고치를 넣는다. 많이 넣으면 미처 쪄지지 않아 실을 켜는 데 손상이 되므로 적게 넣는 것이 좋다. 그러나 뜨거운 물에 쪄내는 것은 냉분에서 켜는 것보다 깨끗하고 광명하지 못하다.[123]

이와 같이 하면 대체로 양잠의 전 과정이 끝나게 된다. 그러나 이는 대체적인 과정에 불과하며 실제 각 과정마다 세심한 주의를 요하는 부분이 상당히 많다. 뽕잎은 젖어도 안 되지만 너무 말라도 안 되고 잠실의 온도는 누에의 성장 과정에 따라 달라야 한다는 것, 누에에게 드물게 해주어야 하는 것이 세 가지, 충분히 해주어야 하는 것이 다섯 가지, 누에가 싫어해서 피해야 할 것이 여러 가지가 있는 등 누에치기는 면밀한 주의를 요하는 작업이다.

가령 누에가 크는 정도에 따라 잠실의 온도를 달리해야 하는데, 누에가 처음 깨어났을 때부터 두 잠자기까지 사이에는 잠실의 온도를 온난하게 해주어야 한다. 이때 적절한 온도를 측정하기 위해서 "잠부는 모름지기 홑옷을 입고 잠실에 들어가 몸이 춥다고 느끼면 누에도 또한 춥다고 생각하여 불을 지필 것이며 몸이 덥다고 느끼면 때던 불을 중단해야 한다."고 하였다.[124] 이는 온도 조절에서 얼마만큼 세심해야 하는가를 단적으로 보여주는 것이다.

누에치기에는 봄누에 외에 여름누에·가을누에가 있는데 이를 늦은누에라고 한다. 여름누에는 서늘하게 해줄 것이며 모기나 파리를 꺼리므로 반드시 모기장 같은 장막을 설치하여 보호해주어야 한다. 가을누에는 처음에는 서늘하게 하다가 따뜻하게 할 것이며 그 밖의 일은 봄누에와 같게 한다고 하였다.

이러한 일련의 양잠 과정이 대개 여자들의 손에 의해 이루어졌다. 양잠을 시작하기 전의 제사가 잠부인 여자에 의해 이루어지며 잠실의 온도를 맞추기 위해 잠부가 홑옷을 입고 잠실에 들어간다는 것에서 양잠이 거의 여자의 손에 의해 이루어졌다는 것을 잘 알 수 있다. 출산한 지 한 달이 안 된 산부는 잠부가 될 수 없다는 금지 조항도 이를 증명한다. 이렇듯 양잠 과정에서 세심한 온도 관리의 기준을 여성의 체감온도로 제시했다는 것은 그 관리의 주체가 여성이었고 그 관리기술이 여성에 의해 체화된 기술이었음을 보여준다.

누에의 종을 선택하는 것에서부터 개미누에를 섬세하게 보살펴야 하는 것, 뽕잎 채취, 손질, 먹이주기, 실켜기 등이 모두 여자들의 판단에 의해 이루어졌다. 그런데 이 과정을 여자들은 가사나 육아, 혹은 농사일과 동시에 수행했다. 매일매일의 식사를 마련하는 일은 필수적인 일이어서 우선적으로 해결해야 했다. 그리고 농사도 집안에서 가장 중점을 두는 사업이므로 늦출 수 있는 것은 아니었다. 따라서 양잠은 그 자체가 갖는 중요성에도 불구하고 가사나 농사를 하는 틈틈이 수행했을 것으로 보

〈그림 2-3〉 19세기 유운홍필풍속도(劉運弘筆風俗圖)의 잠직 부분. (출처: 국립중앙박물관)

인다.

양잠에서 직조 즉 견 방직까지의 모든 과정이 전적으로 여성에 의해 이루어졌을지는 의문이다. 견을 짜는 일은 여성들이 일부 담당해도 면이나 베를 짜는 것만큼 많지는 않았던 것으로 보인다. 즉, '길쌈'은 면이나 베를 짜는 일이 대부분이고 견 즉 비단 직조는 적었다고 할 수 있다. 아마도 일반인의 의생활에서 비단이 차지하는 비중이 높지 않기 때문일 것이다.

양잠 과정에서 견사를 생산하기까지 일련의 노동이 대체로 여자들에 의해 이루어졌지만, 그렇다고 여성 노동에 의한 것만은 아니다. 뽕 따기 등 단순노동의 경우 남자들이 참여했다. 공상(公桑)의 잠실일 경우 적상노(摘桑奴)라는 인원이 배치되는데, 이들은 이름 그대로 뽕잎을 채취해 오는 남자 노비이다. 일반 민간의 양잠에서도 뽕잎을 잘게 썰고 마르지 않은 상태에서 주며, 개미누에를 조심스럽게 다루고 실잣기 하는 등의 섬세한 역할은 대부분 여자들이 담당하였지만 단순히 뽕잎을 따오는 정도의 일은 남자들도 했던 것으로 보인다.

> 이 기구는 매우 질박하다. 이미 사람 손으로 잡아당겨 실을 뽑으니 빠르고 느림이 고르지 못하고 힘의 낭비가 매우 심하다. 종일토록 잡아당기고 돌리며 힘들여 끊임없이 일하고 비록 약한 처자의 손이 갈라지고 허리가 쑤신다 해도 켜낸 것은 한 줌의 엉클어진 실일 뿐이니 실로 한탄스러운 일이다.[125]

이는 견사를 만드는 방적 과정이 여자들의 손에 의하여 이루어졌음을 알려주는 동시에 그것이 매우 힘든 노동이었음을 말해준다. 비록 조선 후기의 기록이지만 조선 전기의 상황도 크게 다르지 않았을 것이다. 양잠에서 누에를 치는 과정에 요구되는 섬세함이나 근면성 외에도 견사를 만드는 일 또한 공이 많이 드는 작업이었음을 알 수 있다.

이러한 과정은 면직에서도 예외는 아니었다. 조선 초기에 면직은 들어온 지 얼마 되지 않아 크게 주목받지 못하였다. 조선 초기 농서인 『농사직설(農事直說)』, 『사시찬요초사(四時纂要抄事)』 등에서는 마의 재배에 대해서만 언급하고 있으며 면화에 대해서는 기록하지 않고 있다. 그러나 얼마간 시간이 지난 후에는 면이 조선의 의생활에서 차지하는 비중이 높아지면서 여기저기 기록이 나타나게 되었다.

17세기에 간행된 『농가집성(農家集成)』 안에 포함된 『농사직설』 개정본에는 면화의 재배법이 상세히 언급되었다. 『농사직설』 개정본뿐만 아니라 조선 중기 이후의 거의 모든 농서에는 대부분 면화 재배법이 소개돼 있다.

그 재배법을 간략히 살펴보면 다음과 같다. 3월 청명에 목화씨를 심고

4월 소만이 되면 1차로 김매기를 한다. 이로부터 7월 처서에 이르기까지 7번 김매기를 하고 수확한다.[126] 수확은 목화를 따는 과정인데 상당히 많은 노동력이 요구되는 일이다. 얼핏 보아 재배하는 과정이 일반 농사와 크게 다를 것이 없는 듯이 보이지만 다른 농작물에 비하여 유난히 김매기의 기간이 길고 횟수가 많다. 이처럼 수확하는 과정에서 노동력이 많이 요구된다는 것이 면화 재배의 어려운 점이며 특징이다. 김매기를 여성이 담당했을 가능성이 높으며, 목화 따는 일도 여성이 했을 것으로 보인다. 그렇다면 목화의 경우도 재배부터 수확까지 대체로 여성 노동의 비중이 상당하지 않았을까 생각된다.

목화가 수확되고 나면 그 직조를 위한 전 단계로 실을 만드는 과정이 필요하다. 즉, 방적 작업이다. 솜에서 씨 빼기, 솜 타기, 고치말기, 실잣기 등 일련의 과정이 있다고 한다.[127] 목화솜을 실로 만드는 데는 씨아와 무명활, 대롱, 물레 등의 도구가 필요하다. 목화솜에는 씨가 여러 개 박혀 있어 씨아로 이 씨를 빼내야 하는데, 이 작업을 '씨앗기'라고 한다. '씨아'라고 부르는 기구를 가랑이 사이에 넣고 돌려 씨를 제거하는 것이다. 씨를 뺀 솜은 대나무를 휘어서 활처럼 만든 무명활로 타는데, 활 끝의 진동에 따라 솜에 공기가 들어가 피어나게 된다. 이렇게 솜이 틀어지면 그 다음 솜을 얇고 넓게 펴고 수수깡 막대기로 돌돌 마는 고치말기 작업을 하게 된다. 그리고 그다음은 물레로 실을 만드는 것이다. 이 모든 과정은 근대 개항기 화가 기산 김준근의 풍속도에서도 확인된다.[128]

무명 방적 작업은 물레를 이용하여 실을 길게 뽑아내는 것이므로, 도구를 이용하지 않는 삼베나 모시실을 방적할 때보다 노동 강도가 훨씬 약하고 시간도 적게 소요된다. 하지만 그럼에도 불구하고 조선시대 무명 방적의 생산량이 많을 수는 없었다.

"대개 손 빠르고 전문적이라고 불리는 베 짜는 여자가 매일 실을 자아

〈그림 2-4〉 김준근의 "방적", 〈기산풍속도첩〉. (출처: 한국학중앙연구원 민족문화대백과사전)

내는 것을 일삼아도 하루 종일 겨우 실 세 꾸러미를 얻을 뿐이다."[129] 이는 실잣기 즉 방적의 낙후성에 관한 설명이다. 여성들이 방적을 열심히 한다고는 하지만, 절대시간 부족과 기술적 한계 등으로 해서 생산량이 많을 수는 없었던 것이다.

"더구나 한 여자가 곡식을 찧고, 밥을 하고, 물 긷고, 바느질하고, 빨래하며 아이에게 젖 주는 이런 일들을 동시에 같이 해야 하니 실을 자아낼 시간이 얼마나 되겠는가?" 이는 이미 인용한 『오주연문장전산고』의 뒷부분인데, 여성들이 어떤 시간에 방적을 할 수 있었는가를 보여준다. 즉, 당시의 부녀자들은 농업노동과 가사노동을 하고 남은 시간에 직물 생산노동을 했음을 알 수 있다. 견직물에서와 마찬가지로 여성들이 면직 직조에 투여할 수 있는 시간은 많은 것이 아니었다.

방적 작업이 실잣기까지 끝나고 나면 이어서 직물을 짜는 '길쌈'이 이루어진다. 면직물의 경우는 직조가 대체적으로 일반 농가의 여성들 손으

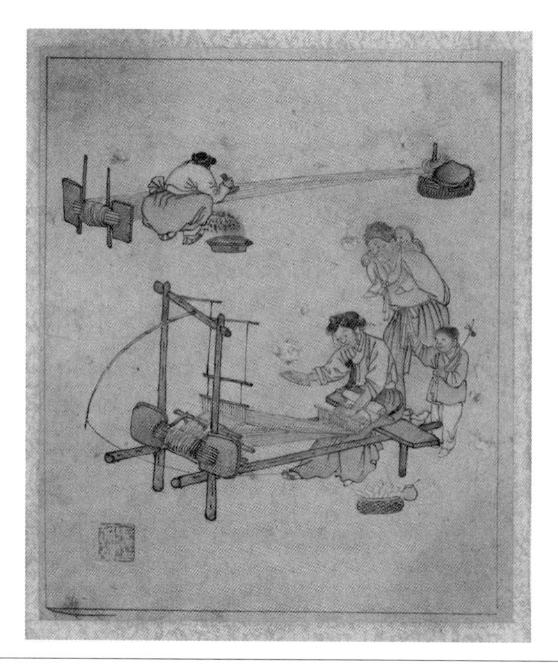

〈그림 2-5〉 김홍도의 "길쌈", 〈단원풍속도첩〉. (출처: 국립중앙박물관)

로 이루어졌다.

그런데 일반 농가의 부녀자들이 생산해낼 수 있는 직물의 양은 결코 많은 것이 아니었다. 때로는 1년(그해)에 생산해낸 면화가 모두 직조되지 못하는 경우도 있었다고 한다.[130] 그러나 비록 적은 양이라고 해도 조선 내의 면포는 자급자족만이 아닌 세금으로 납부되는 자원이라는 데에 중요성이 있었다. 남자들의 군포가 2필이며 노비에게 책정된 신공이 1필이었다. 이는 국가에서 책정한 납세 기준이다.[131] 국가에서는 이들 포에 등급을 매기고 화폐로 유통시켰다. 경우에 따라서는 곡식을 팔아 포를 사서 납부하기도 했지만 대개는 집에서 이를 충당하고자 했을 것이며, 사서 납부하는 경우라도 결국 그 포는 누군가 다른 여자의 손에 의해 생산된 것이었다. 이는 조선에서 유통되던 세금과 화폐와 대부분을 여자들이 생산해냈다는 이야기가 되며, 여성 직조 생산의 국가적인 기여도를 알 수 있게 한다.

조선시대에 사용된 직물에는 견포, 면포 외에도 베가 있었다. 베 생산 및 직조 과정은 다음과 같다. 삼베는 대마(大麻)로, 모시는 저마(苧麻)로 만드는 것이다. 베를 직조하기 위해서는 삼 재배, 베어 거두기, 삼 껍질 벗기기, 삼 째기, 삼 삼기, 베 매기, 베 짜기 등의 과정이 필요하다.

> 정월에 얼음이 풀리면 좋은 밭을 가려서 마를 심는데, 밭이 많으면 해바꿈을 한다. 갈이는 세로 3번, 가로 3번 하고 마소똥을 펴고서 2월 상순에 다시 간다. 써레 및 쇠스랑으로 잘 다스려 평평하게 고른 뒤 발로 고루 잘 밟고 씨뿌림도 또한 고루고루 배게 하고 끌개로 덮은 다음 그 위에 또 마소똥을 편다. 삼이 세 치쯤 자라서 잡초가 나게 되면 김을 매주어야 한다.[132]

마는 이와 같이 2월에 밭갈이를 마쳐 3월에 심는데, 다른 농작물에 비하여 특별히 주의할 것이 없고 김매기는 한 번만 하면 된다. 따라서 비교적 재배가 수월하다고 할 수 있다. 7월에는 마를 수확하는데, 수확한 후 닷새간 실을 짜고 열흘간 바래서 직포할 준비를 한다.

베의 재배는 비교적 수월하다고 할 수 있으나 방적 과정은 면포보다 쉽지 않았다. 우선 수확한 삼은 고열로 찐 후 껍질을 벗긴다. 이를 '피삼'이라고 하는데 피삼은 보통 길이가 2~3m, 가로는 약 1㎝ 정도이다.[133] 피삼을 가지고 삼베 실을 만드는 과정 또한 결코 쉽지 않다. 피삼을 계속 잘게 쪼개는 작업이 필요하기 때문이다. 대마와 저마 모두 무한히 쪼개지는 성질을 가지고 있는데, 얼마나 가늘고 고르게 실을 쪼개느냐에 따라서 베의 품질이 달라진다. 피삼을 잘게 쪼개기 위해 여성들은 이빨로 물어뜯고 손톱으로 쪼개는 과정을 여러 번 반복한다.[134] 이 과정을 '쪼개기'라 부르는데, 실이 가늘수록 상품성이 좋아지므로 최대한 가늘게 쪼개야 했다. 이 쪼개기 작업을 하다가 여성들의 이가 닳거나 깨지기도 했으며, 손에 굳은살이 박이는 일도 흔했다.

잘게 쪼갠 삼줄기는 길게 이어야 비로소 삼실이 된다. 이를 길게 잇기 위해서는 삼줄기의 끝과 끝을 손으로 연결해서 잇는 '삼는' 과정이 필요하다. 삼줄기를 연결할 때 이용되는 도구는 바로 여성의 무릎이다. 삼줄기를 무릎에 놓고 손으로 비벼 연결하여 긴 실로 만드는 것이다. 무릎에 삼줄기를 놓고 손바닥으로 비벼 올을 질기고 매끄럽게 만드는 과정을 안동 지방에서는 '비빈다'라고 부르기도 한다. 삼줄기를 '비비는' 작업을 하기 위해서 여성들은 무릎에 바가지를 씌워 사용하기도 했다.[135] 삼실을 만드는 과정은 목화실을 만드는 것에 비해 훨씬 힘든 작업이었다. 물레와 같은 도구를 쓰는 것이 아니고 여성의 신체를 이용하고 또 몸으로 하는 노동 위주이기 때문이다.[136] 이 실 만들기 과정도 기산풍속도를 통해 확인할 수 있다.

이처럼 준비된 실을 가지고 직포를 하는 사람은 또한 여성이었다. 흔히 길쌈이라고 하면 여자들이 베를 짜는 모습을 연상하는데, 이렇듯 베 짜기는 여자들이 행한 길쌈 중에서도 대표적인 것일 뿐 면포 짜기도 여성들의 몫이었다.

그러나 여성들은 면포나 마찬가지로 자신이 행한 직조노동의 수혜를 입지는 못하는 경우가 대부분이었다. 북지(北地)에서 생산되는 마포는 세포(細布)로서 얇기가 매미날개 같고 숱이 한 줌 안에 든다고 했는데, 이 경우 대개는 납입포로서 포를 짠 사람은 입어볼 수 없었다고 한다. "세포를 짠 사람은 관채를 충당하기 위하여 남쪽 상인에게 다 팔아넘기고 추포로 만든 치마를 입었으니 그것도 짧아서 다리를 감추지 못하고 있다."[137] 이 기록을 통해서 본다면, 역시 직포의 주체는 여성들인데 그들 자신은 생산한 직물을 직접 사용하지는 못하고 있는 것을 알 수 있다. 판매가 우선이었던 것이다.

그나마 직포에 집중할 수 있는 시기는 8월(음력) 이후 즉 가을, 겨울 시기라고 할 수 있다. 농사가 끝나고 수확이 이루어져야 작업을 할 수 있기 때문이다.[138] 기본적으로 여성들이 직조에 집중할 수 있는 시간은 절대적으로 부족했다. 하지만 그럼에도 불구하고 직물은 경제생활에 중요했기 때문에 여성들은 가능하면 생산량을 늘리려고 했으며 비싸게 팔기를 원했다. "반 필밖에 안 되는" 포를 새벽장에 내다파는 모습에서 이러한 경제 관계를 잘 볼 수 있다.

여성들은 길쌈이 경제에 보탬이 된다는 것을 인식하는 상황에서 당연히 길쌈을 열심히 했다. 특히 양을 늘리는 것이 가장 우선이었다. 직조량이 많아야 수익이 많기 때문이다. 여성들은 같은 시간 내에 어떻게 하면 더 많은 양을 짤 수 있을까를 고민했을 것이다. 그리고 더불어 직물을 더 비싸게 팔 수 있는 직물 생산에도 관심을 가졌다.

(3) 직조 기술의 발전과 상품화

생산량의 증가와 고가 상품의 생산은 일정한 기술적 뒷받침을 요구한다. 여기서는 조선시대 직물 생산기술의 수준을 무역이나 특산품 등 상품화와 연관지어, 여성의 실천에 초점을 두고 살펴보고자 한다. 의류의 생산요소를 원료와 도구, 기술이라 한다면, 원료(그중 식물)의 생산(협의의 농사)이나 도구의 제작에는 남성의 비중이 컸을 것으로 보인다. 이 중 도구 즉 직기는 주로 남성에 의해 제작되었으나 직기의 발전에는 일차적 사용자인 여성들의 피드백이 중요한 영향을 미쳤을 것으로 추정할 수 있다. 모자, 신발, 장식물 등의 제작에서는 남성이 참여하기도 했으나, 일상생활에서 사용하는 의복의 경우 도구를 사용해서 원료를 가공하여 1차 가공물인 실과 천을, 그리고 최종 가공물인 옷을 만드는 방적·방직 작업은 거의 전적으로 여성의 몫이었다. 양잠에서 직조 즉 견 방직은 가정 단위로 이루어지기도 했으나, 시전에서 자체 생산을 해서 판매하기도 하였다. 이때 생산자에 남성도 일부 참여하였는지는 더 확인할 필요가 있으나 대다수 생산노동은 여성에 의해 이루어진 것으로 보인다. 즉, 조선시대의 직물은 이처럼 대부분 여성들에 의해 가내수공업 방식으로 만들어졌다. 면직물의 경우 조면(繰綿), 타면(打綿), 방적(紡績), 직포(織布)에 이르는 전 생산 과정을 여성들의 노동력으로 해결했다.

직물은 조선 상업에서도 중요한 위치를 차지했다. 조선시대 수도 서울의 일종의 공설 상점인 육의전 가운데 직물을 다루는 선전(縇廛, 중국산을 포함한 각종 비단 취급. 입전[立廛]이라고도 불림), 면포전(綿布廛, 무명), 면주전(綿紬廛, 국내산 비단, 명주)이 15세기부터 존재하며 궁궐 및 도시인의 수요를 충당하였고, 조선 후기에는 최대 3전이라 할 정도로 자리를 잡았다.[139] 이 밖에 모시나 삼베를 다루는 포전(布廛)도 있었다. 평안도의 명주, 황해도의 솜과 무명, 함경도의 베, 충청도의 모시는 전국은 물론 외국에까지 판로를 가지고 있었으니, 중국, 일본, 여진 등 대외 무역에서 직물은 주요 무역품 중 하나였다. 15세기에는 타이를 비롯한 동남아시아의 여러 나라 상인들이 우리나라에 찾아와 모시, 베, 돗자리, 명주, 무명 등을 구입해 갔다고 한다.[140] 특히 일본과의 무역을 보면 18세기까지 무명이 조선의 주요 대일 수출품이었다. 그러나 19세기에 이르러 대일본 무역은 거의 중단되다시피 하고, 일제강점기 초에는 오히려 일본의 무명이 한반도에 대거 유입되는 역전 현상이 벌어진다.

견직물의 경우는 조선의 명주가 예물이나 상품으로 중국에 갔다면, 화려한 색깔과 문양의 고급 비단은 주로 중국에서 수입되었고, 이것이 다시 조선의 명주 수요를 증가시켜 생산이 촉진되기도 했다. 선전은 청나라에서 수입한 각종 비단을 파는 한편 청나라에서 고급 비단실인 백사(白絲)를 수입하여 국내에서 각종 비단 천을 짜서 팔았다. 또한 관청 수공업의 명주 직조기술은 매우 높은 수준이었고, 18세기 말에는 지역적 전문화가 촉진되어 평안도 성천의 분주, 영변의 합사주 등 특산물이 나오기도 했다. 그러나 견직 제작의 기술 수준은 공장제수공업 단계로 이미 진입한 중국에 못 미쳤다고 볼 수 있다.[141]

이처럼 조선의 직물기술은 공업화·상업화의 한계로 점차 대외 경쟁력을 잃어가며 기술 발전도 지체하는 등의 한계는 있었다. 천의 생산이 가족 단위로 분산되어 이루어지는 것에서 비롯된 기술적 발전에서의 제약은 조선 후기 실학자들에 의해서도 이미 지적된 바 있으며, 이 제작기술의 실천에 여성이 중국에서처럼 '획기적'인 발전을 이루어낸 기록 또한 현재로서는 남아 있는 것이 없다.[142]

그러나 이런 한계 속에서도 직물 생산은 조선에서 중요한 기술 생산의 일부를 이루었고, 가족이나 마을, 지역 단위로 기술 전승 및 발전을 통한 지속적인 기술 발전이 이루어지기도 했다. 조선시대에 면의 생산이 활발해져 점차 주요 직물로 자리잡게 된 점, 다양한 종류의 천이 생산되고 지방 특산품이 유통되었으며 직물이 주변 국가의 주요 수출 품목을 이룰 만큼의 높은 직조 기술을 확보하고 있었던 점은 주목할 만하다.

『만기요람(萬機要覽)』에는 정조 2년 무술년(1778)에 제용감(濟用監)에서 구매·조달한 명주와 비단, 모시, 무명의 천과 실 이름, 그리고 도료 이름들이 아래와 같이 열거된다. 천의 종류가 얼마나 다양했는지를 보여주는 자료 중 하나라 할 수 있다.

백방사주(白方絲紬: 백 비단의 일종), 표리백토주(表裡白吐紬), 색토주(色吐紬: 물들인 두꺼운 명주), 차백토주(次白吐紬), 진헌명주[進獻綿紬: 중국에 예물로 바치는 명주], 수주(水紬 또는 수화주[水禾紬]: 품질이 좋은 비단의 일종), 백세저포(白細苧布), 진헌모시[進獻苧布: 중국에 예물로 바치는 모시], 왜인 예단(禮單)으로 주는 백저포(白苧布: 표백한 모시), 백세목(白細木: 가늘게 짠 표백한 무명), 12새백모시[十二升白苧布], 물들일 생목[入染次生木], 아청남목(鴉青藍木: 검푸른 남빛의 무명), 색주(色紬: 염색한 명주), 차백주(次白紬), 흑마포(黑麻布: 검은 베), 중면자(中綿子), 향사(鄕絲: 우리나라에서 산출되는 명주실), 모시실[苧絲: 모시로 짠 실], 삼실[麻絲: 베짜는 실], 당주홍(唐朱紅), 진분(眞粉: 순백색의 건축[建築] 도료), 청화(青花: 중국에서 산출되는 푸른 도료), 삼록(三碌: 백록색의 도료).[143]

직물업은 (요업, 제지, 양조, 금속품 등과 함께) 일본이 강점기 초 수행한 조선의 산업 기반에 대한 조사에서 당장 산업화할 수 있는 몇 안 되는 조선의 공업 분야 중 하나로 거명되었다.[144] 이는 물론 자료의 성격도 그렇고 그것이 반영하는 것이 조선 말기에 한정된 정황이라는 점을 감안하여야 하나, 조선 여성이 조선 '공업' 분야에서 큰 역할을 하였음을 보여주는 자료인 점만은 분명해 보인다.

3) 염색하기

직조로 천을 만든 후에도 실제로 옷을 입기 위해서는 또 하나의 가공 과정이 필요한 경우가 많았다. 즉, 색깔을 입히는 염색 과정이다. 명주나 삼베, 면포는 그 자체로 많이 옷을 만들어 입었지만, 용도에 따라서는 물을 들여 입어야 하는 경우도 많았다. 염색은 염료를 만들고 천에 물을 들이는 크게 두 가지 과정으로 구성된다.

빙허각 이씨는 채색의 원리를 술수적으로 설명하려고 했다. "금색(金色)이 백(白)이기 때문에 금극목(金克木)하니 목색 청(青)인 고로 청백간색은 벽(연남빛)이라고 하고…."[145] 지금으로서는 다 이해하기 어려운 설명인데, 요지는 염색에 앞서 각 색깔의 성격 혹은 특성을 파악하고 대처하기 위한 것이다. 당시로서는 염색의 원리를 이해하여 기술적으로 잘 실행하기 위한 방편이었다고 할 수 있다.

> 옛날엔 자색이 없더니 송 인종 때 염공이 남쪽으로부터 와 산단엽 재로 자색과 유색을 들여 바치니 사람이 사랑하지 않을 이가 없더니 그 때에 임금 옷을 이 빛을 많이 하므로 금령(禁令)이 있어 백성들이 감히 입지 못하고 부르기를 어애자(御愛紫: 임금이 사랑하는 자주색)라 하고

본이름은 목단색이라 하니 그 무엇으로써 들였는지 알지 못하여 목단이라 이름하니 혹 목단잎인가 하나 마침내 고려자색이 천하제일이라 한다.[146]

역시 빙허각 이씨가 한 말인데, 자색이 어떻게 출현하게 되었고 왜 백성들에게는 금지되었는지를 설명하고 있다. 자색은 염색하기가 쉽지 않았지만, 결국은 노력에 의해 고려자색이 천하제일이 되었다고 한다. 짧은 언급에서 염색의 변화, 발전상을 알 수 있다.

빙허각 이씨가 가장 먼저 언급한 색깔은 진홍(眞紅) 즉 붉은색이다. 아마도 붉은색이 가장 많이 쓰였기 때문으로 보인다. "잇꽃[紅花] 흐드러지게 익어 감붉은 것을 그릇에 찧어 넣고 도꼬마리잎을 덮어 구더기가 나도록 삭혀 꽤 말린 것이 좋다."[147]고 서술한다. 재료는 잇꽃 즉 홍화(紅花)인데, 중국 것이 으뜸이라고 했다. "잇꽃을 큰 항아리에 넣고 좋은 단물을 부어 오래 둘수록 좋으니 비록 달포를 두어도 괜찮다."[148]고 했으니 꽃을 꽤 오래 보관했다가 염색물을 해도 되는 것을 알 수 있다.

"급히 들이려면 너댓새 후에 속까지 흠빽 붇거든 무명 겹주머니에 넣고 좋은 물에 수없이 빨면 누른 물이 다 나고 엷은 물이 나거든 팔팔 끓는 맹물에 한 번 다시 쳐내면 누른물이 마저 다 빠지니 이 물은 무명 밑거리(初染)나 개오기[再染]를 들인다."[149]

붉은 물을 들이는 과정에서 나온 누런 물은 무명의 초염, 재염할 때 사용하기도 한다고 했다. 그러나 이것은 어디까지나 중간 단계에서의 사용일 뿐이다. 급히 색깔을 내는 과정을 서술한 대목인데 색깔이 나도록 4~5일을 두었다가 수차 물로 세척하여 누런 물을 다 빼내야 하는 것으로 되어 있다. 마지막 나온 누런 물은 무명의 초염과 재염에 사용한다는 것도 흥미롭다. 염료를 만들고 염색을 하고 하는 과정이 쉽지 않았던 상황에서 염료를 최대한으로 활용하는 동시에 노동력을 절약하는 효과가 있었던 기술적 선택이었던 것으로 보인다.

이렇게 누런 물을 다 빼낸 후에도 진짜 붉은색을 얻기 위해서는 재와 쪽대를 섞어 다시 끓이는 등 서너 번의 과정이 더 필요하다. 이는 염료를 안정화시키는 과정이라고 할 수 있다.

> "재는 받은 지 오래된 것은 너무 독하니 막 들이려 할 즈음에 살라 나무는 타고 불은 미처 사위기 전에 시루에 담고 물을 내리면 완급이 마치 알맞을 것이니 끓여 잇주머니에 부어 첫물을 내고 다시 팔팔 끓인 맹물을 쳐 한 번 내되, 잿물과 맹물에 낸 것을 각각 그릇에 받아서 먼저 냉수를 치고 나중 오미잣국을 쳐 무명과 개오기를 차차 먹이다가 잿물을 두어 번쯤 칠 제 비로소 고운 꽃물 나니 이때는 거푸 잿물을 쳐 연지될 물은 한꺼번에 빼고 다시 백비탕에 두어 번 깨운 후 다시 잿물로 내되 내는 물마다 먼저 냉수 치고 나중에 신 국[초]을 치면 처음과 나중은 누르고 중간은 진홍이니 대개 잇꽃물은 비록 누른 것이라도 개오기를 먹이고 조금도 버리지 말아야 하니 잡것을 못 넣게 함이 옳다."[150]

관건은 잿물을 여러 번 섞는다는 데 있다. 잿물이 색을 더 선명하게 하는 역할을 하는 것으로 보인다. 이렇게 어렵게 색깔을 얻는 만큼 완성된 색깔이 아니더라도 버리지 말고 초염, 재염에 쓰라고 당부하고 있다.

염료가 만들어지면 그것을 가지고 천에 물을 들이게 된다. 『규합총서』는 연지를 가지고 천에 물들이는 방법도 소개하고 있다. "무명은 바로 들이나 비단은 연지가 아니면 빛이 상하니 개오기를 먹이되 물이 차면 잘 들지 않는다."고 한다.

> "큰 놋그릇을 숫불 위에 놓아 온기와 김이 나게 하고 먼저 누른물을 먹이고 차차 고운물을 거두어 먹이되, 꽃물은 조금씩 조금씩 쳐 바투 들이면 많이 먹은 후는 잘 먹지 않고 덜 든 것은 모두 먹으니 배부른 물은 차차 덜 든 것을 먹여 잇발[꽃잎]이 붉은 빛 없도록 빼어라."[151]

물이 쉽게 들지 않는 놋그릇에 담아 달궈서 물을 먹이는 것이다. 그리고 먼저 드는 부분이 있고 나중에 드는 부분이 있어서 나중 부분에는 한 번 더 염색을 하는 형식이다. 빛깔을 골고루 내기 위해 무명과 비단을 구분하고 또 비단의 경우 어떻게 모두 물이 잘 들 수 있게 하는지를 상세히 설명하고 있다.

『규합총서』에서는 진홍 외에도 자줏빛, 쪽빛, 옥색, 초록, 두록(豆綠), 팔유청[柳綠色], 보라, 자치보라, 목홍, 반물[藍色], 번루[繁蔞], 잿빛, 약대빛[駝色: 낙타색] 등의 염색 색깔 만드는 방법을 소개하는데, 진홍을 만들 때보다는 대개 과정이 짧고 간단하다. 가령 잿빛 같은 경우는 중국 먹을 갈아 물에 타고 초를 쳐 흰 명주나 비단에 물을 들이면 짙은 잿빛이 붉고 푸른빛을 띠어 품위 있고 고우며 항내가 기이하다고 한다. 과정은 간단하나 완성된 염색은 고상하다는 것이다.

이는 당시 이미 널리 행해지고 있는 염색 방법이었을 것이다. 그런데 그것은 개별적으로 이루어져 공유된 경험이나 기술이 되기는 어려웠을 것이다. 빙허각 이씨는 이를 알고 행해지는 여러 방법을 집대성해서 책으로 정리하고 그 경험과 기술이 발전하고 전수될 수 있도록 한 것이다.

4) 바느질

조선에서 바느질이란 곧 옷을 만드는 행위이다. 염색으로 옷을 만들 천이 완성되면, 그 다음에는 직접 입을 수 있는 옷을 만들어야 하는데 거의 모든 공정이 바느질로 이루어졌다. 바느질을 하기 위해서는 우선 옷 모양으로 만들어야 한다. 일종의 옷본을 만드는 것인데, 빙허각 이씨는 이것을 '옷을 마른다'고 했다.

그래서 빙허각은 옷 만드는 첫째를 '옷 마르는 좋은 날'로 시작하고 있다. 갑자, 을축, 병인, 정묘, 기사, 계유, 갑술, 을해, 병진, 기축, 정축, 기묘, 경진, 갑오, 을미, 병신, 경자, 신축, 계묘, 갑진, 무신, 기유, 계축, 갑인, 을묘, 신유 등의 날이 옷 마르기 좋은 날이라고 써놓았다. 술수에 밝았던 빙허각이 당시의 술수 원리에 의거하여 적당한 날들을 적어놓은 것이다. 그런데 육십갑자의 날이 모두 60일인 것을 감안하면 26일은 그 3분의 1을 상회한다. 2~3일에 하루는 옷 마르기 좋은 날인 것이었던 셈이니, 사실상 옷 만들기에 좋지 않은 날로 그렇게 구애를 받았을 것 같지는 않다.

구체적으로 나열된 옷 종류 중에 첫 번째로 심의(深衣)가 나온다. 심의를 만들려면 "상삼(上衫: 윗옷)은 한 자 넘게, 하상(下裳: 아래옷)은 자 아홉 치 십이 폭 위 너비 세 치 아래 너비 다섯 치 솔기, 양쪽 갓 접은 것 각 두 푼, 넓은 소매는 자 가웃"이라고 돼 있다. 윗옷과 아래옷을 마를 때의 사이즈인 것이다. 심의라고 하면, 유학자들이 입는 옷이다. 유학이 지배하던 조선에서 중요성이나 착용 빈도에서 옷 만들기에 가장 먼저 심의가 나오는 것은 어쩌면 당연하다.

그리고 복건(幞巾)이 나오는데, 복건은 모자로 심의와 한 세트를 이룬다고 할 수 있다. "길이가 자 일곱 치면 풍채가 너무 기니 자 가웃이 마땅하고, 단 너비 아홉 푼, 위를 깊이 꺾으면 쓴 것이 주저앉고 앞을 넓게 접으면 가증스러우니 한편을 닷 푼 되게 접되, 넘겨 꺾어 단을 접어야 흔적이 없으며 끈은 앞 접은 아래로 한 치 닷 푼에 단다."고 만드는 법을 상세히 설명하고 있다. '가증스럽다', '단을 접어야 흔적이 없다' 등의 표현이 있는 것은 어떻게 해야 정교하게 만들 수 있는지를 말하는 것이다.

복건 다음으로 나오는 것은 조복 즉 관복이고, 관대, 흉배, 도포, 휘항, 족두리, 원삼, 당의, 깨끼적삼, 여혜, 초혜, 타래 붓주머니, 귀주머니 두루주머니, 수저집, 이불감, 처네, 요, 풀솜, 양비주, 솜, 목화, 핫이불 솜, 남자 핫바지 솜 등등이다.

그런데 이 순서를 보면, 양반 남자들 옷 그리고 관복 중심으로 옷 만들기를 설명하고 있고 여자들의 옷은 뒤에 나온다. 남자 위주이니 구체적으로는 남성 관복 위주인 것을 볼 수 있다. 여자 옷은 원삼, 당의 혼례라든가 특별한 때 입는 옷들이 주를 이루고, 일상적으로 입거나 사용하는 옷과 관련해서는 깨끼적삼, 처네, 그리고 남자 핫바지 솜 등이 거론된다. 그 외에 주머니 만드는 법이 많이 나오는 것도 인상적이다.

'동짓날 버선본을 뜨고 쓰는 글'에서 바느질에 대한 생각을 엿볼 수 있다. "수양총서에 동짓날 버선을 지어 시어른께 효도하고 그 양기를 밝게 한 고로 늘 버선본을 동짓날 떠 지으면 좋다 하고…"라는 글에서 바느질이 하나의 일상이지만, 자연의 원리와 연결되고 또 그것이 인간관계인 효로도 이어지고 있는 것을 볼 수 있다. 동지에 양의 기운이 시작되는 것을 받아 양기가 필요한 부모, 그중에 시어른에게 드린다고 하는 생각이 주목된다.

바느질 즉 옷을 만드는 일이 모두 자급자족으로 이루어진 것은 아니다. 즉, 모든 집에서 반드시 옷을 만들어 입은 것은 아니라는 것이다. 당시 돈을 받고 옷을 만들어주는 이른바 삯바느질이라고 하는 것도 있었다. 19세기 강정일당 같은 경우는 혼인 후 살림이 넉넉지 않았는데, 삯바느질을 해서 나중에는 번듯한 집까지 살 수 있었다고 한다. 성리학을 공부한 것도 바느질하면서 남편 글공부를 어깨너머로 배운 것이라고 한다.

빙허각이 소개한 옷 만드는 법, 바느질, 수놓기 등이 일상에서의 옷 만들기가 현실에서 하는 방법과 그대로 다 일치했는지는 알 수 없다. 그러나 이 책이 참고가 되게 하는 것이 목적이었던 것을 보면, 대체로 이와 같이 행해졌을 것이고 또 일종의 모범이 되기도 했을 것이다.

5) 옷 관리

만들어진 옷을 입은 후에는 보관과 빨래가 필요했다. 빨래는 옷의 종류, 특히 염색한 색깔과 오염물에 따라 방법을 달리했던 것을 볼 수 있다.

> 다홍은 신 국을 쳐 빨아야 말쑥하고 곱고, 자주는 오줌에 빨면 상하지 않고, 쪽은 녹두물과 두부순물에 빨면 새롭다. 짙은 옥색을 엷게 하려면 무리풀에 삶으면 엷어지고… 먹 묻은 것은 우슬(牛蝨)가루를 물에 개어 발라 마르거든 떨면 먹과 함께 떨어지고 묻은 지 오랜 먹은 살구씨를 씹어 문지르고 대추를 발라도 진다.… 피 묻은 것은 죽을 쑤어 더운 김을 쏘여 쇠뼈 탄 재를 놓아 빨면 없어진다.… 여름옷에 곰팡슨 것은 은행즙과 마늘즙에 지고, 동과즙에 담가 빨면 없어진다. 창포 흰뿌리를 쇠칼로 말고 구리칼이나 대칼로 얇게 저며 볕에 말려 가루로 만들어 물그릇 속에 넣어 저은 후, 때 묻은 옷을 넣어 그 가루를 뿌려 가며 빨면 깨끗하여 자취 없고, 콩깍지 재물에도 묵은 때가 잘 진다."[152]

다양한 빨래법이 소개돼 있다. 당시 양반가에서 가장 문제가 된 얼룩은 역시 먹으로 인한 얼룩이었던 것으로 보인다. 먹을 지우는 여러 방법이 소개되고 있다. 먹이 필기도구로서 당연히 사용빈도가 높고 얼룩이 생길 확률도 높았기 때문이다. 피를 지우고 곰팡이를 없애는 방법은 지금도 사용 가능한 방법으로 보인다.

빨래 후 옷을 보관하는 것도 노하우가 필요했다. 특히 당시 옷감은 모두 좀에 약한 자연섬유였기 때문에 좀을 막는 데 매우 신경을 쓴 것으로 보인다.

> "뱀장어 뼈 마른 것을 옷장 속에 넣으면 좀이 근처에 있지 못하고 단옷날 상추잎을 따 말려 궤와 상자에 넣으면 또한 없고, 평지 마른 것을 궤에 넣거나 살라 그 내를 쏘이면 좀이 안 먹는다. 서화도 이 법을 써라."
>
> "가죽붙이와 털옷을 한식 전에 두면 좀이 안 나고, 칠석 날 볕에 쏘이면 좀이 없고, 쑥과 화초를 사이에 넣어도 벌레 안 먹는다. 담비털이나 쥐털 같은 것은 가는 대나 반반한 막대로 살살 무수히 털을 두르려 볕뵈기를 자주 하여야 털이 빠져 상하는 일이 없고 두드리지 않으면 비록 자주 햇볕에 쏘이더라도 장마를 지내면 털이 빠진다."[153]

좀이 안 슬게 하는 법, 그리고 털이나 가죽옷 관리법도 상세하다. 대처법이 오랫동안 축적돼온 것임을 알 수 있게 한다.

빨래하는 법이나 좀 안 슬게 하는 방법 등은 그야말로 오늘날의 화학적 방법 이전 오랜 경험에서 나온 방법과 기술이라고 할 수 있다. 당시로서는 여성들의 숙련된 기술과 과학이었다.

5. 주생활

1) 공간 분리

조선시대 양반 가옥은 대체로 크게 안채와 사랑채로 나뉜다. 조선에서는 여건이 되는 한 가능하면 안채와 사랑채를 나누어 지으려고 했고 만일 궁핍해서 여러 채를 둘 수 없으면 방으로라도 구분을 하려고 했다. 여자와 남자는 공간을 분리해야 한다는 개념이 확고했고 실생활에서 거의 필수적으로 실천됐다.

그렇다면 이렇게 남녀의 공간을 분리해두고자 하는 의식은 어떻게 시작된 것일까? 이는 부부의 예를 지키고자 하는 데에서 비롯되었다고 할 수 있다. 이에 여자가 사는 안채와 남자가 사는 사랑채가 별도로 배치되었다. 사랑채는 크고 웅장하게 지었으며 외향적으로 배치하였다. 반면에 안채는 사랑채 뒤쪽에 두고 별도의 문을 통하여 들어가게 하여 개방적이지 않았다.

고려 때까지는 남녀가 유별하다는 의식이 강하지 않아서 부부가 같은 공간에서 살았다. 당연히 부부가 함께 사는 공간이 크기나 형식 면에서 강조되었고, 다른 건물들은 부부가 함께 거주하는 건물의 부속채의 기능을 하게 되었다. 따라서 고려 시기의 주택은 안채와 사랑채의 분리가 일어나지 않고 몸채와 부속채로 구성되었다. 그러나 조선에서는 유교적 윤리관에 의해 가옥 구조의 변화가 있게 되었다. 남자의 거주 공간인 사랑은 한자로 '사랑(斜廊)'이라고 썼다. 이는 '비탈진 행랑'이라는 뜻으로 주택에서도 구조가 가장 소략하고 부수적인 공간을 의미하였다. 그러나 조선 시기에 남성들이 이 공간으로 나와 거주하면서 건물의 규모가 커짐에 따라 의미도 집을 의미하는 '사랑(舍廊)'으로 변하였다. 이것이 현재 한옥에서 '사랑채'라고 불리는 건물이다.

예는 부부가 서로 삼가는 데서 시작된다. 따라서 집을 지을 때 안과 밖을 구분하여 짓고 남자는 밖에 여자는 안에 거처한다. 집은 깊숙하게 지을 것이며 문은 견고히 하고 문지기가 지켜서 남자는 들어오지 않고 여자는 나가지 않게 한다.[154]

『예기』 내칙(內則)의 부부의 예를 말하는 구절이다. 부부는 인륜의 시작으로 서로 삼가지 않으면 그 윤리가 어지러워진다고 했다. 따라서 부부는 서로 삼가기 위해 집을 지을 때 공간을 따로 하고 각각의 공간에 거처하게 하는 것이다.

이러한 공간 분리는 자연스럽게 남녀의 역할 구분 문제로 이어진다. 어쩌면 남녀의 역할 구분이 더 먼저라고 할 수 있다. "남자는 안의 일을 말하지 않고, 여자는 밖의 일을 말하지 않는다[男不言內 女不言外]."는 『예기』 내칙의 또 다른 구절이 남녀 구분이 필요한 이유를 시사해준다. 남자는 바깥일을 담당하고 여자는 안의 일을 맡아서 서로의 역할에 대해 간섭하지 않는다는 뜻을 담고 있다. 유교의 기본적인 남녀관이라고 할 수 있다.

조선은 유교를 중심 이념으로 했고, 그 이념에 충실했던 주류 세력 양반들은 남녀의 역할을 규정하고 실생활도 운영했다. 조선의 가옥 구조는 여자의 공간과 남자의 공간, 즉 안채와 사랑채로 분리하여 부부의 예를 지키고 각자의 역할에 충실하도록 했다.

경주 양동마을 손씨 집안의 종택은 전형적인 공간 분리를 잘 보여주는 집이다.[155] 대문을 들어서면 'ㅁ'자 집이 있는데 사랑채가 바깥을 면해 있고, 중문을 열고 들어가면 안채가 있는 구조이다. 안채와 사랑채가 따로 떨어져 있는 형태는 아니고 바깥 면이 사랑채이고 연결해서 그 안쪽이 안채인 네모형이라고 할 수 있다.

19세기 초 강정일당은 남편 윤광연과 쪽지편지[尺牘]를 주고받은 것으로 유명한데, 그것은 정일당과 윤광연이 비록 가난했지만 안채와 바깥채로 나누어 거처했기 때문에 가능했다. 정일당은 남편에게 학문을 권하고 싶을 때 또 성리학에 대한 궁금증이 있을 때 사랑채로 편지를 보냈다.

또 이덕무는 사소절에서 "대문을 들어설 때 안에서는 물레질하고 베 짜는 소리가 나고 밖에서는 시를 외고 글을 읽는 소리가 나면, 그 집안이 잘 다스려지고 있음을 알 수 있다."고 했으니 이 역시 남녀가 각자의 공간에서 각자의 역할을 하는 것을 이상적이라고 말하고 있는 것이다. 거듭 말하지만, 부부의 예를 지키는 데서 비롯된 남녀의 공간 분리는 남녀의 역할 구분과 함께 조선에서 매우 일상적이며 당연한 것으로 받아들여졌다.

2) 가옥 관리

집이라는 공간에서의 주체는 여자이다. 조선의 궁궐에서 왕비의 거처인 교태전이 궁궐의 중심에 있는 것은 집에서는 여자 중심이라는 것을 의미한다. 비록 가옥이 안채와 사랑채로 구분돼 있지만, 전체적으로 가옥은 여자 중심으로 운영되었던 것이다.

따라서 집의 중심인 여성이 가옥을 관리하는 것은 자연스러운 일이라고 할 수 있다. 물론 전문기술이 필요하거나 근력이 많이 요구되는 일은 할 수 없었겠지만, 상황을 파악하고 집이 관리되도록 일을 지시하고 진행시키는 것은 할 수 있었다. 다음은 빙허각 이씨의 『규합총서』에 나오는 방구들 즉 온돌과 관련한 기록들이다.

○ 방구들을 놓을 적에 회를 발라 고래를 싸면 썩지 않고 방이 유난

히 더우니 이는 회가 불을 당기는 것이기 때문에 누기(漏氣)가 오르지 못해서 그렇다.

○ 방고래 밑을 아랫목은 사람이 서게 깊이 하고 차차 높여야 한다. 그러면 불꽃은 위로 타오르기 때문에 잘 들여 덥다.

○ 돌을 들쑥날쑥하지 않게 다듬어 고래를 싸지 말고 돌로 기둥을 세우고 돌 위에 큰 벽돌을 방 맞추어 이를 맞게 구어 걸어놓고 회로 틈을 바르면 섭방이라 하는데 십 년이라도 꺼지는 일이 없고 윗목까지 고루고루 덥다.[156]

방구들, 방고래 등의 제작법이다. 여자들이 직접 방구들을 놓지는 않았을 것이다. 그러나 어떻게 놓아야 방이 고르게 따듯할지를 파악하고 있어야 했다. 지시를 하는 경우에도 기본적인 요령은 여성 본인도 숙지하고 있어야 했고, 그래서 빙허각 이씨의 온돌 관련 기록도 세세히 나온다. 빙허각 이씨는 여자의 입장에서 『규합총서』를 쓴 만큼 이렇게 방구들 놓는 법에 대해 여자들이 알 필요가 있다고 판단했을 것이다. 이치를 정교하게 설명하고 있는데, 이는 오랜 경험을 통해 축적된 결과로 보이며 이를 노하우로 방구들 놓는 일에 주도적으로 적절한 지시를 할 수 있었을 것으로 보인다.

또 방바닥을 좋게 하려면 '새벽'(흙에 모래나 말똥을 섞은 것)보다는 흙을 바르고, 은행잎을 짓찧어 방바닥 위에 깔고 단단히 고르게 하여 문지르면 누르고 푸르며 매끄럽고 단단하기가 장판보다 낫고 몇 십 년이 지나도 헤지지 않고 틈도 없다고 한다. 일반적으로 하는 장판보다 더 좋은 방바닥 관리법을 제시하고 있는 것이다. 여기에 솔가루와 들기름으로 결우는 것도 또 하나의 방법이라고 한다.

도배를 하는 방법은 우뭇가사리를 고아 종이 위에 고루고루 칠하면 빛이 모면지 같고 때 묻은 후 씻으면 새롭기가 분판 같다고 한다. 아마도 방바닥 만들기나 도배 등은 구들 제작보다는 힘이 덜 드는 것이라서 직접 여자들이 할 수 있었을 것이다. 하지만 그렇다고 해서 양반십 부인들이 직접 했을 것으로 보이지는 않고 평민 여성들이나 노비들의 경우 스스로 작업을 했을 것으로 생각된다. 직접 하든 아니면 지시를 하든 가옥 관리는 전반적으로 여자들의 관리 하에 있었다는 사실을 알 수 있다. 집안에서 여자가 중심이고 따라서 집안을 여자들이 관리하는 것은 일종의 역할 분담이었다고 할 수 있다.

3) 집기 관리

(1) 문방도구 관리

집안의 물품 관리도 여자들이 담당한 것으로 보인다. 이른바 '문방(文房)'이라고 하여 붓과 벼루 등은 필기도구로서 관리가 잘 돼야 하는 물품이었다. 빙허각 이씨는 『규합총서』 봉임칙(縫紝則)에서 벼룻돌은 중국 단주연(端州硯)이 귀하고 우리나라 남포 석란석이 중국의 곽산 채석연보다 훨씬 낫다고 했다. 돌 위에 주석 첨자로 눌러 그림을 그리면 니금(泥金)으로 그린 듯하고 음각한 데 숫돌 간 물을 먹이면 분을 메운 듯 정교하다고 했다.[157]

먹은 간 지 오래되면 봄, 여름에는 습하여 먹의 윤이 없으니 연밥 뺀 송이를 두었다가 문지르면 말라붙은 묵은먹이 없어진다고 한다. 그리고 먹과 쑥은 같이 두면 묵어도 새롭고 또 석회에 묻어 표피 주머니에 넣어 두면 좋다고 했다. 이 관리법은 실제 실험에 의한 것으로 효과가 있었을 것으로 보인다.

붓은 먹과 함께 중요한 문방이라고 할 수 있다. 우리나라 낭서필(狼鼠

筆)이 중국에서도 귀하게 여기는 것이며 낭미필(狼尾筆)은 족제비털로 만든 것인데 또한 유명하다고 했다. 붓대는 용편이라는 나무로 하면 좋은데, 함경도 해중 소산으로 비록 나무지만 돌같이 빛이 희고 곧고 단단하여 기특하다고 했다.

그런데 붓도 먹 못지않게 관리가 중요하다. 좋은 붓도 쓰고 그대로 두면 먹이 엉겨 쉽게 상하므로 유황주(硫黃酒)로 살살 씻고 냉수를 묻혀 손으로 만져두면 상하지 않는다고 한다. 세심한 관리법이라고 할 수 있다. 물론 먹과 붓 관리를 반드시 여자들이 모두 했을지는 의문이다. 실제 먹과 붓은 남자들의 사용빈도가 훨씬 높기 때문에 일일이 여자들한테 맡겨두면 오히려 번거로울 때가 있어 남자들도 관리를 할 줄 알고 또 실제 하기도 했을 것이다.

종이는 조선에서도 귀한 물품이었다. 쓴 종이를 재활용하는 것이 일반적일 만큼 귀하고 또 비쌌다. 따라서 종이도 관리를 잘 해야 할 뿐만 아니라 상한 것도 다시 개선해서 사용해야 했다. 종이에 털이 나서 상했을 경우, 누른 촉규화(蜀葵花) 대여섯 뿌리를 두드려 물에 담가 뽑어 다듬으면 새롭다고 한다. 그리고 자작나무껍질 삶은 내[김]를 종이에 쏘이면 옻칠을 한 듯하며, 종이에 뽕나무 누런 껍질을 벗겨 달여 검금[黑礬]을 타 들이면 고운 침향색이 된다고 했다.

서책의 경우는 축칠을 물에 섞어 댓잎으로 희미하게 바르면 오래도록 글씨가 있고, 그림과 종이가 털이 나지 않아 백년이 되어도 새롭다는 의견이 있다. 그리고 벌레 먹는 것을 막으려면 배접할 때 납설수를 사용하면 된다고 되어 있다.

먹과 붓, 종이, 서책 등에 대한 관리법이 상세한 것은 유교와 과거 공부가 사회 운영의 핵심이 되는 조선 사회에서는 당연한 결과이다. 사랑에서는 항상 글 읽는 소리가 나는 것이 이상적인 집안의 모습이었던 만큼 글씨를 쓰며 외우고 기록하고 서책을 읽는 일은 생활에서 매우 중요한 일이었다.

여성들은 스스로도 글씨를 쓰고 책을 읽기도 했지만, 집안 남자들이 공부라는 작업을 잘 수행하도록 해주는 것 또한 여성들의 역할이었다. 하지만 그렇다고 해서 문방의 관리를 여자들이 도맡아 했다고 할 수는 없을 것이다. 그러나 남자는 밖의 일, 여자는 안의 일이라는 역할 구분이 명확했던 당시 사회 분위기에서 남자들이 주로 사용하는 것이지만, 문방을 세척하고 말려 보관하는 일들은 여자들이 도외시하지는 않았을 것으로 생각한다.

빙허각 이씨가 "먹 갈기는 병자같이 하고 붓 잡기는 장사같이 하는 법이다."[158]라는 세속의 말을 인용하고 있는 것도 여자들이 먹을 직접 갈기도 했다는 사실을 짐작하게 해준다. 문방을 통해 사회적인 진출을 하려는 남자들의 역할을 여자들은 집안 살림의 범주에서 문방 관리를 통해 지원했을 것이라고 생각한다.

(2) 그릇 관리

> "한자(韓子)왈 순임금이 비로소 밥그릇을 만드셔서 검은 칠을 그 위에 하시고, 붉은 것을 안에 하시다 하되 사기(史記)에 이르기를 순임금이 대그릇을 도산에서 만드시니 이때에 비로소 대로 그릇을 만드는 법이 나되 전혀 칠하지 않아 가히 소박한 것을 보리라 하였다."
>
> "무릇 그릇을 즙물(汁物)이라 부르기는 주나라 때 군법에 두 다섯을 즙이라 하고 사기에 순임금이 즙기를 만드시니 즙은 수(數)를 말함이다. 사람 사는 집에 그릇이 하나뿐 아닌고로 열[十]이 수가 되는 고로 즙물이라고 한다."[159]

빙허각 이씨가 『규합총서』 '봉임칙(縫紝則)' 그릇 조항 처음에 한 말이다. '순임금이 밥그릇을 만들었다는 것'과 '사람 집에 그릇이 하나뿐이 아니라는 것' 등이 주목된다. 순임금이라고 하면 중국에서 신화시대 인물인 만큼 신석기 말이나 청동기 초기가 될 텐데, 이때에 그릇이 생겼다는 것이다. 우리나라 토기 역사가 신석기에 시작되고 있는 것과 일치하는 면이 있다. 즉, 그릇이 문명과 함께 출현했다는 것을 말해준다고 하겠다.

그리고 사람 사는 집에는 그릇이 하나가 아니라는 두 번째 얘기도 의미가 있다. 문명과 함께 출현한 토기는 음식물을 담고 보관해야 할 필요가 늘면서 점차 일상화되고 그래서 집집마다 하나둘이 아니게 됐다는 것이다.

조선에서 그릇은 일차적으로는 일상 식품을 담는 것이었지만, 위생과 의례와 관련된 의미도 컸다. 제기(祭器) 등 의례를 위한 그릇이나 손님 접대를 위한 그릇일 때는 청결한 것이 우선이고 녹이 슬면 안 됐다. 그릇을 관리하는 사람으로서는 위생을 위해서든 의례를 위해서든 그릇을 깨끗하게 유지 보관하는 것이 필요했다.

> 구리주석그릇에 푸른 녹슨 데 초를 발라 밤에 재웠다가 닦으면 지고, 구리그릇은 풀무에서 섞여 나는 붉은 쇳가루로 닦으면 빛난다. 놋주석 그릇은 산장초(酸漿草: 괴승아)로 닦으면 은빛 같고 놋그릇은 연줄기나 잎으로 닦으면 은빛 같다.

구리주석그릇이나 놋그릇 등이 대체로 제기로 사용됐을 텐데, 이를 빛나게 하기 위해 위와 같은 노력을 하는 것이다. 그릇 관리 목적이 잘 드러난다.

그런데 관리가 아니라 그릇에 글씨를 쓰는 방법도 같이 서술돼 있다.

"은그릇에 검은 글자를 쓰려면 붕사(硼砂) 1전(一錢), 석웅황가루(石雄黃末) 5푼(五分), 담반(膽礬) 5푼, 유황 서 돈을 가루로 하여 풀에 개어 쓰면 지워지지 않고, 수정그릇에 먹으로 쓰고 작설 달인 물에 담가 하룻밤 재우면 지워지지 않는다."고 하여 그릇에 쓴 글씨가 오래가도록 만드는 방법을 열심히 설명하고 있다.

그리고 유리그릇이 더러워졌다면 장을 끓여서 씻으면 때가 없어진다고 하고, 상아가 오래되어 누르거든 두부찌꺼기에 담가 문지르면 도로 희어지고, 그릇이 불에 타 검게 그을린 것은 다시 불에 쬐어 문질러 모래와 돌이 없는 땅에 묻었다가 꺼내면 원래 모습을 되찾는다고 한다. 모두 그릇을 깨끗하게 하는 방법이다.

그런데 그릇을 두고 운수를 점치는 경우도 있다. 사기그릇이 깨져 아래위가 저절로 떨어진 것처럼 돼서 밑 없는 그릇이 되면 대길하다고 하고 깨진 위쪽에 길한 덕담을 써두고 가운데를 매달아 동녘 벽에 달고 상서(祥瑞)라 일컬으면 3년 안에 크게 부귀해진다고 한다. 주술적인 사유지만 과연 효과가 있었는지는 알 수 없다.

그다음은 깨지거나 새는 그릇을 고치는 방법들이 있다. 사기그릇 깨진 것을 달걀흰자 위에 백반가루를 섞어 붙이면 좋다고 한다. 또 파를 땅에 심은 채 파 속에 흰지렁이를 넣고 봉해 하룻밤이 지난 뒤 보면 다 녹아 물이 되는데, 그 즙으로 사기그릇 질그릇을 다 붙인다고 한다. 밀가루를 고운 수건에 쳐서 생옻 맑은 것과 합해 깨진 벼룻돌과 질그릇을 붙일 수 있다. 독그릇 붙이 깨진 데 풀무의 쇠똥을 초에 개어 막으면 좋고, 토란을 반은 설고 반은 익혀 꽤 문지르면 새지 않는다고 한다. 독과 항아리가 샐 때는 역청가루를 녹여 흘러 틈을 채우게 하고 숯불로 쬐어 마르게 하면 다시는 새지 않는다고 한다.

모두 깨진 그릇들을 수선하는 방법들이다. 식생활하면서 그릇이 깨지거나 샐 경우, 현실적으로 매우 요긴한 일들이라고 생각된다. 역시 경험에 근거한 방법들로 보이는데, 실제 이들 방법으로 문제를 모두 해결할 수 있었는지는 알 수가 없다.

그릇의 질을 더 높이는 방안도 모색되었다. 질그릇에 포도나 꽃을 그리고 색을 칠한 후 기름에 백반을 넣고 끓여 그 기름[桐油]을 고루 칠해 말려 결으면 화로류(火爐類)는 일본 것 같고 빛나고 특별하다고 했다. 소반의 칠이 벗겨졌을 때는 기름을 두어 번 먹여 말리면 빛나고 벗겨지지 않는다는 것이다. 또 장독 뚜껑이 잘 맞지 않으면 삿갓을 기름 먹이고 주토나 먹칠을 한 후에 꼭지 속에 무거운 것을 달아 날아갈 염려 없게 하면, 비가 새지 않고 또 깨지는 폐단 없이 가볍게 쓸 수 있다고 했다.

그릇의 질을 높이는 이 방법들은 매우 현실적이다. 그림을 그리고 기름칠을 여러 번 한 화로는 모양도 좋고 튼튼할 것이며, 삿갓으로 만든 장독 뚜껑은 가볍고 깨질 염려도 없어 질그릇 뚜껑보다 오히려 유용한 면도 있다. 이미 주변에서 사용하고 있는 방법을 가져온 것도 있을 것이고 스스로 실험을 하면서 개발해낸 방법도 있을 것으로 보인다. 이른바 부엌살림을 하는 당시 여성들의 노하우라고 할 수 있을 것이다.

이와 같이 조선의 가옥 구조에서 공간 분리를 하는 것은 이 시기 남녀의 역할 구분이 사회의 근간이었음을 알려준다. 따라서 그 분리가 명백하고 그 원리에 의해 운영된다면 여성들은 그 구조 안에서 자신의 역할에 충실하게 된다.

조선의 여성들은 사회적으로 열려 있는 사랑채가 아닌 집안의 중심인 안채에 살았다. 자연히 집안의 중심이면서 집안을 관리하는 일을 담당했다. 왕실에서 왕비를 중전(中殿)이라고 부르는 이유도 집안에서는 여자가 중심이기 때문이다. 집을 스스로 짓지는 않지만, 지어진 집 안에서의 그 운영과 관리에 대해서는 여성들은 최대한 신경을 썼다. 따라서 여성들은 집안의 일로 분류되는 일에서 힘이 많이 드는 일의 경우는 판단과 지시로, 큰 노동력이 들지 않는 일은 직접 처리로 관리를 해나갔다. 여성들은 집안의 주인으로서 집안 운영과 관리를 주체적으로 수행했다.

6. 의식주 관련 전문기술직 여성

조선시대 의식주에서 여성들이 수행한 일은 전문적인 일로 인정받지는 않았다. 집안에서 날마다 하는 일이라는 생각과 함께 일이 분화되거나 사회화되어 있지 않았기 때문이다. 그런데 조선시대라고 해도 의식주 일에서 전문성을 인정받는 분야가 있었다.

왕실의 의식주는 일상적인 것이기는 했지만, 왕실이라는 특수성 때문에 전문 인력에 의해 수행될 필요가 있었다. 왕실 여성들은 왕의 가족이라는 신분으로 인해 직접 노동을 할 수 없었고, 그 일은 누군가에 의해 대행되어야 했다. 또 규모가 크고 품격과 예의, 안전성 등이 보장되어야 했기 때문에도 전문성이 필요했다.

왕실에서 왕과 관련한 의식주 생활에는 내관이나 사옹원, 상서원 관직자 등 남성들의 역할도 없지 않았으나 왕과 왕비, 왕의 가족 그리고 후궁들을 위한 의식주 생활의 일은 대부분 궁녀들에 의해 수행되었다. 이들 궁녀에는 넓은 의미에서 무수리나 비자(婢子)도 포함이 된다.

궁녀들의 일은 일반 사가(私家)의 의식주 활동의 연장이기는 하지만, 왕실의 특수성으로 인해 고도의 기술적 숙련이 요구되었다. 따라서 일반 여성의 실천이 갖는 '기술'적 측면을 표면화하는 의미가 있다고 할 수 있다.

그리고 왕실이 아닌 관청 혹은 일상생활에서 소수이지만 여성 장인 즉 전문 인력이 필요했고 실제로 존재했다. 이들은 바느질과 같은 여성 고유 분야에서 지속적으로 장인 역할을 한 것으로 보이고, 남자들과 함께할 수 있는 일에서는 남자들의 부재 시 역할을 담당했다. 의녀와 무녀도 전문직 여성으로 분류될 수 있으나, 조선시대 특유의 의료체계인 의녀제도에 대해서는 뒤에서 독립적으로 다룰 것이고, 무녀는 좁은 의미의 기술적 기여와는 관련성이 적어서 제외하였다.

1) 왕실의 전문직 여성

(1) 궁녀 조직

왕실의 전문직 여성들은 궁녀를 말한다. 조선에서는 내명부(內命婦) 제도를 두어 궁중 여성들의 직위를 규정했다. 왕비는 품계가 없었지만, 이하 궁중 여성들에게는 직위와 품계가 필요했다. 내명부에서 4품까지는 왕의 후궁들의 품계이고, 5품 이하가 궁녀들을 위한 품계이다. 품계와 직위가 있으므로 이들 궁녀는 관직자로 분류되었다. 따라서 이들은 일반적으로 궁녀 혹인 나인[內人]으로 칭해지지만, 정식 관직자라는 뜻에서 궁관으로도 많이 불렸다.

『경국대전』 이전(吏典) 내명부 조항을 보면, 내명부는 정1품 빈(嬪)에서 종9품 주변징(奏變徵)까지 18개의 품계로 이루어져 있다.[160] 이 중 종4품 숙원(淑媛)까지가 왕의 후궁이다. 궁녀는 정5품 상궁(尙宮) 이하의 궁궐에서 일하는 여성들이다. 이 구분에 따라 왕의 후궁은 내관(內官), 5품 이하 궁녀들은 궁관(宮官)으로 분류된다.

궁궐도 하나의 집이라고 할 때 그 살림이 지속적으로 유지된 것은 궁녀들의 역할로 가능했다. 몰론 궁궐 생활 전체를 책임지는 것은 내명부 수장인 왕비이지만, 실제로 일을 수행하는 사람은 이들 궁녀인 것이다. 그리고 후궁들도 내관으로서 역할이 없는 것은 아니다. 친잠 등 왕실 행사에서 왕비와 함께 정1품 빈에서 종4품 숙원에 이르기까지 품계에 따라 담당하는 역할이 있다. 그러나 이들의 역할은 왕실 내 친잠, 연회 등 행사에 국한된다. 즉, 의례 중심이라고 할 수 있다. 일상생활의 일을 직접 하지는 않는다.

궁녀들도 왕실 행사에서 역할을 했지만, 보다 기본적으로 왕실의 일상생활을 담당하는 것이 더 비중이 크다고 할 수 있다. 그런데 궁궐 내 일하는 사람들 중에는 이들 궁녀만 있는 것은 아니었다. 정식 관직자인 궁녀들뿐만 아니라 무수리나 비(婢) 등이 있어서 궁녀들의 역할을 보조하면서 궁궐 내 여러 일들을 해냈다. 넓은 의미에서는 무수리나 비까지도 궁녀라고 할 수 있다. 실제 관직을 가진 궁녀들에 비해 이들 무수리나 비의 숫자가 적지 않았던 것으로 보인다.

궁녀들 중에 최고위 관직자는 상궁(尙宮)이다. 상궁은 정5품으로 궁녀로서 올라갈 수 있는 최고의 자리가 된다. 상궁 이상 관직은 후궁이다. 상궁은 최고위직인 만큼 왕비를 보좌하는 역할을 했다. 그리고 궁녀들 전체를 통솔했다. 상(尙)자에 본래 높이는 의미와 담당하는 뜻이 있어서 상궁(尙宮) 하면 궁녀 중 높고 궁녀를 통솔한다는 의미를 담고 있다고 할 수 있다.

상궁 아래로 종6품에 이르기까지 여러 상(尙)자 돌림 관직이 있다. 상궁과 같은 정5품으로 상의(尙儀)가 있고 이어서 종5품 상복(尙服), 상식(尙食), 정6품 상침(尙寢), 상공(尙功), 종6품 상정(尙正), 상기(尙記) 등이 있다. 7품부터는 상자가 아니라 전(典)자가 붙어서 실무자의 느낌을 준다.

상자가 붙은 6명의 궁인들은 육상(六尙)이라고 불렀다. 상자 뒤의 각 명칭은 의식주 생활이나 보좌 역할 등에 따라 정해졌다. 상의(尙儀)는 의례 관련, 상복(尙服)은 의복, 상식(尙食)은 음식, 상침(尙寢)은 주거, 상공(尙功)은 길쌈과 관련된 일을 했다. 그리고 상정(尙正)은 궁관들에게 요구되는 규율을 담당하고 상기(尙記)는 기록 관련 역할을 담당했다. 이들 상궁에서 상기까지가 종6품 이상 관직자로 이른바 고위직 궁관이다. 이들에게는 정7품 이하의 소속 궁관들이 있다.

상궁에게는 전언(典言), 상의에게는 전빈(典賓), 전찬(典贊), 상복에는 전의(典衣), 전식(典飾), 상식에는 전선(典膳), 전약(典藥), 상침에는 전설(典設), 전등(典燈), 상공에는 전제(典製), 전채(典綵), 상정에게는 전정(典正)이 있다. 상기에게는 소속 궁관이 따로 나와 있지 않다.

세자궁에는 왕에 비해서는 소규모이지만, 역시 역할에 따른 궁녀 조직이 있다.

〈표 2-2〉 내명부 궁관 일람표

품계	직명	세자궁
정5품	상궁(尙宮), 상의(尙儀)	
종5품	상복(尙服), 상식(尙食)	
정6품	상침(尙寢), 상공(尙功)	
종6품	상정(尙正), 상기(尙記)	수규(守閨), 수칙(守則)
정7품	전빈(典賓), 전의(典衣), 전선(典膳)	
종7품	전설(典設), 전제(典製), 전언(典言)	장찬(掌饌), 장정(掌正)
정8품	전찬(典贊), 전식(典飾), 전약(典藥)	
종8품	전등(典燈), 전채(典彩), 전정(典正)	장서(掌書), 장봉(掌縫)
정9품	주궁(奏宮), 주상(奏商), 주각(奏角)	
종9품	주변징(奏變徵), 주징(奏徵), 주우(奏羽), 주변궁(奏變宮)	장장(掌藏), 장식(掌食), 장의(掌醫)

(2) 궁녀의 직무

조직에 따른 상세 역할은 다음과 같다. 상궁이 전반적으로 왕비를 보좌하는 역할을 하고 같은 소속의 전언은 왕 혹은 왕비 등의 선전(宣傳)과 계품(啓稟)을 담당했다. 즉, 웃전의 말씀을 아래로 전하거나 반대로 웃전에게 말을 올리는 일을 담당하였다.

예를 들면 왕비가 조하(朝賀)를 받을 때에 전언은 왕비의 좌석 앞에 꿇어앉아 조하를 올리는 주체, 즉 왕세자나 왕세자빈 혹은 내외명부의 치사를 왕비에게 전하는 역할을 했다. 왕비 가례 시에는 책봉 교명을 상궁이 받아 왕비에게 전해주면 왕비는 이를 받았다가 전언에게 전해주었다. 죽은 왕비에게 시책이 주어질 때에도 전언은 시책을 올려놓을 책안을 향안(香案) 앞에 놓고, 상궁이 책(冊)을 읽은 후에 이를 영좌 옆에 놓는 일을 하였다. 국상 등 모든 의례에 축문이나 전문(奠文)을 읽는 임무를 담당하였다. 왕비를 직접 보좌하는 역할이었기 때문에 가장 중요하고 따라서 직책도 최고위였다.

상의는 주로 예의(禮儀)와 기거(起居)의 일을 맡았다. 즉, 왕실 여성들이 행하는 의례 관련 일을 맡아 하고 소속된 전빈(典賓)과 전찬(典贊)을 통솔했다. 전빈은 정7품으로서 빈객·조현(朝見)·연회(宴會)·상사(賞賜)를 맡고, 전찬은 정8품으로서 빈객·조현·연식(宴食)·찬상(贊相)·도전(導前) 등의 일을 맡았다. 즉, 왕비나 그 외 왕실 여성의 빈객 맞이, 연회, 선물 내리기, 인도하기 등의 일을 맡은 것을 볼 수 있다.

영조대의 진연에서 전빈은 왕세손과 왕세손빈을 인도하여 좌석에 앉도록 했고, 명부들의 길을 인도하여 의례에 참석하게 했다. 성종 때 친잠례에서는 4명의 전빈이 내외명부를 인도하여 자리를 잡아주고, 행례 시에도 내외명부를 채상단까지 안내하였다. 친잠례 시 뽕잎을 따는 일을 도와주었던 상공(尙功), 전제(典製)를 인도하는 일도 전빈의 임무였다. 영조대 친잠례에도 전빈은 혜경궁 홍씨, 왕세손빈, 내외명부의 여성들을 인도하여 자리를 잡아주고 의식에 참여하도록 하였다. 왕비를 인도하는 것은 상궁이 맡았다.

전찬은 정8품으로 전빈보다 두 품계가 낮다. 연회 때 주로 외부 손님을 인도하는 역할을 맡았는데 더 중요하게는 의식이 행해질 때 그 행례를 진행하는 일을 했다. 왕비가 세자빈의 조하를 받을 때, 궁중 양로연 때, 세손빈의 묘현례(廟見禮), 친잠례 등에서 참석자들이 일어서고 앉고 절하고 인사하는 것 등이 모두 전찬의 '부복, 국궁, 사배, 흥, 평신' 구호에 의해 이루어졌다.

보좌 역할 중 또 하나 중요한 분야는 문서출납이었다. 이 일은 상기(尙記) 담당이었다. 상기는 종6품인데, 이름에도 나타나듯이 기록과 관련한 일을 했다. 궁내 문서와 장부의 출입을 모두 관리했다. 상기에게는 통솔할 궁관은 없었다.

의생활은 상복(尙服)과 상공(尙功)이 담당했는데, 상복이 상공보다는 품계가 높았다. 상복의 주된 역할은 왕실의 복용(服用), 채장(采章)의 수요를 책임 맡아 공급하는 일이었다. 즉, 왕실의 옷과 치장, 장식품 등의 수요 공급을 관리하는 것이다. 소속 궁관으로는 전의(典衣), 전식(典飾)이 있다.

전의는 정7품으로 의복과 수식(首飾)을 담당했다. 궁궐에서 소용되는 의복을 만들고, 장식품들을 준비하여 치장에 쓰이도록 해주는 역할을 했다. 전식은 정8품으로 직무는 고목(膏沐)과 건즐(巾櫛)을 담당하는 것이었다. 고목이란 머리를 감고 연지를 바르는 등의 치장을 의미하며, 건즐 또한 수건과 빗으로 얼굴을 씻고 머리를 빗는 것을 의미한다. 따라서 이들은 연회에 늘 참석했다. 전의가 연회에 참석하지 않는 것과는 비교된다. 같은 치장이지만, 전의가 치장하기까지의 준비 단계라면 전식은 직접 치장을 해주는 역할을 한 것이다. 그래서 전식은 연회에 참석해서 치장이 잘 유지되는지를 지켜봤던 것 같다.

상공은 여공에 관한 일 즉 길쌈, 양잠 등의 일에 관련된 일을 한다. 그 소속의 전제(典製), 전채도 같은 역할이다.

다음에 전빈(典賓)이 상공(尙功)·전제(典製)를 인도하여 채상위 앞에 나아가 서향하여, 갈고리를 받들어 올린다. [그러면] 왕비가 갈고리를 받아 뽕을 채취하고, 전제가 광주리를 받들어 올려서 뽕을 받는데, 왕비는 뽕을 채취하기를 다섯 가지[條]에서 그치고, 갈고리를 상공에게 주면, 상공이 갈고리를 받고, 전제가 광주리를 받들고 함께 물러나 제자리로 돌아온다.

친잠하는 데에 집사는, 채상(採桑)에 1품 내명부가 둘이고, 2품 내명부가 하나이며, 3품 내명부가 하나이다.【이상은 숙의의 행(行)이다.】…상의가 하나, 상궁이 하나, 상기가 하나, 상전(尙傳)이 하나, 상공이 하나, 전제가 하나, 전빈이 넷이다.【하나는 내명부를 인도하고, 하나는 외명부를 인도하고, 하나는 잠실에 나아가는 것을 인도하고, 하나는 광주리 잡는 것을 인도한다.】

성종 8년(1477) 친잠례 기록이다.[161] 왕비의 친잠례에서는 상공(尙功)의 역할이 중요하다. 의례를 진행하고 왕비를 인도하는 일은 상궁이나 상의 쪽에서 하지만, 직접 뽕잎을 따는 일 즉 친잠례의 핵심에는 상공과 전제가 중요 역할을 한다. 이는 친잠이라고 하는 것이 대표적인 여공(女功)이기 때문이다.

친잠과 관련한 모든 기록에서 갈고리를 만들고, 갈고리를 왕비에게 전달해주고 하는 일은 모두 상공이 하는 것으로 돼 있다. 일상에서 상공은 길쌈 등 옷의 재료를 관리하는 일을 주로 하는데, 이것이 곧 친잠례에서 뽕잎 채취로 연결되는 것이다. 전제와 전채는 상공의 하위로서 같은 일을 수행한다.

식생활은 의생활에 비해 담당자가 많지는 않다. 의생활에 상복, 상공을 위시해서 모두 6명의 궁관이 있는 것에 비하면 식생활 담당자는 상식(尙

食), 전선(典膳), 전약(典藥) 등 모두 3명이다. 상식은 상복과 같이 종5품이지만 상복에 비해 하위였다. 왕에게 올리는 음식인 선수(膳羞)와 품제(品齊)의 공급을 맡고, 전선(典膳)과 전약(典藥)을 통솔하였다. 전선은 정7품으로서 끓이고 조리는 등의 요리 전반을 맡고, 전약은 정8품으로서 여러 약을 달여 올리는 일을 맡았다. 상식은 전선과 전약을 통솔하면서 음식 또는 약품과 관련된 일 전반을 담당하는 직책이었다.

그런데 식생활의 경우, 왕과 왕비의 음식은 주로 사옹원이 만든 것으로 보인다.[162] 이른바 수라간이라고 해서, 왕실 최고의 위치에 있는 대전, 왕비전 그리고 세자궁까지는 이 수라간에서 음식을 준비한 것이다. 수라간은 사옹원 소속이다. 궁녀들은 만들어진 음식을 올리는 역할을 주로 했다. 반면, 후궁들을 위한 음식은 후궁들의 처소에서 직접 조리된 것으로 보인다.

주거생활의 전부는 아니지만, 왕실 여성과 관련해서 일정 부분 중요 임무를 맡았던 궁관은 상침(尙寢)과 전설(典設)과 전등(典燈)이었다. 상침은 일상적으로 국왕을 찾아뵙거나, 옷을 입고 음식을 올리는 등 국왕의 일상적인 일의 순서를 총괄하는 직무를 맡았다. 그리고 전설과 전등을 통솔했다.

상침은 왕실의 각종 의례를 시행할 때 주로 왕비를 비롯한 왕실 여성들의 자리를 설치하는 일도 담당했다. 왕비가 백관과 왕세자빈의 조하를 받을 때 자리와 보안(寶案), 향안(香案)을 설치하였다. 왕비 책봉례에서도 왕비의 자리와 책을 받는 자리를 만들고, 양로연에서는 왕비, 공주, 옹주, 외명부와 참석하는 노부녀들의 자리를 설치하였다. 국상 중에는 왕비, 왕세자빈, 내외명부가 곡(哭)을 하는 자리도 설치하였다. 이는 자리에 인도하는 일과는 달리 자리 자체를 준비하는 일이었다고 할 수 있다.

전설은 상침을 보좌하면서 휘장, 인석(茵席), 청소, 장설(張設) 등을 담당하였다. 즉, 행사에 필요한 휘장, 자리 등을 관리하고 궁궐 청소 등을 맡았던 것이다. 전등은 궁중의 등불에 관한 일을 담당하였다. 등불과 촛불을 관리하는 것인데, 이는 궁중의 등촉을 켜고 끄는 일을 의미한다. 또한 등촉을 세워놓는 촛대를 비롯한 등촉 기구, 등촉에 사용되는 기름과 불을 관리하는 것도 전등의 직무였다. 따라서 직무상 의례가 시행될 때 촛불을 책임졌다. 즉, 왕비의 가례에서 동뢰(同牢)가 시행될 때 궁궐에 도착한 왕비를 맞이하기 위해 촛불, 우산, 부채로 주변을 지키도록 되어 있다. 이때 등불을 관리했던 전등은 촛불을 잡고 있는 사람들을 총괄하면서 왕비가 궁궐 안으로 들어오는 길을 인도했다.

〈표 2-3〉 궁관 역할 분류표

분류	담당 궁관	담당 역할
보좌역할	상궁(尙宮), 전언(典言)	왕비 보좌, 명령 전달, 계품
	상의(尙儀), 전빈(典賓), 전찬(典贊)	빈객, 연회 참석, 선물관리
	상기(尙記)	문서와 장부 출입
의생활	상복(尙服), 전의(典衣), 전식(典飾)	의복, 수식(首飾) 관리
	상공(尙功), 전제(典製), 전채(典綵)	길쌈, 재봉 등 여공(女功) 관리
식생활	상식(尙食), 전선(典膳), 전약(典藥)	음식, 요리, 약품 관리
주생활	상침(尙寢), 전설(典設), 전등(典燈)	각종 의례 좌석 배치, 등촉 관리
규찰	상정(尙正), 전정(典正)	계령(戒令), 규금(糾禁), 죄벌

(3) 궁녀 일의 실제

궁관들이 제도상에서는 위와 같은 명칭으로 불리고 의례적인 역할이 있었으나 실생활에서는 대부분 다른 이름으로 불렸던 것 같다. 일상적인 일을 하면서는 보좌 역할 상궁은 그대로 상궁으로 불렸지만, 그 아래 전언 등 전자 돌림의 궁관들은 각각 하는 일에 따라 무슨 나인으로 불렸을 것이다.

시녀 돈일(頓逸)의 공초에는,

"지난 3월 초하룻날은 계속 침실에 있었습니다. 점심 때 양전(兩殿)의 별수라를 대비전의 뜻에 따라 강녕전 서침실에 합전(合殿)으로 진선(進膳)했습니다. 퇴선(退膳) 때 경빈이 방에서 나와 강녕전 대청 남쪽 분합문 밖에 앉아 있었습니다. 그때 퇴선을 나누어 먹기 위해 빈 그릇을 가지러 저와 시녀 효덕·천이금 등이 동침실이 있는 동쪽 모퉁이로 왔다갔다했습니다. 안씨도 옷을 벗어 비자(婢子)에게 주고 함께 왔다갔다 했으며, 다른 나인(內人)들과 같이 분합문을 닫고 퇴선을 먹었습니다. 경빈은 동침실로 나가고, 상께서는 그대로 전에 앉으시어 중궁과 『대학연의』를 강론했습니다. 김씨도 같이 배우기 위해 들어가 강을 들었습니다. 그사이 저희들은 음식을 다 먹었고, 김씨는 강을 다 끝낸 뒤에 와서 먹었습니다. 조금 있다가 상께서 동침실로 옮겨가시니 경빈이 세숫물을 올렸습니다. 그때 상께서 '저곳에 쥐가 있다.' 하셨고, 경빈도 '모두 와서 이 쥐를 보라.' 하기에, 저와 안씨·김씨가 함께 가서 보았습니다. 김씨가 치마로 덮어 싸서 집어다가 서쪽 뜰에 버렸고, 상께서는 공사청으로 나가셨습니다. 그때까지도 그 쥐는 살아 있었으나 움직이지를 못했기 때문에 저희들은 소리개가 채 갈까 저어해서 종이에다 쥐를 싸서 수모(水母) 종가이를 시켜 쥐구멍이 있는 곳에다 버리게 했습니다. 그 뒤 안씨와 시녀 향이 등이 그 쥐를 가지고 와서 중궁전에 계달할 때 저와 다른 나인들이 함께 보았는데, 네 발이 끊겼고 꼬리와 주둥이가 모두 지져져 있었습니다."

중종 22년(1527) 4월 3일 궁궐 내 일종의 저주사건에 대한 공초 기록이다.[163] 이 기록을 통해 궁녀들의 일상에서의 역할과 명칭을 알 수 있다. 궁녀들에 관한 직접적인 기록은 찾아보기가 어려워 공초 기록을 통해 궁녀들의 일과 역할을 추론해보고자 한다.

돈일은 침실 나인이다. 그렇다면 전설이나 전등이 공식 직함이겠지만, 여기서는 그저 시녀라고 불린다. 다른 나인들도 마찬가지이다. 돈일은 침선나인이고, 합선으로 점심을 올린즉 음식 관련 나인들이 있을 텐데 이들이 시녀 효덕, 천이금 등으로 짐작된다. 효덕과 천이금은 직책은 알 수 없지만, 돈일과 같은 나인이라는 것은 알 수 있다. 따라서 공식 명칭은 의례 등의 공식행사에서 쓰이고 평소에는 대부분 이와 같이 시녀 또는 나인, 궁녀로 불렸던 것이다.

그리고 왕에게 『대학연의』를 배웠다고 하는 김씨는 아마도 상궁이었을 것으로 짐작된다. 뒤에 시녀 향이의 공초에서 김씨는 시녀 김씨로 불린다. 말하자면 김씨는 시녀 즉 나인 김씨인 것이다. 그런데 이처럼 김씨라고 성씨를 부르는 것은 매우 존중하는 뜻이 있다. 조선에서 대개 여자를 성씨로 부르는 것은 양반부인에 한한다. 평민 이하는 소사(召史)라고 쓰고 조이라고 부른다. 따라서 이 김씨는 시녀 즉 나인 중에 고위직인 상궁이었을 것으로 보인다. 왕에게 공부를 배운다는 것 자체가 보통 위치는 아닌 것을 보여준다.

안씨도 마찬가지로 생각된다. 비자에게 옷을 벗어 주었다고 하는데, 이는 비자를 거느리고 있다는 뜻이다. 그렇다면 상궁의 위치로서 김씨와 마찬가지로 왕과 왕비 가까이에서 역할을 하는 사람으로 봐야 할 것이다. 상궁들은 따로 비자를 거느릴 수 있다고 했는데, 안씨가 그 사례라고 할 수 있다.

그런데 이들 나인은 허드렛일을 직접 하지는 않았던 것으로 보인다. 세숫물을 올리는 일을 놓고 볼 때 세숫물을 들고 왕에게 드리는 행위는 하겠지만, 세숫물을 뜨고 전각까지 나르는 일은 직접 하지 않았을 것이다. 허드렛일은 그 밑에 무수리, 비자(婢子), 수모 등이 했다. 위에 나오는 수모 종가이는 세숫물을 준비하고 전각 앞까지 운반하는 일을 했을 것으로 보인다. 세숫물을 받아서 왕이나 왕비에게 올리는 일이 침실시녀 역할인 것이다. 따라서 종가이는 돈일보다 하위이고 그래서 결국 쥐를 갖다 버리라는 명을 받는 것이다. 왕이 쥐를 보라고 해서 김씨, 안씨, 돈일 등이 가서 봤지만 정작 쥐를 버린 것은 종가이였다.

> 수모(水母) 종가이의 공초에는,
> "저는 세수간을 담당하고 있는 수모입니다. 지난 3월 초하룻날 점심 수라 뒤에 세숫물을 물릴 일로 침실이 있는 강녕전 동남쪽 뜰에 서 있었습니다. 그때 침실의 시녀 돈일이 종이에 싼 물건을 주면서 '이것이 쥐니 갖다버리라.' 했습니다. 제가 즉시 살펴보니 아직 죽지 않은 쥐였습니다. 그래서 남수구(南水口)에 버리고 곧 돌아왔습니다. 그랬더니 시녀 금비·사랑과 무수리 칠금·오비 등이 소주방(燒廚房) 앞에 앉았다가 저를 향해서 '버린 물건이 무슨 물건인가? 하기에, 제가 '이것은 사향쥐[麝香鼠]다.' 했더니, 오비가 나에게 도로 가져오라고 했습니다. 그래서 저는 즉시 가져다가 금비에게 준 뒤에 드디어 세수간으로 돌아갔습니다."

수모 종가이는 세수간을 담당한다고 스스로 밝히고 있다. 신분은 비자이거나 하층 양민일 것으로 보인다. 시녀 즉 나인들에 비해 하위에 있어 나인으로부터 부림을 받는다.

> 무수리 칠금의 공초에는,
> "저는 지난 3월 초하룻날 오후 시녀 금비·사랑과 무수리 오비와 함께 소주방 앞에 앉아 있었습니다. 그때 수모 종가이가 강녕전 남수구에서

오기에, 무수리 오비가 '너는 무슨 일 때문에 갔다 오는가?' 하니, 답하기를 '침실의 시녀가 쥐를 내주면서 내다 버리라고 하기에 갔다 오는 길이다.' 했습니다. 오비가 또 무슨 쥐냐고 물으니, 종가이가 답하기를 '여우 냄새가 나는 걸 보니 사향쥐 같다.' 했습니다 그 쥐를 도로 가져오게 하여 시녀 금비가 손으로 받아보았고 저도 보았습니다.…"

무수리 칠금은 수모와 같은 급으로 보인다. 궁궐 내의 각종 허드렛일을 담당했다. 여기에는 소주방 관련 궁녀들이 등장하는 것을 볼 수 있는데, 이들도 전선이나 전약 등으로 불리지는 않고 다른 나인들처럼 시녀 누구라고 불렸을 것이다. 그리고 소주방에도 역시 나인, 비자, 무수리 등이 소속되어 실제 궁관들이 음식을 만드는 것을 도왔을 것이다. 무수리의 본래 역할이 물을 긷는 것이므로 물을 항상 준비해두고 또 음식 만들기 과정에서는 재료를 다듬는 등의 일을 했을 것으로 생각된다.

왕실의 전문직 여성들 즉 궁관들은 관직체계에 있는 직명대로 업무를 수행하기보다는 실생활에서는 시녀, 나인 등으로 불리며 일을 한 것으로 보인다. 역할은 보좌 역할부터 침방(寢房), 소주방(燒廚房), 세수간, 세답방(洗踏房) 등으로 나누어져 의식주를 책임지는 것이었다.

몽렬이 공초하기를,

"저는 희빈의 세답방의 하인으로서, 궁 밖에서 버드나무 상자와 서찰을 들여오기도 하고, 때때로 간혹 궁 안팎으로 내보내거나 들여보내기도 하였으나, 능히 그것이 어느 곳에서 오고 어느 곳으로 가는지 자세히 알지 못하였습니다.…"

숙종 27년(1701) 10월 3일 장희빈의 저주사건 때 공초이다.[164] 몽렬은 스스로 장희빈의 세답방 하인이라고 하는데, 비자나 혹은 무수리일 가능성이 높다. 평소에는 세답방에서 빨래하는 일에 종사했을 것으로 보인다.

몽렬이 희빈의 세답방 소속이라고 하는 것으로 보아 각 전에는 각기 의식주를 담당하는 공간이 있었음을 알 수 있다. 왕이나 왕비의 전각과는 규모 차이가 있겠지만 궁궐 내 각 전각에는 소주방, 세수간, 세답당 등이 있고 소속된 나인과 무수리, 비자 등이 의식주의 생활노동을 감당하는 형태였던 것으로 보인다.

궁궐 내 궁관 혹은 궁녀들의 인원이 모두 몇 명이었는지는 정확히 알 수 없다. 그러나 각 전마다 소속 궁녀들이 필요했으므로 이들의 숫자는 적지 않았을 것으로 생각된다, 제도적으로는 왕의 내시들이 인원이 많은 것으로 나와 있지만, 내시는 왕이나 왕자만 거느릴 수 있기 때문에 모든 전각에 소속되어 있던 궁녀들의 숫자가 실제로는 훨씬 더 많았을 것이다.

궁녀들의 입궐 시기는 대개 10세 전후인 것으로 보이며 입궁 후 20세 정도가 되면 관례를 행한다고 한다. 관례는 혼인례와 유사하다고 하는데 왕과의 혼례라는 상징성을 갖는다. 그리고 이때부터 정식 나인 즉 궁관이 되는 것이다. 입궁 후 10여 년이 넘어서 정식 궁관이 된다는 것은 그만큼 궁관으로서의 전문성이 요구된다는 것을 뜻한다.

> "그날 신이 출번(出番)이었기 때문에 흔개와 함께 출번하는 이들이 묵는 방에서 자고 해가 뜬 뒤에 세답방으로 흔개와 같이 갔었습니다. 이 사실은 침실의 내인과 세답방의 하인들이 모두 알고 있습니다."

숙종 때 내인(內人) 기옥의 공초이다.[165] 궁녀들의 업무는 번(番) 즉 당번으로 이루어졌다. 늘 하는 일도 있겠지만, 당번으로 맡은 일은 필수적으로 해야 했다. 그리고 번이 없는 날에 따라 쉬는 날이 정해졌을 것으로 보인다.

궁궐 내 의식주가 비록 일상적으로 행해지는 것이지만, 그것이 왕실 사람들을 위한 것일 때는 예를 갖추고 또 안전해야 했다. 예를 갖춘다는 것은 격식을 차리는 것인데, 이것은 하나의 규례로 만들어져서 궁녀들에게 매뉴얼로 전해졌을 것이다. 그리고 안전을 위해서도 거쳐야 하는 단계들이 있는데, 이것에 대한 지식 습득과 훈련이 필요했다.

그리고 일상생활이 아닌 의례 등 행사를 위해서는 더욱더 전문적인 지식과 기술이 필요했다. 가령 친잠례에서 상공은 갈고리를 왕비에게 건네주어야 하는데, 이 갈고리를 준비하는 것까지 상공의 몫이었다. 『통전』에는 황후가 금갈고리를 사용하게 돼 있는데, 조선에서는 금은 아니었던 것으로 보인다. 이 갈고리를 준비하기 위해서 상공은 예에 대해 파악하고 대비해야 했을 것이다. 행사에서 자리에 인도하는 것, 행사 진행을 큰 소리로 외치는 것 등 궁관들의 일은 규례를 알고 행해야 하는 것이었다. 정식 궁관이 되기 전까지 긴 기간이 소요된 것은 이러한 전문성을 갖추기 위한 경험과 훈련 과정이 필요했기 때문이다.

궁관이 된 후에도 왕실의 의식주 챙기기와 행사의 원만한 진행을 위해서는 지속적인 노력을 기울였을 것으로 보인다. 궁관들의 승진 순서는 이러한 전문성을 얼마나 잘 발휘했는가에 따라 달라졌을 것이다. 같은 연수의 궁녀들이라고 해도 승진에서는 담당 일에 대한 수행 능력 차이가 근거가 됐을 것이기 때문이다.

2) 여성 장인

조선시대 여성 장인의 수는 많지 않았다. 남녀 구분이 명확한 조선 사회에서 의녀 및 궁녀를 제외하고 장인 신분이나마 공적 인정을 받은 경우는 대부분 남성이기 때문이다. 하지만 그럼에도 불구하고 반드시 여자가 해야 하는 일이 있고, 또 남성들의 부재로 남성 장인을 대신하는 경우가 있어서 여성 장인은 소수지만 존재했다. 따라서 여성 장인의 역할에는 남자도 같이할 수 있는 것이 있고, 여자만 하는 것이 있었다.

조선에서 도감의궤를 통해 알 수 있는 장색(匠色)들은 대개 500여 종류라고 한다. 그런데 그중에 여성 장인이 있었던 것으로 확인되는 장색이 10종이 된다. 침선장(針線匠[婢]), 염모(染母), 진소장(眞梳匠), 수비(繡婢), 수모(首母), 봉조여인(縫造女人[婢]), 양태장(凉太匠), 복완재작장(服琓裁作匠), 상화장(床花匠), 모의장(毛衣匠) 등이다. 이는 전체 장인의 약 2% 정도라고 한다.[166]

이들 장인은 만드는 물건 즉 참빗[眞梳], 갓차양[凉太], 꽃장식[床花], 방한모[毛衣] 등을 제작하는 물품에 따라 이름이 붙여지거나 혹은 만들 때 사용되는 기술, 가령 바느질[針線], 물들이기[染] 같은 것에 의해 이름을 정한 것으로 보인다.

침선장은 바느질하는 장인이다. 신분은 노비인 경우가 많았다. 지방 관아에서 관노비를 서울에 침선비로 올려 보냈다는 기록이 있는 것으로 봐서 지방 관노비들이 이들 침선비의 인력풀이었던 것으로 보인다. 간혹 사노비도 있었는데, 양반집에서 온 침선비와 같은 사례가 그것이다.[167]

전통사회 구조 속에서 옷은 대부분의 여성들이 가족과 자신을 위하여 직접 지어 입었다. 그러나 왕실과 사대부를 비롯한 특수층의 경우에는 그들 스스로 제작 활동에 관여하지 않았기 때문에 솜씨가 뛰어난 장인을 관장(官匠) 또는 사장(私匠)의 형태로 고용하여 조달하였다.

서민층의 옷이라 하더라도 평상복이 아닌 관혼상제 등에 필요한 특수복은 솜씨 있는 사람에게 의존하였다. 조선시대 경공장(京工匠)에는 10명의 침선장이 공조에 소속되었고, 외공장(外工匠)에도 2개소에 64명이 소속되어 제작 활동을 전개하였다.

옷을 제작하는 데는 바느질기술은 물론 실을 만드는 제사장(制絲匠), 실이나 천에 물을 들이는 청염장(靑染匠)·홍염장(紅染匠), 옷감을 짜는 직조장(織造匠)·능라장(綾羅匠), 천을 다듬고 손질하는 도련장(擣練匠), 옷감을 재단하는 재작장(裁作匠), 금박이나 자수 등 무늬를 놓는 금박장(金箔匠)·자수장(刺繡匠) 등의 협업에 의해서 비로소 완성된다.

그러나 옷의 맵시나 품위, 효용성 등을 결정짓는 가장 중요한 기능 가운데 하나가 침선장이다. 궁중에서는 왕실 복식의 주달을 전담하던 상의원(尙衣院)에 경공장 가운데 8명을 분속시켜, 각종 궁중 복식을 제작하도록 하였다. 그리고 부족한 일손은 기녀(妓女)의 신분인 침선비(針線婢)로 하여금 거들도록 하였다.

바느질의 기본 공구로는 옷감과 실, 자·가위·바늘·바늘집·골무·인두·다리미·누비밀대·실패·실고리·반짇고리 등이 필요하다. 바느질기법은 감침질·홈질·박음질·상침뜨기·휘갑치기·사뜨기·시침질·공그르기·솔기질 등을 기본으로 하여 이음새나 옷의 종류, 위치에 따라 적절히 사용한다.

옷감은 여름에는 홑으로, 봄·가을에는 겹으로, 겨울에는 밀도 높은 비단을 사용하되, 안팎 사이에 솜을 두어 보온 효과를 높였다. 그에 따라 바느질도 홑바느질·겹바느질·누비바느질로 나뉘었다.

근대 이후 복식의 서구화 추세가 가속화되면서 침선기술의 전통이 단절의 위기에 직면하게 되었다. 다행히 몇 사람의 전승자가 현재 쓰이지 않는 옛 침선기술을 계승하고 있어 뒤늦게 중요무형문화재 기능보유자로 지정받았다. 그 첫 지정자는 정정완(鄭貞婉)이다.[168]

침선비는 바느질뿐 아니라 수를 놓는 역할도 한 것으로 보인다. "배의 금선을 세밀하게 만들기 어려우니 침선비로 하여금 많이 익히도록 하고,

능한 자는 우대하여 상 주고 능하지 못한 자는 처벌하라."는 연산군 때의 기록에서 알 수 있다. '능하고 능하지 못한 자'가 있었다는 것은 당연한 일이지만, 기술에 수준 차가 있었음을 알려준다.

침선비는 왕실의 각종 의복을 만들었기 때문에 염습을 위한 수의(壽衣)도 만들어야 했다. 국장례는 예측할 수 있는 행사가 아니므로 시간을 맞추는 것이 관건인데, 선조 사후에 수의 제작이 시급한데 야경으로 대궐문이 닫혀 침선비가 입궐하지 못하고 그래서 제작이 지체됐다는 기록이 있어 흥미롭다.

정조 즉위 후 사도세자의 경모궁 제례 정비 때 악공 등이 입을 관복이 필요했는데, 그 숫자가 300여 건이었다고 한다. 도감에서는 침선비 명단을 보고 솜씨 좋은 침선비를 공조에서 3명, 상의원에서 3명씩 보내도록 했다. 그러나 이들로도 모자라 결국 한 달 후 6명 외에 상의원과 공조 및 평시서에 여성 봉조군(縫造軍) 6명을 더 보내도록 조치했다고 한다. 봉조군, 봉조여인들은 침선비의 보조 역할을 하는 것으로 보인다.

침선비의 임금은 도감에 차출될 때마다 한 달의 요포(料布)로 지급을 받아, 쌀 6말과 무명 1필을 받았다. 다른 장인들의 쌀 9말과 무명 1필에 비하면 적지만, 화원이나 봉첩군(奉貼軍)과는 같은 대우였다. 19세기 『만기요람』을 보면, 침선비의 공임은 일반적으로 상의원에서 지급하였고, 행사에 참여한 대가는 상으로 따로 받았다.

한말 『육전조례』에서는 침선비의 노임이 전(錢) 40냥 또는 목 20필이었다. 그리고 도감에 차출되어 의례 행사의 복식을 지은 침선비들은 수모와 마찬가지로 활동 기간에 따라 1등·2등·3등의 상을 받았다. 가령 1882년 왕세자 순종의 가례 때 침선비는 19명이었는데, 1등은 생주(生紬) 1필, 3승목 1필, 관목 3필을 받았고, 2등은 서양사 1필, 3승목 1필, 목 1필을, 3등은 서양사 1필, 목 1필, 3승목 1필을 받았다. 업무 기간이나 기술의 수준에 따라 차등으로 상을 받았음을 알 수 있다.

염모는 진상용 옷감에 염색을 하는 장인이다. 염색이 각 가정에서도 이루어졌지만, 판매를 위해 또 집안 또는 국가 행사 등에 대량으로 염색한 옷이 필요했으므로 이를 전문적으로 할 수 있는 사람이 요구됐다. 조선에서는 왕과 관리의 복색을 염색하고자 각색 염색장을 상의원이나 제용감 등 방직과 관련된 부서에 소속시켰다. 그중 염모는 내섬시에 여성 장인으로 소속돼 있었다. 그런데 병자호란 후에는 염모가 시전(市廛)에 있으면서 제작한 물품을 시장에 내다파는 형태로 변화되었다. 더 이상 염모가 평시서나 제용감에 소속되지는 않았다고 한다. 왕실이 필요한 것을 시장에서 구매하는 형태가 된 것이다. 염모는 민간인 장인이 됐다고 할 수 있다. 이는 조선 후기 상품화가 진행되면서 생긴 현상이라고 할 수 있다.

진소장은 참빗을 만드는 장인이다. 신분은 노비였다. 1641년에는 인조가 현종을 책례하는 도감에 진소비 북간을 차출했다는 기록이 있다. 참빗은 궁궐에서도 긴요한 공예품으로 행사에서 빠질 수 없는 품목이었다. 참빗 만드는 일은 여성 장인만의 일은 아니고 남성 장인도 했던 것으로 보인다.

자수를 놓는 장인을 수비(繡婢)라고 불렀는데, 1608년 선조의 국장도감에 추금이 동원되어 수를 놓는 일을 하고 있는 것을 볼 수 있다. 수비는 '비(婢)'라는 명칭에서도 알 수 있듯이 여성 전유의 일이었다.

여성 장인으로 상화장(床花匠)이 있는데, 이들 장인은 이른바 장식용 꽃인 조화를 만드는 일을 했다. 조화는 국가 행사에 참여하는 사람들의 머리장식, 연회장 상에 올려지는 꽃, 왕실 의례 공간을 채우는 꽃, 연회 시 무대를 장식하는 꽃 등 쓰임새가 많았으며 주로 남성 장인이 활동을 해왔다. 그런데 양난 이후 남성 인력 부족으로 여성 장인이 등장한 사례가 1633년 명나라 사신 잔치, 1646년 청나라 사신 연회 등 2번 정도 보인다.[169] 곧, 1633년 명나라 사신에게 잔치를 베풀 때 예빈시의 남성 화장과 함께 여성 상화장 돌남, 명옥, 말환, 내절월, 구월, 금이, 애춘 등을 동원한 사례와 1643년 청나라 사신 잔치에 상화장 돌덕, 명환, 논월 등 여성이 징발된 사례이다. 그러다가 이후 기록에서는 여성 상화장은 더 이상 보이지 않는데, 아마도 양난으로 부족한 인력을 일시적으로 여성들로 채웠다가 후에 남성 인력이 보강되면서 여성 상화장은 사라지게 된 것이 아닌가 한다.

모의장은 추위를 막기 위한 난모(煖帽)를 제작하는 장인이다. 『경국대전』에도 이들의 존재는 보이는데, 조선 초기에는 모두 남자들로 구성되었다. 그러다가 임진왜란과 병자호란이 끝난 17세기 초부터 여성 모의장이 포함되는 것을 볼 수 있다. 1633년 영접도감에서 소금이, 연분, 만복, 내은세 등의 여성 장인이 보인다. 여성 모의장은 전쟁의 영향으로 잠시 동원된 것으로 보이고 대체로 남성들이 수행했을 것이다. 그리고 19세기 이후가 되면 모의장들은 남성이든 여성이든 시장경제 속에서 활동하게 된다.

양태장은 갓의 차양을 만드는 사람을 말하는데, 이 분야는 남성과 여성이 함께한 분야로 보인다. 그러나 처음 여성 장인이 확인된 것은 1627년 소현세자의 가례도감에서 돌덕, 종옥이 등이다. 양태를 제작하는 것은 여성 남성 양쪽 장인이 모두 할 수 있었다. 그런데 비교적 여성 장인이 더 많이 동원되는 것으로 보인다. 갓의 차양을 만드는 일이 섬세한 작업을 요해서 그런 것이 아닌가 한다. 17세기 후반 이후 왕실에서 양태장을 동원할 때 주로 여성 장인이 동원되며, 솜씨 좋은 여성 장인은 반복적으로 차출되는 사례도 볼 수 있다. 양태장의 경우는 남녀 모두 할 수 있는 일이었지만, 여성 장인의 섬세한 기술이 더 유용했던 것으로 보인다.

이는 조선 말기 김준근의 풍속화 〈냥태 틀고〉에서도 확인이 된다. 이 그림에 의하면 여자 양태장 2명이 국수 가락처럼 가는 대실[竹絲]를 옆에 두고 양태판이와 판결이 및 바늘 등 간단한 도구만으로 양태를 제작하고 있다. 이와 같은 양태장의 제작도구는 현재까지도 거의 그대로 전해 내려오고 있다.

또한 일시적 동원의 경우도 동원할 여성 인력이 준비되어 있었다는 것은 공식적으로 '장인'으로 인정되었든 아니든 실제 관련 기술에 종사하는 여성들이 상당수 있었다는 것을 짐작케 하는 사실이다.

수모(首母)는 여인의 가체(假髢)를 만드는 장인이다. 대개 왕실 여성의 가체를 만든다고 할 수 있다. 연산군 때에 각 관청의 비자 중 나이 어린 14~15세에 자색이 있는 자 10인을 선발하여 교육시켜 궁중에서 활동하게 했다는 기록이 있다. 이는 매우 전문성이 필요한 분야이다. 수모는 침선비와 마찬가지로 여성 장인만으로 구성되어 있다. 1638년에 장렬왕후의 가체는 68단으로서 가장 많았다고 전해진다. 체발을 올려 머리를 풍성하게 만든 가체에는 여러 종류의 비녀를 꽂아 화려하게 장식하였다. 비녀의 종류는 왕비가 7종 26개였고, 세자빈이 7종 50개를 준비하고 있었다. 비녀는 형태나 기법 및 문양에 따라 다양하게 나눌 수 있으나 대체로 길이의 길고 짧은 정도에 따라 7종으로 구분되었다. 길이의 장단에 따라 구분된 비녀는 장잠, 대잠, 중잠, 차중잠, 소잠, 독소잠, 차소잠, 소소잠 등이었다. 길이가 가장 긴 장잠(長簪)은 1척3촌이었고, 가장 짧은 소잠(小簪)은 4촌이었다.

이들 수모는 개인이 단독으로 동원되는 경우는 없으며, 대부분 6명 이상 25명까지 동원되는데, 한 번 도감에 10여 명의 장인이 공동 작업하는 것이 일반적이다. 그런데 영조 이후 가체 금지령이 내려지자 수모들은 더 이상 가체를 만들 수는 없게 됐고 대신 여러 꾸미개를 대여하는 일로 전환하여 생계를 유지하게 됐다.

조선시대 여성 장인이 차지하는 비중은 2% 정도로 낮았지만, 그러나 필수적으로 필요한 분야가 있었기 때문에 여성 장인의 존재는 중요했다. 침선비 또는 침선장의 경우는 왕실의 여러 행사에 필요한 의례복을 만들었는데, 이는 생략될 수 없는 필수 과정이어서 그만큼 그 역할의 의미가 컸다. 그리고 왕실의 의례복을 만드는 만큼 솜씨 즉 기술이 좋아야 하는 것도 중요했다. 남자들도 바느질이나 옷 제작을 하지 않은 것은 아니나, 왕의 옷을 제외한다면 대부분의 의례 관련 옷은 침선비들이 만든 것으로 보인다.

염모도 그 이름에서 보듯이 여성 장인이다. 물론 염색이 모두 여자만 한 것은 아니겠으나 대체로 여성 인력이 많이 투입된 분야로 보인다. 수비 즉 자수를 담당하는 장인도 여성이 주였다고 할 수 있다. 진소장이나 모의장은 남성 위주이다가 양난으로 남성 인력이 부족해지면서 여성 장인이 투입된 분야로 보인다. 흥미로운 분야는 양태장이다. 갓의 차양을 만드는 이 장인은 남성 위주였다가 양대 전란 후 여성들이 많이 투입된 것으로 보이는데, 여성들의 섬세한 기술이 더 유용해서 계속 여성 장인이 역할을 한 것이다. 기술력이 중요한 판단 기준이 된 것이다.

조선에서 여성 장인은 남성 장인에 비해 수는 적었지만, 필수적인 분야가 있었고 거기에서 여성들은 기술적인 기여를 많이 했다고 할 수 있다. 그리고 여성 남성 모두 참여할 수 있는 분야에서는 대부분은 남성이 우선이었지만, 양태장과 같이 기술력이 더 나은 경우라면 여성 장인 쪽이 선택되기도 했다. 이는 성별보다 기술력이 우선시되는 흥미로운 사례이다.

3절

여성의 기술적 지식

1. 한글 글쓰기 체계의 발전과 여성[170]

1) 한글과 기술

조선시대 여성들은 기술적 지식을 기록하고 정리하는 작업에서도 괄목할 만한 성취를 보여준다. 가령 1670년 안동 장씨(張桂香 혹은 장씨부인, 1598-1673)이 쓴 『음식디미방[閨壺是議方]』과 19세기 초 빙허각 이씨의 『규합총서』는 동아시아에서도 전례를 찾아보기 힘든 성과였다.[171] 비단 이들만이 아니라 여성들은 집안에 내려오는 음식 조리법이나 술 담그는 법, 또 이보다는 상대적으로 드물지만 약 짓고 염색하고 의복을 관리하는 법을 정리하여 후대에 남겼다.[172] 이를 가능하게 한 것이 바로 조선시대에 발명된 '한글'이라는 문자 및 그에 바탕한 새로운 글쓰기 체계였다. 기술 전승은 물론 입말 즉 구어(口語)로도 이루어지지만, 기술적 지식의 정리 및 축적에 문자가 갖는 특별한 역할은 역시 중요하다. 문자와 문어(文語)는 음성과 구어에 비해 탁월한 저장성, 안정성, 추상성을 지녔으므로 기술을 기록하고 정리하며 나아가 전승 발전시키는 데서 획기적인 비약을 가능케 하는 잠재력을 갖고 있다.

문자로서 그리고 토착어에 바탕한 고유의 글쓰기 체계로서 한글은 조선시대 여성들의 기술적 지식 축적 및 전승·발전에 결정적인 역할을 하였다. 남성 양반층의 문자였던 한자에 비해 한글은 여성과 평민에까지 이르는 훨씬 확대된 잠재적·실질적 사용자를 지니고 있었으며, 조선 중후기에 한글본 의학서의 보급을 비롯한 과학문명의 대중화를 가능케 한 것도 한글의 정착과 발전이었다. 여성은 한글의 주요 사용자 집단으로서, 여성들이 수행한 기술 실천을 글로 정리하고 기록한 문자 역시, 원래 한문으로 집필한 『태교신기(胎教新記)』와 같은 예외도 있지만,[173] 대개가 한글이었다. 기술 수행자인 여성들이 한글을 사용하여 직접 기록자 내지 정리자의 역할을 수행한 것이다.

한글은 한국어를 그 발음대로 적는 표음문자로서, 구체적인 기술 실천의 기록에서 한자가 갖지 못한 뛰어난 장점을 지닌다. 이는 현재 남아 있는 한문과 한글로 된 조리서들을 비교해보면 금방 알 수 있다. 가령 '칼질'을 기록함에 있어 한문 문헌들에서는 절(切), 비(批) 등 한자로 옮겨놓지만 한글 문헌에서는 '썰기' '저미기' 등 실제로 여염집에서 항용 사용하던 말들을 그대로 적을 수 있었다. 또한 '약과같이 번듯번듯 썰기', '강정모양 썰기', '어슷어슷 썰기', '길쭉길쭉 썰기' 등등 다양하고 구체적인 썰기 방식을 구별해 적을 때 한자가 따라가기 힘든 이점을 지닌다.[174]

이처럼 한글은 기술을 기록하고 정리함에 있어 그 대중성이나 핍진성에서 한자가 따라갈 수 없는 장점을 지니고 있었다는 점에서뿐만 아니라 한글로 이루어진 새로운 글쓰기 체계가 지닌 기술적 면모에서도 조선의 과학기술을 다룰 때 각별한 관심의 대상이 될 법하다.

글은 말을 기록하는 단순한 매체에 불과한 것이 아니라 그 자체로 하나의 독자적인 체계를 구성한다. 애당초 언어부터가 사유와 감정의 단순한 전달 매체가 아니라 사유와 감정 자체가 언어를 통해서만 개진되고 구성되는 것이라면, 문어는 구어에 바탕을 두되 단순히 구어를 문자로 그대로 옮기는 것이 아니라 독자적인 체계를 발전시켜나가며 그를 통해 나름의 방식으로 사유와 감정을 구성·재구성하는 '2차적' 체계라는 점에서 그 자체가 하나의 기술공학(technology)의 성격을 띤다.[175] 이 '글쓰기 체계'는 그 기록 도구(필기구, 타자기, 컴퓨터)라든가 인쇄술 등 관련 기술을 구비한 물질적 체계인 동시에 문자를 사용한 글쓰기 활동과 그 결과물인 글로 표현되는 상징적 체계이다.

발명된 문자를 사용하는 한글 글쓰기 체계는 문자가 지닌 기술로서의 면모를 한층 여실히 보여준다. 한글 문자의 발명부터가 엄청난 학문적 온축과 응용의 산물이지만, 문자의 탄생은 출발일 뿐, 이 문자 고유의 안정된 문어체계(文語體系)와 서체(書體)가 갖추어질 때 비로소 '한글'은 실질적인 새로운 글쓰기 체계로 안착하게 되는 것이다. 이같은 발전 과정은 단순한 자연발생적 진화만이 아니라 의식적인 기술개발에 방불한 노력을 수반한다. 한글 서체가 기왕에 사용되던 한문 서체를 참조하여 활자체와 필기체를 발전시켜나가는 과정만 봐도 그렇지만, 한글 문어체계의 경우도 마찬가지다. 그것은 기존의 한자 문어체계와 완전히 다를 뿐 아니라, 한국어 구어(입말)와도 다른 나름의 독자적인 체계를 갖추어야 했다. 문어체계가 입말을 그대로 문자로 옮겨놓는 차원이 아님은 조선시대 한글 문어체계에서 탈피하여 가령 '~다'로 끝나는 종결체를 비롯한 '근대적' 문체를 의식적으로 구축해낸 근대 한글을 보면 잘 알 수 있다. 물론 이는 상대적 차이일 뿐 입말과의 거리는 조선시대 한글을 포함한 모든 문어체계의 본질적 특성이라 보아야 할 것이다. 근대 한글 문어체계의 인공성 강화나 그에 비해 입말과의 거리가 적은 조선시대 문어체계의 상대적 장

단점은 그것대로 따져보아야겠지만, 여기서는 문어체계가 한글 문자와 함께 자동적으로 생겨나기보다는 길고 복잡한 과정을 거쳐 만들어지는 것이라는 점을 확인하는 것으로 충분하겠다.

한글 문자는 다른 문자들과 달리 말 그대로 하나의 발명된 '기술'로 조선시대 초기에 세종을 중심으로 일군의 학자의 조력 하에 개발되어 돌연 도입되었다고 할 수 있지만, 기술공학으로서의 한글, 글쓰기 체계로서의 한글의 발전과 완성은 실제 사용자들에 의해서 이루어진다. 이 책 서론에서도 언급했듯, 과학기술학의 최근 추세 중 하나가 과학기술의 개발자뿐만 아니라 사용자의 역할을 중시하는 경향인데, 문자언어 내지 글쓰기라는 기술공학의 경우에는 특히 사용자의 역할이 거의 결정적이라 할 수 있다.

발명된 문자 한글의 경우 일정한 문어체계와 서체를 갖춘 하나의 글쓰기 체계로 일종의 압축 발전을 이루게 되는데, 이것이 원만하게 이루어질 수 있었던 것은 쉽게 익힐 수 있는 표음문자로서 그것이 갖는 '민주적' 잠재력 덕분이었다.[176] 이런 잠재적 민주성은 실제로 조선시대에도 일부 구현되기에 이르니, 한글 창제 이전에는 양반을 중심으로 한 특정 계층들, 남성이라는 특정 성에 의해 독점되었던 문자생활이 한글을 통해 다수 민중에게, 여성이라는 소외된 성에게 열리게 되었으며, 실제로 문자생활에서 배제된 여성 및 민중의 한글 사용은 매우 빠르게 확산되었다. 한글이 일명 '암글'로 불리기도 했다는 사실부터가 여성이 그 핵심 사용자 집단임을 말해주는데, 실제로 여성은 한글 문어체계와 한글 서체의 소비자·생산자로서 한글이 갖는 상징적·물질적 차원에 두루 기여함으로써 한글 글쓰기 체계를 발전시키고 완성시켜나갔다.

이처럼 한글은 한편으로는 여성들의 기술적 지식 축적을 원활하게 한 매체로서, 다른 한편으로는 여성들이 그 발전에 기여한 하나의 기술공학으로서 중요한 의미를 갖는데, 전자에 대해서는 이어서 여성들의 기술적 지식 탐구를 다룰 때 다시 살펴보기로 하고, 여기서는 기술공학으로서의 한글의 정착과 발전에서 여성이 독자로서, 전사자(傳寫者)로서, 저자로서 수행한 역할을 한글 문어체계와 서체의 두 측면을 중심으로 검토하고자 한다.

본격적인 논의로 들어가기 전에 몇 가지 짚어두고자 한다. 첫째, 문어가 구어에 비해 기술 전승에 탁월한 점이 있지만, 실제 현장에서 구어가 차지한 역할 또한 유념할 필요가 있다. 대부분의 기술이 '학(學)'의 대상 영역에 진입하지 못했던 전근대 시대에는 기술적 실천과 기술적 지식의 미분화 현상이 특히 두드러지며, 기술이 공공의 전문 영역에서 수행되지 않는 경우에는 더욱 그러하다. 특히 여성들의 기술적 실천은 일부 전문직 혹은 기술직을 제외하고는 '집'을 중심으로 한 비공공·비전문 영역에서 이루어졌으며, 기술의 전승 또한 문자보다는 관찰, 배움, 실행 등 행동이나 구어에 의존하는 경우가 대부분이었다. 따라서 실천으로부터 독립된, 문자를 통한 지식의 구성 및 전승은 전체 실천 및 지식의 일부분에 불과하다는 점은 우리의 논의에서도 전제로 되어야 하겠다.

둘째, 한글이 여성들이 사용한 주된 글쓰기 체계지만 유일한 체계는 아니었다. 라틴 문화권인 서구의 전근대 언어생활이 공식 문어인 라틴어와 각 민족의 토착어(vernacular language)라는 이원 구조 위에 이루어졌다면, 전근대 한국 역시 동아시아 제국의 언어인 한자/한문과 토속어(한국말)가 오래 병존하였다. 한국인들은 이 토속어를 표기하기 위해 한자를 차용하여 향찰, 이두, 구결 등 다양한 표기법을 개발하여 사용해왔다. 그러다 조선 초 15세기에 이르러 '한글'이라는 고유의 표음문자가 발명된 것이다. 그리하여 조선시대에는 한자/한글의 2원체계 혹은 한자/이두/한글의 3원체계가 자리잡게 되었다.

무릇 토속어가 상대적으로 여성과 친연성이 더 높은 것이 일반적이기는 하나, 새로 생겨난 한글의 경우 이런 친연성은 한층 두드러진다. 그렇지만 한글이 조선 여성들의 문자생활의 유일한 매체는 아니었다. 조선시대에 소지(所志), 상언(上言), 단자(單子) 등 청원서를 비롯해 관에 제출하는 문서나 분재기(分財記)나 매매문서는 대부분 이두로 작성되었는데, 여성들도 직접 집필자는 아니더라도 이 문건 작성에 관여하기도 하였고,[177] 조선의 공적 언어인 한문의 독서와 집필에 각별한 관심을 지닌 여성들 또한 그렇게 드물지만은 않았다. 광의의 기술적 논저로 뒤에서 다룰 이사주당(李師朱堂)의 『태교신기』를 비롯하여[178] 임윤지당(任允摯堂, 1721-1793)과 강정일당(姜靜一堂, 1772-1832) 등 성리학적 탐구에 정진한 여성들은 그 결과를 한문으로 남겼다. 이같은 논저에서부터 교훈서(소혜왕후의 『내훈[內訓]』)나 문집(남의유당[南意幽堂], 김삼의당[金三宜堂]),[179] 기록(혜경궁 홍씨의 『한중록』, 청송 심씨의 유사[遺事]) 등 산문의 저자가 주로 궁중이나 양반가의 여성들이라면, 운문인 한시의 경우는 이들뿐 아니라 소실, 서녀, 기녀, 심지어 소수지만 관비에 이르기까지[180] 더 폭넓은 저자층을 가지고 있었다.

셋째, 한글 글쓰기 체계를 검토함에 있어서 우리는 그 '발전'에 초점을 두고자 한다. 여성들의 한글 사용에서 가령 '공적' 문건들보다 '사적'이거나 '문학적'인 문건들에 집중한 것도 이 때문이다. 조선시대에 관문서나 분재기, 매매명문 등은 이두 사용이 관행임은 이미 지적하였지만, 여성이 한글로 작성하는 경우도 더러 있었다. 한글을 통해 여성이 공적 문건의 작성자로 드디어 등장한 것이고, 이것이 여성들의 한글 사용이나 제반 권리 증진에 갖는 의미는 적지 않다. 그러나 이같은 공문서의 경우 주어진 양식을 극히 부분적으로 여성에 맞게 변용한 정도이고 그것도 역시 양식이 정해져 있어, 여성이 저자로서나 독자로서 글쓰기 체계의 발전에 능동적인 역할을 하였다고 보기는 어렵다. 또 다른 공적 문건으로는 대비나

중전이 내린 '언문교서'를 들 수 있는데, 이를 통해 이들은 직접적인 정치 참여를 할 수 있었다. 그런 점에서 이 역시 여성이 한글을 사용하여 공적 영역에 참여한 중요한 사례이며, 앞의 공문서와 함께 성별화된 조선 어문 체계에 일정한 파열을 낸 경우들이라 할 수 있다. 그렇기는 하지만, 발신자와 수신자가 지극히 한정되어 있다는 점에서 글쓰기 체계의 발전에 갖는 역할은 제한될 수밖에 없었으리라 추정된다.

이에 비해 편지와 같은 '사적' 문건이나 시나 소설과 같은 '문학적' 문건들은 일상적인 언어활동의 문자화라는 점에서 한글 문어체계의 발전에 직접적인 의미를 갖게 된다. 편지는 실제로 선구적인 한글 사용의 사례였을 뿐 아니라 그 성격상 일상적 감정과 생각들을 문자로 옮기는 일종의 시험장 역할을 한다면, 문학은 언어가 가진 잠재력을 최대한 이끌어내고 새로운 가능성을 열어나가는 동시에 다수에게 낭송되고 읽히는 과정을 통해 문어체계의 안착과 안정화에 기여한다. 쉽게 말해 편지와 문학은 한글 글쓰기가 어떤 것인지를 실제 실천을 통해 만들어나가고 안착시키는 중심 매체가 되었던 것이다. 그런 의미에서 한글 문어체계의 발전과 안착에서 한글로 된 편지와 문학이 하는 역할은 매우 핵심적이다. 과학기술을 다루는 우리의 연구에서 얼핏 그와 정반대된다고 보이는 사적인 편지나 문학적 언어 실천을 길게 다루는 이유도 여기에 있다.

2) 한글 문어체계의 발전과 여성

(1) 훈민정음 창제와 언간

고유의 언어생활을 모두 담아낼 수 있으며 만인이 익혀 활용할 수 있는 표기체계는 조선 초 1443년 훈민정음(訓民正音)의 창제를 통해 최초로 마련되었으니, 이것이 곧 한자에서 독립한 고유의 문자체계인 '한글'의 '발

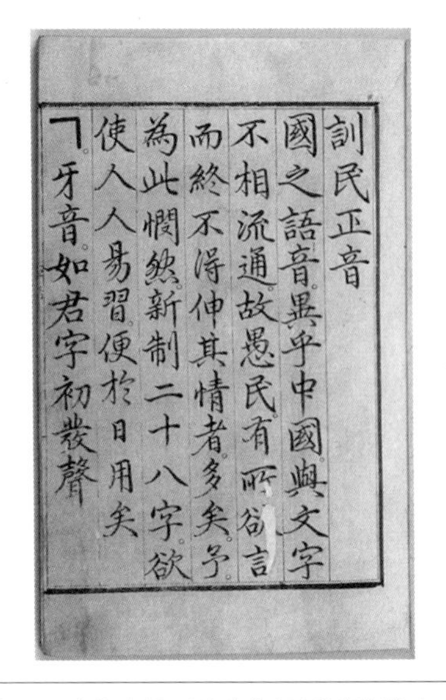

訓民正音
國之語音異乎中國與文字
不相流通故愚民有所欲言
而終不得伸其情者多矣予
爲此憫然新制二十八字欲
使人人易習便於日用矣
ㄱ牙音如君字初發聲

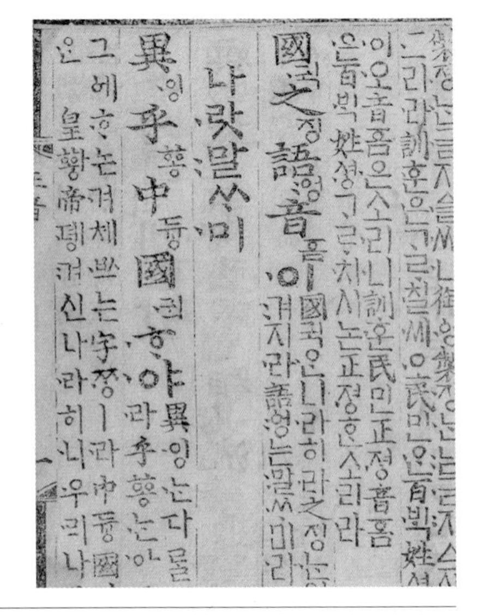

〈그림 2-6〉 훈민정음 해례본(좌)과 언해본(우). (출처: 간송미술관[해례본], 여주박물관[언해본])

명'이다. 1446년에는 훈민정음의 창제 취지, 각 문자의 설명, 제자(製字)의 원리를 밝힌 『훈민정음』 해례본(解例本)이 발간되고, 이어서 그 일부를 한글로 번역한 『훈민정음』 언해본(諺解本)이 간행된다.[181]

언해본은 한문 구절을 먼저 제시하되 한자마다 일일이 한글로 그 발음을 표기하고, 이어서 한자의 뜻을 설명하고 마지막에 완성된 한글 번역을 제시하여, 한글로만 읽어도 뜻이 통할 수 있게 해놓았다. 그럼으로써 새로운 문자체계를 설명하는 동시에 이 책 자체가 그 구체적인 사용례가 되었던 것이다. 그러나 언해본은 물론이고 해례본이 나오기 전부터 이미 한글 교육이 시작되었다. 또한 한문본인 해례본에서도 용자례에서 한글 음절을 직접 제시하는 등 독자의 이해를 전제로 한 편찬이 이루어진다. 이는 한글 문자체계가 매우 익히기 쉽고 실제 사용하고 있는 고유어의 소리를 표기로 전환하기에 매우 효과적인 체계였음을 말해준다.

1443년 훈민정음 창제 이후 최초로 한글을 사용하여 글을 쓴 기록은 창제 6년 만인 1449년 정승을 비난하는 한글 익명서 사건이었다. 이 익명서가 필자 신원이 불분명하다면, 다시 4년 후 단종 1년(1453)의 기록은 필자들이 분명하고 다수가 연루된 사건이다. 『조선왕조실록』의 기록은 이렇다.

> 수강궁의 묘단이란 시녀가 언문 편지를 혜빈에게 보내어 자금, 중비, 가지 등이 별감과 사통함을 고하다. (단종 1년 4월 2일)

이어지는 기록을 보면 이 세 명의 시녀는 소친시(小親侍: 관례 전의 별감을 부르는 호칭), 별감 등과 편지를 주고받았는데, 시녀들의 한글 편지를 대필하고 답서를 풀어 설명해준 것은 또 다른 시녀 복덕이었다(단종 1년 5월 8일). 창제 후 10년 사이에 비빈과 시녀, 그리고 남자 궁인 중 한글을 읽고 쓸 수 있는 사람이 꽤 생겨난 것을 알 수 있는데, 여성과 편지가 등장한다는 점에서 이후 추이를 선제적으로 보여주는 흥미로운 기록이다. 이후 여성은 한글의 교육자, 독자, 전사자, 번역자, 저자로서 한글의 발전에 매우 중요한 역할을 담당하게 될 것이었다.

한글은 쉽게 익힐 수 있는 문자였거니와 훈민정음 반포 후 조정에서도 한글의 교육과 전파에 많은 노력을 기울였다. 훈민정음 해례본(1446)이 나오기 전부터 이미 한글 교육이 이루어지기 시작한 것으로 보이지만,[182] 훈민정음 해례본과 언해본은 역시 초기에 한글 교과서 역할을 했을 것이다. 세종은 공식문서에 언문을 사용하고 과거 과목에 훈민정음을 포함하는 등 한글 보급에 힘썼다.[183] 이후 중앙과 지방의 서적 간행사업이 이어졌으니, 불경이나 『삼강행실도(三綱行實圖)』의 언해본을 비롯하여 다양한 언해본(한글번역본) 서적들이 출판되었다. 초기에는 한글 사용 및 보급이 이처럼 조정이나 관 주도로 이루어지나 점차 민간의 역할이 커지게 된다.

한글 교육은 일부 공식적 제도교육에서도 이루어졌으나,[184] 제도교육 바깥의 '비공식적' 교육의 역할이 더 컸으며, 한글은 계층적으로는 궁중과 지배계층으로부터 점차 아래로 내려가고, 지리적으로도 중앙에서 지방으로 확산되어나간 것으로 보인다. 교재로는 위의 훈민정음 판본들 외에도 최세진의 『훈몽자회(訓蒙字會)』(1527)가 중요한 역할을 했고, 한글로 음과 훈을 단 『천자문(千字文)』, 『동몽선습(童蒙先習)』 언해, 『소학(小學)』 언해 등이라든가 여성들을 위한 『내훈(內訓)』, 이황(李滉)의 『규중요람(閨中要覽)』 언해, 송시열(宋時烈)의 『계녀서(戒女書)』, 이덕수(李德壽)가 합본·국역한 『여사서(女四書)』 언해 등도 한글을 익히는 데 사용되었다. 18세기 이후로는 순전한 한글 학습용 교재로 자음과 모음을 결합한 글자들을 배열해놓은 다양한 '언문반절표(諺文反切表)'들이 출현하여, 한글 학습이 이미 상당 정도 대중화되었음을 말해준다.

민간 가정에서의 기본적인 한글 교육은 남녀를 불문하고 대개 성인 여성의 지도하에 이루어졌는데, 여성들은 기본 한글 문자와 어절을 익히고 난 다음에는 언해문이나 언문을 읽고 베껴 쓰는[傳寫] 과정을 통해 '글'로서의 한글을 읽고 쓰는 법을 익혀나간다. 이런 교육 과정에서 중요한 역할을 한 이는 어머니나 조모, 외조모, 고모 등 집안의 나이든 여성이었다.[185] 한편 아버지나 할아버지 등 집안의 나이든 남성들은 문자보다는 주로 음성으로 여성들의 교양에 기여했다고 할 수 있다. 성인 여성들의 교육에서도 음성이 일정한 역할을 했을 터이니, 이런 점에서 글과 교양의 전수에서 여성들은 남성에 비해 문자보다 음성에 의지하는 비중이 상대적으로 높은 편이었다고 볼 수 있다.[186]

최초의 한글 사용 기록 중 하나가 편지였다는 사실에서도 드러나듯, 편지는 한글 사용에서 중요한 장르였다. 편지는 사사로운 생각과 느낌을 포함하여 다양한 용건을 담는 매체였고, 각종의 편지를 주고받는 가운데

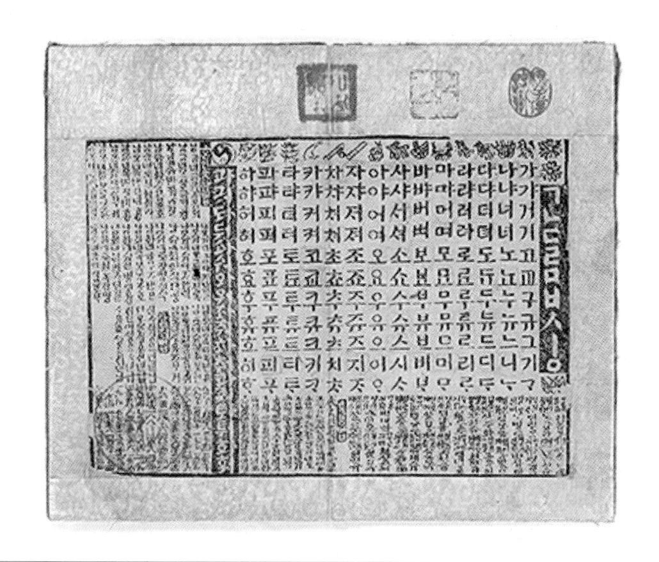

〈그림 2-7〉 언문반절표. 한글 자음과 모음을 결합해 글자들을 배열한 언문반절표는 18세기부터 만들어졌으며, 이 자료는 2016년 국립한글박물관 특별전 "슬기롭게 사이좋게: 초등 교과서 속 한글이야기"에서 전시된 유물 사진이다. (그림 및 설명 출처: 국립한글박물관. 설명은 축약하여 변용하였다.)

한글이 하나의 문어체계로서 급속하게 발전해나가게 되는 것이다. 편지를 주고받는 주체는 왕과 왕비에서부터 하층민으로 확대되고 남녀 모두 한글편지 언간(諺簡)을 작성하지만, 그 중심은 어디까지나 여성에 있었다. 여성이 발신자인 경우는 물론이고 수신자인 경우에도 편지를 한글로 쓰는 것이 상례로 되어 있었던 것이다. 표기에서 문장의 구성, 글 전체의 구성은 입말이나 한자말을 그대로 옮기는 것이 아니라 한글 나름의 틀을 요하는데, 편지는 이 틀을 완성시켜나가는 데 큰 기여를 하였으며, 여성은 거기서 중심적인 역할을 담당한 것이다. 한글로 된 산문체는 언간이 선을 보이기까지는 존재할 수 없었으니, 사대부 여성들의 언간인 '내간(內簡)'은 언문일치의 선구 역할을 한 셈이다.[187] 편지쓰기의 틀이 완성되고 사용자가 하층으로 확대된 19세기 후반에 이르면 한글 편지 서식을 모은 '언간독(諺簡牘)'이 서울과 전주에서 『언간독』, 『징보언간독』, 『증보언간독』

등의 이름으로 방각본으로 출판되었는데, 이것이 바로 조선시대 최초의 글쓰기 교재였다.[188]

(2) 문학: 시가

조선의 여성들은 한글을 사용한 다양한 문학적 활동을 통하여 한글 문어체계의 발전에 크게 기여하였다. 문학적 언어 사용이 해당 언어의 잠재력을 최고로 담아내는 형식임은 앞서 언급한 바 있거니와, 실제로 조선에서 시가나 소설 등 한글로 된 문학이 발전하게 된 것은 이미 일상의 감정과 생각을 한글로 담아내는 양식이 편지쓰기를 통해 상당히 갖추어져 있었던 덕분일 것이다. 바로 이 서간의 틀을 갖추어가는 데 여성들은 중요한 역할을 하였으며, 나아가 여성들의 글쓰기를 독려하지 않는 일반적인 분위기 속에서도 시와 소설 등 문학 작품을 남기었다. 그간 조선시대 여성의 문학 활동에서 주목을 받은 것은 주로 시조와 가사 등 운문이었다. 그러나 최근에는 소설 발달에서 여성의 역할이 새로운 관심사로 떠오르고 있다. 여기서는 조선 후기에 여성 고유의 장르로 구축된 규방가사와 규방소설 및 한글 대하소설을 중심으로 독자, 필사자, 작가로서 여성이 한글 문어체계의 발전에서 담당한 역할을 살펴보고자 한다.

우선 시가부터 살펴보면 조선시대 시가의 2대 장르는 시조와 가사라고 할 수 있다. 시조가 3장 12구체의 평시조 형식을 완성한 것은 고려 말이지만 활발한 시작과 함께 형식적, 내용적으로 발전을 이룬 것은 조선시대의 일이었다. (남성) 사대부의 장르인 평시조는 조선 전기에 걸출한 작가군을 형성하였다가 중기에는 침체 양상을 보이나, 조선 후기에 와서 사대부 중심이던 평시조 작가층이 평민층으로 확대되고 그와 아울러 엇시조, 사설시조 등 산문 정신을 결합한 형식이 등장하는 새로운 도약을 보여준다.

조선시대 시조는 기록에 남은 것만도 2천여 수에 달한다고 하는데, 이 중 여성이 차지하는 비중은 적은 편이다. 소수의 사대부 부녀자, 궁녀 등의 작품 다섯 편을 제외하면,[189] 여성 시조작가는 기녀가 대부분으로 조선 중기의 황진이를 제외하고는 후기에 주로 활동하였다. 사대부와의 교분을 업으로 하는 기녀들에게는 시조의 향유가 요구되고 창작도 허용된 것으로 보인다.[190] 그런 점에서는 사대부시조를 전범으로 출발한 기녀시조가 평시조 형식을 그대로 쓴 것은 당연하겠고, 그보다는 어휘와 내용에서 나타나는 차이에 주목할 필요가 있겠다. 사대부시조가 유학의 세계관을 일상생활에 담아낸다면, 기녀시조에서는 남녀 간의 애정이 주된 소재가 되었고, 선조 때 순우리말로만 시조를 지은 기녀 문향(文香)의 경우도 있듯, 어휘에서도 사대부시조에 비해 순우리말의 비중이 훨씬 높은 편이다. 한글 글쓰기는 초창기의 언해 작업에서처럼 한자 내지 한문에 의지한 체계로 시작하였으나 점차 일상어와 순우리말의 비중이 증대되어 가는데, 여성 시조작가들은 순우리말을 구사하여 시조라는 압축된 형태 속에 감정과 생각을 담아냄으로써 한글 문어체계의 표현 영역을 확대하는 데 기여했다고 할 수 있다. 또한 조선 후기에 오면서 기녀시조가 퇴조하지만, 오히려 평시조 형식의 한계를 넘어서 사설시조로 넘어가는 데 기여했다는 평가도 있다.

그렇지만 역시 시조에서 여성 참여가 창작과 소비에서 모두 제한된 편이라면, 가사에서는 '규방가사(閨房歌辭)' 혹은 '내방가사(內房歌辭)'라는 여성 장르를 구축해내기에 이른다. 규방가사는 여성들에 의해 창작, 향유, 전승되어온 것으로, 작가에는 소수 남성도 들어 있지만 교화의 목적으로 한글로 쓴 것으로 역시 여성 독자를 염두에 둔 것이었다. 최초의 규방가사로는 16세기 농암(籠巖) 이현보(李賢輔)의 어머니가 지은 「선반가(宣飯歌)」와 허난설헌(許蘭雪軒)이 지었다는 「규원가(閨怨歌)」를 들 수 있으나, 규방가사가 본격적인 여성 장르로 성립한 것은 18세기 이후 영남 지역의 양반가를 중심으로 한 작자미상의 작품이 쏟아지면서부터였다.[191] 이 지역에서 규방가사는 20세기 초까지도 성행하였다. 규방가사는 전사(傳寫)로 혹은 구전(口傳)으로 전파되어나갔고, 규방의 여성들은 가사를 읊고 전사하는 가운데 한글과 필법도 익히고 자기들만의 표현양식을 만들어나간 것이다.

사대부가사가 대개 유학에 기초한 교훈적인 작품들이라면, 규방가사는 시가에서 해야 할 도리를 가르치는 계녀가(誡女歌)처럼 역시 교훈적인 내용을 담더라도 여성을 대상으로 한 만큼 여성들의 삶과 경험을 어느 정도 반영할 수밖에 없었다.[192] 규방가사는 교훈적인 계녀가류가 주류를 이룬 가운데서도 남성과 여성의 삶을 대비하면서 여성으로서 살아내기의 팍팍함을 개탄하는 탄식가류라든가 화전놀이의 즐거움과 설레임을 그리는 가운데 여성들의 다양한 신변사가 함께 서술되는 화전가(花煎歌)류 등 다양한 갈래를 만들어내며 여성들의 언어와 세계를 담아나갔다. 이런 점에서는 한 연구자의 말대로 "사대부가사가 공적이고 집단적인 이념을 구현한다면 규방가사는 사적이고 개인적인 이념을 구현하고, 여성들의 개인적인 갈등과 의식이 좀 더 강하게 드러난다."고 할 수 있겠다.[193]

가사는 3·4조나 4·4조의 4음보 1행을 기본으로 하되, 일반적으로 3행으로 구성되는 시조와 달리 행 길이의 제한이 없어 좀 더 자유로운 서사가 가능한 형식적 특성을 지니고 있었다. 조선 후기 규방가사는 이같은 특성에 힘입어 주제와 양식에서 교술성을 벗어나 서사성을 확대해나가며, 가령 탄식가류에서처럼 조선시대 여성들의 자기서사의 대표적 양식이 되었다.[194] 그런 가운데 다양한 여성들의 경험과 처지, 감성을 담아내는 서술 양식을 발전시킴으로써 한글의 표현 영역 확대에 기여하게 된다.

규방가사의 서사성은 '이야기(story telling)'로서의 서사의 초보적인 형태를 갖춘 작품으로 발전하며 극대화되는데, 이들은 산문 소설 양식과 상호 영향을 주고받는 모습을 보여준다. 이런 특성들을 잘 보여주는 것이 「노처녀가(老處女歌)」인데, 안동, 청송, 상주, 경주 등지에 사본으로 전하는 '노처녀가'는 넓게는 탄식가류에 속하되, 미모의 양반 노처녀의 신세한탄을 담은 자기서사 계열(1)과 추녀인 노처녀가 결국 시집을 가게 되는 내용을 담은 서사 계열(2)의 두 계열이 전한다. 이 중 '노처녀가 2'는 일종의 액자문학 형태를 띠고 있어서 결혼에 이르기까지의 처지와 심정, 경위를 토로하는 노처녀의 발화가 주를 이루되 그 앞뒤로 제3의 화자의 서사가 따로 배치되어 있다. 이 화자는 노처녀의 노래가 시작되기에 앞서 노처녀가 노래를 지어 부르게 되기까지의 경위를 약술하며, 노처녀의 노래가 끝난 후에는 노처녀의 혼례식을 전하며 이야기를 마무리한다. 그림에 해당하는 노처녀의 발화가 가사 양식에 충실하다면, 액자에 해당하는 도입부와 종결부는 가사보다 판소리나 고소설에 더 흡사하며, 그 문체도 노처녀의 발화 부분과 현격하게 다르다.

「노처녀가」 두 계열의 서두는 다음과 같다.

계열(1): 노처녀가 직접 토로하는 전형적인 가사 양식

"인간세상 ᄉᆞ름들아 이ᄂᆡ말슴 드러보소. 인간만물 삼긴후예 초목금슈 짝이잇다. 인간에 슴긴남녀 부부ᄌᆞ손 갓건마ᄂᆞᆫ 이ᄂᆡ팔ᄌᆞ 험쑤질ᄉᆞ 날갓흔니 또잇ᄂᆞᆫ가. ᄇᆡᆨ년을 다살ᄋᆞ야 삼만륙천 일이로다. 혼ᄌᆞ사니 천년살면 졍녀되야 만년살ᄉᆡ."

계열(2): 제3의 화자가 서술하는 객관적 서사 형식

"옛적에 한 여자가 있으되 일신이 갖은 병신이라. 나이 사십이 넘도록 출가(出嫁)치 못하여 그저 처녀로 있으니… 좌불안석(坐不安席)하여 세월을 보내더니 일일(一日)은 가만히 탄식 왈(曰), 하늘이 음양을 내시매 다 각기 정(定)함이 있거늘 나는 어찌하여 이러한고. 섧기도 측량(測量)없고 분하기도 그지없네. 이처로 방황하더니 문득 노래를 지어 화창(話唱)하니 갈왔으되,"

이처럼 주어진 틀을 일부 벗어나 다른 양식들과 넘나드는 모습을 보여준 이 작품은 향후 실제로 소설 형태를 갖추고 『꼭독각시전』으로 새로 태어나게 된다.[195] 소설이 가사에, 가사가 다시 소설에 영향을 주는 장면이 연출된 것이다. 다양한 장르, 다양한 언술 형태를 바탕으로 발전해온 것이 서구 근대 장편소설이기도 하거니와, 조선시대 한글 소설 역시 그러하였음을 보여주는 장면이기도 하다.

(3) 문학: 소설

조선시대 소설에서 여성의 기여는 주로 독자와 전사자의 측면에서 이야기되어왔다. 그리고 사실 전근대 시대의 문학 발전, 나아가 거기 담긴 언어 표현 양식의 발전에서 독자와 전사자가 갖는 역할은 근대의 경험에 비추어 짐작하는 것보다 더 크다. 소설은 더욱 그러했으니, 사대부시조나 사대부가사가 집단적 세계를 그리면서도 개인의 교양을 증빙하는 것으로서 개인 저자성이 중요했다면, 소설, 특히 한글 소설은 개인 저자성의 비중이 상대적으로 낮다. 조선 후기의 판소리계 소설에서 특히 그러하지만, 소설은 개인에 의한 창작이든 아니든 집단적으로 전수되고 향유되는 성격이 강했으니, 혼자 눈으로 읽는 독서보다는 여럿이 함께 있는 가운데 낭독하고 듣는 방식으로 향유되었다. 소설의 문체 또한 낭송에 알맞은 형태를 선호하게 된다. 허균의 『홍길동전』처럼 저자가 분명한 경우에도 여러 판본이 존재한다는 사실이 말해주듯 텍스트는 계속 변모되어나가니, 창작과 독서의 구분이 근대처럼 분명하지가 않은 것이다.

따라서 한글 소설을 읽고 베껴 쓰는 주된 집단 중 하나가 여성이었다는 사실은 한글 소설의 창작과 발전에 심대한 영향을 미치게 된다. 조선 중후기에는 궁중 주변과 사대부 여성 사이에서 소설 독서가 보편화되면서 한글 소설의 여성 독자가 증가한다. 이런 상황에서 유명, 무명의 남성

작가층도 여성 독자를 의식하지 않을 수 없었을 것이고, 가령 『박씨전』, 『오유란전』, 『배비장전』, 『춘향전』, 『심청전』 등 여성 주인공이 등장하는 소설 작품이 증가한 것도 이와 무관치 않을 것이다.[196] 또한 여성들은 단순한 독자가 아니라 전사자로서 중요한 역할을 하였으니, 한글 소설의 전사는 여성이 직접 하거나 아니면 여성을 위해서 남성이 전사해주는 경우가 대다수여서 전사에서도 여성이 주축이 된 셈이다. 조선시대의 전사자는 "자신의 문체나 소박한 의식을 갖고 작품의 다양한 이본을 만들어내는 소극적인 작가 역할"[197]까지 함으로써 소설의 발전에 적지 않은 역할을 하였다. 이런 점에서 여성은 전사자로서도 텍스트 생산에 개입하였던 셈이다.

여성들의 요구에 부응하여 여성들을 잠재 독자로 하여 창작되었으며 실제로 출간, 유통, 소비에서 여성들이 주역을 담당한 일련의 작품군인 '규방소설'을 생각하면 여성의 중요성은 더욱 두드러진다. 규방소설은 소설사에서도 중요한 위치를 점한다. 조선시대의 한글 소설은 조선 전기의 단편적 형식에서 17세기 이후 장편 형식을 발전시켜나가는데, 여성들의 요구에 부응하여 창작되어 규방에서 소비된 이른바 '규방소설'은 소설이 장편 형식으로 도약하는 데 결정적 역할을 하였다. 한글로 된 장편소설의 탄생은 한글 문어체계의 완숙을 증거하는 동시에 추동하는 것이라 할 수 있다. 실제로 규방소설은 여성들에게 교양 있는 문장의 모범이 되었고, 여성들은 규방소설을 읽고 베끼며 편지글의 조어 및 표현법을 익히기도 하였다.[198]

『구운몽』이나 『창선감의록』을 대표작으로 하는 규방소설은 양적으로 매우 많은 작품이 양산되었는데, 이처럼 "17세기부터 궁중과 규방의 지식인 여성들은 그 나름의 독특한 소설문화를 형성"[199]하기 시작했고, 18세기에는 소설을 판각 혹은 필사하여 상품으로 파는 세책가(貰冊家)의 등장

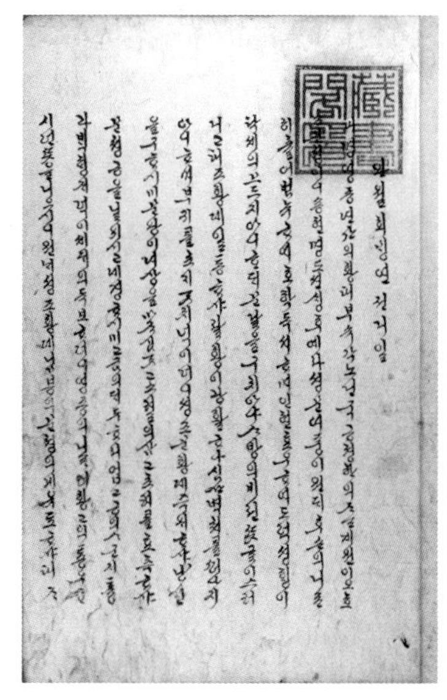

〈그림 2-8〉『완월회맹연』 필사본. (출처: 한국학중앙연구원 장서각 소장, 한국민족문화대백과사전)

과 함께 그 독자층이 일반 대중에게까지 확대된다. 이에 따라 중국 소설이 대거 번역되었을 뿐 아니라 국내에서도 새로운 장편소설이 양산되었는데, 작품의 규모도 세책가의 이해관계에 맞추어 점점 증대되어갔다.[200] 급기야는 "가문소설의 복합구성을 불려놓은"[201] 형태의 대하소설이 등장하여 한창 번성할 때는 거의 "수백 종 수천 권"[202]에 이르는데, 그 최초 기록은 18세기 중엽에 나온 180권의 대작 『완월회맹연(玩月會盟宴)』이다.

그런데 『완월회맹연』의 작가는 여성, 구체적으로는 안겸재(安謙齋)의 모친 전주 이씨(全州李氏)라는 설이 거의 정설로 자리를 잡아가고 있다. 이를 처음 제기한 학자는 임형택으로, "완월(翫月)은 안겸재의 모(母)가 지은바 궁중에 흘려보내서 명예를 넓히고자 한 것이었다."는 『송남잡식(松南雜識)』의 구절에서 '완월'을 '완월회맹연'으로 본 것이다.[203] 이후 여러 연구자들은 이런 해석을 다른 증거 및 추론으로 뒷받침하려고 노력하였으며, 나아가 『옥원재합기연(玉鴛再合奇緣)』 등 여성 작가로 추정되는 작품들의 수를 더해나가며,[204] 시기도 17세기의 『소현성록(蘇賢聖錄)』 연작으로 끌어올리고 있다. 종전에는 한글 소설의 작가라면 몰락한 양반이나 시골의 선비 등 남성을 떠올렸고, 여성이 저자일 가능성은 이른바 여성 영웅소설에나 제기되는 수준이었다면,[205] 이제 그 가능성이 확대되고 있는 것이다.

물론 이런 주장들이 완전히 입증되었다고 하기는 어렵고, 대하소설이 익명으로 출간된 만큼 완전한 입증은 불가능할 수도 있다. 그러나 적어도 '전주 이씨'라는 여성 소설가가 존재했었다는 것만큼은 분명하다. 또한 "수십 권이 넘는 언문책, 곧 국문장편소설은 규방여성이 지어서 전파했다."는 황종림의 양모(養母) 여산 송씨(礪山宋氏, 1759-1821)의 행장록인 『선부인어록(先夫人語錄)』에 나오는 진술[206]도 간과할 수 없다. 다만, 이때 전주 이씨를 포함한 '규방여성'이 꼭 개인 1인을 의미하는가, 그리고 '짓는다'는 표현이 번역이나 편집과 대비되는 근대적 의미의 '창작'을 의미하는가는 재고의 여지가 있다. 『옥원재합기연』의 경우 한 규방을 중심으로 남성까지 포함한 다수 여성들이 필사에 참여한 것으로 되어 있음도 주목할 수 있으며, 『완월회맹연』 역시 전주 이씨가 주축이 되었지만 가족이 참여한 일종의 집단 창작이고, 순수 창작소설이기보다는 "작가 자신이 지었거나, 또는 주변 사람들이 지었던 여러 기존 소설을 수집해서 한 편의 대하소설로 꾸민 일종의 편집소설"일 가능성도 적지 않은 것이다.[207] 1966년 창경궁 낙선재에서 발견된 이른바 '낙선재 문고'에는 72종 1,500여 권의 대하소설이 포함되어 있었는데,[208] 여기에는 중국 소설의 번역본과 국내본이 뒤섞여 있고 처음에는 그 구분도 어려웠다고 한다. 창작과 번역, 편집이 완연하게 갈라지지 않고 넘나들었음을 보여주는 또 하나의 사실이다.

3) 서체: 궁체의 주체, 여성

하나의 글쓰기 체계가 자리잡기 위해서는 문어체계의 발전과 아울러 문자라는 기술의 물리적·일상적 구현인 서체의 발전이 필요하다. 서체란 고도의 기술력과 지식 및 훈련의 결합체라 할 수 있다. 한자가 어문 생활의 주축을 이루고 있던 상황에서 한글이라는 새로운 문자가 탄생했을 때 곧바로 필요한 것은 이 문자를 실제 글로 옮겨 적는 기술, 즉 각 문자 및 문자의 조합인 글자와 문장을 인쇄로 혹은 손으로 구현하는 의식적이고 능동적인 기술의 개발이다.

최초의 한글 서체는 당연히 훈민정음이 최초로 사용된 『훈민정음』 해례본에서 등장하니, 이것이 한글 서체의 원형을 이룬다고 볼 수 있다. 한글 서체는 인쇄에 의한 판본류(판본체 혹은 판각체라고도 한다)와 손으로 써 내려간 필사류로 나눌 수 있으니, 『훈민정음』 해례본과 『동국정운(東國正韻)』, 『석보상절(釋譜詳節)』, 『월인천강지곡(月印千江之曲)』, 『용비어천가(龍飛御天歌)』 등 초기 문헌들의 글자는 필기보다는 인쇄를 전제한 판본류이다. 『훈민정음』 해례본의 자체(字體)는 한자 자체에 대해 독창적인 형태를 띠나 인쇄용으로서, '글'이라기보다는 문자의 가장 기본적인 기능인 변별력에 중점을 둔 '기호'의 성격이 강했다.[209]

이에 비해 『훈민정음』 언해본 역시 판본류이되 언해본의 성격상 '글'의 성격을 더 강하게 가질 수밖에 없었으니 이후 필사류에서 등장하게 되는 궁체에 좀 더 가까워지는 변화를 보였고, 실제로 당시 판각의 자체로 주류를 이룬 것은 언해본의 형태였다.[210] 당시 문헌은 인쇄보다는 붓으로 종이에 써 내려가는 필사를 통해 작성되는 것이 더 일상적이었고, 이 쓰기 도구인 붓에 의해 글자의 형태가 결정되는 것은 당연했으니, "창제 이후 한글의 형태는 곧 붓의 특성을 반영하게 된다. 판본이나 활자의 기본 형태에도 붓으로 쓴 느낌이 가미"[211]된 것이다.

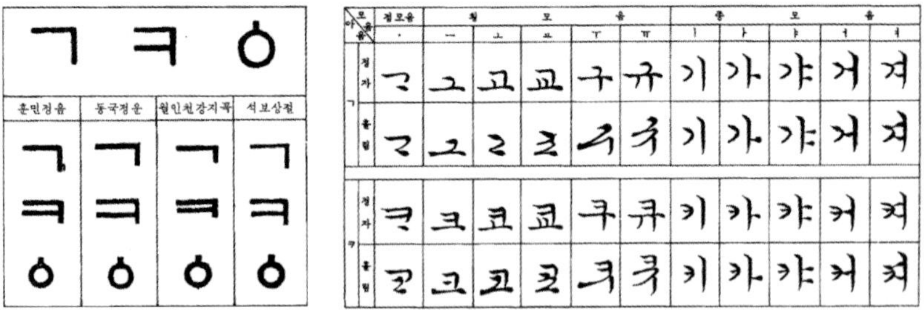

ㄱ	ㅋ	ㆁ	
훈민정음	동국정운	월인천강지곡	석보상절
ㄱ	ㄱ	ㄱ	ㄱ
ㅋ	ㅋ	ㅋ	ㅋ
ㆁ	ㆁ	ㆁ	ㆁ

아음 \ 모음		점모음	횡	모	음			종	모	음		
		·	ㅡ	ㅗ	ㅛ	ㅜ	ㅠ	ㅣ	ㅏ	ㅑ	ㅓ	ㅕ
ㄱ	정자	ᄀᆞ	그	고	교	구	규	기	가	갸	거	겨
	흘림	ᄀᆞ	그	고	교	구	규	기	가	갸	거	겨
ㅋ	정자	ᄏᆞ	크	코	쿄	쿠	큐	키	카	캬	커	켜
	흘림	ᄏᆞ	크	코	쿄	쿠	큐	키	카	캬	커	켜

〈그림 2-9〉 인쇄체(좌)와 필사체(우. 궁체 원전) 비교. (출처: 박병천, 『한글궁체연구』 [일지사, 1983], 49쪽 도 19 및 175쪽 도 128)

필사에서는 이런 특성이 더욱 극대화되게 마련인데, 이후 필기체는 여러 가지 형태로 발전하다가 "붓의 꺾임과 부드러운 흐름을 조화롭게 구현하고 있는 것으로 평가"[212]되는 '궁체(宮體)'가 만들어지니, 궁체는 직선을 최대한 곡선화하고 점을 선으로, 원을 꼭지가 있는 원으로 바꾼 서체이다.[213] '궁체'라는 말은 곧 궁중에서 사용하던 서체, '궁중서체'를 줄여 말하는 것이다. 그런데 궁중에서 시작된 궁체가 조선시대 한글 서체의 기본 형태로 자리잡게 되는데, 궁체에 남필과 여필이 있듯이 궁체가 여성들만의 문체는 아니었으나, 후에 궁체가 '궁인들이 사용한 문체'로 이해되기도 하는 데서 알 수 있듯, 궁체 발전의 주역이 된 것은 역시 여성이었다.

궁체가 본격적으로 형성된 것은 17세기 궁중에서였으니,[214] 궁체는 언문이 실용화됨에 따라 왕실의 공식문서나 왕과 왕비 등의 어필에서 많이 쓰였으며, 특히 왕후나 대비, 궁녀 등 궁내 여성들에 의해 빈번히 사용되었다. 이 중 현재까지 남아 있는 왕과 왕후 등의 필체를 보면, 물론 예외도 있지만, 어느 정도 성별에 따른 차이가 나타나는 것을 볼 수 있다. 왕이나 남자 사대부들은 그동안 익숙하게 써왔던 한문 필체의 특징이 한글 필사에도 영향을 미치는 특징을 보여주는 한편, 17세기 왕후들이 쓴 언간을 보면 궁체 초기의 형태가 상대적으로 좀 더 뚜렷이 나타나는 경

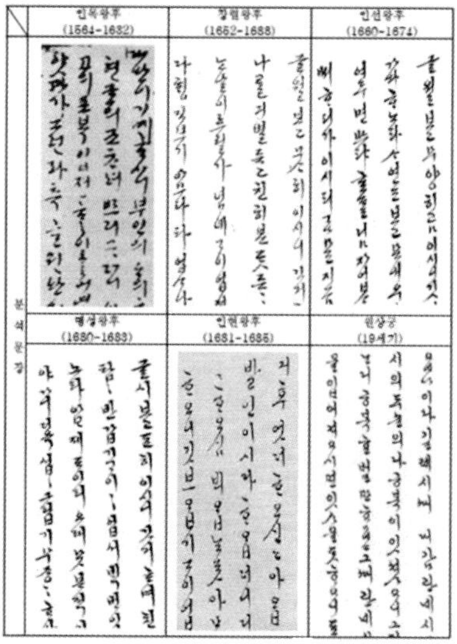

〈그림 2-10〉 궁체의 특징을 보여주는 17세기 왕후의 언간 장법 비교표. (출처: 한소윤, "한글 궁체의 변모 양상에 관한 연구", 102쪽, 표 28)

향이 있다. 궁체의 특징에는 행간을 충분히 벌린다든가 세로로 글을 쓸 때 중간모음 'ㅣ'를 가지런히 맞추어 씀으로써 글자의 중심축이 우측으로 이동하는 경향이 포함되는데, 바로 이런 양상들이 현전 언문 자료 중에서는 왕후들의 글씨에서 처음으로 나타나는 것이다.[215]

이처럼 17세기에 본격적으로 나타난 궁체는 18세기 영·정조 시기에 완숙기를 맞이한다. 이 시기에 궁체는 정형화되면서 정자, 흘림, 진흘림 등 다양한 형태들을 발전시켜나가며, 궁체로 필사된 소설류들이 다수 나오게 된다. 이같은 과정에서 서사상궁(書寫尙宮)이 맡은 역할은 매우 중요하였다. 궁에서 한글 사용이 빈번해짐에 따라 교서나 언간 등 궁중에서 오가는 한글 문서의 필사를 전담하는 직역이 필요해지면서 서사상궁들이 조선 중기에 나타나기 시작했다. 한글 필기에 최적화된 문체를 찾아나가는 과정에서 자연발생적으로 생겨나기 시작한 궁체가 정착되고 그 전범들이 정리되어나가는 데 결정적인 역할을 한 것도 바로 서사상궁들이었다. 여기에는 궁중의 제도적 뒷받침이 있었으니, 궁중에서는 필사의 주된 서체를 궁체로 삼아 필사에 숙련된 자를 선발하고 철저한 교육을 시킴으로써 서체의 완성도를 높여나갔으니, 결국 서사상궁 가운데 궁체의 '명필'로 일컬어지는 이들이 등장하고 궁녀들 사이에서 궁체 쓰기 연습을 하는 글씨본까지 등장하게 된다.[216] 서사상궁들은 또한 교서나 언간 등 공식적 혹은 준공식적 문건

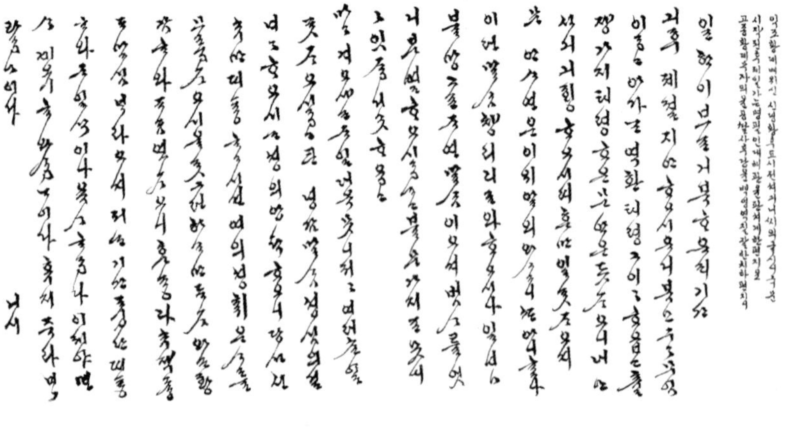

〈그림 2-11〉 1888년 궁녀 서기 이씨가 윤용구에게 보낸 편지. (출처: 조용선 편, 『봉셔』 도서출판 다운샘 1997) 국문 명필로 이름을 떨친 서기 이씨(李淡月, 1826-미상)의 필체로, 이씨는 궁중 지밀내인과 서기로 활동한 것으로 알려져 있다.

들 외에도 궁중에서 읽고자 하는 소설을 전사하는 일도 하였다. 이처럼 서사상궁들은 전사기술의 발전에 결정적인 역할을 하였다고 평가할 수 있다.

궁중에서 시작된 궁체는 점차 민간에도 퍼져나가, 편지를 포함한 다양한 한글 손글씨에 여성들은 궁체를 사용하였다. 가령 그간 궁중에서 관행으로 자리잡은 문안지(問安紙), 즉 아침저녁으로 어른을 직접 뵙지 못했을 때 문안인사를 대신해 올리는 한글 문안편지를 궁 밖 민간에서도 주고받게 되면서, 이제 사대부 집안에서는 어린 나이의 여아들도 한글을 배우고 궁체를 익혀 문안지를 쓰는 것이 일반화되었다.[217] 사대부가에서는 서간첩을 만들어 어린 딸들에게 필사를 시킴으로써 한글도 배우고 궁체도 익히게 한 것이다. 그 밖에 여성들이 일상에서 혹은 좀 더 전문적인 활동과 관련하여 쓴 다양한 글들에서 궁체를 사용하였던 것으로 보인다. 17세기 중엽에 나온 조리기술서 『음식디미방』 또한 궁체로 된 필사본이었다는 점도 이를 뒷받침해준다.

그런데 궁체가 대중적이고 다채로운 전사기술로 발전하는 데 결정적인 계기가 된 것은 여성의 소설 전사자로서의 등장이었다. 조선시대에 소설은 주로 필사를 통해 유통되었는데, 조선 중후기 문학 독자층이 여성으로 확대되면서 여성들은 소설을 필사하는 전사자가 되었고, 이와 함께 궁체는 필사의 중심 서체로 자리를 굳히게 된다. 실제로 궁체로 쓰인 현존하는 문헌의 대부분은 소설이다. 그런 가운데 특히 19세기 후반에는 궁체의 활용이 급증하고 당대의 사회 변동과 맞물리면서 궁체는 개개인의 특성과 취향을 좀 더 반영하는 개성화의 길을 걷게 된다. 이렇게 여성들은 궁체의 창안부터 완숙, 변모에 이르기까지 중추적인 역할을 하였다.

이들이 발전시킨 궁체는 한글 서체의 대표적인 전형이 되었으며, 근대 한글 서체의 조형에도 큰 영향을 미쳤다. 궁체는 근대 한글 서예의 기본 글자체로 쓰여왔으며 근대 한글 활자체를 대표하는 명조체 역시 궁체를 그 바탕으로 한 것으로 보인다. 해방 이후 1970년대까지 서예 교과서를 분석한 연구에 따르면, 서예 교육의 지도 대상은 한글로 정해졌으며, 서체는 궁체의 정자, 반흘림, 흘림만을 지도하도록 하였다. 70년대 이전의 교과서들이 궁체를 기본으로 하여 쓴 각 저자의 필체를 사용하였다면, 70년대의 교과서들에서는 조선시대의 글자들을 집자하여 사용하였는데, 이때 사용된 글자가 바로 영·정조 시기에 궁체 정자와 흘림으로 필사된 21권 21책의 대하소설 『옥원중회연(玉鴛重會緣)』의 글자였다. 한편 70년대 국전에 출품된 한글 서예작품 78편 모두 궁체를 사용하였는데, 이에 비해 국전 초대작가나 추천작가의 한글 서예는 궁체보다는 한글 예서나 작가의 창작체로 쓴 작품이 대종을 이뤘다고 한다.[218] 여기에는 '여성적'인 궁체를 벗어나려는 취지도 한 몫 했을 것으로 보인다.

활자체에서는 명조체가 기본 글자체로 자리잡는데, 이 자체의 연원에 대해서는 일본 명조체를 본떠 만들었다는 추측도 있지만 이는 근대 초기 일본식 한자 활자체가 수입되고 영향을 주었던[219] 정황에서 빚어진 오해라 할 수 있다. 실제로 1930년대 한자와 일본 글자의 명조체를 본떠 만들어 한글 '명조체'라 불린 활자가 있기는 하였으나 널리 사용되지 않은 채 사라졌고, 현재 명조체로 불리는 한글 본문용 글자 대부분은 1950년대 최정호(1916-1988)의 글자에서 파생되었다는 것이 정설이다.[220] 그런데 최정호 글자의 바탕이 된 자체에 대해서는 『오륜행실도(五倫行實圖)』(1797)의 한글 자체인 '오륜체'라는 설과 전통적인 한글 붓글씨 필법이라는 설이 제출된 바 있다.[221] 전통 한글 붓글씨 필법의 전범이 바로 궁체이거니와, 오륜체를 주장하는 연구자 역시 오륜체를 "궁체의 쓰기법과 한자 명조체 활자의 성격이 조화[된] 한글 활자체의 정형"으로 보는 만큼,[222] 이 경우에도 궁체는 최정호 명조체의 한 근원이 되는 셈이다. 여기에 최정호 글자의 기초가 된 것이 1930년대 박경서(?-1965?)라는 활자조각가의 글자이며, 박경서는 궁체꼴 한글 활자를 다듬어 세로짜기 명조활자로 완성한 사람으로 알려져 있다는 점까지[223] 감안하면, 궁체가 명조체라는 근대 한국의 중심 활자체의 발전에 직간접적인 영향으로 작용했을 가능성은 충분하다. 이처럼 그 발전에 여성들이 중심적인 역할을 한 궁체는 조선시대와 근대 한글 손글씨의 중심 서체일 뿐 아니라 근대 활자체의 조형에도 적지 않은 영향을 미쳤다고 할 수 있다.

글쓰기 체계로서 한글의 발전은 기록 영역과 기록 계층의 확대를 통해 이루어지며, 이 둘은 서로 맞물려 있었다. 여성의 참여가 한글에 내장된 민주성의 구현에 중요한 의미를 가졌음은 이미 지적한 바 있거니와, 여성 집단 가운데서도 궁중과 규방 중심에서 하층 계급으로 그 계층을 확대해가면서, 여성들은 한글 서간의 수신자이자 발신자로서, 그리고 시조와 가사, 규방소설 및 대하소설의 향유자이자 전사자, 창작가로서, 한글 표현 양식 및 서체의 정립과 발전에 큰 기여를 하였다.

여성들은 편지와 가사, 소설 외에 일기, 기행문, 수필 등 다른 양식의 글도 썼다. 이같은 '사적'인 글쓰기 외에 소지나 상언, 분재기 등 '공적'인 문건을 작성하기도 하였고, 나아가 지식을 탐구하고 그를 학술적 저술로 남기기도 하였다. 그중에서 『음식디미방』, 『규합총서』는 각기 한국, 나아가 동아시아 최초의 여성이 쓴 조리서나 총서로서 조선시대 여성들의 기술적 지식 축적에 한글이 사용된 사례일 뿐 아니라 궁체로 필사한 것이라는 점에서, 문어체계와 서체 양 측면 모두에서 한글 글쓰기 체계의 발전과 그에 대한 여성의 기여를 종합적으로 보여준다. 특히 『규합총서』는 빙허각 사후에 출판된 목판본(1869)과 함께 다양한 필사본이 존재하는데, 필사본 중에는 달필의 궁체로 쓴 필사본이 두 종이나 남아 있어 전문 전사자의 존재를 짐작케 하는 자료의 역할도 하고 있다.[224] 이제 이 두 책을 포함하여 여성들의 학술적 글쓰기, 그중에서도 실용서를 포함한 과학기술 분야의 글쓰기를 살펴보기로 한다.

2. 여성들의 기술적 지식 탐구

1) 여성들의 성리학적 탐구

조선에서 여성 최초로 학술적 저술을 낸 사람은 인수대비[소혜왕후, 1437-1504] 이다.

> 『소학(小學)』, 『열녀(烈女)』, 『여교(女教)』, 『명감(明鑑)』 같은 책들이 지극히 간절하고 분명했지만 권수가 자못 많아서 쉽게 알기 어려우므로 이에 그중에 중요한 말을 뽑아서 7장으로 저술하여 너희들에게 주노

라.[225]

인수대비의 『내훈(內訓)』 서문에 있는 말이다. 『소학』, 『열녀』, 『여교』, 『명감』 같은 중국의 여성 관련 책에서 중요한 것만 선별해서 『내훈』을 만들었다는 것이다. 선별이라고 했지만 단순한 선별이 아니라 모든 자료를 읽고 비교 분석해서 다시 편집한 저술 작업이었다.

인수대비가 『내훈』을 쓴 이유는 "성인의 학문을 보지 못하고 하루아침에 갑자기 귀하게 되면 이는 원숭이에게 의관을 갖추어준 것과 같다."[226]는 이유에서였다. 즉, 예의를 갖추지 못한다면 신분이 아무리 귀해도 훌륭한 사람으로 평가받을 수 없다는 것이다. 여성들이 자신의 위치나 일상에 빠져 '성인의 학문'인 성리학적 도덕성을 알지 못하는 것을 염려한 것이다. 조선은 이미 성리학이 주도하는 사회가 됐는데 여성들이 성리학적 도덕성을 알지 못한다면 새로운 사회에 적응하기 어렵다고 판단했다.

인수대비는 조선에서 여성으로서는 처음으로 성리학에 대해 연구하고 그것의 여성들과의 상관관계에 대해 고민한 사람이다. 당시 남성 학자들에게서도 찾아보기 쉽지 않은 모습이다. 따라서 인수대비는 조선 최초의 여성 성리학자라고 평가할 수 있을 것이다.

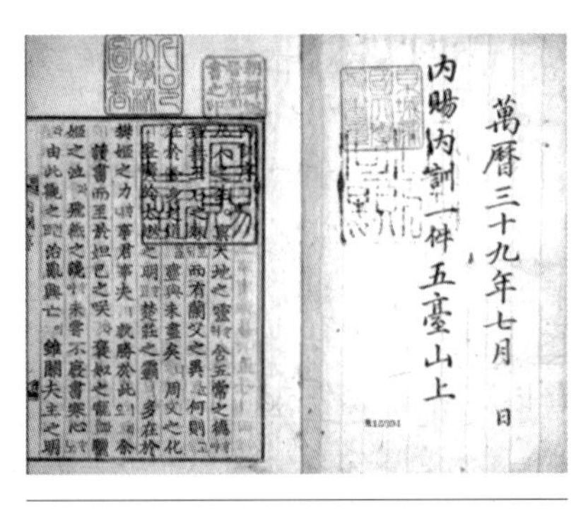
萬曆三十九年七月 日
內賜內訓一件五臺山上

〈그림 2-12〉 인수대비의 『내훈』. (출처: 한국학중앙연구원 한국민족문화대백과사전)

인수대비의 지적 탐구는 이 장에서 논의하고자 하는 여성들의 기술적인 지식과는 좀 거리가 있어 보인다. 그러나 조선 최초로 이와 같은 지적 활동을 했다는 것은 의미가 작지 않다. 여성들의 학문 활동의 시작으로서 이후 여성들이 지적 활동과 그 결과물 생산에 바탕이 됐기 때문이다.

여성 학문 활동의 전통은 17세기의 정부인 안동 장씨에게 이어졌다. 안동 장씨는 앞의 『음식디미방[閨壼是議方]』에서 다뤄졌지만, 여성 지성사에서 또 다르게 중요한 인물이다. 장씨는 우선 그의 성리학적 삶으로 유명하다. 17세기 조선은 성리학이 난숙한 때이다. 인수대비가 처음으로 성리학적 도덕성의 의미를 파악하고 보급하고자 노력했고 안동 장씨 대에 이르면 실제 여성들에게 체화되는 단계가 된다.

> 성인의 행동도 모두가 인륜의 날마다 늘 하는 일이라면, 사람들이 성인을 배우지 않는 것을 근심할 뿐이지, 진실로 성인을 배우게 된다면 또한 무엇이 어려운 일이 있겠는가?[227]

안동 장씨의 실기(實記)에 나와 있는 말이다. 스스로 성인이 될 수 있다는 자부심을 가지고 성인이 한번 돼보겠다는 포부를 밝히고 있다. 실기에 의하면 장씨부인은 어른이 되면서 "시를 짓고 글씨 쓰는 것은 모두가 여자가 해야 할 일은 아니다."라며 마침내 딱 끊어버리고 하지 않았다고 한다. 흔히 이것은 학문에 대한 관심을 멀리하고 가정사에 몰두하고자 하는 지극히 여성적인 선택이었다고 평가된다.

그러나 안동 장씨는 "인륜의 날마다 하는 일[人倫日用之常]"을 잘 해서 성인이 되는 것이 기본 목표였다. 시 짓고 글씨 쓰는 것이 '성인되기'라는 원대한 목표에는 방해가 되기 때문에 오히려 끊어버렸다고 할 수 있다. "너희들이 비록 글을 잘 짓는다는 명성은 있지마는 나는 귀중하게 여기지 않는다. 다만 한 가지 선행이 있다는 말을 듣는다면 나는 문득 기뻐하면서 잊지 않고 있을 뿐이다."라는 장씨의 말에서도 도덕성이 최우선임을 확인할 수 있다.

여성에게 주어진 역할, 딸 또는 며느리, 부인 그리고 어머니로서의 역할을 잘 수행하는 것이 이른바 성리학에서 제시한 이상적 삶을 사는 길이라고 안동 장씨는 생각했다. 그래서 여성적인 일에 매진했다. 장씨에게 실천의 주체가 남성이냐 여성이냐는 그렇게 크게 중요하지 않다. '인륜의 날마다 늘 하는 일'을 잘 실천한다면 곧 성인이 될 수 있다는 인간으로서의 자신감과 목표가 중요했다.

그런데 안동 장씨에게서는 인수대비와 다른 점을 찾아볼 수 있다. '성인'에 이르기 위해 '인륜의 날마다 하는 일'인 여성의 역할을 수행하는 데에서 자신의 탁월한 특성을 발휘했기 때문이다. 안동 장씨는 『음식디미방』이라고 하는 조리서를 썼다. 성리학적 목표에 부응하는 작업이었는데, 실제 당시 음식에 대한 기술적인 연구 결과물이 되었다.

여성들의 지적 탐구 활동은 안동 장씨 이후 사주당 이씨, 빙허각 이씨, 임윤지당, 강정일당 등으로 이어진다. 안동 장씨의 성인되기 노력은 임윤지당, 강정일당의 심도 있는 성리학적 연구로 발전했고, 또 성인되기의 일환이었지만 『음식디미방』에서 보인 기술적 탐구는 사주당 이씨, 빙허각 이씨의 육아, 가정관리에 대한 심화 연구로 나타나게 되었다.

임윤지당은 성리학의 원리나 이치에 대해 학문적으로 질문하고 답을 했다. 그러니까 윤지당은 성리학적으로 살아가고 있는 여성들에게 왜 그렇게 살아가는 것이 타당한지를 성리학의 이론을 통해 설명한 것이다.

"남녀가 비록 하는 일은 다르지만 하늘이 부여한 성품은 언제나 같은 것이다.", "성인과 우리는 같은 부류에 속하는 존재이다."라는 윤지당의 생각은 성인이 되는 데에는 남녀가 차이가 없다는 것을 다시 한 번 환기시킨다. 안동 장씨의 일상을 성리학적으로 산 것에서 더 나아가 일상과 성리학의 긴밀성, 성인되기의 가능성 등을 이론을 통해 증명해준 것이다.

이기심성론, 즉 인간의 본성에 대한 논의는 조선의 성리학자들의 최대 관심사였다. 성리학자들은 인간의 선함과 주체성이 자연의 이치가 인간에게 그대로 보유돼 있기 때문에 가능하다는 것을 증명하고자 했다. 이는 당시 조선에서 대표적으로 논리적, 과학적 사고를 요하는 주제였다. 윤지당도 학자로서 이 문제를 논리적으로 분석해내고자 했고, 그 결과 당시의 과학적 사고에 일정한 기여를 했다고 할 수 있다.

정일당은 임윤지당에게 강하게 영향을 받았지만, 윤지당과는 차이가 있다. 정일당은 "바느질하고 청소하는 여가에 옛 경서와 고전을 읽으면서 그 이치를 궁리하고 옛사람들의 행실을 본받아 선현들의 경지에 이르기를 작정하고 있습니다."라고 했다. 여기에서 '이치를 궁리하는 것'과 '선현의 경지(성인되기)에 이르는 것'의 두 가지 과제가 보인다. 윤지당과 정일당은 각각 포인트를 두는 점이 달랐다. 정일당은 이치를 알아서 성인의 경지에 나아가는 것에 더 중점을 두었다고 할 수 있다.

그러나 이론과 실천의 차이가 있었다고는 하지만, 둘은 모두 당시의 연구 과제인 성리학의 인성론을 인지하고 그것을 자신의 지적 탐구 영역으로 삼았다는 점에서는 차이는 없다. 정일당의 경우도 실천을 위해 심도 있게 연구 과정을 거쳤기 때문이다. 윤지당과 정일당은 당시의 주류 사상인 성리학에서 본격적인 지적 결과물을 내고, 성리학적 진전을 이뤘다고 할 수 있다.

2) 여성 학자들의 기술실용서

조선 후기 안동 장씨의 『음식디미방』, 사주당 이씨(李師朱堂, 1739-1821)의 『태교신기(胎教新記)』, 빙허각 이씨(李憑虛閣, 1759-1824)의 『규합총서』 등은 임윤지당이나 강정일당의 성리학적 연구와는 또 다르게 의미가 있었다. 당시 조선 사회의 실학적 분위기를 반영하고, 또 현실적인 필요를 담아낸

기술 탐구서이기 때문이다.

"여러 책을 상고해 보아도 그 법이 상세하지 않아서"

사주당 이씨가 『태교신기』 서문에서 한 말이다. 즉, 태교에 대해 알고 싶은데, 여러 책을 봐도 상세하지 않아서 이 책을 쓰게 됐다는 것이다. 이 사주당의 탐구 정신이 나타난다.

또 빙허각 이씨는 『규합총서』 서문에서 "모든 글을 구하여 보고 그 가장 긴요한 말을 가려 적고 혹 따로 자기의 소견을 덧붙여" 하고 집필 과정을 밝혔다. 사주당 이씨의 『태교신기』 서문과 유사하게 지적 탐구 과정이 있었음을 알 수 있다.

식생활, 임신과 출산, 그리고 가정생활 전반은 모두 여성의 영역에서 가장 중요한 분야였다. 여성 지식인들은 자료조사와 논리적 사유를 바탕으로 이 분야에 수준 있는 지적 결과물을 산출해냈다. 안동 장씨의 『음식디미방[閨壼是議方]』이나 빙허각 이씨의 『규합총서』 등은 동아시아에서도 전례를 찾아보기 힘든 성과였다.

(1) 안동 장씨와 『음식디미방』

안동 장씨는 '성인되기'를 실천한 것으로도 유명하지만, 『음식디미방』을 통해서 실생활의 기술적 발전에 기여한 것이 매우 주목할만하다. '인륜의 날마다 하는 일'을 잘 해서 성인이 되려면, 여성의 주어진 일을 충실히 해야 했다. 안동 장씨는 여성의 역할을 잘 영위하고자 했고, 『음식디미방』은 그 결과물이었다고 할 수 있다.

『음식디미방』의 내용은 크게 면병류(麪餠類), 어육류(魚肉類), 소과류(蔬果類), 술·초류 등으로 나누어진다. 면류에서 녹두로 녹말을 내는 법과

〈그림 2-13〉『음식디미방』(1670년경) 표지와 내지. 경북대 소장본. (출처: 디지털한글박물관)

메밀가루 내는 법 등이 자세히 서술돼 있다. 또 만두, 상화[중국의 포자(包子)], 증편, 전화(煎花) 등도 상세하다. 어육류에는 숭어만두가 특기할 만한데, 숭어 살을 얇게 저며 고기소를 넣고 녹말을 묻혀 새우젓국으로 간을 맞춘 장국에 넣고 끓여 초장을 찍어 먹는 만두이다. 마른전복, 자라, 생치, 참새, 웅장, 산돼지, 누런 개, 순채, 동과, 산갓 등 다양한 재료들이 등장한다.

『음식디미방』에서 가장 큰 부분을 차지하는 것은 술과 초라고 할 수 있다. 전체 음식 약 146종 중 술이 50여 가지를 차지하기 때문이다. 이렇게 술이 많은 것은 봉제사접빈객(奉祭祀接賓客)이 당시 조선 사람의 성리학적 인륜 관념에서 필수불가결한 일이었기 때문이다. 성리학적 삶에 충실하고자 한다면 특히 신경을 쓰지 않을 수 없는 분야이다. 그 결과 『음식디미방』에서 술 빚는 방법이 그렇게 많고 다양하게 나타나게 된 것이다.

장씨부인에게서는 인수대비와 달리 성리학적 삶의 실천만이 아니라 이

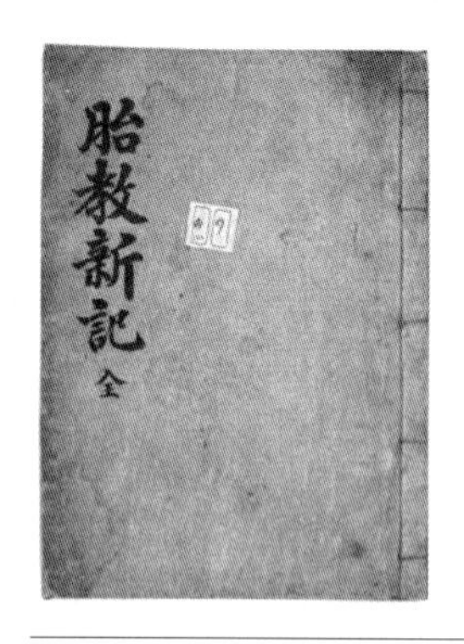
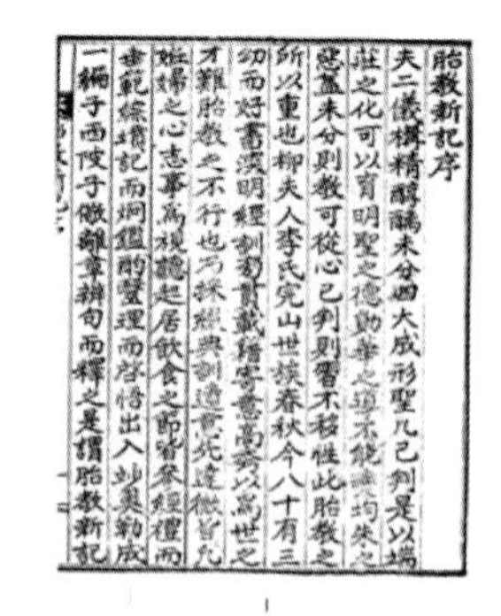
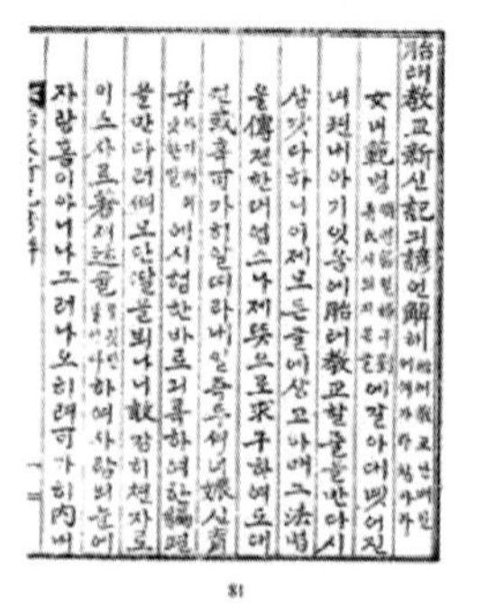

〈그림 2-14〉『태교신기』(채한조방[蔡漢祚方]판, 1938). (출처: 국립한글박물관[표지], 국립중앙도서관[본문])

른바 생활에서의 기술적 탐구의 축적이 보인다. 이는 이후 여성들의 일상생활에서의 기술적인 발전에 크게 기여했다고 할 수 있다. 그리고 조선의 다음 세대 여성 학자에게도 지대한 영향을 미쳤다.

(2) 사주당 이씨와 『태교신기』

사주당 이씨는 임신, 출산서인 『태교신기』를 저술했다. 사주당 이씨는 상당한 독서수준을 보유하고 있었다. 조선시대 여성들의 글읽기는 대개 『소학』과 『가례』, 『여사서』 등에 머무는 게 일반적이었는데, 사주당은 『모시(毛詩)』, 『상서(尙書)』뿐만 아니라 사서(四書)까지 읽어 남자 형제들에 비해서도 손색이 없었고, 혼인한 후로도 남편 유한규(柳漢奎)와 학문적인 지기관계를 이뤘다.

『태교신기』는 사주당 이씨가 본인의 경험을 바탕으로 저술하였다. 사주당은 혼인한 지 얼마 되지 않아서 옛 성현의 몸가짐, 일반 음식, 여러 예절 및 의학 상식, 임산부에 대한 금기 등을 적고 끝에 어린아이를 가르칠 만한 말들을 붙여 언문으로 해석하여 책자를 만들었다. 남편은 『교자집요(教子輯要)』라고 제목을 지어주었다.

그러나 이 책은 사주당이 자녀를 기르는 20여 년 동안 상자 속에 묻혀 있었다. 그러다가 자녀 양육을 마친 후에 그 경험을 바탕으로 태교 부분만 떼어 새로 『태교신기』를 저술하게 되었다. 이때에 아들 유희는 『태교신기』의 문단을 나누고 음과 뜻을 풀어 한글로 옮긴 후 친구 신작(申綽)에게 발문(跋文)을 부탁했다. 신작은 "진·한 이래로 없던 책이며 여자에 의해 쓰였다."는 점에서 이 태교서가 중요하다고 했다. 조선에서 태교를 말할 때 일반적으로 『열녀전』, 『소학(小學)』의 태교론이 거론된다. "옛날에는 부인이 아기를 잉태하면 모로 눕지도 모서리나 자리 끝에 앉지도 않았으며 외다리로 서지 않았고, 거친 음식도 먹지 않았다. 자른 것이 바르지 않으면 먹지 않았으며 자리가 바르지 않으면 앉지 않았다. 현란한 것을 보지 않았고, 음란한 음악은 듣지 않았다.… 이와 같이 하여 자식을 낳으면 반듯하고 재덕이 남보다 뛰어나는 법이다. 그러므로 아이를 가졌을 때 반드시 감정을 신중히 해야 한다."[228]

중국에서 형성된 이 태교의 원형은 큰 수정 없이 조선 후기 사주당 때까지도 계속 되풀이돼왔다. 그런데 사주당은 태교를 생각할 때 이 논의가 반복되는 것에 갑갑함을 느꼈던 것 같다. 『태교신기』 서문에서 사주당이 "여러 책을 상고해 보아도 그 법이 상세하지 않아서" 이 책을 쓰게 됐다고 말한 것을 보면 그렇다. 사주당은 "내가 임신한 중에 시험해본 것을 책으로 엮었다."고 했다. 실제로 사주당은 4명의 자녀를 키워낸 경험이 있었다. 말하자면 경험을 통한 전문 지식이 있었던 것이다. 둘째 딸이 『태교신기』 발문에서 "나 같은 불초한 자식 등 몇 남매가 이미 무사하게 장성하여 나쁜 병에 걸려 일찍 죽은 자도 없고, 내 동생은 젖먹이 때부터 뛰어난 재주와 성품이 있고 불초 삼형제도 역시 시댁에 죄 지음을 면하였으니 어찌 우리 어머니의 태교를 잘하신 은덕이 아니리오?"[229]라고 한 것도 사주당이 태교를 잘 한 것을 드러내는 구절이다.

물론 『태교신기』의 태교 목표는 기존 태교서와 다르지 않다. 훌륭한 인간을 낳는 것이다. 당시에는 성리학적인 인간이 이상이었다. 제1장 제1절에서 "인간의 본성은 하늘에 근본하고 기질은 부모에게서 받으니 기질이 치우치면 본성을 덮어버리게 된다. 부모가 낳고 기르는 것에 삼가지 않을 수 있겠는가?"라고 했다. 기질과 본성 논의는 성리학 이기론(理氣論)에 닿아 있다.

그리고 『태교신기』는 강력한 부계성을 나타낸다. "스승이 10년 가르치는 것이 어머니가 10개월 기르는 것만 못하며, 어머니가 10개월 기르는 것이 아버지가 하루 낳는 것만 같지 않다", "남편의 성을 받아 그 성을 아버지에게 돌려보내야 하니 10개월 동안 그 몸을 감히 함부로 할 수 없으므로 예가 아니면 보지 말며, 예가 아니면 듣지 말라."는 구절들에서 부계성이 강조되는 것을 볼 수 있다. 이 점은 이전의 전통적인 태교서들과 차별성이 없어 보인다.

그러나 『태교신기』는 여타의 태교서와 다른 독특한 특징을 가지고 있다. 해산법과 같이 실질적인 정보를 담고 있는 부분은 다른 책에서는 찾아보기 어려운 것이다. 아이를 낳을 때 "아파도 몸을 비틀지 말고 엎드려 누우면 해산하기 쉽다."고 했다. '엎드려 누우면' 이라는 것은 '언와(偃臥)'에 대한 해석이다.

여기서 중요한 것은 사주당이 해산을 잘 할 수 있는 방법을 구체적으로 제시하고 있다는 사실이다. 다른 태교서에서는 언급된 바 없는 이같은 구체적인 지침들은 출산의 경험이 풍부한 사주당이었기 때문에 가능해 보인다. 출산 등 실제의 경험을 저술에 반영할 수 있다고 보고 또 실제로 반영한 사주당의 문제의식과 저술 태도가 돋보이는 대목이다.

그리고 태교를 가족의 일로 본 점도 주목할 만하다. 기존의 태교서에서는 볼 수 없는 점이다. 태교는 임산부 혼자 할 것이 아니라 온 집안사람들이 함께해야 한다고 했다. 임신과 출산에는 가족적인 협조가 필수적이라고 본 것이다. 가족의 주의를 환기시키는 것은 임산부 보호 등에서 가족 공동 책임의 의미가 크다고 할 수 있겠다.

사주당 이씨는 기본적으로 태교 방법이나 주의사항을 설명할 때 대체로 미신적인 요소는 배제하고 객관적으로 서술하려고 노력하였다. 사술(邪術)을 경계한 것이나 또 아들이냐 딸이냐 하는 문제를 전혀 언급하지 않는 점이 그렇다. 이는 자신의 경험을 중시하고 거기에 자신감이 있었기 때문에 가능한 일이었다. 여타의 태교서와 다른 점이다. 말하자면 『태교신기』는 성리학적인 이념을 바탕으로 하면서도 방법론에서는 실제 경험을 중시한 실용기술서라고 할 수 있다.

(3) 빙허각 이씨와 『규합총서』

빙허각 이씨의 『규합총서』는 가정관리 연구서이다. 일종의 가정백과사전이라고 할 수 있다. 조선시대 여자들은 일상적으로, 또 당연하게 집안일을 했다. 그러나 그 부분에 대해 어떤 지적 결과물을 내지는 않았다. 누가 바느질을 잘한다거나 또는 음식 솜씨가 좋다고 회자되기는 해도 이것이 글로 정리된 경우는 드물었다.

그런데 조선 후기에는 여자들이 이러한 기술적 결과를 축적하여 후대에 전하는 것을 의미 있는 일로 생각했다. 여자들은 기술적 탐구의 결과물을 책으로 썼다. 이는 당시 실학으로 사회 전반에 실용을 중시하는 분위기가 형성된 것과 무관하지 않다.

"집안에서 밥 짓고 반찬 만드는 틈틈이 우연히 사랑에 나가보고, 옛글 중 인생일용에 절실한 것과 산야(山野)의 모든 글을 구하여 손에 닿는 대로 펼쳐 보면서 오직 문견을 넓히고 심심풀이를 할 뿐이었다." 역시 『규합총서』 서문의 한 구절이다. 빙허각은 집안 살림을 하는 틈틈이 남편한

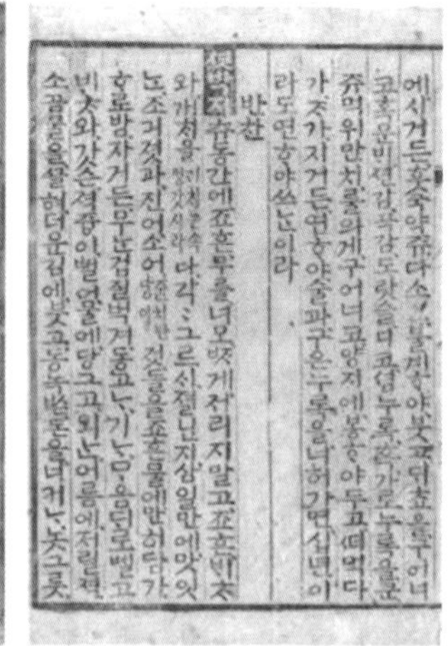

〈그림 2-15〉『규합총서』(1809) 목판본, 국립중앙도서관 소장본. (출처: 국립중앙도서관)

테 가서 책을 봤다. 고전과 당시의 글들을 망라한 책들이었다. 빙허각의 견문이 넓어졌다. 그리고 가정관리 분야로 책을 썼다. "모든 글을 구하여 보고 그 가장 긴요한 말을 가려 적고 혹 따로 자기의 소견을 덧붙여"『규합총서』를 엮었다.

빙허각과 사주당 이씨는 가까운 인척관계이다. 사주당이 빙허각의 외숙모이다. 빙허각은 외삼촌 유한규(柳漢奎)의 집에서 외숙모 사주당 이씨와 교류했다. 친정의 학문적 분위기를 말해준다. 시댁도 학문하는 분위기이기는 마찬가지였다. 빙허각의 남편은 서유본(徐有本, 1762-1822)이고 시동생이 『임원경제지』를 낸 서유구이다. 시동생은 『임원경제지』를 냈고 남편 서유본은 『관제연혁고(官制沿革考)』 2권을 저술했으니, 이를 보면 빙허각 이씨 시댁의 실증적 분석적 학풍을 볼 수 있다. 말하자면 친정이나 시가 모두 학문하는 분위기였던 것이다. 게다가 빙허각은 영민했고, 지적 호기심이 뛰어났다. 남편과 학문적 동지관계를 형성하며 지적 결과물을 냈고 그것이 바로 『규합총서』이다.

첫째는 주식의(酒食議)니 무릇 장 담그며 술 빚는 법과 밥, 떡, 과줄, 온갖 밥반찬이 갖추지 않은 것이 없다. 둘째는 봉임칙(縫紝則)이니 심의, 조목을 손으로 마르고 짓는 척수 겨냥 및 물들이기, 길쌈하기, 수놓기, 누에치는 법하며 그릇 때우고 등잔 켜는 모든 잡방(雜方)을 덧붙였다. 셋째는 산가락(山家樂)이니 무릇 밭일을 다스리고 꽃과 대를 심는 일로부터 그 아래로 말이나 소를 치며 닭 기르는데 이르기까지 시골 살림살이의 대강을 갖추었다. 넷째는 청낭결(青囊訣)이니 태교, 아기 기르는 요령과 삼(태줄) 가르기와 구급하는 방문이며 아울러 태살의 소재와 약물금기를 덧붙였다. 다섯째는 술수략(術數略)이니 집을 진압하고 있는 곳을 정히 하는 법과 음양구기(陰陽拘忌)하는 술(術)을 달아 부적과 귀신 쫓는 일체의 속방에 미쳤으니 이로써 뜻밖의 환을 막고 무당, 박수에게 빠짐을 멀리할 것이다.[230]

『규합총서』 서문의 내용이다. 집안 살림살이의 총망라라고 할 수 있다. 빙허각의 지적 욕구가 집안 관리에 잘 발휘되고 있는 것이다. 빙허각은 가정관리에 능력을 발휘하는 것에 비교적 만족해했다. "책이 비록 많으나 그 귀결점을 구한즉 이것들이 다 건강하게 주의하는 일이요, 집안을 다스리는 중요한 법이라 진실로 일용에 없지 못할 것이요, 부녀의 마땅할 바다."[231]라고 말한 것을 보면 그렇다.

『규합총서』는 『산림경제』의 영향을 받았을 가능성이 높으며, 시동생 서유구가 쓴 『임원경제지』에는 영향을 주었을 것으로 보인다. 1809년에 완성되어 『산림경제』(1718)보다 나중이고 『임원경제지』(1824) 보다는 앞서기 때문이다. 아마도 서유구는 형수가 쓴 『규합총서』를 꽤 참고했을 것이다. 이 시기는 종합서들이 많이 발간된 시기인 만큼 서로 영향을 주고받는 것은 당연한 일이다.

그런데 이들 책은 여성과 남성 집필자로서 차이가 있다. 『산림경제』 등은 주로 '식과 주'를 언급했다. 의생활과 관련해서는 양잠 정도가 있을 뿐이다. 그에 비해 『규합총서』는 '의식주'를 모두 포괄하고 있으며 여성 살림과 관련해서는 매우 디테일하다. 바느질, 옷 관리, 염색하기 등과 식생활도 실제 음식을 만들어 먹고 생활하는 것 위주로 서술하고 있다.

『임원경제지』의 경우는 워낙 방대한 양으로 포함 안 된 분야가 없고 음식 만드는 법 등도 매우 세세하다. 그러나 이 책은 하나하나의 사항에 대해서 반드시 전거를 달고 있어서 본인이 그야말로 살림을 하면서 그 방법을 전파하기 위해 노력하는 일환으로 보이지는 않는다. 앞에서도 언급했듯이, 국가경제라는 차원에서 농사와 식생활의 중요성을 강조하고 있다고 할 수 있다. 『규합총서』만큼 생활 밀착형 기술서라고 말하기는 어렵다.

『규합총서』는 여성 분야의 백과사전이다. 여성들의 살림살이, 가정관리에 필요한 것들을 서술한 책이다. 여성들이 쓴 가정관리서가 흔하지 않다는 점에서도 이 책은 유용하고 의미 있다. 그리고 오랜 경험과 자료 조사를 바탕으로 하고 있다는 점에서는 전문서이다. 여성들이 만들어낸 백과사전은 관련 지식을 수합하고 그것의 이념적 의미와 윤리적 의의를 함께 통합하였다는 데서 당대의 다른 남성 지식인의 저술 활동과 유사해 보이지만 가장 큰 차이는 "직접 만들어보고, 비교해보고, 효용을 확인해 본" 결과로서의 집필이라는 점이다.[232] 그리하여 그 방법론적 충실성과 재현 가능성은 상대적으로 더 뛰어난 경우도 없지 않다. 조선 후기 여자들의 기술 실천과 지적 욕구가 가정관리 분야에서도 하나의 성과를 내고 기술적 기여를 한 것이라고 할 수 있다.

4절

조선시대 여성과 의료

1. 조선시대 의료와 건강

1) 의료제도, 전문가, 의약품

조선의 의료제도는 한양에 위치한 내의원(內醫院), 전의감(典醫監), 혜민서(惠民署)의 삼의사(三醫司)를 중심으로 구축되었다. 그중 최고의 의료기구는 내의원으로, 왕의 건강관리와 질병 치료가 주된 목적이었기 때문에 궁궐 안에 위치하며 최고 실력의 의원과 약방을 갖추고 있었다. 내의원은 또한 궁궐에 거주하는 왕족, 왕이 중시하는 고위관리의 건강과 질병도 관리하였다. 전의감은 주로 궁내용 의약의 공급과 하사에 관한 업무를 관장하였다. 또한 혜민서와 함께 정부 각 기관에 설치된 약방의 운영, 병든 관리에 대한 약제 하사, 공무에 필요한 의료 활동, 각 지방에서 진상하는 약재 감독, 의원 양성을 책임졌는데, 전의감은 고등교육을, 혜민서는 그보다 낮은 등급의 교육을 담당하였다. 혜민서는 주로 서민 대상 의약과 구활을 관장했는데, 전의감과 함께 각종 공무 의료를 담당하면

서, 일반 서민을 위해 약을 제공하는 일도 하였다.[233]

이렇게 내의원, 전의감, 혜민서의 삼의사를 주축으로 하는 조선의 의료 제도는 주로 궁궐에 거주하는 왕가와 한양에 거주하는 지배층을 대상으로 하였기 때문에 일반 백성은 그 혜택을 받기가 어려웠다. 그 규모도 크지 않아 19세기 후반에도 삼의사에 소속된 현직 의원 수는 의관, 의서습독관, 의학생도, 의녀를 모두 합쳐 대략 250여 명 규모였으며, 대부분 한성에 몰려 있었다.[234]

지방에는 전의감과 혜민서에서 파견한 심약(審藥)이 각 도의 감영 또는 병영에 머물면서 각 관아의 의료와 그 지역에 할당한 약재의 수급을 책임졌다. 각 도의 감영과 병영에는 심약당(審藥堂)이라는 약방이 있었고 의생이 딸려 있었다. 각 군, 현에도 약방이 있고 의학을 학습하는 생도가 딸려 있어서 관아와 주변 그리고 고을의 의료를 책임졌다.[235] 그렇지만 이들의 수는 매우 적어서 약재의 진상과 관리의 질병 관리 정도를 할 수 있었지, 일반 백성이 관 소속 의원으로부터 도움을 받기는 어려웠다.

의원(醫員)이 되려면 특정 교육을 받거나 시험을 치거나 해야 하는 것이 아니었으며, 사람들로부터 인정받을 만한 기술과 지식이 있으면 되었기 때문에 의원 집안 출신인 경우가 많았다. 의과(醫科)에 합격하면 의관(醫官)으로 관직을 받았으나, 의관은 전체 의원의 일부였다. 의원의 숫자는 점차 늘어나 조선 후기에는 소아과, 두과(痘科), 부인과 등의 전문 분야가 있을 정도였다. 그렇지만 사람이 많고 돈이 도는 한성에 몰려 있었고 지방은 의원의 숫자도 실력도 부족했다.[236] 그래서 의약에 조예가 있는 양반이 한성에서 살 때에는 의원의 도움을 받다가, 지방으로 간 후에는 자신과 가족의 건강 문제가 있을 때 직접 해결할 뿐 아니라, 주변의 요청에 따라 의원으로 활동한 경우를 흔히 볼 수 있다.[237]

조선 사회에서 인정받은 의료 전문가인 의원은 모두 남성으로 알려져 있으며, 그 외에 소수의 의녀와 산파가 있었다. 의녀는 관비(官婢) 중에서 선발되어 의학 교육을 받은 후 왕실과 사대부 여성을 대상으로 활동하였으며,[238] 산파는 난산하는 산모 집에 불려가 분만을 도왔다.[239] 그 외에도 약을 팔면서 진료도 겸한 약종상(藥種商)이 있었고, 조선 사람들은 삶의 여러 가지 바람이나 문제가 있을 때 점쟁이, 판수, 무당에게 의존하듯이 건강에 관한 바람이나 문제가 있을 때에도 이들에게 의존하였다. 이들은 의원보다 수도 많았고, 지방에서도 찾기 쉬웠으며, 비용도 저렴했다. 예를 들어 정3품 승문원 판교를 지냈던 이문건(李文楗, 1494-1567)이 경북 성주에서 손주를 키울 때 손주가 병이 들어 낫지 않자 취한 일련의 조치 중 첫 번째가 무당을 불러다 굿을 하는 것이었고, 두 번째가 점쟁이에게 병의 예후와 치료법을 묻고 그 말에 따라 가족을 격리시킨 것이었다.[240]

의약품은 한성을 중심으로, 그리고 값비싼 의약품을 구매할 재력이 있는 사람들을 중심으로 소비되었으며, 전반적으로 부족하였다. 조선 전기에는 의약품 부족이 심해서 한성에 거주하는 양반일지라도 관청에서 약간씩 약재를 얻을 정도였다. 조선 후기로 가면서 의약품의 상품화와 유통이 늘어나서, 18세기 후반에는 한성에 많은 사설 약국이 있을 정도가 되었다. 또한 의약품의 소비가 상시적으로 되어서 규모가 있는 양반 가정에서는 집안에 약장을 갖추어놓고 직접 약초를 재배하거나 미리 구입해놓았다가 필요할 때 사용하였다.[241] 예를 들어 18세기 후반 한성에 거주한 유만주(兪晩柱) 집안에서는 평소에 약재를 가지고 있다가 새로 병에 걸리거나 상태가 악화되면 의원을 불러 진찰과 처방전을 받은 후, 가지고 있던 재료를 직접 가공하여 약을 만들기도 하였다.[242] 유만주의 아버지가 평양에 부임했을 때 필요한 약재를 구하지 못하자 한성에 있는 아들에게 제약을 빨리 완료하여 보내달라고 요구하기도 할 정도로[243] 약재에서도 한성과 지방의 차이는 컸다.

2) 수명과 건강관리

조선 사람은 대개 오래 살지 못했다. 식료품의 공급을 대부분 자국 내 농업에 의존하고 있었지만, 매년 계절적으로 곡식이 부족했고, 자연 조건에 따라 수년마다, 심하면 수년간에 걸쳐 흉년이 있었다. 전년도에 수확한 쌀을 소비하고 난 이후이면서 보리 수확 이전이라 곡식이 부족했던 늦봄의 보릿고개에는 많은 사람이 먹는 양을 줄어야 했고, 천수답(天水畓) 등의 식량 생산 조건은 날씨와 자연재해에 따라 영향을 많이 받았다. 일부 부유한 지배계층을 제외한 사람들은 주기적으로, 그리고 일정 주기 없이 영양 불량에 시달렸고, 먹는 식품의 양과 질이 떨어지면 자연스럽게 건강이 나빠졌다. 많은 사람에게 추운 겨울 체온을 유지할 보온 수단은 부족했으며, 주거환경은 더위와 추위를 피하는 데나 위생적으로나 좋지 않았고, 오염된 물을 마셨으며, 감염병이 자주 대규모로 유행했다.[244]

18, 19세기 조선 사람의 출생 시 기대여명은 23세였다. 그중에 사회경제적 상황이 좋은 편이었던 양반의 출생 시 기대여명은 25세였다.[245/246] 중국 족보에서 추정된 상위 계층의 기대여명이 32세, 18, 19세기 일본 5개 마을에서 관찰된 출생 시 기대여명이 산업혁명 이전의 잉글랜드와 비슷한 수준인 36세였다는 것을 고려할 때, 조선 사람은 동북아시아권에서 결코 오래 사는 편이었다거나 건강한 편이라고 말하기가 어려웠다.[247]

그렇지만 아프거나 다쳤을 때 속수무책이었던 것은 아니다. 좀 더 건강한 몸과 마음으로 활기차게, 그리고 아프지 않고 오래 사는 것은 누구나 바라는 것이었기 때문에 여러 가지 노력을 기울였다. 건강에 좋고 질병 회복에 도움이 되는 음식을 섭취하고 바른 몸가짐과 규칙적인 생활을 하려고 노력하였고, 안마를 비롯한 다양한 신체 양생술도 중요시했다. 아프거나 다쳤을 때는 우선적으로 똥물, 월경수(月經水), 거미줄, 솥검댕 등 주변에서 쉽게 구하고 비축해놓을 수 있는 물품과 많은 사람이 알고 쉽게 할 수 있는 방법을 동원하여 낫고자 하였다. 또한 여건이 되면 의서를 갖추고 의학 지식을 익히며, 약장(藥欌)을 구비하고 약계(藥契)에 드는 등으로 자신과 주변의 건강을 관리하고 질병과 부상에 대처할 수 있도록 하였다. 자기 스스로와 가족을 비롯한 집안을 잘 다스린다는 수신제가치국평천하(修身齊家治國平天下)가 유학자의 주요 덕목이었고, 이 중에 건강관리가 중요한 측면이었으므로, 많은 유학자가 자신과 집안의 건강을 위하여 의학을 공부했고, 유의(儒醫)로 인정받을 정도의 실력을 갖추었다. 조선 정부에서는 구급방(救急方)을 중심으로 대중적 의서를 언문으로 간행하여 전국에 보급하는 등 질병과 부상이 있을 때 사람들이 간편하게 활용할 수 있도록 노력하였다.

건강관리와 질병 치료를 위한 노력은 남녀 모두의 몫이었다. 생활의 터전과 일의 터전이 대개 크게 다르지 않아서 남녀 모두 '집'에 머무르는 시간이 길었고, 의식주의 많은 부분을 자급자족적으로 또는 주변인이나 인근 지역의 범주 내에서 해결하는 경우가 많았다. 일상적으로 건강을 관리하고 질병이나 부상이 발생했을 때 치료를 위한 시도 역시 남녀가 모두 자신의 일로 여기고 자신이 아는 범주의 지식과 자원을 활용하여 자급자족적으로 하거나, 가까운 범주 내에서 도움을 구하고 해결하곤 하였다.

건강관리에서 남녀 간 역할 차이는 있었다. 남성은 가정경제권, 특히 가정의 테두리를 벗어나는 수입과 지출을 관리하는 주체로서 약을 구매하고 의원을 부르는 등 가정에서 일상적으로 생산되고 소비되는 범주를 벗어나는 의료 활동의 경우에 이를 주도하였다.[248] 또한 유교가 지배적인 사회에서 유학자이기도 했던 양반 남성은 자신의 몸과 집안을 잘 보살피는 것이 중요한 역할이었기 때문에, 의학 서적 등을 갖추고 그 내용을 학습하며 약재 등 치료에 필요한 재료를 준비해둠으로써 필요할 때는 스스로 약 처방을 내리고 약을 짓는 등의 적극적인 역할을 하였다. 그렇지만 외부 전문가의 도움을 빌릴 때, 유학자인 남성은 이중적 태도를 취하기도 하였다. 즉, 유학의 논리와 양립하지 않는 굿 등에 대해서는 실제로는 도움을 청하면서도 외견상으로는 도외시하는 모양새를 취하기도 하였다. 예를 들어 사대부였던 이문건은 유학의 이론과 양립하지 않는 굿에 대하여 부정적인 태도와 긍정적인 태도를 공유하였다. 부인의 굿 유치 행위를 묵인하는 것은 물론 자신이 적극적으로 나서서 필요할 때마다 무당을 불러 점도 치고 굿을 하도록 했지만, 굿의 현장에 직접 참석하지는 않으면서 부인이나 며느리가 자리를 지키도록 하였다.[249]

여성은 음식과 의복 마련, 농사짓기와 농지 관리, 일상적 구매와 교환, 자녀 양육 및 교육, 노비 관리, 봉제사와 접빈객 등의 일상적 가내노동을 담당하면서, 이 일상적 가내노동을 통하여 본인과 가족의 건강관리 및 질병 치료가 연결되도록 하였다. 특히 음식과 의복 및 주거환경 관리, 영유아와 미성년 자녀의 양육과 교육, 어른 봉양이라는 일상 관리가 건강관리 및 질병 치료와 결합되어 이루어지도록 노력하였다. 이 점은 소혜황후가 1475년에 편찬한 『내훈(內訓)』, 송시열(宋時烈, 1607-1689)이 큰딸을 시집보내며 적어준 『계녀서(戒女書)』 등 여성에게 널리 읽힌 교훈서에 가족의 건강에 대한 책임과 방법이 포함된 데서 잘 나타난다.[250] 또한 조선 후기의 대표적인 교훈서로 이덕무(李德懋,1741-1793)가 지은 『사소절(士小節)』은 양생의 문제와 관련된 신체의 안전과 건강의 문제를 가족의 관리와 가정 건사의 개념으로 접근하여 신체를 잘 보존하는 방법을 구체적이고 세세하게 제시하였다. 특히 부인들에게 식품 관리와 의복 청결에 대하여 꼼꼼하게 지적했는데,[251] 매일의 일상에서 반복적이고 지속적으로 이루어져야 하는 식품과 의복의 위생 관리는 이에 관한 일상적 노동을 수행하는 여성이 담당할 것을 기대했던 것이다.

조선 여성은 주변인의 일상적 건강관리를 담당하면서도 같은 조건의 남성에 비하여 오래 살지 못했다. 조선 후기에 여성은 보통 10대 후반에 결혼했고,[252] 양반 여성인 경우 평균 5명의 자녀를 낳았다. 그렇지만 결혼한 부부가 모두 오래 살지 못하는 경우가 많았기 때문에 평균 5명이던 것이었고, 여성의 가임기까지 부부가 모두 생존한 경우에는 6명 이상의 자녀를 낳았으며, 양반이 아닌 경우에는 자녀수가 8명 정도였다.[253] 낳은 아이가 무사히 성장하여 결혼할 나이가 될 정도까지 살아남는 비율은 절반[254] 내지는 그 이하[255]에 불과했는데, 영유아기와 성장기의 사망률이 높기 때문이었다. 그리고 행장류 등의 기록을 남길 정도의 사대부가에서 영유아기와 성장기를 살아남아 결혼을 한 경우에도, 여성은 약 절반이 50세 이전에 사망했으며, 평균수명은 45.3세로 58.1세[256]인 남성 배우자보다 13년이나 짧았다.

조선시대의 여성이 남성보다 오래 살지 못했던 가장 큰 이유는 임신 및 출산 관련 사망이 많았기 때문이다. 조선 후기 양반 여성의 사망원인 1위는 출산과 그 후유증으로, 사망원인 2위인 감염병의 배에 달하였다.[257] 중인이나 천민 여성은 양반 여성보다 출산과 그 후유증으로 인한 사망이 더 많았을 것이다. 임신 전이나 임신 중 건강도 좋지 못했을 것이고, 출산 과정이나 출산 후에 문제가 있을 때 의원을 부르거나 제대로 된 약재를 복용하기도 힘들었을 것이기 때문이다. 그 밖에 전반적으로 여성보다 남성을 중요시했기 때문에 음식 등의 자원 공급에 여성이 남성보다 불리했고, 아플 경우 의원에게 보이고 약을 먹여서 낫게 하는 적극적인 의료행위 추구 역시 여성이 남성보다 적었던 점도[258] 여성의 평균수명이 남성보다 적은 데 기여했을 것이다.

조선시대에 여성이 심각하게 아픈데도 단순히 내외를 지키기 위하여 남성 의원을 만나지 않아 의료에서 소외되었던 것은 아니었다. 경제적 여건과 지리적 접근성 등만 허용되면 여성도 아플 때는 의원의 도움을 받았고, 의원은 시진(視診), 문진(問診)은 물론 필요에 따라 직접 진맥하여 여성의 건강 상태를 판단하고 문제를 해결하는 판단의 기초로 삼았다. 일반적 건강 문제뿐 아니라 임신 및 출산과 관련한 문제, 심지어는 부부간의 성생활에 관한 문제에도 남성 의원은 상당히 적극적으로 개입하여 치료하였다.[259] 의원을 부르는 것은 가정의 테두리를 벗어나는 지출에 해당하는 것이어서 대개 남성이 담당했으며, 병의 진단과 치료를 위하여 접촉하는 범주를 벗어나는 경우에는 여성 환자와 남성 의원은 어느 정도의 내외를 지켰던 것으로 보인다.[260] 그렇지만 하층민 여성의 경우는 직접 의원을 찾아가 도움을 구하기도 하고, 의원은 난산에 사용할 약이나 출산 방법에 관하여 조언을 하여도 직접 출산 장소에 들어가지는 않았다.[261] 이처럼 신분, 상황 등에 따라 여성 환자와 남성 의원 사이의 내외의 제약 정도는 상당히 다양했다.

2. 여성의 의료 지식

1) 의서를 통한 의학 지식의 보급

조선시대 한의학 지식의 발전과 보급은 주로 의학 서적의 편찬과 보급을 통하여 이루어졌다. 의학 서적이 저술되고 전파되는 주체는 크게 관(官)과 민간의 두 갈래로 나눌 수 있다. 전자는 정부에서 의학 서적의 편찬, 출판, 보급을 주도한 경우로 조선시대 전반에 걸쳐 이루어졌으며, 흔히 관찬 의서라고 한다. 후자는 의학에 조예가 깊은 의원이나 양반이 개인적으로 의학 서적을 저술한 것으로 조선 중기 이후에 활발하였다.

관찬 의서는 독자를 전문 의료인으로 설정한 경우와 일반 대중으로 설정한 경우로 나눌 수 있다. 독자를 전문 의료인으로 설정한 대표적인 의서로는 『향약집성방(鄕藥集成方)』(세종 15년, 1433), 『의방유취(醫方類聚)』(세종 27년, 1445), 『동의보감(東醫寶鑑)』(광해군 2년, 1610) 등이 있으며,[262] 이들 의서는 내용과 형식에 전문성과 완결성을 갖추고자 수십 권에서 수백 권의 방대한 분량으로 만들어졌다. 그 반면 일반인이 필요할 때 간편하게 참고하고 활용할 수 있도록 만들어진 대중용 의서는 의학 이론을 배제하고 실용적인 부분을 중심으로 하여 대개 수 권 이내의 분량이었다.

조선 정부는 대중용 의서를 민생 구제와 직결되는 분야로 매우 중시하여 조선 초기부터 잇달아 간행하였다.[263] 이에는 '간이방'류의 의서인 『구급방언해(救急方諺解)』(세조 2년, 1466), 『창진집(瘡疹集)』(세조 때), 『구급간이방(救急簡易方)』(성종 20년, 1489), 『속벽온방(續辟瘟方)』(중종 20년, 1525), 『구급이해방(救急易解方)』(연산군 5년, 1499) 등이 해당된다.[264] 이들 대중용 의서를 통하여 어느 정도 한문 교육을 받은 일반 백성에게까지 한의학의 효용이 확대될 수 있었다. 특히 규모 있는 집안을 관리하는데 필요한 상당 수준의 지식을 갖추고 한문 교육도 받았던 양반층 여성은 이들 대중용 의서를 통하여 한의학 지식을 익히고 유용하게 활용했을 것이다.

특히, 한글 창제 이후로 한자에 조예가 깊지 않은 사람도 읽고 이용할 수 있도록 완전 내지는 부분 언해된 의학 서적이 간행되었다. 의학 서적을 아무리 간략하고 요점 중심으로 만든다 하여도 한자로 쓰인 이상 한자를 읽을 수 있는 사람만 이용할 수 있고, 또한 의학 서적에 사용된 한자나 표현은 일상적으로는 그다지 사용되지 않는 전문적인 것이 많기 때문에, 대중용 의학 서적이라고 하여도 이를 읽고 이해할 수 있는 사람은 상당 수준 이상의 한문 교육을 받고 의학 지식에 대해서도 어느 정도는 기본적인 내용을 알아야 했기 때문이다. 언해 의학 서적이야말로 활발한 한글 향유자였던 여성이 의학 지식을 익히고 활용하는 데 매우 요긴했다고 할 수 있다.

세조 12년(1466) 간행된 조선조 최초의 대중용 의서이자 한글 의서인 『구급방언해(救急方諺解)』의 내용을 살펴보면 언해 대중용 의서의 특징이 잘 나타난다. 『구급방언해』에서는 흔하고도 심각한 건강 문제 36가지 각각에 대하여 해결책을 제시했는데, 소개된 처치용 재료와 방법은 계절 또는 상황에 따라 주변에서 바로 구할 수 있는 것이고, 약 처방도 3가지 이내의 약재만으로 단순하게 이루어진 것이 많으며, 문제에 따라 효과적인 침·뜸·물리요법 등을 제시하여 실용적으로 널리 쓰일 수 있도록 하였다.

『구급방언해』를 필두로 『언해벽온방(諺解辟瘟方)』(중종 13년, 1518), 『언해창진집(諺解瘡疹方)』(중종 13년, 1518), 『언해구급방(諺解救急方)』(선조 41년, 1608), 『언해두창집요(諺解痘瘡集要)』(1608년), 『언해태산집요(諺解胎産集要)』(1608년), 『언해납약증치방(諺解臘藥症治方)』(17세기 추정) 등 많은 언해 의서가 출판되었다. 또한 조선 사회의 주요 사망원인이었던 급성감염병에 대한 전문 의학 서적인 『간이벽온방(簡易辟瘟方)』(중종 20년, 1525), 『분문온역이해방(分門瘟疫易解方)』(중종 37년, 1542), 『벽온신방(辟瘟新方)』(효종 4년, 1653) 등에도 한글 번역이 딸려 있다.

그 외에도 중종 33년(1538) 김정국이 남원에서 간행한 『촌가구급방(村家救急方)』, 정조 14년(1790) 함경도 관찰사 유병모가 유의(儒醫) 이경화(李景華, 1721-?)에게 편술하도록 지시한 『광제비급(廣濟秘笈)』 등 약 이름이나 병 이름 등을 한글로 표기한다든지 하는 식으로 부분적으로 한글을 표기한 의학 서적이 있다.

이들 언해본 의서의 주요 대상이 여성이라는 것은, 선조의 명으로 허준이 저술하여 1608년 한꺼번에 간행된 『언해구급방(諺解救急方)』, 『언해두창집요(諺解痘瘡集要)』, 『언해태산집요(諺解胎産集要)』에서 분명히 나타난다. 여성들까지 편리하도록 언해 의서를 만들라는, 곧 “정성으로 방약을 언해하여 그 오묘함을 다하여 깊숙한 규방의 부녀자라도 모두 얻어 증상을 살펴보고 처방을 찾는 데 자유자재로 쓰게 하라."[265]는 선조의 명에 따라 이 책들을 저술하였음을 저자 허준은 분명히 밝혔다.

주요 대상이 여성임을 분명히 밝힌 이 3종의 언해 의학 서적을 통하여 당시 여성이 알아야 한다고 여겼던 의학의 범위와 깊이를 짐작할 수 있다.[266] 흔히 닥치는 건강 문제를 포괄적으로 다루는 『언해구급방』, 조선시대의 가장 심각한 급성감염성 질환이었던 두창에 대한 『언해두창집요』, 가임기 여성의 주요 사망원인이었던 임신과 출산 관련 문제를 다룬 『언해태산집요』 3종은 각각 조선시대 대중용 의서의 세 가지 주요 흐름인 구급의학, 급성감염성 질환, 산부인과 영역을 대표한다고 할 수 있다. 여성을 대상으로 한꺼번에 언해하여 간행한 이들 의학 서적에서 나타나듯이, 조선 여성은 주요 의학 내용을 알고 의술을 적용하는 주체로 간주되었던 것이다.

규방의 부녀자가 자유자재로 쓰게 하고자 저술된 『언해구급방』, 『언해두창집요』, 『언해태산집요』의 내용은 다음과 같다. 조선시대의 구급방 서적은 사람들이 살면서 맞닥뜨리는 건강상의 문제를 폭넓게 다루었는데, 이 점에서 2권 2책으로 이루어진 『언해구급방』도 마찬가지였다. 그 범주에는 구급성 질환이나 중독, 제상뿐 아니라 두통, 심통, 복통 등 일반 질환 가운데 급성 증상이나 잡병, 온역, 창양(瘡瘍), 심지어는 부인과와 소아 질환까지 아우러져 있다. 이를 69개의 병증과 혈자리, 속방약, 음식 금기, 학질약, 약주방문 등 5개 부록으로 구성하였다. 서술 방식은 병의 성격에서 시작하여 증상, 원인, 약방의 순으로 기술하였으며, 치료 방법으로는 약, 동종요법, 민간요법, 뜸, 침 등을 다양하게 제시했는데, 침법보다 뜸법을 더 많이 제시하였다. 즉석에서 또는 최대한 빠르게 적용할 수 있도록 제시한 구급 치료법으로는 외과적 치료로 봉합법, 정복법, 부목법,

도뇨법을, 약물 치료로 내복법과 외용법을, 침 치료로 단순침법, 침자출혈법, 침자파법, 도자법을, 구(灸) 치료로 간접구법과 직접구법을, 기타 구급 치료법으로 방술법과 대취법을 제시하였다. 본문의 구성은 원문과 조문마다 언해를 했으며, 소제목마다 한글 병명이나 짤막한 풀이를 덧붙이고 각 항목마다 간단한 침구법을 제시하였다. 그리고 때에 따라 욕법, 양법, 체약 등 특별한 치료법을 소개하였다. 권말의 제혈론에서는 응급침혈에 해당하는 38종의 경혈 부위를 설명하였다. 『언해구급방』은 분량이 많지 않고 참고하기 편하도록 구성되었지만, 실제 활용할 수 있는 치료법이 거의 모두 망라되었으며 전문성과 깊이가 얕은 것은 결코 아니었다. 즉, 이 책의 주요 독자인 여성이 갖추고 활용한 의학적 지식의 범주가 상당한 정도였다는 점을 알 수 있다.

『언해태산집요』는 1권 1책으로 이루어진 임신과 출산 분야 의서이다. 목차는 자식을 얻는 법인 구사(求嗣)로부터 시작하여, 잉태, 태맥, 임신 여부를 시험하는 방법인 험태(驗胎), 변남녀법, 전녀위남법, 오조, 금기, 장리(將理), 통치(通治), 안태, 산후, 보산, 십산후(十産後), 양법(禳法), 반산(半産), 임산부 얼굴을 살펴 태아의 생사를 아는 법인 찰색험태생사(察色驗胎生死), 하사태(下死胎), 하포의(下胞衣) 등으로 이루어져 있다. 뒷부분은 산전제증, 산후제증이라는 항목 아래 여러 가지 임신질환과 산후병증을 다양하게 제시하였다.[267] 『언해구급방』에서도 임신과 출산 관련 문제를 다루었지만, 『언해태산집요』는 그보다 훨씬 넓은 범주를 포괄하였다. 『언해태산집요』의 편찬을 통하여 조선 사회에서 성인 여성의 임신과 출산을 둘러싼 질병과 사망은 심각했으며, 이에 대한 국가의 관심과 의학적 해결 방법이 널리 알려지기를, 특히 임신과 출산의 주체이면서 주변의 임신과 출산을 돌본 여성에게 널리 알려지기를 바랐다는 것을 알 수 있다.

『언해두창집요』는 조선 사회가 골머리를 앓았던 급성감염성 질환 중에서도 높은 사망률로 악명이 높았던 두창을 전문으로 다룬 언해 의학서이다.[268] 2권 2책으로 이루어졌는데 상권에서는 두창의 원인, 예방법, 해독법, 하권에서는 다양한 증상, 음식 금기, 욕법, 양법, 두후잡병, 잉부두창, 발진 등을 다루었다.

그 외에 역시 허준 저작으로 추정되는 『언해납약증치방(諺解臘藥證治方)』에서는 37종의 주요 납약에 대하여 각각의 복용 증상과 주의할 음식에 대하여 기술하였다.[269] 납약은 귀하고 값비싼 재료가 필요했기 때문에 주로 관에서 제조하여 고위 관리와 부유층이 사용했다. 『언해납약증치방』은 어떤 증상을 보일 때 어떤 납약을 사용할 것인지, 그리고 그때 어떤 음식을 조심하여 약효를 극대화시킬지를 열거하였다. 이로써 집안에 응급 증상을 보이는 환자가 있을 때, 상비하거나 급하게 구할 수 있는 납약을 증상에 맞추어 복용시키고 약효에 맞는 음식을 마련하는 주체로 여성을 상정하였음을 짐작할 수 있다.

2) 여성의 의료 관련 저술

조선 후기에 들어서면서 농업을 경제 기반으로 하는 가정생활에 필요한 지식을 포괄하는 『산림경제(山林經濟)』, 『증보산림경제(增補山林經濟)』, 『규합총서(閨閤叢書)』, 『임원경제지(林園經濟志)』 등 유서(類書)의 편찬이 이어졌고, 이러한 유서에서는 건강과 질병을 중요한 주제로 다루었다. 그 배경에는 조선 중기 이후 성리학이 사회 전반에 자리잡는 한편 관직은 제한되면서, 생활 터전에서 이루어지는 일상에서 유학적 이념을 구체적으로 실천하려는 경향이 나타나는 변화가 있었다. 또한 조선 전기의 '주자학의 이념형 가족'이 조선 후기 '실용 경영의 가족'으로 변모되면서 현실적인 양생과 치산의 가치가 전면으로 등장하고, 가족의 신체 건강과 안전

이 강조되었다.[270]

예를 들어 18세기 초 홍만선(洪萬選, 1643-1715)이 4권 4책으로 저술한 『산림경제』는 "복거, 섭생, 치농, 치포, 종수, 양화, 양잠, 목양, 치선, 구급, 구황, 벽온, 벽충, 치약, 선택, 잡방"[271]의 16개 항목으로 되어 있다. 이 중 일상에서의 건강관리에 관한 섭생, 흔히 닥치는 질병 문제에 대한 구급, 감염성 질환 관리에 관한 벽온, 약물에 관한 치약 등 네 개 항목에서 직접적으로 건강과 질병에 관한 내용을 다루었고 기타 치선, 구황, 잡방 등에서도 관련 내용을 다루었다. 유학자로서의 철학과 일상생활을 연결시키고자 하는 양반에게 요구되는 앎의 범위가 『산림경제』에서 포괄하는 지식이라고 할 수 있으며, 집안 살림을 주도했던 여성에게도 이러한 범주의 지식과 활용이 요구되었을 것이라고 짐작할 수 있다.

구체적으로 "섭생" 부분에서는 병을 물리치고 수명을 연장할 수 있는 보양과 복식의 방법을, "구급" 부분에서는 흔히 경험하는 질병에 대한 치료법을 기술하는데, 산부인과와 부인과 범주뿐 아니라 갓난아기의 급한 병증을 중심으로 소아과 역시 포괄하였다. 치료법으로는 주로 약을 소개했으나 민간요법도 제시하였고, 드물지만 침법도 기술하였다. 또한 "치약"에서는 약재가 되는 식물의 목록, 기르는 법, 채취하는 법, 국내 산지, 약재 만드는 법, 복용 방법, 약효, 주의점 등을 기술하였다. 이러한 구성과 내용을 통하여 양생(養生)의 담론, 가족의 신체 건강과 안전의 문제가 대두되었고, 맛의 기호와 음식 욕망, 그리고 음식에 관한 지식의 집적과 체계화가 양생의 방법으로 제시되었다. 또한 위생 및 건강을 수명과 관련하여 논의하였고, 청결의 문제를 가정에서 주목해야 할 중요한 주제로 하였다.[272] 그 방법에서는 일상의 산림 생활에서 쉽게 행할 수 있는 방법에 중점을 두고 현실성이 희박한 것은 거의 채록되어 있지 않다.[273]

조선 후기 대중 의학서를 통한 의학 지식의 확산, 여성 교육 수준의 향상, 일상생활에서 유학적 이상의 현실적 추구라는 흐름 속에서, 여성이 주체로서 의료에 관한 관심과 지식을 직접 펼쳐 보인 저술들이 나오게 되었다.[274] 이는 『태교신기』로 나타난 여성 고유 분야의 저술, 『규합총서』로 나타난 여성용 가정 유서(類書) 저술, 『(한글본) 동의보감』[275]으로 나타난 의학 서적 언해라는 세 갈래의 결과물을 낳았다.

『태교신기(胎教新記)』는 사주당(師朱堂) 이씨(1739-1821)가 환갑을 지난 1800년 태교에 관한 고전, 민속, 자신의 경험 등을 총괄하여 유려한 한문으로 기술한 글이다.[276] 아들 유희(柳僖, 1773-1837)가 어머니의 글에 장절을 구분하고 음의(音義)와 언해를 붙였으며, 딸들이 발문에 참여하여 이듬해에 완성되었다. 원문 26장과 언해 43장의 합 69장으로 이루어진 비교적 짤막한 책인 『태교신기』는 다음과 같은 10개 장으로 구성되어 있다.

제1장 자식의 기질의 병은 부모로부터 연유한다는 것을 태교의 이치로써 밝혔다.

제2장 여러 가지 사례를 인용하여 태교의 효험을 설명하였다.

제3장 옛사람은 태교를 잘 하여 자식이 어질었고 오늘날 사람들은 태교가 부족하여 그 자식들이 불초(不肖)하다는 것을 말하고, 태교의 중요성을 강조하였다.

제4장 태교의 대단(大段)과 목견(目見)·이문(耳聞)·시청(視聽)·거처(居處)·거양(居養)·행립(行立)·침기(寢起) 등 태교의 방법을 설명하였다.

제5장 태교의 중요성을 다시 강조하고, 태교를 반드시 행하도록 권하였다.

제6장 태교를 행하지 않으면 해가 있다는 것을 경계하였다.

제7장 미신·사술(邪術)에 현혹됨을 경계하여 태에 유익함을 주려고 설

명하였다.

제8장 잡다하게 인용하여 태교의 이치를 증명하고, 제2장의 뜻을 거듭 밝혔다.

제9장 옛사람들이 일찍이 행한 일을 인용하였다.

제10장 태교의 근본을 거듭 강조하였다.[277]

『태교신기』의 의의는 주제에서 여성의 경험으로 간주되던 태교를 독자적으로 다루었다는 점, 내용에서 유교적 철학에 근거하여 실천까지 논리적으로 자체 완결성을 이루었다는 점, 그리고 그 기술 방법에서 유려한 한문을 사용했다는 점 등으로 나누어 살펴볼 수 있다.

『태교신기』 이전이나 당대의 『동의보감』, 『산림경제』, 『규합총서』 등 여러 책에서 태교에 관한 내용을 다루었고, 『임신최요방(妊娠最要方)』(1503)처럼 임신했을 때 음식물 섭취의 주의점을 중심으로 저술한 책도 있다. 그렇지만 여타 책들에서 태교에 대하여 생활 속에서 의식주 등을 삼가는 것으로 구성했던 것을 벗어나, 『태교신기』는 오히려 일상의 구체적 권장과 금기는 중시하지 않고 훨씬 커다란 이론적 배경을 갖춘 범주의 주제로 설정하였다.

사주당 이씨는 기존의 태교 논의가 이론적 배경은 부족하고, 현실적으로 실천하기 어려우며, 이론과 실천이 논리적으로 연결되지 않는다는 한계를 넘어섰다. 그리고 유교적 철학에 근거하면서 이론과 실천이 논리적으로 탄탄하게 연결되고 현실적인 태교서를 기술하였다. 내용의 근거는 기존 의서에서 얻은 태교 관련 정보, 민간 전래의 태교 기술,[278] 그리고 본인이 네 자녀를 기르며 얻은 경험적 지식 등 세 갈래로, 이를 종합하여 독자적 태교 지식체계를 수립하였다. 나아가 태교를 '부인의 덕목'으로 논의하던 기왕의 경향에서 벗어나 남편과 아내 둘 다 태교에 힘써야 함을 주장하였다.[279] 그 결과 태교라는 단일한 주제에 인성의 형성과 가르침이라는 철학적 의미가 부여되고, 유학자들의 덕목인 '삼감[謹, 愼]'의 경지에까지 확대함으로써 태교는 하나의 철학으로 재탄생했으며, 여성들도 수신해야 할 존재로 탈바꿈하기에 이르렀다. 즉, 『태교신기』의 의의는 여성이 여성만의 책임과 의무로 간주되던 임신과 출산을 도리어 자신들만이 소유한 자산이자 힘으로 전환시키면서, 여기서 과거의 답습된 옳지 않은 지식들을 교정하고 새로운 의미를 창출하고 제시하기 시작했다는 데에 있다고도 할 수 있다.[280]

사주당 이씨는 태교에 관한 자신의 글을 조선시대 여성에게 허용된 문자인 한글이 아니라 한자로 기술하였다. 물론 『태교신기』에 직접 인용한 서책과 고사가 다 중국 것이며 유교적 내용이기 때문에 한자로 기술하는 것이 더 용이하기도 했겠지만, 사주당 이씨에게 『태교신기』의 독자는 유학에 대한 소양이 갖추어져 자신의 논리를 이해하고 받아들일 수 있는 사람이었기 때문에 한자로 쓰는 것을 당연하게 여겼을 것이다.

1809년(순조 9) 빙허각 이씨(憑虛閣李氏, 1759-1824)가 한글로 저술한 『규합총서』[281]는 규모 있는 살림을 주관하는 여성이 알아야 했던 생활 지식의 총괄이라고 할 수 있다. 빙허각 이씨는 1권 1책의 『규합총서』를 주사의(酒食議)·봉임측(縫則)·산가락(山家樂)·청낭결(青囊訣)·술수략(術數略) 등으로 구분하여 요리, 음식, 염색, 세탁, 밭갈이, 가축 기르는 법, 제충(除蟲), 태교, 구급방 등 일상생활에 부녀자들이 알아야 할 내용을 포괄적으로 서술했다. 또한 인용서를 각 사항에 표기하고, 자신의 의견을 부가했으며, 실행 결과를 적어두어 읽는 이가 실행할 수 있게 했다.

빙허각 이씨는 『규합총서』 서문에서 가장 큰 저술 목적은 집안 내 건강과 평안을 구하고자 함이라고 밝히며 이러한 집안 다스림의 주체로서 안주인의 역할을 강조하였다. 또한 직접적인 의술(醫術)뿐 아니라 의식주,

살림살이 모두가 건강과 직결되어 있음을 역설하였다.[282] 『규합총서』에서 직접 의술과 관련된 내용을 다룬 것은 권4 "청낭결(靑囊訣)"이다. "청낭결"은 '태교', '구급', '물류상감초(物類相感抄) 총론', '잡저(雜著)', '우형문답(牛亨問答)', '우리나라 팔도에서 나는 것', '경험방' 등의 항목으로 나누어져 있는데, 이 중 '태교', '구급', '잡저', '경험방'의 4개 항목에서 건강관리와 질병 및 사고에 대한 대처법을 기술하였다.

〈표 2-4〉『규합총서』 청낭결의 건강 관련 항목별 주요 내용과 특이 사항

항목	건강 관련 주요 내용	특이 사항
태교	임신 중 음식과 약물 금기, 순산하는 법, 산후 태반이 나오지 않을 때의 대처법, 산모와 갓난아기 관리, 탯줄 자르고 처리하는 법, 양아십요(養兒十要) 등.	임신 중 남녀 감별법과 전녀위남법, 태살(胎殺), 방안에 귀신 있는 곳, 안산(安産) 장태(藏胎)의 길방(吉方), 최생부, 소아사주, 아기 상 보는 노래 등의 방술 내용이 많음.
구급	오미(五味) 약성(藥性), 약 먹을 때 꺼리는 음식, 음식별 독에 대한 해독법, 여러 가지 덴 데, 벤 데, 물린 데, 잘못 삼킨 데, 박힌 데, 다친 데, 종이 목매어 죽는 변 등에 대한 대처법. 충치, 소변 불통, 체한 데, 담 든 데, 모기 물린 데, 생인손, 학질, 이질, 목쉰 데, 이 갈이, 귀신 보는 법, 어린이가 못 걷거나 말 못 하거나 빠진 이가 나지 않을 때, 두창, 황달, 약별로 꺼리는 것 등.	좋은 술, 머리때, 먼지, 똥물, 월경수, 장, 꿀, 소금, 숯가루, 기름 등 일상적으로 구할 수 있는 재료가 자주 언급됨. 반하, 도꼬마리 등 주변에서 구하기 쉬운 약초 이용한 처방 많음. 약은 그다지 많이 등장하지 않고 종류도 소합원 등으로 제한적. 일상적 건강관리에 해당하는 양생 관련 내용으로 눈 관리법, 신선형화단(神仙螢火丹) 등 소개. 의사 구하는 좋은 날과 꺼리는 날, 아들 낳으려면, 귀신 보는 법 등 여러 술수적 방법 기술.
잡저(雜著)	몸을 향기롭게 하는 법, 머리 길고 검고 윤지게 하는 법, 털 안 나는 데, 얼굴 트는 데, 육축(六畜) 병 고치는 법, 새 다친 데 고치는 법, 벌레 등 없애는 법 등.	많은 대처법이 방술적 내용. "몸 숨기는 법, 힘세어지는 법, 잠 안 오는 법, 추위 안타는 법" 등은 집안일을 하는 부녀자들이 몸을 숨기고, 힘이 세지고, 잠이 안 오고, 추위를 안 타는 등의 바람을 가지고 있었다는 것을 알 수 있는 부분.[283]
경험방	이 아픈 데, 목에 가시 걸린 데, 여러 가지에 체한 데, 급한 복통, 독한 감기, 학질, 이질, 아이 복학(腹瘧)에, 눈가 짓무르고 눈물 나는 데, 담 결린 데, 아이 경기 등.	많은 대처법이 방술적 내용. 옷 곰팡이와 더러움 관리, 두부 쉬어 엉기지 않는 것 등 의복과 음식 관리.

"청낭결"의 첫 항목을 '태교'로 하고 임신과 출산에 관한 내용을 다룬 것은, 당대의 여성에게 의료와 관련된 것 중에 임신과 출산을 가장 중요하게 여겼기 때문이라고 할 수 있다. 또한 자녀 중에도 가문의 대를 잇는

사내아이의 출산이 중요했기 때문에 태아의 '남녀 구별법'이나 '계집애를 사내로 만드는 법'을 기술하였다.[284]

'경험방'에서는 약의 성질과 일상 음식과의 상극 관계에 관한 것이 다양한 질병 치료 방법 중에 맨 앞에 등장한다. 이것은 집안의 음식 장만을 주관하는 여성의 입장에서 건강에 좋은 음식, 치료에 도움이 되는 음식을 준비하는 것이 우선이자, 환자가 복용하는 약과 상극인 음식을 준비하여 약효가 상쇄되는 일이 없도록 해야 한다는 것을 의미한다고 할 수 있다.

그 외에 권5 "술수략"에 '돌림병 물리치는 법' 항목이 있어 급성감염성 질환에 대한 예방법과 대처법을 기술했다. 그렇지만 석웅황, 소합원 등 몇 가지 일반적인 약을 소개한 것 외에는 닭 울 때 사해신명에게 어떻게 고하라든지, 동향 복숭아 가지를 어떻게 이용하라든지, 날짜와 시간에 따라 온귀(瘟鬼)가 있는 곳이라든지, 하루걸이 학질 고치는 법으로 절학부를 소개한다든지 하는 식의 술수적 방법이 대부분을 차지하고 있다.

『규합총서』의 내용을 통하여 조선 후기 여성의 건강과 질병 관련 인식을 정리해보면, 먼저 건강 문제의 원인에 대해서는 "청낭결"의 '태살(胎殺)'에 관한 부분에서 나타나는 것처럼 '귀신'에서 비롯된 것이라는 믿음이 상당히 컸다. 또한 평소의 건강관리를 통한 예방과 양생(養生)을 강조하여 평상시의 삼가고 신중한 태도와 병에 걸리기 이전의 예방책을 마련할 것을 주장하였고, 병의 근원이 마음에 있다는 관점을 가지고 있었다. 또한 『규합총서』에서 다루는 건강과 질병 관련 내용은 일상에서 집안의 딸과 며느리에게 안주인의 역할로서 알아야 하는 임신과 육아 그리고 급성질환을 위주로 하여 실용성과 이용의 편의성에 주안점을 두는 것이지 의료 전문가로서의 이해와 역할을 포괄하는 것은 아니었다. 따라서 건강 문제의 원인과 내용, 처방법을 간략하게 기술하였다.[285]

약 1세기 전에 쓰여졌지만 4권 4책으로 유서류 중에 가장 분량이 유사하다고 할 수 있는 『산림경제』와 『규합총서』의 동일 주제에 대한 기술 내용을 비교함으로써 조선 후기 남녀의 생활 철학과 지식의 차이를 확인할 수 있다.[286] 예를 들어, 『규합총서』에서는 의료에 관한 내용에서 여성의 임신과 출산에 관한 부분을 제일 앞에 두어 생물학적으로 대를 잇는 여성의 역할을 중시하고 육아에 관하여 곳곳에 반복해서 기술했지만, 『산림경제』에서는 임신과 출산, 육아에 관한 부분이 매우 적다. 이것은 여성의 역할을 임신과 출산을 통하여 대를 잇는다는 데 두는 것이 여성에게 더욱 강하게 각인되었으며, 임신, 출산, 육아에 관한 생활 지식을 알고 관장해야 하는 일차적 책임자를 여성으로 두었고, 남성에게는 상대적으로 중요하게 간주되지 않았다는 것을 대변한다고 할 수 있다. 마찬가지로 『규합총서』에서는 아이 잘 낳는 여자 보는 법도 기술한 반면, 『산림경제』에서는 그런 내용이 나와 있지 않다.

또한 『산림경제』에서는 '숟갈이 입안에 붙었을 때'라는 부분에서 "숟갈이 입안에 저절로 붙어 점점 끌려 들어가고 떨어지지 않는 것은 위열 때문이다. 그럴 때는 급히 삼리혈에 침을 놓으면 즉시 떨어진다.… 또 시두에 7장을 뜨면 즉시 떨어진다."[287]고 해서 당시의 의학 이론체계 안에서 이유와 해결책을 설명하였다. 그런데 『규합총서』에서는 "사람이 음식이 목구멍으로 들어가는 수가 있는데, 역사라도 잡아다려 빼지 못하고, 다 넘어가면 죽는다. 이것은 간경복기가 성할 때 금극목하여 그러하니, 불로 수저 줄기를 뜨면 빠진다. 이것은 화극금하기 때문이다. 혹 뜻밖의 변이 나기에 경험을 적는다."[288]고 하여 의학 이론보다 더 큰 범주의 음양오행으로 설명하였다. 그렇지만 『산림경제』와 『규합총서』 모두 해결책은 같아서 숟가락을 불로 뜨는 것이었다.

19세기 중엽 이후에 쓰여진 것으로 추정되는 『(한글본) 동의보감』은 저술자가 분명하지 않지만 왕후를 비롯한 궁중 여성을 위하여 저술된 것으로 추정된다. 그 이유로는 장책(粧冊)에서 왕실 문헌의 특징을 보인다는 점, 창덕궁에 위치한 연경당의 서책 목록에 포함되어 있다는 점, 전형적인 궁서체로 쓰여졌다는 점, 25권 25책 분량의 방대한 『동의보감』에서 양생에 관한 내경편만을 엮었다는 점, 읽는 사람이 이해하기 쉽도록 협주 등을 적극적으로 활용했다는 점 등을 들 수 있다.[289]

조선시대 왕실 여성은 최고 수준의 의료 혜택을 누렸다. 왕실 소속 내의원에는 가장 뛰어난 의관과 의녀가 속해 있었으며, 최고의 약 자재를 가장 풍족하게 쓸 수 있었다. 따라서 조선시대 왕실 여성에게 건강에 문제가 있으면 최고 수준의 집중적 관리를 받을 수 있었다. 그럼에도 불구하고 『동의보감』 내경편에 대한 한글본이 만들어진 것은, 왕실 여성이 건강관리와 관련 의사 결정에서 의관을 비롯한 타인의 결정에 따르는 수동적 존재에 머무르지 않고, 그 원리를 이해하여 스스로 건강관리를 하고 의사 결정에도 주체적으로 참여하고자 하는 의지가 기반이 되었다고 할 수 있다.

또한 이 서적을 여성이 단순 필사했을 뿐 아니라 내용도 기술했을 것으로 추정할 수 있다. 그 이유는 이 『(한글본) 동의보감』이 궁중에서 만들어졌음에도 불구하고 만들어진 과정에 대한 기록이 전혀 없고, 협주가 적극 사용되고 있음에도 불구하고 내용에서 오류가 적지 않게 발견되기 때문이다. 『(한글본) 동의보감』의 내용을 기술한 사람이 남성이었다면 궁중 출입이 가능한 의관이거나 의학에 조예가 있는 관원으로, 『(한글본) 동의보감』이 만들어지는 과정에 대한 기록이 어딘가에 남아 있을 것이다. 또한 『동의보감』이 가지고 있는 의학관과 생리, 병리학의 기본이 나타나 있는 내경편에 대한 한글본에서 적지 않은 오류가 나오기도 힘들었을 것이다. 따라서 이 『(한글본) 동의보감』은 궁중에서 의학 내용을 어느 정도

아는 여성이, 아마도 내의원 소속 의녀가 『동의보감』 내경편을 이해하고자 한 왕실 여성의 지시를 받아 기술했을 것이다. 이는 『(한글본) 동의보감』의 내용상 오류가 적지 않은 것도 설명하는데, 의녀들은 의학 교육을 받을 때 주로 의녀의 역할과 직접 연결된 진맥, 침법, 명약에 관한 책과 산서를 학습하도록 되어 있었다. 의녀가 공부해야 하는 의학 서적에는, 의학 전반을 포괄하며 자기 완성적 체계를 구축하여 방대한 분량이었던 『동의보감』은 포함되어 있지 않았다. 따라서 『동의보감』 양생편을 언해하면서 적지 않은 내용상의 오류를 저지를 수밖에 없었을 것이다. 그럼에도 불구하고 『(한글본) 동의보감』은 조선 의학의 최고봉인 동의보감을 이해함으로써 왕실 의료의 수동적 수혜자에 머물지 않고 적극적 활용자가 되고자 한 왕실 여성들의 의지가 나타난 책이라고 할 수 있다.

3. 여성의 의료 실천

1) 일반적 건강과 질병 관리

조선시대 여성이 관리하는 범주의 물리적, 생물학적 거의 모든 것은 건강과 관련이 있었다. 예를 들어 부엌과 하수구를 중심으로 하는 공간은 벌레가 많지 않게 관리해야 했고, 모든 식재료와 음식물은 상하지 않게 보존해야 했다. 그중에서도 여성이 식단, 식재료의 관리 및 준비, 조리, 상차리기 등을 일차적으로 담당했던 음식은 주린 배를 채울 수 있어야 하고 맛이 있어야 할 뿐 아니라, 그 음식을 먹는 사람의 건강을 더 좋게 하고, 때로는 병을 치료하는 데 거스르지 않고 도움이 될 수 있어야 했다.

식치(食治)는 의학의 주요 내용이어서 조선시대의 주요 의학 서적에서 이에 관한 내용을 중요하게 다루었다. 세종 15년(1433)에 간행된 『향약집성방(鄕藥集成方)』에서 "병 치료에서 음식과 섭생을 잘 하는 일이 약효의 절반 이상이다. 때문에 환자는 될수록 음식과 섭생을 잘 해야 장수할 수 있으니"라고 환자의 치료를 위하여 음식과 섭생이 중요함을 강조하고, 다양한 종류와 방식의 식치 처방을 증상에 따라 자세히 나누어 소개하였다. 『의방유취(醫方類聚)』(세종 27년, 1445)에서도 "약으로 잘 치료하는 것은 음식으로 치료하는 것만 못하다", "병을 치료함에 우선 식료로써 하고 낫지 않으면 약을 쓴다."고 언급할 정도로 식치의 중요성을 강조하였고, 각 병문의 하부 단위에 식치 조항을 따로 설치하거나 인용 의서 하단에 식치 처방을 소개하였다. 식치로 기술한 음식의 종류는 죽, 고(膏), 술, 차, 밥, 떡, 수제비, 만두, 찜 등 다양했고, 음식 금기에 대해서도 자세히 언급했다. 세조 4년(1460)에는 조선 전기 식치 의학의 종합이라고 할 수 있는 『식료찬요(食療纂要)』가 편찬되었다.[290]

『동의보감』(광해군 2년, 1610)에서도 음식으로 기와 정을 기르는 것을 강조하였으며, 특히 노인의 질병 관리에 음식이 중요하다는 것을 다음과 같은 말로 강조하였다.

> 노인의 질환, 즉 토하고 설사할 때는 약을 삼가고 음식으로 치료해야 한다. 병을 잘 치료하는 것이 병을 조심하는 것만 못하고 약을 잘 쓰는 것은 음식을 잘 쓰는 것만 못하다. 무릇 노인이 병을 얻게 되면 먼저 음식으로 치료하고 음식으로 효과가 없으면 그때 약을 쓰는 것은 장부를 손상시키지 않게 하기 위함이다.[291]

이렇게 건강의 유지와 질병의 치유에 음식을 중요시하는 것은 특별히 건강에 신경 쓰는 사람이나 질병에서 낫고자 여러 노력을 기울이는 상황뿐 아니라, 평소의 음식에도 적용되는 일상 속으로 침투하였다. 먼저, 대중적 의학 서적에서 식치에 관한 내용이 나타난다. 예를 들어 언해본 대중 의학서인 『언해구급방(諺解救急方)』에서는 따로 '상식상기(常食相忌)'라는 항목을 두고 평소 먹는 음식 가운데 함께 가려야 할 것을 기술하였고, 그중에는 특정 질병과 연결하여 금할 것을 지정한 내용도 있다.[292]

가족과 식솔의 식단을 짜고 식사를 준비하는 여성이 이 식치의 개념을 알고 적용했다는 점은 여성이 지은 『규합총서』에 나타난다. 즉, '주식의(酒食議)'에서 음식의 온도와 맛을 사계절 및 오행과 연결하여 식치 이론의 기본을 설명한 후 "사대부 음식 먹을 때 다섯 가지를 생각하라."면서 그 네 번째로 "좋은 약으로 알아 형상의 괴로운 것을 고치게 하라."고 음식을 약처럼 생각하며 먹으라고 하였다. 그리고 이어서 "먹지 말 것"이라는 항목을 두어 새끼 자라부터 토끼 골에 이르기까지 14가지 음식을 먹지 말아야 할 것으로 나열하였다.[293] 술에 관한 부분에서는 "술 마시고 먹어서는 안 될 것"으로 계지탕(桂枝湯), 찬물 등을 나열하였을 뿐 아니라 그 이유까지 간단하지만 명쾌하게 설명하였다.[294] 또한 타락죽(駝駱粥), 구선왕도고(九仙王道糕), 삼합미음, 개암죽, 호두죽 등 여러 식치 음식의 요리법을 기술했는데, 삼합미음은 "노인과 어린이의 원기를 크게 보하고, 병든 사람에게 유익하다.", 호두죽은 "해소에 유익하다." 등[295] 각 식치 음식이 어째서 좋고 어떤 질병에 좋은지를 덧붙여 일상 건강관리와 질병 치료에 적용할 수 있게 하였다. 이렇게 『규합총서』에 나타난 음식을 통한 양생은 미각의 개발이나 맛의 향유보다는 건강과 실용의 측면이 강조되었다[296]고 할 정도로 음식의 건강관리와 치료적 측면이 중시되었다.

조선 여성이 실생활에서 건강, 질병, 음식을 밀접하게 연결시켜 생각하여 특정 음식을 먹거나 먹지 않는 것을 통하여 건강 문제를 해결하려고 한 것은, 조선 중기의 문신인 이문건(1494-1567) 집안 여성이 음식과 건강을 긴밀하게 연결시킨 데서도 나타난다. 이문건의 며느리는 자신의 아들,

즉 이문건의 손자가 복통과 요통이 자주 생기는데 대하여 푸른 과일과 과자만 먹고 밥을 좋아하지 않아서라고 생각하여 금하려 하였다.[297] 또한 60대의 노년이었던 이문건의 처가 식욕을 잃자 팔물탕, 이진탕, 이중탕과 같은 약도 사용하지만, 매일의 식사에서 좁쌀죽, 어육, 쌀죽, 차조기죽 등의 음식으로 기력을 회복시키려 애썼다.[298]

그 외에도 18세기 서울 지역에 살던 풍양 조씨는 결혼한 지 얼마 되지 않아 남편이 앓기 시작하여 20세에 청상과부가 되기까지의 과정을 글로 남겼는데, 이때에도 원인이 명확하지 않던 남편의 질환에 약을 결정하는 것은 의원과 집안 어른들의 몫이었지만, 환자에게 무엇을 먹일 것인가 역시 초미의 관심이었으며, 꾸준히 녹두죽, 양탕 등을 만들고 환자가 얼마나 먹는지, 먹은 후의 반응은 어떤지를 살피는 것은 아내가 직접 담당했다.[299] 또한 조선 후기 노년의 여성이 남편이 사망한 후 애도의 의미에서 소식(素食)을 하고 건강이 나빠지자, 가족은 소식 때문에 건강이 나빠진 것이라고 간주하여 이를 중단하도록 간곡하게 설득하였다.[300]

조선시대의 일상생활에서 중요한 비중을 차지하는 술 역시 마신 사람을 취하게 하는 고유의 기능과 함께, 질병 예방, 건강 추구, 장수 기원 등 더욱 건강하게 오래 살고 질병을 예방하는 측면도 중시하였다. 따라서 절기에 맞게 술을 빚어 때에 맞춰 마셨으며, 술의 명칭도 달리 붙였는데, 여기에는 불로장생과 벽사 관념 등이 크게 작용하였다. 예를 들어 귀가 밝아지라고 정월 보름날 아침 마시는 귀밝이술, 여름을 건강하게 나도록 마신다는 과하주 등[301]이 해당된다. 여성은 자신의 주관 영역인 음식뿐 아니라 빚는 술을 통하여 질병 예방과 치료에 활용하였다.

음식과 술 이외에도 여성은 생활 속에서 실천할 수 있는 다양한 건강 관리법에 대한 지식을 보유하고 실천하였다. 예를 들어 18세기 전반 의원으로 활동했던 이수귀(李壽龜, 혹은 이수기, 1664-?)의 형수 최씨는 20대에

숨 쉬는 것이 거칠고 음식을 먹자마자 돌연 허기져 견딜 수 없을 정도로 건강이 좋지 않아 팔물탕을 복용하는 등으로 증상을 다스렸다. 그런데 나이가 들면서 도리어 건강해져서 79세에도 등불을 켜둔 상태에서 바늘귀에 실을 꿸 수도 있고 작은 글자를 읽을 수 있을 정도였다. 그 이유에 대하여 최씨는 이렇게 설명하였다. "예전에 서방님께서 자신의 소변으로 세안한 뒤 눈이 조금 좋아지는 효험을 보았다 하셨지요. 그 뒤로 지금까지 저도 오랫동안 내 소변으로 눈을 씻었습니다. 매번 소변 볼 때 요강에 세안한 것이 수십 년 되었을 뿐, 그 외 별다른 공력은 없습니다."[302] 여기서 중요한 것은 최씨부인이 눈 건강을 위해서 자신의 소변이라는 손쉽게 구할 수 있는 재료로 매일 눈을 씻는다는, 어렵지 않게 실천할 수 있는 방법을 선택하여 이를 오랜 기간 동안 꾸준히 실천하였으며, 이것이 자신의 눈 건강을 유지하는 방법이라는 믿음을 가졌던 것이다. 약재가 귀하고 값비쌌으며, 대부분의 여성이 집안을 돌보기 위하여 밤낮을 가리지 않고 일해야 했던 조선 사회에서 대부분의 여성은 자신의 건강관리를 위하여 특별히 약을 복용하거나 별도의 시간과 노력을 기울이기는 힘들었을 것이다. 따라서 자신의 소변으로 눈을 씻는 등 구하기 쉬운 재료를 이용하여 손쉽게 실천할 수 있는 방법으로 건강을 유지하고자 노력한 모습을 엿볼 수 있다.

조선 여성은 일상적으로 주변 사람이 건강을 유지하고 질병을 예방하도록 신경 쓰다가, 그들이 평소와 다른 모습을 보이면 그것이 아픈 건지 아닌지, 아픈 거라면 무엇 때문에 또는 무슨 병으로 아픈 건지를 판단해야 했다. 이것이 아픈 사람에 대하여 어떤 대처를 시작하기 위한 첫 단계였고, 관련 경험과 지식이 많은 여성은 적극적으로 필요한 판단을 하였다. 조선 중기 문신인 이문건은 경북 성주에서 유배되어 지내던 20년간 내내 주변의 요청에 의하여 의원으로 활동하였다. 그렇지만 급성감염병이 유행하기 시작하자 증상을 보이는 아이에게 찾아가 두창에 걸렸다는 것을 확인한 사람은 이문건이 아니라 그의 아내였다.[303]

질병이 시작되면 그 진행을 잘 살펴야 했고, 그 과정에서는 안색과 원기를 잘 살펴보는 것뿐 아니라, 필요할 때는 아픈 사람의 변 맛을 보는 적극적인 행위도 했다. 이문건의 처가 1558년 설사병으로 매우 아팠을 때 당시 12살이었던 손녀 숙희가 매일 할머니의 똥을 맛보아 병이 좋아지고 있는지 나빠지고 있는지를 판단하였다.[304]

여성은 아픈 사람을 확인하고 낫기를 도모하는 과정에서 많은 경우 매우 적극적이었으며, 특히 그 방법이 하늘에 기원하거나, 무당이나 중을 부르거나 하는 초자연적이고 술수적인 방법이 필요할 때에는 그 과정을 주관하였다. 예를 들어 이문건의 아내는 본인이 직접 "액을 쫓기 위해 하늘에 제사 지내는 글"[305]을 지었다. 이문건 자신도 가족이 아플 때 언제쯤 나을지 등을 알기 위해서 점쟁이를 불러 묻는 등 점복의 도움을 받는 일이 흔할 정도로 남성 역시 적극적이었다. 그렇지만 조선 후기로 갈수록 유학 이론에 부합하지 않는 무속에 의뢰하고 관련된 일을 주관하는 것은 점차 여성의 몫이 되었다. 그리고 이를 바람직한 것으로 간주하지 않는 남성과 이를 자연스럽게 받아들이고 주관하는 여성의 대립이 드러나는 일이 잦아졌다. 1663년 박진희(朴震禧)가 지은 『두창경험방』에는 사대부 집안에서 두창에 걸린 아이를 놓고 무속 치료를 고집하는 아내와 그것을 반대하는 남편이 대립하다가, 결국 아내가 승리하는 이야기가 나온다. 또한 조선 후기의 실학자인 이덕무는 본인이 저술한 교훈서에서 "무릇 집안사람이 병이 나면 부녀자들이 주장하여 의약은 물리치고 푸닥거리만을 일삼다가 환자를 사망하게 하는 일이 많다."[306]고 한탄하였다.

여성은 아픈 환자의 곁을 지키면서 시중을 들며 조금이라도 덜 힘들게 돕고, 치료와 회복에 도움이 되는 음식을 준비하여 먹도록 하고, 약을 달이고 때맞춰 먹게 하고, 침이나 뜸을 뜨는 등 다양한 치료 방법을 동원하기도 하였다. 생명이 위험할 정도로 병이 위중한 환자에게 이런저런 방법이 별 소용이 되지 않을 때에는 자신의 살이나 피를 약으로 제공하기도 하였다. 1562년 2월 4일 이문건의 아내가 몹시 아파서 위독한 지경에 이르자 당시 17세였던 손녀 숙희는 허벅지 살을 재로 만든 후 죽엽수에 타서 복용토록 하였고, 할머니는 소생하였다.[307] 조선시대에 부모, 조부모, 남편 등 가까운 가족이 심하게 아파서 목숨이 위태로울 때 자신의 살이나 피를 환자에게 먹임으로써 회복을 도모한 사례는 드물지 않았다. 이에 대하여 의학적으로 약효가 있다는 논리는 없었고, 유학자들 사이에서는 바람직한가가 논쟁거리였다. 그렇지만 사람의 목숨이 경각에 달린 상황에서 시도해볼 수 있는 방법 중에 하나였으며, 가까운 사람의 죽음 앞에서 할 수 있는 방법은 모두 해보려는 사람들이 있었고, 값비싸고 구하기 힘든 약보다는 어떤 면에서 구하기 쉬웠고, 결과를 떠나 행위 자체가 최선을 다한 것으로 칭송받는 경우가 많았던 것도 있어서, 자신의 신체 일부를 환자에게 먹여서 낫기를 바라는 일은 왕왕 일어났다.

환자가 약을 먹을 때는 금기 음식을 먹지 않도록 조심하였다. "무릇 약 먹음에 모든 생채를 꺼린다."와 같이 큰 원칙도 있었지만, "창출, 백출은 복숭아, 오얏, 새, 조개, 자총이, 마늘을 꺼리고, 반하, 창포는 사탕, 양고기, 매실을 꺼리고"[308] 하는 식으로 약재마다 금기 음식이 달랐기 때문에 이를 모두 지키면서 환자 음식을 마련하는 것은 뛰어난 지식과 경험을 요구하는 것이었다.

여성이 했던 적극적인 치료행위 중에는 신체 부위에 대한 외과적 접근도 포함되었다. 조선시대의 대표적 외과적 도구인 침을 혈자리에 찔러 넣어 막힌 기혈 순환을 소통시키는 것뿐 아니라, 신체 부위에 인공적으로 상처를 내서 치료 효과를 도모하는 등 적극적으로 활용하였다. 1551년 이문건의 며느리가 셋째 딸을 낳은 지 5개월 만에 유종을 심하게 앓자 놋쇠침을 사용하여 종기 부분을 따서 낫게 한 사람은 돌금이라는 사비였다.[309]

여성의 건강관리와 병구완, 치료는 대개 가족을 비롯한 주변 사람을 대상으로 하였고, 그 범주도 음식, 간단하고 손쉬운 약, 점술과 기복 활용 등 일상적인 것 위주였지만, 가진 지식과 기술이 널리 인정받고 알려지는 경우도 있었다. 예를 들어 18세기 말 19세기 초 종기 치료로 유명했던 피재길은 의술을 어머니로부터 배웠는데, 그 어머니는 종기 치료 의사였던 아버지로부터 배운 것이었다. 조선시대에 의술은 흔히 집안에서 대대로 전해지는 경우가 많았기 때문에, 피재길의 어머니처럼 여성 의료시술자는 주로 의원 집안에서 약 짓는 것 등을 도우면서 의술을 익혔다.[310] 또한 일찍 과부가 된 박씨부인이 약상이 되어 감초를 시세 좋을 때 매점매석하여 값을 올린 후 떼돈을 벌었다[311]는 야담에서 짐작할 수 있듯이, 의약 지식을 이용하여 약재 매매에 종사하는 것도 가능했다.

그 밖에도 배움과 지식의 영역이 의약에까지 확장되고 수준이 높았던 여성들이 있었다. 남편 홍인모와 함께 조선시대 최초의 부부 문집을 남긴 영수합 서씨(1753-1823)는 배움이 넓어 의학에 정통했으며,[312] 『태교신기』를 집필한 사주당 이씨, 여성이 일상생활을 위하여 알아야 할 지식을 집필한 『규합총서』를 남기며 의약에 관한 내용을 많이 포함시킨 빙허각 이씨 등이 대표적이다.

2) 임신과 출산

여성이 건강관리와 의료에서 가장 주도적인 영역은 임신과 출산 그리고 육아였다. 임신 여부를 알게 되는 증상은 월경의 중단, 입덧, 태동과 배불러움 등이었다. 그렇지만 임신 여부가 확실하지 않거나 의심될 때에는 의원을 찾아가 확인을 하였다. 의원은 진맥을 하거나, 천궁과 당귀로 만든 신방험태산(神方驗胎散)을 복용한 후 복부의 움직임을 관찰하여 임신 여부를 판단하도록 하였다.[313/314]. 그 외에 임신 진단에도 사용하지만 임신 초기 유산을 유도할 수 있는 약도 알려져 있었다. 그중에는 다양한 약재가 필요한 것도 있었지만, 한 가지 약재만으로 이루어져 이용하기 편한 것도 있었다. 예를 들어 『산림경제』에서는 신방험태산과 같이 임신 여부를 판단하는 약에 대해서는 언급하지 않았지만, 임신 초기 인공유산을 유도하는 약재에 대하여 "신선태을자금방단부터… 홍아는… 월경을 통하게 한다. 어혈의 치료에 좋고 잉태를 떨어지게 하고… 사향… 부인의 난산과 낙태에 사용한다.…"[315]고 기술하였다. 특히 홍아는 붉은색을 내는 염색제로 두루 사용되었기 때문에 많이 재배하였고 구하기도 쉬워서 이를 이용한 인공유산은 상당히 널리 알려지고 사용되었으리라고 짐작할 수 있다. 그렇지만 『규합총서』에서 어떠한 인공유산 방법도 기술하지 않은 것은, 임신과 출산을 통하여 대를 잇는 것이 여성의 주요 책무였던 조선시대에 오히려 여성 자신이 그에 관한 지식을 직접 드러내고 권하는 것은 윤리적으로 바람직하지 못한 것으로 간주되었기 때문일 수도 있다.

임신 중에는 다양한 금기를 지키며 건강을 유지하여 출산을 준비하였다. 『규합총서』 "청낭결"의 태교 부분은 임신부가 지켜야 할 일상생활의 기본 금기에 관한 태중장리법(胎中掌理法)에서 시작하는데, "무릇 아기 가진 아낙네 옷을 너무 덥게 말고"에서부터 "달 찬 뒤 머리 감거나 발 씻지 말고 높은 뒷간에 오르지 말라."에 이르기까지 음식 금기, 약물 금기, 태살 금기, 방안에 날로 노는 귀신 있는 곳에 이르기까지 의식주 모든 측면에서의 금기를 열거하였다.[316] 실제 생활에서 이 금기를 모두 지키는 것은 거의 불가능했겠지만, 임신부는 되도록 금기를 지키고자 노력했을 것이며, 태아가 잘못되는 경우 금기를 지키지 못해서 그런 것이라고 생각하기도 했을 것이다.

여아보다 남아를 중요하게 여기는 사회였으므로, 남아를 임신하는 법, 태아가 남아인지 여아인지를 알 수 있는 법, 여아를 남아로 바꿀 수 있는 법이 여러 가지 알려져 있었다. 따라서 태아가 여아로 의심되는 경우 남아로 전환시키는 방법을 시도했겠지만, 실제 태아의 성별이 남아로 바뀔 거라고 크게 기대 하지는 않았던 것 같다. 빙허각 이씨는 전해져오는 여러 가지 전녀위남법을 기술하고 "석 달이 넘으면 남녀가 이미 나뉘었으니 영험이 없다.", "대개 아기 될 때 좌우가 각각 나뉜다 하니 여태(女胎)가 남태(男胎) 될 리 있으리오만, 의서에 정녕히 기록하였고, 시속(時俗)에 또한 경험한 이 있음에 쓰긴 쓰되"라며 믿지 않는 이유, 그렇지만 책에 포함시킨 이유를 설명하였고, 전녀위남법을 따라 하다가 밤중에 놀라거나 하여 유산하는 등을 조심하라고 당부하였다.[317]

출산 시에는 "늙수그레 미덥고 잘 아는 사람"[318]인 집안의 나이들고 출산 경험 있는 여성이 도왔다. 이들은 출산이 편안하고 순조롭게 진행되도록 주변을 조용히 하고, 산삼, 여신단(如神丹) 등의 약재뿐 아니라, 길 가는 사람의 짚신, 쇠 길마 등도 동원하였다.[319] 예를 들어 이문건의 처가 1518년 10월 21세의 나이로 아들을 낳을 때, 친정어머니인 김씨와 여종 석금이 출산을 도왔다.[320] 그 전해에 첫아이를 임신 8개월 만에 잃고 난 후 첫 출산이었으므로 여러모로 조심스러웠을 텐데도 의원을 부르거나 하지 않고 가장 가까이 있고 경험 있는 여성인 어머니와 여종의 도움을 받은 것이다. 이문건의 처는 이후로 여러 번 출산했으므로 수십 년이 지나 며느리가 출산할 때, 그리고 비 옥춘이 출산할 때는 여종 돌금과 함께 직접 산관을 하였다. 이때 여종 돌금은 신생아의 탯줄을 자르고 싸매는 등 적극적으로 역할을 하였다.[321]

이문건의 처나 돌금과 같이 본인이 여러 번 출산을 해보고 남의 출산을 도와준 사람은 정상 분만뿐만 아니라 난산의 경우 어떻게 대처해야 하는지에 대해서도 상당 수준의 지식을 갖고 있었다. "출산이 시작되면서 아이가 몸을 돌리지 못해 도산이 되어, 푸른색을 띤 아이는 앉아 매달려 턱이 산문에 걸려 잘 나오지 않았다.… 처가 돌금이로 하여금 손을 써서 아이의 턱 걸린 것을 풀어주도록 하니 아이가 나와서 울었다."[322] 고 하는 기록에서, 사비 옥춘의 심한 난산에 김씨부인과 몸종 돌금이 적극적으로 대처하여 해결하는 모습이 생생하게 나타난다. 이렇게 출산을 도운 경험이 많은 여성들은 난산 등 출산을 둘러싼 위기상황을 해결하는 나름의 방법을 가지고 있었다. 김씨부인과 돌금이 사용한 방법처럼 산도 안으로 손을 넣어 태아를 끌어내거나, 외부에서 힘을 가하여 태반을 배출하도록 하는 등 물리적으로 적극적인 방법이었다.[323]

경험 많은 여성이 도와도 해결되지 않는 비정상 분만에는 의원이나 산파를 불러서 도움을 받았다. 특히 횡산 등으로 분만이 제대로 진행되지 않는 경우나 태반이 배출되지 않는 경우가 심각했다. 의원은 주로 약을 써서 정상 분만과 태반 배출을 유도했지만, 먼저 배출된 태아의 손발 부위를 자극하여 체위 변경을 유도한다든지 하는 물리적 방법도 사용하였다. 산파는 의원보다 더 적극적인 방법을 사용했는데, 위 김씨부인과 돌금이 사용한 방법과 마찬가지로 산도 안으로 손을 넣어 태아를 움직이는 수법(手法)을 쓰기도 하고, 긴 베로 산모의 허리와 배를 동여매고 잡아당겨 태반 배출을 유도하기도 했다. 이렇게 산파가 사용한 방법은 상당히 효과를 인정받았던 것 같지만, 난산과 태반 미배출은 워낙 위험한 상황이었기 때문에 의원이나 산파가 개입해도 결과가 좋지 않은 경우가 많았다.[324]

4. 의료전문기술직 여성, 의녀

1) 의녀제도의 시작과 배경

의녀(醫女)제도는 조선 초에 만들어져서 조선 말까지 존재했다. 의녀제도가 만들어진 배경에 관한 일반적인 통설은, 남녀 간에 내외(內外)하는 유교 규범에 따라 여성이 남성 의원을 접촉하고 치료받기를 꺼려하여 사망하기까지 하는 폐해가 있자 조선 정부에서 이에 대한 대책으로 여성도 남성과 동등하게 의료 혜택을 받도록 하자는 취지로 만들었다는 것이다. 그 근거로 태종 6년(1406)에 허도(許衜)라는 관리가 "부인이 병이 있는데 남자 의원으로 하여금 진맥(診脈)하여 치료하게 하면, 혹 부끄러움을 머금고 나와서 그 병을 보이기를 즐겨하지 아니하여 사망에 이르게 됩니다."라고 하면서 어린 관비를 선발하여 맥경과 침구를 가르쳐서 치료하게 하도록 상언하고 "임금이 그대로 따라 제생원으로 하여금 그 일을 맡아보게" 하여[325] 의녀제도가 시작되었다는 『조선왕조실록』의 기록이 흔히 거론된다. 그런데 이 기록을 그대로 사실로 받아들일 때 우리는 저지르기 쉬운 오류에 빠지게 된다. 그것은 바로 남성의, 그것도 공식 기록에 남았던 지배층 남성의 이야기를 그대로 받아들인다는 것으로, 이러한 경향은 여성사 연구에서 지속적으로 긴장감을 갖고 주의해야 하는 것으로 지적되고 있다.

조선은 새로운 국가를 세우면서 사상적으로 성리학을 중심으로 하는 것에 고려와의 차이를 두고 성리학을 최고의 이론 및 실천 강령으로 표방했지만, 실제 조선 사회 전반에 성리학적 실천이 침투한 것은 조선 중기 이후이다. 즉, 조선 초기 왕실과 지배층은 성리학의 이론과 원칙으로 '고려'와 다른 '조선'을 부각시키고자 애썼지만 실제 사람들의 삶과는 거리가 있었고 남녀 간의 왕래와 접촉도 상당히 자유로웠다. 또한 실제로

의원이 남성이라는 이유로 여성이 도움을 거부하여 죽음을 초래한 사례는 찾기가 어려우며, 심지어 조선 후기에조차 임신과 출산, 성생활을 비롯한 여성의 다양한 건강상의 문제에 남성 의원이 상당히 적극적으로 개입하고 치료했다.[326] 여성 환자가 남성 의원에게 진료를 받지 못하는 주된 이유는 경제적으로 어렵다거나 인근 지역에 의원이 없다거나 하는 사회경제적인 면이었지, 남성 의원과 접촉하면 안 된다는 규범적 금기를 지키기 위해 건강, 심한 경우 목숨을 거는 위험을 선택한 실제 사례는 거의 나타나지 않는다.

이같은 점을 감안할 때 조선 초에 의녀제도가 만들어진 것은, 당시 조선 여성의 필요를 반영해서라기보다는 조선 여성의 의료를 포함한 생활 전 영역에서 내외라는 규범이 관철되기를 바란 지배층 남성의 요구를 반영해서라고 보는 것이 더 합당할 것이다. 즉, 조선이 건국하고 14년 만에 의녀제도를 시작한 것은, 조선 정부에서 연이어 부녀 상사(上寺) 금지, 폐면(蔽面)의 의무화, 교자(轎子) 사용의 준칙, 부녀자의 행락 금지, 거리 행사 관람 금지 등의 규제 조치를 취했던 것과 마찬가지로 남녀유별의 내외를 강화하고 실생활에 정착시키기 위하여 '위'의 '남성'들이 만든 것이다. 이러한 의도는 의녀제도의 실시를 주장했던 허도가 17년 후인 세종 5년(1423)에 다음과 같이 주장하며 의녀제도를 지방으로 확대할 것을 건의한 데에서도 잘 드러난다.

> 『예기』에 이르기를, '사람이 나서 7세가 되면, 남녀가 자리를 같이하지 아니하며, 먹는 것을 같이하지 아니한다.' 하였으니, 이는 성인(聖人)이 남녀의 분별을 삼가히 하려는 것입니다. 그러나 사람은 이미 기질로 구성되어 있은즉, 질병이 없을 수 없으니, 그 위급할 때를 당하면 비록 종실의 처자(處子)라 할지라도 의원을 구하여 치료하지 않는 사람이 없

어, 드디어 남의(男醫)로 하여금 살을 주무르게 하니, 그 남녀의 분별을 삼가는 뜻에 해괴함이 어떠하겠습니까. 혹은 진찰해 보이는 것을 부끄럽게 여겨 끝내 질병을 다스리지 못하고서 요사(夭死)하는 자도 있으니, 신은 조석으로 깊이 걱정하는 바입니다.[327]

허도는 유교 경전인 『예기(禮記)』를 근거로 하여 남녀가 분별해야 하는데 남성인 의원이 여성의 살을 만지는 것은 남녀분별에 벗어난다는 것을 의녀제도를 확대해야 하는 첫 번째 이유로 들었던 것이다. 물론, 남성 의사와의 접촉을 꺼리다가 사망하는 사람도 있다는 것을 그다음 이유로 들었지만, 여성의 요구보다도 이념의 관철이 선행하고 여성의 요구는 그 이념적 관철의 정당성을 뒷받침하는 수사적 도구로 등장하고 있다. 이후 실제 의녀제도가 조선 전체 여성의 의료 요구를 충족시키는 것으로 운영되기보다는 왕가와 고위 양반 가문의 여성을 대상으로 운영된 것을 보더라도, 지배층일수록 내외가 지켜져야 했던 것을 반증한다.

1866년에 편찬된 『육전조례』에 따르면 한양에는 정부 소속 의원이 200명 넘게 있었고[328] 관에 소속되지 않은 의원도 다수 있었다. 그렇지만 의녀는 내의원 소속 22명, 혜민서 소속 31명 등 50여 명에 불과하였다. 그중 22명의 내의원 의녀는 거의 궁중 안의 업무를 담당했으므로 한양의 일반 여성이 이용할 수 있는 의녀는 약 31명의 혜민서 소속 의녀뿐이었는데, 이 숫자는 한양 인구 약 20만 명의 절반인 10만 명 한양 여성의 의료 요구를 충족시켜줄 수 있는 수준이 아니었다.

2) 의녀의 선발과 교육

조선 여성이 의료 영역에서도 내외를 엄격하게 지키도록 건의된 의녀는 그 자체로 모순을 가지고 있었다. 그것은 의녀 자신이 내외를 지키기가 어렵다는 점이었다. 여성의 의료 요구를 충족시키려면 의관 등의 남성으로부터 교육을 받아 의학 지식과 기술을 갖추어야 했고, 환자의 상태를 제대로 파악하고 필요한 조치를 취하기 위해서는 환자뿐 아니라 환자 가족 등의 남성을 만나야 했기 때문이다. 그렇기에 내외 규범 준수의 예외인 신분에서 의녀가 나온 것은 당연한 것이었다. 내외는 양인 여성에게 요구되는 가치였고, 천민 여성은 내외를 할 필요도, 할 수도 없었기 때문에 내외를 지킬 수 없는 의녀는 천민에서 나와야 했다.

그 외의 현실적 이유에서 의녀는 천민 중에서도 관비여야 했다. 조선 정부에서 장기간에 걸쳐 인력과 비용을 투자하여 교육을 시켰는데, 다 배우고 나서 마음대로 일을 그만두면 조선 정부로서는 큰 손해가 아닐 수 없었다. 그렇지만 국가에 속한 관비에게 교육을 시키면 마음대로 일을 그만두는 일은 걱정할 필요가 없었다. 국가가 할 일은 의학기술을 배우고 익힐 만한 관비를 선발해서 의녀로 교육시킨 후, 의녀제도의 취지에 적절한 일을 하도록 관리하면 되는 것이었다.[329]

조선 정부에서는 한양 각 관청과 지방 관아에 소속된 관비 중에서 의녀 교육을 받을 사람을 뽑았다. 단, 장기간에 걸쳐 심도 깊은 교육을 받아야 하기 때문에 나이가 어리면서 총명한 관비를 선발하도록 하였다. 그 결과 조선 사회에서 신분에서나 성별의 측면에서나 가장 열등했던 관비 중에 선발된 의녀는, 역설적이게도 조선 여성 중에 가장 높은 수준의 전문 교육을, 그것도 정부의 공식적 인정과 권장 하에 받을 수 있었다.

의녀에게 본격적 의학 교육을 시작하려면 문자와 소양 교육이 먼저였다. 일부 양반 여성만 한자 교육을 받았을 뿐 여성에게 허용된 글자가 한글이었던 조선시대에 대부분의 천민 여성은 평생 한글도 모르고 지냈다.[330] 그렇지만 관비가 의학 교육을 받으려면 한자를 알아야 했으므로 지방에서 선발하는 의녀도 『천자(千字)』, 『효경(孝經)』, 『정속편(正俗篇)』 등으로 한자를 해득한 후 올려 보내도록 하였다.[331] 그러나 한글을 배제한 채 한자를 배운 것이 아니었다. 한글은 한자에 비하여 훨씬 빠르고 쉽게 익힐 수 있었고 한글을 알면 효과적으로 한자 교육을 받을 수 있었기 때문에, 여성이나 일반 백성은 물론 양반가의 남자아이도 한자를 배우기 전이나 한자를 배우는 초기에 한글을 배우는 것이 당연시되었다. 따라서 의녀들도 한자 교육에 앞서 한글 교육을 받았을 것이다.[332] 그 외에도 의녀가 한글을 알았을 것이라고 추정할 수 있는 근거가 두 가지 더 있는데, 첫째는 최초의 한글 의서로 세조 12년인 1466년에 간행된 『구급방언해(救急方諺解)』가 의녀 교재로 사용되었다는 것이다. 또한 의녀가 접촉하는 양반가와 궁궐 여성이 공통으로 향유하는 글자가 한글이었고, 문자로 의사소통할 경우 한쪽이나 양쪽이 여성일 때 문자는 한글을 사용했기 때문에, 일을 하려면 남녀를 모두 접해야 했던 의녀는 필수적으로 한글을 알아야 했을 것이다.

의녀에 대한 문자 및 소양 교육의 수준은 이후 사서(四書)[333]로 더욱 올라갔다. 의녀가 한자를 익히도록 하는 데 『효경』, 『정속편』, 사서 등이 활용된 것은 의녀가 비록 관비이지만 조선 백성 모두에게 요구되는 유교적 소양을 갖추고, 자신의 존재 기반인 내외를 이해하며, 주 대상인 왕실을 비롯한 지배층의 품격에 걸맞은 언행을 갖추도록 하기 위해서였을 것이다.

한글, 한자, 유학의 기초적 소양 교육 이후에 이루어진 의녀에 대한 의학 교육은 남성 의원 대신 여성의 신체를 직접 접촉하여 맥을 짚고 침을 놓는 데 필요한 맥경과 침구에서부터,[334] 약품 조제,[335] 산서(産書)[336] 등으로 확대되었고, 학업을 권장하기 위한 여러 노력들이 있었다. 성종 9년(1478) 예조에서 정한 '의녀권과조(醫女勸課條)'에서는 아래와 같이 교육,

인사와 상벌, 인원 보충에 관한 사항이 자세히 규정되었다.

1. 예문관원(藝文館員) 및 명망 있는 문신(文臣) 2인이 교수(敎授)를 겸해서 번갈아 교회(敎誨)한다.
1. 의녀가 읽을 서책은 『인재직지맥(仁齋直指脈)』·『동인침혈침구경(銅人鍼穴鍼灸經)』·『가감십삼방(加減十三方)』·『태평혜민화제국방(太平惠民和劑局方)』·『부인문산서(婦人門産書)』로 한다.
1. 의녀를 3등으로 나누되, 첫째 내의(內醫)라 하여 2인을 두고 달마다 급료(給料)하며, 둘째 간병의(看病醫)라 하여 20인을 두고 전달에 강(講)한 점수[畫]가 많은 자 4인에게 급료하며, 셋째 초학의(初學醫)라 한다.
1. 제조(提調)가 매월 상순에 강서(講書)하고 중순에 진맥(胗脈)·명약(命藥)하고 하순에 점혈(點穴)하게 하며, 연말에 의사(醫司)의 제조(提調)가 방서(方書)·진맥·명약·점혈을 강하여 1년 동안 강에서 받은 점수[畫]를 통산하여 올리고 내린다. 그중에서 불통(不通)이 많은 자는 봉족(奉足)을 빼앗되, 첫해는 1명을 빼앗고 다음 해는 2명을 빼앗고 3년째는 본역(本役)으로 돌려보낸다.
1. 초학의는 간병(看病)에 배정하지 말고, 학업에 전념하게 한다.
1. 나이가 만 40세가 되면서 한 방면도 통하지 못하고 다른 기술도 없는 자는 본역으로 돌려보낸다.
1. 매년 각사(各司)의 계집종[婢] 1명을 간택해서 수를 채운다.[337]

의녀제도가 시작될 때 의녀 교육을 담당했던 제생원은 세조 6년(1460) 혜민서에 통합된 상태였고, 혜민서는 예조 소속이었다. '의녀권과조'에서는 당시 정원 70명인 의녀를 2명의 내의, 20명의 간병의, 그리고 나머지 약 48명의 초학의 등 세 등급으로 나누었다. 48명의 초학의는 교육만 받고, 20명의 간병의는 교육도 받고 실무도 했으며, 가장 우수한 2명의 내의는 실무만 했던 것으로 보인다. 내의는 매달 급여를 받았으나, 간병의는 전달 성적이 좋은 4명만 급여를 받았다.

교육 내용은 맥 짚는 것, 침구에 관한 것, 약에 관한 것 그리고 산부인과 등 네 가지로 구성되었다.[338] '의녀권과조'에서 의녀가 읽을 서책으로 지정한 『인재직지맥(仁齋直指脈)』·『동인침혈침구경(銅人鍼穴鍼灸經)』·『가감십삼방(加減十三方)』·『태평혜민화제국방(太平惠民和劑局方)』·『부인문산서(婦人門産書)』의 5종 중에 『인재직지맥』은 맥으로 환자의 상태를 판단하는 것, 『동인침혈침구경』은 침과 뜸을 놓는 데 알아야 할 혈자리에 관한 것, 『가감십삼방』과 『태평혜민화제국방』은 약에 관한 것, 『부인문산서』는 산부인과 전문 의서였다. 특히 이 중 약에 관한 『가감십삼방』은 원말 유의(儒醫) 서용화가 편찬한 의방으로,[339] 여기에 수록된 13방은 오늘날의 다양한 감기 증세에 사용하는 불환금정기산(不換金正氣散)·십신탕(十神湯)·생료오적산(生料五積散)과 구역, 구토, 어지럼증에 사용하는 이진탕(二陣湯) 등 기본적으로 사용하면서 다양하게 응용할 수 있는 약들이며, 부록으로 신침법(神枕法)이 실려 있었다. 『태평혜민화제국방』은 송나라 때 화제혜민(和劑惠民)의 주지(主旨)로 엮어진 관용 의서로, 훨씬 광범위한 범주와 용도의 약을 다루고 분량도 많은 책이었다. 이 두 가지 약에 관한 책을 공부함으로써 의녀들은 제약의 기본 원리를 알고 기본적 약을 조제할 수 있었으며, 약에 관한 심도 있는 논의를 이해할 수도 있었다.

의녀 교육은 혜민서 제조와 의학교수, 그리고 삼의사 총괄 제조가 관여했는데, 매일의 교육은 종8품인 의학교수 2인(1인은 전임 의관, 1인은 겸직 문관)이 하였고, 매달 초, 중, 말에는 혜민서의 최고 행정관인 종2품 제조가 교육하였으며, 연말에는 삼의사를 담당하는 제조가 교육하였다.[340] 제조가 각 강의 통과 여부를 평가하였고, 통과 결과를 합산하여 상벌에 반영하였다. 즉, 매달 결과를 보아 간병의 중에 성적 우수 4명에게는 급료를 주었고, 1년을 통틀어 평가하여 불통이 많으면 봉족을 1명 빼앗고, 2년 불통이 많으면 봉족을 2명 빼앗고, 3년 불통이 많으면 본역으로 돌려보냈다. 또한 나이가 40세가 되어도 별 성과도 특별한 기술도 없는 경우에 본역으로 돌려보냈다.

'의녀권과조'의 내용은 특히 어떻게 하면 의녀가 열심히 공부하도록 하여 수준 있는 의술을 펼치는 기반을 갖추도록 할 것인가 하는 점에 초점을 두고 있다. 평가 결과에 따른 급여 제공, 봉족 박탈, 본역 귀환 등의 실제적인 상벌 내용으로 구성된 '의녀권과조'에는 의녀가 여성 의료인으로 제대로 역할을 하게 하려는 조선 정부의 의지가 담겨 있었고, 이렇게 정기적인 평가와 그 결과에 따른 상벌 및 인사고과 반영은 나라에서 교육받는 의원에게도 마찬가지로 이루어지는 것이었다.[341]

그렇지만 실제 의녀 선발과 교육, 상벌이 '의녀권과조'에서 규정한 대로만 이루어진 것은 아니었다. 예를 들어 의녀 교육을 혜민서에서만 한 것이 아니라 혜민서 의녀 중에 시험 성적이 월등히 높은 의녀들을 선출하여 다시 내의원으로 보내서 재차 교육하고, 일정 시험을 거쳐 내의녀가 되면 궁중 안에서 활동하게 하기도 하였다.[342] 또한 의녀 교육을 의관과 문관만 담당한 것이 아니라, 특별한 치료기술을 가진 일반인이나 의녀도 담당하게 하였다. 즉, 성종 때는 정병(正兵)으로 복무 중이던 황씨 형제가 고독(蠱毒)을 잘 고친다고 한양으로 오게 하여 의녀들을 가르치게 하였고,[343] 제주의 사비(私婢) 귀금(貴今)이 주인이었던 의녀 장덕(長德)에게서 치충(齒蟲)과 부스럼 제거하는 기술을 전수받아 이를 잘 치료하므로 면천시킨 뒤 서울로 불러 두 명의 의녀로 하여금 따라다니며 배우도록 하였다.[344] 또한 혜민서에서 내의녀로 승급해 간 의녀 중에서도 특히 우수함을 인정받으면 어의녀 또는 차비대령의녀라는 명칭으로 불리면서 왕을 비롯한 왕가의 인물들만을 대상으로 하였다. 그렇지만 의녀의 의학 교육을 중시하고 여러 가지 방법을 동원하여 성취를 독려하는 근간은 조선시대 내내 유지되었다.

조선 사회에서 가장 비천한 신분의 여성 중 한 명인 관비 소녀가 의녀 교육생으로 선발되면, 혜민서에서 단체 생활을 하며 의관과 문관으로부터 직접 한자, 유교적 소양, 의학 내용을 교육받았다. 그리고 열심히 공부하여 성과를 보이면 다양한 보상을 받았다. 즉, 당대 조선 여성 중에 극소수만이 누릴 수 있는 교육과 성취의 경험을 맛볼 수 있었다.

3) 의녀의 활동

의녀는 내외가 요구되지 않는 관비 신분이었으므로 실력과 여건에 따라 왕을 비롯한 왕실 남성과 지배층 남성을 대상으로 의술을 펼치기도 했지만, 주된 의료 활동 대상은 내외명부와 양반층 여성이었다. 궁궐 내에서 의녀가 담당하는 역할은 대비와 왕비 등 상품 내명부 여성에 대한 문안, 진맥, 침구 치료, 호산, 왕비의 의약청 대령, 탕제의 미품(微稟), 거동진참(擧動進參)의 시위(侍衛) 등이었다. 특히 내명부의 대비, 비빈, 세자빈, 공주 등에게 건강상의 이상이 있을 때 의녀가 가서 직접 환자를 살피고 본인과 주변의 이야기를 듣고 진맥하여, 객관적 사실과 자신의 의견을 의관을 비롯한 관계자에게 전달하고, 침구 등의 처치가 결정되면 이를 시행하였다. 그 과정에서 의원, 의학에 조예가 있는 고위관리, 왕을 비롯한 환자의 가족 등 여러 사람이 함께 환자의 상태와 치료법을 판단하는 독특한 모습을 보이는데, 이는 의관이라 할지라도 중인으로 신분이 높지 않았으며, 문관 중에 의학에 상당한 지식을 갖춘 사람이 많고, 가족 관리를 중시한 유교 문화가 지배하던 조선 왕실의 특성을 반영한 것이라고 할 수 있다.[345] 그럼에도 불구하고 내외가 가장 엄격히 지켜져야 했던 왕실에서 비빈이 출산하는 경우에는 의녀의 판단과 결정이 좀 더 주도적으로 이루어졌다.

조선 후기가 되면 의녀의 전문화가 이루어져 특히 내의원 의녀는 수의녀, 차비대령의녀와 맥의녀, 침의녀, 약의녀 등으로 나누어졌다. 수의녀는 내의원 의녀의 우두머리, 차비대령의녀는 내의원 의녀 중에 실력을 인정받은 상급자이며, 침의녀는 침의로부터, 약의녀는 약의로부터 배우도록 하는 등[346] 전문 분야에 따라 효과적으로 학습이 이루어지도록 교육을 분담하게 하였으며, 『내의원식례』에서는 내의녀 22명을 차비대령의녀 10명과 강(講)의녀 12명으로 나누고, 강의녀는 침과 맥으로 절반씩 나누어 배우도록 하였다.[347] 이렇게 전문 실무 분야에 따라 역할을 구분하여, 현종 13년(1672) 충분히 곪은 자전(慈殿)의 종기를 터트리는 것을 침의녀(鍼醫女)가 하도록 하였고, 『내의원식례』에서 내전이 침구 치료를 할 때에는 가장 상급자인 수의녀가 거행하도록 규정하였다.[348] 이것은 고려시대부터 약의, 침의, 종의의 구별이 있었고, 내의원에서 왕이 병 들었을 때 수침은 오직 침의만이 하고, 내의는 약제 처방만 다루도록 하였으며, 기타 종의가 따로 있었던 것[349]과 맥락을 같이한다.

각 관아에서 선출되어 혜민서에서 교육받은 의녀 중에 다시 우수함을 인정받아 내의원 소속으로 옮겨가고, 내의원에서 상급 교육을 추가로 받은 내의녀 중에는 장덕이나 장금과 같이 직접 임금을 치료할 만큼 인정받은 사람도 있었다.[350]

특히 왕실 여성의 출산에서는 의녀가 전체 출산 과정에 참여하고 보조하면서 상태와 진행 상황을 면밀하게 살펴서 순산과 산후조리를 도왔다. 구체적인 예가 영조의 모친 숙빈 최씨의 출산 과정에서 나타난다. 숙종 19년 숙빈 최씨의 첫 출산이 다가오자 의원 2명과 의녀 2명이 배정되었다. 진통이 시작되자 의녀 둘은 산모와 함께 머무르며 식사, 진통의 추이와 이슬 여부를 면밀히 살펴서 의원에게 전했고, 출산을 알렸으며, 태반 배출을 확인하고, 신생아의 건강과 순조로운 젖 빨기, 태변과 소변 배출을 확인하고, 산모의 산후조리 음식 섭취와 변비 등의 불편함을 살피고, 산모와 신생아의 첫 목욕을 수행했으며, 태봉을 만들 수 있도록 태반의 처리 등 산후 7일까지 산모와 신생아의 곁에서 면밀하게 돌보았다.[351] 이후로도 숙빈 최씨는 두 번 더 출산을 했는데, 그때마다 담당 의녀가 선출되어 첫 번째 출산 때와 유사하게 출산 전 과정과 산모의 회복, 그리고 신생아의 상태를 살폈으며, 산모와 신생아에 관련된 모든 결정은 의녀의 관찰과 보고에 근거하여 이루어졌다.

조선 정부에서는 지방의 여성도 의료에서 내외를 지킬 수 있도록 교육받은 의녀를 지방으로 보내기도 했는데, 지방은 한양에 비하여 의원이 부족했기 때문에 의녀는 진찰과 침구, 처방의 의료 전반을 책임졌으며, 부인과 질환 이외의 영역에서도 능숙한 실력으로 치료를 하기도 하였다. 특히 약재를 구하기 힘든 지방의 상황을 반영하여 단방약을 활용한 다양한 치료법을 사용하였다.[352]

의녀는 내외명부의 여성을 대상으로 하는 조사에서 의학적 지식이나 판단이 필요한 경우 활동하기도 하였다. 여기에는 임신 여부나 처녀성의 확인, 여성화된 남성의 성기 검사, 여성의 신체에 나타난 상처에 대한 조사, 양반가 여성의 질병 유무 확인 등이 있었다.[353] 예를 들어 세종 5년(1423) 서울에 거주하는 군사가 부모의 병으로 휴가를 청하면 그 부모가 실제 병이 있는지 심사를 한 후에 휴가를 주도록 했는데, 군사의 어머니가 일반인이면 군영의 실무 담당자가 하도록 했지만, 사대부의 아내이면 의녀가 심사하도록 하였다.[354]

이렇게 조선시대 여성으로는 최고 수준의 전문교육을 받은 의녀는 다른 관비와 다른 특전을 가지고 있었다. 일단 급여가 있어서 혜민서 의녀는 연 2회 쌀 8두와 좁쌀 1두, 내의원 의녀는 매월 쌀 11두와 좁쌀 1두를 받았는데, 이러한 내의원 의녀의 급여는 상궁과 비슷한 수준의 높은 것이었다.[355] 그 외에도 의녀가 행한 의술의 결과가 좋을 때에는 일종의 특별 보너스를 받았다. 예를 들어 영조의 생모 숙빈 최씨의 첫 분만에 참여한 의녀 2명은 대전과 중궁전과 산모 최씨로부터 각각 상품을 하사받았는데, 대전으로부터 각각 백정주(白鼎紬) 1필, 관목(官木) 1필, 흰 무명 4필을, 중궁전으로부터 각각 관목 1필과 흰 무명 2필을, 당시 숙원이었던 숙빈 최씨로부터 각각 백정주 2필과 흰 무명 3필을 받았다.[356]

의녀가 실력을 인정받으면 혜민서에서 내의원으로 소속이 옮겨지고, 급여가 늘어나고, 차비대령의녀나 어의녀 등으로 승진을 하고, 특별 보너스를 받는 등의 여러 보상이 있었지만, 그중에서 가장 큰 보상은 면천이었다. 아무리 임금의 병을 직접 살피는 최고의 실력자로 인정받아도 신분은 관비라는 천민이었는데, 면천하여 양인이 된다는 것은 가장 큰 보상이 아닐 수 없었다. 그 외에 관비임에도 불구하고 양반의 첩이 되는 경우 종모법의 예외로 인정받아 그 소생은 양인이 된다는 것 역시 다른 천민 여성과는 다른 특별 대우였다.[357]

의녀는 의료인으로 역할을 하도록 조선시대 여성으로서는 최고 수준의 전문가 교육을 받았지만, 관비 중에 선발된 조선 정부의 재산이었기 때문에 조선 정부에서 의료 이외의 일일지라도 여성 인력이 필요할 때 동원하면 이를 해야 했다. 의료와 무관한 일에 의녀가 처음 동원된 것은 성종 8년(1477) 처음 시행된 왕비의 친잠례에서 의장봉지(儀杖奉持)를 한 것으로 알려져 있다. 우리나라 역사상 처음 시행된 이 친잠례에 참석한 사람은 왕비와 내명부 4명, 외명부 10명 이상, 궁녀 10명 등 대략 30명 정도의 여성이었다. 예조에서는 친잠례를 처음 준비하면서 전반적인 절차와 누가 어떤 역할을 하는지를 자세히 계획했는데, 의장봉지를 여기(女妓)가 담당하게 하고 부족한 인원을 의녀로 충당하되 임시로 여기의 옷을 입히자고 하였다.[358] 조선에서는 중앙과 지방을 막론하고 공식행사의 의례에서 여성의 몫은 여기가 담당하였으므로 의장봉지를 여기가 담당하도록 한 것은 당연하여 처음 치르는 친잠례에서도 1순위로 여기, 2순위로 의녀를 배치한 것이다. 이후 17세기에서 19세기 후반까지 의녀뿐 아니라 침선비, 각사 비자 등의 관기가 의장봉지에 동원되었다. 의장차비는 적게는 수십에서 많게는 200명이 넘는 인원이 동원되었으므로 내의원과 혜민서 의녀 및 침선비 중에서 뽑힌 이를 기본으로 하였다.[359] 그 외에도 연산군대에 잔치와 진연의 규모가 커지면서 의녀를 기녀와 함께 역할하게 하고 음악을 익히게 하거나 사신 접대에 동원하는 등 의료와 무관한 업무가 주어지기도 하였다. 그러나 이와 같은 경우는 대체로 부족한 인력을 보충하는 임시적인 것이었고, 이후로 의녀가 다른 일에 동원되어 의업을 쌓는 데 방해가 되지 않도록 해야 한다는 주장이 이어졌다.

조선 왕조의 출발을 뒤따라 만들어져서 500년간 지속되던 의녀제도는 조선 왕조와 그 마지막을 함께하였다. 의녀를 양성하고 소속시키던 혜민서가 1882년 폐지되면서 의녀 역시 더 이상 선발되거나 교육되지 않았다. 그러나 조선 정부 소속 여성 의료인으로서 의녀의 자취는 1885년에 서양식 병원 제중원에서 다시 등장했다가 사라졌다.

공립의원 제중원의 관기가 마지막 의녀인가?[360]

미국 공사관 의사이면서 조선에서 의료 선교 활동을 할 기회를 찾고 있던 앨런(H. N. Allen)은 갑신정변 와중에 부상당한 민영익을 치료해준 것을 계기로 조선 정부에 병원 설립을 건의하였다. 서양 병원에 관심을 갖고 있던 조선 정부에서는 재빨리 일을 추진하여 1885년 4월 제중원이 개원하였다. 제중원의 진료는 의사 앨런이, 기타 사무와 잡무 등은 조선 정부에서 지원한 조선인 남성들이 담당하였다.

그런데 양반가 여성이 진료를 받으러 오는 경우 의사인 앨런을 제외한 모든 남성은 자리를 피해달라고 했기 때문에 병원 운영에 걸림돌이 되었다. 아직 선교가 인정되지 않고 있던 조선에서 제중원을 잘 운영해서 조선 정부로부터 긍정적 평가를 받는 것이 종교적으로나 정치적으로나 얼마나 중요한지 잘 알고 있던 앨런은 여성 환자가 계속 찾아오게 하면서 병원을 효율적으로 운영할 수 있는 방법을 찾았고, 그 해결책으로 등장한 것이 조선 정부에 관기를 요청하여 이들을 교육시켜 활용한다는 것이었다.

1885년 앨런은 조선 정부에 제중원의 일을 도와줄 여성을 보내달라고 요청하였다. 의녀를 양성하고 소속시키던 혜민서가 1882년 폐지된 이후 더 이상 의녀가 선발되지도 교육되지도 않고 있었지만, 조선 정부에서는 의녀를 선발하던 것과 같이 황해도와 평안도 감영에 13세에서 16세 사이의 총명한 관기 2~3명을 뽑아 올리도록 해서, 이들을 제중원으로 보냈다.

앨런이 이들에게 처음 하도록 한 업무는 관기의 업무인 여흥을 돋우는 것이었다. 즉, 앨런은 이들이 도착한 날 조선인을 초대하고 연회를 열어서, 이들에게 술도 따르고, 권주가도 부르고, 가야금도 타게 했다. 그리고 다음 날부터는 제중원에서 필요한 교육을 시키면서 업무를 시작하도록 하였다. 이들은 앨런으로부터 총명하고 필요한 기술 습득에도 상당히 영리하다는 평가를 받으며 간호부와 약제사의 역할을 하였다.

그렇지만 제중원에서 관기들의 활동은 수개월 만에 중단되었다. 일을 시작한 지 얼마 되지 않아 2명은 해직되었고, 나머지 3명은 조선 정부가 조선 주재 총리교섭통상사의(總理交涉通商事宜)였던 위안스카이(袁世凱, 1859-1916)에게 넘겨서 위안스카이를 따라 중국으로 갔다. 조선 초인 태종 6년(1406)에 시작되어 1882년 혜민서 폐지와 함께 없어진 의녀제도는 이렇게 1885년 제중원에서 약 4개월간 잔상을 보이고 역사에서 사라졌다.

조선 정부 최초의 서양식 병원이라고 할 수 있는 제중원에는 서양인 의사가 있었고, 그에게서 진료를 받으려는 양반가의 여성은 내외를 지키기 위하여 의사를 제외한 모든 남성은 자리를 피할 것을 요구했다. 이러한 상황에서 인력의 공백을 메울 조선인 여성이 필요했고, 조선 정부는 관비 중에 5명을 선발하여 보냈다. 이들은 서양인 의사를 보조하도록 서양 의학교육을 받고 일도 했지만 중국인 강자에게 넘겨졌다. 이후 조선에서 여성 의료인의 필요성이 대두되었지만 내외는 더 이상 조선 사회가 지향하는 가치가 아니었기 때문에 누구도 내외를 존재의 의의로 하는 의녀를 기억하거나 주장하지 않았다.

죠션료리제법목록

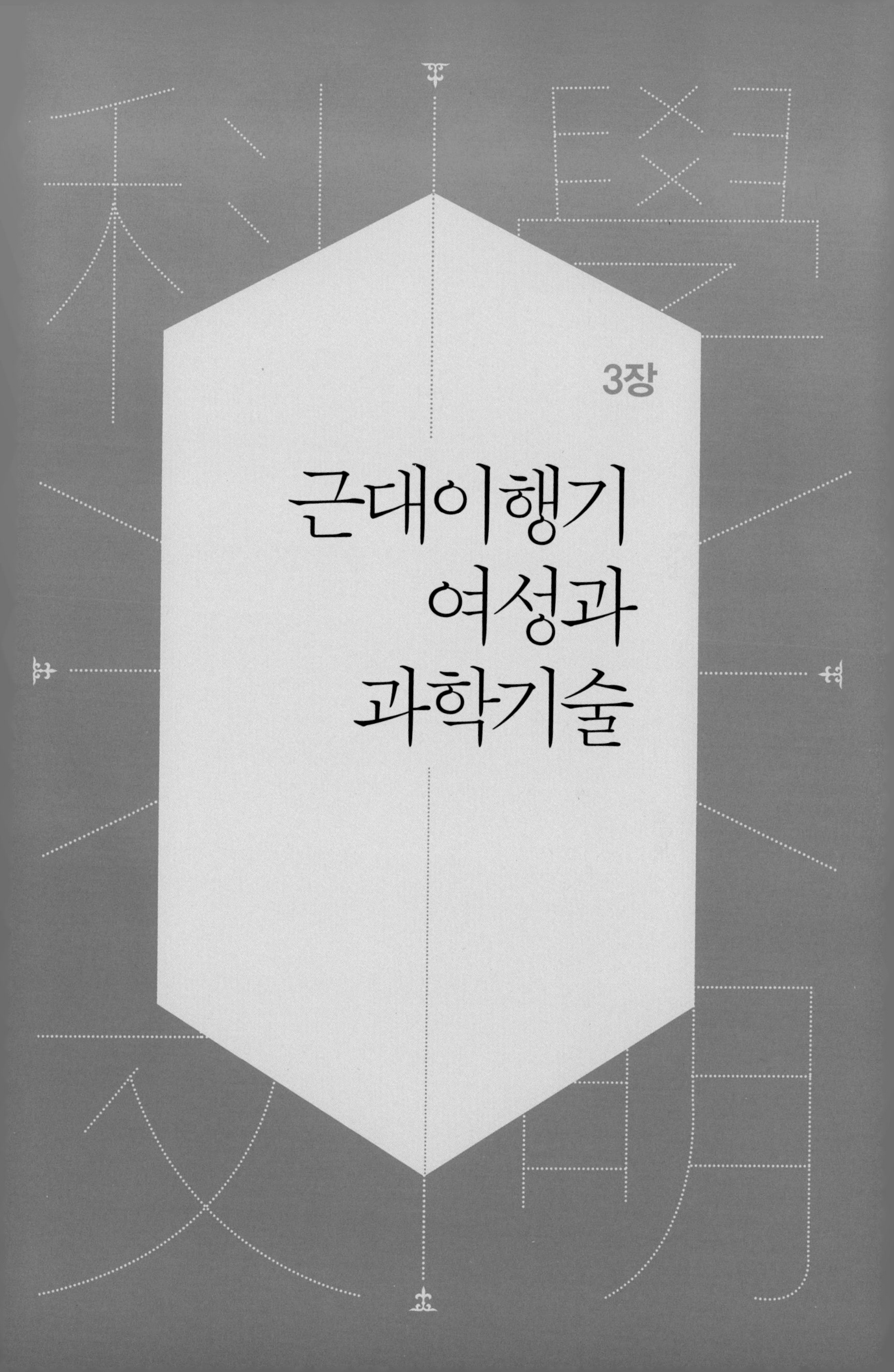

3장

근대이행기 여성과 과학기술

조선시대 여성의 기술적 실천과 기술적 지식은 근대 한국 사회에서 어떠한 모습으로 존재하는가? 전통의 연속과 변용이라는 말로 표현되곤 하는 이 문제는 오늘날에도 일상생활에서 던지는 흔한 질문으로 바꿔볼 수 있다. 예컨대 이제는 적지 않은 외국인들도 알고 있는 '김치'는 누가 처음 만들었고, 어떻게 계승되었으며, 어떤 변화를 거쳐 오늘에 이른 것일까? 집집마다 여성들이 길쌈하고 옷을 짓는 모습은 언제 어떻게 없어진 것일까? 의, 식, 주, 의료에 걸친 일상생활의 많은 것들에 대해 이러한 질문을 던질 수 있을 것이다. 이 모든 일상의 문제들은 이 책에서 말한 과학기술과 젠더의 상호작용 구조와 그 변동에 관련되어 있다. 조선시대에 젠더화된 기술적 실천과 기술적 지식은 근대이행기에 어떻게 변동하였는가? 무엇이 변했고, 변하지 않았으며, 왜 그러했는가? 우리는 이 양상이 연속이냐 단절이냐의 한 축과 확대냐 축소냐, 또는 대체냐 재편이냐의 다른 축이 맞물리면서 전개되었다고 이해한다. 현실적인 전개 양상은 개별적으로 복잡하지만, 다음과 같은 몇 가지 갈래의 유형으로 나눠볼 수 있다.

첫째, 여성의 기술적 지식이 연속되면서 재편되어가는 양상으로, 조선시대 언문에서 근대이행기 이후 나라글 '국문'으로 그 위상이 변화된 한글이 대표적이다. 앞서 2장 3절에서 살펴본 대로 조선시대에 한글은, 폄하적인 별칭 '암글'에서 드러나듯, 여성들이 그 사용자의 주축을 이루었다. 궁궐에서 시작하여 양반층 여성들로 그리고 평민층 남녀로 사용자가 확대되는 가운데, 한글의 기술적 자원과 활용이 축적되면서 한글은 하나의 본격적인 '글쓰기 체계'로 발전해갔다. 여성들이 축적해온 서체와 문체는 근대로 접어들면서 한글이, 공인된 나라글이자 계몽의 도구로 빠르게 자리잡는 데 중요한 기여를 했다. 조선시대의 한자-한글의 이중 어문체계에서 한글 중심의 어문체계가 정착되기 시작하면서 한국의 어문 생활에서 한글의 역할은 확장·재편되어갔다.

둘째, 여성의 기술적 지식이 연속되고 확대되는 양상을 보인 대표적인 영역은 식생활이다. 식생활은 아무래도 보수성이 강하며, 그래서 조선시대의 장(醬) 등 발효식품 중심의 식생활 습관은 현재까지도 그 전통을 유지하고 있다. 물론 그런 가운데에서도 서양 및 일본에서 새로운 식재료와 조리 방법이 유입되고 외식 산업이 형성되어갔지만, 이러한 변화가 일상생활에 전면화되기까지는 상대적으로 많은 시간이 걸렸다. 근대이행기에 이루어진 변화는 주로 양조간장과 화학조미료처럼 일본 식품산업이 기존의 식품문화의 일부분을 대체해가기 시작하는 것으로 나타났다. 이처럼 식생활은 여성이 축적해왔던 지식과 실천이 연속됨과 동시에 문화적으로나 산업적 측면에서 새로운 현상이 나타나면서, 젠더화된 기술 지식으로 복합, 재편되어갔다.

셋째, 연속하되 축소되는 양상이다. 전근대 사회의 지식체계는 공식적인 제도 차원에서는 서양의 지식체계로 대체되었고, 비합리와 후진성, 심지어 미신의 징표로 무시되고 폄하되었다. 하지만 실상에서는 광범위한 관습의 영역에서 전근대 사회의 지식이 연속되었다. 교과서에 나오는 서양 천문학이나 화학이 상징적인 권위를 가지긴 하나 사람들의 일상적 삶이나 사유와는 아직 동떨어진 이론에 불과했다면, 택일·금기·방위·점복 등 조선시대에 광범위하게 실천되었던 술수(術數)의 영역은 사람들의 행동과 태도에 이전만큼은 아닐지라도 여전히 힘을 발휘했다. 그리고 사람들의 행동을 규제하고 실천을 이끌어내는 이러한 전통적 지식을 실행하는 행위자의 상당수는 여성들이었다. 이렇게 근대 과학 영역이 전문화됨과 동시에 그것이 일상으로부터 분리되는 경향은 근대 시기에 일어나는 일반적 현상이긴 하지만, 식민지를 겪은 비서구 사회에서 더욱 극단적인 양상으로 나타났다.

넷째, 여성의 기술적 지식과 실천의 범위가 단절되고 축소되기도 했다. 조선시대 여성 중심으로 가내에서 생산되던 영역이 자본주의적 생산체제 및 시장상품으로 대체되는 영역이 생겼다. 직물 생산과 염색 같은 영역은 빠르게 기계와 공장 영역으로 대체되었고, 옷 짓기의 경우 강점기까지는 대개 집안에서 여성들이 직접 담당했으나, 남성 양복처럼 양재기술자에게 옷을 맞추는 데에서 시작하여 이후에는 기성복 체제로 넘어가게 되었고, 오늘날에는 옷 수선과 세탁 정도만을 집에서 하고 있다.

반면, 여성에게 부과된 지식과 기술의 범위가 확장되기도 했다. 일본식으로 번안된 서양 가정학이 19세기 말 20세기 초 과학주의, 위생주의 담론과 결부되면서 공적 교육기관이나 출판시장을 통해 조선시대 여성들이 관장한 과학기술 지식체계를 대체해갔고, 청결과 위생, 효율을 구호로 하는 가정관리가 강조되었다. 여성은 아이를 생육하는 데에서 나아가 지식과 가치를 가르치는 교육자의 역할을 부여받게 되었다. 또한 문명화 담론이 유입됨에 따라 여성들은 새로운 기회를 맞이하게 되었다. 여성들이 미용기술인 같은 직업인이 되고, 출판물의 저자로 이름을 남기며, 여학교에서 가정학을 가르치는 교사나 전문학교의 교수, 의사, 간호부 등 전문적인 기술 직업인으로 자리잡게 된 것이다. 여성들을 통해 실천되고 전수되던 기술적 지식의 영역은 비록 축소·대체되었지만, 근대적인 공적 영역에서 자신의 지위를 확보해갔기에 여성들의 권한이 일방적으로 축소되었다고 할 수는 없다.

이렇듯 변동의 양상이 여러 층위에서 단순하지 않게 전개된 이유는 어디에 있을까? 서구 페미니스트 인류학과 여성사의 연구에 따르면 자본주의 생산체계를 근간으로 하는 근대 사회는 공적·사적 영역, 또는 국가·시장·가정의 분리와 공적 영역의 확대로 특징지어진다.[1] 여기서 공적 영역은 생산을 담당하고 사적 영역은 소비를 담당하는 곳으로, 남성과 여성이 각각 그 영역을 나눠 그에 맞는 역할을 한다는 것이 근대적 성별 노동분업의 이념형이다. 근대 자본주의체제가 형성되면서 생산과 정치, 교육이 이뤄지는 공적 영역의 범위와 비중이 커지고, 가정 영역이 공적 영역과 분리된 별개의 사적 영역으로 축소됨에 따라 성별 노동과 이를 정당화하는 이데올로기가 수립되었다는 것이다. 전근대 시기 여성 의존적인 기술적 지식으로 통합되어 있던 생산-소비체계가 공적 영역과 사적 영역으로 분리됨에 따라 여성 지식기술의 독자성이 와해·탈숙련화되어 여성들은 소비 영역으로 축소되었다는 것이 이 과정의 일반적인 서사이다.

그렇다면 우리 사회를 서구의 공·사 이분법 체계로 설명할 수 있을까? 우리 사회의 근대이행기를 공·사 이분법 체계가 확고해지는 과도기로 볼 수 있을까? 결론적으로 말하자면, 우리 사회는 전근대 시기의 관행·의식과 서구식 제도가 서로 얽혀 만들어낸 독특한 착종성의 구조를 만들어왔다고 할 수 있다. 근대이행기 우리 사회에는 자본주의적 상품체계가 도입되었고 서구식 공·사 이분법의 이념과 지식 및 제도가 수용되었다. 전근대 시대 여성 의존적인 지식과 기술의 중심축은 전문가, 국가, 자본주의적 산업으로 이동해갔다. 종래 여성들이 생산의 중심에 있었던 과학기술 영역의 많은 부분이 산업화·상품화되면서, 여성들은 소비 주체로 빠르게 편입되기 시작했다. 하지만 동시에 여성들은 전통시대의 지식과 기술을 일상생활에서 실천하며 살아갔다. 상품과 산업이 일상생활의 전 영역을 지배하지는 못하였기에 이전 시대만큼 여성 의존적이지는 않을지라도 식생활과 의생활 또는 관습의 영역에서 여성들이 습득하고 전수하며 수행하는 지식과 기술은 여전히 실천되었다. 근대이행기 여성들은 문명한 국가를 구성하는 가정을 이끄는 사람으로서 일본을 통해 경유된 서양식 가정학의 기술적 지식을 습득할 것을 요구받음과 동시에 전통의 기술적 지식을 실천하면서 일상을 영위해갔다.

이 장에서는 근대이행기에 문명개화론이 도입되고 자본주의적 산업화가 자리잡음에 따라 여성의 성역할과 기술적 지식 및 실천의 범위가 어떻게 재편되었는지 살펴보고자 한다. 동시에 근대 과학기술체제가 전통적 과학기술의 위상을 변화시킬 때, 여성의 기술적 지식과 기술적 실천에 어떠한 변동이 일어나는지 검토한다.

1절

성별 분업체계의 재편과 과학기술의 재배치

1. 공사 영역의 재편과 자본주의적 상품 도입

조선시대 '집'을 기반으로 한 생산과 소비의 경제체제와 '집'에서 이뤄지던 의식(衣食) 관련의 기술적 실천 체제는 19세기 말부터 서구 근대의 제도와 만나면서 급속한 변동을 겪게 되었다. 자급자족경제와 가내수공업적 체계가 전업적 수공업과 기계제 상품생산으로 대체되고, 선물경제나 부분적인 시장교환이 전일적인 시장경제로 전환되는 과정은 세계사적인 근대 이행의 경로라고 할 수 있다. 그러나 우리 사회의 경우 이 이행이 외세의 압력과 일본제국주의에 의한 식민지화의 조건 속에서 일어났다는 점은 성별 분업과 여성의 기술적 실천 체제의 변동을 이해할 때에도 반드시 고려되어야 할 사안이다. 특히 경제체제와 기술적 실천 체제의 실질적 변동을 추동했던 것이 문명개화론과 과학주의 같은 이념이었던바, 이 이념들은 당시 여성의 기술적 실천 체제와 그 현실적 전개 과정에 전반적인 영향을 미쳤다. 문명개화론과 과학주의가 퍼져 나가고 서구의 근대적 문물이 유입되면서, 기존의 성별 분업체계와 여성의 기술적 실천 체제는 재편되거나 부분적인 붕괴가 일어나게 되었던 것이다.

1876년 개항 이후 식민지화되기까지 30여 년 동안 외세의 압력과 여러 차례에 걸친 전쟁의 소용돌이는 일상의 원리를 근본에서 흔들었다. 국가 공동체의 존립이 흔들리고 주권을 상실하는 거세(去勢)를 경험하면서 신분제가 운용되는 단위로서 문중과 가문의 실질적 힘은 축소되었다. 또한 조선시대의 모든 것을 야만과 후진성으로 간주하는 문명개화론과 일본을 경유한 서구식 과학주의가 힘을 가지고 정당성을 얻은 것처럼 보였으나 실제 삶의 영역에서는 실천적으로나 이념적으로 구체화되지 못했다. 하지만 이전과 분명히 달라진 이념적 기반이 제기되었다. 신분과 가문이 아니라 가족과 국가가 사회를 구성하는 원리로 제시된 것이다. 여기서 여성은 단지 부계 혈통과 부처(夫處)제의 친족체계를 이어가는 며느리의 역할이 아니라 문명개화한 국가를 만드는 기본 단위가 될 가정의 관리자이자 미래의 국민을 길러내는 양육자로 일컬어졌다. 국민을 길러내는 어머니를 가르치는 것이 여성 교육의 정당성인 것으로 설파되었고 그에 따라 공식적인 여성 교육제도가 도입되면서 여성들에게 가르쳐질 기술적 지식의 내용도 새롭게 만들어졌다.[2]

이때 일본식으로 번안된 서양 가정학이 빠르게 수입되어 한말부터 일제강점기 동안 여성 교육 내용으로 들어오게 되었다. 이 가정학은 서구의 공사 분리론에 근거한 근대적 성별 분업론을 전통적 내외론과 결합시킨 것으로, 문명화론의 지배적 위치를 차지하는 위생 담론과 더불어 조선시대 여성들이 관장하던 기술 지식체계를 대체해갔다.

개화기에 일어난 변동의 또 다른 요인은 개항 이후 통상을 통해 들어온 '박래품'이다. 1880~90년대에 밀가루, 우유, 설탕 같은 원료와 커피나 홍차 같은 기호식품, 면직물 같은 기계제 생산품, 말라리아 치료약인 '금계랍'에 이르기까지 다양한 물품이 들어왔다. 20세기에 접어들면서 더 많은 사람들이 기계제 대공업의 공산품과 외국의 문물을 접하게 되었다. 1898년 발명된 이후 수입되기 시작한 비스코스 레이온은 인견이라는 명칭으로 인기를 끌었고, 혼마치(本町: 지금의 충무로 일대)와 종로통에서 냉면집뿐 아니라 청요리집, 다방, 카페가 일상생활의 한쪽을 차지했다. 경성의 미쓰코시(三越), 조지야(丁字屋), 화신(和信) 같은 백화점에서, 영국과 일본에서 건너온 옷감과 구두, 양산, 모자, 장신구를 비록 쉽사리 구입하지는 못하더라도 만져볼 수는 있었으며, 오뎅집과 우동집에서 일본 음식도 맛볼 수 있게 되었다. 이 물건들은 모두 과학의 이념이 투영되어 만들어진 새로운 문물로 여겨졌고, 사람들을 새로운 상품 소비의 욕망 체계 안으로 끌어들였다. 그렇다면 당시 일상을 꾸려가는 여성들의 기술적 지식은 어떻게 되었을까?

개화기와 일제 시기에는 아직 자본주의적 생산과 소비가 일상의 모든 부면에 전일화되지 않은 상황이었다. 서구식 문물과 일본 제품들은 주로 경성을 중심으로 한 도시에서 접할 수 있을 따름이었다. 당시 인구의 절대다수를 차지하던 농촌 여성들에게 앞서 말한 문물은 먼 나라 일이었다. 농촌에서 살아가는 일반 여성의 일상생활은 조선시대에 비해 외형적으로 크게 변화되지 않았고, 고된 살림노동과 생산노동을 병행하는 가중된 노동을 이어가고 있었다. 다음은 1920년대 농촌 여성의 고단한 삶의 일면을 보여주는 글이다.

> 여름 아침 빛이 아직 물색을 분간치 못할만한 때에 피곤한 눈을 두 손으로 비비면서 일어나서 흩크러진 머리를 툭툭 털어 쪽지고서 그 전날 저녁에 먹고 남겨두었던 만주 속반 한 술을, 맛이 없는지 억지로 쥐어먹은 뒤에는 손 바삐 호미를 들고 나선다. 더욱이 무슬단신일 것 같

으면 어린 아해까지 등에 업고서 아침이슬이 싸젖힌 좁은 길을 걸어 농장으로 나간다. (…) 날이 서산에 떨어지게 되면 흙 묻은 손을 씻을 사이도 없이 급히 집으로 돌아와 저녁밥을 짓는다. (…) 농촌부인은 저녁 먹은 뒤의 일이 오히려 분주하다. 희미한 등불 밑에 앉아서 종일토록 바람비에 시달리던 눈을 비비어가면서 바느질을 한다. 다듬이질을 하는 등 밤을 새우다시피 지낸다.

지끈지끈 뵈짜는 바드집 소리
어느 색시 손에서 울녀나올가
끼식이나 배부르게 먹고 짜는지
봄철의 팔맥 없겠네.[3]

일제강점기에 자본주의 화폐경제가 점차 발전해감에 따라 공장과 국가가 생산과 기술을 독점하면서 과거 여성들의 독자적인 지위를 확보해준 기술적 지식은 분명 그 힘을 상실하였다. 하지만 그렇다고 싼 가격의 공산품이 농촌에 대량으로 공급된 것도 아니었다. 이런 상황에서 농촌의 기혼여성들은 여전히 의식주 생활의 살림노동과 논농사, 밭농사의 생산노동을 도맡아 해야 했다. 요컨대 당시 여성들이 일상을 영위하는 데 사용하였던 전통적인 기술 지식은 공식적·제도적 영역에서 그 범위가 대폭 축소되고 가치가 폄하되었지만, 기술적 실천은 여전히 힘을 발휘했던 것이다. 인류학자 조혜정이 일찍이 주목한 대로, 이는 개화기 이후 식민지를 경험하고 해방 이후 한국전쟁까지 겪으면서 실질적으로 모(母) 중심 가족이 생존의 단위가 되어 여성들이 생활을 지탱해가는 '가족 단위 중심의 생존'이 자리잡았기 때문이다.[4] 조선시대의 지배 이념은 권위를 상실했으나, 새롭게 대체된 과학주의적 기술 지식은 현실에 밀착되지 못했고,

서구의 가정학이나 위생 지식 같은 지식체계는 실질적인 영향력을 발휘하지 않았다. 대다수의 여성들은 조선시대로부터 이어지는 기술적 지식을 새로운 세태 속에서 응용하고 실천하며 가족의 생존을 책임졌다.

2. 식민지적 자본주의 산업 구조와 근대 과학기술체제

자본주의적 산업화는 일제강점기에 본격화되었다. 우리 사회가 겪은 산업화는 일본 경제의 종속변수로서 편입된 식민지적 재편 속에서 일어난 것이었다. 당시 여성과 남성 모두 여전히 농업 종사자의 비율이 80~90%에 달할 만큼 농업 부문은 지배적인 산업이었는데, 식민지 조선의 농정(農政)은 조선 내의 필요에 부응하고 그에 따른 변화를 겪는 것이 아니라 일본 경제의 필요에 따라 정책이 수립되고 변동을 겪었다. 이른바 '미면교환체제(米綿交換體制)'로의 편입,[5] 즉 미곡의 일본 이출을 염두에 둔 쌀 단작형으로의 변화 및 쌀의 상품화의 진전, 그리고 일본의 값싼 면제품의 수입으로 인한 농가 수공업의 몰락으로 식민지적 재편이 시작되었다. 그 결과 자급자족형체제로부터 화폐경제에 기반한 교환체제로의 전환이 가속화되었다. 유일한 환금성 작물인 쌀이 1930년대 세계 대공황으로 인해 일본 자국 내 사정에 따라 쌀 가격은 폭락했다. 그 결과 많은 농민이 소작농으로 전락하였다.[6]

다른 한편 근대 과학기술체제로의 변화도 병행되었다. 과학 지식 및 기술을 교육하는 기관이 설립되고 이를 익힌 전문 인력이 농업과 자본주의적 산업 현장에 투입되었다. 이 과정에서 전문 기술자는 대부분 일본인이거나 일본에서 대학 교육을 받고 귀국한 조선인이었고, 식민지 조선의 교육기관에서 교육을 받은 조선인은 대체로 단순 기술자나 노동자로 편입되었다.

이러한 변화 과정이 여성에 미친 영향은 다층적이다. 조선시대 여성들이 가졌던 지식과 기술은 새로운 농정과 과학기술 체제에서는 대체되어야 할 것으로 치부되었다. 실제로 문명화 담론과 함께 강조된 조선의 '낙후'는 상징적으로 여성화되었고 문명화되지 못한 '미개'한 실천의 예 또한 여성으로 곧잘 재현되었다. 그리고 전문적 지식과 기술을 습득할 수 있는 고등교육기관으로의 진학도 여성에게는 매우 제한적으로 허용되어 있었다. 다른 한편 새로운 농정(農政)은 여성의 노동 참여를 공식적으로 독려하고 인정하였으며 단기간이지만 훈련의 기회를 제공했다. 새로운 직조기술의 전수 과정에서도 여성들에게 교육 기회가 주어졌고, 근대화 과정과 함께 새롭게 등장한 직업군에서 여성 고유의 직업이 생겨났다.

1) 과학기술교육에서 여성의 주변화

일제강점기는 개항 이후 들어온 근대 과학기술이 일본인 중심으로 하나의 체제로서 모습을 갖추기 시작한 때이다. 이 시기 과학기술체제의 특징은 체계화·전문화·위계화라 할 수 있다. 과학 지식 및 기술을 교육하는 제도와 기관이 갖추어지기 시작했고, 자본주의적 산업 현장에서 생산된 산물은 상품화되고 소비되었다. 근대 과학기술이 적용된 결과 공산품이 생겨나고 농업 소출이 증대한 것은 사람들이 과학기술의 효용을 경험하는 계기가 되었다. 그리고 소수의 전문기술자와 단순기술자 그리고 단순노동자가 공식적 교육기관과 공식적·비공식적 조직에서 기술을 습득하고 실천하였다.

이 일련의 과정에서 여성들은 전문 기술자가 될 수 있는 제도교육으로부터 배제되고 주로 단순 임노동자로 편입되었다. 여성들이 접근 가능하고 전문직업인으로까지 진출할 수 있던 근대 과학 지식 및 기술 부문은 가정, 가사 교육 부문과 간호부 및 산파, 그리고 소수가 진출하였던 의사 정도였다. 그 외 요리와 미용 등 여성들이 주로 활동했던 근대적 영역의 지식 습득 및 기술 전수는 공식적 영역의 교육제도가 아니라 주로 비공식적 도제 교육을 통해 이루어졌다.

근대 과학기술체제로의 변화 과정은 도시와 농촌이 철저히 구분되어 이중적으로 진행되었다. 도시에는 식민지적 조건에서 아류적 형태이나마 근대적 과학기술체제가 갖추어졌던 것에 비해, 농촌에는 도시로 노동자를 공급하고 그들의 저임금을 지탱하는 저가의 농산물을 제공하는 곳으로서의 역할이 부여되었다. 물론 농촌에도 고등농림학교와 같은 고급 지식 및 기술을 전수하는 교육기관이 있기는 했지만, 도시로의 이농을 막기 위해 보통학교를 마친 소수의 십대 청년들에게 '졸업생 지도'라는 제도를 도입하면서까지 상급학교로의 진학보다는 농촌 잔류와 집약적 노동에 기반한 농업을 권장하였다.[7] 이러한 정책이 저가 농산물의 지속적인 공급 목적과 연동했음은 당연하다 하겠다. 또한 자본주의적 상품화가 진행되고 있었지만 농촌에서는 소비를 막기 위해 자급자족경제를 강권하기도 하였다.[8] 식민지 시기 내내 여성의 가장 주된 취업 부문이 농업 부문이었다는 점에서, 근대 과학기술체제로의 변화에서 여성들이 이중 삼중으로 철저히 배제되어 있었음을 읽을 수 있다.[9]

2) 과학기술 문명화 담론과 여성

근대 과학기술체제로의 변화는 단지 교육이나 산업 부문의 자본주의적 재편일 뿐만 아니라 제국-식민지의 정치적 지형에서 문명화 또는 진보 담론과 함께하였다. 이미 개화기부터 '과학'은 서구의 지식 전체와 동일시되었고 문명-부강-진보와 연동하여 인식되었다.[10] 식민통치자는 조선 고유의 것을 '낙후' 혹은 '미개'한 것으로 규정하였고, 이를 과학 지식의 부재와 조선 지배층의 무능함, 민중의 고통 그리고 도덕적 타락과 연결시켰다.

그리고 이러한 과학의 이데올로기 정치는 곧잘 젠더화되었다. 즉, 조선의 '낙후'는 상징적으로 여성화되었고, 문명화되지 못한 '미개'한 실천의 주된 실행자 또한 여성으로 재현되었다. 식민화와 함께 진행된 근대 과학기술체제로의 편입은 이미 실천하고 있던 과학기술(대부분 조선 전통의 것)과 새롭게 대면하게 된 과학기술(대부분 식민지배자 일본이 들여온 것) 사이에 위계적 질서를 구축하고, 그 결과 조선 고유의 것은 '민속' 또는 '공예'의 범주로 포착하면서 주변화시키는 방식으로 진행되었다. 여성이 수행하였던 전통적 기술 실천은 새롭게 정의되는 과학기술의 범주에서 배제됨과 동시에 상업화되었다. 이로써 전근대 시기 과학기술의 주요한 실천 주체였던 여성은 수동적 사용자에 지나지 않거나 주변화되었다. 수치와 통계로 '입증'된 진보의 '증거'는 민족주의 혹은 반제국주의 이념만으로는 대적하기 어려웠고, 이러한 가운데 전통 즉 조선 고유의 것은 주변화되고 '지방화'되었다.[11]

20세기 초반에는 학문제도로서의 '자연과학'과 그것을 응용한 '기술'이라는 오늘날과 같은 개념과 영역이 존재하지 않았다. 오히려 구체적인 기술적 구현물, 예를 들어 군함과 같은 선박, 철도와 기차, 비행기, 산업 현장의 기계, 카메라 또는 영상물의 상영 같은 것을 통해 과학기술을 접했고, 특히 동아시아에서는 그것은 곧 서구 문물 일반으로 간주되었다. 또한 이 기술적 구현물들은 단지 외래의 것 또는 낯선 것이 아니라 '진보'의 상징이었다. 일본제국주의는 과학기술을 상징적으로나 실질적으로 지배의 도구로 사용했다.

이러한 서사가 일제강점기에 갑자기 등장한 것은 아니다. 이미 개화기 조선의 지식인들은 과학을 서구-문명-진보와 연동하여 인식하였다. 1880년대부터 1900년대에 간행되었던 신문들, 〈한성순보〉(1883-1884), 〈독립신문〉(1884-1899), 〈대한매일신문〉(1904-1910)에 '과학'이라는 용어가 등장했다. 그 쓰임새를 보면 '과학'은 서구에서 들여온 지식 전체를(때로는 여기에 법률과 역사도 포함하여) 지칭하고 있고, 나아가 문명의 변화 그리고 부강해질 수 있는 동력으로 언급되고 있었다.[12]

일제강점기 조선총독부는 식민통치 이전의 조선을 '낙후'된 상태로 묘사하면서 '낙후 대(對) 진보'의 서사를 끊임없이 사용하였다. 특히 과학 지식 없음을 조선 정부의 무질서와 도덕적 타락으로 연결하고 그것을 민중이 받은 고통의 원천이라고 설파하였다. 다음은 조선총독부가 '시정 3주년'을 맞이하여 영어로 펴낸 선전 책자에 언급된 이야기이다.

> 구조선의 정부 하에서는 거의 모든 기관들이 무질서와 타락의 상태에 있었다. 한국 사람들의 문제는 농작물을 수확하면서 단지 자연에만 의지하고, 과학적 지식의 응용에 의해 농업생산물을 증가시키려 노력하지 않는다. 그들은 산에 나무도 심지 않아, 홍수와 가뭄으로 오랫동안 고생을 겪었다.[13]

문명화를 과학 지식 및 기술과 연관된 것으로, 그리고 문명화되지 못한 것의 원인과 결과를 통치제도의 문제점, 도덕적 타락 그리고 민중의 고통으로 서술하는 서사는 18세기 유럽이 아프리카나 아시아를 서술하는 방식과 매우 유사하다. 당연하게도 이러한 논리는 식민화의 정당화로 이어진다. 역사학자이자 기술사가인 마이클 에이더스(Michael Adas)에 의하면 유럽은 16~17세기만 해도 자신의 우월성의 근거로 기독교 정신의

유무와 같은 종교적 요인을 들었지만, 18세기부터는 압도적으로 과학 지식 및 기술을 제시했다.[14]

식민통치세력이 조선의 전통이나 조선 고유의 것을 '낙후'된 것이고 '진보'로 바뀌어야 할 것으로 재현하고 조선인들에게 동의를 얻고자 한 모습은 1915년의 조선물산공진회(朝鮮物産共進會)와 1929년의 조선박람회(朝鮮博覽會)에서 가장 극적으로 나타났다. 조선총독부는 박람회 형식을 빌려 일본의 식민통치가 조선의 상태를 개선했음을 '입증'하고 조선인에게 그것을 보여줌으로써 받아들이게 만들고자 했다. 공진회에서 철도와 전기, 영화, 비행기를 일본이 보유한 (서구) '문물'로서 제시했을 뿐만 아니라[15] 식민지배 5년의 결과를 구체적인 수치와 통계 비교를 통해 이전(구조선)과 현재(식민지 조선)를 대비하게 하고 일본과 조선 사이에 위계를 짓는 태도를 내면화하게 유도하였다. 농업전시관에서 '13도 경지 경작지별 비교', '농업인구 비교', '쌀 작황 경작지별 비교', '쌀 수확 비교', '쌀 수출·입고 비교'를 보여주고,[16] '농업생산력 비교', '인구증가 비교', '공립사립학교 성적 비교', '교과서 보급 및 초년오년 비교', '조선금융기관 수 비교', '범죄건수 및 검거건수 비교' 같은 사회통계 수치를 전시하였다. 조선총독부는 되도록 많은 조선인이 박람회에 관람자로 참여하도록 하였다.

관람자들은 박람회에서 일본 또는 일본의 통치를 받는 식민지 조선에 비해 낙후한 조선의 전통 혹은 식민지배 이전의 조선을 보게 되었고,[17] 더 나아가 식민지 조선 내부에서도 중심부와 지방의 위계를 확인하게 되었다.[18] 그에 따라 경성부에 살던 조선인보다 지방에 살던 조선인이 더 극적인 대조의 경험을 하게 되었다. 하지만 이러한 이데올로기 정치가 언제나 치밀하게 준비되었거나 그 목적을 달성했던 것은 아닌 것 같다. 조선 고유의 것 혹은 식민 조선 이전의 것을 '낙후'한 것으로 재현하는 과정에서 때로는 "조선의 것이 아닌 것이 조선의 것"으로 재현되는 것도 있어

조선인 관람객의 저항을 사기도 했다.[19]

여기서 주목할 것은 조선의 '낙후'를 과장하는 과정이 젠더화되어 있다는 점이다. 조선에서 개최된 것은 아니지만 1903년(3월 1일~7월 31일) 오사카의 덴노지(天皇寺)에서 개최된 제5회 내국권업박람회의 '학술인류관'에서, 그리고 1907년의 도쿄박람회에서 전시된 '조선부인'은 일본 직물의 옷을 입은 기생이었다. 이는 일본의 내부 식민지라 할 수 있는 '오키나와인'을 전시할 때도 마찬가지였다. 박람회의 다른 전시장이 역동적이고 생산적인 장면으로 구성되었던 데 비해, 이 '조선부인'과 '오키나와인'은 창기의 옷을 입고 의자에 앉아 노래를 부르거나 담배를 피우는 매우 정적인 모습으로 재현되었다. 이는 조선총독부 기관지 『조선』에서 재현된 조선의 이미지, 그리고 조선미술전람회에서 심사 기준으로 제시된 '조선색'의 수동적이고 여성적인 속성과 맥락을 같이한다.[20]

이데올로기 정치뿐만 아니라 실제 일상의 장에서도 '근대' 과학기술은 조선의 전통적 과학기술을 부정하면서 빠르게 대체하였다. 동시에 여성은 과학기술의 실천자이자 생산자로서의 역할로부터 탈숙련 노동자 또는 소비자로 변모해갔다.

농업 분야에서는 식민지 시기 초기부터 일본의 신품종 벼가 그대로 조선에 들어왔다.[21] 조선의 토양에 맞는 품종이 연구와 실험의 결과로 나온 것은 1930년대 후반에서야 가능했다. 1902년 일본의 신품종이 처음으로 유입된 이후, 1912년 벼 재배 면적의 약 3%에 불과하던 신품종의 면적은 불과 8년 만인 1920년에는 57%로 급격히 상승했고, 1940년에는 90%에 달하며 무서운 속도로 구품종을 대체하였다. 이 품종을 들여올 때 과연 조선의 토양과 기후 그리고 시비 방식과 같은 기존 농법과 맞을 것인지의 여부는 전혀 고려되지 않았다. 그 결과 기존의 농업노동에서 종자 관리의 주된 역할을 맡았던 여성의 지식 및 기술이 유의미성을 잃게 되었

다.[22]

여성 고유의 영역이었던 직조노동 또한 마찬가지이다. 1876년 개항 직후 외국 제품이 유입되면서 가내 부업으로 운영되었던 농가의 면방직은 크게 쇠퇴하였고, 식민지 초기 일제 면포·면사의 수입은 농가 직물업을 크게 위축시켰다.[23] 집에서 직접 제사 및 직조 노동을 하였던 여성들은 이제 면방직공장에서 자동화된 노동 과정의 탈숙련 노동자로 편입되어 가장 전문성 없고 언제라도 대체할 수 있는 유년 여성 노동자층을 형성했다. 노동조건 또한 열악했다. 장시간 노동에도 저임금을 받았고, 그마저도 벌금과 강제저금으로 제대로 받지 못했다. 고용계약서 역시 일종의 "인신매매와 다를 바 없는" 것이었다. 당시 방직공장에서는 고등공업학교를 졸업한 기술자도 하루 열두 시간이라는 장시간 노동을 해야 했기에 하급의 단순노동을 하는 여성 노동자들의 상황은 말할 것도 없었다. 당시 기술자였던 한 남성은 그 상황을 "방직공장 자체가 너무너무 고단한 일이 많고 사실 종업원들이 참 너무 불쌍했어요. (…) 그런 '여공애사(女工哀史)' 뭐 그런 것도 있고"라고 회고했다.[24] 이러한 상황은 방직공업과 함께 여성들이 가장 많이 종사하였던 고무공업에서도 마찬가지였다.[25] 면방직공장에서 고급기술자는 일본인 남성 또는 일본에서 유학하고 돌아온 조선인 남성이었고, 제한적으로 경성고등공업학교 방직학과 출신의 조선인 남성이 그 일을 맡았다.[26]

제사 및 견직 노동의 경우도 비슷했다. 일본의 양잠업과 제사업의 철저한 분리 정책에 따라 농가는 고치 생산에만 한정되었고, 기존에 여성들이 맡았던 제사 및 견직 가내부업은 쇠락했다. 다른 한편으로는 여성들이 양잠 노동으로 얻는 임금과 고치 판매 수익이 농가의 중요한 화폐 수입원이 되기도 하였다.

2절

지식체계의 변동과 여성의 기술적 실천

1. 교육 및 지식체계의 변화

1895년 소학교령이 공포된 이후 여학생과 남학생의 교육은 교과목에서 다르게 시행되었다. 심상과와 고등과에 여아(女兒)를 위한 '재봉(裁縫)'이 교과로 설정되었다.[27] 1899년 5월 학부에서 발표한 여학교 규례 제1조에서는 "여학교는 여아신체의 발달함과 생활에 필요한 보통지식과 기능을 수(受)함으로써 본지(本旨)를 할 일"이라고 하였다. 여기서 보통지식의 내용에는 서양 근대 과학과 의학에 관한 것이 상당히 포함되어 있었다. 1886년 이화학당을 필두로 여학교의 설립이 이어졌으며, 특히 대한제국과 일본과의 관계에서 국가 간 우열이 분명해지면서 국운을 되살리기 위한 교육의 진흥이 강조되고, 나라의 기반인 가정을 담당하는 여성의 교육도 강조되면서 여학교 설립이 이어지고 여성 교육이 확대되었다. 1905년에서 1910년 사이에 서울과 지방에서 유지들이 사재를 털어 세운 여학교가 200개가 넘었고, 장로교 설립 학교의 경우 1903년에서 1908년 사이에 학생 수가 10배 정도 늘어났다.

가정의 테두리를 나와 학교에 다니는 여학생들은 여성 수신(修身) 과목을 중심으로 근대 가족이 순기능하도록 여성에게 요구되는 역할과 기술을 배웠다. 1910년 한일합방 이후 여학생 수는 계속 늘어나는 추세를 보였지만, 학교에서 목표하고 가르치는 여성의 역할은 여전히 가정을 위주로 하고 있었다. 1911년 8월 22일 제정된 '조선교육령'의 '여자고등보통학교 규칙' 제9조는 교육의 목적을 "정숙하고 근면한 여자" 양성으로 규정하였다.

근대 교육체계의 도입 이후 이것이 가져온 변화는 여성에게서 보다 극적으로 나타났다. 1910년대에 정식으로 인가받은 중등 이하 학교(보통학교, 고등보통학교, 실업학교)에 진학하는 여학생 수 증가 추세는 남학생을 크게 앞질렀다. 1916년의 학생 수 대비 1921년의 학생 수 증가 추이를 보면 남학생의 경우에는 약 2.3배 증가한 것에 비해 여학생의 수는 3배 가까이 증가하였다.[28] 실업 위주의 공업보습학교(기업[機業]학교 또는 여자고등보통학교의 기예과) 또한 남학생의 경우에는 진학 희망자가 줄어 학교가 없어지기도 하였는데, 여학생의 경우에는 남학생과 동일하게 실습비 등의 학비 부담이 적지 않음에도 불구하고 꾸준히 증가하였다. 실업학교에 대한 여학생의 수요가 남학생에 비해 상대적으로 큰 현상은 1916년에 설립된 인제간이공업학교가 3년 후에는 여자기예학교로 변경되는 일로도 나타났다.[29]

〈표 3-1〉 정식 인가 중등 이하 학교의 숫자와 성별 학생 수 (1916~1921)

연도	1916	1917	1918	1919	1920	1921
학교 수	477(100.0)	493(103.4)	545(114.3)	610(127.9)	729(152.8)	847(177.6)
남학생	64,539 (100.0)	71,687 (111.1)	74,026 (114.7)	74,852 (116.0)	99,818 (154.7)	147,471 (228.5)
여학생	6,801 (100.0)	8,299 (122.0)	9,883 (145.3)	9,679 (142.3)	13,014 (191.4)	20,336 (299.0)

전체 학생 중 여학생의 비율		9.5%	10.4%	11.8%	11.5%	11.5%	12.1%
연도별 증가 추이	남학생		11.1%	3.3%	1.1%	33.4%	47.7%
	여학생		22.0%	19.1%	−2.1%	34.5%	56.3%

(출처: 『朝鮮 總督府統計年報』[각 연도판]; 김근배, 185쪽에서 재인용 및 재구성)

1922년 2월 제2차 '조선교육령' 제정은 일제강점기 고등교육제도의 측면에서 중요한 변화의 기점으로 작용했다. 이 교육령은 일본에서 시행되는 고등교육 관계 법령을 식민지 조선에도 적용하는 의미를 가진 것으로, 식민지 조선의 수준별 학교의 수업연한을 일본 '내지'와 동일하게 하고, 조선에서 중등교육을 받은 사람이 별도의 절차 없이도 일본의 고등교육기관으로 진학할 수 있게 하는 것이었다. 조선총독부는 제2차 조선교육령의 후속 조치로서, 기존의 전문학교규칙을 폐지하고 공립사립전문학교규정을 제정하였다. 기존의 전문학교규칙에 있었던 교육과정에 대한 직접적인 간섭 조항을 삭제하고 사립전문학교의 설립을 제한적으로 허용하였고, 사립학교규칙도 개정하였다.[30]

그렇지만 이러한 일련의 조치 후에도 일본은 식민지 조선에 관립고등교육기관을 증설하는 데 여전히 소극적이었다. 사립전문학교 또한 1920년 이후 총 10개교를 인가하는 데 그쳤다.[31] 더욱이 대학에 대해서는 관·공·사립을 막론하고 경성제국대학 이외에는 어떠한 설립도 허가하지 않았다. 세브란스연합의학전문학교, 연희전문학교, 보성전문학교, 숭실전문학교, 이화전문학교는 여러 차례 대학으로 승격을 시도하였지만 허가를 받지 못했다.[32] 그 결과 고등교육체제가 일본 '내지'의 경우 '전문학교-대학-제국대학'으로 구성된 반면 식민지 조선에서는 '전문학교-(단 하나의) 제국대학'으로 구성되었다. 결국 일본 '내지'와 교육체계를 통일시킨다는 제2차 조선교육령의 취지는 조항의 문구로만 있을 뿐 현실에서는 온전히 실현되지 않았고 '내지'와 식민지 조선 사이의 위계는 계속 유지되었다.

일제강점기의 교육은 제국-식민의 위계뿐만 아니라 남-녀 사이의 위계도 지속시켰다. 여성은 관립전문학교에서 배제되었고, 소수의 사립전문학교에만 취학할 수 있었다. 여성에게 허용된 정규 고등교육기관은 모두 사립으로서, 이화여자전문학교(1925년 설립), 경성여자의학전문학교(1938년), 숙명여자전문학교(1939년) 등 3개의 여자전문학교만이 있었다. 그러다 보니 이른바 '전문정도'학교 또는 '보습학교'가 여성들의 중고등교육 욕구를 충족시켜줄 수 있는 몇 안 되는 통로였다. 경성제국대학의 경우 규정상으로는 여성에게 선과생 개방(1930년)을 거쳐 본과 입학을 허용했지만(1935년), 실제로 선과생과 청강생이 아닌 본과생으로 입학한 기록은 현재로서는 어디에서도 찾을 수 없다.[33]

조선총독부는 1916년부터 기존의 교육기관을 정비하여 전문학교를 설립하기 시작했다. 이 시기 설립된 관립전문학교가 바로 수원고등농림학교, 경성고등상업학교, 경성고등공업학교였다. 이들 전문학교 졸업생에게는 사립고등보통학교와 여자고등보통학교의 교원 자격이 부여되었다. 경성고등공업학교 졸업생에게는 '광물'(광산학과)·'화학'(광산학과, 응용화학과, 염직과, 요업과)·'기직'(방직학과)·'염색'(응용화학과, 방직학과)·'수학'(토목학과, 방직학과)·'물리'(토목학과) 교원 자격이 부여되었고, 수원고등농림학교 졸업생에게는 '농업'(농학과)·'동물'(농학과, 임학과)·'식물'(농학과, 임학과)·'화학'(농학과)·'수학'(임학과), 그리고 경성고등상업학교 졸업생에게는 '수학'·'동물'·'식물'(임학과)과 '영어'·'상업'·'부기' 교원 자격이 부여되었다.[34] 여성은 이와 같은 관립전문학교 교육과정에서 철저히 배제되었다. 여자 농업학교와 상업학교가 설립된 것은 태평양전쟁 이후 인력의 필요가 긴박해진 1943년에 가서야 가능했다. 대부분 여성들은 보통학교 졸업을 마지막 교육 단계로 삼았고, 고등교육은커녕 중등교육기관에 진입하는 경우도 별로 없었다.[35]

일제강점기 여학생 교육이 남학생과 내용상 다른 가장 큰 특징은 '가사' 교과목이다. '가사'는 여학생에게만 적용된 교과목으로, 가정관리를 여성 고유 영역으로 내세웠다. "가사과는 의식주의 일은 물론, 노인부양, 자녀양육을 시작으로 금전의 출납, 환자의 간호, 친척 지인과의 교제 등에 이르기까지 가정을 전부 관리하는 것에 필요한 지식과 기술을 습득하고, 이것을 실제에 응용하는 것을 담당하여 근검질서청결 등의 좋은 습관을 얻는 것을 목적하는 교과이다."[36]라는 말에서 잘 나타나듯이, 가사과목은 가족의 의식주에 관한 일, 금전출납, 친지 교제와 함께 노인 부양, 자녀 양육, 환자 간호를 주요 내용으로 담고 있는데, 시부모로 대표되는 노인 모시기, 자녀 양육하기, 가족 중 환자 돌보기를 여성의 일로 꼽았다. 1930년대에 많이 사용된 가사 교과서의 구성은 이러한 여성의 역할을 그대로 담아서 상권은 의복, 식품, 주거를, 하권은 양로, 간호, 육아, 가정경제, 가정관리를 담고 있다.[37] 그렇지만 일상적인 노인 모시기에 해당하는 양로 부분은 비중이 더욱 줄어들었다.[38] 이는 아래에서 상술하겠지만, 일제강점기에 가(家)의 의미가 달라지고 가정 내 여성의 역할이 시부모 봉양 및 접빈객으로부터 자녀의 교육으로 강조점이 이동하는 것과 연결된 것이었다.

2. 여성의 기술적 지식의 재편

근대이행기에 여성의 기술 지식은 중심과 주변의 흐름으로 존재했다. 근대적 '가정(家庭-家政)'론이 대한제국기부터 일제강점기까지 급격히 부상하여 공식 교육 내용으로 확산되어갔다면, 전통적인 가정 지식은 상업출판 형태로 주변적으로 그 명맥을 이어가거나 문자를 통하지 않은 채 전수되었다. 전자가 공식적 이데올로기 및 제도에서 정당성을 인정받았지만 일상에는 확산되지 못한 반면에, 후자는 공식적 영역에서는 소위 "미신" 또는 "구습"으로 배척받고 주변화되었음에도 일상 실천에서는 여전히 그 필요를 인정받고 지속되었다.

1) 가정학 교과서

최근의 연구에 따르면 근대적 '가정론'은 하나의 경향이 아니었다. 대한제국-계몽기에 '구본신참 가정(家政)론'이 나타났다가 이내 힘을 발휘하지 못하게 되었고, 일본의 양처현모론에 기반한 '문명개화 가정(家政)론'이 공적 교육제도에서 빠르게 확산되어갔다. 전자의 흐름은 조선 사회의 여성 수신서 내용인 부덕(집안[家]의 통솔과 계승)에 관련된 사항과 그에 더하여 역사, 지리를 습득한 국민 교육자 역할을 강조하였다. 이원경의 『초등여학독본』(보문사, 1908), 장지연의 『녀ᄌᆞ독본』(광학서포, 1908), 노병희의 『녀ᄌᆞ소학수신서』(박문서관, 1907), 강화석의 『부유독습』(경성 종로 황성신문사 인쇄, 1908)이 여자용 교재로 발행되었다.

이 중 제일 먼저 출판된 『초등여학독본』은 '명륜(明倫)', '입교(立敎)', '여행(女行)', '전심(專心)', '사부모(事父母)', '사부(事夫)', '사구고(事舅姑)', '화숙매(和叔妹)'의 8장 51과로 구성되었으며, 삼강오륜으로 대표되는 유교적 가족·사회 질서 속에서 여성의 역할을 강조하였다. 이 내용은 다른 교재들에도 계속 이어져서, 총 53과의 국문·한자 병기 형식으로 생활 예절을 다룬 여학생용 수신서인 『녀ᄌᆞ소학수신서』도 여자로서의 행실, 부인과 아내로서의 직분, 가사(家事)와 의복(衣服), 교육(敎育) 등의 생활 규범을 기술하였다.[39] 장지연(1908)의 『녀ᄌᆞ독본』도 여성의 역할을 가정 안에 두어서, 책의 상권(上卷)을 '총론(總論)', '모도(母道)', '부덕(婦德)', '정렬(貞烈)', '잡편(雜篇)'으로 구성하였다. 그렇지만 『녀즈독본』의 하권(下卷)은 동서양의 여자 영웅을 소개하였는데, 그 여자 영웅 중에는 잔 다르크나 플로렌스 나이팅게일처럼 가정의 영역 안에서가 아니라 국가적 차원에서 역할을 하고 영향을 미친 여성도 포함되어 있었다. 이른바 '구본신참 가정론'은 전근대 시기 존재하던 실용 지식체계를 계승하거나 적용하지 않은 채, 국권 상실의 위기에 맞서는 주체로서 여성을 교육자 어머니로 강조하는 이념적 차원을 제시하는 것으로 그치고 있다.

이에 비해 '문명개화 가정론'은 일본 가정학의 요약과 번안에 가깝다. 일본의 근대적 양처현모론을 집약한 일본 가정학은 담론장과 공적 교육제도로 빠르게 확산되어, 유일선의 『가뎡잡지』(1906~1908)나 『서우』, 『호남학보』, 『태극학보』 같은 학회지에 부분적으로 연재되었다. 이렇듯 1900년대에는 일본 가정학의 내용과 구성을 취사선택한 번안물이 유통되었고, 일제강점기에는 실용 측면을 강조하고 자세하게 담은 가사 교과서가 교육 현장에서 사용되었다. 가정학 교과서와 가사 교과서는 동일한 '가정'과 '주부' 이념을 공유하고, 가사 교과서는 '생활 개량'이라는 목적을 좀 더 분명히 한 것일 뿐 그 목적은 동일했다고 할 수 있다.

1910년대 여학생 교재로는 박정동이 번역한 『신찬가정학』(1907), 남궁억이 저술한 『가정교육』(1914)이 많이 사용되었다. 이들 교재는 여성이 해야 할 역할과 알아야 할 지식에 관하여 다음 표와 같은 내용을 수록했다.

〈표 3-2〉 『신찬가정학』(1907)과 『가정교육』(1914) 목차

『신찬가정학』(1907)	『가정교육』(1914)
1장 어린아이 교양 1. 태중에서 교육 2. 젖 먹여 기름 3. 어린아이 의복과 음식과 거처 4. 어린아이의 이날 때 종두함 5. 어린아이의 동정과 희롱	1장 시부모 섬기는 법 1. 시부모의 심사를 승순함 2. 노인의 의복, 음식, 거처, 운동, 질병

2장 가정교육 1. 가정교육의 필요 2. 가정교육의 목적 3. 가정교육의 방법	2장 남편 섬기는 법
3장 늙은이 봉양 1. 노인 동정과 봉양 2. 노인의 병환	3장 아이 기르는 법 1. 태육 2. 젖먹임 3. 아이의 의복과 거처 4. 아이의 종두와 질병 5. 아이의 동정과 유희 6. 아이의 가정교육
4장 병보음 1. 병남 2. 주장하여 치료하는 의원 3. 병실 4. 병구원	4장 하인 부리는 법
5장 교제 1. 방문 2. 대객 3. 향응 4. 서신 5. 집회	5장 가법을 세움 1. 자기 수신 2. 세간과 개명등속의 배치 3. 화재를 방비함 4. 전등과 와사등
6장 피난 1. 화재 2. 풍재 3. 진재 4. 수해 5. 적환	6장 친구 사귀는 법 1. 집회 2. 방문 3. 잔치 4. 서신 5. 선사
7장 하인을 부림 1. 하인을 역사시킴 2. 하인을 취함	7장 음식물의 이해를 분간하는 법 1. 음료수를 택함 2. 식료품을 택함 3. 음식 먹는 법 4. 식료품의 각 분자 분석표

『신찬가정학』과 『가정교육』의 목차는 상당히 겹쳐서, 공통적으로 자녀의 양육과 교육, 노인 봉양, 교제, 하인 관리가 여성의 일차적 역할로 간주되었다는 것을 알 수 있다. 두 책의 차이는 일차적으로 원본을 일본인이 저술했느냐(『신찬가정학』) 우리나라 사람이 저술했느냐(『가정교육』)에 따라 두 나라 문화의 차이를 반영하는 것으로 보인다. 예를 들어 자연재해가 많은 일본에서 저술된 『신찬가정학』에서는 '어린아이 교양'과 '가정교육'을 첫 번째와 두 번째 장으로 두어 자녀 양육이 가장 중요시됨을 나타냈는데 '피난'을 독립된 장으로 두고 '화재, 풍재, 진재, 수해, 적환' 등

자연재해를 중심으로 하여 재난에 대한 대처법을 기술하였다. 우리나라 사람 남궁억이 기술한 『가정교육』에서는 '시부모 섬기는 법'을 제일 앞에 배치하고 '남편 섬기는 법'을 그다음에 배치하여 시부모와 남편 모시는 것이 중요함을 강조하였다. 또한 '가법을 세움'이라는 장에서 가정관리를 폭넓게 포함시켰으며, '음식물의 이해를 분간하는 법'에서 음식의 영양, 위생, 매너를 포괄하였다.

일제강점기 일본 가정학을 번안한 교재들은 가정(家庭)에서 여성의 역할과 가정(家政) 관련 성별 분업에서 전면적인 일상의 변화까지는 아니더라도 적어도 이념적인 변동의 흐름을 반영하고 있다. 조선시대에 집을 다스리는 일, 즉 '가정(家政)'[40]의 책임 혹은 권한이 남성과 여성 중 누구의 일인가는 현재의 연구에서도 논란의 여지가 있지만, 대체로 가정(家政)에서 도덕규범의 실천과 실용적 지식의 실천 주체로 상정된 '나'는 "가족 구성원 모두에게 해당하기보다 일가(一家)의 경영을 책임진 가장(家長)"으로 설정하고 있다는 데 의견이 모아진다.[41] 아이들을 가르치는 것["훈자손(訓子孫)", "교여아(教女兒)"], 친족과 잘 지내는 것["목종족(睦宗族)"], 하인을 돌보거나["휼노복(恤奴僕)"] "하인들에게 위엄과 은혜를 적절하게 사용해야 함"은 모두 남성 가장의 몫이었다.[42]

그렇다면 조선시대 가정(家政) 중 여성의 임무는 무엇인가. 위의 남성 가장의 역할과 비교하여볼 때, 아이를 낳고[産] 기르는 것[育] 그리고 친족과 손님을 접대하는 것["접빈객(接賓客)"], 하인을 부리거나,[43] 하인에게 구체적으로 일을 분장하여주는 것[44] 등은 여성을 대상으로 하는 문헌에 자주 등장하는 것으로 보아 분명 여성의 임무였다. 또한 "~을 하지 않는 여성"으로 비난하는 내용에서도 여성이 의당 맡아야 하는 일을 추론할 수 있는데, "하인을 통제하는 일"이 여성의 일이었음을 다음과 같은 힐난에서 엿볼 수 있다.

나약한 부인은 겨우 음식 먹이는 임무에나 주력할 뿐 하인들을 통제 하지 못하여 집안일을 전혀 수습하지 못한다.[45]

조선 후기 정경부인(貞敬夫人)의 교지까지 받았던 남평 조씨가 작성한 『병자일기(丙子日記)』를 보면, 손주며느리를 맞이하면서 "치가(治家)는 할 만한 아이"라고 하여,[46] "치가"의 역할이 전적인 책임과 권한까지는 아니더라도 어느 정도는 여성이 해야 할 일임을 시사하고 있다.

일제강점기에 '가정(家庭)' 공간의 의미는 조선시대와 비교했을 때 많은 변화를 겪었다. 의·식·주 일상의 상당 부분이 산업화·상업화되면서 가정은 생산의 공간으로부터 소비의 공간으로 변화하고 이와 함께 여성들은 생산자에서 소비자로 편입되었다. 또한 여성에게 부과된 역할에서 '아이를 낳고 기르는 것'뿐만 아니라 '아이의 교육'이 크게 부각되었다. 즉, '아이 교육자로서의 어머니' 역할이 강조된 것이다.

여성의 '어머니' 역할 강조는 조선시대나 오늘날과 비교하여 성별 분업 고유의 역할이니 별다를 바 없는 것처럼 볼 수도 있겠으나, 가정(家庭) 내 여성의 다양한 역할 중에서, 예를 들어 접빈객(接賓客)이나 봉제사(奉祭祀)보다도 '어머니' 역할이 가장 전면에 배치된다는 점, 그리고 그 연장선에서 남성 가장의 배타적 영역이었던 '교육'의 역할이 주어진다는 점은 변동을 읽을 수 있는 부분이다. 1907년에 번역본으로 간행된 『신찬가정학(新撰家政學)』의 제1장이 "어린아이 교양"으로 시작하는 것은[47] 바로 이러한 변화의 예고라 할 수 있다.

한국전쟁 중인 1951년에 김진효가 한글로 저술한 『규문보감(閨門寶鑑)』(문창사)이라는 서적 또한 이러한 '어머니' 역할을 최우선으로 강조했음을 알 수 있는 문헌이다. 그 목차를 보면 "서문, 1. 임신부태교, 2. 해산주의, 3. 아희양육, 4. 옛 현모, 5. 군자 받드는 소절, 6. 옛 현처, 7. 구고 섬기는 소절, 8. 제사 받드는 소절, 9. 옛 효부, 10. 옛 효녀, 11. 옛 열부, 12. 접대"로 구성되어 있다. 이를 보면 여성의 가정 내 역할 중에서 어머니→아내→며느리→딸 순서로 배열되어 있음을 볼 수 있다. 반면, 조선시대 우암 송시열이 혼인하는 딸에게 주었다는 『계녀서(戒女書)』는 '시부모 모시는 법'이 가장 먼저 제시된 바 있다. 이에 비해 『규문보감』에서 접빈객이나 봉제사에 대한 내용은 어머니나 아내의 역할 뒤에 제시되고 있다. 이 서적은 실용서라기보다는 교훈서에 더 가깝고 옛 인물 사례가 소개된다는 점에서 이념적 지향과 도덕적 훈계에 더 초점을 둔 자료인데, 가치의 우선순위에서 변동이 있음을 읽을 수 있다.

2) '가정(家庭)' 실용서의 대중적 소비[48]

가정학 교과서가 공식 교육의 장에서 보급되었다면 동일한 시기에 일반 출판시장에서는 한글로 된 가정 실용서인 가정보감류가 대중적으로 소비되었다. 이러한 유형의 서적은 해방 후에도 동일한 제목으로 발간되었고, 최근까지도 『가정백과사전』으로 계속 간행되고 있다.

가정보감은 일상에서 필요한 지식을, 그 어떠한 교훈이나 계몽 지침 없이, 요약해서 제시하고 있다. 한글과 셈법 학습, "척독(尺牘)"이라 불린 서간문의 각종 형식, 관혼상제로 대표되는 의례 절차, 사주나 토정비결 등의 술수, 그리고 술수의 내용과 혼재된 응급처치 등이다. 가정보감은 출판사나 간행연도에 따라 제목을 약간 달리하면서 강조점이나 분량이 달라지기도 하지만 대체로 위와 같은 내용을 공통적으로 담아내고 있고, 때로는 여기에 임신과 육아 또는 성 생활에 대한 내용, 그리고 지리정보가 첨가되기도 한다. 내용 중 가장 많은 분량을 차지하는 것은 술수에 대한 것이고 그다음이 척독이다.[49]

이들 내용을 보면, 오늘날과 같은 산업자본주의 사회에서 성별 분업의 공간으로서의 '가정(家庭)', 즉 여성의 공간과 역할을 다루고 있다기보다는, 그야말로 일상의 필수 지식을 담고 있다. 그 소용은 여성만의 책이 아니라 남녀노소 모두 손닿는 가까운 곳에 두고 필요할 때마다 펼쳐보는 매우 실용적인, 그야말로 공구서(工具書)의 기능을 하고 있다. 저자나 출판사의 도덕적 교훈이나 지향은 거의 찾아볼 수 없고, 철저히 독자의 필요에 부응하는 내용으로 구성되어 있으며 한글로 작성되어 있다.

이는 비슷한 시기 일본에서 발간된 『일본가정백과사휘(日本家庭百科事彙)』(도쿄 후잔보富山房, 1906)와도 다른 특성이다. 오스미 가즈오(大隅和雄)에 의하면 하가 야이치(芳賀矢一)는 1901년 베를린에서 『여성백과사전(Konversations-Lexikon der Frau)』을 우연히 접하게 되었고 귀국 후 부인백과사전으로서 『일본가정백과사휘』를 만들게 되었다고 한다. 이 책은 의복·음식·육아·의료·원예를 상세하게 다루고, 재봉·요리·예방법·응급조치의 내용과 "가정주부의 교양으로 꽃꽂이·다도 등의 전통 생활문화" 항목도 넣었다고 한다.[50] 그런데 이러한 가정백과사전의 내용은 사실 당대 일본 대부분의 가정 실상과는 맞지 않는 것이었다. 이를 검토한 오스미 가즈오는 "백과사전에 3단으로 20쪽이 넘게 서양요리에 대해 기술해 놓은 것이 그대로 일상생활에 도움이 될 만한 사람들이 당시 일본에 어느 정도 있었을까?"라면서, 서양을 기준에 둔 "교양"의 이념형과 현실과의 간극을 꼬집었다.[51] 이러한 간극은 식민지 조선이나 현대 한국의 『가정학』 교과 교육에서 그대로 반복된 바 있다.

반면 식민지 조선에서 발간된 가정보감은 일본에서 발간된 『가정백과사전』이나 식민지 조선에서 발간된 『가정학교과서』와는 달리 교육적 목적이나 계몽의 취지보다는 독자의 필요에 철저히 부응하고 있다. 그리고 그것을 이루는 내용은 당대의 "과학화(위생화)" 또는 "구습 폐지"와는 거리가 멀다. 출판 형식이나 보급은 상업적 단행본의 형식으로 우편 판매까지 하면서 근대적 양태를 띠고 철도 이용 방법이나 행정 서식 등과 같이 당대의 시대적 변화를 반영하는 내용을 담고 있기도 하지만, 내용의 대부분은 관혼상제의례를 치르는 법 그리고 당대에 "미신"으로 치부되어 폐지의 대상으로 지목된 술수가 차지하고 있다. 그리고 응급처방 또한 근대 의료 지식 및 기술의 이용과는 거리가 먼, 주변에서 쉽게 구할 수 있고 대처할 수 있는 방법으로 구성되었다. 역법에 대해서도 일본 연호 및 태양력을 전통적 역법인 간지(干支) 방식으로 읽는 법을 소개했다.

가정보감이 상업적 보급을 목적으로 철저히 독자의 필요에 부응해 내용을 구성했다는 점에서 알 수 있는 것은, 당대 일상의 운용이 일본 식민 당국이 의도한 대로 전통적 방식과 급격히 단절되지 않았고 상당히 지속되고 있다는 점이다.

일상의 운용에서 전통적 방식의 단절보다 지속성을 발견할 수 있는 지점은 이 가정보감의 저본(底本)에 대한 추정이다. 앞에서 살펴본 바와 같이 가정보감은 동일한 시기 식민지 조선에서 발행된 『가정학교과서』와도 다르고 일본에서 발행된 『가정백과사전』과도 다르다. 또한 같은 시기 일본에서 동일한 제목 『가정보감』으로 발행된 것과도 다르다.[52]

그렇다면 가정보감은 어떤 내용을 취합한 것일까? 여러 종류의 가정보감이 구성도 비슷하고 그 내용도 대동소이한 것으로 볼 때, 공통적으로 무언가를 참조하였음은 분명하다. 이와 관련해 일제강점기에 대중적으로 유행한 딱지본 소설의 저본에 대한 추정을 참고해볼 만하다. 이 딱지본 고소설들이 조선 후기 세책(貰冊)으로 활용되던 방각본 소설의 내용을 거의 그대로 가져왔다는 보고가 있다.[53] 이에 비추어볼 때 가정보감 또한 조선 후기에 발간된 일용유서(日用類書)의 내용을 일부 차용하지 않았을까.

조선 후기에는 조선의 실정을 반영한 일용유서가 다양한 분야를 포괄하면서 간행되었다.[54] 홍만선(洪萬選 1643-1715)의 『산림경제(山林經濟)』와 이 책을 증보하여 1766년에 유중림(柳重臨)이 엮은 『증보산림경제(增補山林經濟)』, 빙허각(憑虛閣) 이씨가 1809년에 엮은 『규합총서(閨閤叢書)』, 그리고 서유구(徐有榘, 1764-1845)가 엮은 총 113권이라는 대작 『임원경제지(林園經濟志)』 등을 들 수 있다. 이들 책은 하나같이 고준담론이 아닌 일상의 실용적 지식을 논하겠다는 것을 전면에 내세웠고, 중국의 문헌을 참조하면서도 철저히 조선의 실정에 맞는 실용 지식을 정리하고자 하였으며, 사농공상 모두가 참조할 수 있는 책을 만들고자 했다. 이러한 조선 후기 일용유서의 편찬 의도는 가정보감의 목적과 정확히 일치한다. 또한 가정보감이 다루는 내용의 일부를 담고 있어 가정보감의 저본을 추측할 수 있게 한다.

조선 후기에는 위에서 열거한 조선의 필자가 직접 집필한 일용유서 외에도, 중국 명말 청초 시기에 간행되고 크게 유행한 『만보전서(萬寶全書)』를 저본으로 삼았을 법한 『만보전서언해(萬寶全書諺解)』와 『증보만보(增補萬寶)』가 발간되기도 했다.[55] 이 『만보전서언해』의 구성은 총 17책으로 이루어져 있으며, 크게 두 부분으로 나누어볼 때 전반부(제1책~제5책)는 중국사에 관한 것이고 후반부(제6책~제17책)는 "서식(書式), 오락, 풍속, 해몽, 복서 등 일상에 필요한 생활 정보와 무속에 관한 것"인데,[56] 바로 이 후반부의 내용이 가정보감이 다루는 부분과 상당히 겹치며 소제목 등도 정확히 일치하는 것이 여러 건 발견된다. 이렇듯 『만보전서언해』는 구성의 유사성뿐만 아니라 다루는 내용 또한 가정보감에서 다루는 내용의 거의 대부분을 포괄하고 있고 그 원형을 찾아볼 수 있다.

이와 관련하여 더 흥미로운 것은 서울대 규장각 소장의 『증보만보』로, 이 서적은 중국에서 간행된 『증보만보전서』의 유입으로 "민간 생활백과"

로 만들었을 것으로 추정된다.[57] 조선 후기에 간행된 것으로 짐작되는 이 책은 "국문으로 되어 있고 매우 간략하게 내용을 정리하였을 뿐 아니라, 한 손에 들어올 정도의 작은 책자로 일반 서민들이 매우 쉽고 간편하게 참조할 수 있도록"[58] 제작되었다 하여, 일제강점기 가정보감의 유용성과 정확히 일치한다. 또한 내용 면에서도 『만보전서』의 편제와 가정보감의 구성은 그 순서가 매우 유사하다.

그렇다면 가정보감은 일용백과사전으로서의 명·청대의 『만보전서』 구성을 따르면서도 그것을 조선의 실정에 맞춘 『만보전서언해』와 『증보만보』 중 일부 내용을 차용하였다고 추정할 수 있을 것이다.

3) 전통 지식의 주변화와 일상 실천에서의 지속

식민지 조선에서 당대 조선 민중들이 알고 실천하던 일상의 지식과 기술은 조선총독부에 의해 '풍속'이라는 범주로 포착되고 그 내부에 위계를 짓게 된다. 조선총독부는 1921년 중추원을 내세워 기존의 『구관제도조사사업』을 민사관습, 상사관습, 제도와 풍속으로 구분하여 『풍속조사』를 실시하여 1937년까지 방대한 조사 자료를 수집하여 그 일부를 발간하였다.[59] 그 결과물 대부분을 작업한 이마무라 도모(今村鞆)는 조선총독부 경무총감부 위생과장을 역임한 바 있고 이미 1914년에 『조선풍속집(朝鮮風俗集)』을 출간하기도 하였다. 비슷한 시기인 1915년 조선총독부 경무총감부 위생과에서 발간한 『조선위생풍습록(朝鮮衛生風習錄)』은 "서언"에서 "풍속"을 구분하고 위계를 짓는데("격언-속언-민간치료-미신-관행"), 이를 포착하는 문제 틀은 "위생"이었다.

조선 각지의 언어·관습을 비롯해 위생상황에 관한 것을 조사하여 이

것을 기초로 진리를 깊이 탐구하고, 그중에 잘못된 것들을 바로잡아 차츰 비루한 풍속을 교화함으로써 새롭게 공통 보편적인 미풍양속을 익히도록 하고자 이 『위생풍습록』을 편찬하게 되었다.

조선은 본래 공맹(孔孟)의 가르침을 받아들여 후손으로 하여금 일상 언어생활을 통해 이것을 가슴에 새기도록 하였다. 즉 이것을 격언으로 삼아 사회 각 부문에서 흡수해 세도인심(世道人心)을 고무하는 데 활용하였는데, 그것이 지금까지도 일상의 속언(俗諺)으로 전해오고 있다.

(중략)

소위 '민간치료(民間治療)'라는 것은 바로 이러한 미신에서 비롯된 것으로서 지금도 이러한 관행이 성행하여 사람들의 귀중한 생명을 빼앗아 가는 현실이 심히 유감스럽다.

미신의 폐해는 이와 같이 매우 심각함에도 불구하고 [중략] 이러한 관행을 과감히 고치고, 미신을 각성시켜 경계하지 않는다면 감히 어찌 위생을 거론할 수 있겠는가.[60]

이 "서언"에서 "풍속"을 위계 지은 것에 따라 책의 내용 또한 "1. 격언편, 2. 속언편, 3. 민간치료편, 4. 미신요법편, 5. 관행편"으로 구성하였다.[61]

일제강점기 조선총독부가 "미신"이나 "관행" 또는 더 폭넓게 "풍속"으로 포착한 것은 대부분 술수에 관한 것이다. 그런데 이 술수에 대한 가치 평가는 조선인 사이에서도 의견이 분분하였던 것으로 보인다. 예를 들어 1918년 발간된 남궁억의 『가뎡교육』 "제5장 가법(家法)을 세움"을 보면 "모든 구기(拘忌)를 폐지함"이라고 하여, "장사와 혼인에 길일을 택하는 것은 미신"이고 "어리석은" 행위로 일갈했다.

일제강점기 술수의 지식은 앞의 절 가정보감의 편제에서 볼 수 있듯이 훨씬 더 광범위하게 일상화되고 대중화·표준화되는데, 반면에 공권력 및 공식적 판정의 체계에서는 전혀 인정을 받지 못했다. 이를 술수 지식 및 실천의 이중체계라 부를 수 있다면 이 이중체계는 상당히 성별화되어 있으며 또한 제국-식민지 위계와 얽혀 있다. 조형근·박명규는 조선총독부 기관지 『조선(朝鮮)』에 실린 사진 이미지를 분석하면서[62] 조선의 사진 이미지가 "조선을 원시성, 낭만성, 목가성, 여성성, 질료, 수동성의 측면에서 재현"하고 있고,[63] 이는 "조선색"을 강조한 당대 조선미술전람회에서도 동일하게 나타나 "식민지에 여성성을 부여하는 경향"이 당시 광범위하게 나타나고 있었음을 지적한 바 있다.[64]

마찬가지로 가정보감의 주 독자층은 남성이었고 술수 지식 및 그 실천에도 남성들이 중요한 주체로 연루되었지만, 조선총독부의 각종 풍속 조사 과정에서 자료 사진으로 남은 '풍속' 특히 '미신'과 '관행'의 실행자는 대부분 여성이었다.[65] 그리고 계급적으로는 대부분 농민이다. 인물이 등장하지 않는 경우 사진 속의 장소나 집기는 여성들의 공간인 부엌이나 장독대 또는 가재도구였다. 이러한 재현은 식민당국이 "과감히 고치고, 미신을 각성시켜 경계"[66]하도록 개입하는 것을 훨씬 용이하게 그리고 정당하기까지 한 이데올로기 지형을 그려놓았다.

3. 자본주의적 농업의 확대와 여성의 농업기술 실천

식민지 조선에서 농업이 자본주의 경제의 일부로 포괄되는 과정은, 앞서 서술했듯이, 조선이 아닌 일본의 필요에 의해 제국-식민지 경제체제의 부분으로 통합되는 과정이었다. 이른바 '미면교환체제(米綿交換體制)'로의 편입으로, 쌀은 식민지 조선에서 일본으로 그리고 면제품은 일본에서 식민지 조선으로 들어왔다. 이를 위해 미곡은 (다른 곡물과의 혼작이 아닌)

쌀 단작형으로 변화하고 쌀 상품화의 진전 및 증산이 이루어지는데, 그 결과는 농가의 부 증가가 아니라 소작농으로의 몰락이었다. 직물 또한 일본으로부터 값싼 면제품이 수입되면서 농가 수공업의 기반이 무너졌다.[67]

미면교환체제와 더불어 산미증식계획 또한 일본 경제의 종속변수로 시행되었다. 1920년에 시작한 제1기 조선산미증식계획의 목적에 "제국(帝國)의 식량문제를 해결하기 위한 것"을 명시하였고,[68] 증산된 쌀의 50%를 일본으로 수출할 것임을 못박았다. 조선산미증식계획의 출발만큼이나 그 중단 또한 일본의 사정에 의한 것이었다. 1930년을 전후로 한 세계 대공황의 여파로 일본 내 미곡 가격이 폭락하자 일본 정부는 1933년 '미곡통제법'을 제정하여 조선미가 일본에 들어오는 것을 통제하기 시작하였고 이에 따라 조선총독부도 1934년 5월 산미증식계획을 공식적으로 중단하였다.[69] 마찬가지로 품종 개량 또한 일본으로의 이출을 염두에 두고 일본 소비자가 선호하는 것으로 이루어졌을 뿐, 조선의 기후나 토지 조건 그리고 농업 방식을 고려한 변화가 아니었다.

양잠 및 제사(製絲) 또한 일본 제사 자본의 필요에 따른 양잠업과 제사업(그리고 견직업)의 분리 및 원료 공급처로의 변화가 이루어졌고 이에 동반된 폭압적인 공동 판매 및 수의계약의 강제는 농가 수공업의 몰락을 가져왔다.[70]

1912년 3월 데라우치 마사타케(寺內正毅) 총독은 각도 장관 및 권업모범장장(勸業模範場長)에게 "미작(米作)·면작(棉作)·양잠(養蠶)·축우(畜牛)의 개량·증식에 관한 중대 훈시"를 내렸고, 그중에서도 "쌀단작형 농업체계로의 재편"에 농정의 방점을 두었다.[71] 이 과정은 기층 농민의 동의와 환영을 받는 이행 과정이 아닌, 반발과 저항이 일어나 이를 제압하기 위해 폭력을 동원한 "무단 농정"이었다.[72]

조선을 여행하는 사람들은 수리조합지구 내는 물론이고 오지에 이르기까지 우량품종이 보급되고 개량 묘대가 설치되고 정조식(正條植)이 철저히 이루어지고, 피뽑기가 잘 이루어지는 등 조선 도작(稻作)의 약진적 발전에 놀라게 되지만, 그 발전의 이면에는 관헌의 놀라운 강행군적인 농업 지도의 역사가 있다. 지도자의 지시를 따르지 않은 묘대를 밟아버리고, 정조식을 하지 않은 것은 묘를 뽑아버리고 다시 심을 것을 명령한다. [중략] 요컨대 묘대에 심은 종자부터 탈곡에 이르기까지 미세한 생산 과정의 구석구석까지도 지도의 손길은 뻗쳐있고 오로지 강행적으로 실시되었다.[73]

면작장려(棉作獎勵)에는 실제로 헌병이 도입되었고, 또 면작 지도원들은 목표를 달성하기 위해 호적조사까지 하였다. 재래면을 축출하기 위해 그 종자를 모두 빼앗았고, 그래도 재래면을 심었을 경우에는 6월말에서 7월 중 재래면을 경작하고 있는 마을에 나가 청죽(靑竹)대로 면화의 편단(片端)부터 두들겨 쓰러뜨려 버렸다.[74]

폭력을 수반한 강압적 방식이었던 것 말고도 근대적 농업의 전개에서 나타나는 또 다른 특징은 기술의 보급을 관이 주도했다는 점이다. 일반적으로 근대화 과정에서 과학기술 개발은 전문가 단체가 형성되고, 전문성 인증 시스템이 확립되며, 중앙 정부와의 관계에서는 상호 견제와 협력관계를 맺는 가운데 이루어지게 된다. 하지만 식민지 조선에서는 제국-식민지 정치체제 상황과 연동되면서, 전문 지식과 기술은 관으로 대표되는 식민지 권력을 통해 민중에게 전달되었다.

1) 통치와 정책의 대상으로서의 농업: 자본주의화·과학화·전문화

자본주의화에 따라 농업은 정치의 영역에서 그 의미 변화를 경험하게 된다. 조선시대의 정치 영역에서 농업은 '권농'으로 대표되던 도덕적 의미에 기초해 당연시되고 의무화된 노동으로 간주되었고, 이것이 농정(農政)의 가장 주요하고도 기본적인 인식 틀이었다. 이에 비해 그것으로부터 얻게 되는 실질적 이익, 그리고 그 이익을 극대화하기 위한 기술의 개발이나 지식의 축적은, 물론 개별적 수준에서는 농민이나 양반들도 관심을 가졌지만, 국가 정치 차원에서 농정의 주요한 부분이 아니었다.

개화기 이후 일본에 다녀온 역관이나 개화파 지식인들에 의해, 그리고 1882년의 조미수호통상조약 체결에 따른 보빙사의 방문 이후, 미국과 유럽의 실험적 농학이라는 새로운 체계를 눈으로 보고 부국강병의 기초로서 농업을 사고하기 시작하면서 큰 변화를 예고하였다. 근대적 농서를 발간하고 농무목축시험장·잠상시험장·원예모범장 같은 연구기관을 설립하고 농학 교육을 시작한 것이다.[75]

일제강점기 정치에서 농업은 실질적 의미나 이데올로기적 의미에서 매우 중요한 위치를 차지했고, 이것들을 아우를 수 있는 농정(農政)이 시작되었다. 농업을 다루는 부처의 이름으로서 '농상공부(農商工部)'는 명확히 농업의 가장 중요한 가치를 도덕적 이유가 아닌 경제적 이유로 대체하였음을 보여준다.

우선, 농업 관련 여러 사실이 수합·분류되고 체계적으로 정리됨으로써 근대 통치의 수단인 통계(statistics)로 제시되었다. 일제강점기에 "농정 지식체계"[76]라 부를 수 있을 정도로 조선총독부 주도 하에 각종 농촌 조사가 이루어졌고 그것은 정책 수립의 근거가 되었다. 1904년~1905년 사이 일본 농상무성은 당시 일본의 농업기술연구원들을 동원하여 조선 농업 및 농촌에 대한 기초 조사를 수행하였고, 약 2천여 쪽에 달하는 『한국토지농산조사보고(韓國土地農産調査報告)』로 출간했다.[77] 또한 통감부 설치 직후에는 권업모범장, 종묘장, 농림학교 등에서 각종 조사를 수행하였다.[78] 1930~31년에는 조선총독부 주도로 소작관행조사가 이루어졌고 1933년과 1938년에는 농림국 주도로 농가경제조사가 이루어졌다. 조선총독부가 실시한 각종 조사에서 조선의 농업은 그 생산 방식(예를 들면 가축 의존 정도나 기계의 사용 정도 또는 비료의 사용 등)이나 노동력의 활용이나 생산관계(소작관계)에서 '후진성'을 보여주는 것으로, 일본에서 들여올 지식과 기술에 따라 '발전'되어야 할 대상으로 규정되었다.

이제 농업은 전문화된 지식과 기술의 전수가 필요한 대상이 되었다. 일본식 농업기술을 전파하기 위한 기관으로서 이미 1907년에 권업모범장(勸業模範場)과 "한국의 전래 수공을 개선한다는" 공업전습소(工業傳習所)를 설치했고,[79] 기술의 전수를 위해 '농업기술관', '권농위원' 등을 두고 '한국농업기술관회의' 같은 전문가 기구를 설립했다.[80] 그 밖에도 종묘장, 채종전 등을 운영하기도 하였다. 이들 기구가 농업 지식 및 기술을 전수하는 교육기관의 역할을 수행하였음은 물론이다. 그리고 이미 1910년대부터 각종 농림학교(農林學校)가 설립되어 식민지 농정의 실무자를 양성하였다. 1911년에 농업학교 16개교, 간이농업학교 12개교가 운영되고 있었는데 이것이 1918년에 이르면 각각 18개와 49개로 크게 증가하였고 졸업생 숫자가 11,235명에 달하였다.[81]

이렇듯 근대 시기 식민지 정치체제하에서 진행된 농업의 자본주의화·과학화·전문화가 여성들의 농업기술 실천에 미친 영향은 무엇이었을까? 이러한 연구 질문으로 일제강점기 농정에 대해 연구된 것이 거의 없어 그 판단이 매우 조심스러울 수밖에 없는데, 지금까지의 자료 검토에서 제시할 수 있는 것은 상당히 양가적이다.

앞에서 말한 "농정 지식체계"의 일환으로 이루어진 여러 조사와 기록은 그동안 공적인 지식체계에서 드러나지 않았던 여성의 농업노동을 수치로 입증해준다.[82] 그리고 종종 여러 지역에서 이루어진 품앗이에서 여성의 노동이 남성의 노동과 등가 교환되고 있었음이 보고된다.[83] 이는 일본의 식민지 조선 농업정책의 일환이기도 한데, 농업에서 "여자 노동력 동원은 초기부터 일관된 정책"이었다.[84] 이것이 1932년 우가키 가즈시게(宇垣一成) 조선총독이 시작한 '농촌진흥운동'에서는 훨씬 더 가속화되어 '부녀 옥외(屋外)노동 장려' 또는 '부녀자의 외업(外業) 장려'라는 중요한 정책으로 추진되었고, 이후 1940년을 전후한 총동원체제하에서는 더욱 적극적으로 추진되었다.[85] 진흥회 또는 국민정신총동원조선연맹의 중요한 기구로서 부인회 또는 부인애국반이 공식화되었고, 이러한 여성 조직의 확산은 농촌진흥운동이나 국민정신총동원운동의 중요한 성과로 언급되곤 하였다. 진흥회 또는 국민정신총동원조선연맹의 하부 조직의 구축은 연도나 지역별로 자세하게 표로 제시되곤 하는데, 다른 조직에 비해 부인회의 단체 수나 회원 수가 압도적으로 많았다.[86] 1920년대 '모범부락'에 대한 기억을 보고한 이용기의 한 논문에서는 "모범부락 시절의 실질적인 성과나 변화사에 대한 가장 강력한 기억은 여성 노동"이라고 지적하고 있다.[87]

물론 이러한 여성 노동력 동원은 식민지 초창기의 쌀과 면화, 누에고치의 증산을 위해, 중반기에는 농업생산력 증대와 부업 장려를 위해, 그리고 후반기에는 도시로의 이농과 전쟁으로 인한 농업노동력 감소를 보충하고자 "옥외노동을 장려"[88]한 것이었고, 이는 여성들의 노동 부담을 가중시켰다.[89]

그런데 1910년대부터 추진된 농업노동의 변화에서 "여자의 동원과 기술 훈련"[90]이라는 집약적 표현에서 확인할 수 있듯이, 부인회와 같은 "반관반민(半官半民)의 관제단체"[91]인 부락진흥회의 공식적 하부 기구로의 편입과 성과[92]는 여성들에게 새로운 지식과 기술의 공식적인 교육 참여를 일부분 보장하는 것이기도 했다. 예를 들어 농촌진흥운동의 시작과 함께 "식민권력의 민간 측 대리인(agent)으로서"[93] 도입된 '중심인물 및 중견인물' 양성 정책에서는 이들을 위한 강습회를 단기 또는 장기로 개최하는데, 여기에서 "중견여자수련소"를 별도로 두고 여성들을 훈련하기도 하였다. 전라북도 남원군에 대한 오노 타모츠의 촌락 연구를 보면 이러한 강습회 훈련 현황을 다음과 같이 남녀로 구분하여 제시하고 있다.

〈표 3-3〉 전라북도 남원군 강습회 훈련 현황

구분	1개월 이내 단기강습회 수료자	도농민훈련소		도립중견여자 수련소 수료자	전체
		장기 수료자	단기 수료자		
남	2,174명	22명	83명	–	2,279명
여	1,357명	–	–	3명	1,360명
전체	3,531명	22명	83명	3명	3,639명

(출처: 오노 타모츠, 90쪽)

그리고 이 지역에서 "계몽운동"의 일환으로 "문맹퇴치를 위한 강습회 및 일요학교"를 개설하였는데 그 "횟수는 541회, 수강자는 남자 936명, 여자 358명"이라고 소개하고 있기도 하다. 동시에 1933년부터 매년 농번기(이앙기 10~15일간, 수확기 10일간)에 "탁아소를 개설하여 2세 이상부터 학령 미만의 아동 약 30명을 수용 보호하여 부녀자의 옥외 노동에 불편하지 않았다."고 제시되었다.[94]

또한 직조기술의 전수 과정에서도 '기업(機業)전습소'에서는 여성들이 피교육자로서 교육의 기회를 갖기도 하였다. 그리고 일부 농촌에서 임금노동의 형식으로 이루어진 소규모 각종 직물 작업장에는 여성들이 고용되어 임노동을 경험하고 때로는 동맹파업을 주도하기도 하였다.

여성들의 농업노동 참여 증가, 특히 논농사에서의 여성 참여는 정책의

〈그림 3-1〉 일제강점기 전라남도 진도 모내기 장면. 1915년 도리이 류조(鳥居龍藏)가 촬영한 유리건판 자료로서 원 자료명은 "전남 진도 십일장(全南 珍島) 모내기"이다. 이른바 '막모' 이앙의 장면인데, 사진 오른편은 모두 여성들임을 볼 수 있다. 정조식이 아닌 막모 이앙에서도 상당수 여성들이 참여하고 있음을 확인할 수 있다. (출처: 국립중앙박물관)

〈그림 3-2〉 1946년 부산 지역 모내기 장면. 사진 자료로서 원자료명은 "모내기하는 농부들"로, 1946년 1월부터 1947년 1월까지 부산 소재 주한 민군정청에 재직하였던 헨리 G. 웰본이 촬영한 것이다. 줄을 맞추는 정조식 이앙의 모습으로 대부분이 여성들이다. (출처: 국립민속박물관)

효과이기도 하지만, 줄모 즉 정조식(正條植) 농법의 확대와 관련이 깊다. 강정택은 그의 1941년 논문에서 "모내기에서 줄모의 보급과 제초기의 도입으로 여자가 점차 논 제초에까지 진출하게" 되었다고 평가하고 있으며, 이미 1910년대부터 "논 공동경작에 여자들이 편입"되는 것을 주요한 변화로 꼽았다.[95] 어떤 경우에는 모내기 작업에서 여성들의 참여가 단지 보조적 투입이 아니라 중심적인 역할을 하거나 작업 전체를 전담하기까지 한 것으로 나타나기도 하였다. 전남 강진에서의 1920년대 '모범부락'에 대한 연구를 보면, 모내기를 "여성들이 주로 하고 남자들은 모 나르는 그런 것만 도와줬"다고 남녀 주민 모두가 회고하였다.[96] 실제로 일제강점기나 광복 직후 모내기 장면을 촬영한 사진을 보면, 특히 남부 지방에서는, 다수의 여성들이 모내기에 참여하고 있음을 볼 수 있다.

그렇지만 여성들의 종래의 농업기술이나 직조기술은 전혀 존중받지 못하고 새로운 지식과 기술을 일방적으로 습득해야 했다. 게다가 일제강점기 농촌의 궁핍한 조건에서 먹거리를 마련하는 노동은 훨씬 더 어려움을 수반했을 것으로 보인다.

2) 농작물 재배 방식의 변화: 다품종에서 단작 재배로

일본의 시베리아 진출, 그리고 일본에서의 산업화 진전에 따른 농촌인구의 도시 이출로 인한 일본 본토에서의 쌀 부족 문제 등 "제국(帝國)의 식량문제를 해결하기" 위해 1920년 식민지 조선에서 조선산미증식계획이 시작되었다.[97] 그 결과 쌀의 상품화가 급속도로 진행되고 식민지 조선의 농업경제는 제국 본국에 종속된 체제를 형성하게 되었다. 또한 1910년대의 미작개량정책으로 "한국의 농업은 점차 쌀을 중심으로 한 단작농업(單作農業)"으로 변화하게 되는데 이러한 일련의 농정의 결과 한국 농업은 기형화되고 취약해졌다.[98]

일본은 조선에 일본의 신품종 벼를 강점기 초기부터 들여왔다. 그것도 조선의 토양 조건에 맞는지 검토 없이 그대로 들여왔다. 조선의 토양에 맞는 품종이 연구와 실험의 결과 나온 것은 1930년대 후반에서야 가능했다.[99] 식민지 조선에 들여온 신품종은 철저히 일본으로의 이출을 염두에 둔 품종이었다. 식민지 조선에서의 품종 개량의 효과는 이미 1920년대에 일본 내에서의 조선미 선호 증가로 나타나 "일본 시장에서 일본미에 대한 대체기능이 향상"될 정도였다.[100]

일본의 신품종 벼는 식민지 조선의 농업에 빠르게 확산되었다. 1902년 처음으로 일본의 신품종이 유입된 이후 1912년만 하더라도 벼 재배면적의 약 2.8%에 불과하던 신품종의 면적이 불과 9년 만인 1921년에는 61.8%로 종래의 다양한 품종을 대체하였다.[101] 이러한 양상은 쌀농사 비중이 높았던 삼남 지방에서는 더욱 빠르게 전개되어 전라북도 김제군 부량면의 신용리 촌락에서는 1919년에 일본의 신품종의 식부 비율이 전체

논 면적의 98%를 차지할 정도였다.[102]

한국의 벼 재래종은 그 품목의 종류가 1911년과 1912년 조선총독부 권업모범장 조사에 의하면 논벼(1,259종)와 밭벼(192종)를 합쳐서 1,451종에 달하였다.[103] 그리고 단작보다는 하나의 논에도 여러 종을 심는 혼작의 방식이었다.[104] 당시 조선 농촌을 시찰한 일본 농업기술자의 표현에 의하면 "하나의 논에도 여러 가지 품종이 혼식(混植)되어 있어서, [중략] 벼 색깔은 적색, 황색, 백색의 것이 섞여 있어" 그 모습이 "그림을 보는 것 같은 느낌이 들 정도"였다고 한다. 이러한 다양한 품종의 쌀은 일본 미곡시장으로의 수출을 염두에 둘 때 상품 가치가 낮아서 '미작 개량' 정책이 시행되었던 것이다.[105]

이러한 "식민지 쌀 단작형 농업체계로의 재편"에 농정의 중심을 둔 것은 두말할 나위 없이 조선을 식량 및 공업 원료의 공급처로 구축하고자 함이었다. 이를 조선총독부는 "농업진작(農業振作)의 목표"라는 다음의 항목에 집약시켜놓았다.[106]

① 식량품의 생산을 증대할 것.
② 수이입(輸移入) 농산물은 가능한 한 자급을 도모할 것.
③ 내지(內地)와 인접국에 대하여 수이입할 전망이 있는 산물은 생산의 개량증식을 도모하고, 조선 내의 소비를 절약하여 수이출액의 증가에 중점을 둘 것.

일본의 신품종은 일견 수확량이 재래종에 비해 많은 것처럼 보이지만, 많은 물과 비료를 필요로 하였다.[107] 이러한 재배 조건을 마련하기 위한 수리시설의 확충은 관에서 경비를 들이거나 지주가 부담하는 것이 아니라 소작농민의 노동력 징발에 의해 이루어졌다.[108] 이러한 재배 조건은 이앙기와 수확기에 일시적으로 많은 노동력의 집중을 필요로 하였다. 또한 일본이 신품종의 도입과 함께 강조하였던 비료의 투여 또한 지주가 미리 배합비료를 주고 가을에 소작인에게서 소작료를 징수할 때 함께 징수하면서 높은 이자까지 가산하여 "고리대적인 역할"도 수행하였다.[109]

일본의 신품종 또한 몇몇 품종에 집중되어 1910년대에 보급된 일본 품종을 보면 주요 여섯 품종이 90% 이상을 차지했다.[110] 이들 품종도 시대별 변화를 보이는데 1910년대에는 조신력(早神力), 1920~30년대 전반에는 곡량도(穀良都), 그리고 1930년대 후반에는 은방주(銀坊主)로 변화했다. 은방주는 훨씬 더 많은 비료를 필요로 하는 품종으로 성숙기가 늦고 수확량이 많았는데, 수확 시기가 늦춰짐에 의해서 "이작으로 짓는 맥작이 희생으로 받아들여지는 결과를 초래"하였다.[111]

당연히 농민들의 반발이 일어날 수밖에 없었는데 이를 일본 당국은 무력으로 강제하였다. 1910년대 아직 조선면제(朝鮮面制)[112]가 자리잡기 이전에 농정의 최일선에 나선 것은 헌병과 경찰이었다. 이들은 종자의 선별과 못자리 설치, 비료의 제조 및 시비(施肥)의 방법, 해충 구제, 수확 시의 건조 방법까지 전 과정을 지시하고 감독하였다. 1911년 당시 이러한 '농사개량'에 동원된 무력의 규모는 678개의 경찰관서와 6,222명의 경찰관, 그리고 935개의 헌병대와 7,749명의 헌병이었다.[113]

단작형 농업의 강제는 벼 재배뿐만 아니라 면 재배에서도 폭력적으로 나타났다. 일본은 조선의 재래면(在來棉) 대신에 미국산 면화의 주종을 이루는 미국의 육지면(陸地棉) 재배를 강요하였다. 아래 표를 보면 육지면을 도입한 지 불과 10년 만에 재래면과 육지면의 재배 면적의 비중이 역전되고 1940년대에 이르면 재래면은 거의 사라지고 육지면으로 일원화된다.

〈표 3-4〉 육지면 재배 면적 및 생산량 (단위: 千町/千斤)

연도	육지면		재래면	
	재배 면적	수확고	재배 면적	수확고
1912	7	7,216	57	27,346
1922	104	88,778	47	29,930
1932	100	111,909	59	42,369
1942	332	210,279	8	3,774

(출처: 권태억 [1996/1989], 118쪽)

그런데 육지면 재배는 농민들로부터 많은 반발을 불러일으켰다.[114] 그 가장 큰 이유는 육지면이 조선의 기후와 토양에 잘 맞지 않는다는 점이었다. 육지면은 오랜 기간 한국의 풍토에 토착화된 재래면에 비해 온난한 기후를 필요로 한다. 그래서 일본은 조선의 북부 지방에는 육지면 재배를 강요하지 않고 남부 지방에 집중적으로 육지면을 강제하였는데, 그래도 면화가 워낙 기상 변화에 취약하여 풍작과 흉작의 차이가 컸다. 조선 농촌에서는 면화를 재배할 때 대두(大豆)나 보리를 간작(間作)하여 흉작에 대비하곤 했는데 일본은 이를 허용하지 않았다. 이를 둘러싼 농민과 관(官) 사이의 갈등을 1930년대의 〈동아일보〉는 다음과 같이 전하고 있다.[115]

경북 영주군 문수면(文殊面) 면전에 간작했다고 지도원이 지주 구타(毆打)

면전(棉田)에 잡곡과 배채를 간작했다고 뽑으라 하다가 반항하므로 말썽이 되어 지도원 4, 5명이 지주에게 달려들어 난투극이 일어났다. (1937.9.21.)

전북 순창군 면작장려(棉作奬勵)를 목표(目標)코 발수기(發穗期) 맥작(麥作)을 번경(飜耕)

> 전북 순창군에서는 면작(棉作)을 일층 장려하고자 면작계원과 지도원이 총출동하야 전군에 흩어져 보리밭을 함부로 갈아엎고 면작재배를 시행한다고 하는데 춘궁기에 보리를 태산과 같이 믿고 있는데 [중략]. (1938.4.26.)

농민들이 대두나 보리 또는 감자를 윤작했던 또 다른 요인은 육지면은 지력의 소모가 너무 컸기 때문이다. 면작(棉作)을 연속으로 경작할 경우에는 아무리 비료를 많이 주어도 다른 작물을 심을 수가 없게 되는데, 이러한 문제에 대해 윤작은 조선의 농민들이 농업의 현장에서 고안해낸 해결책이었다. 특히 콩과식물은 지력을 보충해주는 작용을 하여 윤작체계에서 중요한 역할을 해온 바 있었다.[116] 육지면은 지력의 소모뿐만 아니라 인간의 노동력 또한 더 많이 필요로 했다. 따라서 "모운(耗耘) 수확에 원체 손이 많이 잡히고 비용이 들기 때문에" 충분한 노동력이 뒷받침되지 않는 한 다른 농작물 재배와 병행할 수 없어 "도리어 손실을 보게" 되었다.[117]

일제의 집약적인 육지면 재배를 농민들이 꺼리게 된 또 다른 이유는 그것이 환금성(換金性) 작물이라는 데 있다. 총독부는 지배 후반으로 갈수록 면화 수매의 사적 거래를 금지하고 관을 통해서만 전량 거래하도록 하였는데, 그 가격은 국제 면화 가격의 등락과 고스란히 연동하였다. 가격 안정성이 보장되지 않은 상태에서, 안 그래도 만성적인 식량 부족의 기근에 고통받는 농촌에서 보리나 감자 재배를 희생하고 면작에 집중하기에는 너무나 위험 요소가 컸다. 그래서 때로 농민들은 "당국에서 심으라고 내어주는 종자를 삶아서 발아력을 없이 해가지고 파종하였다가 며칠 후에 움이 나지 않는다는 이유를 붙여 뽑아버리고 다른 작물을 심는" 방식으로 저항하기도 하였다.[118]

이러한 문제점은, 에코페미니스트들이 지적했던, 서구의 과학전문가들이 남미와 인도에 파급하고자 했던 이른바 '녹색혁명'의 폐해와 너무도 닮아 있다.[119] 녹색혁명이 도입하고자 했던 신품종의 농작물은 한 포기에서 나오는 곡물의 양은 많을지 몰라도 물을 너무나 많이 필요로 하여 안 그래도 부족한 지하수를 고갈시켰고, 비료와 농약, 나아가 노동력을 추가로 필요로 했다. 도시의 토목공사나 공장으로 남성들이 빠져나간 농촌에서 여성들과 노약자만으로 그 신품종을 재배하기에는 역부족이었다.[120] 또한 기존의 토착 농작물은 곡물을 수확하고 남은 부산물을 엮어서 바구니나 가방 같은 일상생활용품을 제작할 수도 있었으나 서구 '녹색혁명'의 신품종은 곡물을 수확하면 그것으로 끝이었다.

서구 근대 과학에 기초한 이른바 '녹색혁명'이 남미와 인도에 미친 폐해와 동일한 양상이 식민지 조선에서도 그대로 재현되었다. 조선의 토양과 맞지 않는 벼 품종의 일방적 도입, 그리고 다품종으로부터 단일 품종으로의 변화가 2, 30년 만에 급속도로 이루어졌다. 면화 재배에서도 재래면으로부터 육지면으로의 급속한 변화는 간작(間作)과 윤작(輪作)을 폭력적으로 제압하고 육지면의 집약농법을 강요하였다. 녹색혁명이 한 포기의 식물에서 나오는 곡물의 양은 많을지라도 그것이 더 까다로운 생육조건과 더 많은 물과 비료를 필요로 하여 결국 남미나 인도 농촌의 자연환경적 조건이나 생활방식과 전혀 맞지 않았던 것과 유사하게, 식민지 조선의 품종 개량은 철저히 일본제국의 경제적 이익에 초점이 맞춰져 있었을 뿐 조선 농민의 토착적 지식과 농법은 무시되었다. 일본에 의해 도입된 신품종은 단위 수확량은 많았지만 많은 비료와 물을 필요로 하였고, 새로운 농작법(줄모와 밀식)은 바람이 잘 통하지 않음에 따라 문고병(잎집무늬마름병)에 취약했다.[121]

2000년대 중반 여성농민운동의 일환으로 전개된 '토종씨앗 지키기'에서 확인된 것에 의하면 토종벼는 한 그루만을 비교하면 수량도 덜 나오고 키가 크다. 키가 작은 개량벼에 비해 토종벼는 태풍에는 취약할 수 있지만 "비료를 주지 않아도 키가 잘 크니까 유기농업에서는 오히려 [비료] 저투입 가능성도 있고" 그리고 "키가 커 짚이 많이 나와 사료"로 사용할 수도 있다. 개량벼가 "특정 병에만 강하게 육종"하여 수직저항성이 강한 것에 비해 토종벼는 "모든 병에 다 걸리는데 그거를 다 이겨내"는 수평저항성이 강해 농약을 쓰지 않아도 병충해에 잘 견뎌 결국 적지 않은 생산량을 나타냈다.[122]

'토종씨앗 지키기' 운동에 주목하여 알게 된 사실은 토종벼의 특성에 그치지 않았다. 바로 종자 관리를 여성들이 해왔다는 추정을 실제 확인할 수 있었다. 운동을 시작했을 때, 벼뿐만 아니라 각종 채소까지 아울러, 토종씨앗을 지금도 갖고 있던 농민은 주로 "60대 이상의 여성 소농민"이었고 이들은 "시어머니 댁의 시어머니 그 시어머니서부터 [농사]해가지고… 백년 이상이 된 씨앗"을, 즉 여성에게서 여성으로 전수하여 보유하고 있었다.[123] "백년 이상" 씨앗이 전수된 것은 그저 갖고 있는 것만으로는 불가능하다. 바로 그 시간 동안 그 종자에 맞는 파종과 재배와 채종 기술이 함께 했기에 가능한 것이었다. 그러므로 여성이 종자를 관리한다는 것은 단지 보관만을 한다는 의미가 아니라 그 종자 고유의 농사 지식과 기술을 함께 갖고 있고 세대를 거쳐 실천하며 전승해왔음을 보여준다. 이러한 의미에서 식민지기 일본이 "개량" 또는 "증진"의 이름으로 들여온 쌀 단작화와 소수 신품종화는 그동안 여성들이 보유한 고유의 농업 지식과 기술을 무의미한 것으로 만들었음을 추정할 수 있다.

선미공(選米工)과 흡취기(吸取器)

벼를 수확하였다고 하여 바로 밥을 지을 수 있는 쌀이 나오는 것이 아니다. 벼는 탈곡과 도정(搗精)의 과정을 거쳐야 쌀이 될 수 있다. 후자의 과정인 도정은 (비단 쌀뿐만 아니라 다른 곡식 또한 마찬가지로) 기계가 도입되기 전이나 도입 후에도 소규모 작업에는 방아나 절구를 사용하였고 이는 오래전부터 밥 짓기를 준비하는 여성의 몫이었다. 근대 초기 현미기(玄米機), 정미기(精米機) 또는 마찰기(摩擦機)의 도입으로 껍질을 벗기는 것은 기계화 및 대량 작업이 가능해졌지만, 여전히 돌이나 모래 같은 부산물을 골라내는 것은 여성의 손을 거쳐야 했다.

조선에는 이미 병합 이전부터 일본인이 정미소를 시작하였는데, 이 정미소에서 백미(白米)를 제외한 잡물(모래와 흙, 적미[赤米]와 흑미[黑米] 등)을 골라내는 선미공(選米工)을 고용하였고 이들은 모두 여성이었다. 이들 정미소는 이러한 여성 선미공을 수십 명 내지 수백 명씩을 고용하였다.[124] 일본인을 주로 상대한 일본인 정미소는 흙이나 돌 같은 잡물을 제거한 이른바 '석발(石拔) 백미(白米)'를 팔았는데, 이 석발 백미는 조선인 정미소에서 팔았던 한백미에 비해 별도의 정선(精選) 과정을 거쳤고 이 과정에서 선미공이 필요하였다.

백미를 정선하는 과정에서 '흡취기(吸取器)'라는 것이 사용되었다. 흡취기는 가늘고 긴 고무관으로 조선 특유의 발명품이었다고 하는데,[125] 입선단(粒選壇)이라고 하는 포(布)로 된 벨트 위에 백미를 얇게 편 다음 벨트를 느린 속도로 움직이게 하여, 한 대의 입선단에 한 명의 여공이 앉거나 대형 입선단의 양쪽에 여러 명의 여공이 앉아서 흡취기를 이용하여 백미에 섞여 있는 모래, 적미, 흑미, 피 등을 빨아 올리는 방식이다. 이러한 선별 작업을 거쳐 나오는 것을 석발 백미라 불렀다.

이렇듯 더 많은 공정을 거쳤기 때문에 석발 백미는 한백미에 비해 1석에 2원 정도 더 비쌌다고 한다. 도정(搗精)의 정도도 달라서 일본인들은 10분도(分搗) 조선인들은 7분도의 쌀이었다. 당시 조선 가정집 일반에서는 밥을 짓는 여성이 돌을 골라내는 조리질을 하였기에 굳이 더 비싼 석발 백미를 사지 않았다.

3) 양잠과 여성 노동

양잠은 면직물 생산과 함께 근대로의 전환기에 조선이나 대한제국 그리고 일본 총독부 모두의 농정에서, 특히 그것이 서구의 산업혁명의 핵심적인 분야였다는 교훈에서, 매우 중요하게 다루어졌다. 고종 정부는 양잠을 부국을 위한 유망 업종으로 보고 근대적인 산업화를 시도했다. 개화 업무를 담당하는 기구로서 통리군국사무아문(統理軍國事務衙門)의 내부 기관인 7사(司) 중 하나로 농상사(農桑司)를 설치하였다. 이 농상사에서는 1883년 11월에 농과규칙(農課規則)이라는 근대적 농업 법규를 제정하고, 1884년 9월에는 우리나라 최초의 공기업인 잠상공사(蠶桑公司)를 설립했다.[126] 고종도 경복궁 영추문 부근에 뽕나무 밭을 마련하고 뽕나무 100만 그루를 상해로부터 수입하여 심었다. 그러나 재정 곤란과 기술자 및 경영자 결핍으로 잠상공사는 설치된 지 5년 만인 1889년에 폐지되었다. 1894년 실시된 갑오개혁 이후 잠업 관리는 개편된 농상공부에서 이뤄졌고, 이와 함께 잠업기술 보급을 위한 '사립잠업전습소'가 설립되었다. 또한 개화기 조선과 대한제국에서는 일본을 오갔던 역관과 개화파 지식인들을 중심으로 근대적 농서를 편찬하는 시도가 활발히 이루어졌다. 1881년 안종수(安宗洙)의 『농정신편(農政新編)』부터 1911년 정우상(鄭宇相)의 『상수재배법(桑樹栽培法)』까지 35종의 농서가 편찬되었는데, 이 중 잠상(蠶桑)에 관한 것이 10권으로 가장 많은 비중을 차지한다. 이렇듯 개화기 정부와 지식인들은 잠업진흥정책을 펼쳐나갔고 그에 따라 질 좋은 견직물을 생산하기도 했다. 러일전쟁 이후 통감부가 설치되고부터 잠업은 일본 식민지 산업정책의 중요 부문으로 추진되었다.[127]

일본은 침략 초기부터 잠업 장려를 추진하였는데, 잠업강습소나 잠업전습소를 두어 양잠기술의 담당자인 여성들을 양성하고 견사 생산을 확대하였다. 여자잠업강습소는 1905년 7월 대한부인회에 의해 용산 만창리

(萬倉理)에 창립되었고, 1914년 10월 수원으로 이전되었다가 조선총독부 농사시험장 여자강습소가 되어 광복 후에까지 계속되었다. 여자강습소에서는 여자 양잠교사로 일할 잠업기술원 교육도 실시하였고, 여성들은 군농회나 지방잠업강습소, 전습소, 부락양잠조합 등에 고용되었다.[128]

농가에서 면직물, 저(苧), 마포(麻布)의 생산은 주로 농한기에 이루어졌다. 견직물 생산도 "연중 계속되나 농번기에는 휴지(休止)"했다는 언급을 보면,[129] 여성들이 직조노동뿐만 아니라 농업노동에도 참여하였고 그것이 여성들의 주 노동이었음을 보여준다. 그런데 일제강점기 농업정책 또는 농촌의 현실에 대한 역사 연구에서, 직물 생산에 여성들이 참여한 것을 두고 그 의의를 여성의 과학기술 실천 또는 종래의 직물 담당자로서의 전문성 인정으로 읽는 시도는 거의 찾아볼 수 없다. 물론 일제강점기 조선 농촌에서의 직물 생산이 원료 수탈을 주된 목적으로 했고, 그 과정에서 노동력 징발을 수반했음을 부인할 수 없다. 일제강점기 농촌의 직물 생산을 서술하는 과정에서, "농한기의 유휴 노동력이나 부녀자의 노동력을 부업 등 생산활동에 동원하려는"이라는 표현이 여러 연구 문헌에서 반복해서 등장하는데[130] 이는 짐짓 "부녀자의 노동"은 경제활동이나 생산활동과는 거리가 먼 것처럼 바라보는 전제를 갖고 있는 것이 아닌가 하는 의문이 드는 것도 사실이다.

일제강점기 양잠의 결과로 산출된 고치[繭]를 이용한 조선의 제사업(製絲業)은, 물론 일본 본토의 제사업 및 1920년대부터 조선으로 진출한 일본 제사 자본의 요구에 철저히 편입된 것이었으나, 당시 일본의 생사 수출이 세계 1위였던 것만큼이나 조선의 생사 수출 또한 중국과 이탈리아에 이어 세계 4위에 달할 정도로 상당한 규모였다.[131] 실제로 일제강점기 초반 양잠업은 크게 성장하여 고치 생산량이 1910년에 비해 1929년에 거의 35배로 폭증하였다. 이는 다른 농산물의 생산 추세와 비교해보아도 단연 두드러진 성장이었다.

〈표 3-5〉 농산물의 생산 추세 (1910년과 1929년 비교)

	1910	1929	증가율(1910년=100)
쌀(米)	10,405千石	13,701千石	131
보리(麥)	6,207千石	9,387千石	150
조(粟)	3,346千石	5,244千石	160
면(綿)	26,078千斤	158,238千斤	751
고치(繭)	13千石	485千石	3,492
소(畜牛)	703千頭	1,585千頭	218

(출처: 朝鮮蠶絲會, 『朝鮮蠶絲業ノ懸在及將來ヲ論ブ』, 1932, 100-101쪽; 김혜수 [1989], 59쪽 재인용)

이와 같은 고치 생산 증가는 양잠 농가와 뽕나무 밭의 증가를 반영한다. 1910년과 비교하여 1929년 양잠 농가는 76,037호(총 농가 호수에서 차지하는 비율은 3.3%)에서 648,079호(23.0%)로 8.5배 증가하였으며, 뽕나무 밭은 3,344정(町)에서 73,823정으로 22배 증가하였다.[132] 이러한 증가는 당연하게도 식민지 농정의 결과이며 그것은 다분히 관료제적 재편으로 이루어진 것이었다. 바로 조선총독부가 1919년 제정한 '조선잠업령(朝鮮蠶業令)'과 1925년부터 추진한 '잠견백만석증수계획(蠶繭百萬石增收計劃)'의 결과로서, 이 과정에서 식민지 조선의 양잠은 쌀이나 면화와 마찬가지로 일본 제사업의 요구에 따른 종자 개량과 공동 판매 및 수의계약이라는 판매 방식의 관료적 개입이 이루어졌다.

양잠 작업 전체에서 뽕나무 잎을 따는 것과 누에 사육 및 준비가 전체 노동의 80%를 넘게 차지하는데 이는 모두 여성에 의한 것이었다.[133] 그리고 뽕나무 밭[桑田]의 운영 또한 "부녀자가 대부분" 수행하였다.[134] 그러다 보니 조선총독부 또한 "잠업(蠶業)의 성질상 부녀자의 노동에 적합한 것이기에 노동력이 풍부하고 노임(勞賃)이 싼 조선에서 가장 유망한 업종이

라고 선전"하기도 하였다.[135]

실제로 조선에서 여성들의 노임은 남성 노임의 반 정도였고, 일본 남성에 비하면 1/3에도 미치지 못하였다.

〈표 3-6〉 조선과 일본의 양잠 남녀 노임 비교 (단위: 錢)

	남성			여성
	최고	최저	보통	평균
일본	90	50	70	30
조선	40	20	30	20

(출처: 조선은행조사국, 『慶尙北道ノ蠶業ト金融』, 1917, 6쪽; 김혜수 (1989), 98쪽 재인용)

〈표 3-7〉 조선의 도별 양잠 남녀 노임 비교 (단위: 錢)

년도	도별	봄누에(春蠶)				여름·가을누에(夏秋蠶)			
		일고(日雇)		계절고(季節雇)		일고(日雇)		계절고(季節雇)	
		남성	여성	남성	여성	남성	여성	남성	여성
1931	경북	40	20	40	20	40	17	40	17
	전남	35~40	15	–	–	30~40	12~15	–	–
	충북	45	20	40	15	45	20	40	15
1932	경북	30	17	30	17	30	17	30	17
	전남	30~36	12	–	–	–	12	–	–
	충북	45	20	40	15	45	20	40	15

(출처: 出田定義, 『統制ある蠶絲業の朝鮮』, 1934, 143쪽; 김혜수 (1989), 98쪽 재인용)

또 다른 자료를 보면, 1925년 경성의 제사공장 설치로 조선에 진출한 일본 제사 자본인 종연방적(鍾淵紡績)은 1930년 광주에 또 다른 제사공장을 지으면서 전남 지역에서 뽕나무 밭을 직영하게 되었다. 이때 지불한 일당이 남성 노동자가 30전, 여성 노동자는 10전, 그리고 15세 전후의 소녀인 경우 5전 미만이었다고 한다.[136]

여성들의 노동력 혹사로 얻은 수익은 농가경제에 매우 중요한 화폐 수입원이었다. 양잠은 보통 봄과 가을인 5월과 9월이라는 농한기에 이루어졌다. 특히 춘궁기의 양잠 수익은 부족한 식량의 대체재였던 만주의 조[滿洲粟] 구입에 결정적이어서, 농가에서는 양잠을 "사활문제로까지 여겼을 정도"였다고 한다.[137] 이는 고치를 판매하는 시기가 농가에서 가장 어려운 시기라는 점에서 더욱 결정적이었다. 조선농회(朝鮮農會)에서 1939년 경기도 지회의 각 군농회에 위탁하여 조사한 결과에 의하면, 논농사를 하는 지역의 양잠 수입은 농가의 6월 총수입 중 60% 정도를, 9월 총수입 중 30%를 차지하였다고 한다.[138] 양잠으로 인한 현금 수익이 농가에 얼마나 중요했는가는 다음과 같은 신문 기사에서도 확인할 수 있다.

> 요사이 가난한 농가에서는 쌀이 떨어지고 보리는 아직 먹게 되지 못하였으므로 고치값이나 나가기를 일시가 바쁘게 기다렸는데 [중략].[139]

> 근년도 서천군(瑞川郡) 농회에서 공판이 있었는데 [중략] 호당 12엔(円) 정도의 수입이 있었다. 현재 동(同)지방은 구곡(舊穀)이 이미 기진(已盡)하고 신곡(新穀)이 미출(未出)한 때로 농촌생활이 극도로 곤궁하고 만주속(滿洲粟) 1승(升)도 매득(買得)이 어려운 상태이다. 이러한 상태에 거금(巨金)이 들어와 농촌생활이 윤택하게 되고 [중략].[140]

양잠으로 얻게 된 수익은 대부분 생활비로 충당하였는데, 그중에서도 곡류와 의복 구입에 사용되었고 그다음은 부채 상환에 사용되었다. 1939년 경기도의 조사자료에 의하면 고치를 판 대금 중 곡류 구입에 11.2%(봄누에)와 18.5%(가을누에)를, 그리고 의복 구입에 22.6%(봄누에)와 23.2%(가을누에)를 사용하였고, 부채 상환에 19.1%(봄누에)와 14.9%(가을누에)를 사용하였다.[141] 1935년 황해도의 조사자료 또한 식량 구입에 22.1%, 의류 매입에 4.2%, 부채 상환에 24.7%를 사용하였다.[142] 이렇듯 양잠 수입의 사용처가 생존에 필요한 식·의, 그리고 더는 미룰 수 없는 부채 상환이었다는 점은 여성들의 노동이 농가의 생존에 필수적이었음을 말해준다.

4. 의생활의 변동과 여성 기술의 위상 변화

조선시대 여성들이 담당하던 의생활의 범위는 전 과정을 포괄하였다. 직물의 원료가 될 수 있는 소재를 식물과 동물에서 추출, 생성하여 실을 뽑고, 뽑아낸 실을 사용하여 직물을 짜고, 부자재를 활용하여 염색을 하고, 옷 형태로 가공하며 만들어진 옷의 보관과 관리를 이어가는 거대한 일이었다. 즉, 당시 여성들은 삼, 누에, 모시, 목화 등 섬유 원료의 원천을 길러 실을 뽑아내고, 베·명주·모시·무명 같은 피륙을 짜내는 길쌈을 하며, 각종 풀과 열매를 사용하여 물을 들이고, 옷감을 재단하여 바느질을 하여 옷을 짓고, 그 옷을 뜯어 빨래한 뒤 다듬이질을 하고 다시 바느질을 하여 옷을 짓는 일을 해왔던 것이다. 물론 이 모든 과정을 여성들만이 담당한 것은 아니었다. 가령 염색은 여성들만 했던 일은 아니었고, 삼을 키우고 목화를 기르며 뽕나무를 키우는 일 또한 남성들이 참여했다. 하지만 의생활을 영위하는 제반 공정을 수행하는 역할은 여성들에게 부여되어 있었고, 이에 따라 전근대 시기 여성들이 수행하는 노동과 기술적 실천의 상당 부분이 의생활에 관련되어 있었다고 해도 과언이 아니다.

하지만 근대 시기로 이행하면서 의생활의 기술 실천에서는 다양한 변화가 일어났다. 의생활의 전 과정을 손으로 직접 수행하는 방식이 모두 사라진 것은 아니지만, 옷감 원료의 생산, 실잣기, 길쌈, 옷 짓기, 세탁 및 염색, 옷 건사와 관리의 주체와 방식에서는 큰 변동이 일어나기 시작했다. 가장 큰 변동은 방적과 방직 기계가 사용된 공업 생산과 자본주의적 상품 유통, 그리고 재봉틀 기계의 보급이 가져온 여성들의 봉재기술 분야에서 일어났다. 오늘날 의생활은 기성복 생산과 소비라는 사이클을 중심으로 이뤄지지만, 근대이행기에는 여전히 옷 짓기를 여성들이 직접 수행했다. 달라진 것은 조선 옷의 바느질을 이어가면서 동시에 부분적으로 양복을 만드는 기술을 새로이 익히게 되었다는 점이다. 당시 모든 계층의 여성들이 양복 만드는 기술을 가지고 있었다고 할 수는 없다. 오히려 절대 다수의 여성들은 여전히 한복을 짓는 바느질을 하거나, 아니면 동네 어디에나 있는 바느질을 잘하는 아낙에게 품삯을 주고 옷을 짓고 있었을 것이다.

빨래하는 여성들

19세기 말 조선을 방문한 서양인들이 남긴 기록에는 빨래와 바느질로 하루의 절반 이상을 보내는 여성들에 대한 이야기가 빠짐없이 등장한다. 시냇가 곳곳에서 하얀 옷을 입은 여성들이 삼삼오오 모여앉아 하얀 옷을 빨고 있는 모습을 아름답게 묘사하거나, "서울은 다듬이질이 끊이지 않는 거대한 세탁소"[143]라고 말한 프랑스 화가 드 라네지에르(De Lanézière)처럼 노동의 고단함에 주목한 경우도 있었다. 근대 시기에도 적지 않은 여성들은 조선시대 여성들이 수행하던 베짜기와 옷 짓기 노동을 이어갔다. 성북동의 토박이 주민으로, 인터뷰 당시 일흔셋이던 주병례 할머니의 길쌈과 저고리에 대한 기억은 이를 증거해준다.

〈그림 3-3〉『일본지리풍속대계』(新光社, 1930)에 실린 빨래 장면. '조선명물 세탁'이라는 제목으로, 춘하추동 백의를 입는 관습 때문에 여성들이 매일 빨래를 하지 않을 수 없다고 적고 있다. (출처: 서울역사아카이브)

> 21세 시집올 때까지 베틀을 짰다. 어릴 때 고생 많이 해서 손가락 마디가 지금까지 아프다. 손바느질, 재봉틀로 저고리, 두루마기, 바지저고리를 다 했다. 시골에서 양잠을 직접 했다. 뽕나무 밭도 있었고 정부 공납을 했다. 다시 태어난다면 공부하고 싶다. (최선경, "선잠단에 관한 기억들", 『선잠단과 길쌈 이야기』[성북문화원, 2010], 127쪽에서 재인용)

1) 근대적 직물산업 발달이 여성에게 미친 영향

조선시대 의류 직물은 대부분 여성들에 의해 가내수공업으로 만들어졌다. 면직물의 경우 조면(繰綿), 타면(打綿), 방적(紡績), 직포(織布)에 이르는 전 생산 과정을 여성들의 노동력으로 해결했다. 한말 당시 사용되던 방직구(紡織具)는 중국이나 일본보다 낙후되어 있었다. 예를 들어 목화씨를 빼는 조면기인 '씨아'의 경우 우리 것은 수동식이고, 중국 것은 발틀식으로 약 8배의 속도로 목화씨를 뺄 수 있었다. 이런 상황에서 개항과 함께 양포(洋布)의 유입은 국내 직물업에 큰 영향을 미쳤고, 나아가 의류생활 전반을 뒤바꿔놓았다고 해도 과언이 아니다.[144]

양포의 유입이 급증하면서 1880년대 정부는 서구의 공업기계를 도입하여 식산흥업정책을 추진하기로 하였고, 1884년에는 직조국을 설립하였다. 사기(紗機), 직면기(織綿機) 같은 개량된 직기를 도입했으나, 자본·기술 부족과 경영자 결여로 운영이 중지되었다. 다른 한편, 민간에서 근대적 방직공업이 일어나기 시작했다. 1897년 대조선저마제사회사(大朝鮮苧痲製絲會社)가 설립되었다. 1900년대 직물업소들은 대량 생산으로 생산된 면포와 정면충돌하지 않는, 즉 대량 생산이 용이하지 않은 능(綾)과 단(緞)의 견제품을 생산하였다.[145] 그러나 일본으로부터는 기계사 및 면직물이 대량 유입되기 시작했다. 민간 영역에서 방직공장이 생겨나고 일본에서 면직물이 들어오면서 농촌의 개별 가호 단위에서 상품성을 가진 직물 생산을 하던 방적업과 직포업은 몰락하기에 이르렀다. 개항 이후 1894년 이전 단계 유입된 양포는 국내 면직물 전 수요의 1/4 정도였는데, 이 수입액의 반 이상은 옥양목(玉洋木: 生金巾), 한냉사(寒冷紗)로, 고급 관료나 일반 농민층을 제외한 하급 관리층이나 중인층이 주 수요층이었다. 상층 양반층은 주로 중국에서 수입한 견직류를 착용했고, 하층 농민들은 질기고 세탁이 편리한 토포(土布)를 사용했다. 1894년까지 수입 면제품은 대부분

영국제였으나, 1895년 이후에는 일제 옥양목[廣木]이 늘어나 1905년 이후에는 일본 제품이 영국 제품을 압도했다.[146]

〈표 3-8〉 일본의 대한(對韓) 면제품 수출액 구성 (단위: 千圓)

품목	1885		1896		1908	
	일제	외제	일제	외제	일제	외제
면화	–	6.2	142.6	9.2	486	–
면사	–	9.8	403.7	1.7	2,733	–
면포	20.7	89.9	880.2	16.5	5,523	–

(출처: 유수경, 91쪽, 표 14)

일제시대 직물산업의 다양한 생산물은 시장에서 널리 매매되기 시작했다. 한양목, 와사단은 기계방적사를 이용한 면직물인데, 한양목은 평직 의복지로 사용되었고, 비단 같은 광택이 나는 와사단은 1920년대 상류층 의복지로 상당히 많이 소비되었다. 동양저(東洋苧), 해동저(海東苧)는 저마포의 대용품으로, 값이 싸 하층민들의 여름철 옷감으로 사용되었다.

1927년 직물 소비를 보면 총 공급액은 8,702만여 원으로, 그중 조선에서 생산된 총액이 2,835만여 원(32.6%)이었다. 직물별 소비를 보면 면포 61.4%, 마포 15.9%, 견포 14.4%였다. 면직물 중 광목과 당목은 하층민 수요가 많았고, 도시에서는 주로 옥양목을 사용했다. 마포는 중국 수입과 조선에서 생산된 것이 있었다. 견직물은 품질이 우수한 중국 제품이 선호되었다가 1923년부터는 일본 제품이 조선 시장을 장악하게 되었다. 특기할 것은 1930년대 들어가면서 새로운 과학기술로 발명된 인견 소비가 급증하였다는 것이다. 인견은 값이 싸고 광택이 아름답고 감촉이 부드러워 견직물 대용품으로 수요가 증가되었다.

식민지 조선에 인조견이 처음 들어온 것은 1914년경 프랑스에서 수입을 하면서부터였다. 처음에는 장식물로만 사용되다가 1925년경 일본에서

'문명금(文明錦)'으로 불린 인조견교직물이 들어오면서 실제 직물로 사용되기 시작했다. 인조견은 1920년대 후반부터 수요가 급증했다.[147]

〈표 3-9〉 직물별 소비량(1924~1936) (단위: 백만 yard²)

연도	면직물	견직물	마직물	인조견	모직물
1924	165.8 (82.4%)	6.5 (3.2%)	25.4 (12.6%)	–	3.3 (1.6%)
1928	218.0 (81.9%)	8.1 (3.0%)	29.3 (11.0%)	7.1 (2.7%)	3.8 (1.4%)
1932	236.1 (78.1%)	9.7 (3.2%)	19.8 (6.6%)	29.6 (9.8%)	7.0 (2.3%)
1936	284.2 (63.7%)	16.7 (3.7%)	23.0 (5.2%)	112.3 (25.2%)	10.0 (2.2%)

* 소비량 = 생산량+수이입량-수이출량

(출처: 堀和性, "1930년대 조선공업화의 재생산조건: 상품시장분석을 중심으로", 안병직 외 편, 『근대조선의 경제구조』(비봉출판사 1989), 338쪽; 배성준, 206쪽에서 재인용)

인조견은 1928년만 해도 전체 직물 중 2.7%에 불과하게 소비되었다. 하지만 1936년에 25.2%로 급증하면서 면직물 다음으로 소비량이 많은 직물이 되었다. 이렇게 인조견 소비가 급증한 원인은 첫째, 견직물의 가격이다. "견직물과 비교하여도 손색이 없는 인조견"의 가격은 견직물의 1/3 미만에 불과하였다. 둘째, 광택과 촉감이 조선인의 기호에 맞았던 점이다. 일본에서 인조견이 주로 의류 부속품(이부자리, 띠, 장식용 옷깃 등)에 사용된 데 비해, "조선인은 광택이 있고 아름다운 제품을 좋아하기 때문에 의복지, 이부자리 등으로 널리 사용"되었던 것이다. 이러한 내부적 요인 말고도 외부적 요인 또한 인조견 이입과 소비를 증가시켰다. 가장 주요하게는 1930년대 세계 블록경제화 추세 때문에 관세가 인상되면서 수출 장애를 겪게 된 일본이 식민지 조선으로 이출하는 데에서 새로운 활로를 찾은 것을 들 수 있다.[148] 이러한 내외적 요인으로 "값싼 인조견은 전국 구석구석까지 파고들었으며, 견직물 시장뿐만 아니라 면직물 시장까지도 위협"하는 결과를 초래하였다.[149]

일제강점기의 전반적인 직물 생산은 모시를 제외하고는 발전하지 못하고 상류층 옷감으로 사용되던 중국산 견직물도 몰아내졌다. 『경성인천상공업조사』나 『통계연보』, 신문기사 등의 기록과 박물관에 남아 있는 유물을 교차 검토한 조효숙·임현주의 연구가 이를 보여준다. 1920년대까지는 명주, 항라, 사직, 모본단, 견주, 국사, 숙고사 같은 견직물과 모시를 우리나라에서 생산한 데 반해, 같은 시기 당항라, 생초, 아사 견직물은 유럽과 중국에서, 양단과 호박단은 일본에서 수입하였다.[150]

개화기를 지나 일제시대에 이르러 근대적인 직물산업이 발달하면서 여성들의 가내수공업으로 만들어졌던 의류직물 생산은 매우 축소되었다. 1920년대 초반 조선방직주식회사나 경성방직주식회사가 도입한 풍전식(豊田式) 역직기(力織機)의 경우 1대가 12시간 작업을 한다고 했을 때 40평방야드를 생산하게 되는데, 이는 베틀로 짜낸 양의 5배 이상이었다고 한다. 이는 직공 1인당 생산량으로 비교하면 베틀로 짜는 것보다 30배 이상의 능률이었다.[151] 일제강점기 직물 생산의 가내 생산과 공장 생산의 비중을 보면 1920년대까지도 가내 생산이 공장 생산보다 많았지만 1930년대 말에 이르면 공장 생산의 비중이 가내 생산을 크게 앞질렀다.

〈표 3-10〉 직물 생산액의 추이 (가내 생산과 공장 생산: 1929~1937) (단위: 천 원)

부문별	1929년	1932년	1935년	1937년
총생산액*	23,835 (100.0%)	28,455 (100.0%)	43,515 (100.0%)	62,978 (100.0%)
가내공업생산**	16,824 (70.6%)	17,202 (60.5%)	20,106 (46.2%)	22,139 (35.2%)
공장생산	7,011 (29.4%)	11,253 (39.5%)	23,409 (53.8%)	40,840 (64.9%)
중소공업생산***	925 (3.9%)	1,348 (4.7%)	2,635 (6.1%)	2,760 (4.4%)
대공업생산****	6,086 (25.5%)	9,905 (34.8%)	20,773 (47.7%)	38,080 (60.5%)

* 수치는 생산액을 해당년도의 피복비 물가지수로 나눈 수치
** 가내공업생산액 = 총생산액– 공장생산액 / 중소공업생산액 = 공장생산액– 대공업생산액 / 대공업생산액 = 조포(粗布)세포(細布)금건(金巾)의 공장생산액 + 인견 광폭물(廣幅物)의 공장생산액 (※ 1929년, 1932년은 제외)
(출처: 『朝鮮總督府統計年報』 각년판; 배성준, 203쪽에서 재인용)

위 표를 보면 1920년대 말까지만 해도 가내 생산의 비중이 70%를 상회한 데 비해 1930년대 말에 이르면 공장 생산이 65% 가까이 그 비중이 역전되었다. 그리고 공장 생산 중에서도 대공업 생산의 비중이 훨씬 커지는 것을 볼 수 있다. 1929년에는 대공업 생산이 중소공업의 약 6.5배 규모였는데 1937년에는 이 수치가 14배로 뛰게 된다. 한 연구에 의하면 1930년대 식민지 조선의 직물업에서 역직기 500대 이상을 보유한 8개 공장이 전체 역직기와 직공의 70% 이상을 차지하기도 했다.[152]

이러한 가내 생산과 공장 생산의 비중 변화 양상은 직물별로 다르게 나타난다.

〈표 3-11〉 면직물·견직물·인조견의 생산 형태별 시장 점유의 추이 (1930~1936년) (단위: 천yard²)

		1930년	1932년	1934년	1936년
면직물	이입품	165,979 (76.2%)	196,134 (75.1%)	207,963 (71.5%)	163,498 (52.9%)
	공장 생산품	44,919 (20.6%)	58,867 (22.5%)	77,050 (26.5%)	140,293 (45.4%)
	가내 생산품	6,945 (3.2%)	6,190 (2.4%)	5,846 (2.0%)	5,129 (1.7%)
견직물	이입품	4,005 (67.2%)	5,270 (73.7%)	9,220 (75.6%)	10,107 (74.4%)
	공장 생산품	351 (5.9%)	120 (1.7%)	419 (3.4%)	1,111 (8.2%)
	가내 생산품	1,602 (%)	1,763 (24.6%)	2,556 (21.0%)	2,371 (17.4%)
인조견	이입품	8,088 (95.9%)	9,284 (91.7%)	16,182 (88.5%)	25,837 (82.9%)
	공장 생산품	344 (4.1%)	569 (5.6%)	1,282 (7.0%)	4,127 (13.2%)
	가내 생산품	3 (0.0%)	271 (2.7%)	812 (4.5%)	1,211 (3.9%)

(출처: 『朝鮮貿易年表』 [각 년판]; 『朝鮮總督府統計年報』 [각 년판], 배성준, 230-234쪽에서 재인용 및 재구성)

이 표에서 보는 것처럼 견직물과 인조견의 경우에는 이입품이 압도적으로 많은 비중을 차지한다. 면직물에서 이입품의 비중이 견직물이나 인조견에 비해 적고 1930년대 말로 갈수록 줄어드는 것은 일본 섬유자본이 조선에 들어와 직접 생산을 하게 되었기 때문이다.

이러한 결과 대다수 여성들은 면화씨 빼기에서 옷감 짜는 일에 이르는 전 생산 과정을 담당하는 일보다는 바느질과 빨래하기로 더 집중하게 되었다. 이것은 서구 사회에서와 마찬가지로 전통사회에서 여성 중심 노동에서 여성들의 탈숙련화가 일어나고 근대적 방직공장의 여성 노동자로 다시 배치되는 성별 분업의 재편 과정을 비슷하게 보여준다.

2) 의복 개량과 옷 관리 기술의 변화

근대적인 방적, 방직 공업은 수백 년 동안 여성의 기술이자 노동 영역이었던 '직녀'의 역할을 뒤바꿔놓았다. 그것은 여성들로 하여금 베틀짜기의 천형(天刑)에서 벗어나게 해주었다. 여염집 여성들은 밤마다 베를 짜는 고된 '직녀'의 직분에서 벗어났지만, 살림살이를 불려 교환가치를 생산하는 기술자의 권위 대신, 재봉틀 사용법이나 세탁법을 새로이 배우며 의생활을 관리하는 '근대적인 주부'로서 서서히 자리매김되어갔다. 또한 여성에게 국한되었던 옷 짓기의 성별 분업이 조금은 약화된 측면도 있었다. 양복이 유입되면서 남성 양복은 남성이 만드는 풍토가 급속히 자리잡았다. 1895년과 1899년 고종이 군인과 관리들에게 서구식 복장을 마련하게 한 이후, 남성 양복은 서양 봉재기술의 상업화된 형태인 양복점을 통해 생산됨에 따라 남성 양재기술자들이 빠르게 늘어났다. 여성 의복의 양장화와 양재기술자의 성장은 남성에 비하면 대조적일 만큼 더디게 변화되었다. 재봉틀이라는 신식 기술을 사용하거나 바느질을 해서 전통 의복을 개량하여 입었고, 뜯고 다시 바느질하는 관리법 대신 촘촘한 기계직조와 재봉틀로 만든 옷을 그대로 세탁하는 방식으로 바꿔나가게 되었다. 또한 외국에서 수입되는 다채로운 무늬의 옷감을 가지고 새로운 유행을 만들어가기도 했다. 이렇듯 근대이행기 여성들은 새로운 바느질법과 세탁 관리법을 익혀 의복을 스스로 만들어 입거나 활용하여 의생활의 다양성을 만들어갔다.

이러한 변화는 튼튼한 기계직조로 만들어진 옷감이 보급되면서 가능했으나, 여성 의복 개량운동이나 의생활 개선운동, 그리고 재봉틀의 보급을 계기로 확산될 수 있었다.

우선, 여성 의복 개량은 저고리 길이 늘이기와 치마 여밈 박음질이 그 핵심이다. 조선 후기 여성 한복의 특징은 저고리의 단소화(短小化)와 치마의 장대화(長大化)라고 요약할 수 있다. 서민층에서는 넉넉한 형태의 저고리 착용 모습도 있었지만, 저고리 길이가 짧아 가슴을 가리기 어려운 위치에 왔고 품과 소매통이 좁아 몸에 꼭 끼었다. 그에 따라 가슴과 허리의 노출을 막는 가리개용 허리띠를 별도로 착용하는 것이 일반이었다.

여성 의복 개량의 움직임은 일찍부터 있었다. 1907년 대한여자교육회는 '여자의제개량'을 중추원에 건의하였다. 그 내용은 조선 말기 극도로 짧아진 저고리 길이를 늘이고, 통치마를 입어 활동에 편리하도록 하자는 것이었다.

> 젹오리나 젹삼은 ᄋᆞᆸ뒤셥을 조곰 길게 ᄒᆞ야 슈구와 도련에ᄂᆞᆫ 현을 두르거나 양복 모양으로 무엇을 아로삭여 달고 치마ᄂᆞᆫ 도랑치마로 ᄒᆞ되 외오 닙고 바로 입ᄂᆞᆫ 폐단이 업시 통치마로 ᄆᆡᆫ드러셔 거름거를 적에 버러지지 안케 ᄒᆞ고. (「帝國新聞」, 1907. 6. 19일자)[153]

거들치마와 통치마

〈그림 3-4〉 신윤복의 〈임하투호(林下投壺)〉 속 거들치마 모습(그림의 오른쪽 여성).

조선 후기 여성 복식은 치마는 풍성하고 저고리는 몸에 붙는 하후상박(下厚上薄) 실루엣이었다. 이 하후상박의 실루엣을 해치지 않으면서 행동거지의 거추장스러움을 완화하기 위해 고안된 방식이 거들치마이다. 거들치마란 길고 넓은 치마를 입고 일할 때나 보행할 때 활동하기 편하도록 치맛자락을 잡아 올려 허리 부근에 고정시켜 입는 것으로 이 고정으로 말미암아 단속곳과 바지가 노출되었다.[154]

〈그림 3-5〉 1920년대 말 여학생 교복. (자료 제공: 신명고등학교 / 출처: 국립대구박물관, 『여성 한복 근대를 만나다』(2018), 175쪽)

1910년대 여학교를 중심으로 급속히 확산된 긴 저고리와 어깨허리를 단 통치마는 활동성을 높이기 위해 하후상박의 실루엣을 바꾸었다. 저고리의 앞섶을 길게 하고 품도 넉넉히 만들어 앞 모양을 편편하게 했고, 치마는 여밈을 없애고 이어 붙여 주름을 잡아 어깨허리를 이어 붙여 원피스처럼 입게 만들었다.

1908년 간행된 『부인필지』의 의복 편에서 이숙은 우리 전통 복식의 개량 필요성을 이렇게 논하였다.[155]

> 우리나라의 남자의 옷은 숨이 너무 넓고 장이 너무 길며 부녀의 웃옷은 숨이 너무 좁고 장이 너무 짧으며 물색이 제일치 못하야 부득불 개량할 바니라. 대져 넓고 길면 사위에 방해롭고 좁고 짧으면 굴신에 방해로오니다. 적당치 못한지라 예로부터 의복이 정한 규칙이 있는 것 아니오, 시왕지 제대로 하나니 어찌 몸에 편하도록 고치치 못하리요.

남자 옷은 소매가 넓고 길이가 너무 길다면, 여자 저고리는 반대로 소매가 너무 좁고 길이가 짧으며 색깔도 좋지 못하다는 진단이다. 이숙이 제시한 구체적인 방안은 남자의 경우 도포를 폐지하고, 여성의 장옷도 쓸데없는 옷이므로 없애며, 옷 색깔은 동쪽 나라로서 청색을 숭상하니 즐겨 사용하고, 부녀와 아동은 '흑, 홍, 자색'이 무방하다는 것이다. 여자 당의는 예복이므로 없애지는 못하되 오랑캐 풍속인 첩지, 족두리는 없애자고 하였다. 일상복인 치마저고리, 바지, 속속곳, 버선의 경우에는 긴 치마를 겹쳐 입는 습속을 급히 고치기 어려우니 그대로 두고, 바짓가랑이를 넓게 트는 것이 몽고식으로 음란한 행실에 가까우므로 대소변 볼 만큼만 뒤로 트며, 저고리는 폭을 넓히고 길이를 길게 하고, 속속곳 허리띠는 계속 사용하며, 버선은 중국의 전족도 개량하는 것을 보아 너무 작게 만들지 말아야 한다고 하였다.

한복 개량의 시도는 계속 이어졌다. 1908년 이화학당은 쓰개치마의 착용을 금지했다. 외출 시 중간 신분 이상의 여성들이 반드시 써야 하는 쓰개류가 없어지면서 대신 남자들이 입던 두루마기를 외출복으로 착용하기 시작하였다. 1911년 이화학당에서 이뤄진 치마허리 개량은 여성 복식의 개량에 중대한 영향을 미쳤다. 1911년부터 10년간 이화학당에서 재직한 미스 월터(Walter)와 미스 파이(Pye) 선교사는 오늘날 '어깨허리'라고 부르는 모양을 고안했다. 당시 저고리는 체조를 하거나 동작을 할 때 겨드랑이가 보였고 치마는 가슴에 조여 매게 되어 있었다. 이에 당시 남자의 양복 조끼에서 힌트를 얻어 치마허리에 매던 말기를 어깨로 올림으로써 가슴을 압박하지 않으면서 흘러내리는 것을 막도록 했다. 한국인 교사 두세 명에게 입혀보니 편하고 좋다고 하여 학생들에게 재봉 시간에 만들도록 하였다고 한다. 이렇게 만든 것을 체육 시간에 입히고 실험해본 결과 효과가 있어서 삼개월 만에 다 바꾸었고, 방학 때 고향에 가서 만드는 법을 알려주어 전국에 전파되었다고 한다.[156]

〈그림 3-6〉 1910년대 저고리와 통치마. 광목으로 만든 흰색 홑저고리와 짙은 남색 통치마. 통치마에 어깨허리를 만들어 달았고, 앞트임에 단추나 끈을 달았던 것으로 보인다. (자료: 김학진 기증, 계명대학교 동산의료원 의료선교박물관 소장 / 출처: 국립대구박물관)

1920년대 초까지 치마 길이는 발을 덮을 정도였다. 짧은 통치마는 경기여고의 전신인 한성고등여학교에서 먼저 시작되어 1910년 이전에 흰 저고리에 검정 통치마가 교복으로 정해졌다.[157] 이 통치마는 한복개량운동과 3·1운동을 기점으로 전국적으로 확산된 것으로 추정된다. 다음의 인용문은 1919년 3월 8일 대구 지역 학생들이 주도했던 만세 시위에 참가한 신명여학교 학생인 김학진 여사의 회고이다.

> 그때 우리 선생님이 앞장서 나가시면서 '대한독립만세!'를 외치시던 모습이 아직도 눈에 선하다. 나와 내 동무들도 시장을 향해 달려나가면

서 팔이 떨어져라 크게 태극기를 흔들며 모두와 함께 하였다. 그날 우리는 어깨허리를 만든 치마를 입고 저고리 안에 태극기를 크게 만들어 가슴에 맸다. 덕분에 행여나 옷고름이 풀어지더라도 걱정 없이 마음껏 달리며 만세를 부를 수 있었다. 만세 행렬이 어찌나 길던지 끝을 헤아릴 수 없었다. (김학진 여사 회고록, 1985년 11월 11일 작성)[158]

여밈이 이어져 있기에 걷거나 뛰어다녀도 속옷이 보이지 않고, 저고리 품이 넉넉하게 길어졌기에 팔을 들어도 살이 보이지 않았으며, 심지어 관헌에 끌려가는 상황이 되어도 치마가 벗겨질 염려가 없었다. 이렇듯 긴 저고리에 통치마는 시위용 복장으로 맞춤하였기에, 만세 시위에 나갈 여학생들은 너도나도 어깨허리를 단 통치마를 만들었다고 한다.

〈그림 3-7〉 1930~40년대 저고리와 통치마. 저고리: 견-우단, 치마: 견-자카드(자료: 석주선 기증, 단국대학교 석주선기념박물관 소장). (출처: 국립대구박물관)

1920년대를 전후하여 여학생 교복이 검정 통치마, 흰 저고리로 통일됨과 동시에 학교마다 특징을 살리기 시작하였고, 겨울에는 다 같이 검정색 두루마기를 입기 시작했다. 통치마는 주름 너비의 간격이나 색과 단을 달리하였는데. 통치마 보급은 앞서 말한 대로 한성고등여학교에서 1910년 어윤적 교장이 교복을 통치마로 먼저 정하면서 시작되었다. 무릎 부근에 두 줄의 단을 넣어서 2층으로 만들었고, 길이가 무릎까지 닿는 짧은 형태에 주름을 넓게 잡았다. 이화학당은 1920년대에 층으로 치마를 만들었고, 동덕여학교는 끝에다 흰 줄 물결무늬를 만들었으며, 숭의여학교는 상색(緗色: 담황색)의 송도(松都)직 천으로 정하였다. 숙명여학교는 서

양복 서지 원피스를 교복으로 했다가 3년 만에 한복으로 바꾸어 자줏빛 치마저고리를 입도록 하였다.[159]

섶이 긴 저고리와 짧은 통치마, 어깨허리가 신여성의 대표적인 복장으로 정착한 것은 1920년대 초이다. 특히 이화학당 학생들의 스타일인 검정 치마, 양산, 핸드백, 치마주름을 지어 다려 입는 것은 경성의 젊은 여성들이 선망하는 복식이 되었다. 더욱이 1920년대 중반에는 한복개량운동이 더 크게 일어나서 상당한 효과를 거두었다. 조선여자교육협회의 차미리사는 순회계몽강연회에서 쓰개치마를 벗고 의복에 물을 들여 입으며 다듬이질을 폐지하자는 생활개선을 주창했다. 그리하여 신식 유행을 따르는 여성들은 모두 긴 저고리에 넓게 주름을 잡은 통치마를 입기에 이르렀다.[160]

다음으로 의생활의 근대적 변화에서 두드러진 분야는 세탁·염색 방법과 뜯어 빠는 관리 방식이다. 1908년 『부인필지』에서는 아직 화학약품에 대한 언급 없이 자연물과 물리적인 힘만을 이용하여 세탁하고 관리하는 방법인 도침(擣砧)법이 제시되었다. 비단의 경우 색깔을 보존하기 위해 색마다 다른 제재를 써서 관리해야 하는데, 옥색 비단에는 풀을 먹이지 말고 밤이슬을 맞게 하여 다듬이질하고, 아청색 비단에는 아교를 먹이고 보라색은 토련즙으로 하고, 흰 명주에는 계란 흰자위를 물에 섞어 먹이고, 모시에는 활석이나 녹말을 먹여 다듬이질하라 하였다. 이후 의복 개량 운동가들은 세탁할 때마다 뜯어 빠는 방법을 없애고, 다듬이질을 폐지하고 빨아서 풀을 먹여 다림질만으로 의복을 관리하자는 의견을 제시하였다.

1920년대에 출간된 여성 잡지들에서는 근대 문물인 화학약품을 사용한 세탁법과 염색법에 대한 소개가 등장하기 시작했다.

세탁법

제일로 풀을 다 빨어야 합니다. 풀을 없애려면, 물에다 소다를 알마치 풀어 그 물을 따뜻하도록 끓여서 거기다 칼라나 마우스를 담거두었다가 그 풀이 눅을만한 때에 그것을 건저 손으로 비비든지 솔로 작고 쓸든지 하며 풀을 말정이 뺍니다. 그 다음에 새로히 물에다 소다와 비누를 풀어 다시 그 물을 따뜻이 만들어서 그 온액(溫液) 가운데 먼저와 같이 오래 담거둡니다. (百科生, "「가정독물」 양복 칼라, 카우스 세탁법", 『신여성』 1926년 9월호)

당시 소다, 비누를 싼 가격으로 구하기는 쉽지 않았지만, 잡지들은 독자들이 이러한 물품들을 자연스럽게 접하거나 취득할 수 있는 듯이 서술한다. 양복 빨래를 하기 전 먼저 의복을 어떻게 다뤄야 하는지도 자세히 이야기하고 있다. 예컨대 양복 세탁의 경우 본격 세탁에 앞서 "포켓조사를 정밀히 할 일, 장식품을 떼어놓을 일, 얼룩진 데를 먼저 문지를 일"을 지켜야 한다고 알려주었다.[161]

가정 염색에 대한 기사도 실렸다. 의복감의 종류를 식물성, 동물성, 광물성 섬유로 나눈 뒤, 물감의 종류를 직접 염료, 산성 염료, 염기성 염료, 유화 염료 등으로 나누어 원리를 설명하고, 면 종류, 견 종류에 따라 어떻게 염색할지 알려주었다.[162] 실제로 1920년대부터 양잿물, 붕사, 하이드로설파이드, 아황산 같은 화학약품이 시중에 나왔고, 세탁소에서 드라이클리닝도 시작되었다.[163]

의생활 변화의 중요한 또 다른 계기는 재봉틀 보급이다. 재봉틀은 1890년대에 들어왔으나, 1908년 『부인필지』에서만 해도 "지금 세계에서는 '자봉침'이 있어서 손바느질보다 신속하지만 우리 옷에는 불가하다."고 하며 안타까워 할 정도로 널리 보급된 것은 아니었다.[164] 1930년대 후반에 이르러 일반 가정에 재봉틀이 점차 널리 보급되자, 바느질을 뜯는 해체와 다시 바느질하는 재봉제를 반복하는 문화는 점차 쇠퇴했다. 일제강점기에 와서는 4겹박기 바느질 방법이 등장하였다. 4겹박기는 겉감 안감 배래와 옆선을 안팎 합쳐 4겹을 한꺼번에 박는 방법으로, 재봉틀을 사용함으로써 이러한 바느질이 수월하게 되었다.[165]

다른 한편, 한복 개량이 이뤄지면서 양장 착용도 점차 늘어갔다. 여학교에서 신교육을 받은 신여성층에게 양장이 친숙해졌고, 각종 양재학교, 신문 잡지, 여성단체 등을 통해 양재 강습도 생겨났다. 한복 바느질 외에도 양복 제작기술을 익히는 여성들이 조금씩 생겼다. 남성 양복의 경우는 1900년대에 일본인이 경영하는 양복점이 경성에 50여 개 있었다. 양장을 입는 여성이 늘어난 것은 1920년대 들어서인데, 이들은 주로 여학교 교복과 일본인이 경영하는 양복점, 또는 귀국 유학생들을 통해 접하게 되었다.

1922년 블라디보스토크 공립양복학교를 졸업한 이정희(李貞嬉)가 양재교사로 동덕여학교에 부임하여 아동복과 남녀 양복을 가르쳤다고 한다. 또한 최초의 조선인 간호부인 이그레이스(1903년 보구여관 간호부양성소 입학)가 재봉틀을 사용하여 옷을 만들었다고 하고, 1922년 설립된 여자고학생상조회(회장 정종명)에서 경제적 자립을 위하여 주문을 받아 재봉틀로 간호부 유니폼이나 여러 학교 교복을 만들었다고 한다. 이로써 서양식 옷이 교복을 시작으로 퍼져나가기 시작했음을 알 수 있다. 1925년에는 경성공립여자보통학교 교사인 손정규의 저술로 최초의 재봉 교과서가 나왔고, 조선재봉교과서는 숙명여고보 교사 김숙당에 의해 한글로 편찬되었다.[166]

1920년대 여성 잡지에는 양재에 대한 기사가 수록되기 시작했다. 1924년 『신여성』 7월호에 실린 “여학생, 부인네 아모나 하기 쉬운 녀름철에 어린애옷, 어엽븐 에프롱 맨드는 법"처럼 처음에는 아동복 위주로 양재법이 등장했는데, 1930년대 이후에는 간단한 원피스나 잠옷 만들기에 대한 기사도 등장했다. 하지만 일반 여성들이 양장 형태의 옷을 입는 경우는 거의 없었다.

1920년대 성인 남성과 여성 그리고 아이들의 의생활을 엿보게 해주는 자료를 보면, 여성의 일상복은 한복이고 남성의 경우 양복이 예복이었음을 알 수 있다. 1922년 잡지 『개벽』에 선우전이 쓴 "우리의 衣服費, 居住費, 娛樂費에 對하야"라는 기사를 보자.

〈표 3-12〉 1920년대 중류계급 표준 가족 연평균 의복비

	주인*		주부		장남		장녀		차남		합계	
종별	개수	금액	개수	금액	개수	금액	개수	금액	개수	금액	개수	금액(엔)
조선복	14	75.02	16	72.99	9.6	32.09	11.3	33.34	8	12.67	58.9	226.11
양복(1)**	15.3	280.67	–	–	4.6	72.67	–	–	–	–	19.9	353.30
양복(2)	18	23.55	–	–	4	7.40	–	–	–	–	22.0	30.95
소모잡품	–	–	–	–	–	–	–	–	–	–	–	109.10
계	47.3	379.24	16	72.99	18.2	112.26	11.3	33.34	8	12.67	100.8	719.50
(%)		62.1		12		18.4		5.5		2.1		100

* 주인은 35세 이상, 주부 30세 이상, 장남은 14세 정도, 장녀는 10세 정도 공립학교를 통학하고 있으며, 차남은 5세 정도의 경우로 상정되어 있다.
** 양복(1): 프로고트, 외투, 모자, 셔츠, 하의, 내의, 넥타이, 양화, 허리띠 / 양복(2): 카라, 커프스, 손수건 등 / 소모잡품: 백분, 향유, 조발비(이발), 입욕료, 재봉용구류.

(출처: 선우전, 28–29쪽)

이 기사는 중류 계층 가족의 의복비, 거주비, 오락비를 추산하는 내용으로, 1920년대 초 의생활의 실제를 엿볼 수 있다. 의복비용을 추산할 때 기초 자료는 옥양목, 당항라, 안동포, 은조사 같은 옷감[服地] 비용에 재봉비를 더한 것인데, 조선옷의 경우는 집에서 직접 만드는[自家製造費] 비용을 기본으로 하고, 양복의 경우는 기성품을 구매하거나 바깥에서 맞춰 입는[裁縫製造費] 비용을 기본으로 추산되었다. 따라서 조선옷은 같은

개수라 하더라도 양복에 비해 금액이 매우 낮음을 볼 수 있다. 또한 성별에 따라 의생활의 수준과 방식에 확연히 차이가 남을 알 수 있다. 가족 구성원 중 의복비는 주인이라고 적힌 남성에게 62%가 가고, 다음으로 장남에게 18.4%, 그리고 주부에게 12%가 책정되어 있다. 필자는 '주인'의 과다한 피복비가 양복비 지출에서 비롯되었다고 하면서, 조선옷과 양복 모두를 입으며 피복비를 절약하려면 '자국산'을 전용하지 않으면 안 되지만, 그것도 쉽지 않은 상황이라고 말하고 있다.[167] 기사 내용을 종합해보면, 1920년대 여성들은 옷감을 사서 아이들과 자신 그리고 남편의 조선옷을 직접 바느질하거나 수공비를 주고 해 입고, 구두나 양산 같은 소품류를 사 입는 생활을 기본으로 했다. 중류층의 경우 이에 더하여 장성한 남성들은 예복으로 양복을 양복집에서 맞춰 입었다. 의생활 전반을 두고 볼 때, 근대이행기에는 면과 마, 인견, 견직물을 집에서 직접 짜는 여성들은 점차 적어졌고, 식민지 공업화체제하에서 생산·수입된 옷감을 구입하여 재봉틀을 사용하여 옷을 짓는 생활이 일반적이었다고 할 수 있다.

5. 식생활의 변동

구한말 20세기 초 우리 식생활은 어떠한 변화를 겪었을까? 구한말과 일제강점기 초기 일반인들의 식생활은 다른 분야에 비해 급격한 변화를 겪지는 않았다. 조선시대 간행된 『음식디미방』이나 『규합총서』에 기록된 주요 음식의 조리법은 계속 이어졌다. 식재료가 되는 곡물과 채소의 종류, 밥, 탕, 나물과 조림류의 기본 구성, 음식의 간과 조미를 담당하는 간장과 된장을 매년 손수 담그는 일 또한 집집마다 여성들에 의해 계속되었다. 이 조리법은 조선 후기의 문화와 습속을 바탕으로 하여, 근대적인 매체와 교육제도를 매개로 신분적 차이와 지역적 차이가 약화되고 지식은 확산되는 방향으로 변화되어갔다.

다른 한편으로는 외국 음식문화가 유입되고 외식업과 공장 제품이 등장하는 새로운 변동을 겪게 되었다. 음식인류학자 주영하는 20세기 한국 음식사를 사회문화적 변동 속에서 음식 재료와 메뉴의 지배적 등장을 기준으로 구분하였는데, 그에 따르면 1880~1900년대와 1900~1940년대 초반 시기는 각각 서양 음식, 중국 음식, 일본 음식의 유통과, 도시에 근대적 외식업이 정착함을 특징으로 한다.[168] 1900년을 전후한 시기 서울 청계천 근처에는 '조선요리옥' 같은 식당이 문을 열었고, 기존 주막이나 선술집이 근대적인 음식점으로 전문화되었으며, 청요리집이나 빙수집, 빵집 같은 외래 음식 가게도 나타났다.

후에 살펴보겠지만, 근대적인 인쇄 매체를 통해 외국 음식의 조리법이나 지역적 특색을 가진 요리법이 신문 잡지에 소개되었다. 『조선요리제법』, 『조선무쌍신식요리법』, 『조선요리학』 같은 한글 조리서에는 지역적 특색을 가진 요리법들이 망라되었고, 서양 음식, 중국 음식, 일본 음식 몇 가지에 대한 조리법과 식사 예절이 실렸다. 이러한 상황을 종합해볼 때 근대이행기에 식재료의 사용과 조리법은 이전 시대에 비해 훨씬 더 다채로워졌고, 여성들은 다채로운 식생활을 운영해나가기 위해 집안의 어머니, 시어머니로부터 지식과 기술을 전수받았다. 뿐만 아니라 여학교나 판매되는 한글 조리서들을 통해 새로운 조리법과 식생활 운영에 필요한 기술을 습득했다.

1) 전통 조리법의 계승: 『부인필지』, 『반찬등속』

조선시대 요리법은 근대이행기에 들어 어떻게 변화했을까? 다른 문화와 마찬가지로 식생활 또한 이전 시대의 문화와 외부의 영향이 상호작용하면서 전승과 변용이 일어났다. 하지만 전통적인 식생활은 의생활이나 의료 분야와 달리 외국 문화에 의한 단절과 대체보다는 연속과 확산의 모습이었다고 할 수 있다. 지역 고유의 음식 요리법이 신문, 잡지를 통해 소개됨으로써 다채로운 음식들이 확산될 수 있었고, 다른 한편으로 특정 음식의 조리법이 한반도 전역으로 확산하여 보편화되기도 했다. 여기서는 19세기 말 20세기 초 충북 지역 집안에서 사용된 조리서와, 상업 출판물 중 학교 교재로 사용된 조리서를 통해 조선시대의 조리법이 연속, 확산, 변용되는 양상을 살펴본다.

『부인필지』는 1908년 우문관(右文館)에서 연활자본으로 발행된 출판 인쇄물로, 저자는 명신여학교 한문·재봉교사였던 이숙(李淑, ?-?)이다. 이 출판본 『부인필지』는 조선시대의 목판본 『규합총서』를 간략하게 수정하여 출간한 요리책으로, 필사본으로도 현존한다.[169] 라연재에 따르면, 빙허각 이씨가 작성한 원본에 비해 간략하게 편집된 목판본 『규합총서』의 내용이 후대 『부인필지』와 『조선요리제법』 1기(1917, 1918년 발행)에서 발견된다.[170]

『부인필지』는 『규합총서』의 전체 내용 중 '주사의'와 '봉임측' 편을 실었고, 새로운 항목과 내용을 수록하였다.[171] 목록의 편명과 항목명이 일정 부분 다르게 쓰여 있는데, '주사의'는 '음식'으로, '봉임측'은 '의복'이라 되어 있다. 또한 『규합총서』에는 없으나 개항 시기 이후 항간에 돌아다니던 내용이 덧붙여져서, 예컨대 "동치미국에 국수를 너코"가 삽입되어 있다든지, "또한 방문은"이라고 하여 덧붙여 쓴 부분이 나타난다.[172]

이렇듯 『부인필지』의 내용은 크게 음식과 의복으로 구성되어 있다. 음식 부분은 약주, 장초, 반죽, 다품, 침채, 어육, 상극류, 채소류, 병과류, 과채수장법, 제과독, 제유수취법의 순서로 이뤄져 있고, 의복 부분은 방적,

잠상, 도침, 세의, 좀 못 먹는 법, 수놓는 법, 사물, 물류의 삼감으로 되어 있는데, 사물과 물류의 삼감 부분은 의복 부분과 다른 내용이다.

『조선요리제법(朝鮮料理製法)』은 정신여학교 교사였던 방신영이 저자로, 1917년 초판이 발행된 이후 일제강점기 동안 총 12판이 발행되었다. 판본에 따라 상당히 다른 내용을 반영한 『조선요리제법』은 1921년까지는 『부인필지』에 실린 탕, 나물, 포, 찜, 장, 국수, 병과, 김치, 차, 장, 초 등의 요리법에서 유사한 부분이 많다.

『부인필지』의 내용이 『규합총서』에서 왔고, 『조선요리제법』의 내용에는 『부인필지』의 내용이 발견된다는 점에서, 여성들이 직접 모으고 저술한 조선시대 후기의 조리법 지식이 개화기, 일제강점기까지 여성들에게 책을 매개로 이어지며 영향을 미치고 있다고 할 수 있다.

여성 저자의 조리서와 남성이 쓴 책의 성격도 차이가 있다. 『부인필지』나 『조선요리제법』은 앞선 요리책에서 소수의 요리법만을 취사선택하여 수록했으나, 1924년 이용기(李用基, 1875-1933?)가 펴낸 『조선무쌍신식요리제법』은 훨씬 더 많은 요리법과 그에 대한 여러 내용을 서술하였다. 『조선무쌍신식요리제법』은 책에 실린 요리법의 종류가 다른 두 책보다 더 많고, 『임원경제지』「정조지」, 『산림경제』, 『증보산림경제』, 『농정회요(農政會要)』 혹은 『준생팔전(遵生八箋)』 출판본, 그리고 『조선요리제법』의 내용까지도 싣고 있다.[173] 전자는 실용성을 바탕으로 독자들이 쉽게 읽고 요리를 못 하는 사람도 곧잘 따라 할 수 있게 서술되어 있다면, 후자는 조선시대의 유서류처럼 광범위한 지식의 수집과 그에 대한 저자의 비평을 포함하는 것에 가깝다.[174]

결국 여성과 남성 저자 각각 지식의 전수가 별개로 이어졌을 뿐 아니라, 그 지식 전수의 목적이 성별에 따라 상이하다고 볼 수 있다. 여성들이 조리법을 수집, 정리하여 한글로 기록하며 책의 형태로 편집할 때에는 식품의 건사에서부터 음식의 근간이 되는 장을 담그고 저장식품을 만들고 술을 빚고 별식을 조리하는 실제 식생활의 실천자이자 주관자로서 실용적인 접근 태도를 가지고 있었던 것을 알 수 있다. 오늘날 고조리서를 보고 옛 음식을 복원하려는 시도를 할 때 여성들이 남긴 조리서는 복원이 쉬운 편이다. 그런 덕분에 『반찬등속』이나 『음식디미방』 같은 조리서에 실린 음식을 복원하여 재현하는 전시나 체험 행사들이 여러 곳에서 이뤄지고 있다.

여성 저자의 요리책 중 1910년대 새롭게 쓰여진 요리책은 앞서 말한 방신영의 『조선요리제법』(1917)이 최초라고 알려져 있었다. 그런데 최근 이보다 앞선 1913년에 쓰여진 것으로 추정되는 『반찬등속』이라는 책이 발굴되었다. 『반찬등속』은 충청북도 청주 지역에 살았던 이가 1913년 음력 12월 24일에 엮은 필사본 요리책으로, 청주 지역의 진주 강씨 집안의 며느리가 쓴 것으로 추정된다고 한다.[175] 김향순 교수 연구팀은 이 책에 적힌 연도와 마을명 '청주 서강내일 상신리'를 토대로 책의 저자와 발간 이력을 추론하였다. 이 연구팀은 진주 강씨 집안의 며느리 중 강귀흠(姜貴欽, 1835-1897)의 부인 밀양 손씨(1841-1909)를 유력한 저자로 추정하고 있는데, 밀양 손씨의 손자 강규형(姜圭馨, 1893-1962)이 할머니가 생전에 써놓은 요리책을 1913년 계축년에 깨끗하게 옮겨 쓴 다음 책의 표지를 만들어 최종 완성한 것이라고 보고 있다.[176]

『반찬등속』은 판매용 도서가 아니라 집안의 음식 조리법을 정리해놓은 필사본이므로, 상업적으로 출판되고 여학교의 교재로도 쓰인 책인 『조선요리제법』과 그 영향력을 비견하기는 어렵다. 하지만 『반찬등속』은 1900년대 무렵의 조리법 실태를 보여주는 책이라는 점에서 가치가 있다. 실제 『반찬등속』에서 보이는 설탕의 사용이나 고추 사용의 확대처럼, 1900년대에 외국 문물이 조리법에 가져온 영향과 여성들이 만들어온 조리법의 발전사를 엿볼 수 있다.

『반찬등속』에 기록된 음식은 총 46가지로, 그중 김치류 9가지, 짠지류 8가지, 기타 반찬, 과자와 떡, 음료가 적혀 있다. 『반찬등속』에 기록된 김치류의 특징을 분석한 이솔·지명순·김향숙의 연구에 따르면, 이 요리책은 조선시대 조리서와 비교해볼 때 김치 조리법의 변화, 그와 동시에 충청북도 지역의 특성이 발견된다.

〈표 3-13〉 『반찬등속』에 실린 음식

종류	음식명	조리법
김치류	무김치, 깍독이, 고추김치, 오이김치, 고추김치, 갓데기, 외이김치, 짠지, 배추짠지*	주재료를 소금에 절이고 부재료 양념을 섞어 삭힘
짠지류	무짠지, 고춧잎짠지, 마늘짠지, 북어짠지, 파짠지, 박짠지, 전복짠지, 콩짠지	주재료를 간장에 담금
기타 반찬	참등나무수순 토면주거리, 북어무침, 북어대강이, 가물치회, 오리고기, 육회, 전골지짐, 고추장 맛나게 먹는 법	
과자, 떡	산자, 과줄, 중박기, 주악, 박고지, 정과 증편, 백편, 꿀떡, 곶감떡, 화병, 송편, 염주떡, 혼떡을 오래 두려면	
음료, 술	수정과, 식혜, 과주, 약주, 연잎술	
별식	약밥, 만두**	

* 깍독이와 갓데기는 조리법을 달리한 깍두기이다.
** 짠지는 김치의 충청도 방언이기도 하다. 여기서 배추짠지는 통배추김치 조리법이다.
*** 만두는 메밀가루를 반죽하여 사용한다.

(출처: 청주시·김향순 외를 참고하여 작성)

첫째, 김치 주재료가 조선 중기에 비해 달라졌다. 『규합총서』나 『부인필지』에서는 섞박지, 동과섞박지, 동치미처럼 김치의 주재료가 가지, 오이, 무였던 데 비해, 이제 배추, 무, 오이, 고추가 김치의 주재료로 사용되고 있다.

둘째, 김치의 형태가 부재료와 향신채 그리고 젓국을 많이 사용하지 않는 단순하고 담백한 맛을 내는 담저류(淡菹類)이다. 해산물로는 거의 조기가 사용되고 있어서 당시 강경포구를 통해 활발히 유통되었던 특산물인 조기가 활용되는 모습을 보여준다.

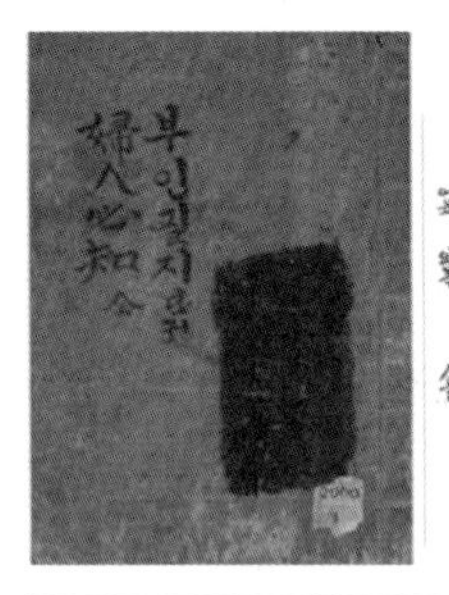

〈그림 3-8〉『부인필지』(1915) 필사본. 원본은 1908년 활자본임. (출처: 규장각한국학연구원/서울대학교 중앙도서관)

셋째, 고추의 사용법이 전보다 다채롭게 소개되었다. 아직 고춧가루를 많이 넣는 방법이 나타난 것은 아니지만, 풋고추를 무와 함께 발효시키기, 고춧잎을 통무와 함께 담그는 고추김치, 홍고추를 물고추로 다지거나 건고추를 실고추로 만들고 부수어 사용하는 법이 기술되어 있다.[177]

『반찬등속』에서 주목할 대목은 설탕의 사용이 등장하는 점이다. 46가지 음식 중 2가지 음식에 설탕을 사용하는데, 고추장에 설탕을 넣어 되직하게 조리기, 그리고 송편의 소에 설탕을 넣는 방법이 나오고 있다. 조선시대 과자류나 떡류에 사용하는 당류는 꿀 또는 조청이었다. 이후에 자세히 살펴보겠지만, 설탕은 1910년대 이후 수입이 시작되었고, 1930년 이후에는 조리서에서 그 사용이 전체 음식의 30% 이상으로 급증하였다.

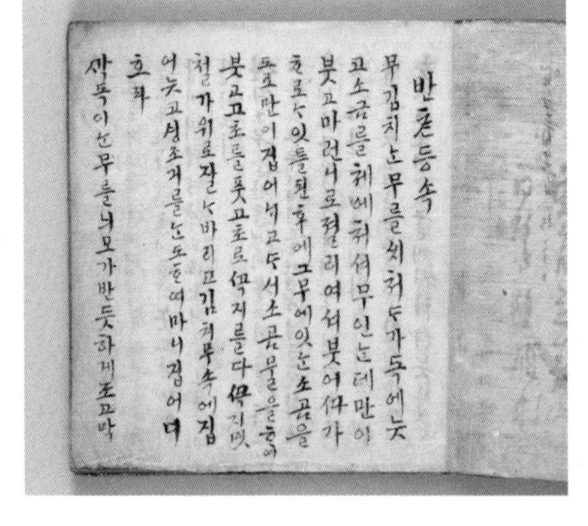

〈그림 3-9〉『반찬등속』(1913). 왼쪽은 앞표지, 오른쪽은 본문. 앞표지에는 '반찬ᄒᆞᄂᆞᆫ등속 饌饍繕冊', '文字冊'이 적혀 있고, 뒷면 표지에는 '복희다남(福囍多男)'이라는 글자가 붙어 있다. (출처: 국립민속박물관)

떡, 정과, 약과, 조림, 잡채, 생채, 포, 무침, 적, 장아찌의 조리법에서 설탕이 활용되었다. 설탕은 초, 조림, 포처럼 수분을 증발시켜 보존력을 높이는 조리법에서는 보존료로 사용되기 시작했고, 생채, 무침, 장아찌 등의 음식에서는 채소 음식의 쓰고 짠맛을 줄이거나 감추는 조미료로 활용되기 시작했다. 이렇듯 20세기 초 설탕 소비가 급증한 것은 1910년대 설탕 소비세 경감으로 가격이 낮아졌다는 이유도 있지만, 설탕을 근대 문명의 영양 식품으로 상징화하여 소비를 독려한 담론도 주요한 역할을 담당했다.[178]

2) 전통 조리법의 발전: 배추와 김치

조리법의 개발자와 공헌자가 누구인지 알려진 전통 음식은 거의 없다. 김치 또한 크게 다르지 않다. 수십 종에 이르는 김치의 조리법은 당연히 당대에 살았던 각 지역의 여성들이 개발했을 것이지만, 개발자의 이름이 남아 있지는 않다. 하지만 우리나라는 한글이 존재함에 따라 여성들이 한글로 남긴 조리서가 있어서, 시대에 따른 김치 조리법의 특징과 변화를 알아볼 수 있다.

우선 1880년대부터 1910년대 무렵 조선을 방문한 서양인들이 남긴 기록물을 살펴보자. 1905년에 간행된 책에 실린 서양인의 관찰을 보면,

> 한국인의 농업경영에서 채소 재배는 적지 않은 역할을 한다. 한국인들은 무, 순무, 당근, 파, 마늘, 고추, 가지, 토마토, 오이, 호박, 참외, 수박 등을 심는다. (…) 한국에서는 매우 크고 기다란, '배추'라고 불리는 중국식 채소를 재배한다. 그것은 절여서 시큼한 양배추처럼 식품으로 이용한다. 모든 채소 중에서 한국인들이 가장 많이 먹는 것은 배추와 하

> 얀색의 매콤한 무다. 나는 서울 종로 근처에 있는 시장에서 산처럼 쌓아놓고 파는 이 두 종류의 채소를 보았다. 한국에서는 시골에서도 시큼한 무와 배추가 없는 식사는 없으며, 푸른 채소밭이 없는 마을도 없다. _바츨라프 시에로츠브스키(Vatslav Sieroszewski, 1858-1945), *Corea* (1905)[179]

이 기록을 보면 20세기 초 한국인들이 채소류에서 무와 배추를 가장 많이 먹었고, 그 외 오늘날 한국인들이 즐겨 먹는 채소들과 다르지 않은 품목들이 재배되고 있었음을 알 수 있다.

20세기 초에 관찰되는 이러한 채소류의 특징은 19세기 말부터 시작된 변화를 보여준다. 첫째, 조선시대 '菹(저)', '沈菜(침채)', '虀(제),' '奄蔡(엄채)', '漬鹽(지염)', '鹽菜(염채)' 등 여러 용어로 표기되던 염장 채소류의 조리법이 소금, 젓갈, 어육류를 사용하는 김치류와 소금, 간장, 된장을 사용하는 장아찌(짠지)류의 계열로 확실히 정리되면서 주재료가 더욱 다양해졌다. 둘째, 1910년 무렵 배추김치가 특히 겨울 김장김치의 대표로 자리잡게 되었다. 셋째, 재래 배추 재배법이 개량되고 중국식 결구(結球) 배추 보급이 확산되었다. 이러한 점들은 배추김치의 확산으로 이어졌다.[180]

오늘날 김치의 대표는 배추 통김치이지만, 19세기 말 좋은 배추가 나오기 전까지는 김치류의 주재료는 다른 채소 종류였다. 김영희·임영희에 따르면 19세기 말 이전의 배추는 작고 속이 알차지 않아서 김치로 즐겨 이용되지 않았다. 조선 말기에 배추의 육종 사업이 지속되는 가운데 결구 배추가 육종되었고, 배추 재배가 널리 보급되면서 조선시대 김치 원료의 변화가 일어났다. 즉, 상고시대에 담그던 저채(菹菜)류는 무·오이·가지·동아·갓·부추 등이 주재료였는데, 좋은 배추가 나오게 된 이후 김치 원료는 배추·무·오이로 그 순서가 바뀌었고, 그 밖의 채소류는 오히려 별미

김치로 이용되었다는 것이다.[181] 1939년 홍선표가 쓴 음식 평론도 이를 확인해준다.

> 백채라는 것이 다른 야채보다 기르기도 쉽고 연하고 또 독이 없는 관계로 백채를 택하여 김치를 만들기 시작한 것이라고 할 수 있는 것이다. 이러한 관계상 김치의 종류로 말하면 백채, 무, 오이, 가지, 콩나물, 상갓[深山水草], 미나리 등의 김치가 있으나 그중에도 백채김치가 제일 맛이 있는 것으로 어느 가정이나 다 백채김치를 만들어 먹게 된 것인데(…).[182]

김치의 주재료에 일어난 변동은 우리가 살펴본 조선시대의 한글 조리서나 유서류 도서와 일제강점기에 간행된 조리서를 비교해보면 확연히 알 수 있다. 『음식디미방』에는 '산갓침채', '나박김치' 등 5종의 김치류가 수록되어 있는데, 배추가 아니라 갓이나 무가 주재료이다. 『규합총서』에서도 '석박지'를 비롯한 10종의 김치류가 적혀 있는데, 여기도 배추를 통으로 쓰는 김치류는 보이지 않는다. 이에 비해 앞서 언급한, 1913년에 쓰여진 『반찬등속』에는 김치류가 9가지인데, 으뜸 순위는 무김치이지만, 배추를 통으로 담근 김치 2종류가 등장한다. 그리고 1917년에 간행된 『조선요리제법』에는 나박김치, 동치미, 배추김치, 통김치 등이 등장했다가 1942년에 간행된 『개정증보 조선요리제법』에서는 김장김치 10종, 보통 때 김치 18종으로 나누어 정리되었고, 장아찌에 18종이 있어서 총 46종의 채소절임류가 망라되었다.

〈표 3-14〉 조리서에 실린 김치 및 장아찌류 비교

음식디미방 (1670~80)	규합총서 (1809)	반찬등속 (1913)	조선요리제법 (1921)	개정증보 조선요리제법 (1942)
생치침채, 산갓침채, 동아 담는 법, 고사리 담는 법, 마늘 담는 법	석박지, 어육김치, 동과섞박지, 동침이, 동가김치, 동지, 용인 오이지, 산갓김치, 전복김치	무김치, 깍독이, 고추김치, 오이김치, 갓데기, 짠지, 배추짠지	〈침채〉 나박김치, 동치미, 동침이 별법, 배채김치, 석박지, 외김치, 외지, 용인 외지, 외쇼김치, 외찬국, 장김치, 짠지, 장짠지, 젓국지, 통김치, 전복김치, 닭김치, 깍둑이, 고추잎장아찌, 마늘선, 무우장아찌	〈김치1(김장김치)〉 통김치, 배추소 버무리는 법, 석박지, 젓국치, 쌈김치, 짠지, 등짐이, 깍둑이, 지럼김치, 체김치 〈김치2(보통김치)〉 풋김치, 나백김치, 장김치, 외김치, 외소김치, 외지, 깍둑이, 외깍둑이, 굴깍둑이, 숙깍둑이, 닭까둑이, 갓김치, 박김치, 곤장이젓김치, 전복김치, 굴김치, 돌나물김치, 열무김치, 멧젓
꿩지히, 꿩짠지히	장짠지	무짠지, 고춧잎짠지, 마늘짠지, 북어짠지, 파짠지, 박짠지, 전복짠지, 콩짠지		〈장앗지〉 장앗지 무장앗지, 전복장앗지, 토란장앗지, 열무장앗지, 무말닌장앗지, 파장앗지, 고초닙장앗지, 홍합장앗지, 풋고추장앗지, 외장앗지, 숙장앗지, 두부장앗달, 달래장앗지, 미나리장앗지, 머우장앗지, 감자장앗지, 마늘장앗지(마늘선)

배추는 그 재배법이 『산림경제』에 처음 나와 있지만, 김치류의 주재료로 사용되기 시작한 것은 근대이행기 무렵부터로 보인다. 배추의 품종은 고려시대 중국에서 들어와 재래종으로 정착한 이래 개성배추와 경성배추 두 품종이 유명했다. 1920년대에 개성배추는 북쪽 지방에서, 경성배추는 경성 이남 지역에서 많이 재배되었다고 한다. 홍선표가 전해주는 다음 이야기는 1900년대 초 배추에 대한 관심이 높았음을 알려준다.

> 대개 시내에서 중요히 치는 배추밭은 방아다리배추밭(충신동), 훈련원배추밭(동대문재), 구리안뜰배추밭(동대문외남편), 섬말배추밭(종로통오정목) 등이요, 그 외에 지방에서 오는 것으로는 개성배추를 제일 중요히 치던 것인데(…).[183]
>
> 예전에는 나라에서도 이맘때 김장 시기에는 백사(百事)를 제하고 방아

다리 백채(白菜) 밭에는 국가용 어궁내부(御宮內府) 소용이니 민간에서는 사용치 못한다는 목비(木碑)를 세워서 금하였든 고로 다른 사람은 쓰지 못하게 하든 일로 보든지 궁중에서는 김치 때에는 김치 담그는 일로 일개월 이상 모든 일을 제하고 분주이 지내든 일이며(…).[184]

위의 인용문은 경성배추 중에서 좋은 배추밭이 방아다리 배추밭으로, 왕실이 겨울 김장용 좋은 배추를 확보하기 위해 이곳을 입도선매하던 관례를 말하고 있다. 배추는 이전부터 김치 재료로 가장 인기가 있었다. 하지만 재래종의 경우 단점이 있었다. 재래 배추는 크기가 작고 속이 차 있지 않았고, 결구가 되지 않아 김장을 담그기 전 서리에 얼었기 때문이다. 배추 산지 중 경성배추, 그중에서도 방아다리의 배추가 유명한 것은 다른 배추와 달리 속이 차고 조금 더 단단했기 때문이다.

방어다리(방아다리) 백채가 유명하다는 것은 속이 들고 색이 희고도 힘줄이 적어서 특별한 맛이 있는 중에도 방어다리 백채는 소금에 절여도 다른 백채 모양으로 용적이 그리 감축하지 않는다는 것이며 그 기르는 특별방법으로 말하면 처음 심을 때 김장 때 쓰려고 떡잎 때부터 한 개씩 한 개씩 동알을 띄여 표준을 세워 가지고 길러가며 (…) 절대로 중간에 뽑아 팔지 못하는 까닭으로 처음부터 김장 때까지 완전히 기르게 되는 것이다.[185]

재래 배추를 주재료로 하여 통으로 담그려면 김장 때까지 뽑지 않고 잘 길러야 하는데, 서리를 맞으면 그마저도 쉽지 않았다. 이런 탓에 '호(胡)배추' 재배를 늘리거나 품종을 개량하려는 노력이 있었다. 1932년 8월 17일 〈동아일보〉에 황해도 장연군의 장연 종묘원 주인 김진구가 호배추 종자 채종장을 여러 곳에 설치하여 품종 개량에 성공하였다는 기사가 실렸다.[186] 호배추는 재래종 배추에 비해 수확량이 훨씬 많았기에 조선총독부가 적극적으로 재배를 권장하였고, 1930년대가 되면 조선 전역에서 결구배추인 호배추가 재배되었다.[187] 하지만 일제강점기에 호배추가 커다란

〈그림 3-10〉 1920년대 배추 모양. 위쪽은 결구배추, 아래 왼쪽부터 화심(花心)배추(비결구), 경성배추, 개성배추, 반결구배추. (출처: 『조선총독부 농사시험장 25주년 기념지』 [1931], 주영하 [2013], 160쪽에서 재인용)

인기를 끈 것은 아니라고 보인다. 조선배추에 비해 감칠맛이 적고 우거지도 많지 않아 큰 호응을 받지는 않았다. 1931년 발간된 『조선총독부농업시험장 25주년 기념지』에서 "결구성 배추 재배가 점차 증가하고 있으나 아직 재래종 재배가 그 대부분을 차지하고 있다."고 했다.[188]

그렇다면 배추통김치 조리법은 언제부터 시작되었을까? 최근 고조리서 연구에 따르면, 1800년대 말에 쓰였을 것으로 추정되는 조리서인 『시의전서(是議全書)』에도 배추통김치 조리법이 나온다고 하였다.[189] 마찬가지로 1800년대 말 충북 지역에서 실행되던 조리법을 적어놓은 『반찬등속』에서도 배추통김치 조리법이 등장한다. 배추김치가 김장김치를 대표하는 김치가 되기 시작한 것은 이 무렵 이후부터인 듯하다. 『반찬등속』에서 김치는 무를 기본으로 하여 고추, 오이를 주재료로 하는 경우가 부가된 것이었다. 그러던 것이 1920년대 신문 잡지나 조리법 문헌에서 통배추김치가 김장의 대표 김치로 설명되는 것을 발견할 수 있다.[190]

> 〈통김치(묵은법)〉배추를 다듬되 뿌리는 끊고, 누런 잎사귀는 떼고, 통으로 속속들이 정하게 씻어서, 항아리나 동에나 통에 다 차곡차곡 담어

> 서, 물 한 동이에 소금 석 되 가량을 타서 그 위에 부어놓고 묵직한 맷돌 같은 것으로 눌러 덮습니다. 그랬다가 하루 반쯤 지난 후에 광주리에나 혹은 발을 펴고 그 위에 건저 놓아서 물을 다 뺀 후에 한편에 고추와 파와 마늘과 생강과 갓과 미나리와 청각을 유렴하야 배추잎사귀를 비집고 그 속에다가 한 대 물려 넣으며 굴비와 배를 채로 썰어 넣고 잎새 하나를 제쳐서 둘러맵니다. 이렇게 하여 항아리나 독이나 둣에다 차곡차곡 넣는데 네모 반듯반듯하고 얄팍얄팍하게 베인 것을 번갈아 넣고 무수 절인 물을 한독 그득 넘치게 붓고 무거운 것으로 찍어누른 후 뚜께를 단단히 덮어두면 좋습니다.

1924년에 간행된 이용기의 『조선무쌍신식요리제법』에서는 통배추김치 조리법이 목차 중 앞부분에 나오고, 1939년 각기 다른 잡지에 실린 홍선표와 방신영의 김장 관련 기사에서도 배추김치가 김장김치의 대표 종류로 설명되고 있다.[191] 이렇게 볼 때, 주영하의 지적대로, 배추는 국을 끓이거나 쪄서 먹는 채소였다가 18세기 이후 점차 김치의 주재료로 자리를 잡아갔고, 19세기가 되면 무에 버금가는 재료가 되어 결국 1910년대 이후 배추김치가 김장김치를 대표하기에 이르게 되었다고 할 수 있을 것이다.

『일본지리풍속대계』에 실린 김장 사진

1930년 일본 신광사(新光社)에서 간행한 『일본지리풍속대계』(조선편)는 당시 사람들의 풍습과 일상생활의 모습을 담은 사진과 그에 대한 설명을 실었다. 조선 문화에 대한 일본인들의 시각뿐 아니라 의식주 생활의 실제 모습을 확인할 수 있다. (출처: 서울역사아카이브)

〈그림 3-11〉 고추 빻기.

〈그림 3-12〉 늦가을의 김장.

"김치와 고추는 조선 음식의 특색으로 고춧가루를 가미하여 김치 맛을 내는 데도 사용한다. 조선인은 놀라울 정도로 매운 음식을 좋아하여 일본인이 무의식중에 눈물을 흘릴 정도로 맵다고 한다."

"매 끼니마다 먹을 정도로 조선인의 주요 부식인 김치는 그 국물에 밥을 비벼 먹기도 하며 국물로 다른 음식의 간을 하기도 한다. 따라서 김장은 조선 여성들의 연중행사라고도 할 수 있는데 대부분 11월에 행해진다. 김장의 주재료는 배추와 무이고, 그 외에 고춧가루, 마늘, 생강, 밤, 어류, 배 등을 넣어 맛을 낸다. 젓갈이나 간장으로 담그기도 한다."

3) 외래 음식의 유입과 문명화 담론: 설탕과 화학조미료

근대이행기 서양과 일본을 통해 들어온 식품 중 한국 음식문화에 가장 큰 영향을 끼친 품목은 설탕, 합성조미료 아지노모도, 산분해 간장인 깃코망 간장이다. 이들은 모두 사람들의 입맛에 미묘한 변화를 일으켰고, 자본주의적 산업화의 영향이 처음 발생한 것이기도 했다. 수입된 설탕 가격이 떨어지면서 그 활용 범위가 늘어났고, 공장에서 생산된 일본식 산분해간장과 이를 사용한 요리와 조리법이 등장했다. 일본에서 처음 만들어낸 인공 아미노산 조미료가 일제강점기에 본격적으로 등장한 음식점에서 광범위하게 사용되었다.

설탕은 개항 이전에는 왕실에서만 사용하는 귀중한 의약품이었다. 개항 무렵 약 64톤의 원료당이 수입된 이후 개항기 인천 항구에서 수입된 설탕 가격은 한 근에 20전으로 당시 한 근에 8전 하는 소고기의 2.5배에 달할 정도로 고가였다.[192] 전적으로 수입품이었던 설탕을 일본 자본이 1920년부터 제당회사를 세워 공급하는 과정에서 판매가격이 점차 떨어지면서 설탕을 넣은 음식과 조리법이 확대되었다. 한말에는 왕실과 고위 관리, 대지주들만이 설탕을 넣은 서양과자와 중국과자 또는 음료를 접했으나, 이후 제과업을 세우면서 설탕 소비는 크게 늘어났다. 동시에 일반 음식에 설탕을 사용하는 조리법도 점차 확대되어갔다. 근대 시기 조리서들에 쓰여진 설탕 사용 빈도와 종류를 알아본 연구에 따르면, 1910~20년대 조리서에서 5%가량이던 빈도수가 1940년대가 되면 30% 이상으로 증가하였다. 초기에는 주로 수정과, 식혜 등 음청류에 사용되던 꿀과 조청을 대체하는 감미료로 추천되었는데, 1930년대 이후에는 다양한 종류의 떡과 병과류, 과정류 같은 전분 식품의 단맛을 강화시키는 용도로 제시되었다. 그 외 초, 조림, 포 등 수분을 증발시켜 보존력을 높이는 밑반찬 조리법이나, 생채나 무침, 장아찌 등에서 채소의 쓰고 짠맛을 줄이거

나 감추는 조미료로 기능을 확장하였다.[193]

아지노모도는 1908년 일본의 이케다 기쿠나에(池田菊苗)가 발명한 화학 조미료로, '감칠맛'으로 표현되는 글루타민산으로 만든 상품명을 말한다. 1909년 스즈키 사부로스케(鈴木三郎助)가 이케다로부터 특허권을 양도받아 1917년 아지노모도주식회사를 설립하였다. 이 아지노모도는 일본제국이 식민지 조선의 음식에 깊숙하게 영향을 준 조미료로, 처음에는 다시마 추출에서 출발하여 이후 소맥과 탈지대두에서 분해 추출한 상품으로 출원되었다.

아지노모도사(社)는 1910년대 말 조선에서 판매를 시작한 이후 1920년대 후반 조선인을 대상으로 판매를 적극적으로 시도하면서 현지화 전략을 사용하였고, 그에 따라 판매고가 급증하였다. 초기에 집중적인 판매 공략 대상은 화학조미료의 사용 효과가 빠르게 나타나는 국물 음식이었다. 냉면집이나 국밥을 판매하는 면옥집에 홍보를 집중하였고, 그래서 냉면집이 많았던 평양 지역에 크고 작은 판매조직망을 만들었다.[194]

1920년대부터 본격화된 아지노모도 광고 도안과 카피에는 경성에 자리잡기 시작한 음식점 종류는 물론이고 가정에서 요리되던 각종 음식명이 등장했다. 이를 통하여 당시 식생활의 단면을 알 수 있다. 냉면집이나 설렁탕집 같은 음식점 메뉴에 아지노모도가 사용되었고, 떡국, 제비국(밀국수), 뜨적제비(수제비) 그리고 김장김치처럼, 가정에서 요리하는 국, 찌개, 탕류, 지지미, 찜류에도 조미료 사용이 권유되었다.[195]

〈표 3-15〉 아지노모도 광고에 등장하는 음식명

연도	종류	명칭
1926		국물, 찌개, 전골, 빵, 스푸, 시지유(스튜), 카레-라이스, 로-루 캬베스(양배추 롤)
1927 ~1938	음식점 메뉴	냉면집, 국밥(장국), 오뎅, 중화요리, 탕반, 설넝탕, 대구탕,
	양념	설당(설탕), 간장, 소곰(소금), 초장
	음식명	김치(김장), 신선로, 국, 찌개, 떡국, 만두, 지지미, 생선국, 생선지지미, 제비국(밀국수), 뜨적제비(수제비), 탕, 찜, 떡, 곰, 명태지지미, 생선구이, 회, 봄나물

(출처: 조희진, 63쪽의 표4를 재구성)

일본 근대 식품산업은 기존 식품을 개량하고 새로운 식품을 발명하기도 했다. 전자의 대표가 '깃코망(龜甲萬)' 간장이다. 원래 '깃코망'이란 상표는 1661년 지바현 노다(野田)시에서 간장 생산을 전문으로 하는 여러 개의 공장 중 한 집안에서 생산되던 간장에 붙은 상표였다고 한다. 이 노다의 간장공장들이 1917년 간장 생산을 완전히 공업화하는 데 성공하여 노다 지역의 여덟 군데 간장공장이 모여 노다쇼유(野田醬油)주식회사를 설립하여 '깃코망'이라는 상표를 공동으로 사용했다. 주영하는 대두와 밀을 같은 양으로 혼합하여 발효시킨 간장을 '깃코망형 간장'이라고 일컬었다. 이 깃코망형 간장이란, 황곡균이라는 균주로 맛을 균질화하고 산분해 방식으로 생산 기간을 단축시키면서 장기간 부패하지 않는 보존 방식으로 기계화하여 생산된 간장으로 20세기 일본간장의 대명사로 자리잡았다.[196]

19세기 말 조선에 거주하는 일본인의 숫자가 늘어나면서 깃코망형 간장을 생산하는 소규모 공장이 한반도 각지에서 생겨나기 시작했다. 그리하여 1930년대 이후 깃코망 간장의 생산과 판매가 꽤 증가하였지만, 그렇다고 우리의 간장을 만드는 방법이 기계화되거나 화학 제조식 공장제 생산으로 바뀌지는 않았다. 그 이유는 깃코망 간장의 단맛이 나물류나 찌개류 같은 우리의 일상 음식에 맞지 않다는 점 때문이었다. 대신 당면 잡

채와 불고기에 단맛이 나는 깃코망 간장을 사용하는 조리법이 신문과 잡지에 실렸다.[197]

일본에서 들어온 설탕과 조미료는 실제 어느 정도 사용되었을까? 개항 이후 동아시아권의 설탕 생산과 유통에 대한 이은희의 연구에 따르면, 일제강점기 조선인의 설탕 소비량은 일본인 평균의 7%, 대만인 평균의 11%에 불과했다.[198] 표에서 보듯이 조선에서 아지노모도의 판매량은 1930년대 들어 급격히 증가했지만, 대만에 비하면 일제강점기 내내 절반 수준이었다.

〈표 3-16〉 아지노모도의 해외 수출 추이 (단위: 톤)

연도	대만	조선	만주	중국	남양	북미 기타	합계
1918	12	5	–	3	–	–	21
1922	29	17	10	10	2	2	69
1926	50	29	18	24	7	9	136
1927	58	40	21	27	9	11	158
1928	79	42	27	29	5	14	195
1929	102	48	30	66	4	9	258
1930	112	51	24	62	5	4	257
1931	113	58	24	38	5	4	243
1932	156	67	54	12	5	16	310
1933	175	80	94	34	14	37	434
1934	261	103	121	72	22	220	798
1935	359	136	155	90	36	231	1,006
1936	483	175	207	84	38	291	1,278
1937	546	218	278	98	29	341	1,510
1938	558	239	298	148	14	144	1,401
1939	535	249	242	222	16	158	1,421
1940	335	147	182	102	8	137	911

(출처: 味の素株式會社 [2009], 139쪽, 김대환, 126쪽에서 재인용)

아지노모도는 일본에서도 고가 식료품이었던 만큼, 조선에서의 판매량이 대만과 일본에 비해 적은 것은 구매력 차이 때문이었을 것이다. 이에 비해 설탕은 1930년대 가격이 떨어졌음에도 불구하고 아지노모도보다도 상대적으로 더 적은 소비량을 나타냈다. 이는 당시 일반인들의 음식에 설탕의 단맛이 깊이 확산된 것은 아니었음을 의미한다. 또한 강점기 동안 아지노모도를 대다수 일반인이 주방의 상비품으로 구비하고 살기는 쉽지 않았을 것이다.

당시 사람들에게 화학조미료의 '감칠맛'과 설탕의 '단맛'은 욕망의 대상이었다. 조미료와 설탕은 문명화의 상징이었기에 도시의 고학력자들이 접할 수 있는 것이었고, 두 재료가 들어간 음식은 모두 비싸고 귀했기에 부의 척도이기도 했다. 채만식이 1936년 발표한 단편소설인 「빈」에서 그 사례가 묘사되었다. 이 소설에서, 일본인 집에서 일하는 유모가 주인집 여자와 자기를 동일시하게 된 나머지 월급을 탄 뒤 끼니를 걸러 굶어 죽게 생긴 자기 아이를 놔두고 화신백화점에 가서 설탕 한 봉지를 사는 모습이 그려졌다고 한다.[199]

〈표 3-17〉 1930년 식품 가격 (단위: 엔)

	정미 (1되≒1.8l)	양조간장(조선산) (1되≒1.8l)	백설탕 (1근=600g)	아지노모도 (1캔=100g)
1930년	0.26	0.64	0.24	1.4

(출처: 이은희, 293쪽 표2 재구성)

아지노모도 광고들을 보면, 당대 여성들은 신여성 구여성 할 것 없이 모두 근대의 과학적 발명 덕분에 음식 맛을 좋게 하는 비결인 '감칠맛'을 손쉽게 실천할 수 있는 근대 문명의 소비자로 묘사된다. 아지노모도사가 1943년 판매점을 철수할 때까지 수백 건의 다양한 광고 도안이 있었지만, 이 광고들을 관통하는 이념은 '문화적'인 '최신의' '과학'적 '발명품'이

〈그림 3-13〉 주부의 조리를 소재로 한 아지노모도 광고. 아지노모도사는 1930년대부터 조선인 주부의 조리 모습을 담은 광고를 여러 신문에 실었다. (출처: 좌우 각각 〈매일신보〉 1933. 11. 13., 1933. 11. 5.)

라는 점이었다. '이케다 박사 발명', '일영미불 전매특허', '세계적', '신시대', '일본 명물', '이왕가 어용품', '궁내성 어용품' 같은 문구가 요리를 맛있게 한다는 메시지와 결합함으로써, 아지노모도는 근대적인 맛의 상징이 되었다.[200]

아지노모도의 이러한 광고 전략은 실제로 유효해서 1930년대가 되면 잡지에 지식층 여성들이 쓴 요리 관련 글에서도 아지노모도 사용을 권장하는 경우를 자주 볼 수 있다. 1936년 이화전문학교의 교사 이각경은 여름철 음식을 산뜻하게 만들기 위한 방편으로 조미료 사용을 적극 권장했다. "우리는 국이라면 고기를 많이 쓰나 국에 반드시 고기가 들어야 하는 것은 아니라고 생각합니다. 더욱이 여름철 음식에는 계란과 참기름 또는 '아지노모도'를 써서 국물을 만들 수 있습니다."[201]

설탕과 아지노모도를 사용하는 서양식 또는 일본식 조리법과 음식을 높이 평가하는 태도는 1920년대에 등장한 생활개선론자들에 의해 주도되었다. 1930년대 신식요리강습회를 통해 당시 식생활개선론의 실제를 분석한 이은희의 연구에 따르면, 방신영(方信榮), 손정규(孫貞圭, 1896-1950?), 송금선(宋今璇, 1905-1987), 임숙재(任淑宰, 1891-1961) 등 1920년대 초 일본 가정과에서 수학한 뒤 대개 여학교 교사를 했던 여성들은 '영양', '위생', '경제', '간편'을 기치로 한 생활개선론을 설파했다.[202] 1920년대에 서구적 영양 지식과 '신식요리법'을 전파하기 위해 학교에서 요리법을 가르치고 요리서를 발간하며, 신문이나 잡지를 통해 영양 지식을 알렸다. 이들은 전통 요리법 대신 일본식 요리법을 수용하여 찌개 끓일 때, 소금, 두부, 다시마만 넣고 끓이라든지, 양조간장으로 나물을 볶으라고 하였고, 고추, 마늘, 파 같은 양념이 영양소가 적고 자극적이어서 소화가 잘 안 되게 만들기 때문에 양을 줄여야 한다고 주장하기도 했다.

하지만 이런 음식은 사람들 입맛에 맞지 않았고 반발에 부딪혔다. 1930년 조선음식 요리가인 민혜식은 "음식이 달기만 하면 그만인 줄 알고, 되나 안되나 설탕만 퍼붓"는다고 비판하였다.[203] 이러한 반발을 수용하여 1930년대에 들어서는 서구 음식 조리법을 설파하기보다는 전통 음식을 신식 요리법으로 재구성하여 생활 개선을 위한 신식요리강습회를 전국에서 개최하기도 했다.[204]

3절

여성 과학기술 직업인의 등장

1. 기술 인력 양성 제도의 변화

근대적 과학기술의 제도화에서 전문가 조직(직업 집단 또는 학회)의 성립과 함께 또 다른 주요한 기제가 교육체계의 확립이다. 일제 일제강점기 또한 "서구식 교육제도가 확립되고 이를 통해 근대 과학기술이 수용, 정착"하는 시기였다.[205] 일제강점기에 이르러, 보통학교부터 고등보통학교 그리고 경성제대까지 근대 과학기술을 교육하는 제도가 갖추어졌다. 이러한 교육제도는 기초 과학 지식을 습득하는 장인 동시에 자본주의적 산업 현장에 필요한 과학기술 인력을 양성하는 제도가 확립되었음을 의미한다. 또한 이 과정에서 배출된 인력은 중등학교의 교사로서 다시 교육 현장에서 과학 지식과 기술의 전수자로 종사하기도 하였다.

식민지 조선에서 조선총독부가 전문학교를 설립하기 시작한 시기는 1916년이다. 이즈음 설립된 학교가 바로 경성고등공업학교, 경성고등상업학교 그리고 수원고등농림학교 등으로, 특히 경성고등공업학교 졸업자들은 조선인으로서는 (일본 등 해외에서 유학하고 온 사람들을 제외하고는) 유일하게 고급 과학기술자로서 산업 현장에 진출한다거나 중등학교 교사가 될 수 있었다.[206]

이들 교육기관의 전신은 개항기까지 거슬러 올라갈 수 있는데, 1899년에 상공학교가 설립되었고, 여기에 1904년 농업과가 신설되면서 농상공학교로 개편되었다. 그리고 1907년에 설립된 관립공업전습소의 염직과에서는 처음으로 섬유 부문 기술자가 배출되기 시작하였다. 관립공업전습소는 1910년 조선총독부로 편입되면서 조선총독부 공업전습소로 개편되었고 1912년에는 조선총독부 중앙시험소 부속 공업전습소로 개편되었다. 1916년 경성공업전문학교는 1922년 경성고등공업학교로, 1944년에 경성공업전문학교로 개편되면서 기술자 교육을 담당하였다. 공업전습소는 1922년 경성고등공업학교로 개편될 때 경성공업학교로 분리되었다가 1940년에 경성공립공업학교와 통합되면서 기능공 교육을 담당한 대표적인 교육기관이 되었다.[207] 그리고 강점기 말 1941년에는 경성제대에 이공학부가 개설되었다.[208]

이러한 기관에서 교육받은 인력은 산업 현장에 투입되었다.[209] 이미 교육과정에서 철저히 실용화, 산업화 적용을 지향하는 교육이 이루어진 까닭이었다. 일제강점기에 대규모 면방직공장이 설립되었는데 그 대표적 보기로 들 수 있는 것이 1917년에 설립된 조선방직주식회사와 1919년에 설립된 경성방직주식회사이다.[210] 이들 대규모 공장에서 조선인으로서 가장 상층부의 전문적 기술자로 종사한 사람들은 주로 일본에서 대학 교육을 받고 귀국한 사람들이었다. 공업학교나 고등공업고등학교 졸업생은 그 하위직 기술자로 합류하였다. 이 체제에서 과학기술을 습득하고 실천하는 양상은 소수의 전문 기술자와 단순 기술자 그리고 노동자로 위계적 전문화가 정착되었고, 대부분의 식민지 조선인들은 단순 기술자와 노동자로 편입되었다.

과학기술 인력을 양성하는 교육기관으로서 전문 혹은 중등교육기관으로의 여성 진학을 보면, 여성 교육은 공식(관립, 공립) 교육기관보다는 사립 교육기관에서 이루어졌다. 또한 고등 혹은 '전문' 수준의 교육보다는 준전문(이른바 '전문정도') 교육기관에서 수행되었고, 특정한 교육 연한을 입학 자격으로 요구하는 정규 교육과정보다는 비정규 교육과정(예를 들면 공업보습학교)에서 이루어졌다. 그러다 보니 '전문정도' 사립학교의 상당수가 여학교 혹은 남녀공학이었고, 공업보습학교 또한 여학생의 비중이 남학생을 능가하기도 했다.

1) '전문정도' 교육기관

김자중의 연구에 의하면, '경성부내사립학교현상일반(京城府內私立學校現狀一斑)' 문서를 보면 '정도'라는 항목에서 각 사립학교를 '전문'·'고등'·'초등'으로 분류했다고 한다.[211] 이 문서는 조선총독부 학무과가 1910년 작성한 비밀문서로, 1910년 10월 말일 현재 경성부 내 일반계 사립학교 65교에 대한 사항을 기재한 것이다. '전문정도'로 분류된 학교는 적어도 중등교육 수료를 입학 자격으로 요구했다.

지금까지 확인된 1920년 이후 '전문정도' 사립 각종 학교 총 23개교를 성별로 보면, 남학교 8개교, 여학교 11개교, 남녀공학교 4개교이다. 이를 보면 여성을 대상으로 하는 학교가 더 많음을 알 수 있는데, 이는 여성을 대상으로 한 상급학교의 요구를 '전문정도' 학교로 충당하였음의 반증이다. 앞서 지적한 바와 같이, 여성에게 공식적으로 허용된 정규 고등교육기관은 모두 사립 전문학교이고 그나마도 5개교에 불과했다.

'전문정도' 사립학교 중 여학교 11개교는 대부분 보육학교(중앙보육학교,

경성보육학교, 이화보육학교, 숭의여학교, 영생보육학원, 대구신명여학교 등)이고 그 외에는 경성여자미술학교와 조선여자기예학원, 상명고등기예학원이 특별히 여성을 교육 대상으로 삼았다. 그리고 1930년에 설립된 경성여자의학강습소가 눈에 띈다. 그런데 경성여자의학강습소는 문서상으로는 1930년에 예과 30명을 선발하였고 1931년부터 예과 1년/본과 4년의 교육과정이라고 되어 있지만 실제로는 사정이 어려워 운영이 잘 되지 않았다.

남녀공학교 4개교는 조선약학교와 경성치과의학교를 과학기술 인력과 관련해서 주목해 볼 수 있고 그 외 2개교는 경성음악전문학원과 감리교회신학교이다. 조선약학교와 경성치과의학교는 각각 1930년과 1929년에 사립 전문학교로 승격되어 경성약학전문학교와 경성치과의학전문학교가 되는데, 두 학교 모두 승격된 이후에는 여성 재학자의 절대수도 감소했고, 그 비율도 크게 떨어졌다.

〈표 3-18〉 조선약학교(경성약학전문학교)와 경성치과의학교(경성치과의학전문학교)의 승격 전후 여성 재학생 수와 비율

연도	조선약학교 (경성약학전문학교 — 1930년)		경성치과의학교 (경성치과의학전문학교 — 1929년)	
	여학생 수	여학생 비율	여학생 수	여학생 비율
1926	32	32.0%	34	23.6%
1927	37	32.2%	38	22.5%
1929	56	32.9%	25	10.0%
1930	19	11.7%	9	3.1%
1931	18	9.2%	13	3.6%
1933	6	2.3%	7	1.5%

(출처: 『朝鮮諸學校一覽』 각 년도; 김자중, "'전문정도' 사립각종학교" (2016), 72-73쪽에서 재인용 및 재구성)

조선약학교와 경성치과의학교 두 학교 모두 1926년에 조선총독부로부터 각각 약제사와 치과의사 자격증을 무시험으로 받을 수 있게 되는 등 졸업 후 진로에서 좋은 조건을 보장받은 교육기관이었다. 위 표를 보면 공식 전문학교로의 승격 이전에는 여학생의 비율이 (남학생보다는 적지만)

상당한 비중을 차지하고 있음을 볼 수 있다.[212] 그리고 여학생의 절대 숫자도 늘어나는 추세였다. 그런데 공식 전문학교로 승격된 이후에는 급격히 떨어지고 있어, 승격 이후 한층 더 보장된 "양질의 교육 기회는 주로 남성들에게 향유"됐음을 볼 수 있다.[213]

2) 공업보습학교

특별한 학력을 요구하지 않았던 공업보습학교(工業補習學校)는 오히려 여학생을 대상으로 먼저 시작되었고 남자를 대상으로 한 공업교육은 여자에 비해 오히려 늦게 시작되었다.[214] 이를 김근배는 일제강점기 산업의 중심이 농업에 맞춰져 있었고 남성들의 경우에는 중심 산업인 농업기술을 중심으로 교육이 이뤄진 것에서 그 원인을 찾고 있다.[215] 여성 공업교육의 내용은 재봉과 수예를 중심으로 한 "기예과"에 한정되었다.

공업학교의 운영비가 다른 학교에 비해 많이 든다는 것을 고려해볼 때,[216] 여성을 대상으로 한 공업학교가 1911년 일찌감치 공립과 사립으로 세워지고(경성여자고등보통학교와 숙명여자고등보통학교의 기예과), 1914년에는 "조선인들에 의해 전적으로 기예만을 가르치는 학교"(사립 의주여자기예학교, 선천여자기예학교)가 설립되었다는 것은 고무적인 일이다.[217] 조선인 남자를 대상으로 한 공업학교는 단지 한 학교로 1912년에 세워진 어의동간이공업학교이다. 그러다가 제1차 세계대전의 여파로 생필품의 부족 문제가 대두되자 남자 학교가 1916년부터 상대적으로 높은 증가율을 보이게 되었다.[218]

물론 조선인 여성은 공업교육에서 가장 하위인 공업보습 수준에 집중되어 있었다. 그런데 이 공업보습학교에는 1920~21년까지는 입학생과 졸업생의 총 수에서 여학생의 수가 남학생의 수를 크게 상회하였다.[219]

〈표 3-19〉 공업보습학교의 조선인 남녀 입학생 및 졸업생 상황 (1910~1924) (단위: 명)

연도	학교 수	총 입학생 수	여학생 (비율)	남학생	총 졸업생 수	여학생 (비율)	남학생
1910~1914	5	372	325 (87.4%)	47	22	16 (72.7%)	6
1915	8	210	174 (82.9%)	36	92	85 (92.4%)	7
1916	13	300	146 (48.7%)	154	76	74 (97.4%)	2
1917	13	288	151 (52.4%)	137	110	53 (48.2%)	57
1918	16	362	171 (47.2%)	191	120	68 (56.7%)	52
1919	17	150	119 (79.3%)	31	129	49 (38.0%)	80
1920	17	190	103 (54.2%)	87	139	94 (67.6%)	45
1921	14	218	119 (54.6%)	99	40	16 (40.0%)	24
1922	5	123	21 (17.1%)	102	83	29 (34.9%)	54
1923	7	185	0 (0%)	185	62	21 (33.9%)	41
1924	7	166	45 (27.1%)	121	134	45 (33.6%)	89

(출처: 『朝鮮總督府統計年報』 [각 년도판]; 김근배, 186쪽에서 재인용 및 재구성)

또한 이들 공업보습학교에 남학생들은 실습 위주의 교과과정 및 진로 제약 등의 이유로 전반적으로 진학을 꺼린 반면,[220] 여자고보 기예과 혹은 기업학교는 학비 면제와 각종 혜택 및 지원 때문에 입학생 수가 언제나 많았다고 한다. 또한 교육열이 높은 도시에 위치한 학교의 경우에는 지원자가 적지 않게 몰렸다고 한다.[221] 그래서인지 1916년 새로 설립된 인제간이공업학교의 경우에는 3년 후 여자기예학교로 변경되기도 하였다.[222]

한편 여자고보 기예과는 실습 위주의 교육을 실시하면서 보통교육도 실시하였다. 교과과정에는 기업학교 과목 외에도 산술, 이과, 가사, 음악, 체조, 영어(선택과목)가 포함되어 있었고, 보통학교 3~4학년 수준의 내용이었다. 다른 여자고보의 교과과정에는 있는 역사, 지리, 도화 등은 포함하고 있지 않았지만,[223] 여성들이 (다분히 경제적 결과를 지향하는) 기술교육을 받는 중에 보통교육의 혜택도 받을 수 있었다는 점은 당시 진학을 희망하는 여성들에게는 입학을 희망하는 데 큰 동기부여가 되었을 것으로 보인다.

여학생을 대상으로 한 공업교육은 기업(機業, 직물), 재봉 및 수예에 관한 것이었다. 여자 기업학교는 대개 기업이 성행하던 지역에 있었던 기존 기업전습소를 개선하여 보통학교에 부설하는 식이었다. 그렇기에 입학생들은 기업을 자영하고 있거나 장차 그 분야에 종사할 자를 받아들여 1년의 수업 기간을 거쳤다.[224] 1918년 조사에 의하면 여자 기업학교 졸업 후 진로는 상급학교 16명, 회사 1명, 기타 147명으로 대부분 가내 부업에 종사하였을 것으로 추측된다.[225]

한편 일본인 여성을 대상으로 한 공업교육은 1910년 사립 경성여자기예학교와 1912년의 사립 경성재봉여학교, 1913년의 사립 실수(實修)재봉여학교의 설립으로 활발해졌다. 조선인 여성을 대상으로 한 학교가 특별한 학력을 필요로 하지 않았던 것과는 달리, 이 학교는 소학교 졸업 학력을 입학 자격으로 요구하였고 수업연한도 2~3년이었다. 이들 학교의 목적은 일본인 여성들에게 "실용의 지식 기능을 습득시키고", "재봉교사로서의 자격을 부여하는" 등이었다.[226]

공업보습학교는 1919년부터 조선인들에게 교육열이 높아지면서 일시적으로 침체 상태를 겪었다.[227] 그러다가 1930년대 전쟁 확대와 군수공업 중심의 중화학공업으로 재편되면서 생산 현장의 기술 인력 부족 문제가 심각해지자 조선총독부는 1939년에 '공장사업자 기능자양성령'을 제정 추진하기에 이르렀다. 이 골자는 공장 또는 사업장에서 기능자를 자체 양성해야 한다는 것으로, 고등소학교 정도를 졸업한 자를 대상으로 3년 과정의 학과 및 실기교육을 하며 수업료나 기타 비용을 일체 받지 못하도록 하였다. 제철공장과 방직공장은 신문에 양성공 모집 광고를 내기도 했는데, 그러한 공장 중에 구레하방직(吳羽紡織)은 1943년에 남자가 아니라 조선인 여자를 양성공으로 선발하기도 하였다.[228]

이러한 보습학교 같은 초보적 수준 외에 식민지 조선의 여성이 고등교육을 받을 수 있는 경로는 매우 제한적이었고 당대 고등교육을 받고자 했던 여성들의 다수는 일본으로의 해외 유학을 선택하였다. 그들 중 상당수는 가정학 전공의 유학생이었고 이들은 귀국하여 가사과 교사로 전문 직업군을 형성하였다. 여성들의 또 다른 고유한 영역이었던 음식 조리는 방신영의 『조선요리제법』 출간 및 대중적 성공에서 볼 수 있듯이 지식의 계승·발전 그리고 새로운 실천을 종합하는 성취를 이루어내기도 하였다. 또한 이 시기 새롭게 등장한 여성 기술인으로서 미용사는 공식적 교육제도에서 지식과 기술을 습득하는 것이 아닌 도제 교육으로 배출되었고 이들이 해방 후 교육기관을 만드는 경우도 있었다.

실험동물과 각종 실험장비가 갖추어진 곳에서, 개량 한복에 구두를 신고 실험 가운을 입은 여성이 앉아 있다. 일제강점기 여성을 화제로 한 그림에서 곧잘 함께 등장하는 아이나 꽃, 거울도 없이 실험실 의자에, 그것도 다리를 꼬고 앉아 정면을 응시하고 있다. 강점기 동안 여성들은 소수의 전문학교 또는 '전문 정도' 학교에 입학할 수 있었을 뿐이다. 그렇다면 적어도 대학 이상 수준의 교육기관이나 연구기관의 실험실로 보이는 여기는 어디일까? 그리고 이 여성의 지위는 무엇이었을까?

〈그림 3-14〉 이유태의 〈인물일대(人物一對)〉 중 〈탐구(探究)〉(1944년, 국립현대미술관 소장) 이 그림은 음악을 즐기며 사색하는 그림 〈화운(和韻)〉과 한 쌍의 작품이다.

이정의 연구에 의하면, 총독부 위생시험소에는 약학교/경성약전을 졸업한 남성 약학자뿐만 아니라, 도쿄여자약전을 졸업한 여성 약학자 함복순(咸福順), 정상임(鄭尙任), 최금순(崔今順), 서인애(徐仁愛) 등도 근무했다고 한다.[229] 또한 경성제대 약리학 교실에는 학생은 아니지만 조교로 여성을 고용했다고도 한다. 위 그림은 동물실험을 하는 것으로 보아 생물학이나 약학, 의학 관련 연구실인 것으로 추정된다.

2. 가정학 유학생과 가사과 교사

일본으로 유학한 조선인 여성, 특히 가정학 전공자들, 그리고 이들이 귀국 후 식민지 조선에서 수행한 역할에 대해서는 최근 들어서 연구가 활발해지고 있다.[230] 흥미로운 점은 한국의 과학기술 관련 논의, 그러니까 과학기술사나 과학기술철학 혹은 과학기술학에서 이 주제를 그동안 거의 다룬 바 없다는 것이다. 조선인 여성 일본 유학생들은 자신을 최신 과학 지식 및 기술을 체득한 자로서, 그리고 식민지 조선을 그것으로 계몽할 소명을 부여받았다고 생각했고 사회적으로도 그러한 인정이 주어졌다. 그럼에도 불구하고 오늘날 과학기술 연구사에서 이 주제의 누락은 그 자체로 분석의 대상이다.

일본 유학생 가정학 전공자는 당대 식민지 조선의 성별 분업의 경계를 뛰어넘은 자이면서 동시에 가장 안전한 월경(越境)의 방식을 취했고, 이들이 자신의 주요한 역할이라 생각하고 실제로도 주력했던 '현모양처' 가치는 기존의 성별 규범과 교집합을 갖고 있지만 분명히 새로운 것이었다. 식민지 조선에서 보통학교 졸업이면 충분하다고 간주된 여성 교육의 경계를 분명히 넘어섰다는 점에서 그리고 최신의 과학 지식 및 기술을 습득했다는 점에서는, 더군다나 당시 조선의 과학 담론의 주요한 흐름인 '위생주의'를 실천할 수 있는 능력을 갖추었다는 점에서는, 웬만한 식민지 조선 남성도 도달하지 못하는 교육 피라미드의 정점에 있었다고 할 수 있다. 그런데 그들의 일은 기존의 성별 분업 규범에서 그들의 월경을 용인하고 정당화해 줄 수 있는 여성의 일이었다. "가정학은 여자에게 좋고 도움이 되니까" 또는 "가정학 공부가 조선 여성이나 조선 사회에 필요하니까"라는 그들의 구술[231]은 그들 자신도 이 안전성을 잘 알고 있음을 보여준다.

한편 박선미가 "가정학적 젠더론"[232]이라 재규정한 '현모양처론'은 단순히 전근대 조선의 성별 규범이나 역할을 답습한 것이 아니다. 접빈객(接賓客)이나 봉제사(奉祭祀)의 역할과 가치보다는 자녀 교육을 담당하는 어머니로서 그리고 남편의 내조자로서 아내를 강조한 것은 전근대 여성에게 부과된 가치와 역할과 분명한 차이를 보이며, 특히 가정이라는 영역의 관리 즉 가정(家政)의 주체로서 여성을 상정하였다는 점은 박선미가 적확하게 지적하였듯이 유교적이거나 전통적인 여성관이 아니라 근대적 여성관이라 할 수 있다. 이들이 상정한 여성의 역할은 친족 내에서의 봉사가 아닌 근대 자본주의 사회의 핵가족이라는 새로운 가족을 이념형으로 상정하고 있다. 그리고 이들 여성들의 출생 가족이 공(工), 상(商), 자유업자의 비율이 상대적으로 많았다는 점, 그리고 전체 인구 대비 여자 유학생의 크리스천 가정의 비율이 10배 정도 많았다는 점은 이미 이들의 출생 가족이 근대 교육을 받았고 이러한 가족의 근대적 문화자산의 영향을 받았음을 보여준다.

3. 방신영의 『조선요리제법』: 전통 지식과 서양 지식의 혼성

근대이행기 요리 분야의 전문가이자 직업인으로 활동하고 인정받은 여성은 방신영(方信榮, 1890-1977)이 독보적이라고 할 수 있다. 방신영은 전통 요리법에서 출발하여 서양의 영양학과 일본의 요리법까지 조리와 영양에 대한 지식을 집성한 책을 출간하고 수십 년 동안 베스트셀러의 저자이자 과학적 전문가로서 인정받았다. 그는 1917년 『조선요리제법』을 발간한 이후 1925~26년 동안 동경영양요리학원을 수료한 뒤 1926~29년 정신여학교 교사, 근우회 임원으로 활동하였고, 1929~39년까지 이화여전 가사과

교수를 지냈다.[233] 1949년에는 미국 캔자스 주립대에서 영양학을 연수하기도 했다. 그의 『조선요리제법』은 출간 때부터 유명세를 탔고, 이화여전 가사과의 교재로도 사용되었다. 1917년 처음 출간된 이후 1960년까지 여러 번의 개정 증보를 거쳐 33판이 출간되었다. 방신영은 그 저작의 공로를 인정받아 1967년 '한국과학기술 진흥에 일생을 바쳐온 과학기술자'로 여성으로는 유일하게 선정되기도 하였다.[234]

여성이 요리책을 펴내는 것이 새삼스러운 일은 아니다. 조선시대 『음식디미방』과 『규합총서』, 그리고 1900년대 초의 『반찬등속』과 『부인필지』에 이르기까지 모두 여성들이 조리법을 모아 책으로 펴냈다. 방신영과 그의 『조선요리제법』이 앞선 요리책들과 그것을 쓴 여성들과 다른 점은, 그가 자신의 직업적 위치를 바탕으로 책을 펴내고 학교와 출판계라는 제도적 장에서 요리 전문가이자 요리 지식의 저자로 활동하고 공인받았다는 데 있다.[235] 방신영은 어머니의 요리법을 기록하는 것에서 출발하여 서양의 영양학을 도입하기도 하고 당대 여러 지방에서 행해지는 음식들을 광범위하게 수집하여 항목을 풍부하게 하고, 요리책의 체계를 새롭게 세우면서 하나의 방대한 체계를 완성했다.

『조선요리제법』은 1917년 초판이 발행된 후 일제강점기 동안 총 12판이 발행되었는데, 판본에 따라 그 목차와 구성이 상이하여, 1924년까지는 요리법이 동일한 데 비해, 1931년부터 1943년까지 출간된 판본에서는 그 내용이 대폭 변화되었다. 초판본과 1921년 판본에서는 우리 음식 25가지 항목과 300여 종류의 음식, 과일과 채소 보관법, 외국 요리, 술(초판본만)로 구성되었고, 1931년 판본에서는 요리의 기초에 해당하는 12가지 항목과 우리 음식 470종, 그리고 잔치법과 상 차리는 법으로 구성되어 있다.

서문을 살펴보자. 초판에는 이용기의 서문만 게재되었다.

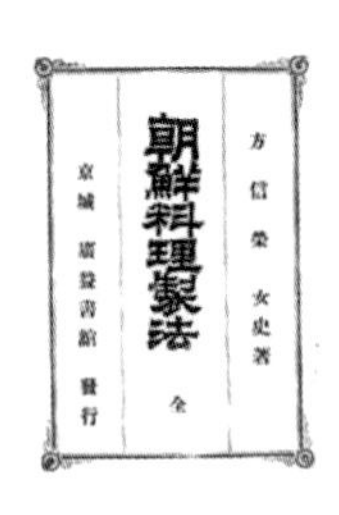

〈그림 3-15〉 왼쪽: 『조선요리제법』 1921년판 (출처: 국립중앙도서관). 오른쪽: 『(개정증보) 조선요리제법』 1943년판(발행: 한성도서주식회사, 3판[초판 1942년]). (출처: 디지털한글박물관)

> 갖가지 음식 만드는 법을 가장 차례 있고 **가장 알기 쉽게 편집**해 아무리 궁벽한 곳에서와 **무무한 집**에서와 **무재주한 사람**이라도 이 책 한 권만 가지면 일등 솜씨를 저절로 얻고 일등 음식을 임의로 만들 수 있다.[236] (강조는 인용자)

〈표 3-20〉 『조선요리제법』의 판본과 내용

조선료리제법	조선요리제법	개정증보 조선요리제법
1917, 1918	1921, 1924	1931, 1934, 1936, 1937, 1938, 1939, 1941, 1942, 1943
방신영 찬(撰)	방신영 여사 저(著)	방신영 저(著)
신문관, 144쪽	광익서관, 조선도서주식회사, 150쪽	한성도서주식회사, 502쪽
국, 찌개, 지짐이, 나물무침, 포, 전유어, 산적, 찜, 회, 기타 반찬, 다식, 정과, 어채와 화채, 장조림, 유밀과, 강정, 밥, 죽, 미음, 암죽, 떡, 김치, 젓, 차, 장초, 과일과 채소보관법, 상극류, 일본, 서양, 중국 요리, 약주	국, 찌개, 지짐이, 나물, 무침, 포, 전유어, 산적, 찜, 회, 잡종, 다식, 청과, 어채와 화채, 유밀과, 강정, 밥, 죽, 미음, 암죽, 떡, 침채, 젓, 차, 장초, 일본요리, 서양요리, 지나요리, 접빈하는 법과 상차리는 법	1. 요리용어, 2. 중량비고, 3. 주의할 사항, 4. 양념법, 5. 분말 제조법, 6. 소금에 대하여, 7. 기름에 대하여, 8. 당류, 9. 초, 10. 메주 쑤는 법, 11. 장, 12. 젓 담그는 법, 13. 김치1(김장김치), 14. 김치2(보통김치), 15. 찬국, 16. 장앗지, 17. 조림, 18. 찌개, 19. 지짐이, 20. 찜, 21. 볶음, 22. 무침, 23. 나물, 24. 생채, 25. 전유어, 26. 구이, 27. 적, 28. 자반, 29. 편육, 30. 포, 31. 말은 것, 32. 회, 33. 어채, 34. 묵, 35. 잡록, 36. 쌈, 37. 떡국, 38. 만두, 39. 국수, 40. 편, 41. 정과, 42. 강정, 43. 엿, 44. 엿강정, 45. 숙실과, 46. 다식, 47. 유밀과, 48. 화채, 49. 차다리는 법, 50. 즙, 51. 의이, 52. 암죽, 53. 미음, 54. 죽, 55. 국, 56. 술, 57. 밥, 58. 떡, 59. 각 절기에 대한 잔치, 60. 상차리는 법 61. 어린 아해 젖 먹이는 법

(출처: 라연재, 55쪽의 시기 구분을 참고하여 작성)

사실 요리는, "여자로서 응당 잘 할 것 같지만 실상은 잘하는 이가 드물고"라는 1931년의 『별건곤』 기사처럼, 그냥 저절로 되는 일이 아니라 일정한 지식과 기술을 필요로 하는 일이다.[237] 방신영의 『조선요리제법』은 재주가 없는 사람에게 지식과 기술을 제공해주는 책으로서 글을 읽을 줄 알게 된 여성들에게 큰 호응을 받았다.

방신영은 초판본의 호응에 힘입어 1921년 발간된 3판에서 직접 서문을 써서 책의 의의를 밝히고 있다.

> 인류생활에 제일 필요한 것은 음식이니 음식은 곧 우리 생명을 유지케 하는 것이라. 생명을 귀중히 여기는 자 어찌 식물(食物)을 선택하지 않으며 음식 만드는 법에 대해 연구치 않으리오. 그럼으로 **과학**이 발달되고 **위생사상**이 보급된 각국에서는 **식물에 대한 연구와 음식 만드는 법**에 대한 노력이 적지 않은 것입니다. (…) **촌 가정**을 들여다보면 같은 좋은 재료를 가지고도 볼품없이 맛없이 만들어 먹는 가정이 얼마나 많은지 모르는 것입니다. 제가 이러한 것을 볼 때에는 우리 조선에 **가정의 교육**까지 제일치 못한 것을 크게 애석히 여기는 동시에 이러한 일에 대해 도움이 될 만한 책도 한 가지 없음을 더욱 크게 유감으로 여겼습니다. (…) 우리 조선 가정에 만분의 일이라도 도움과 편의가 되기를 원함이오니(…).[238] (강조는 인용자)

여기서 주목할 것은 '과학'과 '위생'이라는 용어이다. 앞에서 살펴본 대로 1920년대는 식생활개선론이 주창되기 시작한 시기이다. 1921년은 방신영이 일본으로 유학을 다녀오기 전이었지만, "과학"과 "위생사상"이라는 용어를 근대 지식의 요체로서 자연스럽게 사용하면서 이 요리책이 "좋은 재료를 가지고도 볼품없이 맛없이 만들어 먹는" "촌가정"을 계도하는 위상을 가질 수 있음을 설파하고 있다. 서양요리, 일본요리, 중국요리의 항목과 요리법을 실음으로써 각국의 '음식 만드는 법'에 대한 노력을 소개하려는 의도도 엿보인다.

『조선요리제법』의 개정증보판에서는 김활란이 서문을 썼다.

> 이 책이 주부측에 가장 인기라는 말은 우리 **가정주부들이** 그들의 **생활을 점점 조직화하고**, **과학화** 하여가는 사실을 증명하는 것이다. 사회에서나 가정에서나 각각 그 맡은 일을 **능률 있게 하려면 먼저 건강이 필요**한 것이요, **건강하려면 음식의 조절이 가장 필요**한 것이다. **여러 가지 영양소를 비례에 맞게 하며** 요리 제법을 이용하여 음식이 맛있게 하여야 될 것이다. 이제 증보개정판 되는 이 책은 우리 생활에 기초가 되는 실용적 수요에 가장 적절히 응하는 것이다. 누구나 조선사람 되고는 자랑스러워하고 즐거워 할 것이다.[239] (강조는 인용자)

김활란도 방신영과 마찬가지로, 조리서의 의의를 생활을 "과학화"하여 건강을 증진시키기 위해 음식을 조절하고, "여러 가지 영양소를 비례에 맞게" 한다는 데서 찾고 있다.

『조선요리제법』의 증보 과정은 근대 조리서의 계통과 지식 전승의 경로를 그대로 보여준다. 라연재의 연구에 따르면, 『조선요리제법』의 초판과 2판에 실린 탕, 나물, 포, 찜, 장, 국수, 병과, 김치, 차, 장, 초 중에는 『부인필지』와 내용이 유사한 요리법이 상당히 있다.[240] 또한 초판본의 술 만드는 법에 실린 13가지의 술, 즉 도화주, 연엽주, 와송주, 국화주, 포도주, 두견주, 소국주, 과하주, 감향주, 일일주, 삼일주, 송절주, 구기주는 『규합총서』나 『음식디미방』, 『주방문』, 『산림경제』, 『임원경제지』 등 조선시대 여러 문헌에서 빈번하게 언급되는 술들로서 '이야기형' 서술 방식도 거의 일치한다. 1921년 판에서 달라진 점은 초판의 술 만드는 법을 삭제한 것, 그리고 접빈하는 법과 상 차리는 법이 추가되었다는 점이다. 1921년 저자가 서문에서 밝히기를 초판의 술 만드는 법이 "본시 자신이 작성한 것이 아니므로" 제외했다고 한다.

1931년부터 나온 개정증보판은 1921년 판과 비교할 때 상당히 많은 부분에서 변경이 있었다. 첫째, 외국 요리법이 없어졌다. 둘째, 구성에서 요리의 기초를 먼저 언급하였다. 요리 용어, 중량, 식재료 보관, 양념법, 분말 제조, 소금, 기름, 당, 초에 대한 설명을 하고, 그다음으로 한국 음식의 근간인 메주, 장과 젓갈 만드는 법을 기술한 뒤, 종류별로 요리를 기술하였다. 셋째, 요리 부분에서 김치를 가장 먼저 언급하였고, 겨울 김장김치와 보통 김치로 구분하여 정리하였다. 김장김치는 통김치, 배추소 버무리는 법, 석박지, 젓국치, 쌈김치, 짠지, 등짐이, 깍둑이, 지렴김치, 체김치로, 보통김치는 풋김치, 나백김치, 장김치, 외김치, 외소김치, 외지, 깍둑이, 외깍둑이, 굴깍둑이, 숙깍둑이, 닭깍둑이, 갓김치, 박김치, 곤장이젓김치, 전복김치, 굴김치, 돌나물김치, 열무김치, 멧젓으로 기술하여 김치 종류가 매우 다채로워졌다.

〈표 3-21〉『조선요리제법』(1921) 목차에 따른 음식 종류

분류명	음식명
국	계국, 골탕, 넙치국, 냉이국, 대구국, 도미국, 도미국수, 육개장, 맑은 장국, 미역국, 닭국, 민어국, 승기악탕, 쇼루장이국, 신선로, 신선로 별법, 아국국, 애탕국, 웨무름국, 잡탕(곰국), 완자탕, 전골, 조기국, 조개국, 준치국, 추포탕, 콩나물국, 토란국, 토장국, 파국, 수잔지, 족복기 쥬저탕
찌개	고추장찌개, 두부찌개, 방어찌개, 붕어조림, 북어찌개, 알찌개, 우거지찌개, 웅어찌개, 젓국찌개, 조기찌개
지짐이	무지짐이, 북어조림, 숭어찜, 우거지지짐이, 외지짐이
나물	가지나물, 고비나물, 도랏나물, 도랏생채, 무나물, 무생채, 미나리나물, 숙주나물, 쑥갓나물, 시레기나물, 외나물, 잡채, 콩나물, 풋나물, 호박나물, 죽순채, 월과채
무침	김무침, 대하무침, 미역무침, 북어무침, 마른편포, 편포별법, 산포, 약포, 약포별법, 어포, 전복쌈, 진편포
전유어	간전유어, 등골전유어, 양전유어, 조개전유어, 찬엽전유어, 호박전유어
산적	너비아니, 누름적, 산적, 섭산적
찜	가리찜, 숭어찜, 부어찜, 송이찜, 게찜
회	어회, 육회
잡종	게장, 국수비빔, 국수비빔 별법, 냉면, 동치미국 냉면, 떡국, 떡복이, 떡복이 별법, 만두, 묵, 제피수정, 미나리강회, 해삼전복홍합초, 밀국수, 틔각, 매듭자반, 수란, 알쌈, 어만두, 어채, 온면, 완자, 장조림, 전복장아찌, 족편, 족편별법, 천리찬, 콩자반, 탕평채, 똑똑이자반, 고추장 볶는 법

다식	흑임자 다식, 흑임자 다식 별법, 녹말다식, 녹말다식 별법, 밤다식, 송화다식, 싱검초 다식, 콩다식, 용안육다식
정과	귤정과, 녹말편, 앵도편, 모과편, 향설고, 잡과편, 인삼정과, 들죽정과, 연근정과, 모과정과, 맹문동정과, 생강정과, 생강정과 별법, 솔잣, 청매정과, 행인정과, 쪽정과
어채와 화채	어채, 미시가루, 복숭아화채, 배화채, 수단, 수정과, 식혜, 연안시계, 앵두선, 동화선, 책면
유밀과	약과, 약과별법, 대추초, 됴란, 율란, 만두과, 밤초, 중백기, 광주백당
강정	깨강정, 요화대, 왼사과, 산자, 상검초, 콩강정
밥	별밥, 보리밥, 부빔밥, 약밥, 약밥 별법, 잡곡밥, 제밥, 중동밥
죽	깨죽, 녹두죽, 묵물죽, 아욱죽, 잣죽, 장국죽, 콩죽, 팥죽, 흰죽, 행인죽, 타락죽
미음	갈분의 이, 쌀미음, 송미음, 수수의이, 좁쌀미음
암죽	밤암죽, 쌀암죽, 식혜암죽
떡	거피녹두떡, 거피팥떡, 꿀떡, 깨설기, 느티떡, 두텁떡, 두텁떡 별법, 무떡, 백설기, 쑥떡, 싱겁초떡, 녹두떡, 복령병, 토련병, 감자병, 나복병, 원소병, 석탄병, 인절미, 대추인절미, 찰떡, 팥떡, 호박떡, 흰떡, 송편, 송편별법, 생편, 절편, 증편, 증편 별법, 밀전병, 수수전병, 찰전병, 꽃전, 화전, 경단, 석이단자, 신검초단자, 유자단자, 밀쌈, 주악, 밤주악
침채	나박김치, 동침이, 동침이 별법, 배채김치, 석박지, 외김치, 외지, 용인외지, 외쇼김치, 외찬국, 장김치, 짠지, 장짠지, 젓국지, 통김치, 전복김치, 닭김치, 깍둑이, 고추잎장아찌, 마늘선, 무우장아찌
젓	청어젓, 게젓, 방게젓, 조기젓
차	오미자차, 국화차, 매화차, 포도차
장초	장담그는 법, 고추장, 어육장, 청태장, 파고추장, 즙장, 청국장, 급히 장뜨는 법, 초뜨는 법
일본요리	가쓰오부시노다가, 이와시노쓰구비앙에, 쟈완후까시 사도이모노니고롱아시, 미소시루, 덴부라, 뿌나노이리도후, 마쓰다게메시 (후략)
서양요리	수프, 미트볼, 카스테라 (후략)
지나요리	쓰레잔, 진무질 (후략)
접빈하는 법과 상 차리는 법	상극류, 우유 먹이는 법

방신영이 『조선요리제법』에 부여하는 의미를 자세히 보면 여러 층위의 담론이 섞여 있음을 발견하게 된다. 우선, 요리책 저술의 출발을 자신의 어머니에게서 찾고 있다는 점이다. "때는 연소하였고 경험도 없었으나 자연으로 일어난 붉은 마음 하나로써 어머님 무릎 앞에서 한가지 한가지를 여쭈어보고 조고마한 손으로 적어 만들었던 것입니다."[241] 어머니에게 요리법을 전수받은 것이라는 의식은 판본이 거듭되면서 더욱 강조되어, 1942년의 서문에서는 이 책을 "어머님의 크신 사업이오 크신 선물"이

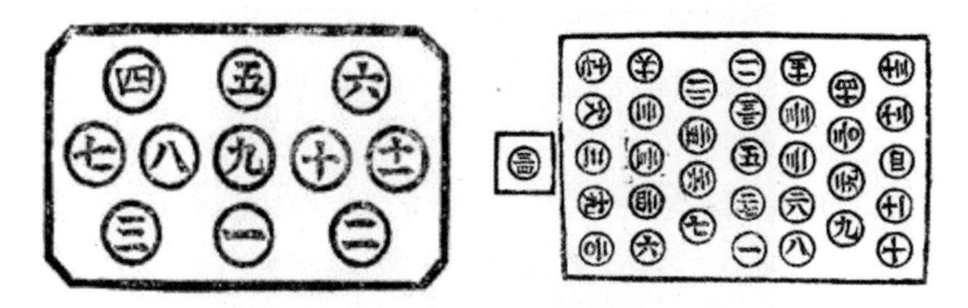

〈그림 3-16〉 왼쪽: 보통손님상 차리는 법 자료: 『조선요리제법』 (1921), 145쪽 (출처: 국립중앙도서관) [一. 국수, 二. 편육, 三. 누름이, 四. 시루편, 五. 김치, 六. 식혜, 七. 과실, 八. 꿀, 九. 초장, 十. 수정과, 十一. 약식]
오른쪽: 손님상(교자상) 차리는 법 자료: 『조선요리제법』 (1921), 144쪽 (출처: 국립중앙도서관) [一. 국수(주빈), 二. 국수(주인), 三. 국수(차빈), 五. 신선로, 六. 대추, 七. 식혜, 八. 편육, 九. 다식, 十. 강정, 十一. 정과, 十二. 약식, 十三. 시루편, 十四. 꿀, 十五. 배, 十六. 전유어, 十七. 생률, 十八., 과줄, 十九. 경단, 二0. 누름이, 二一. 귤, 二二., 찜, 二三. 수정과, 二四. 곶감, 二五. 어채, 二六. 초장, 二七. 김치, 二八. 잡탕, 二九. 과자, 三0. 수란, 三一. 떡볶이, 三二. 겨자, 三三. 회깟, 三四. 마른 국수(신선로에 넣어 먹을 것)]

라고 하면서 헌사하였다. 하지만 『조선요리제법』 초기 판본은 단지 어머니의 요리법만으로 만들어진 것이라고 볼 수는 없다. 『부인필지』 같은 선대의 여성들이 쓴 요리서의 영향을 받았다. 결국, 이 책은 한국의 여성들이 일궈온 실천적 지식을 한글 문자체계를 매개로 해서 전승한 바탕 위에 서 있다고 할 수 있을 것이다.

더욱이 『조선요리제법』의 인기는 이것을 구매하여 읽을 수 있는 여성 독자들이 많아졌음을 의미한다. 한글을 읽고 이해할 수 있고 책을 구매할 수 있는 근대적 대중 독자로서의 여성의 성장과 그 범위의 확장을 반영한다. 근대 교육의 출범과 함께 전문적 기술교육기관이 설립되었지만, 음식 조리는 교육이 필요한 전문적 기술로 범주화되지 않았고, 또한 여성이 전문 교육기관에 진학하기도 쉬운 일이 아니었다. 이런 상황에서 한글을 읽을 수 있다면 실용적인 요리책을 구입하여 실제 식생활을 운영하는 것은 효과적인 선택지가 된다.

다음으로 요리를 근대적인 '과학'과 '위생'을 필요로 하는 지식과 실천으로 자리매김하고자 했다는 점이다. 방신영이 1921년 판본에서 식생활

〈그림 3-17〉 1920년대 잔치 모습. 『조선요리제법』(1921)에 실린 보통손님상 차림 모습과 비슷해 보인다. (자료: 『일본지리풍속대계』[1930], 출처: 서울역사아카이브)

개선론을 당위론적으로 설파하고 있다면, 방신영이 1929년 동경 유학을 다녀온 후인 1931년부터는 근대적인 영양과 위생 개념의 영향 하에 중량 같은 표준화의 문제를 다룬다든지 하는 노력을 보여주고 있다. 1930년대 판본에 실린 요리법에는 일본 동경영양학교에서 공부한 서양식 영양학의 내용도 적지 않은 비중을 차지한다.[242] 하지만 이 또한 실제로는 다른 면모가 있음을 인식할 필요가 있다. 방신영의 『조선요리제법』은 1917년 출간되자마자 "장안의 지가(紙價)를 올렸다."고 할 정도로 많이 팔렸고 이후로도 계속 그러했다.[243] 무엇 때문일까? 방신영의 『조선요리제법』이 이렇듯 인기가 있었던 것은 바로 실제 조리에 사용할 수 있을 만큼 실용성이 컸기 때문이라고 봐야 할 것이다. 1920년대의 생활개선론에 의거하여 학교와 언론에서 가르쳤던 서양과 일본의 외래 요리법이 사회에서 지탄을 받은 상황 때문일까? 1931년 판본에서 외국 요리법을 삭제한 것은 일반 사람들의 실제 식생활 영위에 보다 적합한 지식을 제공하지 않으면 안 된다는 압력 때문일 것이다.

이렇게 볼 때 『조선요리제법』은 조선 후기부터 전승되고 여성이 기록한 요리법의 지식체계와 1900년대부터 1930년대까지 전승 변형되면서 실행되고 있던 지식, 그리고 일본을 통해 접하게 된 서양식 영양학과 요리법까지 모두 담고 있는 혼성적인 지식의 집합체라고 할 수 있다.

4. 여성 노동자: 견직·면방직 노동

전근대 시기 동식물 원료로부터 실을 잣고 이로부터 직물을 짜고 옷을 만드는 일은 가내에서 여성의 손으로 모두 이루어지던 것이, 근대로 접어들면서 일본제국 산업의 일부로 편입됨과 동시에 일본의 섬유자본이 식민지 조선에 들어옴으로 인해 분절화되기 시작하였다. 전반적으로 가내 생산의 비중이 줄어들고 공장 생산이 증가하는 가운데 일부 직물, 특히 견직물에서는 여전히 가내 생산의 비중이 일제강점기 말까지 국내 생산분의 대부분을 차지하기도 하였다. 후자인 견직물 가내 생산의 경우에도 전근대 시기와는 달라진 양상을 보여주는데, 각 가정에서 생산하는 방식으로부터 초보적인 기계의 도입과 함께 공동작업장에서 기술 전수와 함께 직물을 생산하는 방식으로 변화했다. 이로써 여성들은 판매를 목표로 하는 상품을 생산하고 그 대가로 임금을 받는 임노동자로 바뀌었다. 면직물의 경우 일본 자본의 진출과 함께 공장 생산이 확산함에 따라 여성들, 특히 유년공 여성 노동자는 저임금의 미숙련 노동자로 빠르게 편입되어갔다.

통감부 시절 일제는 수공업 개선을 위해 공업전습소(工業傳習所)를 설치하였는데(1907년) 이 중 다수를 차지한 것이 기업(機業)전습소였다. 병합 이후에 조선총독부는 1926년 1월 제령(制令) 제2호로 '조선산업조합령(朝鮮産業組合令)'을 발표했다. 이에 의해 일종의 특산품 조합 같은 산업조합을 관 주도로 전국에 설치하였는데, "1928년 말 현재 전국 35개의 산업조합 가운데 직물업 관계의 것이 18개였고, 기업조합만도 27개소가 있었으며, 1927~1932년 사이에 설립된 51개의 산업조합 중 직물취급조합이 17개소로 가장 많았고, 한지(韓紙)취급조합이 8개로 그 다음이었다." 그리고 "1938년 현재 전국에는 모두 116개의 산업조합이 있었는데, 이 중에서 직물을 판매하고 있었던 조합은 62개소로 전 산업조합의 반을 넘는 수였다."[244]

직조가 중요하게 부각됨에 따라 이 노동을 주로 수행한 여성들 또한 정책의 대상이자 정책의 이행자로 가시화되었다. 예를 들어 기업(機業)전습소에서는 대개 15명 내외의 전습생들을 두고 개량직기를 사용하는 "개량직조술"을 가르쳤는데, 이들 전습생에 여자 전습생을 받았던 것으로 보인다.[245] 1927년 8월 춘천기업소에서 학생들이 동맹파업했는데 그 이유가 여자 전습생에 대한 모욕적 대우였고, 그 구체적 내용은 "대우에 관하야는 명칭만은 전습소라는 미명을 가지고서 내용은, (…) 생도로 취급하지 아니하고 공장직공의 대우"를 한다는 것이었다.[246]

농촌에서 주로 견직물을 생산하기 위해 설립된 공동작업장은 1910년대부터 실시되었던 총독부의 '직물업개량정책'의 일환으로, 1926년 '조선산업조합령'에 의해 설립된 산업조합의 사업으로 추진되었다. 1926년부터 10개년 계획으로 국고보조에 의한 공동작업장 설치계획을 수립하고 공동작업장의 설치를 권장하여 1931년 말까지 28개소의 직물 공동작업장이 설치되었고 이 수치는 1936년에 65개로 늘어났다.[247] 예를 들어 경북 상주에서는 금융조합과 산업조합의 지원으로, 전남 무안에서는 도 및 군 농회의 지원으로 공동작업장이 설립되었고,[248] 전국적으로 1938년 한 해 동안 15개의 공동작업장에 28,900원(국고 20,900원과 도비 8,000원)의 보조금이 지급되었다.[249]

일본이 식민지 조선에서 견직물을 장려한 것은, 일견 일본 견직물 자본의 진입을 막는 것처럼 보일 수도 있으나, 식민지 조선을 견직산업의 원료인 고치 생산지로서 유지하기 위해 의도된 정책적 결과였다.[250]

그리고 이러한 공동작업장은 주로 여성들의 노동력을 동원하는 곳이었다.

> 잠견가(蠶繭價)의 대폭락은 농가로 하여금 잠업(蠶業)의 전도(前途)를 비관하게 하여 당국에서는 모처럼 장려해 오는 농가의 유일한 부업이 파탄을 초래할 우려가 없지 않으므로 춘천국 당국에서는 동군(同郡) 신남면소에 가공장(假工場)을 설치하고 군농회로부터 절반의 보조금을 지출하여 제사기(製絲機) 40대를 공동구입하여 농가부녀들에게 제사(製絲)를 지도하며 [중략] 각면이 순번으로 약 20일간씩 옥견(玉繭), 등외견(等外繭)으로 제사하여 그것으로 춘천 특산의 명주(明紬)를 만들도록 하리라 한다.[251]

이곳에서 여성들은 기술을 학습하고 새로운 상품을 생산하였으며 임금을 받았다. 예를 들어 1927년 충남의 부여산업조합은 조합 설립과 함께 공동작업장을 설치해 재래직기 10대, 개량직기 20대, 족답기 4대를 갖추었다.[252] 황해도의 서흥기업조합(瑞興機業組合)도 1927년에 공동작업장을 설치했는데, 공동족답기 36대를 설치하고 1년 기한의 전습생을 매년 30명씩 모집하여 1단(段)당 30전의 공임을 지급하였고 기숙사 시설까지 있었다.[253] 공동작업장에서는 1930년대에 들어서면 분업이 진행되기도 하였는데 대표적으로 평남의 직물 공동작업장은 "제사부(製絲部), 기계준비부, 기직부(機織部), 정련표백부(精練漂白部)"로 분업화되었다. 그리고 공동작업장 설비 또한 진척을 보여 개량직기와 염색가공설비의 보급이 확대되었고 역직기가 도입되기 시작하였다.

공동작업장에 참여한 여성들은 거의 도시의 공장 노동에 준하는 임금 고용으로 화폐경제를 경험하고 때로는 노동조건에 항의하는 파업을 벌이기도 하였다. 강원도 홍천군에서는 1929년부터 도지방비(道地方費) 보조로 공동작업장을 설치, 일반 조합 부녀자들이 명주 등속과 일본인용 옷감 하부다이(羽二重) 등을 짜서 타 지방으로 판매케 하였다.[254] 공동작업장 중 최대 규모인 영변산업조합 공동작업장의 경우에는 여공(女工) 32명이 임금 인상, 대우 개선을 조합 측에 요구하다가, 이것이 받아들여지지 않자 1933년 11월 14일 동맹파업을 일으켰다.[255]

면방직 분야에서는 일본 섬유자본의 진출과 함께 산업화가 빠르게 이루어졌다. 1922년 이전까지는 면방직이 가내수공업이나 소규모 공장제수공업의 형태로 진행되다가 1922년부터 1930년까지는 일본으로부터 섬유자본이 식민지 조선으로 들어오기 시작하면서 대규모 공장제 기계공업이 시작되었다. 그리고 1930년 이후에는 일본 독점자본이 본격적으로 진출하면서 공장제 기계공업이 면방직의 전형을 이루게 되었다.[256]

면방직 노동자의 수는 강점기 동안 전체 공장노동자 수에서 20%를 상회한다.

〈표 3-22〉 전체 공장노동자 수와 면방직노동자 수 (1929~1937)

연도	공장노동자(명)	면방직노동자(명)	비율(%)
1929	77,064	17,527	22.7
1931	86,419	18,209	21.1
1933	99,430	20,430	20.5
1935	135,797	29,127	21.4
1937	166,709	35,258	21.2

(출처: 姬野 實, 『朝鮮經濟圖表』 [1940], 289쪽; 김경남 [1994], 147쪽에서 재인용)

물론 일제강점기 전반에 걸쳐 남성과 여성 모두 농업 종사자의 비율이 80~90%에 달하고 공업 부문 종사자는 남성의 경우는 1.7%(1920년)~3.3%(1940년), 여성의 경우는 1.2%(1920년)~1.8%(1940년)에 지나지 않는다. 그러한 상황에서 공업 부문 중 방직은 여성 노동에서 중요한 비중을 차지하고 또한 방직산업에서 여성 노동자 또한 큰 비중을 차지한다.

〈표 3-23〉 공장노동자의 성별·업종별 분포 (단위: %, 명)

	1921년		1930년		1935년		1940년		1943년	
	남	여	남	여	남	여	남	여	남	여
방직공업	3.9	28.1	7.7	51.6	6.3	49.0	6.5	46.0	9.8	59.4
금속공업	27.9	0.4	5.4	0.2	5.9	0.2	8.9	0.9	14.5	2.0
기계기구	5.9	0.1	4.7	0.0	6.1	0.2	16.0	1.3	16.9	1.6
요 업	14.0	3.5	8.9	1.3	7.7	1.5	7.3	2.5	12.0	4.6
화학공업	2.7	1.2	15.7	21.3	25.1	26.7	31.1	24.1	18.5	14.6
제재·목재	3.7	0.0	4.8	0.0	5.2	0.1	6.9	0.9	9.8	1.8
인쇄·지공	5.6	0.3	7.3	0.3	5.8	0.4	3.8	0.5	3.4	0.8
식료품	23.8	53.7	40.3	22.2	33.4	18.3	14.4	13.5	8.9	8.4
전기·가스	1.4	0.0	1.3	0.0	1.1	0.0	0.0	0.0	2.4	0.3
기타	11.0	12.1	3.7	2.7	3.5	3.6	5.2	10.3	3.8	6.4
합계	100.0	100.0	100.0	100.0	100.0	100.0	100.0	100.0	100.0	100.0
남자 총수	(39,677)		(69,865)		(120,305)		(212,924)		(273,768)	
여자 총수	(9,624)		(30,719)		(48,638)		(82,047)		(89,186)	

(출처: 강이수 [1993], 178쪽에서 재인용)

위 표를 보면, 여성 노동자의 종사 업종이 1920년대만 하더라도 전체 여성 노동자 중 53.7%가 식료품 부문에 종사하고 있던 것이 1943년에 이르면 식료품 비중은 한 자리 수로 떨어지고 방직 부문이 59.4%로 여성 노동자 10명 중 6명이 종사하는 업종이 된다. 그다음으로 큰 비중을 차지하는 부문은 화학공업으로, 여기에 고무공업이 포함됨에 따라 화학공업은 여성 노동자의 대표적 취업 부문이 되었다. 1943년 기준으로 여성

노동자 중 14.6%가 이 부문에 종사하고 있었다.

이러한 양상은 여성 노동이 전 산업 부문에 골고루 산재되어 있기보다는 특정 부문에 집중되어 있음을 보여준다. 그런데 남성보다 여성들의 비중이 더 높은 방직공업의 경우 경기 변동에 취약해서 1930년대 초반 세계적인 공황으로 면방직산업이 축소되었을 때 많은 여성 노동자들이 해고되었다. 특히 유년 여공들이 1차적인 해고의 대상이 되었다.[257]

대표적인 방직회사별 여성 노동자의 규모를 보면, 1917년에 설립된 일본 자본의 조선방직주식회사의 경우 노동자는 1930년 기준으로 2,566명이었는데 이 중 남성이 766명이고 여성이 1,800명이었다.[258] 일본 자본이 아닌 조선인들이 주식을 모아 1919년에 설립한 경성방직주식회사의 경우 가공공장까지 모두 갖추게 된 것이 1945년 1월이었는데 당시 조선 내의 가공 부문 중 시설 규모가 가장 컸다고 한다. 노동자는 400명이고 3분의 1이 여성이었다.[259]

면방직공장에서 동력과 기계를 사용하여 원료부터 완성품의 가공까지 이른바 일관생산체계를 갖추게 되면 생산 공정이 조면, 방적, 직포, 가공으로 나뉘게 되고 노동자들 또한 각 공정에 기능공 혹은 단순 노동자로 배치된다. 조면은 실면에서 종자를 분리하여 원면을 생산하는 과정으로 조면공, 면선공(綿選工), 기계공, 기계하조공이 기계를 담당한다. 방적은 원면을 여러 가지 공정을 거쳐 실로 만드는 과정으로 각 공정에 따라 혼면공, 타면공, 소면공, 연조공, 조방공, 정방공, 연사공 등이 배치된다. 이 중에서 원면·타면·소면공은 남성이, 혼면은 주로 남성이, 연조·조방·정방·연사·권사는 모두 여성이 담당하였다고 한다.[260] 직포는 제직 준비부터 제직과 제직 후 처리 과정까지 포괄하는데 여기에는 정경공, 호부공, 직포공, 사상공 등이 배치된다. 마지막으로 가공은 표백공과 염색공 등이 배치되었다.

당시 식민지 조선에서는 공장법이 실행되지 않아 장시간 노동이 일반적이었고, 이는 일본의 방직자본이 조선으로 들어온 주요 동기이기도 했다.[261]

〈표 3-24〉 작업시간별 전체 공장과 면방직공장의 노동자 수 (1930년 전후)

시간	전체 공장	비율 (%)	방직공장	비율 (%)	전체 노동자 수	비율 (%)	방직 노동자 수	비율 (%)
8시간 이내	11	0.9	1	0.7	521	0.8	33	0.2
9시간 이내	56	4.6	1	0.7	7,434	11.4	35	0.2
10시간 이내	102	8.5	6	4.3	5,504	8.4	201	1.2
11시간 이내	294	24.5	23	16.4	13,266	20.3	1,418	8.2
12시간 이내	234	19.5	20	14.3	7,785	11.9	1,377	8.0
12시간 이상	493	41.1	89	63.6	30,689	46.9	14,132	82.2
부정(不定)	9	0.9	–	–	175	0.3	–	–
계	1,199	100.0	140	100.0	65,374	100.0	17,196	100.0

(출처: 南滿洲鐵道株式會社, 『朝鮮人 勞動者 一般事情』 [1933], 76–77쪽; 姬野 實, 『朝鮮經濟圖表』 [1940], 294쪽; 김경남 [1994], 147쪽에서 재인용)

위 표를 보면 전체 공장의 40%가 12시간 이상의 노동시간으로 운영되고 있으며, 11시간 이상 12시간 이내의 비율까지 고려하면 60% 이상의 공장이 거의 12시간 맞교대로 운영되고 있음을 추측할 수 있다. 이러한 일반적인 장시간 노동조건보다도 방직공장의 노동시간은 더 열악해서 12시간 이상이 64%, 그리고 11시간 이상 12시간 이내 비율까지 더하면 78%, 즉 대부분의 방직공장이 12시간 맞교대로 일하는 조건임을 알 수 있다. 노동자의 수 비율 또한 대부분의 노동자(82%)가 12시간 이상 일하고 있음을 나타내고 있다.

장시간 노동에도 불구하고 임금은 매우 낮았고 특히 여성 그리고 유년공의 임금은 매우 열악하였다.

〈표 3-25〉 면방직공장의 민족별·성별 임금 (1931년 6월 말 현재) (단위: 엔)

성별	방직공업					
	조선인			일본인		
	최고	최저	보통	최고	최저	보통
남(성년공)	2.60	0.15	0.60	3.30	0.30	1.35
(유년공)	0.70	0.10	0.34	–	–	–
여(성년공)	1.50	0.10	0.41	1.57	0.30	0.76
(유년공)	0.90	0.06	0.29	–	–	–
전체공업평균						
남(성년공)	4.80	0.10	0.85	7.15	0.10	1.87
(유년공)	1.00	0.10	0.30	1.21	0.25	0.50
여(성년공)	2.50	0.10	0.46	1.81	0.30	0.85
(유년공)	1.20	0.66	0.29	0.88	0.45	0.74

(출처: 姬野 實, 『朝鮮經濟圖表』 [1940], 302쪽; 김경남 [1994], 149쪽에서 재인용)

전반적으로 방직공업 부문이 전체 공업 평균에 비해 저임금인 것을 볼 수 있는데, 그중에서도 조선 여성 유년공의 임금이 가장 열악한 것을 볼 수 있다. 그런데 면방직업의 조선 여성 노동자의 경우에는 남성에 비해 유년공이 차지하는 비율이 높고 저학력자가 대부분이었음을 고려해볼 때 여성 노동자 대부분은 가장 저임금을 받았을 것으로 보인다.

〈표 3-26〉 면방직 32개 공장 노동자의 연령별 노동자 구성 (1937) (단위: 명)

	16세 미만	16세 이상	계
남성	138 (6.2%)	2,090 (93.8%)	2,228 (100.0%)
여성	2,976 (29.5%)	7,114 (70.5%)	10,090 (100.0%)
계	3,114	9,204	12,318

(출처: 『식은조사월보』 45[1942], 17쪽; 강이수 [1994], 74쪽에서 재인용)

유년공의 비율은 면업(면직물업, 방적업, 제면업) 부문에서 1930년 23.3%, 1935년 25.9%, 1940년 31.5%로 점점 늘어가고 있는데[262] 이들 중 대부분은 여성이었다. 그리고 1941년경 조선의 방직 여공 중 보통학교 졸업자는

5%에 불과하였고 대부분은 무학자였는데, 이에 비해 일본의 방직 여공은 97%가 의무교육과정 수료 이상이었다고 한다.[263]

식민지 조선에서 방직공장은 상당히 기계화가 진행된 상태였다. 특히 일본의 대자본이 출자한 면방직 대공장에서는 이미 "근대적 설비를 갖추고" 있고, 당시 일본의 방직산업이 영국과 견줄 만큼 성장하였음을 반영하여 조선에 들어온 기계 설비는 "일본 최신의 것"이었다.[264] 기계화는 노동과정의 분할과 이에 따른 구상과 실행의 분리 그리고 탈숙련화를 수반한다. 예를 들어 방적기의 경우 영국의 산업혁명 초기에도 사용되었던 뮬방적기는 1.5~2년의 숙련 기간을 필요로 하는 것에 비해서, 일본이 새로 들여온 링방적기는 "숙련 절약적이고 근력이 약한 여자인 경우에도 그 운전이 충분히 가능하다."는 것이 강조되었다. 대개 3~4일의 훈련만으로도 작업에 투입될 수 있고 3~4개월이면 숙련에 달할 수 있다.[265]

이는 고용과 해고가 훨씬 용이해졌음을 의미했다. 앞에서 서술한 바와 같이 세계 공황 시기에는 유년 여공들이 방직산업에서 우선 해고 대상이었다. 또한 방직공장의 노동조건은 장시간 노동이었고, 임금은 벌금제와 강제저축제도를 병합하여 당시 여성 노동자들은 노동 통제와 저임금의 고통을 동시에 당하였다.

5. 미용기술인

미용사는 '데파트 걸', 전화교환수, '버스 걸'과 함께 강점기 동안 새롭게 등장한 여성 서비스 직종으로서 이들 분야는 보통학교 졸업 이상의 학력을 요구하였다.[266] '데파트 걸', 전화교환수, '버스 걸'의 경우에는 학력 조건 외에도 일정 과목의 필기시험과 적성검사 그리고 신체검사까지 거쳐야 채용이 될 수 있었다.

일제강점기 미용기술인에 대한 생애사 연구를 보면,[267] 보통학교 교사의 추천에 의해 취업이 되었다는 것으로 보아, 별도의 채용시험 없이 추천에 의해 고용이 이루어졌던 것 같다. 그렇지만 채용시험이 없다고 하여 미용기술 직종이 다른 서비스 직종에 비해 입직이 쉬운 것이 결코 아니었다. 오히려 미용기술은 다른 서비스 직종과 달리 기술을 습득하는 데 상당한 시간과 비용이 필요했기에, "쉽게 구할 수 있는 직업이 아니었다."[268]

미용기술을 교육하는 공식적 전문 교육기관이 설립된 것은 1950년대의 일이었기에 강점기에 미용기술을 습득하는 유일한 방식은 도제 교육이었다. 해방 후 전문 교육기관이 설립된 이후에도 그 수가 적었기에 대부분은 여전히 도제 교육을 통해 기술을 익혔다.[269]

우리나라 최초의 미용사 또는 "미용사 제1호"로 회자되는[270] 오엽주는 1934년에 화신백화점 2층의 화신미장부에 초빙되어 조선에서는 처음으로 미용 서비스를 시작하였다. 오엽주는 1903년생으로 평양여자고등보통학교를 졸업한 뒤 1926년 일본인 거주지에서 일본인 미용사[平山梅子]에게 월사금 150원을 내고 6개월 동안 미용술을 배웠다.[271] 오엽주의 직계 제자이자 "미용사 제2호"로 알려진[272] 임형선은 1920년생으로 보통학교 졸업 뒤 화신미장부의 개업과 동시에 1934년부터 조수로 일을 시작하여 1년 동안 오엽주로부터 미용기술을 배웠고 훗날 미용기술교육기관인 예림여자고등기술학교를 설립하기도 하였다. 1952년 정화미용고등학교를 설립한 권정희는 예외적으로 일본의 공식 교육기관에서 미용기술을 배운 경우였다. 1920년 부유한 가정에서 출생하여 경성여자상업학교 졸업 후 일본 무사시노 음악학교에서 유학하던 중 오사카의 데루미 미용과학연구소에 우연히 방문한 후 음악학교를 그만두고 미용과학연구소에서 1년 동안 교육을 받았다. 그 후 권정희는 동경과 나고야에서 각각 3년과 1년

동안 실기를 익혔다.[273]

이와 같이 일제강점기에 장시간 노동에 종사하면서 도제 교육으로 기술을 습득한 1세대 혹은 2세대 여성들은 자신의 커리어 성공에 머물지 않고 미용기술을 교육하는 교육기관을 설립하는 데 많은 노력을 기울였다. 때로는 자신의 사비를 들여서, 그리고 그 기관이 기술교육의 공식적 기관("정규 고등기술학교")으로 인정을 받는 것까지 미용기술교육의 제도화를 위해 헌신하였다. 예림여자고등기술학교를 설립한 임형선의 경우, 학교 부지를 구하고 기구와 기자재를 수입하여 시설을 갖춘 후에도 문교부와 보건사회부, 서울시의 절차를 밟는 데에만 만 2년이 걸렸다.[274]

일제강점기 미용실은 무엇보다 모발 위생의 일대 전환을 추동한 곳이었다. 당시 여성들은 한 달이나 두 달에 한 번 정도 머리를 감았으며 1년에 한 번 감는 경우가 대부분이었다고 한다. 이러할 때에 '샴푸' 서비스는 미용실의 주요 메뉴였고 샴푸만을 원하는 손님이 많았다. 샴푸의 과정은 복잡하였고 비듬을 털어내는 데만 30분 정도가 소요되었는데, 샴푸 기술을 익히는 데 3~4년, 비듬을 터는 기술을 익히는 것도 1년 정도는 배워야 했다.[275]

또한 강점기 동안 헤어스타일의 유행은 1920년대 초반과 중반 그리고 1920년대 후반과 1930년대 초반에 각기 다른 헤어스타일이 유행할 만큼 그 주기가 짧았고, 복장과 직업에 따라 히사시가미, 트레머리, 독립머리, 단발머리, 웨이브머리 등 다양한 스타일이 등장하였으며, 퍼머만 하더라도 다양한 스타일이 유행하였다. 구술 생애사 연구를 보면 임형선은 전쟁 중에도 새로운 헤어스타일을 "개발"하였고, 퍼머 약제를 직접 조합하기도 하였다. "자연스러운 헤어스타일이 나오는 퍼머를 만들기 위해 퍼머약에 올리브오일과 분유를 섞어 퍼머액의 농도를 조절한 '밀크퍼머약'을 개발"하기도 하였고, 머리에 여러 층을 내는 커트를 한 후 퍼머를 하여 "스타일

이 잘 살"도록 하기도 했다.[276]

미용실은 여러 헤어스타일을 만들어내는 기술 혁신이 이루어지는 곳이기도 하지만, 서비스 혁신 또한 그 어떤 부문보다 소비자의 필요에 부응하여 발 빠르게 이루어지는 부문이다. 오늘날 과학기술 혁신 논의에서는 기술 자체의 혁신뿐만 아니라 서비스 혁신 또한 주요한 논의 대상이다. 그런데 서비스 혁신을 논하는 데서 미용실의 서비스 혁신은 오늘날의 과학기술 논의에서도 거의 언급되지 않는다. 조수로서 배워야 하는 일의 목록을 보면 미용실에서의 서비스 혁신은 이미 일제강점기부터 일찌감치 시작되었음을 알 수 있다. 임형선의 구술을 보면 강점기에 조수로서 배운 일이 "세발 시 어깨에 타올 놓는 법, 어깨보 대는 법, 고데기를 달구어서 주는 법, 고데기의 온도를 적절히 하는 법, 면도갈기" 등으로 고객이 가장 편안한 상태로 헤어서비스를 받을 수 있도록 절차를 세분화하여 구체적인 매뉴얼을 갖추고 있음을 볼 수 있다. 또한 미용기술인의 복장도 중요했는데, 당시 조수에게 요구된 복장은 "한복 위에 에이프런을 두르고 마스크를 반드시 착용"하는 것이었다고 한다.[277]

미용사는 일제강점기에 여성으로서 "기술을 배울 수 있는" 흔치 않은 직종이었다.[278] 이 기술은 당사자에게는 이혼 후에도 자신이 독립적으로 아이를 키우고 생계를 꾸려갈 수 있는 토대가 되었고, 때로는 국경을 넘어 중국에 가서도 일본인을 상대로 한 미용실에서 취업도 할 수 있게 해주었다. 또한 이 기술은 근대 소비문화의 대표적 상징이었다. 두발뿐만 아니라 피부 관리까지 새로운 화장품과 이것을 다루는 기법은 당시 하루가 다르게 발전하고 있었는데, 미용사는 이것을 먼저 익혀 자신보다 경제적으로나 사회적으로 지위가 높은 손님에게 "근대적 지식"을 가르칠 수도 있는 노동의 자부심을 주는 직종이기도 했다.[279]

4절

근대이행기 여성과 의료

1876년 개항 이후, 조선인의 의학 지식과 의료 이용에 나타난 가장 큰 변화는 서양 근대 의학 지식과 의료의 직접적 도입과 확산이었다. 개항장과 서울 등의 대도시를 중심으로 일본인과 중국인, 서양인의 유입과 거주가 확산되었고, 이들은 서양 근대 의학과 의료를 가지고 들어왔다. 이들 외국인 중에는 의사, 간호부, 산파, 약 판매상 등이 포함되어 있었다. 이 중 다수를 차지한 일본인은 먼저 일본인을 대상으로, 이어 조선인을 대상으로 활동하였다. 서양인 의료인은 대부분 선교사였는데, 조선에 기독교를 전파하기 위하여 적극적으로 의료를 시행하였다. 조선인은 이들 외국인을 통하여 서양 의료를 직접 접하기 시작했다.

조선 내부에서도 서양 의학과 의료를 적극적으로 도입해야 한다는 논의가 확산되어 관련 제도와 시설이 시작되었다. 주요 논리는 서구 열강과의 경쟁에서 조선이 살아남기 위해서는 인구의 양과 질을 관리해야 한다, 즉 건강한 인구가 늘어나도록 해야 하고, 이를 위하여 서양 의학과 의료를 기반으로 하는 위생과 보건이 시행되어야 한다는 것이었다. 조선 정부는 삼의사(三醫司)를 중심으로 하는 기존의 의료 조직과 제도를 폐지하고 서양 의학을 기반으로 하는 병원, 의학교, 법률과 행정조직을 만들어나갔다.

그렇지만 을사늑약, 한일합방의 과정을 겪으며 근대 서양식 의료제도는 조선통감부 그리고 조선총독부가 주도권을 쥐고서 일제를 위하여 시행, 확장되는 것으로 변화하였다. 경찰이 위생 행정의 권력을 쥐고 강압적 보건정책을 수행하였으며, 조선총독부의원과 각도 자혜의원을 중심으로 하는 관립 의료기관에서는 일제의 우월성을 과시하면서 조선인에게 시혜적 의료를 시행하였고, 의사, 간호부, 산파 등 의료인 양성과 면허제도가 시행되었다. 그렇지만 의사, 병원, 약 등의 서양 의료는 인적, 물적 기반이 부족했기 때문에 조선인 일반이 경험하는 전체 의료 중 일부를 차지할 뿐이었다. 사람들은 건강상의 문제가 있을 때, 쉽게 구할 수 있고 익숙한 재료와 방법으로 해결을 시도해본 후 한의원이나 서양의원 같은 전문 의료의 이용 여부를 선택했다. 그중 무엇을 선택하느냐는 건강 문제의 심각성, 경제력, 지리적 접근성, 교육 정도, 질병이나 부상 종류 등에 따라 달랐다.

사적 차원에서 의식주를 주관하면서 일상적인 재료와 방법을 위주로 주변의 건강을 돌보는 여성의 역할은 여전히 유지되었다. 그렇지만 공적 차원에서 새로운 보건의료제도가, 서양 의학이, 공인받는 전문가가 제도적 중심이 되면서 여성의 역할은 사적이자 주변적인 것으로 되어갔다. 즉, 국가 운영의 기본적 단위인 가정이 잘 기능할 수 있도록 하는 일상적 보건의료의 담당으로, 위생적인 의식주 관리, 양육, 병자와 노인 돌봄을 책임지면서 일정 범주 안에서만 기능하며 그 이상은 반드시 서양 의료 전문가와 병원에게 맡길 것이 이념적으로 강조되었다.

한편, 서양 근대 문물이 알려지면서 여성 의사, 산파의 존재가 소개되고, 조선에 들어와 활동하는 외국인을 통하여 조선 사회는 여성 의료인을 접하기 시작하였다. 서양식 병의원이 늘어나면서 의료직에 종사하는 조선인 여성의 수도 증가하였다. 특히 서양 의학 교육을 받고 간호부, 산파, 의사 등 공인받는 전문가가 되는 조선 여성의 수가 늘어났다. 여전히 강한 내외(內外)문화에서 여성의 건강과 질병은 여성이 담당해야 한다는 논리는 산파, 여성 의사 등을 양성하는 논리로 작용하였다. 그 결과 조선 여성은 일상적 의료의 영역에서는 집단적 주변화를, 전문적 의료의 영역에서는 개별적 진입을 경험하였다.

1. 서양 의학 지식의 확산과 여성

1) 서양 의학 도입의 논리

조선 후기에 서양 의학과 의료가 소개되고 이용되기 시작하여 19세기에는 조선 사회 여기저기에 그 흔적이 나타났다. 예를 들어 영국 의사 에드워드 제너(Edward Jenner, 1749-1823)가 두창 예방법으로 개발한 우두법(牛痘法)은 19세기 중반 평안도, 황해도 등의 지역에서 시술되었다.[280] 최한기(崔漢綺, 1803-1879)는 중국에서 활동한 의료 선교사 벤자민 홉슨(Benjamine Hobson)이 1850년대 중국어로 낸 의서 내용을 받아들여 1866년 『신기천험(身機踐驗)』을 저술하였다.[281] 그렇지만 당시 조선인의 서양 의학에 대한 관심은 학문적 측면 위주였고, 소개된 내용은 주로 전근대의 것이 중국을 거쳐 들어왔으며, 의료의 실제 효과라는 측면에서도 서양 의료가 절대적 우위에 있다고 할 수 없었다. 따라서 서양 의술의 도입과 적용을 구체적 실천으로까지 강조하는 분위기는 아니었다.

1876년 일본의 무력에 의한 강제적 개항이 이루어지고 이어 제국 열강과의 직접적인 교류가 시작되면서, 서양 의학과 의료에 대한 조선인의 태도가 변화해야 한다는 주장이 강해졌다. 세계적으로 확대되는 자본주의와 제국주의의 물결에서 열강과의 경쟁 관계에 직면한 조선이 살아남고 번영하려면 질적으로 우수하고 양적으로 풍부한 인구를 보유·관리해야 하고, 그 방법으로 서양 의학과 의료를 적극 도입하여 활용해야 한다는 주장이 중요한 담론으로 자리잡게 되었다. 구체적으로는 두창(痘瘡)을 예방하는 우두법(牛痘法), 수인성 감염병을 예방하는 식수 관리, 병원균의 직접 접촉을 통한 감염을 낮추는 소독법 등을 포함하는 근대 서양 의학이 인구 관리라는 차원에서 의미가 부각되고 제도적으로 시행되기 시작하였다. 사람들은 이러한 서양 의학의 대상이 되고 그 제도에 따를 것을 요구받으면서 인구의 구성원으로서 국가의 권력을 직접 느끼게 되었으며, 낯선 감염병 예방 대책에 따라 생활양식의 변화를 요구받게 되었다. 이 과정은 개인의 위생적 행위를 통해 세균학적, 기계론적 세계관에 익숙해지는 과정이었다.[282]

보건과 위생에 관련된 논의는 주로 새롭게 창간된 신문, 잡지와 서적을 통하여 다수의 독자에게 관련 내용을 설명하고 그 주장을 설득하는 형태로 나타났다. 대중을 상대로 하는 정기간행물에 서구의 보건과 위생에 관한 내용이 처음 등장한 것은 김옥균(金玉均, 1851-1894)이 1884년 7월 3일자 〈한성순보(漢城旬報)〉에 게재한 "치도약론(治道畧論)"이다. 이 글에서 위생은 나라를 다스리기 위한 구체적인 방안 중에서도 가장 시급하고 중요한 사항으로 언급되었다. 이후 급진개화파가 주도한 갑신정변이 실패하면서 서양 의학에 근거한 보건 및 위생에 관한 논의와 그 도입은 잠시 주춤했지만, 조선을 둘러싼 제국주의 열강 간의 그리고 열강과의 교류와 경쟁이 심해지면서 필요성이 다시 제기되었다.

서양 의학과 의료에 근거한 보건의료제도가 수립되고 사람들이 살아가는 방식을 바꾸어야 조선이 부국강병하고 열강과의 관계에서 살아남을 수 있다는 주장은 개화파의 인물을 중심으로 더욱 분명하게 이어졌다. 이들은 위생이 곧 문명이라는 전제에 입각하여 위생의 개념을 소개하고 구체적인 실천 방안을 제시하는 식으로 논리를 전개하였다. 그중에는 위생 실무를 담당할 주체로 경찰을 호명하고 위생제도 확립 과정에 위생경찰이 중요한 역할을 맡아야 한다고 목소리를 높이는 개화파도 있었다. 이러한 위생 담론은 이후 직접적으로 위생제도 확립 과정에 반영되기도 하였다. 특히 1896년 창간된 〈독립신문〉은 서재필(徐載弼, 1864-1951)이 미국에서 의과대학을 졸업하고 조선인으로는 첫 번째 '의사'가 되어 귀국한 후 중추원 고문으로 있으면서 만든 신문으로, 지면을 통해 여러 차례 환경 위생과 개인의 보건 위생 사상을 강조하였다. 〈독립신문〉 논설을 통해 제시된 병에 걸리지 않고 건강하게 살기 위해서 해야 할 일에는 몸을 깨끗하게 하는 목욕법, 운동하는 방법, 청소하는 방법, 음식에 대한 주의법, 올바른 식수 사용법 등이 포함되었다. 즉, 일상생활에서 개인이 실천해야 하는 위생법을 구체적으로 제시하였다. 특히 박테리아에 대한 최신 서양 의학 지식을 소개하고, 위생에 관련한 지식을 습득하는 것을 부국강병책으로 제시하였다.[283]

獨立新聞

오늘의 感激을 建設에 쏟자

在獄同志의 解放

衰亡해가는 日本人

外國軍의 駐屯은 短期

〈그림 3-18〉 〈독립신문〉 창간호. (출처: 대한민국역사박물관)

20세기로 넘어가면서 위생 담론은 더욱 구체적 내용으로 전달되기 시작하였다. 1906년 국민 교육을 목적으로 표방하며 창간된 일간지 〈만세보〉는 다양한 지면을 통하여 위생 담론을 전개하면서, 조선이 비위생적이고 청결하지 못하다고 비판하고 이러한 상태를 야만으로 규정함으로써 위생을 지향해야 한다고 주장하였다. 그리고 청결과 위생을 근거로 삼아 이미 문명국인 일본의 앞선 위생제도를 조선은 시급히 수용해야 한다고 하였다. 위생하는 방법을 몰라 이를 지키지 않을 경우 악질이 발생하여 본인의 생명은 물론이고 이로 인해 위생상 주의하던 사람에게도 피해를 입힐 수 있으므로 경찰 관리가 위생에 방해가 되는 행위를 금지할 수 있다고 주장하였으며, 화장실 개량, 감염병 환자를 격리하는 피병원(避病院) 설립, 음식점 위생 확립, 식수 문제 제기, 검역을 위한 수의사 파송 요구, 의학원 설립 요구, 목욕탕 설치 촉구, 자치 청결 법령 반포 촉구 등 주로 제도나 정책의 문제를 계속해서 다루었다. 또한 조선의 화장실, 부엌, 우물, 상점, 도로 등 모든 것이 비위생적이라고 지적하고, 한의학도 비합리적이며 시대에 뒤떨어진 구시대의 유물로 치부하였다. 위생은 문명을 위해 반드시 필요한 덕목이며 서구의 발전된 위생제도를 시급히 받아들여 인민의 생명을 보호해야 한다는 것이 〈만세보〉의 주된 주장이었다. 〈만세보〉는 외국 서적을 번역한 것으로 보이는 "위생학(衛生學)"을 44회에 걸쳐 연재하였는데, 그중 4회에 걸쳐 연재된 '위생법(衛生法)'에서는 양치하는 방법, 찬물로 눈 씻기, 음식의 주의, 건강법, 산소의 중요성, 주거지 및 가옥과 위생의 관계 등 개인이 일상생활에서 실천해야 할 것을 서술하였다. 이러한 〈만세보〉의 위생 담론은 전반적으로 위생에 높은 가치를 부여하고 있었고, 위생에 대한 사람들의 무지를 비판하면서, 위생은 국민의 생명을 보전해주는 것이므로 그 자체로 선한 것이라는 논리를 기반으로 하고 있었다.[284]

서양 의학에 근거한 위생의 중요성을 강조하고 구체적인 실천 방법을 보급하는 담론이 확장되면서, 가족 건강을 지키고 가정 위생을 실천하는 여성의 역할에 대한 강조 역시 증가하였다. 이 시기는 여성의 역할을 가정교육이나 태교·육아·아동 교육의 담당자로 논의한다는 점에서 전근대의 담론과 크게 다르지는 않았다.[285] 그렇지만 전근대 여성의 역할은 출생이 일차적으로 신분을 결정짓는 사회에서 살림의 터전이면서 일의 터전이었던 '집'이라는 공간에 위치했기 때문에, 수직적 세대와 수평적 가문을 이어주고 살림과 일과 사교를 연결하는 '봉제사접빈객'을 중심으로 하고 있었고, 역시 '집'을 일의 터전으로 하고 있던 남성과 상당 부분을 공유하고 있었다. 이제 근대이행기 여성의 역할은 가족이 위치한 '가정의 운영자'라는 데 강조점이 주어졌고, 가정운영 담당자로서 여성의 책임과 직분은 남편을 돕고 어린이를 돌보고 노인을 양호하는 것, 일가의 풍속과 규범을 선량하게 하는 것, 위생에 신경을 써서 가족 모두가 건강을 유지하도록 하는 것, 가정경제의 안정과 번영을 꾀해 국가경제의 안정에 기여하는 것 등이 중시되었다.[286] 그리고 남성은 가정 외부에서 직업인으로 살아가며 수입을 담당하는 것을 당연시하였다. 즉, 여성은 남편·자녀·부모로 축소된 가족을 관리하는 일차적 책임자이고, 그 일환으로 일상생활에서 위생에 주의하고 병자를 돌보아 가족의 건강을 관리함으로써 국가적 차원에 기여한다는 것이었다.

여성이 가정을 지키고 다음 세대를 잘 키워내서 국가의 미래에 이바지해야 한다는 목소리는 통감 정치가 시작되고 대한제국이 일본에게 완전히 점령될 수 있다는 위기의식이 팽배하면서 더욱 활발해졌다. 다양한 애국계몽단체에서는 신문, 잡지, 학회보를 통하여 언론계몽운동을 펼쳤고, 그중에는 근대적 가정의 운용과 여성의 역할에 관한 글이 다수 포함되었다. 예를 들어 서우학회 월간지 『서우』에서는 1907년 제3호부터 제10호까지 편집인 겸 발행인인 김명준(金明濬, 1870-?)의 "가정학"을 연재했는데, '태육(胎育)', '포육(哺育)', '의식과 주거', '생치(生齒)·종두·질병', '소아의 정동(靜動)과 유희(遊戲)', '가정교육의 필요', '가정교육의 목적'을 체계적으로 논하여 어린이 양육과 교육, 의식주 관리, 질병 관리가 가정관리의 주요 영역임을 강조하였고, 특히 질병 관리 방법을 서양 의학에 근거하여 설명하였다. 실학자이자 독립운동가인 이기(李沂, 1848-1909)가 펴낸 『호남학보』(1908)에서도 제1호부터 제9호까지 '가정학설'을 연재했는데, '치가(治家)의 교(敎)'라는 차원에서 "가인(家人)의 감독, 가풍의 모범, 일가(一家)의 위생, 일가의 이재(理財)"를 위해 주부의 역할이 중요함을 강조하였다. 일본 도쿄에서 서북지방 출신의 유학생들이 펴낸 『태극학보』의 제16호부터 제26호(1907-1908), 그리고 재일유학생단체가 통합되어 펴낸 『대한흥학보』(1910)에 연재된 「가정교육법」 논설은 가정교육을 신체 교육과 정신교육으로 나누어 설명하면서, 신체 교육을 영양, 운동, 위생으로 구성하였다.[287]

이러한 글에서 나타나는 여성의 역할은 가정관리의 일차적 담당자, 특히 가족의 건강을 위하여 의식주의 위생적 관리에 주의를 기울이고, 어린이의 양육과 병자의 간호, 노인의 봉양을 담당하는 것이었다. 그리고 그 구체적 방법의 근거는 서양 과학과 의학 지식이었다.

2) 여성 교육에서 서양 의료 교육

집안에서 부모와 가까운 친지로부터 일상생활에 필요한 지식과 기술을 배우는 것을 중심으로 이루어지던 여성 교육에 변화가 시작되었다. 학교에서 교사로부터 교과과정에 따라 이루어지는 정규 교육이 시작되었고, 교육 내용의 상당한 부분은 서양 근대 학문으로 구성되었다. 학교 이외에도 종교 모임, 대중 강연, 야학 등을 통한 비정규 교육도 늘어났고, 각종 신문 잡지 등 대중매체와 출판물이 증가하고 국한문 혼용과 순한글 사용이 확산되면서 서양 과학기술과 의학 내용의 전달이 좀 더 용이해졌다.

학교에서는 남학교와 여학교, 또는 남학급과 여학급을 따로 둠으로써 남녀를 물리적으로 분리하였고, 교과과정과 교육 내용에도 차이를 두었다. 특히 여학생에게는 가정 운영의 책임자로서 의식주 전반을 위생적으로 관리하고 자녀를 건강하게 양육하고 노인과 환자의 건강을 돌보아야 한다는 것이 중요한 내용으로 포함되었다.

교과과정에서 남녀 차이는 초기 여학교의 교과과정, 관계 법규 등에서 나타난다. 예를 들어 우리나라의 첫 여성 근대 교육기관으로 1886년 설립된 이화학당에서는 초기에 영어만 가르치다가 성경, 한글과 '생리'를 추가하였고, 1893년 구체화된 교과과정에서 '생리학'을 포함하였다. 1904년에 만들어진 중등과에는 '생리'와 '위생'이, 1908년에 만들어진 고등과에는 '고등생리'가 교과목에 포함되었다.[288]

1899년의 '여학교 규례'를 통하여 '생리', '위생' 등의 교과목에서 서양 근대 과학과 의학을 근거로 가정을 위생적으로 관리하고 가족을 돌보는 것에 대한 구체적인 내용을 배우게 되었다. 1906년 공포된 '고등여학교령'의 교과과정에는 중등교육 수준에서 여학생과 남학생 교육의 차이가 나타난다. 남학생은 '물리 및 화학, 실험, 박물'을 배우도록 하고 여학생은 '이과, 가사, 재봉'을 배우도록 한 것은, 여학생에게는 '이과' 교과목에서 포괄적인 교육을 하면서 이것이 '가사', '재봉'과 연결되는 가정관리의 이론적 기반이 되도록 한 것이라고 할 수 있다.

초등교육에 사용된 여학생 교재에서도 여성의 역할을 가정을 관리하는 것으로 규정하고 그중 가정의 위생적 관리와 환자를 돌볼 것을 강조하였다. 1900년대에 만들어져 일제강점 초까지 초등교육에 널리 사용된 여학생 교재인 이원경의 『초등여학독본』(보문사, 1908), 장지연의 『녀즈독본』(광학서포, 1908), 강화석의 『부유독습』(경성 종로 황성신문사, 1908), 노병선의 『녀즈소학수신서』(박문서관, 1909)는 가정의 테두리 안에서 가족을 위하여 노력하는 것이 여성의 역할이라고 제시하고[289] 가족의 건강을 돌보고 위생적으로 가정을 관리하는 것을 중요한 내용으로 포함하였다. 예를 들어 『초등여학독본』의 '유신' 및 '부병' 과에서는 부모와 남편이 아플 때 여성이 며느리 또는 아내로서 돌보아야 한다는 것을 강조하고, 편안하고 빨리 회복할 수 있도록 돌보는 방법을 소개하였다. 『녀즈소학수신서』 42과에서는 '깨끗하게 할 것'이라는 제목으로 "몸이 강건하려면 깨끗하게 하는 것이 제일"이라는 것을 역설하였다.

1910년 일제강점 이후, 여성의 역할은 가정을 순기능적으로 유지시키는 것이라는 점이 강조되었고 그중에 서양 과학을 기반으로 한 위생의 실천을 특히 중시했는데, 이는 여러 규정을 통하여 체계화되었다. 식민지 조선 교육의 제도적 틀을 이룬 1911년의 '보통학교규칙'과 '고등보통학교규칙' 그리고 '여자고등보통학교규칙'에서는 가정생활에서 위생을 실천하는 것이 여성의 주요 역할이라고 규정하고 교과목과 교육 내용을 통하여 이를 분명히 하였다.

'보통학교규칙'에서 보통학교 교육과정을 통하여 여학생은 '정숙'한 여성으로 '가정'을 관리할 수 있도록 재봉과 수예 등을 배우도록 했는데, 보통학교 최고 학년인 4학년에는 주당 3시간의 '이과' 과목에서 '인체생리 및 위생의 대요'를 배우면서, 남학생은 수공, 농업초보와 상업초보를, 여학생은 재봉 및 수예를 배우도록 하였다.[290]

'여자고등보통학교규칙'에서는 여자고등보통학교의 목적을 "정숙하고 근면한 여자를 양성하는 것"으로 규정하였고, 배워야 할 교과목[291] 중에 특히 '이과'와 '가사' 과목을 통하여 가정에서 위생과 관련된 실천을 배우도록 하였다. 즉, '이과'에서는 "자연계의 사물, 현상, 그 법칙 및 인생에 대한 관계를 이해하고 이용·후생의 도를 알게 하는 것을 요지"로 하여 "식물, 동물, 신체생리 및 위생, 물리 및 화학에 관하여 그 대요를 가르치고 가사와 관련하게" 규정하였다. '가사' 과목에서는 "가사에 필요한 지식을 얻게 하고 아울러 근검, 질서, 청결을 존중하는 사상을 기르는 것을 요지"로 하여 "의식주, 양로, 육아, 간호, 할팽(割烹) 기타 가정에 관한 사상"을 가르치도록 하였다. 이에 따라 3년제였던 여자고등보통학교 학생은 2학년과 3학년 때 '이과'에서 자연과학과 인체와 위생에 대한 이해, '가사' 과목에서 부지런히 집안을 청결하게 하면서 의식주를 관리하고 양로, 육아, 간호, 요리 등을 수행하는 방법을 배워야 했다.[292] 이로써 여학생은 초등교육과 중등교육 전반에 걸쳐 가정관리자로서의 역할과 기능을 배우도록 했으며, 근대적 과학과 의학이 그 구체적 근거로 활용되었다.

학교 교육에서 가정관리자로서 여성의 역할이 강조되었지만, 정식 '학교'를 통하여 근대적 교육을 받은 조선인은 소수였고, 그중에도 여성의 수는 적었다. 1910년 전국의 보통학교 학생 수는 총 14,982명에 불과했으며 그중 여학생은 1,146명으로[293] 전체 보통학교 학생 수의 8퍼센트도 되지 않았다. 이후 보통교육이 확대되면서 전체 공립보통학교 학생 수도 늘어났고, 그중 여학생의 비율도 늘어나기는 했다. 공립보통학교 학생 수는 1920년 101,946명, 1930년 437,608명, 1940년 1,323,804명으로 늘어났으며, 그중 여학생 수는 1920년 11,176명으로 11%, 1930년 72,204명으로 16.5%, 1940년 343,642명으로 26%를 차지하는 등 절대적 수와 비율 모두 증가하였다.[294] 그렇지만 이렇게 보통학교 진학이 늘어났어도 취학 대상의 약 30%를 포괄하는 정도였지,[295] 보통교육의 기회가 누구에게나 주어지는 것은 아니었고 특히 여자아이에게는 그 기회가 더욱 야박했다.

이 시기에는 공립학교 외에도 사립학교, 야학 등을 통한 교육이 확대되어 한글 해독이 늘어났으며, 각종 출판물이 증가하여 사람들은 새로운 지식과 정보에 노출될 수 있었다. 근대이행기 학교 교재로도 사용되었을 뿐 아니라 대중적으로도 큰 인기를 끌었던 가정학 서적에서는 여성에게 요구된 가정관리자로서의 역할이 더욱 분명하고 구체적으로 나타난다. 대표적 가정학 서적인 박정동의 『신찬가정학』(우문관, 1907), 남궁억의 『가정교육』(유일서관, 1914)은 모두 자녀 양육과 환자 돌보기를 여성의 중요한 역할로 간주하고, 그 근거와 구체적인 방법에서 서양 과학과 의학 내용을 동원하였다. 예를 들어 "섭씨",[296] "탄기(炭)",[297] "석탄산수"[298] 등 곳곳에 사용된 단어의 개념 자체가 서양 과학에 기반한 것이었고, 임신 기간이 280일이라는 것,[299] 어린 아기는 매일 목욕을 시켜야 하는데 목욕물 온도는 "섭씨의 한난계 삼십오도로 삼십칠팔도까지"[300]라는 것 등 전근대 조선에는 알려져 있지 않았던 정확한 기준이 심지어는 새로운 계량 숫자로 제시되었다. 이 외에도 유아의 개월 수에 따른 우유와 분유의 농도 조절, 젖 먹이는 시간 간격과 이유 및 단유 시기, 유치(乳齒)가 나는 시기 등 양육 방법 전반에 관해 이전에 알려지지 않았던 정확한 수치를 제시하고 이를 따르라고 하였다. 또한 세균학[301]에 근거하여 살균 및 미생물의 번식을 방지하는 방법이 우유의 위생적 관리와 소독법,[302] 노인 질병 관리,[303] 물을 끓여서 안전하게 하는 법[304] 등 가정학 책의 곳곳에 두루 적용되었다.

특히 두드러지는 것은 두창 예방을 위하여 우두 접종을 필수로 하고, 건강상 이상이 의심될 때는 반드시 의사의 진료를 받도록 하여 서양 의료와 전문가를 활용해야만 하는 것으로 제시했다는 점이다. 두창 예방접종에 대해서는 시기와 접종 후 관리 방법을 아주 구체적으로 기술했는데, 경과에 따라 가정에서 여성이 해야 할 일도 자세히 제시하였다.[305] 또한 어린이에게 "머리가 비뚤어지며 어깨가 구부러지며 수족이 능히 구린치 못할지면 속히 외과의원을 청하여 보일지며" 등[306] 신체적 이상이나 질병 증상이 있을 때, 심지어 체증과 감기처럼 자주 앓는 질병이라도 "증세가 보이거든 곧 의사에게 진찰하야 고칠 것이오."[307]라며 의사의 진료를 받도록 해야 한다는 것을 강조했다.

健康兒童診斷

〈그림 3-19〉 1928년 5월 태화여자관에서 주최한 '건강아동진단'. (출처: 〈동아일보〉 1928.5.31.)

당시에는 병의원 부족과 비용 등의 이유로 아파도 입원하지 못하거나 입원하지 않고 집에서 앓는 경우가 대부분이었다. 『신찬가정학』은 '병보음'이라고 하는 장을 따로 두고 세부 목차로 '병남', '주장하여 치료하는 의원', '병실', '병구완'을 두어 환자 돌보는 방법을 자세히 기술했는데, 그중에는 가정에서 환자를 돌보는 여성이 따라야 할 서양 의학의 기준과 지침을 매우 구체적으로 제시하는 것이 많았다. 예를 들어 "전염병 발생시, 별실에 옮기고, 소독, 예방 하고 병원 방문할 것"[308]이라든가, "열기를 검사하는 법은 먼저 겨드랑 아래에 땀을 닦고 인하여 한서표를 겨드랑 밑에 끼워서 십오분 후에 내에 그 도수를 볼지니라."[309]처럼 수은체온계를 이용하여 정확하게 체온을 측정하고 맥박과 호흡 횟수 역시 측정하여 이상 유무를 판단하라고 하였다.

한편, 이 책들에 나와 있는 서양 의학 지식이 모두 정확한 것도, 올바른 것도 아니어서[310] 당시 여성이 실제 이 책들에서 소개되고 있는 내용을 실생활에 그대로 적용하고자 했을 때는 적지 않은 혼란이 있었을 것이다. 그럼에도 불구하고 학교 교과과정에서 교재로 활용되었을 뿐 아니라 대중적으로도 많이 읽혔던 서적 등을 통하여 전해진 임신과 육아, 질병에 관한 지식은 상당히 좋은 반응을 얻었다. 특히 서양인 선교의사와 간호사들이 조선 여성에게 접근한 일차적 수단이 육아법에 대한 교육이었으며, 매우 좋은 반응을 얻었다.

예를 들어 1923년 경성에서 선교회 주최로 첫 우량아 경진대회가 개최

되었을 때, 행사가 제대로 이루어질지 무척 불안해한 주최 측의 우려와 달리 행사는 아이를 데려온 어머니로 인산인해를 이루었고, 이후 우량아 경진대회는 매년 신문에 소개되고 성황을 이루는 아주 성공적인 행사로 자리잡았다.[311]

당시 널리 참고된 가정학 서적에서는 건강 문제에 의사 등 서양 의료 전문가를 꼭 활용하라고 하였다. 그렇지만 이 시기 의사와 서양식 병원의 수는 적었으며, 지역적으로 편중되고, 대개 비용도 비쌌다. 전국적으로 전문과가 있는 병원은 경성의 세브란스병원, 조선총독부의원, 각 도에 하나씩인 자혜의원 정도에 불과한 상황에서 "의원의 약품과 기계가 적절하지 않으면 다시 전문병원 방문"[312]하라는 서양 의료 이용에 관한 지침은 대부분의 조선인에게 현실적이지 않았다. 그렇지만 새롭게 제시된 원칙, "건강상 이상이 있을 때는 의사에게 보여야 한다."는 근대이행기의 조선인에게 생각과 행동의 변화를 요구하는 것이었다.

일제강점기의 교육받은 여성은 전근대 사회와 마찬가지로 집안을 돌보면서 웃어른을 모시고 아이를 키우고 환자를 돌봐야 하는 것이 당연시되었으나, 그 방법에서는 서양 근대 의학에 근거한 지식과 기술을 익혀야 했고, 그것이 교육받은 여성이 그렇지 못한 여성과 차이 나는 부분 중 하나였다. 따라서 "어머니의 무지함이 병신 자녀를 낳게 된다."[313]는 말로 표현될 정도로 서양 근대 의학의 내용을 알지 못하는 여성은 자녀의 장애까지 초래하는 것으로 간주되었고, 여성이 서양 근대 의학 지식을 알고 실천한다는 것은 자녀의 질병이나 장애라는 현실적인 부담감, 더 나아가 도덕적 낙인이 되기도 했던 부담감을 떠안지 않으려는 방법이기도 했다. 근대적 계몽 담론은 전통적인 여성의 모성 역할을 문명, 근대성 그리고 과학적 의학이라는 이름으로 재주조하였고, 이같은 모성의 근대화 담론은 여성을 더욱 가정주부로 묶어놓는 데 기여했다.[314] 또한 가정학으로 대표되는 여성의 지적 경험에 포함된 자녀 양육, 노인 돌보기, 가정관리에서 건강과 위생에 관한 서양 의학 지식은 조선 여성이 마땅히 따라야 하는 지식으로 확산되었다.

2. 서양 의료의 확산과 여성

1) 서양 의료의 확산

1876년 개항 이후 일본인과 서양인 의료인이 조선에 들어와 활동하였고, 서양식 병의원이 늘어났으며, 서양과 일본에서 만들어진 약들이 판매되었다. 이들 외국인 의료인과 약품을 통하여 조선인은 서양 의료를 직접 접할 수 있었다. 여전히 조선인의 일상에서는 이전부터 사용되던 민간요법과 약재와 의원이 큰 비중을 차지하고 있었지만, 점차 서양 의료의 이용이 늘어나게 되었다. 의료인에 대한 교육과 제도화가 강화되었고, 다양한 약품이 상품으로 개발, 소비되었다. 전근대부터 여성이 담당하던 일상적 의료는 전문화와 상품화 바깥에 남게 되었으며, 여성은 의료의 주요한 소비자로 간주되었다.

1877년 부산에 일본이 설립한 제생병원을 필두로 한양과 개항장을 비롯한 주요 도시에 서양 의료를 시행하는 병원이 세워졌고, 일본인과 서양인 의사, 간호사, 산파 등이 늘어났다. 특히 조선에 거주하는 일본인의 수가 크게 늘어났고, 조선에 대한 군사 침략에 발맞추어 동인회(同仁會)[315] 촉탁이나 동인의원의 이름으로 일본인 의사가 조선에서 진료에 종사하도록 하는 후원이 적극적으로 이루어져서 일본인 의료인과 병의원의 수는 크게 늘어났다.[316] 그 결과 1910년 조선에는 일본인 병원이 102개로 늘어났고, 일본인 의사 368명, 산파 171명, 간호부 220명이 일하고 있었다.[317]

당시 조선에 거주하는 일본인의 수가 171,543명으로 전체 외국인의 90% 이상을 차지했던 것만큼이나,[318] 일본인 병원과 의료인은 조선의 외국인 병원과 의료인 중에서 압도적인 비중을 차지하였다. 그 외에도 약의 유통과 판매에 종사하는 일본인이 많았는데, 이들은 주로 개항장과 대도시에서 시작하여 활동 지역을 확대하였고, 서양이나 일본에서 제조한 약품을 판매하였다.[319]

미국, 캐나다, 영국, 독일 등 다양한 국적의 서양인 의료인은 주로 선교사의 신분으로 조선에 들어왔다. 이들은 선교 활동의 일환으로 의료 활동을 시작했으며, 1885년 한양에 설립된 제중원은 미국 공사관 의사의 자격으로 입국한 앨런(Horace N. Allen, 1858-1932)이 서양식 병원 운영을 고려하고 있던 조선 정부에 건의하여 성사되었다. 이후 조선에서 활동하는 서양인 의료인의 수도 늘었는데, 1910년 의사, 치과의사, 약사를 합하여 45명, 간호사 22명 등 총 67명으로[320] 일본인의 1/10 수준이었다.

서양 근대 의학을 배워 실무를 하는 조선인 전문가도 양성되기 시작했다. 가장 먼저, 그리고 가장 활발히 배출된 인력은 감염률과 사망률이 높은 급성감염성 질환인 두창(痘瘡) 예방을 위한 우두(牛痘) 접종 전문가였다. 개항 직후 지석영, 이재하, 최창진 등은 일본, 중국 등 다양한 경로를 통하여 우두 접종법을 익혀서 시술했고, 1880년대에는 전주와 공주의 우두국에서, 1897년부터는 한양의 종두의양성소에서 우두의, 우두접종인허원 등으로 불리는 우두 접종 전문가가 배출되기 시작했다.[321] 서양 의료 인력 중에 우두 접종 전문가가 가장 먼저 양성된 이유로는 조선이 살아남고 번영하기 위해서는 인구 관리가 중요하다는 인식이 확산되는 상황에서 두창이 영유아의 주요 사망원인이었다는 점을 들 수 있다. 또한 전반적으로 영양과 위생 수준을 높이는 것이 감염병의 가장 효과적인 예방법이지만 여기에는 상당한 투자와 시일이 소요되어 사회 전반적인 변화가 필요한 데 비하여, 우두접종은 짧은 시간에 적은 비용을 들여 인력과 재료를 얻을 수 있었다는 점이 작용하였다. 조선 정부에서는 1895년 '종두규칙'을 제정하는 등 일련의 제도적 마련을 통하여 우두 접종을 의무화하였다. 이를 위해서는 우두 접종 전문가를 필수적으로 양성해야 했으므로 우두인허원의 수가 급격히 늘어나 1914년 1,248명이나 되었다. 이는 당시 의사와 한의사를 합친 수의 두 배에 달했다.[322] 그 결과 일 년에 몇 십만 명 수준에서 이루어지던 우두 접종이 1910년 한일합방 즈음에는 122만 명으로 늘어났다. 이후로도 조선총독부는 우두 접종 전문 인력을 기반으로 하는 강제 우두접종정책을 강력하게 펼쳐나갔다.[323]

그다음으로 배출되기 시작한 조선인 의료인은 의사였다. 서양 의학을 배운 의사를 양성할 필요가 있다고 판단한 대한제국 정부는 1899년 관립의학교를 설립하여 1903년 제1회 졸업생 19명을 배출하였으며, 1907년에는 대한의원으로 교육 업무가 이관되었다. 또한 일본인과 서양인이 운영하는 의료기관에서는 초기부터 조선인 남녀에게 서양 의료를 가르쳐서 부족한 일손을 돕도록 하고 있었는데, 그중 미국 선교회가 서울에 설립한 세브란스의학교가 1908년 조선인 의사 7명을 첫 졸업생으로 배출하였다. 조선총독부의원과 각도의 자혜의원에서도 1910년경부터 정식 의학교육을 시작하였다.

서양 의료 전문가가 늘어나면서 조선 사람이 서양 의료를 직접 접할 기회가 늘어났지만, 가장 쉽게 만나고 이용할 수 있었던 서양 의료는 '약'이었다. 그 시작은 개항장과 대도시를 중심으로 설립된 일본인과 서양인 병의원에서, 그리고 주로 일본인인 약종상과 매약상이 다룬 약이었다. 예를 들어 제중원 설립 초기 서양인 의사들은 소독약으로 석탄산용액, 요오드포름과 클로로포름, 말라리아 약으로 키니네, 강장제로 파울러용과 대구간유, 구강이나 안구 건조 치료제로 필로카르핀, 진통제로 모르핀과 아편제, 관장제로 피마자기름, 피부 상처에 고무 고약과 황산연고, 해열제로 살롤, 기타 다양한 약의 재료로 장뇌, 마취제로 코카인, 수면진정제로 클로랄 등의 약제를 사용하였다.[324] 또한 제중원에서는 말라리아 치료제인 금계랍과 회충약 등을 신문 광고를 통해서 홍보 발매하기도 하였기 때문에[325] 사람들은 직접 병원에 가거나 의사를 만나지 않고도 우편으로 서양의약품을 구입하여 사용할 수 있었다.

大韓光武三年八月九日 水曜日 陰曆己亥七月初四日 (三)

外報

廣告

濟衆院 告白

〈그림 3-20〉 〈황성신문〉 하단에 실린 제중원의 금계랍, 회충약 광고. (출처: 〈황성신문〉 1899.8.9.)

그 외에도 한약, 기존 한의학 고방(古方)대로 만든 한약에 상표를 붙여서 시장에 내놓은 것, 한약재에 양약재를 섞어 만든 신약 등 전반적으로 약의 유통과 판매가 증가하였다.[326] 특히 의사의 지도를 받지 않고 효능과 용법을 쓴 포장 또는 설명서를 보고 환자가 직접 사서 쓰는 약인 매약이 등장하여 확산되었고,[327] 이는 약의 소비가 폭발적으로 증가하는 데 기여하였다. 1910년대에는 제생당, 화평당, 천일약방, 동화약방, 조선매약 등이 이런 매약업을 주도하였고, 각종 신문과 잡지의 광고, 통신판매 등이 확대되어[328] 조선인은 이전보다 다양한 약을 편리하게 접하고 사용하게 되었다.

1908년 내부 위생국에서 파악한 국적별 병의원과 의료인의 수를 통하여, 당시 의료 상황을 짐작할 수 있다.

〈표 3-27〉 1908년 병의원과 의료 인력의 국적별 분포

	병의원						의사				약제사		산파		간호부		매약업		
	공립		사립			계													
	한	일	한	일	영미		한	일	청	영미	한	일	한	일	한	일	한	일	청
민족별	1	13	26	105	8	153	2,659	283	5	12	143	75	33	105	32	155	3,265	575	9
계	153	2,961	218	138	187	3,849													

(출처: 內部衛生局, 『韓國衛生一般』 [1909], 5-8쪽)

이 조사는 기준도 명확하지 않고 숫자가 정확하다고 보기도 어렵다. 조사 결과는 일본인의 경우 대체로 김승태의 연구(1994)[329]에서 제시한 것과 비슷하지만, 서양인의 경우 황상익과 기창덕의 논문(1994)[330]에서 제시한 것보다 훨씬 적다. 따라서 통감정치하의 내부 위생국에서 실시한 병의원과 의료인 조사였으므로 일본인은 대개 조사가 이루어졌고, 서양인은 조사되지 않은 경우가 많다고 볼 수 있으며, 조선인도 실제보다 적은 수가 조사되었을 가능성이 높다.

이 조사에 의하면, 전국에 153개의 병의원이 있는데 그중 공립은 서울의 대한의원과 13개 도 자혜의원을 합하여 14개이다. 나머지 139개 사립병의원 중 105개는 일본인 소유이고, 서양인이 운영하는 것은 8개에 불과하며, 조선인이 운영하는 것은 26개이다. 의사 2,961명 중에 2,659명은 조선인인데 이들은 대부분 한의사였고[331] 일본인은 약 10%인 283명, 나머지 외국인은 중국인과 서양인을 합하여 17명이다. 가장 큰 수를 차지하는 것은 약제사와 매약업자로 합하면 3,483명이고 일본인이 약 19%인 650명을 차지한다. 산파와 간호부는 각각 138명, 187명이며 그중 조선인은 24%인 33명과 17%인 32명에 불과하다. 아직 조선에서는 정식으로 간호교육이나 조산교육을 받은 간호부와 산파가 배출되기 이전이었기 때문에 이들 조선인 간호부와 산파는 정규 교육을 받지는 못했겠지만, 간호와

조산을 직업으로 하는 조선인 여성이 적어도 수십 명 이상 있었다는 점은 알 수 있다.

일제강점 이후 서양 의료는 시설과 인력 모두 확충되었다. 도립의원의 수는 꾸준히 증가하여 1910년 13개에서 1943년 총 47개로 늘어났다.[332] 의사 수는 1914년 641명에서 1942년 3,674명으로 늘어났는데, 그중 조선인 의사는 144명에서 1942년 2,487명으로 늘어났다. 1914년 186명과 397명이던 간호부와 산파 수는 1942년 각각 2,254명과 2,090명으로 늘어났다. 그중 조선인 간호부와 산파는 면허제도가 시작된 1914년 각각 불과 9명과 2명밖에 되지 않았지만, 1942년 각 1,017명과 827명으로 늘어났다.[333] 그렇지만 이렇게 늘어났어도 도립의원은 도당 3.6개에 불과했고, 조선인 의사 1인당 인구수는 11,800명이나 되었다. 가뜩이나 부족한 병원과 의사는 인구가 많은 도시에 몰려 있을 뿐 아니라, 비용도 매우 비쌌다. 의사와 병원은 멀고 비쌌기 때문에 사회경제적 지위와 사는 지역에 따라 보건의료 이용 양상에 상당한 차이가 있었다. 사회경제적 지위가 높을수록, 도시 지역에 거주할수록 한의사이건 양의사이건 의료 전문가를 활용할 수 있었고, 그렇지 않은 경우 무녀 등 주변에 있으면서 비용도 비싸지 않은 사람을 찾아갔다. 일반 조선인에게 병원과 의사는 가까이하기 어려운 존재였고, 위중한 질환이거나 심한 외과적 문제에나 병원에 갈 수 있었다.[334] 의사와 병원보다는 의생과 약방이, 또 그보다는 무당과 약초가 주변에 많았고 이용하기도 쉬웠다.[335] 전문가를 만나지 않고 활용하게 되는 일상의 의료는 일상적 지식과 경험을 기반으로 하고 있었고, 여성은 일상적 의료와 건강관리를 담당하였다.

보통의 조선 사람이 서양 의료를 접하는 방식은 서양식 병의원, 서양 의학교육을 받은 의사 등의 전문가를 통한 것도 있었지만, 가장 광범위하게 이루어진 것은 공중보건 내지는 위생의 이름으로 이루어진 공공보건

측면의 활동이었다. 주요 급성감염병 관리를 위하여 1895년 호열자병예방규칙, 종두규칙 등 일련의 법규가 제정되었고, 이는 일반의 일상과 병치레에 영향을 미치게 되었다. 누구나 우두 예방접종을 맞아야 했으며, 콜레라에 걸린 사람은 격리되었고, 사람들은 병원체에 의한 감염의 개념을 이해하는 것과 관계없이 소독과 위생의 규정을 지켜야 했다.

통감 지배 이후 일반 조선인들이 보건의료제도를 일차적으로 접하는 매개는 위생경찰이었다. 일본은 통감 지배를 시작하면서 조선의 위생행정을 경찰이 담당하도록 하였고 한일합방 이후로는 이를 더욱 확고히 하였다. 식민지 위생경찰의 업무는 감염병 예방을 위한 검역 활동, 주기적 청결 조사, 법정감염병 호구 조사 등 감염병의 잠정적 실제적 대상자로서 인구집단 관리를 위주로 하였다.[336] 서양식 병의원과 의료인에 대한 접근은 아플 때 본인이나 가까운 사람의 선택으로 결정하는 것이 대부분이었지만, 위생경찰은 아프지 않아도, 그리고 원하지 않아도 만나야만 했으며, 위생경찰의 집행은 법과 행정을 기반으로 하는 강제적인 것이었기 때문에 조선 사람에게 공포와 위협의 대상이었다.

보건의료행정은 강압적이면서도 전문적 의료 인력의 수가 적어서 전시적이었던 반면, 조선인의 일상생활에 가장 직접적으로 영향을 미친 것은 약의 확산이었다. 매약업이 큰 호황을 누리게 된 구체적인 모습은 1922년 당시 경기도 내에서 매약을 제조해서 파는 사람이 350명, 일본에서 약을 수입해서 파는 사람이 15명, 매약을 도매로 사서 산매하는 장사가 2,543명, 매약의 약값이 도합 800,800여 원이라는 것을 통하여 확인할 수 있다. 그러나 경기도 전체에서 약으로 소비되는 돈이 500만 원으로 추정되었던 것에 비하면 매약이 차지하는 비율은 20%도 되지 않았는데, 그 이유는 매약의 가격이 상대적으로 저렴했고 주로 소비되는 것은 한약과 병원에서 처방된 약이었기 때문이다.[337]

약종상은 일제강점기에도 보건의료 인력 중에 가장 많은 수를 차지하여 1912년 3,601명에서 1914년 7,601명, 그리고 1924년에는 10,302명까지 늘어났다. 약종상의 수가 전체 보건의료인의 수 중에 압도적으로 많았던 것은 자격 조건이 따로 없고 지방청에서 인허를 내주었기[338] 때문이기도 했지만, 이 시기에 약의 유통과 소비가 대규모로 이루어졌기 때문이기도 했다. 약종상과 매약업자는 약의 유통과 소비를 적극적으로 주도했는데, 그것은 많은 약의 유통과 소비가 이루어졌던 것에 비하여 의사와 의생으로 대표되는 의료서비스 제공자가 부족했기 때문에 가능한 것이었다.

약 시장과 소비의 확대는 당시 신문에 나타난 상품 광고 중에 의약품 광고가 차지하는 비중을 통하여도 확인이 된다. 1900년 이전 신문에 실린 총 44개의 광고 중에 의약품 광고는 22개로 50%를 차지했다. 이후 신문의 상품 광고는 1930년대 1,339개에 달할 정도로 늘어났는데,[339] 그중 의약품 광고는 전체 광고의 절반에서 3분의 2까지 차지하였다.[340]

2) 임신과 출산의 변화

전근대 조선 사회에서 임신과 출산은 집안의 일이었으며 친정어머니나 시어머니 등의 친척, 경험 있는 여종이나 이웃 등 가까운 여성의 도움으로 이루어졌다. 전근대의 임신과 출산은 어머니와 아기의 생명까지도 위협하는 위험한 과정이었기 때문에 한의학의 중요 주제이기도 했고, 의료 전문가인 의원, 의녀, 산파 등이 개입하기도 하였다. 그렇지만 의녀는 왕실과 고위 사족의 여성을 대상으로 하였고, 산파는 아주 드물었고 문제가 심한 경우에만 개입하였으며, 의원은 문제가 있는 경우에 개입하기도 하였으나 분만 현장에는 들어가지 않았다.[341]

개항 이후 여성의 임신과 분만에 변화가 시작되었다. 아기가 무사히 태어나서 건강하게 성장해야 인구가 늘어나 조선의 미래가 밝으므로 모자보건이 중요하다는 논리가 확대되었다. 일본은 산파가 출산을 개조하는 것이 조선보다 일반적이어서 조선에 거주하는 일본인의 수가 늘어나면서 일본인 산파의 수도 늘어났다. 일제는 일본인이 조선에 안심하고 정착하려면 산파가 필요하다고 판단하여 산파 양성에 적극적이었다. 외국인 의사들과 새롭게 배출되기 시작한 조선인 의사들은 분만 역시 의사가 다루어야 하는 의료의 영역으로 간주했다. 또한 여성의 임신과 분만을 둘러싼 여러 가지 약이 활발하게 출시되고 유통되었다. 이렇게 조선의 미래를 위하여 모자보건이 중요하다는 논리, 식민지 지배를 위한 일제의 이해, 임신과 출산을 의료의 영역으로 간주하는 서양 근대 의학과 의료인의 증가, 늘어난 관련 약품시장 등을 통하여 여성의 임신과 분만은 집안에서 비전문가 여성들이 함께 겪는 일에서 의료 시장에서 전문가가 개입하는 문제로 변화하기 시작하였다.

개항 직후 조선에서 활동한 외국인 의사들은 대부분 남성이었고, 이들은 환자를 보는 데 남녀를 가리지는 않았다. 그렇지만 조선인 여성을 진료하려면 의사 이외의 남성은 모두 병원 밖으로 내보내야 할 정도로 내외가 강한 조선의 관습 때문에 여성에 대한 진료가 큰 비중을 차지하지는 않았다. 여성 환자 진료에 적극적이었던 것은 주요 대상을 여성과 어린이로 했던 여성 의사들로, 임신과 출산을 비롯한 산부인과 영역을 중요하게 포함하였다.

우리나라 최초의 여성 전문 의료기관인 보구여관(保求女館)은 1887년 경성 이화학당 구내에서 시작되었는데, 서양인 여의사와 간호원, 조선인 여의사, 조선인 간호학생, 기타 조선인 보조 등 전체 인력이 여성으로 구성되었다. 보구여관에서는 산부인과 문제에 적극적으로 대처하여 1893년 유방암 절제술,[342] 1907년 대형 자궁근종 추출[343]을 하는 등 산부인과에

〈그림 3-21〉 1900년경 보구여관. (출처: 문화콘텐츠닷컴)

서 알려진 수술 목록 가운데 몇 가지를 제외하고 거의 모든 수술을 할 정도로[344] 많은 부인과 수술이 이루어졌다.

그렇지만 보구여관에서도 출산에 개입하는 경우는 문제가 심각한 비정상 분만이어서 1905년에는 서양인 선교여의사가 30킬로미터 이상 떨어져 있는 곳에 왕진을 가서 일주일 동안 산고에 시달리는 여성에게 수술을 하기도 하였고 1907년에는 비정상적인 산모를 위한 '인공 분만' 몇 건이 이루어지기도 하였다.[345] 보구여관은 늘어난 수요에 대응하기 위하여 동대문으로 옮겨 규모를 확대하였고, 분만을 위하여 오는 여성의 수가 늘어나면서 산과의 비중을 더욱 확대하였다.[346]

서양식 병의원의 수가 늘어나면서, 규모가 있는 병원에서는 산부인과의 분리가 이루어졌다. 관립병원 광제원에서는 1906년 전문과를 분리시키면서 부인과를 개설하였고, 1907년 설립된 대한의원은 초기부터 부인과 치료를 했으며,[347] 1909년 분과규정을 통하여 명시한 10개의 전문과에 부인과가 포함되었다. 서양 의학교육을 받고 배출된 조선인 의사들 역시 진료 대상에 여성을 포함했을 뿐 아니라, 산부인과를 전문으로 표방하는 경우가 늘어났고,[348] 남성 의사의 비정상 분만에 대한 개입도 늘어났다.[349]

서양 의학교육을 받은 의사 이외에 조선 여성의 출산문화 변화에 영향을 미친 또 다른 전문 인력은 산파였다. 일본에서는 전통적으로 산파가 공동체사회 내에서 출산과 관련한 상호부조의 역할을 담당하였고, 1874년에는 서양 근대 의학 지식을 습득하고 조산 실습 조건을 충족해야 면허를 받도록 법제화하는 등[350] 산파가 일반화되어 있었을 뿐 아니라 서양 의학을 기반으로 하도록 제도화되어 있었다. 조선에서 거주하는 일본인 수가 늘어나면서 일본인 산파의 수도 늘어나서 1907년에는 80명, 1908년에는 105명, 1912년에는 278명으로[351] 불과 5년 사이에 3배 이상 늘어났다.

조선 내부에서도 다음 세대가 안전하고 건강하게 태어나서 자라는 것이 나라의 미래를 위한 기반이 되고, 그를 위해서는 이를 담당하는 전문가가 필요하다는 논리가 확산되었다. 특히 대한제국기 위생계몽운동에서 여성 문제를 중시하고 부국강병을 위한 어린이의 양육에 의의를 부여하면서 임신 및 해산, 아기의 젖먹이기와 양육 등에 관심을 기울였다. 논리는 이 분야의 전문가인 산파의 필요성으로 이어졌고, 당시 활발히 싹트던 여성교육운동의 분위기 속에서 산파 양성기관을 설립하자는 움직임이 여기저기서 생겨났다.[352] 그중 실제 설립되어 졸업생 배출로 연결된 것이 1910년 설립된 사립조산부양성소였고, 사립조산부양성소에서는 양성소의 경영과 학생 실습을 위하여 조산소를 함께 운영하였다.

사립조산부양성소[353]

사립조산부양성소는 당대의 유명인사와 그 어머니나 부인으로 알려진 여성들의 적극적 참여로 실현되었다. 1910년 1월 9일 열린 발기회에는 병조판서를 거쳐 육군법원장, 육군무관학교장 등을 거친 조동윤의 어머니와 지석영 등이 참가하였다. 이날 임원을 선정했는데 정부 고위관리의 가족으로 여성교육운동에 적극적인 인물들이 임명되었다. 즉, 소장은 홍순관(洪淳寬)의 부인 박씨, 부소장은 윤치오의 부인 윤고라, 총무는 이병무의 소실(小室) 최성경이었다.[354]

사립조산부양성소에서는 첫째 18세에서 30세 사이 여성, 둘째 교양 있고 품행이 단정할 것, 셋째 조선문과 한문의 독서, 작문 시험에 합격할 것 등 세 가지 기준으로 학생을 선발하여 수업연한 2년으로 학생 교육을 시작하였다. 재정적인 어려움 속에서도 1913년 3월 1회 졸업생 7명을 비롯하여 1918년까지 약 20명의 졸업생을 배출하였다.

사립조산부양성소에서는 학생에게 간이생리학, 간이산파학, 해부학, 태생학, 간호, 육아, 소독법 등 산파로서 갖추어야 할 지식을 가르쳤을 뿐 아니라 일반인을 대상으로 월례 통상회, 환등기 계몽 활동 등의 보건교육을 하기도 하였다. 또한 학생 실습을 위하여 조산소를 병행했는데, 산모의 형편에 따라 분만비를 무료로 하거나 차비를 대주는 등 적극적인 활동을 하였다. 특히 1912년 고종의 딸인 덕혜옹주가 태어나기 한 달 전부터 매주 주임산파 미이케 쓰루요(三池鶴代)가 학생과 함께 덕수궁에 들어가 귀인 양씨를 진찰하였고 분만도 담당하였다.[355] 이를 계기로 사립조산부양성소는 더욱 유명해져서 조산 의뢰가 답지하였고, 그해에만 약 200명의 조산을 담당했는데, 그중 절반이 무료였다.

일제강점기에 지속적으로 산파를 양성한 중심 기관은 조선총독부의원과 각 도의 자혜의원이었다. 대한의원 부속의학교 산파과에서 이어진 조선총독부의원 의학강습소의 조산부과, 각 도 자혜의원 조산부과 및 속성 조산부과에서 교육받은 산파가 배출되어 조선 여성의 분만을 담당하기 시작하였다. 그 외에 간호학교를 졸업하고 산파시험에 통과하여 면허를 취득하는 경우도 있었다.[356] 산파면허제도가 시작된 1914년 조선인 산파의 수는 2명에 불과했지만 이후 숫자가 늘어나서 1924년에는 65명, 1934년에는 368명이 되었고, 조선에서 활동하는 일본인 산파의 수는 그보다 몇 배 더 많았다.[357] 병원에서 조산교육을 받고 조선총독이 부여한 면허를 가지고 있던 산파는 정상분만과 이상분만에 관한 서양 의학적 지식, 위생적 출산을 위한 소독법과 도구, 해부학적 지식에 근거한 분만개조술을 갖추고 있다는 점에서 이전 시기 여성의 분만을 돕던 친지나 전통적 산파와 달랐다.

이렇게 산파가 늘어나고 의사들이 여성의 임신과 분만을 담당하기 시작했지만 이들 전문가의 수는 적었고, 여전히 임신과 출산은 여성이 꼭 해야 하지만 건강과 생명에 위협이 되는 위험한 의무였다. 이러한 상황에서 의사나 병원보다 좀 더 대중적이었던 것은 '약'이었다. 특히 신문, 잡지 등의 매체가 확산되면서 폭발적으로 성장한 매약(賣藥) 중에는 아이를 낳게 해준다는 약이 여러 종 있었다. 그중에 대표적인 것이 화평당 약방의 '태양조경환'이었다. 태양조경환은 "남과 가튼 애기를 못 낫는 것은 가정부인에 큰 수치", "부인의 무자는 더할 수 없는 불행이요 가장 큰 죄악"[358] 이라는 등 아이를 낳지 못하는 것은 여성의 잘못이라고 단언하고, 아이를 낳으려면 약을 먹어야 한다고 강조하였다.[359] 그 외에 "자보(子寶)를 얻으라.", "복용하시면 복용하는 날부터 병마도 박멸되고 옥동자도 생산합니다." 등이 여성을 대상으로 하는 약 광고의 대표적인 문구였다.[360] 여성이 약을 복용하면 아이를 낳아 여성의 의무를 다하도록 해준다는 매약 광고는 시간이 흐르면서 건강한 자식을 생산하여 일본제국에 기여하도록 해준다는 국가적 담론으로 발전하였다.[361]

〈그림 3-22〉 "부인에 모든 병증을 고치고 아들딸 잘 낳게 하는 약 태양조경환" 광고. (출처: 〈동아일보〉 1920.4.3.)

다른 한편, 1920년대 산아제한론이 세계적으로 대두되면서 식민지 조선에서도 이에 관한 논의가 시작되었다. 전근대 시대에는 가족과 가문의 유지를 위하여, 그리고 근대 초기에는 부국강병한 국가를 위하여 산아제한은 바람직하지 않은 것으로 간주되었다. 특히 식민지 조선에서는 법적으로 산아제한이 허용되지 않았기 때문에, 공공연하게 산아제한을 옹호하거나 구체적 방법을 교육하는 것은 매우 어려웠다. 그렇지만 산아제한에 관한 토론회나 공개 글이 이어졌고, '법률이 허락지 않기 때문에' 산아제한의 방법을 직접 서술하는 대신 '인용'으로 대체하여 소개하는 형식을 취했다.[362] 또한 콘돔, 여성용 펫서리 등의 피임 용품에 대한 광고도 상당히 많았지만 이들 용품의 용도를 성병 예방과 성기능 개선 등에 초점을 두었지 피임용이라는 목적은 언급하지 않았다.[363] 이렇게 피임이 옹호되지도 않았고 구체적인 피임 방법이 교육되지도 않았기 때문에 인공임신중절 방법인 낙태가 이루어질 수밖에 없었다. 조선에서 의사의 '수술'을 통한 낙태는 1930년대에 들어서야 확산되었다. 또한 병원에서 의사의 수술을 통하여 낙태를 할 수 있는 여성은 사회적 지위, 경제력, 명분 등이 갖춰진 상류층 부인이 대부분이었다. 일반 여성이 사용한 낙태 방법은 양잿물, 쥐약, 피마자기름, 아편, 공업용 염산 등 모체에 강한 자극을 주는 약물을 복용하거나, 높은 곳에서 굴러 떨어지거나 배를 때리는 등 물리적인 힘을 가하는 것이었다. 따라서 낙태 효과도 불분명했고, 흔히 낙태를 시도한 여성의 건강, 심지어 목숨에 악영향을 미쳤다.[364]

일제강점기를 거치며 임신과 출산에 관한 서양 의학교육을 받은 면허산파의 수가 늘어났지만 그 수는 1940년에도 모두 2,057명, 그중 조선인 산파는 649명에 불과했기 때문에 이들이 참여하는 조선 여성의 분만은 전체 분만의 극히 일부였다. 의사는 모두 3,197명, 그중 조선인 의사는 1,918명이었지만, 숫자가 적었던 이들은 대부분 경성 등 대도시에서 일했고, 비용도 비쌌다. 대부분의 조선 여성에게 출산은 여전히 집에서 가까운 여성들과 치르는 일이었다. "조선인은 산파를 쓰지 않기 때문에 출산할 때 가까운 친척의 노부인 중에서 그 일에 경험이 있는 자가 출산에 관한 모든 일을 처리한다."[365]는 것이 조선 여성 대부분의 출산에 관한 사실적 기술이었다.[366]

3. 여성 의료 전문가 집단의 출현

전근대 조선에서 여성에게 허용된 의료 전문직은 극소수의 의녀뿐이었고, 여성은 과거를 보고 관직에 진출할 수 없었기 때문에 의관이 될 수 없었을 뿐 아니라 의원으로 인정받지도 못했다. 그러나 근대화의 과정에서 여성에게 교육의 기회가 확대되고 남성과 마찬가지로 의료 전문가가 될 수 있는 길이 열리면서, 점점 더 많은 여성이 의료 전문직에 진출하였다.

1) 여성 종두인허원

개항 이후 조선에서 정부가 주도하여 가장 먼저 양성되고 활용된 서양 의료 전문가는 두창 예방을 위한 우두 접종 전문가였다. 남녀 간에 내외하는 문화 때문에 여성의 우두 접종률이 떨어진다고 파악한 정부에서는 여성 종두인허원도 양성하였다. 이들은 의녀제도를 폐지한 이후 국가적 필요에 의하여 여성을 의료 전문가로 양성해 활용한 첫 사례가 되었다.

조선 말기 중국과 일본을 통하여 개인적으로 도입되던 우두법은 개항 이후 일부 지역에서 정부 관리의 주도로 집단 교육이 시작되었다. 1882년 전라도 전주에 설치된 우두국에서는 지석영이 우두 접종법을 가르쳤고, 이듬해 충청도 공주에 설치된 우두국에서는 경상도 출신의 의원(醫員)이 교수를 담당하였다. 1885년에는 중앙의 통리교섭통상사무아문, 각 도의 우두교수관, 각 군읍의 우두의사로 이어지는 행정조직이 형성되면서 우두 접종 시행이 체계화되었고, 1890년에는 그 범위가 전국을 포괄하였다. 그렇지만 서양 문물에 대한 반감, 무당 등 두창을 관리하던 기존 세력의 반발, 우두의사의 횡포, 수혜자 부담의 재원 조달 등의 문제로[367] 우두 접종의 제도화는 중단되었다.

갑오개혁 이후 우두 접종의 제도화가 재개되었다. 의료 분야를 관할하는 위생국이 내부에 설치되었고, 1895년 우두 접종의 시행을 법제화한 '종두규칙(種痘規則)'이 반포되었다. 이 법에서는 전 국민을 대상으로 두창 예방접종을 강제화하였고, 시험을 통과하거나 외국에서 의학교를 졸업하는 등 자격을 인정받은 사람만이 우두 접종을 할 수 있게 하였다.[368] 그렇지만 당시에는 종두의를 공식적으로 양성하는 기관이 없었으므로, 민간에서 교육받고 각 지방에서 활동하고 있던 기존의 우두의사를 활용할 수 있도록 하였다. 정식 종두의양성소는 일본인 의사 후루시로 바이케이(古城梅溪)에 의하여 한양의 사립병원인 찬화병원(贊化病院)의 부속기관으로 1896년 11월 출발하였다. 이후 두창 예방접종 업무는 각 지역의 종두소, 내부병원 광제원, 대한의원 등으로 이어졌고, 종두의들은 지방 각지의 일선에서 우두 접종 시행을 담당하는 종두인허원 양성도 담당하였다.

여성 종두 인력이 양성된 것은 한 해에 수만 명씩 두창 예방접종을 할 정도로 우두 접종 사업이 활발해진 1909년이었다. 당시 우두 접종은 대개 팔 위쪽에 했는데 이러한 "종두 시술에 대하여 연장한 부인들은 남자를 직접 상대함을 수치불긍(羞恥)하는 폐"가 있다고,[369] 즉 여성이 남성과의 직접적인 접촉을 피하는 내외의 풍습이 두창 예방접종 확대에 방해가 된다고 판단하였다. 그리고 그 해결책으로 여성을 선발하여 우두 접종법을 교육시켜서 여성 대상 우두 접종을 확대하기로 한 것이다. 그렇지만 두창 예방접종이 잘 확대되지 않은 것은 남녀 간의 내외 이외에도 두창 예방과 대응 정책의 강제성, 예방접종의 효능에 대한 불신 및 통증과 부작용, 우두인허원의 비도덕적 자세 등도 작용하고 있었다.[370]

조선 초기 의녀제도가 시작된 것이 의료의 영역에서도 내외가 실천됨으로써 조선의 통치이념인 성리학이 자리를 잡을 수 있도록 하기 위해서였는데, 조선의 막바지에 여성 종두인허원이 양성된 것은 이 내외를 핑계로 근대국가와 의료의 권력이 여성의 몸에 접근하지 못하게 거부하는 것을 극복하는 방법으로 채택된 것이었다. 조선 초 의녀제도의 시행과 조선 말 여성 종두인허원 양성은 내외를 전제로 하고 여성에게도 의료의 혜택이 주어지게 한다는 이유로 시행되었다는 점에서 공통적이었다.

여성을 대상으로 종두인허원 교육을 실시한다는 것이 알려지자 많은 여성이 적극적으로 지원했다.[371] 그렇지만 초기 종두인허원은 대부분 일본인이어서 1909년의 첫 부인 종두인허원 25명 중 조선인은 4명뿐이었다. 조선인 여자 종두인허원을 처음으로 양성한 곳은 인천이었고,[372] 일본인과 조선인으로 구성된 여성 종두인허원은 전국 10개 도에 1명에서 4~5

명까지 파견되어 여성을 대상으로 두창 예방접종을 시행하였다.[373]

한일합방 이후에도 조선총독부에서는 '종두규칙'에 따라 두창 예방접종을 시행하였고, 이전과 마찬가지로 남성을 꺼리는 조선 풍습을 이유로 여성 종두원을 양성하고 활용하였다.[374] 그렇지만 두창 예방접종 전문가를 별도로 양성한 것이 아니라, 여성인 산파나 간호부가 추가적으로 할 수 있도록 하였다. 즉, 일본인의 경우 산파나 간호부 자격을 가진 사람 중에서 우두술에 경험이 있는 자, 조선인의 경우 일정한 학력을 가지고 2년 이상 간호부 실무에 종사한 사람 중에서 우두술에 경험이 있는 자를 채용한다는 방침을 유지하였다.[375] 이렇게 적극적인 전문 인력 양성과 위생경찰제도를 기반으로 한 강제성의 결과, 우두 예방접종 실적은 일 년에 수만 건 수준에서 수십만 건 수준으로 늘어났고, 그 결과 두창 유병률은 급감하는 듯했다. 그러나 1919년을 고비로 두창 환자는 다시 늘어났고, 일제는 관계 법규를 강화하여 강제 예방접종 횟수를 늘리는 등 두창을 다스려서 식민 지배의 정당성을 획득하고자 했다. 그렇지만 두창 예방접종기술의 불완전함, 기타 보건위생 문제의 미해결 등으로 일제 말까지 두창 환자 발생은 일 년 수백에서 수천 건의 수준으로 지속되었다. 일선의 우두 접종 인력으로 종두원이 계속 활용되었지만, 여성 종두원은 산파나 간호부 중에 선발하는 것을 원칙으로 했기 때문에 별도의 전문가 직군을 형성하지 못하였다. 조선 사회의 내외가 약화되고, 우두 접종 이외에도 다양한 감염병에 대한 예방접종이 개발되면서 각 예방접종별 전문가를 따로 양성하는 것이 아니라 예방접종 전반을 의사, 간호부 등이 담당하게 되었고 우두 접종만을 담당하는 전문가 자체가 자연스럽게 사라지게 되었다.

2) 간호부와 산파[376]

19세기 말 이후 조선이 세계 각국과의 직접적 교류, 근대국가로의 발돋움, 식민지화, 산업화, 도시화 등의 변화를 겪으면서, 여러 직업이 생겨났다. 그중 간호부(看護婦)와 산파(産婆)는 근대 서양 의학을 기반으로 새롭게 양성되고 제도화된 의료 전문직이면서 법적으로 여성에게만 가능한 직업이었다.[377] 간호부와 산파는 일제강점기를 거치면서 대표적인 여성직 중의 하나이자 가장 많은 수의 조선 여성이 진출한 의료직이 되었다.

개항 이후 조선에서 활동하는 외국인 의사와 서양식 병의원이 늘어나면서, 서양 근대 의학 지식을 이해하여 의사의 일도 돕고 조선인과의 의사소통도 도울 수 있는 인력의 필요성이 커졌다. 서양인이든 일본인이든 본국 출신 간호부는 숫자도 적었고 조선인과의 의사소통에 도움이 되지 않았으므로 외국인 의사들은 상황에 따라 조선인을 선발하여 필요한 서양 의료 지식을 가르쳐서 도움을 받았다.

초기 서양식 병원에서 다양한 사람이 의사를 돕고 간호를 담당했던 것은 조선 정부가 운영한 첫 서양식 병원인 제중원의 사례에서 잘 나타난다. 제중원은 1885년 설립될 당시부터 규모가 상당해서 외래 이외에도 수술실, 약국, 약 40병상 규모의 입원실 등이 갖추어져 있었다. 그렇지만 의료인은 미국인 선교의사 앨런 한 명뿐이었고, 정부에서 파견한 조선인 남성들이 행정, 음식, 주방 등을 담당하고 있었다. 조선 정부가 운영했던 1894년까지 제중원의 의사 보조와 간호는 여건에 따라 서양인 선교사, 환자 보호자, 조선 정부에서 파견한 관기(官妓), 서양인 선교간호부, 일본인 간호부, 제중원 의학당 학생 등 다양한 사람이 맡아 했다.[378] 제중원 이후 조선 정부에서 직접, 간접적으로 설립한 서양식 병원인 한성 피병원, 광제원, 대한국적십자병원에서도 환자 간호를 간호부가 담당한 것은 일부에 불과했고, 대부분 일반인이나 환자의 친지 등이 큰 몫을 하였

다.[379]

조선에 새로 설립된 서양식 병원 여기저기에서 외국인 의사를 돕고 간호를 담당할 조선인을 선발하여 교육하는 시도가 이루어졌다. 이 중 보구여관에서는 조선인 여성에 대한 교육이 최초의 간호학교 설립으로까지 이어졌다. 보구여관은 미국 감리교 여성 선교회에서 1887년 한양에 설립한 여성전문병원으로, 조선 왕실에서는 보구여관이라는 이름을 내리고 운영을 지원하였다. 미국 펜실베니아 여자의과대학을 졸업한 여성 선교의사 로제타 셔우드(Rosetta Sherwood, 1865-1951. 1892년 결혼한 후에는 Rosetta Sherwood Hall)는 1890년 조선에 도착하자마자 한국어를 알지 못하는 상태에서 진료를 시작해야 했다. 셔우드는 이화학당 학생 중에 선발해서 통역을 담당하도록 하고, 자신의 일을 도울 수 있도록 의학적 내용을 가르치기 시작했다.[380] 이 외에도 선교를 돕던 여성이 보구여관의 진료와 간호까지 돕기도 하고, 환자로 왔다가 나은 후에 선교와 병원 일을 하는 여성도 늘어났다.[381] 조선 정부에서 선교계로 이관된 제중원에서도 나이 있는 과부를 고용하여 여자 병동의 일을 하도록 하는 등 조선 여성의 도움을 받았다.[382]

보구여관에서 간호교육이 정식으로 시작된 것은 1903년이다. 미시간대학 간호학교를 졸업한 마가렛 에드먼즈(Margaret Edmunds, 1871-1945)가 간호학교 설립을 임무로 조선에 파견되어 학교를 시작하였다. 보구여관 간호학교는 우리나라 최초로 여성을 대상으로 전문가 교육을 실시한 근대적 학교가 되었다. 기존의 조선인 대상 서양 의학 교육기관인 종두의양성소, 관립의학교, 세브란스의학교뿐 아니라 기타 한성사범학교, 외국어학교, 농상공학교 등 교사나 통역 전문가, 농상업 기술자 등의 전문가를 양성하기 위한 학교가 모두 남성만을 대상으로 하였고 여성은 아예 입학을 허락하지 않았기 때문이다.

〈그림 3-23〉 1904년 보구여관. 흰 모자를 쓴 에드먼즈 양쪽에 간호학생 김마르다와 이그레이스가 제복을 입고 있다. (출처: Minerva L. Guthapfel, The Happiest Girl in Korea [Fleming H. Revell Company, 1911], p. 89)

보구여관에서는 기본적 교육이 되어 있는 20대의 기독교 신자이면서 병원에서 주간과 야간에 일을 할 수 있는 건강과 여건이 되는 여성을 간호학생으로 받아들이고자 했다. 그렇지만 원하는 정도의 자격을 갖춘 지원자는 없었고, 보구여관에서 일하고 있던 조선인 여성들로 간호학교를 시작하였다.[383] 보구여관 간호학교는 지원자가 일단 2개월 정도의 수습기간을 거쳐 한글·영어·간단한 한자의 읽기와 쓰기, 사칙연산 위주의 산수 등에 관한 기초 교육을 받도록 하고 병원 생활에 적응하는지를 살폈다. 그 후 본격적으로 간호교육을 시작했는데, 기숙사에 거주하면서 12시간 주야 교대 근무로 강의와 실습을 병행하는 고된 것이었다. 교사는 서양인인 의사, 간호부, 일반 선교사 등으로 다양하게 구성되었지만,[384] 한국어가 능숙하지 못한 데다가 한글 교재를 비롯한 여러 가지 교육 여건이 부족해서 어려움이 컸다. 그렇지만 선교회의 경제적 지원을 받아 학생에게 숙식을 제공하는 등의 노력을 기울이며 교육을 계속하였다.[385] 3년 후에 김마르다와 이그레이스 2명이 대관식을 하고 수료증을 받았으며, 이 둘은 1908년 1회 졸업생이 되어 우리나라 여성으로는 처음 근대적 전문가 교

〈그림 3-24〉 1908년 대한의원 3등 병실. (출처: 대한의원 개원 기념 사진첩)

육과정을 마치게 되었다.[386]

그 외에 선교회 연합병원인 세브란스병원에서도 1907년 간호부양성소를 설립하여 1910년 제1회 졸업생 1명을 배출하는 등 간호교육을 시작하여 이후 일제강점기까지 지속하였고 경성의 공립 한성병원,[387] 평양과 대구의 동인의원에서도 견습의 형식 등으로 비정규 간호교육을 하고 있다가 1907년경 간호부양성소를 설립해 간호교육을 시작했다. 간호학교에 입학해 공부와 직업의 기회를 갖고자 했던 여성들의 의지는 함흥에서 배를 타고 부산에 간 후 기차를 타고 서울을 거쳐 평양에 도착하여 평양 동인의원 간호부양성소에 입학한 학생의 예[388]를 통하여 짐작할 수 있다.

간호와 조산 교육이 제도화된 것은 대한의원에서 간호부와 산파 교육을 시작하면서부터였다. 1907년 설립된 대한의원은 대한국적십자병원, 내부병원 광제원, 관립의학교라는 기존의 정부 소속 서양 의료 및 교육기관을 통합한 조선 최고이자 최대의 서양식 의료기관이었다. 대한의원에는 설립 당시부터 일본인 산파와 간호부가 있었는데, 이들은 도쿄의 일본적십자사에서 3년 과정을 마쳤거나 일본 각지 양성소에서 간호교육을 받고 시험에 합격한 사람들이었다. 대한의원에도 수 명의 조선인 여성이 간호를 담당하고 있었는데, 간호교육을 정식으로 받지 못했기 때문에 간호부도, 간호학생도 아닌, '간호부견습생'이었다.[389]

1910년 2월 1일 내부령 제5호 '대한의원 부속의학교 규칙'이 반포되는 일련의 과정을 통하여 대한의원의 교육 기능이 실제화되었고 간호교육과 조산교육의 틀이 규정되었다. 주요 내용은 수업연한 2년의 간호과와 산파과를 두는데, 입학정원은 각각 20명과 10명, 입학 자격은 18세 이상 25세 미만의 품행이 방정하고 신체검사와 입학시험에 합격한 사람으로, 입학시험 과목은 국문오륜 및 행실과 간단한 국문 작문이었다. 학생 수업료는 무료일 뿐 아니라 식비, 피복비, 잡비를 지급받고 기숙사에 묵도록 했다. 그 대신 졸업 후 1년간 의무적으로 일하도록 하였으며, 정당한 사유 없이 의무 복무기간을 채우지 않으면 지급받은 학비를 상환하도록 하였다. 교과과정은 수신과 일어를 전 학기 공통으로 하여, 조선인 간호학생이 일본인 의사와 환자를 대할 때 의사소통과 태도에 문제가 없도록 하였다.[390] 또한 1학년은 기초의학과 기초 전공, 2학년은 세부 전공을 배우며 간호부과는 1학년부터 실습을 시작하고 산파과는 2학년부터 실습을 하도록 하였다.[391] 이와 같은 대한의원 부속의학교 산파과와 간호부과 교육체계는 전국 자혜의원에서 확대되고 있던 간호부와 산파 교육의 표준을 제시하였으며, 이후 일제강점기 정착된 간호사 및 산파 교육의 기본 틀이 되었다.

젊은 여성인 간호학생이 내외하던 남성을 간호하기 시작하다

— 대한제국 군인을 위하여[392]

남녀가 내외하는 것을 바람직하게 여기는 조선의 문화는 개항 이후 설립된 서양식 병원에서도 유지되어 가까운 가족을 제외하고는 남성은 남성이, 여성은 여성이 간호하는 모습을 보이고 있었다. 서양식 근대 의학교육을 받고 일하던 간호학생도 주로 동성(同性)인 여성 환자를 간호했는데, 이를 바꾼 것은 대한제국 군대 해산 과정에서 발생한 부상 군인을 간호해야 하는 급박한 상황이었다. 1907년 8월 1일 대한제국 군대 해산 명령에 반대하여 일부 대한제국 군인은 일본 군인과 서울 남대문 근처에서 시가전을 벌였다. 이때 부상당한 대한제국 군인 40여 명이 세브란스병원으로 이송되었고, 이들을 맞닥뜨린 보구여관 간호부양성소와 세브란스병원 간호부양성소 학생들은 잠시 주저하였다. 그렇지만 이들이 '남성'이 아닌 '환자', 그것도 나라를 위하여 싸우다가 부상당한 환자라는 점을 떠올리고는 이들을 간호하기 시작했다.

당시 세브란스병원 의사로 부상당한 군인을 살폈던 에비슨(Oliver R. Avison)은 다음과 같은 기록을 남겼다.

한국의 간호원들은 남자 환자 돌보기를 꺼렸다. 젊은 여자 간호원들은 한 번도 남자 환자를 맡아본 적이 없었다. 그들은 모여들어서 많은 부상병들이 누워 있는 것을 구경만 하더니, 자기들과 민족을 위해 싸우다 부상당해 쓰러져 있다는 사실을 깨달은 순간 돌보지 않으면 안 된다는 생각을 하게 되어 그중 한 사람이 그 오랜 인습을 깨뜨리고 부상자를 돌보려고 나서자 모두가 따라 나섰다. (중략) 한국인 간호원들은 그날 밤새도록, 그리고 그다음 날도 종일 부상병을 간호했다. 그때서야 그들은 자기들이 간호한 것이 남성 환자들이었다는 것을 알았다. 한번 해본 이상 또다시 못할 것도 없었다. 또 그렇게 했다.[393]

일제에 의한 강제 군대 해산에 저항하다가 부상당한 이 대한제국 군인들을 조선인 간호사들이 간호한 것은 그야말로 "조선 간호사상에 일획기적"인 사건으로 "규중에 유거(幽居)하던 조선 여자가 능히 제일선에 나서서 남자에게까지도 응급구호의 일을 행할 수 있다는 것을 증거"한 사건이었다.[394]

한일합방 이후 간호교육은 전국적으로 확대되었다. 그 법적 기반은 1911년 제정된 '조선총독부의원 부속의학강습소 규칙'과 1913년 제정된 '조선총독부 도 자혜의원 조산부 및 간호부 양성규정'이었다. 수업연한은 조산부과는 2년, 간호부과는 1년, 입학 자격은 조산부과와 간호부과 모두 젊은 여성으로 신체 건강하고 품행이 방정해야 한다는 점은 경성의 조선총독부의원과 지방의 도 자혜의원이 공통이었다. 그렇지만 구체적인 운영에서 각자 다른 법적 근거를 가지고 차이가 있게 이루어지던 조선총독부의원과 도 자혜의원의 간호교육은 1914년 '간호부규칙'과 '산파규칙'에 이어 1916년 '조선총독부의원 및 도 자혜의원 조산부 간호부 양성규정'이 제정되며 통일되었다. 그뿐만 아니라 각지의 사립병원에서 개별적으로 이루어지던 간호교육에서도 지향해야 할 기준을 제시하였다. 즉, 조선총독부의원과 도 자혜의원에서 이루어지는 관립 간호교육의 표준을 제시하고, 이들 관립 간호학교 졸업생과 관립 수준으로 이루어진다고 인정받은 사립 간호학교 졸업생은 따로 시험을 보지 않아도 간호사나 산파 면허를 받도록 했다. 그리고 조선총독부의 인정을 받지 못한 간호학교 졸업생은 따로 시험을 보고 합격해야 간호부나 산파 면허를 받을 수 있었다.[395]

창경궁 동편 함춘원 부지 높은 곳에 최신식으로 지어져 조선 최대 규모의 위용을 자랑하는 조선총독부의원에 설치된 간호부양성소 졸업생에 대한 세간의 관심은 대단했다. 1914년 최우등 졸업생에 대한 당시의 신문 기사는 새로운 분야의 교육을 받은 젊은 여성에 대한 찬사 그 자체였다.

> 한정혜는 작작한 거름으로 부끄럽고도 즐거움을 이기지 못하야 양뎜에 화기로운 붉은 기운을 띠고 눈빛도 오히려 부끄러운 만큼 간호부 입는 하얀 옷을 아주 깨끗하게 입은 채로 의원장 앞에 나아가 공손히

예하고 증서를 받아가지고 돌아서서 나오는 거동은 더욱 낯광채를 일을 뿐이라 또한 보는 사람으로 하여금 무한한 찬송과 감상을 일으키더라.[396]

서양 의료의 필요성에 대한 논리가 확장되고 일할 병의원과 수요가 늘어나면서 간호부와 산파 교육은 확대되었다. 전국의 관공립병원에서 간호와 조산 교육을 확대하였고, 사립학교도 늘어났으며 그중에는 용산 철도병원 간호부양성소 등 조선총독부의 인가를 받은 사립학교도 생겨났다. 조선인 여성이 미국, 일본 등 해외에서 간호교육을 받는 숫자도 늘어나서 미국의 경우 간호학교 재학생이 1929년 12명, 1934년 6명 등[397]으로 파악되었다. 특히 이화여전을 거쳐 1929년 세브란스기독병원 간호부양성소를 졸업한 이금전(1900-1990)은 선교간호사들을 따라 캐나다 몬트리올에서 열린 국제간호협회(ICN)에 참석한 후 토론토대학 공중위생학과에 입학하여 학사학위를 취득한 후 귀국하여 태화여자관, 경성탁아소 등에서 모자보건 사업에 종사하였다.[398]

일제강점기 조선의 일본인과 조선인 간호부, 산파 수의 증가, 그리고 이를 의사 수의 증가와 비교해보면 아래 표와 같다.

〈표 3-28〉 일제강점기 일본인과 조선인 간호부, 산파, 의사의 수

연도	간호부				산파				의사			
	조선인	일본인	기타	계	조선인	일본인	기타	계	조선인	일본인	기타	계
1910	17	220	3	240	20	172	0	192	1342[399]	345	25	1712
1914[400]	9	175	2	186	2	395	0	397	144	464	33	641
1920	47	462	9	468	21	585	0	606	402	604	29	1035
1930	182	919	18	1119	173	1077	1	1251	921	796	32	1749
1940	780	1311	7	2098	649	1407	1	2057	1918	1269	10	3197
1942	1017	1247	0	2254	827	1263	0	2090	2022	1191	0	3674

(출처: 조선총독부 『통계연보』 1911-1944, 이꽃메, 『한국근대간호사』, 232-237쪽에서 재인용)

앞 표를 보면, 1914년 간호부 면허가 제도화될 때 법적 자격을 충족한 조선인 간호부는 총 9명에 불과했다. 절대적으로도 극소수였을 뿐 아니라 일본인 175명에 비해 20분의 1에 불과했다. 이후 조선인 간호부의 수는 1915년 21명, 1916년 41명, 1920년 47명, 1930년 182명으로 늘어났고, 일제강점기 마지막 통계인 1942년에는 1,017명에 달하였다. 이것은 조선의 전체 간호부 2,254명의 약 절반에 달하는 수였다. 1914년 '간호부규칙'으로 간호부의 면허 기준이 정해진 이후 약 30년이 지나는 동안 100배 이상 증가한 것이었으며, 일본인 간호부가 175명에서 1,247명으로 증가한 것과 비교하여도 빠른 속도로 성장한 것이었다. 조선인 산파 역시 1914년 2명에서 1915년 5명, 1916년 8명, 1920년 21명, 1930년 173명, 1942년 827명으로 증가하였다.

冷突에 飢腸쥐고
母膝에 兩兒啼泣
申采浩夫人訪問記
産婆
朴慈惠
長銃든三人
全家族結縛
隣近騷動으로脫走

〈그림 3-25〉 신채호의 부인이기도 했던 산파 박자혜의 신문기사. (출처: 〈동아일보〉 1928.12.12.)

일제강점기 조선인 간호부와 산파의 수가 늘어난 것은 이 시기 서양 의료가 확산되고 여성 교육과 직업의 기회가 확대된 것을 발판으로 간호부와 산파라는 여성 의료인의 수가 늘어난 것을 보여준다. 그렇지만 조선인 간호부와 산파는 둘을 합하여도 조선인 의사에 비하여 적은 수였다. 또한 조선인 의사의 수는 1927년부터 일본인 의사의 수를 넘기 시작하여 일제 말에는 일본인 의사 수의 두 배가 넘었는데 조선인 간호부와 산파의 수는 일제강점기 내내 일본인 간호부나 산파보다 그 수가 적었다. 이것은 대부분 남성이었던 의사 교육에 비하여 여성을 대상으로 한 간호부나 산파 교육이 입학에 요구되는 교육 수준도 높지 않았고 교육연한도 길지 않았음에도 불구하고, 조선에서 여성이 정식 교육과정을 거쳐서 직

돈ㅅ벌이하는
(3)
구호의녀신간호부 (上)

〈그림 3-26〉 "돈벌이하는 여자직업 탐방기" 시리즈에 실린 "구호의 여신 간호부" 기사. (출처: 〈동아일보〉 1928.2.27.)

업인으로 자리잡는 것이 어려웠다는 것, 같은 조선에서도 조선 여성이 일본 여성보다 교육받는 데 어려움이 컸다는 점을 반증한다.

일제강점기 간호부와 산파는 조선 여성으로서는 드물게 높은 수준의 교육을 받고 서양 의료 분야에서 종사하고 있었다. 특히 산파는 임신과 출산에 관여한다는 점에서 여성에게 적합한 일이며, 자신의 조산원을 기반으로 일한다는 점에서 결혼해서도 가정과 양립할 수 있는 좋은 직업이라는 세간의 인정을 받았다. 그에 비하여 간호부는 병의원에서 환자를 돌보며 장시간 엄격한 규율을 지키며 일해야 한다는 점 등에서 힘든 직업으로 알려져 있었지만, 동료들과 함께 일했기 때문에 집단적 활동이 좀 더 활발하였다. 집단적 움직임이 처음 나타난 것은 1919년 삼일운동으로, 많은 조선인 간호부와 간호학생이 조직적으로 가담하였고, 이후 다양한 경로로 독립운동에 적극 참여하였다. 또한 전문적인 교육을 기반으로 하는 직업군을 형성하게 된 간호부들은 1923년에 조선간호부회를, 그리고 1924년에는 조선간호부협회를 결성하였다. 조선간호부회는 선교계 간호부와 간호학교 졸업생이 회원으로 선교계 간호학교의 교육 수준 향상과 국제간호협의회 가입을 위하여 노력하였다. 그와 달리 조선간호부협회는 사회운동에 적극적인 조선인 간호부들끼리 설립하여 회원의 권익과 조선인의 보건 향상에 기여하기 위하여 노력하였다.[401] 1920년대에는 조선인 간호학생과 간호부에 대한 차별에 맞서고 처우를 개선하기 위한 각 병원 단위의 동맹휴학이나 파업 등의 집단적 움직임도 활발하였다.

점점 더 많은 조선인 여성이 간호부나 산파가 되기 위한 교육을 받고, 이 전문적 교육을 기반으로 고유한 직업을 가지고 살고, 이렇게 살아가는 개개인이 사회적 관심의 대상이 되면서, 근대화와 산업화의 변동을 겪고 있던 식민지 조선의 간호와 조산은 새롭게 부각되는 대표적인 여성 직업의 하나로 인식되었다.

3) 여성 의사, 약제사, 치과의사, 의생

1913년 의사규칙, 의생규칙, 치과의사규칙이 공포되어 의사, 의생,[402] 치과의사의 자격과 면허, 업무가 제도화되었다. 약제사는 1912년에 제정된 '약품 및 약품영업취체령'과 그 시행규칙[403]으로 제도화되었다. 간호부와 산파는 여성만 면허를 받을 수 있도록 했지만, 의사, 의생, 치과의사, 약제사는 따로 성별을 규정하지 않았다. 따라서 여성도 의사, 의생, 치과의사, 약제사가 될 수 있었다. 그렇지만 여성에게 남성과 동등하게 기회가 주어졌다고 할 수는 없다. 의사의 경우, 1938년에 경성여자의학전문학교가 설립될 때까지 조선 내에서는 남성만 조선총독부의 인가를 받은 의학교에 입학할 수 있었다. 또한 조선에 각 하나뿐인 치과학교와 약학교의 경우 여성이 입학할 수 있었지만, 1930년대 초 정식으로 전문학교가 되면서는 여성이 입학할 수 없게 되었기 때문이다. 간호부나 산파가 아닌 의료 전문가가 되고 싶은 여성은 외국 유학을 가거나, 국내에서 다양한 통로로 공부를 하고 면허시험을 보아 이들 의료 전문직에 도전하였다.

개항 이후 조선 정부에서 서양 근대 의학교육을 받은 의사를 양성하기 시작할 때부터 그 대상자는 남성이었다. 1885년 조선 정부에서 선발하여 제중원 의학당에 입학시킨 12명은 모두 '남성'이었고, 1889년 설립된 관립의학교도 입학생 53명 모두 남성이었다. 당시 여성 지원자가 있었음에도 불구하고 학교에서는 여성과 남성을 함께 교육시킬 수 없다는 이유로 입학을 거절했다. 즉, "북촌 교동에 사는 총명 혜철한 여성이 학문을 배우지 못함을 한탄하다가 의학교 설립 소식을 듣고 의학을 공부하면 사회에 나아가 봉사할 수 있다고 생각하고, 의학교 교장 지석영을 찾아가 입학하기를 청하였으나 남녀동학의 장정(章程)이 없어 입학시킬 수 없다고 거절"[404]한 것이다. 관립의학교를 이은 대한의원 의학교에도 여전히 남성만 입학할 수 있었고, 이 점은 조선총독부의원 의학교, 경성의학전문학교, 경성제국대학 의학부로 이어졌다. 지방에 설립된 관공립의학교에서뿐 아니라 세브란스병원 의학교나 평양 선교병원 의학교 등 병원과 교수진 등의 조건을 갖추어 조선총독부의 인가를 받은 사립 의학교에서도 남성만을 대상으로 한 것은 마찬가지였다.

교육의 기회가 공정하게 주어지지 않았지만, 여성의 건강과 의료 문제는 여성 의사가 잘 알고 해결할 수 있다는 논리, 의사가 되고자 하는 여성 개인과 주변의 노력 등으로 여성 의사가 배출되었다. 그중 먼저 활용된 방법은 해외 유학이었다. 김점동(1877-1910)[405]은 미국에 가서 여자의과대학을 졸업하여 조선 여성 최초의 의사가 되었다. 김점동은 이화학당에 다니다가 보구여관 여의사 로제타 셔우드를 도우면서 서양 의료를 접하게 되었고 의사가 되겠다는 꿈을 키웠다. 김점동, 즉 박에스더는 미국으로 가서 1900년 볼티모어여자의과대학(Women's Medical College of Baltimore)을 졸업하였다.[406] 박에스더는 조선으로 돌아와 평양과 서울의 선교계 여성병원을 기반으로 활동하면서 외래와 순회진료뿐 아니라 방광질

누관 폐쇄 수술 등 많은 수술을 집도하였고,[407] 성경학교에서 여성들에게 위생 문제를 강의하고, 지방 순회 선교도 하는 등 적극적으로 활동하였다.[408] 그렇지만 결핵이 심해져서 1910년 35세의 나이로 사망하였다.[409]

두 번째로 의사가 된 여성은 1918년 도쿄여자의학교를 졸업하고 의사시험에 합격한 허영숙이었다.[410] 이후 해외에서 의학교를 졸업하고 의사가 된 여성이 차츰 증가하였다. 1921년 북경여자의학전문학교를 졸업한 김애희[411] 등 중국에서 의학교를 다닌 경우도 있었지만 대부분은 지리적으로 가깝고 언어가 익숙한 일본의 여자의학교에서 유학하여 1940년까지 일본의 여자의전에서 양성된 수만 해도 80명에 달할 정도였다.[412] 대학원에 진학하여 석박사학위를 취득하는 경우도 생겨나서 동경여의전을 졸업한 송복신은 1924년 미국 미시간대학 대학원에 진학해 석사과정을 이수하였고 1929년에는 "인종에 따른 성장의 차이(Difference of Growth in Different Races)"라는 논문으로 보건학 박사학위를 취득하여[413] 우리나라 여성 최초의 박사가 되었다.

조선총독부 인가 의학교는 여성 입학을 허용하지 않았지만, '청강생'이라는 이름으로 교육을 하기도 하였다. 조선 여성에게 의학교육을 시킬 방법을 찾고 있던 선교 여의사 로제타 셔우드 홀의 노력으로 안수경, 김영흥, 김해지 등 3명의 여성이 경성의학전문학교에서 청강생 자격으로 공부하고 1918년 비공식적으로 '졸업'한 후 의사면허시험을 보아 의사가 되었다.[414] 이후로도 경성의학전문학교에서는 몇 번 여성을 청강생으로 받아 교육시켰으며, 이들은 공부를 마친 후에 의사시험에 합격하여 '의사'가 될 수 있었다. 그러나 이 방법은 지속적이지도 안정적이지도 않았으며, 그나마 1925년에는 청강생 제도가 금지되고 말았다.

의학교를 다니지 않고 의사가 되는 방법은 의사면허시험에 합격하는 것이었다. 그렇지만 서양 의학이 대중적으로 알려지지도 않고 전공 서적

조차 구하기 쉽지 않았던 당시에 독학으로 의사면허시험에 합격하는 것은 매우 어려운 일이었기 때문에, 시험 준비를 위한 사설 강습소가 생겨났다. 조선인 여의사 양성을 위하여 노력하고 있던 로제타 셔우드 홀은 여의사 길정희 부부와 함께 여성 대상의 의학강습을 시도하여 1923년 3명이 졸업하는 성과가 있었다.[415] 1928년에는 '경성여자의학강습소'라는 이름으로 정식 출범하였고, 여러 어려움 속에서도 지속되어 여의사를 배출하는 통로가 되었지만 경성여자의학강습소 출신으로 의사면허를 취득한 사람의 수는 많지 않았다.[416] 그 외에 1927년 평남도립의학강습소를 졸업한 안성숙 등 여타 의학강습소에서 교육을 받고 시험에 합격해 의사가 된 여성도 있었다.

조선에서 여성이 정규 의학교에서 교육받고 의사가 될 수 있었던 것은 일제 말인 1938년 경성여자의학전문학교가 출범하면서부터였다. 그해 1회 여학생 68명이 입학하였고, 1941년 부속병원 완공에 이어 1942년 제1회 졸업식을 통하여 47명의 여성 의사를 배출하였다.[417]

경성여자의학전문학교 설립 이전까지는 의사가 되고 싶은 조선 여성이 꿈을 이룰 기회는 남성보다 훨씬 적었다. 따라서 여의사는 남성에 비하여 소수일 수밖에 없었고,[418] 여의사는 남성의 직종으로 알려진 의사 중에 여성인, 상당히 예외적 개인으로 간주되었다. 여의사에게는 조선총독부의원이나 세브란스병원 같은 대규모 병원에서 연구를 하거나 후학을 양성할 기회가 거의 주어지지 않았고, 대부분 여성 전문 병원에서 경력을 쌓은 후에 자신의 의원을 개원했는데, 소아과나 산부인과와 같이 여성과 어린이를 대상으로 표방하는 경우가 많았다.[419]

조선총독부의원을 비롯하여 각 도 자혜의원, 세브란스병원 등에 의학교가 있어서 의사가 양성되고 있던 데에 비하여 제약사와 치과의사는 정규 학교 설립과 조선총독부 인가가 늦어졌다. 그렇지만 남녀공학으로 운영하다가 오히려 정규 전문학교가 되면서 여성의 입학을 허가하지 않게 되었다.

면허 취득을 위한 약제사 교육이 시작된 것은 1914년의 3개월 과정 하기강습회였고, 1915년 1년제 조선약학강습소가 조선총독부의 인가를 받아 2회에 걸쳐 30명이 졸업하였으며, 1918년 2년제 조선약학교가 창립되었다. 조선약학교는 여성도 입학을 허용하여 1926년에는 재학자 100명 중에 여성이 32명에 달하기도 했지만, 그중 대부분인 28명은 일본인 여성이었고 조선인 여성은 4명에 불과했다.[420] 조선약학교는 일본인 남성을 위주로 운영하면서 점차 조선인과 여성의 수를 줄여서 1932년까지 총 148명의 조선인 졸업생을 배출했는데, 이 중 여성은 17명에 불과했다.[421] 조선약학교 졸업생은 제약사 시험에 합격해야 면허를 받았는데, 1920년의 경우 30명이 응시하여 11명만 합격하였고, 그중에도 조선인은 2명뿐일 정도로 조선인이 합격하기 어려웠다.[422] 따라서 조선약학교를 졸업한 여성 중에 몇 명이 제약사 면허를 받았는지는 확인되지 않는다. 그리고 1930년 3년제 경성약학전문학교로 승격된 이후에는 조선인 학생의 비율을 더욱 줄였으며, 여학생 입학을 아예 허가하지 않았다. 조선 안에서는 여성에게 닫혀버린 약학교육을 받기 위해 함복순 등은 도쿄여자약전에서 유학을 하기도 했다. 조선의 제약사는 대부분 개인 약국에서 약에 관한 상담과 판매를 했지만, 함복순을 비롯해 정상임, 최금순, 서인애 등의 여성 약학자가 조선총독부 위생시험소에서 일하기기도 했다.[423]

조선의 첫 정식 치과 교육기관은 1922년 설립된 사립 경성치과의학교인데 3년제로 1925년 첫 졸업생이 배출되었으며, 별도의 시험을 치르지 않고 곧바로 개업할 수 있었다.[424] 1926년의 경우 재학생 총 144명 중에 여성이 34명으로 그중 일본인이 21명이고 13명이 조선인이었다. 1927년에는 총 169명 중 일본인 여성 26명에 조선인 여성 12명이 있었고, 1929년은 총 151명 중 일본인 여성 9명에 조선인 여성 5명, 1930년은 총 130명 중 일본인 여성 5명에 조선인 여성 3명이었다.[425] 초기에는 재학생의 20%를 넘었던 여학생 수가 조선약학교와 마찬가지로 점차 줄어든 이유는 명확하지 않지만, 경성치과의학교 역시 1929년 4년제 경성치과의학전문학교로 승격된 이후로 여학생 입학을 허가하지 않았다.

20세기의 조선 여성에게 의사, 치과의사, 제약사가 되는 것은 전근대 여성에게 허용되지 않았던 의료 전문가로 인정받는 새로운 기회였다. 그렇지만 그 기회는 남성에 비하여 훨씬 적었고 어려웠다. 일부 여성이 전근대의 의원(醫員)과 연결된 의생(醫生)이 되어 활동한 것은 의료 전문가로 인정받고 활동하기 위하여 다양한 방법을 모색했다는 것을 보여주는 또 다른 예이다.

조선총독부에서는 조선 식민지 지배를 위하여 최소한의 보건의료 장치를 갖추어야 했지만 서양 의료는 인적, 물적 기반이 부족했으므로 한의학(韓醫學)을 제도적으로 인정하여 활용하고자 했다. 그 일환으로 1913년 의사규칙과 별도의 의생규칙(醫生規則)을 제정하여 만 20세 이상으로 2년 이상 의업에 종사했으면 의생면허를 신청할 수 있도록 하였고, 이에 따라 1914년 5,827명 내지 5,887명이 의생면허를 받았다.[426] 이 중 몇 명이 여성이었는지 확인되지 않지만, 조영성(趙榮星)과 이구례(李具禮) 등 최소한 두 명의 여성이 포함되어 있었다.

1914년 6월 의생면허 252호를 받은 조영성은 1872년 9월 출생으로 만 41세였다.[427] 조영성이 의생면허를 취득할 수 있었던 근거는 알려져 있지 않지만, 전근대 조선에서 의원이 가문에서 전승되는 직업으로 자리를 잡았다는 점과, 조영성이 면허를 받은 이후 한의사로 활동했던 점으로 보았을 때, 의원 집안 출신일 가능성이 높다. 아마도 의생면허 취득 이전에 한의학에 대해 상당한 식견을 갖추고 의업에 종사한 경력이 있을 것이다.

그런데 같은 해인 1914년 10월 의생면허 제2905호를 받은 이구례(李具禮)[428]는 1909년 우리나라 최초의 간호교육기관인 보구여관 간호학교를 제1회로 졸업하고 보구여관과 평양의 선교병원인 광혜여원에서 활동한 이그레이스와 동일 인물이다. 이그레이스는 이구례라는 이름으로 의생면허를 받은 후에 광혜여원 등에서 일하다가 수원으로 이주하여 자신의 의원을 개원하였다.

그 외에 의생면허를 받은 여성으로는 동대문부인병원 간호부양성소를 졸업하고 평양기독연합병원에서 일한 경력을 가진 김태복이 알려져 있다. 김태복은 대한민국애국부인회, 조선물산장려회 등에 관여할 정도로 사회참여에 적극적이었는데, 의생 면허를 취득한 후에는 평양 기림리에 태성의원을 열고, 근우회, 신간회, 여자기독청년회 등을 통하여 독립운동과 여성운동에 활발히 참여하였다.[429] 이와 같이 의생면허는 한의학과 서양의학을 불문하고 조선 여성이 의료 전문가로 인정받고 적법하게 활동하는 기반이 되기도 하였다.

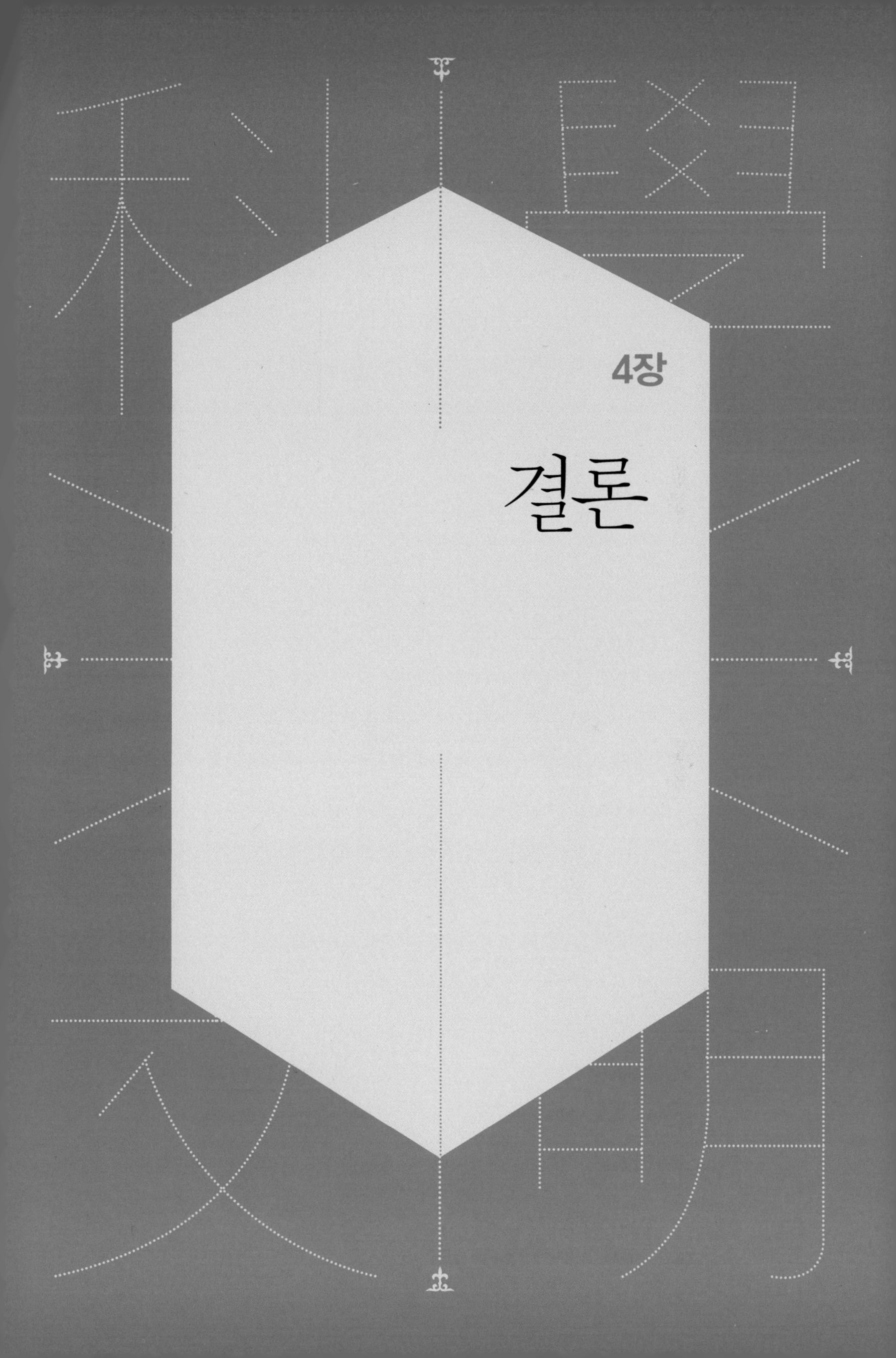

4장

결론

1. 주요 내용 요약

이 책에서 우리는 한국의 전근대 및 근대이행기에 여성들이 수행한 기술적 실천들을 종합적으로 검토·분석하며, 이를 통해 한국의 과학기술과 성별 분업 구조가 교차하는 양상과 결과를 보여주고자 하였다. 시대별로 그리고 분야별로 기술적 실천의 내용과 위상은 달랐으나 분명한 점은 한국의 과학기술 발달에 여성들이 주요한 기여를 하였다는 사실이다. 이는 여성들이 직접 저술한 기술 서적과 여성 전문가 집단의 존재에서도 입증되지만, 우리가 더욱 주목한 점은 다수 여성들이 집 안팎에서 수행한 일상적 노동이 그 자체 기술적 실천으로 한국의 과학기술 실천에서 필수적인 몫을 맡아왔다는 점이다. 이 결론에서는 책의 주요 내용과 우리의 연구에서 새롭게 발견한 사실을 정리하면서 이 연구의 의의를 되짚어보고자 한다.

1) 전근대 시기 여성의 과학기술 실천

조선사회는 자급자족경제로서 삶의 유지에 필요한 물자 대부분을 집안에서 생산하고 소비하는 체제였다. 물론 조선시대에도 후기로 갈수록 전문 생산 및 상업적 유통에 의존하는 비중이 높아지기는 했지만, 식생활과 의생활과 관련된 대부분의 물자는 집안에서 생산되는 자급자족적 특성이 강했다. 조선시대에 집은 오늘날 자본주의 근대 사회에서의 '공적' 영역과 분리된 '사적' 영역이 아니라 주요한 생산의 장이었으며, 이는 곧 조선시대 중요한 기술 실천들이 집을 기반으로 이루어졌음을 의미한다. 특히 그 공간은 상징적으로나 실질적으로 여성의 공간이었다. 식생활과 의생활에 필요한 물자의 많은 부분이 여성의 손을 거쳐야 생산될 수 있었고, 우리는 이러한 과정에서 여성들이 행한 다양한 기술적 실천을 발견할 수 있었다.

먼저 의생활을 살펴보면, 조선시대 사회 전체의 생산의 근간이 '농상(農桑)'으로 불린 것처럼 양잠으로 대유된 직조(실잣기에서 길쌈에 이르는 전 과정)는 일상의 생존을 떠받치는 양대 기둥 중 하나였다. 그리고 이는 '남경여직(男耕女織)'이라는 말에서 볼 수 있듯이 규범적으로나 실제적으로나 여성의 일이었다. 왕실에서는 이를 왕비의 친잠례로 상징화하였고, 누에의 까다로운 사육 온도를 홑옷을 입은 잠모의 체감온도에 맞추는 등 여성의 체화된 지식이 활용되었다. 견(絹) 외에도 면과 베는 쌀만큼이나 근본적인 필수품으로 간주되었고 그 생산을 독려하기 위해 여러 국가 정책이 시행되었다. 특히 포는 화폐나 조세 수단으로 이용되기도 하였다. 방적과 방직은 전형적으로 여성의 일이었고 이러한 실잣기와 길쌈에는 물레와 베틀이 필요한데, 조선시대에는 이러한 기구들이 상대적으로 낙후되기는 하였으나 그럼에도 불구하고 보다 좋은 생산품을 만들어내기 위한 노력은 계속되었고, 실제로 다양한 특산품이 나오고 직물은 여러 나라와의 대외무역에서 주요 품목을 이루었다. 방직 이후 염색이나 옷 짓기 그리고 세탁 및 관리에도 여러 기술이 동원되었다. 이처럼 조선 여성들은 직물의 제조와 그를 사용한 의복 제작 및 관리를 책임지며, 일차적으로는 가족, 나아가 사회 전체의 의생활 유지에 기여하였다.

조선시대 식생활과 관련된 기술 실천의 대다수 역시 여성이 담당하였다. 성리학의 이념이 지배하던 조선 사회에서 여성의 본분 중 하나는 '봉제사접빈객'의 의무였다. 양반가에서 봉제사는 당시 사회적 영역의 대부분을 차지한 친족의 유지에서 핵심적 의례였으며, 접빈객 또한 공동체의 관계 맺음에서 중핵을 이루었다. 여성들은 이를 위해 술과 제사음식을 준비하였다. 또한 여성들은 실제 먹거리 장만에서도 중추적인 역할을 하였다. 곡식의 보관부터 각종 장류와 김치로 대표되는 발효저장식품, 육류와 어류 그리고 채소를 사용한 식품, 병과류 등 다양한 종류의 음식 조리법과 식재료 보관법이나 식품 저장법을 개발하였다. 이런 조리법의 개발은 식재료 및 농작물 재배기술의 변화와 서로 영향을 주고받으며 이루어지기도 하였다.

여성들은 이처럼 일상적인 기술 실천을 통해 조선 사회의 의식주 생산과 재생산의 중요한 몫을 담당하였거니와, 여성의 공적 지위가 인정되지 않는 조선 사회에서 예외적으로 그 전문성을 인정받은 전문기술직으로 활동하기도 하였다. 여성 궁인이나 장인의 존재가 그것인데, 이들의 기술 실천은 양태장 등 일부를 제외하고는 여성들의 일상적 의식주 기술 실천과 연속성을 지니는 특징을 보여준다. 이 사실 자체가 여성들의 일상적 실천이 그 성격상 기술 실천이었음을 말해준다 하겠다. 특히 의료 전문기술직으로 조선시대의 독특한 여성 전문직인 의녀의 존재에 주목할 필요가 있는데, 이 부분은 다음 소절에서 상술하고자 한다. 이런 전문직 의녀와 별개로, 각 가정에서 여성들은 가족 및 친지의 건강을 관리하고 질병을 치료하는 실천을 수행하였다.

이처럼 여성들은 농사와 의식주, 의료 등 다방면에서 다양한 기술 실천을 수행하였으며, 이런 기술 실천에 바탕하여 관련 저작들을 남김으로써 조선시대의 기술적 지식의 축적에도 기여하였다. 그중 본격적 저서의 규모와 수준에 도달한 저작으로는 안동 장씨의 『음식디미방』과 사주당 이씨의 『태교신기』, 빙허각 이씨의 『규합총서』가 있으니, 앞의 두 책이 각기 조리법과 임신·출산을 다룬 책이라면 『규합총서』는 의식주 및 의료를 총괄하는 '백과사전'의 성격을 띠는 책이다. 또한 우리는 이 책에서 『(한글본) 동의보감』이 여성이 역술(譯述)한 책일 가능성을 제기하였는데, 좀 더 연구와 논의가 필요한 대목이라 하겠다. 이 책 자체가 한문으로 된 『동의보감』을 한글로 번역한 책이거니와 여성들의 기술적 저술은 대부분 한글로 집필되었으니, 조선시대 한글의 탄생은 여성들의 기술적 지식 축적에 결정적인 역할을 하였다. 물론 원래 한문으로 썼던 『태교신기』의 경우처럼 여성들은 한문도 구사를 하였으나, 한글은 다수 여성이 문자생활에 본격적으로 진입하는 통로가 되어주었다. 이에 대해서는 뒤에 다시 상술하고자 한다.

2) 근대이행기 여성의 과학기술 실천

한국의 근대화는 식민지화와 함께 진행됨에 따라 자본주의적 산업화 및 상품화가 일본제국의 필요에 부응하는 방식으로 전개되었다. 농업에 나타난 쌀 단작화 및 품종의 단일화, 그리고 면화의 육지면으로의 품종 변화 모두 일본의 필요에 따라 진행되었고 농업 현장의 많은 반발을 불러일으켰다. 농가의 수공업 또한 식민지 조선이 원료 공급지이자 일본에서 생산된 값싼 공산품의 소비지가 되면서 빠르게 해체되었다.

전통시대 기술 실천의 주체이자 생산자였던 여성은 일반적 자본주의화 경향과 함께 탈숙련 노동자이자 소비자로 편입되었다. 여성 의존적이던 지식과 기술의 중심축은 전문가와 국가 그리고 자본주의적 산업으로 이동하였다.

그렇지만 여성들이 가지고 있던 전통시대의 지식과 기술은 일시에 사라진 것은 아니고 일상생활 특히 식생활과 의생활에서 여전히 힘을 발휘하고 있었다. 전통시대 여성의 실천과 그들 세대 간의 전승에 의존했던 과학기술 및 지식은 공식적·제도적 영역에서는 범위가 축소되고 가치 절하되었지만, 현실생활에서는 '전통적'인 지식과 기술을 갖고 삶을 운용하는 여성들의 활동이 활발하였다.

예를 들어 여성이 집필한 근대적 조리서인 방신영의 『조선요리제법』은 초판이 1917년에 발간되었다. 당시 일본에서 발간된 조리서가 서양음식 조리법을 상당한 비중으로 다룰 정도로 구체적 현실보다는 가정의 과학화라는 당시 서구에서 확산되고 있었던 이념적 경향에 더 충실했던 데 비해, 방신영의 책 내용은 『규합총서』의 조리 내용을 요약 수정한 『부인필지』와 상당히 유사하다.[1] 여성이 집필한 것은 아니지만 여러 출판사에서 비슷한 내용으로 여러 종을 발간한 가정보감류의 경우도 마찬가지다. 1910년대 초부터 발간되어 오늘날 가정백과사전으로 이어지고 있는 가정보감은 실용서로서 그 내용의 상당 부분이 전통 지식 및 실천을 다루고 있는데, 이는 18~19세기 조선의 일용 유서의 내용과 상당히 유사하다.

농업기술을 보면, 쌀 단작형 재배 그리고 새로운 품종 및 기술의 도입과 함께 여성은 토착 재배 기술과 지식을 가진 자가 아니라 새로운 농업기술을 전수받아야 하는 대상으로 바뀌었다. 그리고 일제강점기 후반에 시작되는 '농촌진흥운동'과 이에 따른 '부녀 옥외(屋外)노동 장려'는 여성들의 노동력 징발을 가속화하였다. 여성들이 농업정책의 대상으로 설정되는 이러한 현상은 여성들이 새로운 교육 기회를 얻을 수 있는 효과로 나타나기도 했다. 또한 소위 '반관반민(半官半民)' 조직으로서 '부인회'는 '국민정신총동원조선연맹'의 하부 조직 중 가장 큰 규모이기도 했다.

근대적 교육제도의 도입은 한편으로는 여성들에게 교육 기회의 확대를 의미했다. 여성이 처음으로 공식적인 교육의 대상이 된 것이다. 그러나 여성의 경우 보통학교 이상의 상급교육은 공립이나 관립보다는 사립에서 주로 이루어졌고, 수준도 전문학교보다는 그 이하 학교가 대부분이었다. 이 시기 남녀공학 전문학교도 몇몇 눈에 띄는데 그 경우에도 졸업생에 대한 사회적 처우(예를 들면 자격증 부여)가 제도적으로 보장되고 나면 여성의 비율이 확연히 줄어드는 것을 볼 수 있다. 전문 수준의 교육이 직업으로까지 이어지는 경우는 가정학을 전공한 유학생이 가사과 교사가 되는 경우라든가 후술할 간호부와 산파 배출을 제외하고는 거의 찾아볼 수 없었다. 이 밖에 강점기에 새롭게 등장한 직업인인 요리 전문가와 미용기술인은 도제 교육으로 지식 및 기술 전수가 이루어졌다. 전근대에 '의녀'라는 조직을 보유하고 있던 의료는 근대이행기에도 흥미로운 모습을 보여준다. 개항 이후 서양 의학 지식이 소개되고 위생의 중요성이 강조됨에 따라 근대적 의미에서 가족 건강을 지키고 가정 내에서 '위생'을 실천하는 여성의 역할에 새로운 의미가 부여되었다. 또한 전통적인 내외 관습에 따라 여성의 우두 접종률이 떨어지자 여성 종두인허원을 따로 두었으며 간호부와 산파는 의료 분야에 진출한 여성 중 가장 많은 수가 종사하는 분야였다. 그리고 정규 교육을 받지는 못하였지만 소수의 여성들이 시험을 통해 의사가 되기도 하였다.

2. 한국 여성의 기술적 성취

1) 조선시대 과학기술 전문가로서의 여성: 의녀와 궁인 및 장인

조선시대 여성의 과학기술 실천 중에서 가까운 동아시아 문화권에서도 그 비슷한 예를 찾아볼 수 없는 독특한 것이 있는데, 바로 의녀제도이다. 의녀제도는 왕실을 비롯한 상층계급 여성의 입장에서 내외법을 철저히 지키기 위해 남성이 아닌 여성으로부터 진료를 받을 수 있도록 하려는 목적으로 고안되었다. 그리고 의녀는 임의차출이 가능해야 한다는 이유와 (교육과정에서 남성 교육자로부터 교육을 받아야 하기에) 역설적으로 내외법 규범으로부터 상대적으로 자유로워야 한다는 이유에서 관비 중에서 선발하였다. 이들은 하층계급 출신이지만 왕실의 공식적 인정과 권장 하에 당시로서는 가장 높은 수준의 전문 교육을 받을 수 있었으며, 때로는 많은 금전적·신분적 보상을 받기도 하였고 드물지만 면천의 특권을 누리기도 했다.

그동안 의녀를 비롯해 여성 궁인(궁관)이나 장인과 같이 전문 직종에 종사한 여성들에 대해서는 이른바 '여성적' 노동의 연장으로 바라볼 뿐 온전한 '기술자'로 의미를 부여하는 경우는 많지 않았다. 의녀는 특정 기술 실천을 목적으로 고유한 교육체계를 갖추고 공식적 인정 하에 운영되었다는 점에서 과학기술 전문가 집단이라고 볼 수 있다. 의녀와 함께 왕실을 위한 특정 직군으로서의 여성 궁관 또한 고도의 숙련이 요구되는 기술 실천이라는 점에서, 그리고 공식적 인정과 전문성에 따른 위계 서열이 갖추어져 있다는 점에서 전문기술자 집단이라고 할 수 있다. 여성 장인도 마찬가지다. 침선비(針線婢)나 염모(染母), 수비(繡婢) 등 이미 장인을 일컫는 명칭에서부터 여성 고유의 직군을 확인할 수 있어 고유한 기술을 보유하고 인정을 받았음을 확인할 수 있고, 양난(兩難) 직후 남성 고유의 장인 직종에 여성들이 등장하는 것을 보면 준전문가 수준의 기술을 이미 보유한 여성들이 다양한 분야에서 상당수 존재하고 있었음을 추정해볼 수 있다.

2) 기술공학으로서의 한글과 사용자/생산자로서의 여성

한글은 세계적으로도 전례를 찾아볼 수 없는 발명된 문자이다. 글(writing)을 공학기술로 보는 논의는 일부 있었고 한글에 대해서도 '과학적'으로 창제되었다는 언급은 많았지만, 한글을 공학기술로 보고 분석하며 의미 부여한 예는 없었던 듯하다. 우리는 최근 과학기술학에서 강조되는 사용자(users)의 중요성에 비추어볼 때 한글이야말로 그 기술의 발전에 사용자 여성의 기여가 매우 유의미한 사례임을 발견하였다.

한글 문자가 하나의 글쓰기 체계로 자리잡는 데에는 구체적인 다양한 한글 글쓰기 실천의 축적이 필요하다. 여성들은 글쓰기 체계를 구성하는 문어체계와 서체가 발전하고 정착되는 데 사용자이자 생산자로서 크게 기여하였다. 서간에서부터 다양한 문학 장르까지 여성들은 다양한 글쓰기 실천을 통해 한글의 문어체계를 완성시키고 '궁체'라는 대표적인 서체를 만들어냄으로써 한글의 서체를 완성시켰다.

한글이 실생활에서 사용된 첫 기록은 편지다. 그 편지를 쓴 사람 중에 여성들이 포함되어 있었거니와, 여성들은 편지를 주고받으면서 내간체 문장을 완성시켰다. 서간 문체를 통해 한글은 산문체를 발전시켜나갔으며, 이는 이후 기행문이나 일기, 시, 소설, 수필 등 다양한 한글 산문 형식들의 원활한 전개를 가능케 했다. 장르로서 규방가사는 특히 주목할 만하다. 규방가사는 특정 지역 여성 집단 중심으로 창작되고 소비 전승된 매우 독특한 장르이다. 대부분 여성이 창작자이자 여성 독자를 염두에 두고 만들다 보니 그 내용도 여성의 삶과 경험을 반영하였다. 여성들은 또한 독자로서, 베껴 쓰는 전사자로서, 그리고 창작자로서 한글 소설의 발전에 중요한 역할을 하였다. 이런 문필 활동은 한글 문어체계 발전에 결정적인 기여를 하였다.

오늘날 서예나 활자 등 근대 한글 서체의 조형에도 지대한 영향을 미친 '궁체(宮體)'는 말 그대로 궁중서체로, 궁인들이 개발하고 발전시킨 서체이다. 남성들도 이 서체에 기여하기는 하였지만, 주요 개발자와 사용자는 한글을 주로 사용하였던 여성이었다. 조선 중기 궁에서 한글 사용이 더욱 빈번해짐에 따라 서사상궁(書寫尙宮)이라는 문서 필사를 전담하는 새로운 직역까지 등장하게 되는데, 이들이 궁체의 완성도를 높이는 데 큰 기여를 하였다. 17세기에 나타나 18세기에 완숙기에 접어든 궁체는 궁중에서 양반층으로 그리고 평민층으로 사용자의 폭이 확대되면서 정자, 흘림, 진흘림 등 다양한 형태를 발전시켰고 실제로 이 서체로 필사된 소설이 다수 나오게 되었다.

3) 기술적 지식의 집적과 전승

기술적 실천은 과학 지식의 발전을 유도한다. 서론에서 언급한 바 있는 민중사적 관점에서 과학의 역사를 다시 쓴 코너(Conner)는 "과학은 빛나는 이론가들의 선언이 아니라 보통 사람들의 창조적인 수작업에서 시작" 되었다면서 이론적 과학보다는 기술 실천에 역사적 선차성을 둔다. 즉, 경험적 과정에 주목하면서 과학혁명의 원천 또한 일선의 장인들이 실용적 진보를 축적하는 가운데 경험적 방법과 지식을 제공한 것에서 찾는다.[2]

실제로 조선시대 여성들은 그들이 수행한 기술 실천들을 다양한 기록으로 남기고 그 경험적 지식을 집대성한 백과사전류를 편찬하기도 했다. 이를 통해 여성들은 지식을 집적하고 전승·발전시킨 것이다. 집안에서 술 빚는 법, 음식 만드는 법 등을 정리하여 후대에 물려주는 것은 드물지 않은 일이었고, 책 규모의 대표적인 저작으로는 사주당 이씨의 『태교신기』와 빙허각 이씨의 『규합총서』, 안동 장씨의 『음식디미방』을 들 수 있다. 이 책들은 각기 성격을 달리하는데, 『태교신기』가 지금의 관점에서 보자면 '실용적'이기보다는 태교를 통해 유교적 철학을 실천하는 데 더 초점이 가 있다면, 『음식디미방』은 조리에 특화된 실용서이고, 『규합총서』는 여성이 수행했던 기술 실천에 관한 모든 지식을 총괄한 백과사전적 성격의 책이다. 조선시대의 실용적 저술은 지금도 재현 가능할 정도로 상세하고 구체적으로 서술되어 있었는데, 그 실용성은 그 내용들이 식민지기 근대적 조리서에서도 차용되는 것에서도 잘 드러난다.

이들의 기술서 집필, 특히 백과사전류의 편찬은 당시 동아시아에서도 선례를 찾아볼 수 없을 만큼 독특한 성취이며, 코너가 과학의 발전에서 그 기여를 높이 평가하는 유럽 장인들의 사례에서도 찾아보기 어렵다. 장인들 중 많은 수는 문맹이었기 때문이다.[3] 조선 여성들이 기술 관련 저술을 활발하게 할 수 있었던 데는 역시 새로운 문자 한글의 역할이 컸다. 여성들은 한글을 적극적으로 전유하여 여성들의 경험적 지식을 집적하고 그것을 다음 세대에게 전수함으로써 여성들 간의 지식의 계보학을 수립한 것이다.

3. 맺음말

우리는 조선시대와 일제강점기 초기 여성들이 일상을 영위하기 위해 수행한 구체적 노동에 주목하면서 그 가운데 이루어진 과학기술 실천에 집중하고자 했다. 과학기술의 의미를 이렇듯 새롭게 바라볼 수 있었던 이론적 자원은 과학기술학 일반과 특히 페미니스트 과학기술학의 문제제기에 힘입은 바 크다. 이들은 기존의 과학기술에 대한 협소한 정의를 벗어나 과학기술을 새롭게 정의하였는데, 예를 들면 과학기술의 개발 및 발전 과정에서 공학자로 대표되는 생산자 중심이 아닌 사용자에 주목한다든지, 문화로서의 과학기술 또는 과정으로서의 과학기술 등의 새로운 개념을 제기하였다.

우리 또한 '과학기술과 여성'이라는 문제 틀로 한국의 전근대와 근대를 보았을 때, 어떠한 한국사 연구물에서도 '여성의 과학기술'로 독립되어 서술되어 있지 않지만 곳곳에서 여성들의 기술 실천의 흔적을 발견할 수 있었다. 여성들이 수행한, 농사를 짓고 실을 잣고 베를 짜는 노동, 그리고 들판의 식물을 먹거리로 재배하고 조리하는 노동, 그 덕분에 일상이 영위되었고, 그 노동의 과정에서 지식의 축적과 기술 발전이 있었기에 삶의 개선 또한 가능했다. 여성 지식인들은 때로 그 기술 실천을 기록하고 정리함으로써 귀중한 사료를 남겨주기도 했다.

한국의 과학기술사를 젠더의 관점에서, 그리고 소수 엘리트가 아닌 다중에 주목하여 고찰하고자 한 우리의 작업은 한국의 과학문명에 대한 재해석과 재구성을 요구한다. 일상을 일구어내고 실천해온 이름 없는 수많은 여성들의 이야기는 우리의 삶을 영위하는 데 필요한 과학기술의 범례를 확장하며 그간 과학문명의 연구 대상이 얼마나 제한적이었는가를 성찰하게 한다. 기존의 한계에 대한 인식은 오늘날 지배적인 과학기술을 보편적인 것이 아닌 지역성과 시간성을 갖는 것으로 위치시키는 작업과 함께하며 특히 제국-식민지 조우라는 변수에 대한 고찰은 한국 과학문명을 역동적으로 조망할 수 있게 한다.

우리의 작업은 오늘날 과학기술학에서 제기되고 있는 다양한 방면의 논의에서의 비판적 성찰들과 공명한다. 탈식민주의-페미니스트 분석은 현재 과학기술학 학계에서 역사·철학·사회 이슈들의 전면적 재해석과 재구성을 촉구하고 있다. 그런데 이 작업 또한 유럽 특히 영국과 프랑스의 제국-식민 이야기가 주류를 이루고 있다. 이러한 점에서 우리의 한국 과학문명의 재해석 및 재구성 작업은 과학기술학의 글로벌 아카데미에도 유의미한 개입이 될 수 있을 것이다.

1장 서론

1. 가령 조지프 니덤(Joseph Needham)의 『중국의 과학과 문명(*Science and Civilisation in China*)』 총서 작업은 그 선구적인 방대한 위업에도 불구하고 서구 근대의 과학기술 관점을 비서구 전근대에 적용하는 한계를 지적받은 바 있다.
2. '과학'과 '기술'이라는 표현은 일본에서 채택된 번역어였다. 동아시아에 이미 존재하고 있던 '기술'이라는 단어가 'technology'의 역어로 정착되는 과정에 대해서는 김상배, "근대한국의 기술개념", 하영선·손열 편, 『근대한국의 사회과학 개념 형성사 2』 (창비, 2012), 312-313쪽 참조. '과학'이라는 용어가 새로 만들어지고 한국으로 전파되는 과정에 대한 간략한 언급으로는 이한섭, "근대어 성립에서 번역어의 역할: 일본의 사례", 『새국어생활』 22-1 (2012), 30, 33쪽 참조.
3. 과학기술에서 사용자의 중요성에 대한 논의는 N. E. J. Oudshoorn and T. J. Pinch, eds., *How Users Matter: The Co-construction of Users and Technology* (Massachusetts: MIT Press, 2003) 및 Judy Wajcman, *TechnoFeminism* (New York: Polity Press, 2004) 참조. 뒤의 책은 주디 와이즈먼, 박진희·이현숙 옮김, 『테크노페미니즘: 여성, 과학기술과 새롭게 만나다』 (궁리, 2009)로 국역본이 나와 있다.
4. 페미니스트 과학기술학 중 특히 역사에 초점을 둔 문헌 일부를 소개하면 다음과 같다. Carolyn Merchant, *The Death of Nature: Women, Ecology and the Scientific Revolution* (San Francisco: HarperSanFrancisco, 1989/1980); Londa Schiebinger, *The Mind Has No Sex?: Women in the Origin of Modern Science* (Cambridge: Harvard University Press, 1989); Keith Grint and Rosalind Gill, eds., *The Gender-Technology Relation: Contemporary Theory and Research* (London: Taylor & Francis, 1995); Donna J. Haraway, *Modest_Witness@Second_Millenium.FemaleMan©_Meets_OncoMouseTM* (New York and London: Routledge, 1997); Linda Layne, Sharra

Vostral, and Kate Boyer, eds., *Feminist Technology* (Chicago: University of Illinois Press, 2010).

5. 클리퍼드 코너, 김명진·안성우·최형섭 옮김, 『과학의 민중사: 과학기술의 발전을 이끈 보통 사람들의 이야기』 (사이언스북스, 2014). 원저는 Clifford D. Conner, *A People's History of Science: Miners, Midwives, and Low Mechanicks* (New York: Nation Book, 2005).
6. 가령 유럽 근대과학이 정립된 시기가 비서구와의 조우 및 제국주의 확장과 식민지 침탈이 이루어진 시기라는 점에서, 과학사 연구의 '문화론적 전환(cultural turn)'의 필요성, 즉 중심과 주변을 본질화하기보다는 그 상호 연계성에 주목하고 일방적인 기술 이전의 틀보다는 쌍방향의 주고받음의 틀로 바뀌어야 한다는 주장을 들 수 있다. Gregory Clancey, "Japanese Colonialism and its Sciences: A Commentary", *East Asian Science, Technology and Society* 1-2 (2007), pp. 205-211. 사실 2007년 이 저널의 창간 자체가 과학기술학(science and technology studies, STS) 분야에서 탈식민주의 관점이 부상한 결과물이며, 2013년에는 '아프리카 과학기술학 네트워크(STS-Africa)'가 공식 출범하기도 하였다. B. Subramaniam, L. Foster, S. Harding, D. Roy, and K. TallBear, "Feminism, Postcolonialism, Technoscience," in U. Felt, R. Fouche, C. A. Miller, L. Smith-Doerr, eds., *The Handbook of Science and Technology Studies* (Cambridge: The MIT Press, 2017), pp. 407-433.
7. Autumn Stanley의 *Mothers and Daughters of Invention: Notes for a Revised History of Technology* (New Brunswick, N.J.: Rutgers University Press, 1995)는 비록 대체로 유럽 중심이기는 하지만 선사시대부터 현재까지 여성들이 발명한 기술들을 발굴·기록한 방대하고 야심적인 저작이다.
8. Francesca Bray, *Technology and Gender: Fabrics of Power in Late Imperial China* (Berkeley and Los Angeles: University of California Press, 1997). 브레이는 이 책을 써낸 지 10년이 지난 2007년에 "비서구 사회에 대한 연구는 과거나 지금이나 모두 부족하다."고 토로한다. "Gender and Technology", *Annual Review of Anthropology* 36 (2007), p. 47.

2장 조선시대 여성과 과학기술

1. 빙허각 이씨, 정양완 역주, 『규합총서』 (보진재, 1975), 「술수략」 부엌·부뚜막 만들기

좋은 날.

2. 『明星王后國恤謄錄』 계해 12월 초5일.

3. 『張禧嬪喪葬謄錄』 인장리천장등록 정유 12월 19일.

4. 『張禧嬪喪葬謄錄』, 173쪽.

5. 이영훈, 『임윤지당(국역 윤지당유고)』 (혜안, 1998), 205쪽.

6. 이영춘, 『강정일당: 한 조선 여성 지식인의 삶과 학문』 (가람기획, 2002), 91쪽.

7. 소혜왕후는 1469년에 자신의 둘째 아들인 자을산군(성종)이 왕위에 등극하고, 자신도 궁궐에 다시 들어가 곧 왕비로 진봉되었다가 1475년(성종 6) 왕대비에 올라 인수대비(仁粹大妃)가 되었다. 『내훈』은 인수대비 시절에 쓰인 책이므로 이후 인수대비로 칭하고자 한다.

8. 『內訓』 서.

9. 국역 『정부인안동장씨실기』 부록 (국역 정부인안동장씨실기 간행소, 1999), 28쪽.

10. 『규합총서』 권5 「술수략」.

11. 『肅宗實錄』 35권, 숙종 27년 9월 28일 임자 2번째 기사.

12. 『成宗實錄』 86권, 성종 8년 11월 26일 기축 1번째 기사.

13. 『世宗實錄』 34권, 세종 8년 11월 7일 병신 1번째 기사.

14. 『經國大典』 형전 금제.

15. 『肅宗實錄』 13년 4월 30일 정축 1번째 기사.

16. 조선 중기까지는 선물과 상품 가운데 선물의 비중이 높았다. 미야지마 히로시, 『양반: 역사적 실체를 찾아서』 (강, 1996), 154-155쪽; 이성임, "16세기 양반사회의 '선물경제'", 『한국사연구』. 130 (2005), 53쪽 참조.

17. 홍희유, 『조선중세수공업사연구』 (과학·백과사전출판사, 1979), 218-221 및 260-261쪽 참조.

18. 이성임, 61-64쪽 참조.

19. 최주희, "16세기 양반관료의 선물관행과 경제적 성격", 『역사와 현실』 71 (2009), 247쪽.

20. 이성임, 77쪽. '자초'란 지칫과의 풀로 약재로 쓰였다.

21. 히로시, 155쪽; 이성임, 70-71쪽; 김현숙, "조선 여성의 선물 교환 실태와 연망(緣網): 19세기 중반 호서지역을 중심으로", 『조선시대사학보』 75 (2015), 62쪽 참조.

22. 시전은 조정이나 궁궐, 또는 지배층의 사치에 필요한 물품 조달을 가장 중요한 기능으로 하였으나, 임진왜란을 거치면서는 일반 시민을 대상으로 한 시장 기능을 수행

하게 되었다. 고동환, "교환과 시장 그리고 도시: 조선 시장의 탄생과 발달", 홍순민 외, 『조선시대사 1』, 한국역사연구회시대사총서05 (푸른역사, 2015), 180쪽.

23. 이기영·김성희·이현아, "조선시대 양반가의 남녀 간 가내노동 분담: 보완적 역할 수행에 관한 연구", 『한국가족자원경영학회지』 11-4 (2007), 124쪽.

24. 사회과학원 력사연구소, 『조선전사』 10 중세편 리조사 3 (과학·백과사전출판사, 1980), 218쪽 참조. '양태(凉太)'는 갓 아랫부분의 둥글넓적한 차양을 가리키며, 이 책 원문에서는 '갓둘레'로 표기되어 있다.

25. 고동환, 『조선시대 시전상업 연구』 (지식산업사, 2013), 154-159쪽 표 "조선후기 시전의 위치와 판매물종" 참조.

26. 김현숙, "19세기 중반 양반여성의 상품 구매와 상품 구성비의 특징", 『역사와 담론』 69 (2014), 156-158쪽 참조.

27. 김현숙 (2015), 74쪽 및 김현숙 (2014), 161쪽. 『병자일기』에 대한 관련 분석으로는 박근필, "『병자일기』 시기 남이웅가의 경제생활", 『농업사연구』 3-1 (2004), 49-78쪽 참조.

28. 『林園經濟志』 倪圭志 卷四 貨殖, 八域場市에 의거하여 정리한 이영학, 『한국 근대 연초산업연구』 (신서원, 2013), 74쪽 표 참조. 또한 倪圭志 卷三 貨殖, 八域物産에서는 도별 생산물을 개괄하고 팔도에서 생산되는 자연물, 농산품, 공산품을 열거하고 있다. 정명현·민철기·정정기·전종욱 외, 『임원경제지』 (씨앗을뿌리는사람, 2012), 1458-1459쪽 해제 참조. '토기'는 항아리, 단지, 기름병, 탕기, 시루, 장군, 술병 등 생활용기로 만들어졌다.

29. 고동환, "지방에서의 상업과 시장", 역사문화학회 엮음, 『지방사연구입문』 (민속원, 2008), 270쪽.

30. 고동환 (2008), 268-270쪽; 이헌창, "시장교환", 한국고문서학회 엮음, 『조선시대 생활사 2』 (역사비평사, 2000), 221쪽. 갯벌장은 정기적 장시로 전환되기도 했으니, 조선후기 굴지의 장시인 강경, 원산, 마산은 포구였다. 이헌창, "지방 상업" 한국고문서학회 엮음, 『조선시대 생활사』 (역사비평사, 1996), 480쪽.

31. 이헌창 (1996), 472쪽. 방문판매 시 부상은 주로 물건을 사는 집의 마당에 서서 팔고, 보상은 마루나 방에 들어가서 팔았다고도 한다. 박종섭, "조선시대 시장의 구조와 발달에 관한 고찰", 『경제논총』 1-1 (1984), 84쪽.

32. 고동환 (2013), 158쪽 표 "조선후기 시전의 위치와 판매물종" 참조.

33. 오희문의 『쇄미록』에는 가죽신을 주문제작한 기록이 나온다. "가죽 공인(工人)이

아이들의 신을 지어 왔는데, 두 딸 아이 것은 너무 좁고 적어서 도로 주면서 다음에 만들어 보내도록 일렀다. 어머니 신과 두 손녀의 신 값도 내주었다." 이기영 외 (2007), 121쪽에서 재인용. 시장경제가 확대된 조선 후기 『경술일기』에 기록된 주문제작의 대상은 엿, 국수, 옷장, 오지그릇 등인데, 국수와 엿은 장시나 주막점 등지에서 구입해 먹기도 하였다. 김현숙 (2014), 175-176쪽 참조.

34. 장경희, "조선후기 여성장인의 장색(匠色)과 직역(職役) 연구: 의궤(儀軌)의 분석을 중심으로", 『여성과 역사』 20 (2014), 101쪽 및 105-107쪽 참조.
35. 여성 양태장에 대한 마지막 공식적 기록이 1702년에 이루어졌음을 들어 18세기부터는 양태장이 다시 남성으로 대치되었다고 보는 해석도 있으나(장경희, 115쪽, 121쪽), 실제로는 여성이 이후에도 계속 양태장으로 활동하였다고 보는 견해가 지배적이다. 이에 대해서는 이후 좀 더 상세하게 다룰 것이다.
36. 이 항목의 서술은 이순구, "조선초기 여성의 생산노동", 『국사관논총』 49 (1994) 중 '농업경영형태와 여성노동'의 논의를 발췌 보완한 내용임을 밝혀둔다.
37. 『迂書』 論閑民.
38. 고상안, 『농가월령』 正月中雨水, "雨後翌日刈芽不擇長短(短可爲男蓑長可以爲女蓑."
39. 김태영, 『조선전기 토지제도사 연구』 (지식산업사, 1983), 184쪽.
40. 결은 고대에 농가 한 가구에 준 농지 면적이다. 대체로 1만m^2 전후의 면적이라고 할 수 있다.
41. 이호철, "농장과 소농민경영", 『조선전기 농업경제사』 (한길사, 1986), 496쪽.
42. 이영훈, "조선시대의 사회경제사 연구에 있어서 몇가지 기초적 난제들", 『국사관논총』 37.
43. 최재석, 『한국가족제도사』 (일지사, 1983).
44. 『農事直說』 種稻, "苗未成長不可灌水雜草生則雖旱苗槁不可停鋤(古語曰鋤頭自有百本禾老農亦曰苗知人功)."
45. 『병자일기』 1638년 4월~5월.
46. 『병자일기』 무인년(1638) 4월 25일, "돌샘골 논을 다섯이 김매러 갔다. 두 벌째 스물네 명이 들어서 매었다."
47. 『조선기술발전사』 4 이조후기편 (과학·백과사전종합출판사, 1996).
48. 이 항목의 서술은 이순구의 앞 글 중에서 '여성 노동의 실례'의 논의를 발췌 보완한 내용임을 밝혀둔다.
49. 여성농민, 마을에서 토종씨앗을 찾고 지킨다! "종자에 대한 권리를 농민에게!" 한영

미, 『한국생명공학연구원 바이오안전성정보센터』 54 (2013).

50. 『농사직설』 備穀種, "收九穀種取堅實不雜不. 者. 揚去秕後沈水去浮者灑出. 乾以十分無濕氣爲度堅藏蒿.之類."

51. 『농사직설』 備穀種, "至臘月多收雪汁盛貯. 薦厚蓋至種時漬種其中灑出. 乾如此二度或用木槽盛牛馬廐池尿漬種其中灑出. 乾亦須三度."

52. 『병자일기』 1683년 4월 4일.

53. 후에 설명할 것이지만, 서유구는 빙허각 이씨의 남편 서유본의 동생이다. 따라서 한산 이씨는 빙허각 이씨에게는 시어머니가 된다.

54. 『世祖實錄』 31권, 세조 9년 12월 27일 신해 2번째 기사.

55. 『규합총서』, 30쪽.

56. 『병자일기』 기묘년(1639) 12월 27일.

57. 『병자일기』 무인년(1638) 1월 18일.

58. 『병자일기』 무인년(1638) 11월 1일.

59. 『병자일기』 무인년(1638) 11월 2일.

60. 조전환, 『한옥 전통에서 현대로』 (주택문화사, 2008).

61. 仁井田 陞, 『中國法制史』, 제6장 '主婦의 地位와 鍵權'.

62. 남평 조씨의 『병자일기』를 보면, 농사 관리뿐만 아니라 추수 후 세금 거둬들이는 것까지 전반적인 집안 경제 관리를 조씨부인이 맡아 하고 있는 것을 볼 수 있다.

63. 『규합총서』, 67쪽.

64. 『임원경제지』 정조지 교여지류(咬茹之類) 총론.

65. 『임원경제지』 정조지 교여지류 저채 총론.

66. 『山林經濟』 권2 치선(治膳) 남새.

67. 『규합총서』, 53쪽.

68. 『규합총서』, 54쪽.

69. 『임원경제지』 정조지 미료지류(味料之類).

70. 『규합총서』, 54-59쪽.

71. 『규합총서』, 53-54쪽.

72. 무리는 물에 불린 쌀을 물과 함께 맷돌에 간 후 체에 밭쳐 가라앉힌 앙금이다. 『산림경제』에는 누리라고 돼 있는데, 누리라면 우박을 뜻한다. 여기서는 무리가 맞는 것으로 보인다.

73. 『규합총서』, 60쪽.

74. 백두현, 『음식디미방 주해』 (글누림, 2006), 210-211쪽.

75. 『음식디미방』 어육류.

76. 백두현 (2006b), 216-217쪽.

77. 『음식디미방』 어육류.

78. 『음식디미방』 어육류.

79. 『규합총서』, 135쪽.

80. 백두현 (2006b), 286쪽.

81. 『규합총서』 권1 주사의(酒食議) 나무새붙이 갊아 두는 법, 135쪽.

82. 『음식디미방』 어육류.

83. 『규합총서』 권1 주사의(酒食議) 나무새붙이 갊아 두는 법, 136쪽.

84. 백두현 (2006b), 290쪽.

85. 『음식디미방』 어육류.

86. 『규합총서』, 136-137쪽.

87. 『규합총서』, 136-137쪽.

88. 『임원경제지』 정조지 취류지류(炊餾之類) 밥.

89. 『규합총서』, 61쪽.

90. 『규합총서』, 61쪽.

91. 혜경궁 홍씨의 회갑잔치 기록 『원행을묘정리의궤(園幸乙卯整理儀軌)』에 팥물밥인 '홍반'이 있는 것을 볼 수 있다.

92. 『규합총서』, 62쪽.

93. 『규합총서』, 62쪽.

94. 『규합총서』, 62쪽.

95. 『규합총서』, 63-64쪽.

96. 『음식디미방』 면병류.

97. 『규합총서』, 73쪽.

98. 『규합총서』, 74-75쪽.

99. 『규합총서』, 78쪽.

100. 심노숭, 『南遷日錄』 1801년(순조 1) 12월.

101. 『산림경제』 권2 치선(治膳) 어육.

102. 『규합총서』, 93쪽.

103. 『규합총서』, 96-98쪽.

104. 『규합총서』, 98쪽.

105. 백두현 (2006b), 263-267쪽.

106. 심노숭, 『南遷日錄』 1802년(순조 2) 3월 6일.

107. 김영진·이은웅, 『(조선시대)농업과학기술사』 (서울대학교출판부, 2000), 421쪽에서 재인용.

108. 김영진·이은웅, 366쪽.

109. 김영진·이은웅, 420쪽에서 재인용.

110. 김영진·이은웅, 417-424쪽.

111. 김영진·이은웅, 417쪽.

112. 『山林經濟』 제1권 治圃序.

113. 이 항목의 서술은 이순구의 "조선 초기 여성의 생산노동"(『국사관논총』 49 (1994), 80-106쪽) 중 '직조의 사회적 의미' 논의를 발췌, 보완한 것임을 밝혀둔다.

114. 『太祖實錄』 2권, 태조 1년 9월 24일 임인.

115. 『世宗實錄』 1권, 세종 즉위년 10월 8일 갑신.

116. 『世宗實錄』 22년 7월 경신.

117. 조신, 『諛聞瑣錄』 목면조, "本國舊無木綿 (중략) 高麗末晋州人文益漸嘗入朝取木綿種潛貯囊中. 製取子車巢絲車而來國人競傳其法未百年流布中外國人上下所服大抵皆是."

118. 김려, 『藫庭遺藁』 권2, 艮城春囈集 '黃城俚曲', "貧家王稅心腸 村女紅梭到處忙 斷出木綿纔 半疋未明齊趁論山場."

119. 이순구, 91쪽.

120. 『규합총서』, 159쪽.

121. 『규합총서』, 160쪽.

122. 이 항목의 서술은 이순구의 앞 글 중 '여성 직조노동의 실례' 부분의 논의를 발췌 보완한 것임을 밝혀둔다.

123. 『閑情錄』 양잠.

124. 『閑情錄』 양잠.

125. 서유구, 『林園十六志』 전공지(展功志) 권5.

126. 고상안, 『농가월령(農家月令)』.

127. 남미혜, "방적과정을 통해 본 조선시대 여성의 길쌈 노동", 『사학연구』 133 (2019), 293-325쪽.

128. 김준근의 풍속도는 현재 1,500여점이 전해지는데, 그중에는 목화에서 씨를 빼고 솜을 타고 고치를 만들고 실을 잣는 일련의 과정을 담은 그림도 들어 있다.

129. 『五洲衍文長箋散稿』 紡車辨證說, "凡紅女之號捷專者日事紡綿竟日得三等 (중략) 而況一婦而."

130. 권태억, 『한국근대면업사연구』, 31쪽.

131. 『역주경국대전』 형전, 신공(身貢), 721쪽 참조.

132. 『농사직설』 종마(種麻), "正月氷解擇良田田多則歲易耕之縱三橫三布牛馬糞二月上旬更耕之以木斫及鐵齒擺熟治使平後足踏均密撒種又須均須密曳撈覆種其上又布牛馬糞麻長三寸許有雜草則鋤之." 마의 재배법은 『농사직설』에서 다른 어떤 곡물보다도 먼저 나온다.

133. 남미혜, 310쪽.

134. 이한길, 『삼척시립박물관 조사연구총서9—삼척의 삼베문화』 (민속원, 2010), 93쪽.

135. 남미혜, 311쪽.

136. 남미혜, 314쪽.

137. 洪良浩, 『耳溪集』. 유희경, 『한국복식사연구』 603쪽에서 재인용.

138. 〈한겨레신문〉 1993년 7월 11일자 '이 땅의 사람들' 편에는 "안동포가 인기를 유지하던 1960년대 초까지만 해도 추수가 끝나는 10월 중순쯤 베틀방에 들어가 밥 먹는 일을 빼고는 이듬해 3월이나 돼야 나올 정도로 일에 몰두한 시절도 있었다."는 무형문화재 1호 배분령 할머니의 구술이 인용돼 있다. 이는 직포에 관한 현대적 상황을 서술한 것이지만, 직포 과정 자체에는 큰 변함이 없을 것이라고 추측하여 인용했다.

139. 고동환 (2013), 113쪽 및 154-155쪽 표 참조. 이 표에는 조선 후기 육의전의 각 시전이 부담한 국역 부담의 규모가 적혀 있는데 이 3전의 수치가 가장 크다.

140. 사회과학원 력사연구소, 『조선전사』 8 중세편 리조사 1 (과학·백과사전출판사, 1979) 289쪽. 이하 조선의 대외 수출수입에 관한 자료는 이 책을 비롯하여 『조선전사』 제9권(1980) 및 제10권(1980)의 해당 서술을 종합한 것이다.

141. 송대까지 중국의 견직물 생산은 농민 가구에서 가족노동에 의존하는 경우뿐 아니라 부유한 가구에서 여주인이 가족과 하인 외에도 여성 노동자를 고용하여 직물 생산을 조직하기도 했으며, 관료가 운영하고 남녀 직원을 고용하는 국영 수공업 및 기타 다양한 종류의 도시 작업장에서도 이루어졌다. Bray (1997), 191쪽 참조.

142. 6세기 것으로 추정되는 한 문헌은 문양의 다양화와 섬세화에 기여한 여성을 기록

하고 있으며, 송대 소설에는 숙련노동자, 도구나 작업 과정 발명가, 혹은 전문 관리자로 여성 주인공이 그려지고, 한 가지 예외를 빼면 남자는 언급되지 않는다. Bray (1997), 200-202쪽 및 240쪽 참조.

143. 『萬機要覽』 財用編 3, 戶曹貢物, 別貿一年貢價, 各司無元貢別貿, 濟用監 항목, ⓒ 한국고전번역원/고려대학교 민족문화연구소 역, 1971. http://db.itkc.or.kr/dir/item?itemId=BT#/dir/node?dataId=ITKC_BT_1367A_0030_010_0060.

144. 도요나가 마리(豊永眞理), "前途有望はる朝鮮の製造工業", 『朝鮮及滿洲』 105 (1916), 22쪽. 이태희, "제국 일본의 공업시험연구체제와 1910년대 조선총독부 중앙시험소의 공업화 전략", 『역사와 문화』 25 (2013), 143쪽에서 재인용.

145. 『규합총서』, 165쪽.

146. 『규합총서』, 166쪽.

147. 『규합총서』, 166-167쪽.

148. 『규합총서』, 167쪽.

149. 『규합총서』, 167쪽.

150. 『규합총서』, 167쪽.

151. 『규합총서』, 168쪽.

152. 『규합총서』, 179쪽.

153. 『규합총서』, 180쪽.

154. 『禮記』 내칙, "禮始於謹夫婦 爲宮室辨外內 男子居外 女子居內…".

155. 한국학중앙연구원 장서각, 『양동마을 경주손씨』 (2013).

156. 『규합총서』, 214쪽.

157. 『규합총서』, 181쪽.

158. 『규합총서』, 182쪽.

159. 『규합총서』, 185쪽.

160. 『經國大典』 吏典 內命婦.

161. 『成宗實錄』 78권, 성종 8년 3월 14일 신사 3번째 기사.

162. 송수환, "왕실의 음식은 누가 만들었을까", 『조선 왕실의 식탁』 (한림출판사, 2014).

163. 『中宗實錄』 58권, 중종 22년 3월 24일 신축 3번째 기사.

164. 『肅宗實錄』 35권, 숙종 27년 10월 3일 병진 2번째 기사.

165. 『仁祖實錄』 39권, 인조 17년 9월 2일 병진 2번째 기사.

166. 장경희, 101쪽.

167. 장경희, 103쪽.

168. 김동욱, 『한국복식사연구(韓國服飾史硏究)』 (아세아문화사, 1979).

169. 장경희, 113쪽.

170. 본 저서 집필을 위한 연구를 수행하는 과정에서 한글에 관한 연구 결과의 일부가 김영희, “조선시대 한글 글쓰기 체계의 발전과 여성”(『페미니즘연구』 17-1 [2017])이라는 제목의 논문으로 발표된 바 있으며, 이 절은 이 논문을 보완·수정하여 확대한 것임을 밝혀둔다.

171. 일찍이 고(古)조리서 연구가 이성우는 개화 이전 동아시아 3국 중 한국에만 여성이 쓴 조리서가 있었고 그중 가장 오래된 것이 『음식디미방』이라고 적은 바 있다. 이성우, 『한국요리문화사』 (교문사, 1985), 22쪽 참조. 또한 『규합총서』는 빙허각의 남편 서유본이 제목을 붙였는데, 당나라에서 기원한 총서 형식을 따르되 여성으로서는 처음으로 총서를 엮은 점을 기리는 뜻이 담긴 제목이라 한다. 박옥주, “빙허각 이씨의 『규합총서』에 대한 문헌학적 연구”, 『한국고전여성문학연구』 1 (2000), 279쪽. 이때 여성 최초라는 말은 단순히 조선만이 아니라 중국까지 포함하는 것으로 보인다.

172. 18세기 말 작성된 것으로 보이는 「온주법」은 음식과 술 만드는 법 외에도 조약법, 염색법, 의복 관리 방법 등을 담고 있다고 한다. 백두현, “조선시대 여성의 문자생활 연구: 한글 음식조리서와 여성 교육서를 중심으로”, 『어문론총』 45 (2006a), 267-68쪽 참조.

173. 이 책에 서문을 쓴 신작(申綽)은 “진·한 이래로 없던 책이며 여자에 의해 쓰였다.”고 했는데, 이를 보면 이 책 역시 중국을 포함해 관련 서적으로는 ‘최초’에 가깝다고 할 수 있겠다.

174. 조선의 각종 조리서에 등장하는 ‘칼질’에 해당하는 한자어와 한글 표현들 목록은 이성우, 353-358쪽 참조.

175. “글(writing)은 사유를 재구성하는 기술공학(technology)이다.”라는 옹(Ong)의 유명한 명제가 뜻하는 바도 바로 이것이며, 여기에는 “기술공학이란 의식의 단순한 외적 보조물이 아니라 의식의 내적 변형이며, 이러한 점은 그것이 말에 영향을 미칠 때 가장 그러하다.”(32)는 기술공학에 대한 전제가 깔려 있다. Walter J. Ong, “Writing Is a Technology that Restructures Thought” in Ong, *The Written Word: Literacy in Transition, Ed. Gerd Baumann* (New York: Oxford UP, 1986), pp. 23-50.

176. Ong은 알파벳을 그 습득의 용이성에서 어느 표기체계보다 ‘민주적’이라고 주장하며 한자를 이와 대조적인 문자로 거론한 바 있다.(Ong, p. 35.) 그러나 말의 소리와

표기의 일치 정도는 같은 알파벳을 사용하는 언어권에서도 프랑스어와 영어가 서로 차이가 나는데, 한글은 서서히 진화하기보다 일시에 발명된 특수한 문자체계로서 소리와 표기의 일치를 극대화할 수 있는 이점을 지녔고, 그런 면에서는 적어도 영어보다는 더 민주적인 표기체계라고 할 만하다.

177. 여성들의 이두 사용 사례가 매우 많았다는 지적은 백두현, "조선시대 여성의 문자생활 연구: 조선왕조실록 및 한글 필사본을 중심으로", 『진단학보』 97 (2004), 145-46쪽 참조.

178. 원저자 이사주당은 『태교신기』를 한문으로 썼는데, 이후 아들 유희(柳僖)가 한글로 옮겼다.

179. 이들 문집에는 산문과 시가 함께 실려 있는 것이 일반적이다.

180. 김명희, "조선시대 여성 한시 문학사", 『동방학』 7 (2013), 111쪽. 조선시대 여성 한시의 계층별 조감은 이혜순, "고전 여성작가의 전기적 고찰", 이혜순 외, 『한국 고전 여성작가 연구』 (태학사 1999), 35-87쪽 참조.

181. 훈민정음 언해는 여러 판본이 있는데, 1459년(세조 5)에 간행된 『월인석보(月印釋譜)』 권두(卷頭)에 실린 '월인석보본 언해'가 대표적인 판본 중 하나이다.

182. 1444년 최만리가 이배(吏輩) 10명을 동원하여 한글 교육에 반대하는 상소문을 올렸다고 한다. 홍윤표, 『한글이야기 1: 한글의 역사』 1 (태학사, 2013), 257쪽.

183. 정주리·시정곤, 『조선언문실록』 (고즈윈, 2011), 14쪽.

184. 곧이어 언급할 『훈몽자회(訓蒙字會)』만 하더라도 서당의 교재로 사용되었다. 또한 『경국대전(經國大典)』의 「예전(禮典)」 '장권(奬勸)'편을 보면 "삼강행실을 언문으로 번역하여 서울과 지방의 사족(士族)의 가장(家長), 부로(父老) 혹은 교수(敎授), 훈도(訓導) 등으로 하여금 부녀자, 어린이들을 가르쳐 이해하게 하고"라는 문구가 나오는데, 여기서 교수와 훈도는 조선시대 교육기관이었던 향교(鄕校)에서 학생들을 가르치는 '교수관(敎授官)'이었다. 이런 기록들로 미루어 제도교육의 일부로 한글 교육이 이루어졌음을 알 수 있다.

185. 친가가 아닌 외가에서 아이들 한글 교육을 하기도 했다. 가령 1612~1614년에 경상도 현풍(玄風)에 살았던 곽주(郭澍)라는 사대부가 장모에게 보낸 언문 편지에 자신의 아이들에게 한글을 가르쳐달라고 장모 즉 아이들의 외조모에게 부탁하는 내용이 나와 있다. 백두현, 『현풍곽씨언간 주해』 (태학사, 2003), 58-59쪽.

186. 여성 교육에서 남녀 어른의 역할에 대한 설명과 음성의 상대적 중요성에 대한 지적으로는 백순철, "규방 공간에서의 문학 창작과 향유", 『여성문학연구』 14 (2005),

7-31쪽 참조.

187. 심재기, "내간체문장에 관한 고찰", 『동양학』 5 (1975), 71, 79쪽. 심재기는 언간에서 특징적으로 드러나는 문체가 이후 기행문, 일기, 소설, 수필 등 다양한 산문 형식에서도 나타난다고 하며 이를 '내간체'로 통칭한다.

188. 김종철, "〈언간독〉 연구: 작문 교재의 관점에서", 『국어교육연구』 35 (2015), 237쪽.

189. 이동연, "고전 여성 시가작가의 문학세계", 이혜순 외, 『한국 고전 여성작가 연구』, 288쪽.

190. 기녀 시조작가의 수는 15~29명으로 설이 분분하다(이동연, 297-98쪽). 박씨본 『해동가요』에서는 명기팔인으로 황진이, 홍장, 소춘풍, 소백주, 한우, 구지, 솔이, 매화를 꼽고 있다.

191. 규방가사를 모아놓은 자료로는 『주해가사문학전집』(김성배, 민속원, 1961), 『규방가사 I』(권영철, 한국정신문화연구원, 1979), 『교주내방가사』(최태호, 형설출판사, 1980), 『규방가사—신변탄식류』(권영철, 효성여대출판부, 1985), 『영남내방가사』(이정옥, 국학자료원, 2003), 『한국가사문학주해연구』(임기중, 아세아문화사, 2005) 등이 있다.

192. 규방가사에 대한 선구적 연구로는 권영철, 『규방가사연구』 (이우출판사, 1980) 참조; 사대부가사와 규방가사를 망라한 가사 일반에 대한 연구로는 조선영, "가사문학에 나타난 유교이념과 그 표현미학 연구: 사대부가사와 규방가사를 중심으로" (동국대학교 박사학위논문, 1999) 참조.

193. 김민주, "규방가사에 나타난 여성의식 연구" (성결대학교 국어국문학과 석사학위논문, 2005), 5쪽.

194. 동아시아를 놓고 비교하면, 가장 앞선 여성의 자기서사는 10~11세기 일본에서 일기 형식으로 등장하였다. 그 정황에 대한 간단한 설명으로는 박혜숙·최경희·박희병, "한국여성의 자기서사 (1)", 『여성문학연구』 7 (2002), 331쪽 참조. 이 글에서는 일본이 앞선 연유를 자국어 표기 수단인 '가나'의 발달과 한문학으로부터의 자립성으로 들고 있다.

195. 『노처녀가』가 소설 『꼭독각시전』으로 변이해나갔다는 지적은 정길자, 『규방가사의 사적 전개와 여성의식의 변모』 (한국학술정보, 2005), 132쪽에도 나오는데, 더 엄밀히 말하면 '노처녀가 2' 계열을 가리키는 것으로 보인다. 정길자는 『복선화음록』 또한 소설 『괴똥전』으로 변이된 사례를 언급한다.

196. 서종문, "조선조 후기의 소설의 수용", 사재동 편, 『한국서사문학사의 연구 V』 (중앙문화사, 1995), 1633쪽.

197. 임치균, “조선 후기 소설의 전개와 여성의 역할”, 사재동 편, 1675쪽.

198. 임형택은 『창선감의록』의 문체가 사대부들의 언어 지향을 보여주는 동시에 현재 남아 있는 언간들의 문체와 일치한다고 하며 이같은 지적을 한다. 임형택, “17세기 규방소설의 성립과 ≪창선감의록≫”, 『동방학지』 57 (1988), 151쪽.

199. 박연정, “한일 고전 여성소설의 여성적 글쓰기 비교연구”, 『일본연구』 14 (2010), 290쪽. 궁중에 여성들의 소설문화가 얼마나 성행했는지는 이른바 ‘서사상궁’의 소임 가운데 소설 베껴 쓰기가 상당한 비중을 차지했던 데서도 볼 수 있다.

200. 단편소설은 방각본으로 유통되기 용이하여 세책가의 독점이 불가능했다.

201. 임형택, 164쪽.

202. 정창권, 『한국 고전여성소설의 재발견』 (지식산업사, 2002), 15쪽.

203. 임형택, 164쪽.

204. 『옥원재합기연』의 방작(傍作)인 『십봉기연』 외에 『비시명감』, 『신옥기린』, 『명행록』과 『홍계월전』, 『방한림전』 등이 그 후보로 거론되고 있다. 이런 연구를 집중적으로 수행해온 학자는 정병설로, 『완월회맹연 연구』 (태학사 1998)에서 작가 문제를 상론하고, 여성 장편소설의 가능성을 주장하는 논문을 다수 발표하였다.

205. 정병설, “한국고전여성소설: 연구사와 연구전망”, 『인문과학연구논총』 21 (2000), 24쪽.

206. 정창권 (2002), 66-67쪽.

207. 정창권 (2002), 68쪽.

208. 정창권, 『고전문학과 콘텐츠』 (도서출판 월인, 2013), 214-215쪽.

209. 한소윤, “한글 궁체의 변모 양상에 관한 연구” (원광대학교 국어국문학과 박사학위논문, 2013), 77쪽 및 홍윤표, 『한글이야기 2: 한글과 문화』 (태학사, 2013), 101쪽.

210. 한소윤, 78-80쪽.

211. 국립한글박물관·박부자 외, 『도록: 한글이 걸어온 길』 (국립한글박물관, 2014), 164쪽.

212. 박부자 외, 164쪽.

213. 홍윤표, 『한글이야기 2』, 100쪽.

214. 학계에서는 궁체의 출현을 17세기 현종대 왕실 언간으로 추정하고 있다. 박병천, 『한글궁체연구』 (일지사, 1983), 117쪽.

215. 한소윤, 105-106쪽. 물론 이같은 성별 차이가 전일적으로 작동한 것은 아니다. 가령 선조와 선조의 계비인 인목대비, 효종과 효종의 비인 인선왕후의 어필은 구별하기 어려울 정도로 비슷하였으며, 숙종의 글씨는 궁체에서도 웅장한 남필의 표본이

되었다고 한다. 박병천, 105-107쪽 및 109쪽.

216. 영조의 후궁 영빈 이씨(暎嬪李氏, 1696-1764)의 처소인 선희궁(宣禧宮)에는 "궁체의 명필내인이 있어 몇 달씩 일부러 글씨를 배우러 가는 내인들이 있었다고 한다." 김용숙, 『조선조 궁중풍속 연구』 (일지사, 1987), 12쪽.

217. 한소윤, 75쪽.

218. 근대 서예에 관한 설명은 박병천, 137쪽, 140-151쪽 참조.

219. 김진평, "한글 활자체 변천의 사적 연구", 고김진평교수추모논문집발간위원회, 『한글조형연구』 (고김진평교수추모논문집발간위원회, 1999), 139쪽.

220. 박부자 외, 165쪽. 김진평은 이 자체인 '이원모체'에서 한자나 일본의 명조체의 영향뿐 아니라 붓글씨의 영향이 강하게 반영된 조선시대 활자체인 '교서관기체'와의 연관성을 본다(150쪽). 일본의 영향을 받았다는 자체에조차 궁체는 적지 않은 흔적을 남긴 셈이다.

221. 전자는 김진평, 후자는 장주식, "한글 글자 조형의 원형과 미래", 『새국어생활』 17-3 (2007), 113쪽 참조. 서예에서와 마찬가지로, 활자에서도 한글 궁체 가운데 『옥원중회연』의 서체가 특정되기도 했다. 노은유, "최정호의 '동아출판사체'에 대한 연구", 『한국디자인문화학회지』 17-3 (2011), 213쪽.

222. 김진평. 131쪽.

223. 박암종, "인물로 보는 한글 서체의 계보", 『월간 DESIGN』 2008년 10월호. http://www.hwppro.com/283. 2018년 9월 2일에서 재인용.

224. 이들 판본에 대한 설명은 백두현 (2006a), 268-69쪽 참조.

225. 『內訓』 序, "汝等 銘神刻骨 日期於聖."

226. 『內訓』 序.

227. 국역 정부인안동장씨실기 간행소, 『貞夫人安東張氏實紀』 (삼학출판사, 1999), 27-28쪽.

228. 『小學』 입교(立敎).

229. 『태교신기』 跋 三.

230. 『규합총서』 서문.

231. 『규합총서』 서문.

232. 이혜순, "고통을 발판 삼아 피어난 지성", 규장각한국학연구원 편, 『조선여성의 일생』 (글항아리, 2010), 101쪽.

233. 박인순, 『혜민서 연구』 (2014, 교육아카데미), 46-48쪽; 신동원, 『호열자, 조선을 습

격하다』 (2004, 역사비평사), 186쪽.

234. 신동원, 『조선의약생활사』 (2014, 들녘), 792쪽.

235. 신동원 (2004), 198쪽.

236. 김호, "18세기 후반 거경 사족의 위생과 의료 — 『흠영』을 중심으로", 『서울학연구』 11 (1999), 123-125쪽.

237. 예를 들어 조선 중기의 문신인 이문건(李文楗, 1494-1567)은 한양에 거주할 때에는 많은 의원과 교류하며 필요할 때 도움을 받았다. 그렇지만 경북 성주로 귀양을 간 이후의 일기에는 어떤 의원도 언급하지 않았고 본인, 가족뿐 아니라 가노비의 건강 문제에 대하여 직접 진단하고 처방을 내렸다. 또한 의술이 주변에 널리 알려져 인근 지역뿐 아니라 1박을 해야 할 정도로 거리가 떨어진 곳에 왕진을 다녀오기도 하였다. (김성수, "16세기 향촌의료 실태와 사족의 대응", 『한국사연구』 113 [2001], 49-54쪽.) 또한 정약용(丁若鏞, 1762-1836)은 한양과 인근에서 거주하고 활동할 때는 주변에 의원이 많았기 때문에 자신과 가족의 중병 때 이들의 처방을 얻어 병을 치료했지 자신이 진료에 참여하지 않았다. 그러나 유배 이후에는 많은 건강 문제에 시달렸음에도 의원의 도움을 받은 흔적이 거의 나타나지 않고, 스스로 해결하고자 많은 노력을 기울였다. (신동원, "병과 의약생활로 본 정약용의 일생", 『다산학』 22 [2013], 289-296쪽.)

238. 의녀에 관해서는 '의료전문기술직 여성, 의녀' 부분에서 따로 다루었다.

239. 실제 산파의 존재에 대한 기록으로는 『역시만필』이 알려져 있고(이꽃메, "『역시만필』의 사례로 재구성한 조선후기 여성의 삶과 질병", 『의사학』 24-2 [2015], 512-513쪽), 다른 기록은 알려져 있지 않은 것으로 보아, 조선시대에 산파가 있기는 했지만 매우 드물었던 것 같다. 『경국대전』에 산파라는 단어가 등장하기는 하지만, 중국을 본뜬 제도상으로만 존재했던 것 같고 『조선왕조실록』 등 조선 정부 문서에 실제 인물이나 활동 관련 기록은 보이지 않는다.

240. 이복규, 『묵재일기에 나타난 조선전기의 민속』 (민속원, 1999), 35쪽, 52쪽.

241. 김호, 119쪽.

242. 약재가 간단한 경우에는 환제든 탕제든 직접 만들고, 약의 제조를 약국에 의뢰한 경우에는 제조 과정을 검사하는 등 좋은 약을 먹기 위하여 많은 신경을 썼으며, 집안에 갖추어놓는 다양한 약재를 품목, 수량, 구입 시기 등으로 정리하였다. 약 가계부를 "수복부(壽服簿)"라 명명하고 모자라는 약재 등을 미리 체크하였다가 구입하여 저장하였다. (김호, 130-131쪽.)

243. 김호, 121쪽.

244. 조선인의 사망원인으로는 급성감염성 질환이 가장 컸던 것 같다. 『묵재일기』 속의 질병 사망 유형을 분석한 연구에 의하면, 총 129사례의 사망 중 압도적 다수가 역병(疫病)으로 33사례, 두창(痘瘡)이 16사례이다(신동원, [2014], 410쪽). 이 둘을 합하면 49사례로 전체 사망의 40%에 달한다.

245. 차명수, "조선후기의 출산력, 사망 및 인구증가: 네 족보에 나타난 1700-1899년간 생몰 기록을 이용한 연구", 『한국인구학』 32-1 (2009), 113-137쪽.

246. 우리나라 사람은 조선 이후 한반도라는 한정된 지역에서 살아왔고, 외국으로부터 인구의 유입이 거의 없는 편이었기 때문에, 조선인과 21세기의 한국인은 유전적으로 거의 같다고 할 수 있다. 그런데 2014년 기준 남한의 출생 시 기대수명은 82세이고 그보다 훨씬 짧은 북한도 70세에 가깝다. 이렇게 살았던 시대에 따라 수명이 큰 차이가 나는 이유는 사는 여건이 다르기 때문이라고, 즉 오늘날에 비하여 조선시대에는 영양, 위생, 의료 등의 여건이 불리했기 때문이라고 할 수 있다.

247. 한편, 1906-1911년 조선인의 평균수명은 남자 22.61세, 여자 24.44세이다. 1930년 중국 농민의 출생 시 기대여명이 24.2세, 1906년 타이완의 출생 시 기대여명이 27.7세였던 것을 고려하면, 조선 후기의 출생 시 기대여명은 전통 중국과 크게 다르지 않았다고 할 수 있다. (차명수, 113-137쪽.)

248. 원보영, "전통사회의 질병에 대한 여성과 남성의 인식과 대응 — 『규합총서』와 『임원경제지』의 질병저술을 중심으로", 『실천민속학연구』 7 (2005), 195쪽.

249. 이복규, 73쪽.

250. 신미자 외, 『개정증보 간호의 역사』 (대한간호협회, 2013), 166쪽.

251. 이숙인, "조선후기 가정론(家政論)의 성격: 양생(養生)과 치산(治産)", 『韓國思想史學』 45 (2013), 421쪽.

252. 조선 후기 여성의 초혼 연령은 평균 17.5세였고(김건태, "18세기 초혼과 재혼의 사회사", 『역사와 현실』 51 [2004], 195-224쪽; 박희진, "양반의 혼인연령: 1535-1945 — 혼서를 중심으로—", 『경제사학』 40 [2006], 3-20쪽), 행장류 자료를 통한 연구에서는 양반 여성의 평균 결혼연령은 15.8세로 나타난다(김두얼, "행장류 자료를 통해 본 조선시대 양반의 출산과 인구변동", 『경제사학』 52 [2012], 3-27쪽).

253. 이꽃메, "역시만필의 사례로 재구성한 조선후기 여성의 삶과 질병", 『의사학』 24-2 (2015), 497-532쪽.

254. 김두얼은 "행장류 자료를 통해 본 조선시대 양반의 출산과 인구변동" 연구에서 행

장류를 남긴 양반 집안을 대상으로 출생과 사망 관련 기록을 연구하여 출생한 아기 중에 결혼할 나이까지 살아남은 경우가 약 절반이라는 것을 밝혔다.

255. 사회경제적 조건이 좋지 않았던 노비의 경우, 성인이 될 때까지 살아남기는 김두얼이 연구한 양반 보다 더 어려웠을 것이다. 예를 들어 16세기 중엽 일기를 남긴 이문건 가내 사환비의 출산 기록은 19회였으며, 그중 영유아기에 사망한 것이 11회였다. (신동원 [2014], 340쪽.)

256. 김두얼, 3-27쪽.

257. 김두얼, 3-27쪽.

258. 조선 후기 의안 분석에서, 영유아기와 성장기에 여아가 남아보다 의원에게 보이는 경우가 적었던 것으로 나타났다. 이꽃메, "역시만필의 사례로 재구성한 조선후기 여성의 삶과 질병", 497-532쪽.

259. 이꽃메 (2015), 497-532쪽.

260. 예를 들어 양반가 여성이 의원의 도움으로 병에서 나은 후 따로 감사 인사를 직접 하지 못하고 집안 남성을 통하여 하였다. (이수귀 저, 신동원·오재근·이기복·전종욱 역, 『역시만필: 조선 어의 이수귀의 동의보감 실전기』 [들녘, 2015], 515쪽).

261. 이꽃메 (2015), 497-532쪽.

262. 김태우, "의료체계로서의 조선 의서: 인류학적 시선으로 읽는 의서 발간의 의미", 『한국의사학회지』 28-1 (2015), 6쪽.

263. 현재 남아 있는 우리나라 의서 중에 가장 오래된 『향약구급방(鄕藥救急方)』은 고려 고종 때 만들어진 대중용 관찬 의서로서, 3권 1책 분량이다. 조선시대 이전부터 정부에서 대중 의서의 중요성을 인정하여 펴냈던 것이다.

264. 김태우, 7쪽.

265. 허준 저, 안상우 역, 『의성허준저작집 5—국역 『언해구급방』, 『언해태산집요』, 『언해두창집요』』 (보건복지부, 2014), 457쪽.

266. 이 글에서 『언해구급방』, 『언해태산집요』, 『언해두창집요』 등 허준이 저술한 세 권의 언해 의학 서적에 관한 것은 허준 저, 안상우 역, 『의성허준저작집 5—국역 『언해구급방』, 『언해태산집요』, 『언해두창집요』』 (보건복지부, 2014) 참조.

267. 허준, 『의성허준저작집 5-국역 『諺解救急方』, 『諺解胎産集要』, 『諺解痘瘡集要』』, viii-xii.

268. 『언해두창집요(諺解痘瘡集要)』가 만들어진 직접적 계기는, 선조의 자녀들이 두창을 앓을 때 잘 치료한 허준에게 선조가 두창에 관한 언해서를 만들도록 한 것이다.

269. 신동원, "납약, 언해납약증치방, 그리고 허준", 『한국의사학회지』 13-2 (2000), 23-28쪽.

270. 이숙인, 407-440쪽.

271. 민족문화추진회 편, 『국역 산림경제 1』 (한국학술정보[주], 2007), 19-22쪽.

272. 이숙인, 407-440쪽.

273. 유중림 저, 민족문화추진회 편, 『山林經濟 I』 (솔, 1985), 13쪽.

274. 위생과 건강의 문제와 결합한 조선 후기 가정론의 전개가 여성의 적극적 참여로 보다 전문화되고 심화되었다. 즉, 질병과 건강의 문제가 가정에서 중요한 화두가 된 데다 실용성과 현실성을 중시한 저술에 여성이 주체적으로 참여하면서 생활 속에서 행해져오던 습관들이 신체 건강의 문제와 관련하여 재조명되고 문자언어로 기록됨으로써 하나의 지식체계를 갖출 수 있게 되었다. (이숙인, 407-440쪽.)

275. 『(한글본) 동의보감』이란 허준이 저술한 『동의보감』 중에 양생에 관한 부분을 한글로 풀어 쓴 저자 및 시기 미상의 책을 말한다. 이래호는 허준의 『동의보감』은 『동의보감』으로, 한글로 『동의보감』 양생편을 풀어 쓴 책은 『한글본 동의보감』으로 구분했는데(이래호, "한글본 '동의보감'의 언해 양상과 국어학적 특징", 『인문학연구』 22 [2012], 298쪽), 본 글에서는 "『(한글본) 동의보감』"으로 구분하였다.

276. 사주당 이씨는 양반가에서 성장하여 15세에 21살 연상이고 3번 상처한 유한규와 혼인하였다. 치매인 시어머니를 모시고 1남 3녀를 낳고 키우면서도 글을 놓지 않아, 남편 유한규는 아내의 저술을 모아 『敎子輯要』라는 제호를 달아주었다. (사주당 이씨 저, 이수경, 홍순석 역, 『태교신기』 [한국문화사, 2010], 19-20쪽.)

277. 사주당 이씨, 14-15쪽.

278. 사주당의 태교에 관한 철학은 유학에 기반을 두고 있었기 때문에, 민간에서 행하고 있는 신속 중에 유학과 부합되지 않는 내용에 대해서는 상당히 비판적이었다. 무불적인 관습에서 행해진 행위는 오히려 기를 거스르고, 거스른 기운이 점차 길한 바를 없앨 수 있다고 하여 유학적 범주에서 벗어나는 것은 철저히 배격하였다. (사주당 이씨, 25쪽.)

279. 이숙인, 407-440쪽.

280. 이혜순, "고통을 발판 삼아 피어난 지성", 97-100쪽.

281. 빙허각 이씨 저, 정양완 역주, 『규합총서』 (보진재, 2008).

282. 원보영, "전통사회의 질병에 대한 여성과 남성의 인식과 대응 — 『규합총서』와 『임원경제지』의 질병저술을 중심으로", 『실천민속학연구』 7 (2005), 177쪽.

283. 원보영, 181쪽.

284. 원보영, 177쪽.

285. 원보영, 189-191쪽.

286. 1766년 유중림이 완성한 『증보산림경제』는 16권 12책 분량이고, 서유구가 1842년까지 30여 년에 걸쳐 집필한 『임원경제지』는 113권 52책에 달하여 1권 1책인 『규합총서』보다 훨씬 방대하다. 그렇기 때문에 『규합총서』에서 포괄하는 내용과 깊이를 『증보산림경제』나 『임원경제지』에서 포괄하는 내용 및 깊이와 단순 비교하는 것은 맞지 않다. 예를 들어 『규합총서』에서 아이 잘 낳는 여자 보는 법이 나와 있는데 『임원경제지』에서는 그뿐 아니라 아이 낳지 못하는 여자 보는 법까지 나와 있다고 해서 남성이 여성보다 여성의 출산 여부를 더 중시했다고 보기는 어렵다.

287. 민족문화추진회, 『국역 산림경제 2』, 126쪽.

288. 빙허각 이씨, 380쪽.

289. 이래호, "한글본 동의보감의 언해 양상과 국어학적 특징", 『인문학 연구』 22 (2012), 297-327쪽.

290. 김현경, 김태우, 김남일, "조선시대 주요의서들을 통해 살펴본 노인 건강과 식치", 『한국의학사학회지』, 25-1 (2012), 61-69쪽.

291. 김현경, 김태우, 김남일, 61-69쪽.

292. 예를 들어 "과열식후(過熱食後), 식박채살인(食蓴菜殺人)", 즉 열병을 앓은 뒤에 순채를 먹으면 사람을 죽이게 된다(허준 저, 안상우 역, 『의성허준저작집 5-국역 『언해구급방』, 『언해태산집요』, 『언해두창집요』』, 158쪽)는 내용은 특정 질병과 특정 식품을 연결하여 금한 것이다.

293. 빙허각 이씨, 23-29쪽.

294. 빙허각 이씨, 48쪽.

295. 빙허각 이씨, 63-64쪽.

296. 이숙인, 407-440쪽.

297. 신동원 (2014), 241쪽.

298. 신동원 (2014), 325쪽.

299. 풍양 조씨 저, 김경미 역주(2014), 『여자, 글로 말하다—자기록』 (나의시간, 2014), 62쪽, 66-67쪽, 68쪽 등.

300. 이수귀, 594쪽.

301. 한국고문서학회, 『의식주, 살아있는 조선의 풍경—조선시대 생활사 3』 (역사비평사,

2006), 162쪽.

302. 이수귀, 585쪽.

303. 신동원 (2014), 222쪽.

304. 신동원 (2014). 267쪽.

305. 신동원 (2014), 243쪽.

306. 이덕무, "사소절", 이훈석 편, 『한국의 여훈』 (대원사, 1990), 96쪽.

307. 신동원 (2014), 265쪽.

308. 빙허각 이씨, 366쪽.

309. 신동원 (2014), 337쪽.

310. 신동원 (2014). 829쪽.

311. 신동원 (2004), 195쪽.

312. 『태교신기』 발문에서 아들은 "어머니가 처녀 시절에 늘 경을 읽으시니"(146쪽), 큰딸은 "우리 자애로우신 어머니께서 경전과 사서를 널리 읽으시고 많은 책들을 모으시되 의서와 속설까지도 버리지 아니하시니"(150쪽), 작은딸은 "우리 어머니는 어려서부터 베 짜고 길쌈하는 틈틈이의 여가로 사서오경 등 경서와 춘추 등 역사서를 널리 공부하시더니 다시 세상경륜에 뜻을 두시어 이, 기, 성, 정의 학문을 배우시고"(152쪽)라고 평하였다. (사주당 이씨 저, 최삼섭, 박찬국, 『역주 태교신기』 [성보사, 1991], 146-152쪽.)

313. 이꽃메 (2015), 511쪽.

314. 중국에서 널리 사용된 임신 진단법으로 궁계탕(芎桂湯), 불수산(佛手散), 효요산(曉曜散) 등을 이용한 방법이 있다. 이를 복용한 여성이 임신이 아니면 생리혈이 흐르고, 그렇지 않거나 복부에 움직임이 있으면 임신 가능성이 있는 것으로 보았다. 의원이 처방하기도 하고, 여성이 직접 약재상에서 구입하여 스스로 복용하기도 하였다. Bray, F., *Technology and Gender* (University of California Press, 1997), p. 333.

315. 민족문화추진회 편, 『국역 산림경제』, 273쪽.

316. 빙허각 이씨, 351-358쪽.

317. 빙허각 이씨, 354-355쪽.

318. 빙허각 이씨, 358쪽.

319. 빙허각 이씨, 358쪽.

320. 이문건 저, 이상주 역주, 『양아록—16세기 한 사대부의 체험적 육아일기』 (태학사, 1997), 133쪽.

321. 이문건, 20쪽.

322. 신동원 (2014), 367쪽.

323. 이수귀, 448-453쪽.

324. 이꽃메 (2015), 513쪽.

325. 『太宗實錄』 권 11, 태종 6년(1406) 3월 16일.

326. 의원은 환자나 가족의 요청이 있는 경우 임신과 분만의 전 과정에 적극적으로 개입했으며, 유방이나 자궁과 같은 부위의 여성 질환에 대해서도 적극적으로 치료하였다. 단, 출산 현장에 들어가서 직접 분만을 개조한 것은 아니었던 것 같다. 그렇지만 출산 과정을 면밀하게 보고받고 필요한 약을 처방하고, 처치법을 지시하는 식으로 개입했다. (이꽃메 [2015], 506-515쪽.)

327. 『世宗實錄』 권22, 세종 5년 11월 28일 을사.

328. 한양의 정부 소속 의원이란 내의원 소속 36명, 전의감 소속 약 100명, 혜민서 소속 약 70명이고 이 숫자에는 전의감과 혜민서 소속 의생이 포함되어 있다. (신동원 [2014], 703쪽.)

329. 조선시대 관에서 활용한 여성 전문직인 기녀, 의녀, 궁녀는 모두 관비 중에서 선발하는 것을 원칙으로 하였다.

330. 천민 중에 일부 기생이나 시비(詩婢)는 한시를 지을 정도의 한문 소양을 쌓기도 하였다. 그렇지만 이들은 조선시대 천민 여성의 문자 교육에서 상당히 예외적인 경우이다.

331. 『世宗實錄』 권22, 세종 5년 12월 27일.

332. 백두현 (2004), 139-187쪽.

333. 『成宗實錄』 권175, 성종 16년 2월 15일.

334. 『太宗實錄』 권11, 태종 6년 3월 16일. 맥경과 침구에서 의녀 교육이 시작된 것은 여성이 남성 의원을 신체적으로 접촉하지 않아도 의료의 혜택을 누릴 수 있도록 하기 위한 것이었다.

335. 『世宗實錄』 권22, 세종 5년 11월 28일. 약품 조제가 추가된 것은 의녀가 소속되어 교육받는 기관인 제생원의 주요 업무가 향약의 수납과 보급이었기 때문에 의녀가 관련 업무를 할 수 있게 하기 위한 것으로 보인다.

336. 『世宗實錄』 권50, 세종 12년 12월 15일.

337. 『成宗實錄』 권89, 성종 9년 2월 16일 기유.

338. 『경국대전(經國大典)』에서는 의녀 교육 서적으로 '동인경(銅人經)'과 '찬도맥(纂圖

脈)'을, 그리고 『속대전(續大典)』에서는 내의원과 혜민서 의녀가 "찬도(纂圖)"를 공부하고 여기에 내의원 의녀는 진맥과 점혈을 더욱 연마하도록 하였다. 박인순, 『혜민서 연구』 (교육아카데미, 2014), 150쪽. 의녀의 역할에서 여성을 접촉하는 진맥과 침구가 가장 중시되었던 것이다. 그렇지만 왕실 여성의 약에 관하여 의녀들이 의원들과 논의하고, 출산 관련 업무를 담당했으며, 왕실 밖에서는 여성 환자의 진맥, 침구 시술뿐만이 아니라 약과 치료 방법도 처방하고 결정했던 현실적인 효용에서 의녀는 진맥과 침구를 중심으로 출산, 복약의 네 가지 분야를 모두 공부했을 것이다.

339. 이지연, "민족 한의서 『증유급방』 보물 지정", 〈민족의학신문〉 2008.10.31.
340. 혜민서 직제와 직원의 직능에 관한 것은 박인순의 『혜민서연구』 58-59쪽 참조.
341. 신동원 (2014), 824쪽.
342. 박선미, "의녀제도를 통해서 본 유교문화의 특성", 『한국사상과 문화』 29 (2005), 206-293쪽.
343. 『成宗實錄』 권176, 성종 16년 3월 11일.
344. 『成宗實錄』 권266, 성종 23년 6월 14일.
345. 왕실에서는 환자가 남성일 경우에도 의관과 일반 관리, 왕가의 사람들이 함께 의논하여 필요한 결정을 내리는 과정을 따랐으며, 최종 결정권자는 가장 지위가 높은 사람이었고, 종종 왕이 직접 결정을 내렸다.
346. 『承政院日記』 책56(탈초본 1023책), 영조 23년 11월 8일 갑오.
347. 박문수 외, 『역주 약방등록, 내의원식례』 (Pubple, 2015), 84쪽.
348. 박문수 외, 30쪽.
349. 신동원 (2014), 812쪽.
350. 박선미, 279쪽.
351. 국립문화재연구소, 『국역 호산청일기』 (민속원, 2007), 34-47쪽.
352. 홍세영, "조선시대 의녀의 정체성 고찰", 『민족문화』 34 (2010), 355-394쪽.
353. 홍세영, 379쪽.
354. 『世宗實錄』 권22, 세종 5년 12월 19일.
355. 박선미, 275쪽.
356. 국립문화재연구소, 『국역 호산청일기』, 47-48쪽.
357. 이미숙, "한국사상(사학): 의녀의 정체성 고찰", 『한국사상과 문화』 61 (2012), 169-203쪽.
358. 『成宗實錄』 권77, 성종 8년 윤2월 25일.

359. 홍세영, 381쪽.

360. 1885년 5명의 관기가 선발되어 공립의원 제중원에서 일을 하다가 중단한 과정은 이꽃메, 『한국근대간호사』 (한울, 2002), 12-17쪽을 정리하였다.

3장 근대이행기 여성과 과학기술

1. 김은실, "공사영역에 대한 여성인류학의 문제제기", 『여성학논집』 13 (1996), 379-404쪽; 로잘도 외, 권숙인·김현미 역, 『여성·문화·사회』 (한길사, 2008).
2. 김수진, 『신여성, 근대의 과잉: 식민지 조선의 신여성담론과 젠더정치, 1920-1934』 (소명출판, 2009), 345-350쪽.
3. 정응봉, "농번기의 농가부인 생활", 『조선농민』 (1929), 숙명여대 아시아여성연구소 편, 『한국여성문화사』 (숙명여대 출판국, 2004), 256-257쪽에서 재인용.
4. 조혜정, 『한국의 여성과 남성』 (문학과지성사, 1988), 91; 108-110쪽.
5. 정연태, "1910년대 일제의 농업정책과 식민지 지주제: 이른바 '미작개량정책'을 중심으로", 『한국사론』 20 (1988), 413-502쪽.
6. 오호성, 『일제시대 미곡시장과 유통구조』 (경인문화사, 2013).
7. 문종철, "일제식민지하 졸업생지도에 관한 연구", 『한국고등직업교육학회논문집』 5-3 (2004), 373-389쪽.
8. 문종철, 384-385쪽.
9. 강이수, "1920~60년 한국 여성노동시장 구조의 사적 변화: 고용과 임금격차 변화를 중심으로", 『여성과 사회』 4 (1993), 166-209쪽 중 174-175쪽.
10. 신지영, "외부에서 온 과학, 내부에서 솟아난 '소문과 반응'들: '적극적 수동성'과 '욕망을 동반한 거부'로 형성된 '과학적인 것'", 『한국문학연구』 42 (2012), 95-144쪽 중 103-105쪽.
11. 신지영, "과학이라는 인종주의와 복수의 지방화: 박람회(1903, 1915, 1929)에 나타난 '적극적 수동성'과 '욕망을 동반한 거부'", 『한국어문학연구』 61 (2013), 305-365쪽 중 320쪽.
12. 신지영 (2012), 103-104쪽.
13. Government General of Chosen, *Results of Three Years Rule of Progress and Reformation* (1914), 3쪽, 주윤정, "조선물산공진회와 식민주의 시선", 『문화과학』 33

(2003), 145-160쪽 중 148쪽에서 재인용.

14. 마이클 에이더스, 김동광 옮김, 『기계, 인간의 척도가 되다: 과학, 기술, 그리고 서양 우위의 이데올로기』 (도서출판 산처럼, 2011).

15. 이정욱, "조선총독부의 지역지배의 식민지성: 시정5년 기념 조선물산공진회(1915)와 전북", 『아시아문화연구』 41 (2016), 173-200쪽.

16. 주윤정, "조선물산공진회와 식민주의 시선", 『문화과학』 33 (2003), 155쪽.

17. 주윤정, 155쪽.

18. 이정욱, 182-183쪽; 신지영 (2013), 321-329쪽.

19. 신지영 (2013), 317-318쪽.

20. 조형근·박명규, "식민권력의 식민지 재현전략: 조선총독부 기관지 『朝鮮』의 사진 이미지를 중심으로", 『사회와 역사』 90 (2011), 175-219쪽.

21. 홍금수, "일제시대 신품종 벼의 도입과 보급", 『대한지리학회 학술대회논문집』 (2002년 11월), 74-80쪽.

22. 김효정, "여성농민의 토착지식에 기반한 '토종씨앗 지키기' 운동의 특성과 과제", 『농촌사회』 21-2 (2011), 263-300쪽; 마리아 미스·반다나 시바, 손덕수·이난아 옮김, 『에코페미니즘』 (창작과비평사, 2000); 반다나 시바, 강수영 옮김, 『살아남기: 여성, 생태학, 개발』 (솔, 1998).

23. 강이수, "일제하 면방 대기업의 노동 과정과 여성 노동자의 상태", 『사회와 역사』 28 (1991), 51-107쪽.

24. 서문석, 『고급기술자들의 구술을 통해 본 한국 면방직공업의 발전』 (국사편찬위원회, 2006).

25. 김경일, "일제하 고무 노동자의 상태와 노동운동", 『사회와 역사』 9 (1987), 76-157쪽.

26. 서문석, "일제하 대규모 면방직공장의 고급기술자 연구", 『경영사학』 30 (2003), 147-177쪽; 서문석, "해방 전후 대규모 면방직 공장의 고급기술자", 『동양학』 40 (2006), 65-85쪽.

27. 김경남, "근대 계몽기 여자 교육 담론과 수신·독본 텍스트의 내용 변화", 『韓國言語文學』 89 (2014), 149-171쪽.

28. 김근배, 『한국 근대 과학기술인력의 출현』 (문학과지성사, 2005), 184-185쪽.

29. 김근배, 180쪽, 182-183쪽.

30. 조선총독부, 『朝鮮總督府官報』, 1922. 3. 7., 김자중, "'1920~1945년간 식민지 조선의 '전문정도' 사립각종학교에 관한 연구". 『교육사학연구』 2 (2016), 55-89쪽 중 59쪽에

서 재인용.

31. 김자중, "'전문정도' 사립각종학교" (2016), 59쪽.
32. 김자중, "일제 식민지기 조선의 고등교육체제의 성격", 『한국교육사학』 38-3 (2016), 59-87쪽.
33. 김자중, "경성제국대학의 여성입학 허용문제에 관한 연구: 그 경위와 배경을 중심으로", 『한국교육학연구』 24(3) (2018), 27-53쪽; 정근식·정진성·박명규·정준영·조정우·김미정, 『식민권력과 근대지식: 경성제국대학 연구』 (서울대학교출판문화원, 2011).
34. 김자중, "식민지기 조선의 고등교육체제" (2016), 69-72쪽.
35. 박정애, "1910-1920년대 초반 여자일본유학생 연구" (숙명여자대학교, 1999), 46-63쪽.
36. 요시무라 치즈(吉村千鶴), 『실지응용 가사교과서 상』 (동경: 개성관, 1935); 전미경, "식민지시대 '가사교과서'에 관한 연구: 1930년대를 중심으로", 『한국가정과교육학회지』 16-3 (2004), 1-25쪽.
37. 전미경, 144쪽.
38. '양로' 부분은 『가사신교과서』 전체 185쪽 중 3쪽으로 전체 내용 중 1.6~5.1%에 불과하다. 전미경, 17쪽.
39. 김경남 (2014), 149-171쪽.
40. '가정(家政)' 용어가 근대에 들어서 새롭게 사용된 용어는 아니고 이미 조선시대에도 사용된 바 있다. (이숙인, "조선후기 가정론(家政論)의 성격: 양생(養生)과 치산(治産)", 『한국사상사학』 45 [2013], 407-440쪽.) "회재 이언적(1491~1551)도 「가정관리를 엄격히 함[嚴家政]」이라는 글에서 유희의 가족 이념을 구현하는 것을 가장 관리의 핵심으로 삼았다". (이숙인 [2013], 412쪽.) 또한 유중림은 『증보산림경제』(1766)를 펴내면서 16권 중 11~12권에 「가정(家政)」 편을 신설하기도 하였다. (이숙인 [2013], 420쪽.) "조선후기의 학자 박공진(朴公鎭, 1807-1877)의 가정론은 하나의 독립된 학문체계로서의 '가정학'을 상상하도록 한다. 朴公鎭, 『二安亭遺稿』 「家政」(『한국역대문집총서』 666), 이숙인 (2013), 434쪽.
41. 이숙인, "『家政』을 통해 본 18세기의 생활세계", 『한국문화』 51 (2010), 65-88쪽 중 71쪽. 사실 『증보산림경제』의 「가정(家政)」편이나 단행본 『가정(家政)』의 편제만 보아도 그것이 남성 가장을 독자로 상정한 것임을 알 수 있다. 예를 들어 둘 모두에 들어있는 공통 항목 "선수신(先修身)"을 보면 '주색 경계[戒酒色]' 내용을 포함하고 있고, "부모", "형제", "부부" 항목 다음에 "첩을 둠[置妾]"이라는 항목이 등장함에서도 잘

알 수 있다.

42. 이숙인 (2010), 71-73쪽.

43. 박정동 역, 『신찬가정학(新撰家政學)』 (우문관, 1907)의 제7장 "하인을 부림" 그리고 남궁억, 『가뎡교육』 (唯一書館, 1918)의 제4장 "하인부리는 법".

44. 남평 조씨가 작성한 『병자일기』에는 본인이 구체적으로 어떤 논밭에 어느 분량의 어떤 일을 해야 하는가를 지시하였음을 암시하는 내용이 자주 등장한다.

45. 『가정(家政)』 '부부(夫婦)', 이숙인 (2010), 79쪽에서 재인용.

46. 『병자일기』 기묘년(1639년) 4월 13일.

47. 박정동 역, 『신찬가정학(新撰家政學)』 (우문관, 1907)의 제1장 어린아이 교양.

48. 이 소절의 내용은 다음 글을 수정·요약하였다. 하정옥, "일상의 변동, 그리고 전/근대-식민/제국의 지식생산과 성별분업: 식민지기 『언문 가정보감』의 출판과 확산", 『페미니즘연구』 17-1 (2017), 3-51쪽.

49. 사실 이러한 가정보감의 내용이 그다지 낯설지 않은 것은, '~가정백과사전'이라는 제목의 서적이 1990년대까지 발간되었고, 그 내용 또한 의례절차와 해몽, 응급처방 그리고 토정비결이라는 비슷한 내용으로 구성되어 있고 때로는 여성지의 연말 부록으로 제공되는 '가계부'에도 발췌 형식으로 동일한 내용이 등장하기도 했다.

50. 오스미 가즈오(大隅和雄), 임경택 옮김, 『사전, 시대를 엮다: 사전으로 보는 일본의 지식문화사』 (사계절, 2014).

51. 오스미 가즈오, 219쪽.

52. 이동철은 일본어로 간행된 가정보감의 목록을 처음으로 제시한 바 있다. 이동철, "전통 실용백과사전의 현대적 전개 양상: 유서, 술수 그리고 가정보감", 풍석문화재단·임원경제연구소 주최 2016 풍석학술대회(2016.11.25.). 이동철은 일본의 국회도서관에서 제공하는 근대 디지털라이브러리 검토와 일본의 고서점을 통한 조사의 결과 1909년부터 1935년까지 10종의 가정보감이 있음을 확인하였는데, 일본에서 가정보감의 발행은, 한국에서 최근까지 발행된 것과는 달리, "1982년판에서 1985년판까지 출간된 것을 제외하고는 1945년 이후 출판 사례를 찾을 수 없다"는 점을 지적하면서 그 이유로 "일본의 경우 '가정보감'이 군국주의와 밀접한 연관을 갖고 있었기 때문"으로 추정하였다. 그리고 그 내용 또한 식민지 조선에서 발간된 가정보감이 술수에 관한 내용이 상당 부분을 차지하는 것에 비해 일본에서 발간된 가정보감은 그렇지 않다.

53. 국립중앙도서관, 『조선의 독서열풍과 만나다: 세책(貰冊)과 방각본(傍刻本)』, 국립중

앙도서관 전시회 도록(2016.8.8.~11.30); 유춘동, "20세기 초 구활자본 고소설의 세책 유통에 대한 연구: 장서각 소장본을 중심으로", 『장서각』 15 (2006), 171-188쪽.

54. 심경호, "한국 유서의 종류와 발달", 『민족문화연구』 47 (2007), 85-134쪽.

55. 함희진, "『만보전서언해(萬寶全書諺解)』의 서지적 고찰과 그 언어적 특징", 『어문논집』 59 (2009), 135-168쪽. 중국에서 발행된 『만보전서』는 "당시에 이 책이 역서(曆書) 다음으로 출판량이 많았다."고 할 만큼 대중적으로 보급되었는데, 아마도 이러한 인기를 반영하여 조선에서도 이 내용을 근간으로 하여 조선의 실정에 맞게 변용한 『만보전서언해』나 『증보만보(增補萬寶)』가 발간되었을 것이다. 함희진의 연구에 의하면 『만보전서언해』는 19세기 후기에 필사되었을 것으로 추정되는데, 중국에서 명·청대에 크게 유행한 『만보전서』를 그대로 옮긴 것이 아니라 "우리의 실정에 맞게 언해해 놓은 책"으로 "현재까지는 『만보전서언해』와 완전히 동일한 내용을 담은 한문본 『만보전서』는 발견되지" 않으며 "오히려 이 책이 중국의 책을 언해하는 과정에서 필사자의 의도에 의해서 새롭게 편집된 것으로" 파악된다. 함희진, 139, 136, 144쪽.

56. 함희진, 145쪽.

57. 이동철.

58. 서울대학교 규장각 한국학연구원. http://e-kyujanggak.snu.ac.kr/home/index.do?idx=06&siteCd=KYU&topMenuId=206&targetId=379 (2017.2.18. 접속)

59. 박현수, "일제의 조선문화연구", 『민속학연구』 2 (1995), 9-30쪽; 김일권, "근현대 민속의 변동과 한국민속종합조사", 『(학술심포지엄) 한국민속종합조사의 성과와 민속학사적 의미』 (국립문화재연구소, 2011).

60. 조선총독부, 신종원·한지원 옮김, 『조선위생풍습록(朝鮮衛生風習錄)』 (민속원, 2013).

61. 흥미로운 점은 2013년 민속원에서 발간된 『조선위생풍습록(朝鮮衛生風習錄)』 번역본이 이러한 위계 짓기에 조응하고 있다는 점이다. 번역본을 출간하면서 번역자들은 『조선위생풍습록』의 각 본문 내용 중에서 조선시대의 문헌과 현대의 문헌 중 관련되는 내용을 각주로 부기하고 있는데, 이때 언급하는 문헌이 『논어』, 『동의보감』, 『규합총서』 그리고 국립문화재연구소의 『한국민속종합조사보고서』이다. 그런데, "1. 격언편"에서는 주로 『논어』와 『동의보감』을 "2. 속언편"에서는 『동의보감』 일부와 『규합총서』를, 그리고 『한국민속종합조사보고서』의 각 지방편을, 나머지 "3. 민간치료편"과 "4. 미신요법편", "5. 관행편"에서는 『규합총서』와 『한국민속종합조사보고서』의 각

지방편 그리고 민간의약을 인용하고 있다. 『논어』는 "1. 격언편" 이외에는 단 한 번도 등장하지 않고 『동의보감』은 "1. 격언편"에 주로 등장하고 "2. 속언편"에는 간간히 등장하는데 "3. 민간치료편" 이하에서는 등장하지 않는다.

62. 조형근·박명규, 175-219쪽.

63. 이는 당대의 시점에서 "현재" 조선 즉 식민지 조선의 이미지였는데 반면에 "과거" 조선의 모습은 "세련됨, 활기, 능동성, 남성성"으로 재현되고 있다. 유일하게 "현재" 조선에서 "활기차고 능동적인" 것은 "일본이 가져다 준 제도와 시설들로만 재현"된다. 조형근·박명규, 199-202쪽.

64. 조형근·박명규, 198쪽.

65. 조선총독부 (2013)의 참고 사진.

66. 조선총독부 (2013), 서언.

67. 정연태, 421-422쪽.

68. 朝鮮總督府, 『朝鮮産米增殖計劃領』 (1922), 5쪽; 오호성, 130쪽에서 재인용.

69. 오호성, 131쪽, 150-151쪽.

70. 정근식, "일제하 종연방적의 잠사업 지배", 『사회와 역사』 2 (1986), 147-194쪽; 김혜수, "일제하 제사독점자본(製絲獨占資本)의 양잠농민(養蠶農民) 재편성 구조", 『경제사학』 13 (1989), 39-122쪽; 김혜수, "일제하 식민지 공업화정책과 조선인 자본: 제사 견직업을 중심으로", 『이대사원』 26 (1992), 225-256쪽; 배성준, "1930년대 일제 섬유자본의 침투와 조선 직물업의 재편", 『한국사론』 29 (1993), 193-248쪽; 류상윤, "식민지기 조선 잠사업의 관료적 재편: 일본 잠사업과의 비교", 『한일경상논집』 64 (2014), 103-130쪽.

71. 정연태, 415쪽.

72. 박명규, "1910년대 식민지 농업 개발의 성격: 전북 지역 농업 변동을 중심으로", 『사회와 역사』 33 (1992), 123-158쪽.

73. 久間健一, 『朝鮮の農政課題』 (東京: 成美堂, 1943), 7쪽, 오노 타모츠(大野保), 조승연 옮김, 『조선 농촌의 실태적 연구(朝鮮農村の實態的硏究)』 (서울: 민속원, 2016[1941]), 112쪽에서 재인용.

74. 권태억, 『한국근대면업사연구』 (일조각, 1996[1989]), 106쪽.

75. 김영진·김이교, "농업과학기술도입에 관한 종합연구", 『농업사연구』 10-2 (2011), 1-25쪽. 김영진은, "모범장(模範場)"이라는 명칭이 1883년 보빙사 일행이 미국을 방문하였을 때 농업 관련 시설을 시찰하였을 때 "Walcott Model Farm"에서 강한 인

상을 받아 영어 명칭 "model farm"을 가져온 것이라 추측한다. 김영진, "개화기의 구미(歐美)농업과학기술 어떻게 도입하였나", 서울대학교 농업생명과학대학 특강 (2016.10.19.). 이날 발표자 김영진은 개화기에 이미 자생적으로 근대 실험 농학으로의 전환을 꾀한 여러 시도가 이루어지고 이와 관련한 사료가 분명히 있음에도 불구하고, 여전히 지배적인 농학 역사 서술 방식이 "일본을 통해 근대농학이 들어왔고 식민지 시기에 출범하였다."는 것에 대해 안타까움을 표했다.

76. 김인수, "일제하 이훈구의 토지이용조사의 정치적 의미", 『사회와 역사』 107 (2015), 182쪽.
77. 구자옥 · 김장규 · 한상찬 · 이길섭, "혼다 고노스케(本田幸介)와 『한국토지농산조사보고(韓國土地農産調査報告)』 1904~1905", 『농업사연구』 9-1 (2010), 223-255쪽; 정연태, "1910년대 일제의 농업정책과 식민지 지주제: 이른바 '미작개량정책'을 중심으로", 『한국사론』 20 (1988), 413-502쪽.
78. 정연태, 426쪽.
79. 권태억, "일제시기의 농촌 직물업", 『한국사론』 19 (1988), 507쪽.
80. 박명규, 132쪽.
81. 정연태, 433쪽.
82. 김인수, 202-206쪽.
83. 오노 타모츠, 140-141쪽; 강정택, "조선의 공동노동 조직과 사적 변천", 『農業經濟研究』 17-4 (1941), 525-575쪽, 강정택, 박동성 옮김, 『식민지 조선의 농촌사회와 농업경제』 (서울: YBM Sisa 2008), 271-307쪽에서 재인용.
84. 강정택, 306쪽.
85. 김미현, "조선총독부의 농촌여성노동력 동원: '屋外노동'논리를 중심으로", 『역사연구』 12 (2003), 131-154쪽; 김민철, "일제의 농민조직화 정책과 농가 지도 (1932~1945)", 『역사문제연구』 18 (2007), 81-120쪽; 김민철, "1930~40년대 조선총독부의 촌락 지배기구 연구", 『역사문제연구』 20 (2008), 199-254쪽; 김익환, "1920년대 일제의 지방지배정책과 그 성격: 면행정제도와 '모범부락' 정책을 중심으로", 『한국사연구』 93 (1996), 147-176쪽; 이용기, "일제시기 모범부락의 내면과 그 기억: 전남 강진군 성전면 수양리 사례를 중심으로", 『한국사학보』 38 (2010), 325-366쪽.
86. 오노 타모츠; 김민철 (2007); 김민철 (2008).
87. 이용기, 354쪽.
88. 김미현, 134-135쪽.

89. 그래서 여성들의 농업노동 참여가 활발한 촌락에는 "[시집]가면 일을 많이 시키기 때문에 시집오는 것을 싫어"하기도 하고(오노 타모츠, 102쪽), "여자들이 이 동네 시집도 안 올라고 … 이 동네 시집가면 일 많이 한다고"(이용기, 356쪽)라고 회고되기도 하였다.

90. 강정택, 298쪽.

91. 김민철 (2008), 200쪽, 206쪽.

92. 식민지 시기 일본의 농업정책, 예를 들어 '모범 부락'이나 '농촌진흥운동'의 대표적인 성과로 여성의 농업노동 참여 증가나 부인회의 활발한 활동이 당시 일본 연구자나 주민의 기억에서 공통적으로 언급되고 있음은 주목할 만한 부분이다. 오노 타모츠, 89쪽, 107쪽; 이용기, 355쪽.

93. 김민철 (2007), 85쪽.

94. 김민철 (2007), 94쪽, 116쪽.

95. 강정택, 287쪽, 301쪽.

96. 이용기, 356쪽.

97. 朝鮮總督府, 『朝鮮産米增殖計劃領』 (1922), 5쪽, 오호성, 130쪽에서 재인용.

98. 권태억 (1988), 519쪽.

99. 홍금수, "일제시대 신품종 벼의 도입과 보급", 『대한지리학회 학술대회논문집』 (2002년 11월), 74-80쪽.

100. 오호성, 136쪽.

101. 정연태, 446쪽.

102. 오노 타모츠, 199쪽.

103. 정연태, 443쪽.

104. 박명규, 134쪽.

105. 정연태, 444쪽.

106. 朝鮮總督府殖産局, 『朝鮮の農業』 (1921), 1쪽, 정연태, 414-415쪽에서 재인용.

107. 반면 재래종은 "반건조(半乾燥)한 조선의 풍토"에 맞게 "내한력(耐旱力)"이 강한 장점을 갖고 있었다. 물론 많은 물과 비료를 투여하였을 때의 일본 신품종에 비해서는 "증산에 한계"가 있었다. 이호철, "조선후기 수도품종의 분화", 『경제사학』 19 (1995), 23-29쪽; 이호철, "한국 식민지기의 농업기술 연구와 보급: 수전농법을 중심으로", 『농업사연구』 4-1 (2005), 97쪽; 정연태, 447쪽.

108. 정연태, 454-458쪽.

109. 오노 타모츠, 165쪽.

110. 정연태, 449쪽.

111. 오노 타모츠, 166쪽.

112. 홍순권, "일제 초기의 면 운영과 '조선면제'의 성립", 『역사와 현실』 23 (1997), 139-169쪽.

113. 정연태, 430쪽.

114. 권태억 (1996[1989]), 123-130쪽.

115. 권태억 (1996[1989]), 117쪽에서 재인용.

116. 김건태, "19세기 집약적 농법의 확산과 작물의 다각화", 『역사비평』 101 (2012), 301쪽.

117. 『東亞』 1937.6.18., 권태억 (1996[1989]), 128쪽에서 재인용.

118. 『東亞』 1933.3.28., 권태억 (1996[1989]), 119쪽에서 재인용.

119. 반다나 시바, 강수영 옮김, 『살아남기: 여성, 생태학, 개발』 (솔, 1998); 마리아 미스·반다나 시바, 손덕수·이난아 옮김, 『에코페미니즘』 (창작과비평사, 2000).

120. 이는 단지 과거의 일만은 아니다. 개혁개방 이후 중국 농촌에서는 남성들이 도시의 농민공으로 떠나버리고 주로 여성들과 노약자가 농업노동을 감당해야 하는 상황에서 농약 없이는 제초와 해충 구제가 도저히 불가능한 상황이다. 이현정, "잊혀진 혁명: 중국 개혁개방시기 농촌 잔류여성의 삶", 『한국여성학』 30-1 (2014), 1-33쪽.

121. 안승택, "일본식 근대농법과 식민지조선의 농속(農俗) 사이", 『역사와 현실』 61 (2006), 258쪽.

122. 김효정, "여성농민의 토착지식에 기반한 '토종씨앗 지키기' 운동의 특성과 과제", 『농촌사회』 21 (2011), 289-290쪽.

123. 김효정, 276쪽.

124. 오호성, 228쪽.

125. 20세기 초 경성에 거주하던 일본인 行猪太郎이 고안하였다고 한다. 二瓶精一, 『精米と精穀』 (地球出版社, 1941) 중 210쪽, 오호성, 49쪽에서 재인용.

126. 김영진·김이교, 4쪽.

127. 이정향, "18세기 이후 왕비의 친잠과 양잠산업의 변화", 『선잠단과 길쌈 이야기』 (성북문화원, 2010), 61-71쪽.

128. 이정향, 65쪽.

129. 권태억 (1996[1989]), 225-226쪽.

130. 권태억 (1988), 511쪽.

131. 류상윤, 103쪽.

132. 朝鮮總督府, 『朝鮮の蠶絲業』 (1943), 부록 3-10쪽, 김혜수 (1989), 60쪽에서 재인용.

133. 陸芝修, "朝鮮に於ける蠶絲業の分布", 『朝鮮總督府調査月報』, 1940.5, 8쪽, 정근식 (1986), 183쪽과 김혜수 (1989), 49쪽에서 재인용.

134. 정근식 (1986), 182쪽.

135. "注目に値する養蠶小作の出現", 〈목포신보〉, 1930.6.11., 김혜수 (1989), 96쪽에서 재인용.

136. 정근식 (1986), 183쪽.

137. "桑葉不足으로 蠶兒全歲狀態", 〈동아일보〉, 1927.6.8.; "繭賃暴落", 〈동아일보〉, 1927.6.19., 김혜수 (1989), 67쪽 재인용.

138. "京畿道に於する農家の現金收支に關する調査", 『조선농회보』, 1934.4., 47-54쪽, 김혜수 (1989), 68쪽 재인용.

139. "今年繭은 時勢暴落", 〈동아일보〉, 1924.6.10., 김혜수 (1989), 68쪽 재인용.

140. "蠶繭代金の流入と農村の生活安定", 〈조선민보〉, 1929.7.16., 김혜수 (1989), 68쪽 재인용.

141. "繭代金使用處", 『蠶業之朝鮮』, 1940.1., 7-8쪽, 김혜수 (1989), 69쪽 재인용.

142. "朝鮮蠶業の經濟に殘の問題", 『蠶業之朝鮮』, 1935.10., 11쪽, 김혜수 (1989), 69쪽 재인용.

143. 박나나·조우현, "근대이후 여자저고리 봉제방법의 특징과 변화요인" 『복식』 60-7 (2010), 88-102쪽 중 100쪽에서 재인용.

144. 유수경, 『한국여성양장변천사』 (일지사, 1990), 92쪽.

145. 유수경, 92-99쪽.

146. 유수경, 88쪽.

147. 배성준, 205쪽.

148. 배성준, 206-207쪽.

149. "인조견공장족출(人造絹工場簇出)로 농촌(農村)에 인견홍수(人絹洪水)", 〈동아일보〉, 1934.9.12., 배성준, 208쪽에서 재인용.

150. 조효숙·임현주, "20세기 치마·저고리의 소재 연구" 『복식』 62-6 (2012), 56-59쪽.

151. 김경남, "1920-30년대 면방대기업의 발전과 노동조건의 변화: 4대 면방대기업을 중심으로", 『역사와 경계』 25·26 (1994), 131쪽.

152. 배성준, 203쪽.

153. 유수경, 140쪽에서 재인용.

154. 심화진·윤혜성. "조선후기 풍속화에 나타난 치마·저고리에 관한 연구" 『복식』 50-2 (2000), 125-140쪽 중 138쪽.

155. 1908년 이숙이 『규합총서』를 발췌하여 펴낸 『부인필지』에 대한 서지사항은 2절 '5. 식생활의 변동' 부분을 참고.

156. 민숙현·박해경, 『한가람 봄바람에: 이화 100년 야사』 (지인사, 1981), 155-156쪽, 고부자, 『우리생활 100년—옷』 (현암사, 2001), 145쪽에서 재인용.

157. 유수경, 140-143쪽, 150-152쪽.

158. 국립대구박물관, 이원진·박승원, 『여성 한복 근대를 만나다』 (주자소, 2018), 172쪽에서 재인용.

159. 고부자, 149-150쪽.

160. 김수진, "여성의복의 변천을 통해 본 전통과 근대의 젠더정치", 『페미니즘연구』 7-2 (2007), 281-320쪽 중 289-293쪽.

161. 김영애, "「주부상식」 양복세탁법", 『朝光』 1935.11.1.

162. 이명자, "과학적 염색법에 대하야", 『朝光』 1935.12.1.

163. 박나나·조우현, 99쪽.

164. 이숙, 30쪽.

165. 박나나·조우현, 101쪽.

166. 유수경, 173쪽, 175쪽.

167. 선우전(鮮于全), "우리의 衣服費, 居住費, 娛樂費에 對하야", 『開闢』 24 (1922.6.), 19-39쪽.

168. 주영하, 『식탁 위의 한국사』 (휴머니스트, 2013), 17쪽, 20-21쪽.

169. 라연재는 기존에 필사본으로 알려진 『부인필지』의 원본이 출판 인쇄물이라는 점을 밝혔다. 출판사 우문관이 발행한 『부인필지』의 광고가 1908년 6월 10일자 〈황성신문〉에 실렸다고 한다. 라연재, "근대 요리책의 계통과 지식 전승", 『민속학연구』 42 (2018), 53쪽.

170. 라연재는 이용기가 쓴 『조선무쌍신식요리제법』(1924)이 『임원경제지』 「정조지」, 『산림경제』, 『증보산림경제』의 「치선」, 『조선요리제법』, 『수원식단』, 『준생팔전』, 『농정회요』 등 다수의 요리책을 참조하여 저술된 백과전서식 요리책이라고 분석하였다. 라연재, 60-63쪽.

171. 『규합총서』는 여러 이본(異本)들이 존재하는데, 김영혜는 『규합총서』 현존본의 성격을 세 종류로, 즉 전체를 베낀 완사본(完寫本), 부분적으로 베낀 초록본(草綠本), 초록한 부분에 새로운 내용을 삽입한 첨삭본(添削本)으로 분류하였다. 김영혜, "『閨閤叢書』의 編纂과 筆寫樣相에 관한 考察" (성균관대학교 석사학위논문, 2016), 56-58쪽.

172. 김영혜, 57쪽.

173. 라연재, 60쪽.

174. 라연재, 66-67쪽.

175. 권선영, "1910년대 청주지역의 식문화: 『반춘등속』을 중심으로" (고려대학교 대학원, 2009); 김향숙, 김의환, 박경래, 지명순, 충북대학교 생활과학연구소, 『반찬등속 연구와 청주의 향토음식 발굴과 재현』 (청주시, 2013).

176. 청주시·김향순 외, 『반찬등속』 (청주시, 2013), 13-14쪽.

177. 이솔·지명순·김향숙, "「반찬등속」에 기록된 김치의 식문화적 고찰", 『한국식품조리과학회지』 30-4 (2014), 495-496쪽.

178. 김미혜, "근대(1910-1948) 조리서 속 설탕의 활용과 소비문화 고찰", 『韓國食生活文化學會誌』 32-3 (2017), 201쪽.

179. 김미혜, "서양인의 조선여행 기록문을 통한 근대 식생활사(食生活史) 연구", 『韓國食生活文化學會誌』 31-5 (2016), 389쪽에서 재인용, 일부 번역 수정.

180. 김치류 서지의 계통을 연구한 윤서연에 따르면, 조선시대 가장 많이 쓰인 김치 용어는 '菹(저)'였고, 그다음으로 '沈菜(침채)'가 쓰였다. '김치'는 딤치〉짐치〉짐츼〉짐치〉김치를 거친 것으로 보고 있다. 고려시대에는 김치류를 지칭하는 용어가 '漬鹽(지염)', '鹽虀(염제)', '鹽菜(염채)', '沈菜(침채)', '醬瓜(장과)'였고, 조선시대에는 '菹(저)', '沈菜(침채)', '虀(제),' '奄蔡(엄채)', '漬鹽(지염)', '鹽菜(염채)' 등으로 표기하였다. 윤서연(尹瑞涓), "김치類 書誌의 系統에 관한 硏究", 『서지학연구』 74 (2018), 311-356쪽.

181. 김영희·임영희, 『한국전통식품』 (효일출판, 2007), 196-197쪽, 윤서연, 349쪽 주205에서 재인용.

182. 홍선표(洪善杓), "김장 담그는 법", 『朝光』 5-11 (1939), 212쪽.

183. 〈동아일보〉 1923.11.9., 주영하 (2013), 158쪽에서 재인용.

184. 홍선표, 212쪽.

185. 홍선표, 213-214쪽.

186. 주영하 (2013), 159-160쪽.

187. 주영하는 중국의 지부 지역이 원산지인 지부배추가 20세기 초 조선과 일본으로 유입되어 재배가 확산되어간 것을 배추김치 확대의 직접적인 배경으로 추론하였다. 그에 따르면, 1882년 임오군란 이후 조선에 중국인들이 집단적으로 거주하기 시작하면서 김포 일대에서 배추 농사로 생계를 이어갔고, 춘절을 앞두고 고향으로 돌아갔다가 조선으로 돌아올 때 또 다른 중국 산둥성의 배추 종자를 가지고 돌아왔다고 한다. 주영하, "주영하의 음식 100년—배추김치", 〈경향신문〉 2011년 5월 3일자.
http://biz.khan.co.kr/khan_art_view.html?artid=201105032133455&code=900370

188. 주영하 (2013), 159쪽에서 재인용.

189. 『시의전서』는 상·하 2편 1책으로 이뤄진 필사본으로, 1919년 심환진(沈晥鎭, 1872-1951)이 경상도 상주 군수로 부임하여 그곳 반가에 소장되어 있던 조리책을 빌려서 필사해둔 것이 그의 며느리 홍정(洪貞)에게 전해졌다고 한다. 『시의전서』에는 배추통김치, 외김치, 가지김치 등 14가지 김치 조리법이 적혀 있다. 이솔·지명순·김향숙, 487-488쪽.

190. "요긴한 요새음식" 『동명』 1-2 (1922.11.19.), 17쪽.

191. 홍선표, 212-217쪽; 방신영, "김장교과서", 『여성』 4-11 (1939), 50-54쪽.

192. 설탕에 관한 첫 기록은 고려 명종 때 이인로(李仁老, 1152-1220)의 『파한집(破閑集)』이라고 한다. 김미혜 (2017), 185쪽.

193. 김미혜 (2017), 185-203쪽.

194. 김대환, "맛(味)과 식민지조선, 그리고 광고—아지노모도(味の素)광고를 중심으로", 『옥외광고학연구』 5-3 (2008), 121쪽, 130쪽.

195. 조희진, "아지노모도의 현지화전략과 신문광고", 『사회와 역사』 108 (2015), 43-79쪽 중 48, 64쪽.

196. 주영하, "동아시아 식품산업의 제국주의와 식민지주의", 『아시아리뷰』 5-1 (2015), 71-96쪽 중 75쪽.

197. 주영하 (2015), 84-85쪽.

198. 이은희 외, "한국 근현대사에서 설탕은 무엇이었나", 『역사문제연구』 40 (2018), 255쪽.

199. 이은희, "1930년대 신식요리강습회로 본 상류층의 "식생활개선"", 『역사와 현실』 88 (2013), 296쪽; 이은희 외 298쪽.

200. 조희진, 60쪽.

201. 이각경(李珏卿), "여름철의 조선요리", 『朝光』 2-6 (1936), 308-312쪽.

202. 생활개선론자는 가정학 전공자 여성들 외에도 서양 의학을 배운 의사들을 포함한다. 이은희 (2013), 279쪽.

203. 민혜식, 1936.8. "하절의 조선요리", 『조광』 3-8 (1936), 223쪽, 이은희 (2013), 297쪽에서 재인용.

204. 이은희 (2013), 291-292쪽.

205. 정인경, "일제하 경성 고등공업학교의 설립과 운영", 『한국과학사학회지』 16-1 (1994), 32쪽.

206. 정인경, 59-63쪽.

207. 서문석, "근대적 면방직공장의 등장과 기술인력 양성제도의 형성", 『동양학』 50 (2011), 125쪽.

208. 정준영, "공업조선의 환상과 '학문 봉공(學問奉公)'의 현실: 경성제대 이공학부의 탄생", 『한국과학사학회지』 37-1 (2015), 299-343쪽.

209. 이때 산업 현장에는 식민지 조선의 교육기관 출신뿐만 아니라 일본 유학파도 단순, 고급 기술자로 투입되었다.

210. 서문석 (2011), 122-123쪽.

211. 김자중, "'전문정도' 사립각종학교" (2016), 57쪽.

212. 물론 이들 여학생 중에는 조선인보다는 일본인이 더 많았다. 승격 이전의 조선 여성과 일본 여성의 숫자는 조선 약학교가 4:28(1926년), 8:29(1927년), 12:44(1929년)명이었고 경성치과의학교가 13:21(1926년), 12:26(1927년)명으로 조선 여성의 숫자도 늘어나고 있음을 볼 수 있다.

213. 김자중, "'전문정도' 사립각종학교" (2016), 72쪽.

214. 김근배, 『한국 근대 과학기술인력의 출현』 (문학과지성사, 2005), 172-173쪽.

215. 김근배, 174쪽.

216. 학생 1인당 경비가 다른 학교에 비해 대략 2~3배에 달하였다고 한다. 『朝鮮總督府京畿道統計年報』(각 년도판), 김근배, 175쪽에서 재인용.

217. 김근배, 172-173쪽.

218. 김근배, 179-180쪽.

219. 김근배, 186쪽.

220. 김근배, 182쪽.

221. 김근배, 183쪽.

222. 김근배, 180쪽.

223. 김근배, 183쪽.

224. 김근배, 182쪽.

225. 김근배, 189쪽.

226. 阿部辰之助, 『大陸之 京城』 (1918), 181-183쪽, 187-189쪽, 김근배, 175쪽에서 재인용.

227. 김근배, 185쪽.

228. 김근배, 418쪽.

229. 이정, "식민지 조선의 식물 연구(1910-1945)" (서울대학교 박사학위논문 2012), 60-61쪽.

230. 박선미, 『근대 여성, 제국을 거쳐 조선으로 회유하다: 식민지 문화지배와 일본유학』 (창비, 2007).

231. 박선미, 51쪽.

232. 박선미, 15쪽.

233. 1952년판의 저자 서문에서는 『조선요리제법』이 처음 지어진 것이 46년 전인 1906년이라고 하였고, 또 그의 제자인 최이순(崔以順)이 쓴 "방신영 선생님을 추모하며"(『신가정』 1977년 2월호)라는 글에 1913년 방신영이 『요리제법』이란 책을 간행한 바 있다고 했으나 현전본이 알려져 있지 않아 확실한 것은 알 수 없다. 이호권, "『조선요리제법』 전문가용 해제", 디지털한글박물관. http://archives.hangeul.go.kr/

234. 김성은, "신여성 방신영의 업적과 사회활동", 『여성과 역사』 23 (2015), 203-243쪽.

235. 방신영은 1933년 『조선무쌍신식요리제법』의 발행인 강의영에 대해 저작권 침해 소송을 걸어 승소하였다. 저작권 소송은 식민지기에 희귀한 사례로 방신영의 『조선요리제법』이 가졌던 영향력을 짐작케 해준다. 김성은, 211-212쪽.

236. 이용기, "서문", 『조선요리제법』 (1917), 김성은, 214쪽에서 재인용.

237. "讀者여러분께 보내는 名士 諸氏의 年頭感, 年賀狀 代身으로 原稿 着順", 『별건곤』 36 (1931), 64쪽, 김성은, 208쪽에서 재인용.

238. 방신영, 『朝鮮料理製法』 (광익서관, 1921), 1-2쪽, 김성은, 215쪽에서 재인용.

239. 김활란, "서문", 방신영, 『조선요리제법』 (漢城圖書, 1942).

240. 라연재, 57쪽.

241. 방신영, 『조선요리제법』 제6판 (1934), 라연재, 57쪽 주24에서 재인용.

242. 라연재, 55쪽.

243. 1930년에 출간된 『조선무쌍신식요리제법』은 『조선요리제법』과 『임원경제지』, 『증보

산림경제』 등의 내용을 참조하여 서술한 요리책으로, 방신영과 교류를 했던 이용기가 저자이다. 라연재, 55쪽.

244. 권태억 (1988), 511-514쪽.

245. 권태억 (1996[1989]), 191-192쪽.

246. 〈동아일보〉 1927.8.6., 권태억 (1996[1989]), 193쪽에서 재인용.

247. 『조선공장명부』 (1936년판), 배성준, "1930년대 일제 섬유자본의 침투와 조선 직물업의 재편", 『한국사론』 29 (1993), 193-248쪽 중 235쪽에서 재인용.

248. "朝鮮では初めて羽二重製織所新設", 〈부산일보〉 1932.4.10.; "務安部落工業化", 〈목포신보〉 1938.2.17., 배성준, 238쪽에서 재인용.

249. 朝鮮織物協會, 『朝鮮織物協會誌』 10 (1938.3.), 52-53쪽, 배성준, 238쪽에서 재인용.

250. 배성준, 193-248쪽.

251. "繭價暴落對策으로 春川特産紬織造", 〈每日申報〉 1930.11.8., 배성준, 238쪽에서 재인용.

252. "目醒しく活躍せる扶餘産業組合", 〈호남일보〉 1929.9.20.; 배성준, 237쪽에서 재인용.

253. "朝鮮婦人の家庭工業", 〈경성일보〉 1928.8.25., 배성준, 237쪽에서 재인용.

254. 『東亞』 1934.7.3., 권태억 (1996[1989]), 198쪽에서 재인용.

255. 〈鴨江日報〉 1933.11.21., 권태억 (1996[1989]), 238쪽에서 재인용.

256. 박재을, 『韓國 綿紡織業의 史的 硏究』 (경희대학교 박사학위논문, 1980), 김경남 (1994), 122쪽에서 재인용.

257. 강이수 (1993), 181쪽.

258. 김경남 (1994), 147쪽.

259. 김경남 (1994), 136쪽.

260. 김경남 (1994), 143-144쪽.

261. 김경남 (1994), 147쪽; 배성준, 201쪽; 서문석, 『고급기술자들의 구술』 (2006), 18쪽.

262. 『朝鮮總督府統計年報』 (각 년도), 강이수 (1994), 74쪽에서 재인용.

263. 『식은조사월보』 45 (1942), 20쪽, 강이수 (1994), 74쪽에서 재인용.

264. 강이수 (1991), 60쪽.

265. 강이수 (1991), 63-64쪽.

266. 강이수, "일제하 근대 여성 서비스직의 유형과 실태", 『페미니즘 연구』 5 (2005), 89-131쪽 중 115쪽.

267. 김미선, "근대적인 '직업여성'의 여성정체성과 직업의식의 형성과정에 관한 연구: 1

세대 미용사 임형선의 구술생애사를 중심으로", 『여성과 역사』 10 (2009), 141-186쪽; 김은정, "1930-40년대 서비스직 여성의 노동경험을 통한 '직업여성'의 근대적 주체성 형성과 갈등에 관한 연구", 『한국사회학』 46-1 (2012), 64-100쪽.

268. 김미선, 155쪽.

269. 김수정, 『한국미용100년』 (동서교류, 2005).

270. 김수정, 11쪽.

271. 김미선. 156쪽.

272. 김수정, 11쪽.

273. 김수정, 199-202쪽.

274. 김수정, 203-206쪽.

275. 김수정, 114-115쪽, 130쪽.

276. 김미선, 165쪽.

277. 김미선, 156쪽.

278. 김은정, 79-80쪽.

279. 김은정, 81쪽.

280. 신동원, 『호열자, 조선을 습격하다』 (역사비평사, 2004), 303-304쪽.

281. 여인석 등, 『한국의학사』 (KMA 의료정책연구소, 2012), 175-176쪽.

282. 신동원, 황상익, "조선말기(1876-1910) 근대보건의료체제의 형성과정과 그 의미", 『의사학』 5-2 (1996), 155-165쪽.

283. 손동호, "『만세보』를 통해 본 한말 위생 담론 연구", 『한국민족문화』 49 (2013), 443-475쪽.

284. 손동호, 443-475쪽.

285. 김경남, "근대 계몽기 여자 교육 담론과 수신·독본 텍스트의 내용 변화", 『韓國言語文學』 89 (2014), 149-171쪽.

286. 이송희, "한말, 일제하의 여성교육론과 여성교육정책", 『여성연구논집』 16 (2005), 187-221쪽.

287. 김경남, 149-171쪽.

288. 이들 초기 여학교의 교과목에 관해서는 조경원, "대한제국 말 여학생용 교과서에 나타난 여성교육론의 특성과 한계 — 『녀자독본』 『초등여학독본』 『녀자소학수신서』를 중심으로", 『교육과학연구』 30 (1999), 163-187쪽 참조.

289. 조경원, 163-187쪽.

290. "조선총독부령 제 110호 보통학교 규칙, 1911. 10. 20 제정", http://www.law.go.kr/법령/보통학교규칙/(00110,19111020) (2019.6.8. 접속)

291. 여자고등보통학교의 교과목은 "수신, 국어, 조선어 및 한문, 역사, 지리, 산술, 이과, 가사, 습자, 도화, 재봉 및 수예, 음악, 체조"로 규정되었다. ("조선총독부령 제112호 여자고등보통학교 규칙, 1911. 10. 20. 제정", http://www.law.go.kr/법령/여자고등보통학교규칙/(00112,19111020) (2019.6.8. 접속)

292. 여자고등보통학교는 '이과' 과목을 1학년에 매주 2시간씩, 2학년과 3학년에 매주 4시간씩 배우도록 하고, 내용은 1학년에 '식물', 2학년에 '동물, 신체생리 및 위생', 3학년에 '물리 및 화학'을 배우도록 했다. '가사'는 2학년과 3학년에 매주 4시간씩 배우도록 했는데, 2학년에 '의식주, 양로'를, 3학년에 '육아, 간호, 할팽 등'을 배우도록 했다. ("조선총독부령 제112호 여자고등보통학교 규칙. 1911. 10. 20. 제정")

293. 김재인 외, 75쪽.

294. 김재인 외, 118-119쪽.

295. "물환성리 20년 1. 초등교의 취학아동 20년간 10배 증가", 〈동아일보〉 1940.4.1.

296. 남궁억, 『가정교육』 (유일서관, 1914), 26쪽.

297. 남궁억, 28쪽.

298. 박정동, 『신찬가정학』 (우문관, 1907), 51쪽.

299. 박정동, 6쪽.

300. 박정동, 26쪽.

301. 서양에서 세균설이 인정받은 지 오래되지 않았기 때문에 이들 책에서도 감염병 예방과 관리의 모든 측면에서 세균설을 일관성 있게 적용한 것은 아니었고, 나쁜 공기에 의하여 질병이 발생한다는 장기설(瘴氣設, miasma theory)에 의한 질병 이해와 대처도 나타난다. "음식의 독기를 맡은 때에는 구토함이 제일 긴요하나니 (중략) 속히 의원을 청하여 그 독기 마신 연유를 자세히 고할지니라."(박정동, 51-52쪽)라고 한 부분이 그 예이다.

302. 박정동, 11쪽.

303. 박정동, 50쪽.

304. 남궁억, 84쪽.

305. 박정동, 21쪽. 두창 예방접종 이후의 경과를 자세히 기술한 것은, 의사가 드물었던 시기에 가정에서 두창을 앓는 아이의 어머니가 그 경과를 잘 알아서 정상적으로 나아가는 과정인지 비정상적인 과정인지를 판단하고 이에 대처할 수 있도록 하기 위

한 것이었을 것이다.

306. 박정동, 22쪽.

307. 남궁억, 30쪽.

308. 박정동. 50쪽.

309. 박정동, 57쪽.

310. 예를 들어 박정동의 책 56쪽에는 "몸에 열기는 사람의 강하고 약함을 인하여 많고 적은 등분이 있는데 대저 소년은 38도 오분에 이르며 중년은 39도 오분에 이르며 노년은 사십도 오분에 이를지니 그 도수에 지날지면 반드시 위태한 병이 될지니라."라고 되어 있다. 이 기술에 따르면 심한 고열 환자를 정상으로 간주하여 매우 위험한 결과를 초래할 수 있었다.

311. 이꽃메, 『한국근대간호사』 (한울, 2002), 159-160쪽.

312. 남궁억, 50쪽.

313. 송계월, "누구의 잘못인가 맹아원에서 들은 이야기", 『신여성』 1931.6., 전미경, "1900-1910년대 가정 교과서에 관한 연구 — 현공렴 발행 『한문가정학』, 『신편가정학』, 『신정가정학』을 중심으로", 『한국가정과교육학회지』 17-1 (2005), 131-151쪽에서 재인용.

314. 강이수, "여성의 일과 직업관 — 일제하 신문 기사를 중심으로", 『사회와 역사』 65 (2004), 170-206쪽.

315. 동인회는 20세기 초, 일본이 동아시아 침략을 본격화하면서 이를 정당화하기 위하여 조직한 의료단체이다. 동인회에 대한 자세한 내용은 박윤재의 연구, "통감부의 의학지배정책과 동인회", 『동방학지』 119 (2003), 95-138쪽 등을 참조.

316. 조우현 외, "우리나라 근대 병원의 등장", 『의사학』 11-1 (2002), 20-48쪽.

317. 일본인 병원, 의사, 간호부 숫자는 김승태의 연구, "일본을 통한 서양의학의 수용과 그 성격", 『국사관논총』 6 (1989), 243쪽 참고. 산파 숫자는 통계청에서 펴낸 『통계로 본 개화기의 경제사회상』 (1994), 117-118쪽 참조.

318. 통계청, 20쪽.

319. 박윤재, "청심보명단 논쟁에 투영된 통감부의 의약품 정책", 『역사비평』 67, (2004), 194쪽; 양정필, "한약업자의 대응과 성장", 연세대학교 의학사연구소 편, 『한의학, 식민지를 앓다』 (아카넷, 2008), 234쪽.

320. 황상익, 기창덕, "조선말과 일제강점기동안 내한한 서양선교의료인의 활동 분석", 『의사학』 3-1 (1994), 57-71쪽.

321. 박윤재, “대한제국기 종두의양성소의 설립과 활동”, 『정신문화연구』 32-4 (2009), 29-54쪽.

322. 신동원, “일제의 보건의료 정책 및 한국인의 보건상태에 관한 연구” (서울대학교 보건대학원 석사학위논문, 1986), 105-106쪽.

323. 박윤재, “조선총독부의 우두정책과 두창의 지속”, 『의사학』 21-3, 377-401쪽.

324. 제중원에서 사용한 약의 종류는 다음 연구를 참조. 박형우, 『조선 최초의 근대식 병원 제중원』 (몸과마음, 2002), 110-127쪽; 양정필, “한말-일제 초 근대적 약업 환경과 한약업자의 대응”, 『의사학』 15-2 (2006), 189-209쪽.

325. “미국서 신출한 진품금계랍과 회충약과”, 〈황성신문〉 1899.8.9. 3면.

326. 예를 들어 천일약방의 대표적인 매약인 조고약의 경우, 종의(腫醫)였던 조근창이 집안의 가전비약으로 내려온 것으로 만든 것이었다. 또한 당시 대표적인 매약 가운데 하나인 활명수의 경우, 무과에 급제하여 벼슬을 지냈으며 한약에 능통했던 민병호가 한약재 추출물에 클로로포름과 멘톨 등 양약을 혼합하여 만든 것이었다. 일본에서 만들어져 조선에 유입된 인단은, 한약재와 향신료를 배합하여 먹기 쉽고 휴대와 보존이 편리하며 만병에 효과가 있는 것으로 광고되어 인기가 높았다. (양정필 [2006], 239-243쪽.)

327. 양정필 (2006), 238쪽.

328. 서울대학교병원 병원역사문화센터, 『사진과 함께 보는 한국근현대 의료문화사 1876-1960』 (웅진지식하우스, 2009), 240쪽.

329. 김승태, “일본을 통한 서양의학의 수용과 그 성격”, 『국사관논총』 6 (1989), 243쪽.

330. 황상익, 기창덕, “조선말과 일제강점기동안 내한한 서양선교의료인의 활동 분석”, 『의사학』 3-1 (1994), 57-71쪽.

331. 1908년 조사에서는 한의사와 양의사를 구분하지 않았다. 그렇지만 의학교를 졸업한 조선인 의사가 배출되기 시작한 것은 1903년부터이고 수도 적었으므로 이때 조사된 조선인 의사는 대부분 한의사였다.

332. 신동원, “일제의 보건의료 정책 및 한국인의 보건상태에 관한 연구” (서울대학교 보건대학원 석사학위논문, 1986).

333. 이꽃메, “일제시대 우리나라 간호제도에 관한 보건사적 연구” (서울대학교 보건대학원 박사학위논문, 1999), 238-242쪽.

334. 이꽃메, “식민지시기 일반인의 한의학 인식과 의약 이용”, 『의사학』 15-2 (2006), 227-236쪽; 박윤재, “조선 총독부의 지방 의료정책과 의료 소비”, 『역사문제연구』 21

(2009), 161-183쪽.

335. 이꽃메 (2006), 231쪽.

336. 정근식, "식민지 위생경찰의 형성과 변화, 그리고 유산 — 식민지 통치성의 시각에서", 『한국사회사학회』 90 (2011), 220-270쪽.

337. 양정필 (2006), 206쪽.

338. 양정필 (2006), 236쪽.

339. 국사편찬위원회, 『광고, 시대를 읽다』 (두산동아, 2007), 12쪽, 김엘리아나, "일제강점기 조선 의약품 광고 디자인에 나타난 주술적 특징" (서울대학교 석사학위논문, 2013), 10쪽에서 재인용. 약종상의 자격을 따로 정하지 않고 지방청에서 인허를 하도록 한 것은, 법으로 자격을 정하고 조선총독이 면허를 주도록 한 의사, 의생, 약사, 간호부, 산파 등에 비하여 자격을 관리해야 하는 전문가로 보지 않고, 기존의 약 판매업을 인정했기 때문이라고 할 수 있다.

340. 이성범, "일제시대 신문광고에 나타난 광고마케팅 분석" (경희대학교 대학원 석사학위논문, 2006), 25쪽.

341. 왕실의 경우에는 특별한 문제가 없는 임신과 출산에 대해서도 의녀와 의관이 산모의 건강을 관리하고 산실청을 설치하고 분만에 참여하는 식으로 개입했고, 일반인의 경우 문제가 있고 지리적, 경제적 여건이 될 때에 의원이나 산파 같은 전문가의 도움을 받았다. 조선시대 의원의 임신과 출산 개입, 산파의 존재에 관해서는 이꽃메의 연구, "『역시만필(歷試漫筆)』의 사례로 재구성한 조선후기 여성의 삶과 질병", 497-532쪽 참조.

342. Rosetta Hall, "Woman's Medical Work, Seoul, Korea", *Chinese Reader and Missionary Journal* (September 1893), pp. 403-408, 옥성득, 『한국간호역사자료집 1』 (대한간호협회, 2013), 70-74쪽 재인용.

343. Mary M. Cutler, "Po Ku Nyo Koan", *Reports Read at Ninth Annual Session of the Korea Woman's Conference of Methodist Episcopal Church, held at Seoul, June 19-27, 1907* (Seoul: Methodist Publishing House, 1907), pp. 13-28, 옥성득, 『한국간호역사자료집 1』 (대한간호협회, 2013), 304-307쪽 재인용.

344. E. Ernsberger, "Baldwin Dispensary and Evengelistic Work, East Gate", *Reports Read at the Sixth Annual Session of the Korea Woman's Conference of Methodist Episcopal Church, held at Chemulpo, April 30, 1904* (Seoul: Methodist Publishing House, 1904), pp. 7-17, 옥성득, 『한국간호역사자료집 1』 (대한간호협회, 2013), 285-287쪽 재인용.

345. Mary M. Cutler, pp. 13-28.

346. 이방원, "보구여관 간호원양성소의 설립과 운영", 『의사학』 20-2 (2011), 355-394쪽.

347. 박윤재, 『한국 근대의학의 기원』 (혜안, 2005), 293쪽.

348. 1903년 의학교를 2회로 졸업한 최국현은 대한의원에서 부인과에 있었던 경력을 기반으로 1910년 전동병원을 개원하면서 "산과(히산) 부인과(부인제병) 내과(속병)"에 대해 '전문진료'한다는 점을 내세웠으며 1913년에 개원한 유신의원은 야간진찰소 및 조산부과를 특설하고, 내과와 소아과 담당, 외과와 피이비안과 담당, 산부인과 담당 의사를 각각 두었다. 이흥기, "19세기 말 20세기 초 의약업의 변화와 개업의", 『의사학』 19-1 (2010), 368-369쪽.

349. 1909년 대구에서는 선교의사 존슨(Woodbridge O. Johnson)이 제왕절개수술에 성공하였다. 조우현 외, "우리나라 근대 병원의 등장", 『의사학』 11-1 (2002), 20-48쪽.

350. 법에서 산파를 "근대의 신과학에 정통하고 국가가 정한 조산실습 규정을 모두 이수하여 면허를 취득한 자"로 규정하였다. 이수진, "전간기(戰間期) 일본의 산파와 출산 정치" (연세대학교 석사학위논문, 2009), 1쪽.

351. 통계청, 『통계로 본 개화기의 경제사회상』 (통계청, 1994), 117-118쪽.

352. 이꽃메, 『한국근대간호사』 (한울, 2002), 54-55쪽.

353. 1910년에 설립된 사립조산부양성소에 관한 자세한 내용은 이꽃메, 『한국근대간호사』, 79-82쪽 참조.

354. "사립조산부양성소", 〈황성신문〉 1910.1.11.

355. "덕수궁의 왕녀 탄생", 〈매일신문〉 1912.5.28.

356. 한신광은 1923년 동대문부인병원 간호부양성소를 졸업한 후 산파시험에 합격하고 태화여자관에서 모자보건사업을 하다가 산파로 활동하였다. 이꽃메, "한신광: 한국 근대의 산파이자 간호부로서의 삶", 『의사학』 15-1 (2006), 107-119쪽.

357. 일본인 산파는 1914년 395명, 1924년 812명, 1934년 1,396명이었다. (이꽃메 [2002], 234쪽.)

358. 김명환, 『모던 씨크 명랑-근대 광고로 읽는 조선인의 꿈과 욕망』 (문학동네, 2016), 216-221쪽.

359. 그 외에도 "전라남도 창평군 지면 마전리 이통 삼호에 거주하는 이기영 시는 경성 종로 화평당에서 제조한 태양조경환을 다년 단산한 부인에게 사용하였더니 수태하여 지금 오삭이 되었으니 그렇게 신효함이 없다고 감사함을 말한다더라" 등 기사 같은 광고를 통하여("화평당의 영약", 〈매일신보〉 1912.9.25. 3면, 양정필, "한약업자의

대응과 성장", 203쪽에서 재인용) 태양조경환을 선전하였다. 태양조경환 이외에 아이를 낳게 해준다고 선전했던 약으로는 '태극임자환', '명(命)의 모(母)' 등이 있었다.

360. 김명환, 216-221쪽.

361. 부인병약 중장탕(中將湯) 광고는 "여성의 건강은 국가의 힘. 체위 향상 나으라 불리라 고 소리 높이 외치는 때입니다. 허약 병약으로 괴롬을 받는 부인들은 적극적으로 혈행을 고르게 항, 호르몬 분필활동을 왕성케 하여 체내 독소를 제거하고 체심에서부터 건강체가 되므로 유명해진 중장탕을 잡수십시오. 금일의 건강을 명일까지 그리하야 자손에게 남겨야 할 당신입니다".(〈조선일보〉 1939.10.15., 이병주, 마정미, "초기 근대 의약품 광고 담론분석", 『한국언론정보학보』 32 [2006], 287쪽에서 재인용)라고 노골적으로 여성 건강을 국가의 미래와 연결하였다.

362. 이영아, "1920-30년대 식민지 조선의 '낙태' 담론 및 실제 연구", 『의사학』 22-1 (2013), 133-178쪽.

363. 김명환, 80-83쪽.

364. 식민지 조선에서 인공유산은 불법이었지만, 모체가 허약한 것을 의사가 인정하면 가능하다는 예외 조항이 있었다. 이영아, 133-178쪽.

365. 조선총독부 (2013), 229쪽.

366. 그 외에도 1920년에 나온 조사 보고서에서 조선 여성의 출산 풍속은 의료의 영역이 아닌 민속으로 이루어져 있다. 한지원, "1920년대 경무국 위생과 조서보고서를 통해 본 의료민속 연구", 『역사민속학』 42 (2013), 169-211쪽.

367. 박윤재 (2009), 29-54쪽.

368. 박윤재, "대한제국기 종두의양성소의 설립과 활동", 29-54쪽.

369. "부인종두술", 〈황성신문〉 1909.5.30., 2면.

370. 박윤재, "조선총독부의 우두정책과 두창의 지속", 『의사학』 21-3 (2012), 377-401쪽.

371. 이꽃메 (2002), 39쪽; 주양자 등, 『우리나라 근현대 여성사에서 여의사의 활동과 사회적 위상』 (대한의사협회, 2002), 13쪽.

372. 주양자 등, 36쪽.

373. 전국 13개 도 중에 전북, 충북, 경북을 제외한 10개 도에 파견되었다. 이꽃메 (2002), 39쪽.

374. 주양자 등, 36쪽.

375. 박윤재 (2009), 377-401쪽.

376. 개항 이후 일본의 영향으로 주로 '간호부'와 '산파'라는 명칭이 사용되었으나, 선교

계에서는 '간호원'과 '조산원'도 사용되었다. 1914년 '간호부규칙'과 '산파규칙'이 반포 및 시행되면서 공식적으로 '간호부'와 '산파'로 통일되었으므로 본 글에서는 '간호부'와 '산파'로 통일하되, 사료에서 '간호원'이나 '조산원'이라고 되어 있는 경우는 그대로 사용하였다.

377. 1914년 '간호부규칙'과 '산파규칙'에서 간호부와 산파의 조건으로 '여성'을 규정하였다. 일부 선교계 병원에서 남성에게 간호교육을 하기도 했지만, 남성은 법적으로 간호부로 인정받지 못했다.

378. 초기 서양식 병원에서 간호를 일반인이 담당한 것은 선교계 병원도 마찬가지였다. 예를 들어 1887년 서울 정동에 세워진 최초의 여성병원 보구여관에서 의료는 여성 선교의사인 메타 하워드(Metta Howard, 1862-1930)가 담당했고, 봉선어머니 또는 사라라고 불린 조선 여성이 감독 겸 간호원 겸 복음전도사 역을 하였으며, 이후로도 간호원양성소가 시작되기 이전까지 수명의 조선 여성이 보조자로 일하면서 간호 역시 담당하였다. 이방원, "보구여관 간호원양성소의 설립과 운영", 『의사학』 20-2 (2011), 355-394쪽.

379. 이꽃메, 황상익, "우리나라 근대 병원의 간호: 1885-1910", 『의사학』 6-1 (1997), 63-81쪽.

380. 셔우드가 가르친 내용은 생리학, 인체학, 약물학 등의 의학 이론과 약 조제, 환자의 체온과 혈압 측정, 환자에게 음식과 약의 규칙적 제공, 궤양과 종기 드레싱 등이었다. 이방원, 355-394쪽.

381. 옥성득, "초기 개신교 간호와 간호교육의 정체성 — 1903년에 설립된 보구여관 간호원양성학교와 에드먼즈를 중심으로" 『한국 기독교와 역사』 36 (2012), 185-225쪽.

382. 이꽃메 (2002), 34-35쪽.

383. 라빈니아 덕, 이세벨 스튜어트, 『간호사』 (조선간호부회, 1933), 286-287쪽.

384. 이방원, 355-394쪽; 옥성득, 185-225쪽.

385. 이꽃메, "우리나라에서 최초로 출판된 간호학 서적 "간호교과서" 연구", 『한국간호교육학회지』 23-4 (2017), 452-462쪽.

386. 이꽃메 (2002), 46-47쪽. 김마르다와 이그레이스의 간호교육과 활동에 관한 자세한 내용은 이꽃메의 논문 "한국 최초의 간호사 김마르다와 이그레이스 연구", 『여성과 역사』 30 (2019) 215-255쪽을 참고.

387. 경성의 공립 한성병원의 경우, 1906년 일본인 졸업간호사 1명과 약 10명의 간호학생이 있었다(옥성득, 185-225쪽). 정식으로 간호학교를 출범시키지는 않았어도 간호

교육을 실시했던 것으로 보인다.

388. 사토오(佐藤剛藏) 저, 이충호 역, 『조선의육사』 (형설출판사, 1993), 51쪽.

389. 대한의원에서 정식으로 간호교육을 시작하기 전에 조선인 여성을 선발하여 그때그때 필요한 교육을 하면서 인력으로 활용했기 때문에 '간호부견습생'으로 칭했던 것으로 보인다. 이꽃메, 황상익, "우리나라 근대 병원에서의 간호, 1885-1910" 『의사학』 6-1 (1997), 55-72쪽. 이후로도 근대이행기 내내 정식 간호교육을 마친 '간호부', 정식 간호교육기관에서 교육과정 중인 '간호학생', 병원에서 비공식 간호교육을 받으며 간호 업무를 하는 '간호부견습생' 등을 정확하게 구분하지 않았다.

390. '대한의원 부속의학교 규칙'에서 간호부과, 산파과, 의학과 학생의 국적에 대한 언급은 없다. 그렇지만 초기 입학생이 모두 조선인이었고 1911년 조선총독부의원으로 바뀐 후에 입학생을 조선인으로 규정한 것으로 보아 조선인 대상 교육을 목표로 했던 것을 알 수 있다. 그러나 1912년부터 일본인의 입학이 가능하게 되었고, 점차 일본인의 입학이 늘어났다.

391. "내부령 제5호 대한의원 부속의학교 규칙" 『관보』 4596호., 1910.2.7.

392. 1907년 대한제국 군대 강제 해산 과정에서 부상당한 대한제국 군인을 간호한 것이 조선 여성 간호부가 남성을 간호하는 데 시발점이 된 것에 대한 내용은 이꽃메의 『한국근대간호사』, 35-36쪽을 정리하였다.

393. 에이비슨 저, 에이비슨 기념사업회 역, 『구한말 비록(하)』 (영남대출판부, 1984), 85쪽.

394. 라빈니아 덕, 이세벨 스튜어트, 295-296쪽.

395. 이꽃메 (2002), 60-73쪽.

396. "총독부의원의 공전절후한 졸업식" 〈매일신보〉 1914.3.29., 3면.

397. 박성래, 『한국 과학기술자의 형성 연구 2: 미국유학편』 (한국과학재단, 1999), 69쪽.

398. 이꽃메, "한국 지역사회간호의 선구자 이금전에 관한 역사적 고찰", 『지역사회간호학회지』 24-1 (2013), 74-86쪽.

399. 1910년 조선인 의사 수가 많은 것은 한의사와 양의사를 구분하지 않고 조사했기 때문으로 보인다. 조선인 의사의 수는 이듬해인 1911년 479명으로 줄어들었다.

400. 1914년 간호부규칙과 산파규칙이 반포되어 조선총독이 인정하는 간호교육을 받거나 시험에 합격해야 간호부나 산파 면허를 받을 수 있게 되면서 조선총독부 통계에서 간호부와 산파의 수는 급격히 줄어들었다.

401. 이꽃메, "일제시대의 두 간호단체에 대한 고찰: 조선간호부회의 간호수준 향상 노력과 조선간호부협회의 사회 활동", 『간호행정학회지』 6-3 (2000), 421-429쪽.

402. 이 글에서는 1913년 조선총독부령 102호 "의생규칙"이 반포되면서 사용한 의생(醫生)이라는 명칭을 그대로 사용하였다.

403. "약품 및 약품영업취체령" 조선총독부령 제22호, 1912.3.28. 제정. http://www.law.go.kr/법령/약품및약품영업취체령/(00022,19120328) (2019.11.20. 참조)

404. 〈제국신문〉 1899.5.19., 주양자 등, 13쪽 재인용.

405. 본명은 김점동이지만 기독교 세례를 받고부터는 김에스더, 1893년 기독교 신자인 박유산과 결혼한 이후로는 박에스더를 이름으로 사용하였다.

406. 박에스더가 1900년 볼티모어여자의과대학을 졸업한 것은, 1849년 미국 뉴욕주의 제네바의과대학을 졸업하여 여성으로는 세계 최초로 근대적 의학교를 졸업한 엘리자베스 블랙웰(Elizabeth Blackwell)로부터 51년 후이고, 서재필(1864-1951)이 미국 콜롬비아대학교 의과대학을 졸업하고 우리나라의 첫 의사가 된 1892년으로부터 8년 뒤이며, 1899년 일본 도쿄 자혜의원 의학교를 졸업하고 의사가 된 김익남(1870-1937)에 이어 우리나라에서 세 번째로 근대적 의학교를 졸업한 것이었다. 주양자 등, 12쪽.

407. 이방원, "박에스더(1877-1910)의 생애와 의료선교활동", 『의사학』 16-2 (2007), 193-214쪽.

408. 윤선자, "한말 박에스더의 유학과 의료 활동" 『여성과 역사』 20 (2014), 164-165쪽.

409. 이방원 (2007), 210쪽.

410. 신동원, "일제강점기 여의사 허영숙의 삶과 의학", 『의사학』 21-1 (2013), 25-65쪽.

411. "고려기독청년회 내에서 김애희여사 송별회", 〈동아일보〉 1921.7.12.

412. 주양자 외, 30쪽.

413. 박성래, 73쪽, 80쪽.

414. 서울대학교병원 병원역사문화센터, 『한국근현대의료문화사』 (웅진지식하우스, 2009).

415. 주양자 외, 17-36쪽.

416. 경성여자의학강습소를 거쳐 의사시험에 합격한 여성은 한 해에 몇 명 되지 않았던 것 같다. 1918년 졸업자 중 3명, 1921년 입학자 중 3명, 1926년경 졸업자 중 2, 3명("해내 해외에 헛허저 있는 조선여의사 평판기" 『별건곤』 5호 [1927.3.]), 1933년 의사시험 합격자 2명, 1934년 의사시험 합격자 3명 등이 있는 것으로 알려져 있다. 서울대학교병원 병원역사문화센터, 170쪽.

417. 서울대학교병원 병원역사문화센터, 171쪽.

418. 의사 수의 남녀별 통계가 따로 알려져 있지 않아 정확한 수는 알 수 없지만, 1927년의 경우 조선인 의사 762명 중에 여성은 18명 정도에 불과했던 것으로 알려져 있다. "해내 해외에 헛허져 있는 조선여의사 평판기" 『별건곤』 5호 (1927.3.).

419. 예를 들어 1918년 의사면허를 받은 4명의 여의사인 경성의전 청강생 출신 김영흥, 안수경, 김해지와 동경여자의학교 출신 허영숙의 의사면허 취득 직후와 10년 후인 1927년 상황을 보면, 안수경은 계속 동대문부인병원에서, 김영흥은 동대문부인병원을 거쳐 인천부인병원에서, 김해지는 평양기홀부인병원에서, 그리고 허영숙은 총독부의원을 거쳐 개인 의원을 개업했다가 2남2녀를 양육하는 데 전념하고 있었다. 또한 1927년의 상황이 알려져 있던 여의사 11명을 살펴보면, 태화여자관 2명, 동대문부인병원 2명, 인천 야소교부인병원 1명, 성진 제동병원 1명, 개성 야소교병원 1명, 개인의원 2명, 미국 유학 2명으로, 11명 중에 7명이 선교계 병원에서 주로 여성과 아동을 대상으로 일하고 있었으며, 개업하고 있던 2명도 주로 여성과 아동을 대상으로 하였고, 유학하고 있던 2명도 평양 기홀병원 부인과장으로 있다가 유학을 가는 등 자신의 기반을 임상, 그중에서도 여성과 어린이 진료에 두고 있었다.

420. 김자중, "1920-1945년간 식민지 조선의 '전문정도' 사립각종학교에 관한 연구", 『교육사학연구』 26-2, 73쪽.

421. 이정, 60-61쪽.

422. 심창구, 남영희, 정성욱, 황성미, "한국약학사", 『약학회지』 51-6, 367쪽.

423. 이정, 61쪽.

424. 서울대학교병원 병원역사문화센터, 198쪽.

425. 김자중, 73쪽.

426. 신동원 (2014), 785쪽.

427. 『조선총독부관보』 제553호, 1914.6.6.

428. 『조선총독부관보』 제662호, 1914.10.15.

429. "貧民과 孤兒의 慈母 金泰福女史長逝" 〈조선중앙일보〉 1933.11.28.; "金泰福女史 逝去 일생을 사회단체에 헌신해 箕林里 里會葬으로 決定[省]", 〈동아일보〉, 1933.11.29.

4장 결론

1. 물론 1929년 동경유학 후 개정한 1931년 판본부터는 근대적인 영양과 위생 개념으로부터 출발하는 등 매우 다른 내용을 보여준다.
2. 클리퍼드 코너, 27-35쪽.
3. 클리퍼드 코너, 32쪽.

〈표 및 그림 일람〉

표 일람

그림 일람

〈참고문헌〉

1. 자료

가. 문헌자료

〈조선시대〉

『經國大典』

『규합총서』

『南遷日錄』

『內訓』

『농가월령』

『農事直說』

『萬機要覽』

『明星王后國恤謄錄』

『병자일기』

『山林經濟』

『小學』

『쇄미록』

『承政院日記』

『어문론총』

『역주경국대전』

『예기』

『五洲衍文長箋散稿』

『迂書』 論閑民

『月印釋譜』

『음식디미방』
『林園經濟志』
『張禧嬪喪葬謄錄』
『貞夫人安東張氏實紀』
『朝鮮王朝實錄』
『中國法制史』
『태교신기』
『한정록』
『향약구급방(鄕藥救急方)』

〈근대〉
『부인필지』
『반찬등속』
『조선요리제법』 1917, 1921, 1942
조선총독부 『관보』
조선총독부령
『朝鮮總督府京畿道統計年報』
『朝鮮總督府統計年報』
『朝鮮の蠶絲業』 (조선총독부)
『朝鮮産米增殖計劃領』 (조선총독부, 1922)
『조선위생풍습록(朝鮮衛生風習錄)』 (조선총독부, 신종원·한지원 옮김, 민속원, 2013).
『朝鮮の農業』 (조선총독부 식산국, 1921)
조선총독부 식산국, 『朝鮮の蠶絲業』 (1927).
조선총독부, 『朝鮮産米增殖計劃領』 (1922).
조선총독부 식산국, 『朝鮮の農業』 (1921).
『조선공장명부』 (1936)
『朝鮮織物協會誌』
『일본지리풍속대계—조선편』 (신광사, 1930)
『신찬가정학』 (1907)
『규문보감(閨門寶鑑)』 (1951)
〈동아일보〉 1920, 1921, 1928, 1933, 1940

〈매일신보〉 1911, 1914
〈황성신문〉 1899
『개벽』 1922
『동명』
『東亞』
『별건곤』
『신여성』 1924, 1926
『여성』 1939
『朝光』 1935, 1939

나. 전시도록 및 자료

국립대구박물관, 『여성 한복 근대를 만나다』, 2018.12.8.~2019.3.10.
국립중앙도서관, 『조선의 독서열풍과 만나다: 세책(貰冊)과 방각본(傍刻本)』, 2016.8.8.~11.30.
국립한글박물관, 『김씨부인 한글 상언·정조어필한글편지첩·곤전어필』, 2014, 국립한글박물관 총서1.
국립한글박물관, 『한글이 걸어온 길』, 2014, 국립한글박물관 상설전시도록.

다. 디지털아카이브

국립민속박물관
국립중앙도서관
국립중앙박물관 이뮤지엄 http://www.emuseum.go.kr/main
국립현대미술관
대한민국역사박물관 현대사아카이브 http://archive.much.go.kr/index.do
디지털한글박물관 http://archives.hangeul.go.kr/
문화콘텐츠닷컴
서울대학교 규장각 한국학연구원 http://e-kyujanggak.snu.ac.kr/
서울대학교 중앙도서관
서울역사아카이브 https://museum.seoul.go.kr/archive/

라. 기타

〈한겨레신문〉 1993
〈민족의학신문〉 2008

2. 논문

Ernsberger, E., "Baldwin Dispensary and Evengelistic Work, East Gate", *Reports Read at the Sixth Annual Session of the Korea Woman's Conference of Methodist Episcopal Church, held at Chemulpo, April 30, 1904* (Seoul: Methodist Publishing House, 1904)

Francesca Bray, "Gender and Technology", *Annual Review of Anthropology* 36 (2007).

Gregory Clancey, "Japanese Colonialism and its Sciences: A Commentary, East Asian Science", *Technology and Society* 1 (2007).

Mary M. Cutler, "Po Ku Nyo Koan", *Reports Read at Ninth Annual Session of the Korea Woman's Conference of Methodist Episcopal Church, held at Seoul, June 19-27, 1907* (Seoul: Methodist Publishing House, 1907).

Ong, Walter J. "Writing Is a Technology that Restructures Thought", Gerd Baumann, (ed.), *The Written Word: Literacy in Transition* (New York: Oxford UP, 1986).

Rosetta Hall, "Woman's Medical Work, Seoul, Korea", *Chinese Reader and Missionary Journal* (September 1893).

Soffer, O., J. M. Adovasio and D. C. Hyland, "The 'Venus' Figurines: Textiles, Basketry, Gender, and Status in the Upper Paleolithic", *Current Anthropology* 41-4 (2000).

陸芝修, "朝鮮に於ける蠶絲業の分布", 『朝鮮總督府調査月報』.

강이수, "1920~60년 한국 여성노동시장 구조의 사적 변화: 고용과 임금격차 변화를 중심으로", 『여성과사회』 4 (1993).

강이수, "근대 여성의 일과 직업관 — 일제하 신문 기사를 중심으로", 『사회와 역사』 65 (2004).

강이수, "일제하 근대 여성 서비스직의 유형과 실태", 『페미니즘연구』 5 (2005).

강이수, "일제하 면방 대기업의 노동 과정과 여성 노동자의 상태", 『사회와 역사』 28

(1991).
강정택, "조선의 공동노동 조직과 사적 변천", 『農業經濟硏究』 17-4 (1941).
고동환, "교환과 시장 그리고 도시: 조선 시장의 탄생과 발달", 홍순민 외 『조선시대사 1』, 한국역사연구회시대사총서05 (푸른역사, 2015).
고동환, "지방에서의 상업과 시장", 역사문화학회 엮음, 『지방사연구입문』 (민속원, 2008).
구자옥·김장규·한상찬·이길섭, "혼다 고노스케(本田幸介)와 『한국토지농산조사보고(韓國土地農産調査報告)』 1904~1905", 『농업사연구』 9-1 (2010).
권선영, "1910년대 청주지역의 식문화: 『반찬등속』을 중심으로", (고려대학교 석사학위논문, 2009).
권태억, "일제시기의 농촌 직물업", 『한국사론』 19 (1988).
김건태, "18세기 초혼과 재혼의 사회사", 『역사와 현실』 51 (2004).
김건태, "19세기 집약적 농법의 확산과 작물의 다각화", 『역사비평』 101 (2012).
김경남, "1920-30년대 면방대기업의 발전과 노동조건의 변화: 4대 면방대기업을 중심으로", 『역사와 경계』 25·26 (1994).
김경남, "근대 계몽기 여자 교육 담론과 수신·독본 텍스트의 내용 변화", 『韓國言語文學』 89 (2014).
김경일, "일제하 고무 노동자의 상태와 노동운동", 『사회와 역사』 9 (1987).
김대환, "맛(味)과 식민지조선, 그리고 광고-아지노모도(味の素)광고를 중심으로", 『옥외광고학연구』 5-3 (2008).
김두얼, "행장류 자료를 통해 본 조선시대 양반의 출산과 인구변동", 『경제사학』 52 (2012).
김명희, "조선시대 여성 한시 문학사", 『동방학』 7 (2013).
김미선, "근대적인 '직업여성'의 여성정체성과 직업의식의 형성과정에 관한 연구: 1세대 미용사 임형선의 구술생애사를 중심으로", 『여성과 역사』 10 (2009).
김미현, "조선총독부의 농촌여성노동력 동원: '屋外노동'논리를 중심으로", 『역사연구』 12 (2003).
김미혜, "근대(1910-1948) 조리서 속 설탕의 활용과 소비문화 고찰", 『韓國食生活文化學會誌』 32-3 (2017).
김미혜, "서양인의 조선여행 기록문을 통한 근대 식생활사(食生活史) 연구", 『韓國食生活文化學會誌』 31-5 (2016).

김민주, "규방가사에 나타난 여성의식 연구" (성결대학교 석사학위논문, 2005).
김민철, "1930~40년대 조선총독부의 촌락 지배기구 연구", 『역사문제연구』 20 (2008).
김민철, "일제의 농민조직화 정책과 농가 지도(1932~1945)", 『역사문제연구』 18 (2007).
김상배, "근대한국의 기술개념", 하영선, 손열 편, 『근대한국의 사회과학 개념 형성사 2』 (창비, 2012).
김성수, "16세기 향촌의료 실태와 사족의 대응", 『한국사연구』 113 (2001).
김수진, "여성의복의 변천을 통해 본 전통과 근대의 젠더정치", 『페미니즘연구』 7-2 (2007).
김승태, "일본을 통한 서양의학의 수용과 그 성격", 『국사관논총』 6 (1989).
김엘리아나, "일제강점기 조선 의약품 광고 디자인에 나타난 주술적 특징" (서울대학교 석사학위논문, 2013).
김영진·김이교, "농업과학기술도입에 관한 종합연구", 『농업사연구』 10-2 (2011).
김영혜, "『閨閤叢書』의 編纂과 筆寫樣相에 관한 考察" (성균관대학교 석사학위논문, 2016).
김영희, "조선시대 한글 글쓰기 체계의 발전과 여성", 『페미니즘연구』 17-2 (2017).
김은실, "공사영역에 대한 여성인류학의 문제제기", 『여성학논집』 13 (1996).
김은정, "1930-40년대 서비스직 여성의 노동경험을 통한 '직업여성'의 근대적 주체성 형성과 갈등에 관한 연구", 『한국사회학』 46-1 (2012).
김익환, "1920년대 일제의 지방지배정책과 그 성격: 면행정제도와 '모범부락' 정책을 중심으로", 『한국사연구』 93 (1996).
김인수, "일제하 이훈구의 토지이용조사의 정치적 의미", 『사회와 역사』 107 (2015).
김일권, "근현대 민속의 변동과 한국민속종합조사", 『(학술심포지엄) 한국민속종합조사의 성과와 민속학사적 의미』 (국립문화재연구소, 2011).
김자중, "1920~1945년간 식민지 조선의 '전문정도' 사립각종학교에 관한 연구". 『교육사학연구』 2 (2016).
김자중, "경성제국대학의 여성입학 허용문제에 관한 연구: 그 경위와 배경을 중심으로", 『한국교육학연구』 24-3 (2018).
김자중, "일제 식민지기 조선의 고등교육체제의 성격", 『한국교육사학』 38-3 (2016).
김종철, "〈언간독〉 연구: 작문 교재의 관점에서", 『국어교육연구』 35 (2015).
김진평, "한글 활자체 변천의 사적 연구", 고김진평교수추모논문집발간위원회, 『한글조형연구』 (고김진평교수추모논문집발간위원회, 1999).

김태우, “의료체계로서의 조선 의서: 인류학적 시선으로 읽는 의서 발간의 의미”, 『한국의사학회지』 28-1 (2015).
김현경, 김태우, 김남일, “조선시대 주요의서들을 통해 살펴본 노인 건강과 식치”, 『한국의학사학회지』 25-1 (2012).
김현숙, “19세기 중반 양반여성의 상품 구매와 상품 구성비의 특징”, 『역사와 담론』 69 (2014).
김현숙, “조선 여성의 선물 교환 실태와 緣網: 19세기 중반 호서지역을 중심으로”, 『조선시대사학보』 75 (2015).
김혜수, “일제하 식민지 공업화정책과 조선인 자본: 제사 견직업을 중심으로”, 『이대사원』 26 (1992).
김혜수, “일제하 제사독점자본(製絲獨占資本)의 양잠농민(養蠶農民) 재편성 구조”, 『경제사학』 13 (1989).
김호, “18세기 후반 거경 사족의 위생과 의료 — 『흠영』을 중심으로”, 『서울학연구』 11 (1999).
김효정, “여성농민의 토착지식에 기반한 ‘토종씨앗 지키기’ 운동의 특성과 과제”, 『농촌사회』 21-2 (2011).
남미혜, “방적과정을 통해 본 조선시대 여성의 길쌈 노동”, 『사학연구』 185 (2019).
노은유, “최정호의 ‘동아출판사체’에 대한 연구”, 『한국디자인문화학회지』 17-3 (2011).
도요나가 마리(豊永眞理), “前途有望はる朝鮮の製造工業”, 『朝鮮及滿洲』 105 (1916).
라연재, “근대 요리책의 계통과 지식 전승”, 『민속학연구』 42 (2018).
류상윤, “식민지기 조선 잠사업의 관료적 재편: 일본 잠사업과의 비교”, 『한일경상논집』 64 (2014).
문종철, “일제식민지하 졸업생지도에 관한 연구”, 『한국고등직업교육학회논문집』 5-3 (2004).
박근필, “『병자일기』 시기 남이웅가의 경제생활”, 『농업사연구』 3-1 (2004).
박나나·조우현, “근대이후 여자저고리 봉제방법의 특징과 변화요인”, 『복식』 60-7 (2010).
박명규, “1910년대 식민지 농업 개발의 성격: 전북 지역 농업 변동을 중심으로”, 『사회와 역사』 33 (1992).
박선미, “의녀제도를 통해서 본 유교문화의 특성”, 『한국사상과 문화』 29 (2005).
박암종, “인물로 보는 한글 서체의 계보”, 『월간 DESIGN』 (2008, 10).

박연정, "한일 고전 여성소설의 여성적 글쓰기 비교연구", 『일본연구』 14 (2010).
박옥주, "빙허각 이씨의 『규합총서』에 대한 문헌학적 연구", 『한국고전여성문학연구』 1 (2000).
박윤재, "대한제국기 종두의양성소의 설립과 활동", 『정신문화연구』 32-4 (2009).
박윤재, "조선 총독부의 지방 의료정책과 의료 소비", 『역사문제연구』 21 (2009).
박윤재, "조선총독부의 우두정책과 두창의 지속", 『의사학』 21-3 (2012).
박윤재, "청심보명단 논쟁에 투영된 통감부의 의약품 정책", 『역사비평』 67 (2004).
박윤재, "통감부의 의학지배정책과 동인회", 『동방학지』 119 (2003).
박재을, "韓國 綿紡織業의 史的 硏究" (경희대학교 박사학위논문, 1980).
박정애, "1910-1920년대 초반 여자일본유학생 연구", (숙명여자대학교 석사학위논문, 1999).
박종섭, "조선시대 시장의 구조와 발달에 관한 고찰", 『경제논총』 1-1 (1984).
박현수, "일제의 조선문화연구", 『민속학연구』 2 (1995).
박혜숙·최경희·박희병, "한국여성의 자기서사 (1)", 『여성문학연구』 7 (2002).
박희진, "양반의 혼인연령: 1535-1945 —혼서를 중심으로—", 『경제사학』 40 (2006).
방신영, "김장교과서", 『여성』 4-11 (1939).
배성준, "1930년대 일제 섬유자본의 침투와 조선 직물업의 재편", 『한국사론』 29 (1993).
백두현, "조선시대 여성의 문자생활 연구: 조선왕조실록 및 한글 필사본을 중심으로", 『진단학보』 97 (2004).
백두현, "조선시대 여성의 문자생활 연구: 한글 음식조리서와 여성 교육서를 중심으로", 『어문총론』 45 (2006a).
백순철, "규방 공간에서의 문학 창작과 향유", 『여성문학연구』, 14 (2005).
서문석, "근대적 면방직공장의 등장과 기술인력 양성제도의 형성", 『동양학』 50 (2011).
서문석, "일제하 대규모 면방직공장의 고급기술자 연구", 『경영사학』 30 (2003).
서문석, "해방 전후 대규모 면방직 공장의 고급기술자", 『동양학』 40 (2006).
서종문, "조선조 후기의 소설의 수용", 사재동 편, 『한국서사문학사의 연구 V』 (중앙문화사, 1995).
선우전(鮮于全), "우리의 衣服費, 居住費, 娛樂費에 對하야", 『開闢』 24 (1922.6.).
손동호, "『만세보』를 통해 본 한말 위생 담론 연구", 『한국민족문화』 49 (2013).
신동원, "납약, 언해납약증치방, 그리고 허준", 『한국의사학회지』 13-2 (2000).
신동원, "병과 의약생활로 본 정약용의 일생", 『다산학』 22 (2013).

신동원, "일제강점기 여의사 허영숙의 삶과 의학", 『의사학』 21-1 (2013).

신동원, "일제의 보건의료 정책 및 한국인의 보건상태에 관한 연구" (서울대학교 석사학위논문, 1986).

신동원, 황상익, "조선말기(1876-1910) 근대보건의료체제의 형성과정과 그 의미", 『의사학』 5-2 (1996).

신지영, "과학이라는 인종주의와 복수의 지방화: 박람회(1903, 1915, 1929)에 나타난 '적극적 수동성'과 '욕망을 동반한 거부'", 『한국어문학연구』 61 (2013).

신지영, "외부에서 온 과학, 내부에서 솟아난 '소문과 반응'들: '적극적 수동성'과 '욕망을 동반한 거부'로 형성된 '과학적인 것'", 『한국문학연구』 42 (2012).

심경호, "한국 유서의 종류와 발달", 『민족문화연구』 47 (2007).

심재기, "내간체문장에 관한 고찰", 『동양학』 5 (1975).

심창구·남영희· 정성욱· 황성미, "한국약학사", 『약학회지』 51-6 (2007).

심화진·윤혜성. "조선후기 풍속화에 나타난 치마·저고리에 관한 연구", 『복식』 50-2 (2000).

안승택, "일본식 근대농법과 식민지조선의 농속(農俗) 사이", 『역사와 현실』 61 (2006).

양정필, "한말-일제 초 근대적 약업 환경과 한약업자의 대응", 『의사학』 15-2 (2006).

양정필, "한약업자의 대응과 성장", 연세대학교 의학사연구소 편, 『한의학, 식민지를 앓다』 (아카넷, 2008).

옥성득, "초기 개신교 간호와 간호교육의 정체성 — 1903년에 설립된 보구여관 간호원 양성학교와 에드먼즈를 중심으로", 『한국 기독교와 역사』 36 (2012).

원보영, "전통사회의 질병에 대한 여성과 남성의 인식과 대응 — 『규합총서』와 『임원경제지』의 질병저술을 중심으로", 『실천민속학연구』 7 (2005).

유춘동, "20세기 초 구활자본 고소설의 세책 유통에 대한 연구: 장서각 소장본을 중심으로", 『장서각』 15 (2006).

윤서연(尹瑞涓), "김치類 書誌의 系統에 관한 硏究", 『서지학연구』 74 (2018).

윤선자, "한말 박에스더의 유학과 의료 활동", 『여성과 역사』 20 (2014).

이기영·김성희·이현아, "조선시대 양반가의 남녀 간 가내노동 분담: 보완적 역할 수행에 관한 연구", 『한국가족자원경영학회지』 11-4 (2007).

이꽃메, "한국 최초의 간호사 김마르다와 이그레이스 연구", 『여성과 역사』 30 (2019).

이꽃메, "우리나라에서 최초로 출판된 간호학 서적 『간호교과셔』 연구", 『한국간호교육학회지』 23-4 (2017).

이꽃메, “『역시만필(歷試漫筆)』의 사례로 재구성한 조선후기 여성의 삶과 질병”, 『의사학』 15-2 (2015).
이꽃메, “식민지시기 일반인의 한의학 인식과 의약 이용”, 『의사학』 15-2 (2006).
이꽃메, “일제시대의 두 간호단체에 대한 고찰: 조선간호부회의 간호수준 향상 노력과 조선간호부협회의 사회 활동”, 『간호행정학회지』 6-3 (2000).
이꽃메, “한국 지역사회간호의 선구자 이금전에 관한 역사적 고찰”, 『지역사회간호학회지』 24-1 (2013).
이꽃메, “한신광: 한국 근대의 산파이자 간호부로서의 삶”, 『의사학』 15-1 (2006).
이꽃메, “일제시대 우리나라 간호제도에 관한 보건사적 연구” (서울대학교 박사학위논문, 1999).
이꽃메, 황상익, “우리나라 근대 병원에서의 간호, 1885-1910”, 『의사학』 6-1, (1997).
이덕무, “사소절”, 이훈석 편, 『한국의 여훈』 (대원사, 1990).
이동연, “고전 여성 시가작가의 문학세계”, 이혜순 외, 『한국 고전 여성작가 연구』 (태학사, 1999).
이동철, “전통 실용백과사전의 현대적 전개 양상: 유서, 술수 그리고 가정보감”, 풍석 문화재단·임원경제연구소 주최 2016 풍석학술대회 (2016.11.25.).
이래호, “한글본 ‘동의보감’의 언해 양상과 국어학적 특징”, 『인문학연구』 22 (2012).
이미숙, “한국사상(사학): 의녀의 정체성 고찰”, 『한국사상과 문화』 61 (2012).
이방원, “박에스더(1877-1910)의 생애와 의료선교활동”, 『의사학』 16-2 (2007).
이방원, “보구여관 간호원양성소의 설립과 운영”, 『의사학』 20-2 (2011).
이병주, 마정미, “초기 근대 의약품 광고 담론분석”, 『한국언론정보학보』 32 (2006).
이성범, “일제시대 신문광고에 나타난 광고마케팅 분석” (경희대학교 석사학위논문, 2006).
이성임, “16세기 양반사회의 ‘선물경제’”, 『한국사연구』 130 (2005).
이솔·지명순·김향숙, “『반찬등속』에 기록된 김치의 식문화적 고찰”, 『한국식품조리과학회지』 30-4 (2014).
이송희, “한말, 일제하의 여성교육론과 여성교육정책”, 『여성연구논집』 16 (2005).
이수진, “전간기(戰間期) 일본의 산파와 출산 정치” (연세대학교 석사학위논문, 2009).
이숙인, “『家政』을 통해 본 18세기의 생활세계”, 『한국문화』 51 (2010).
이숙인, “조선후기 가정론(家政論)의 성격: 양생(養生)과 치산(治産)”, 『한국사상사학』 45 (2013).

이순구, “조선초기 여성의 생산노동”, 『국사관논총』 49 (1994).
이영아, “1920~30년대 식민지 조선의 ‘낙태’ 담론 및 실제 연구”, 『의사학』 22-1 (2013).
이영훈, “조선시대의 사회경제사 연구에 있어서 몇가지 기초적 난제들”, 『국사관논총』 37 (1992).
이용기, “서문”, 『조선요리제법』 (1917).
이용기, “일제시기 모범부락의 내면과 그 기억: 전남 강진군 성전면 수양리 사례를 중심으로”, 『한국사학보』 38 (2010).
이은희 “1930년대 신식요리강습회로 본 상류층의 ‘식생활개선’”, 『역사와 현실』 88 (2013).
이은희 외, “한국 근현대사에서 설탕은 무엇이었나”, 『역사문제연구』 40 (2018).
이정, “식민지 조선의 식물 연구(1910-1945)” (서울대학교 박사학위논문, 2012).
이정욱, “조선총독부의 지역지배의 식민지성: 시정5년 기념 조선물산공진회(1915)와 전북”, 『아시아문화연구』 41 (2016).
이정향, “18세기 이후 왕비의 친잠과 양잠산업의 변화”, 『선잠단과 길쌈 이야기』 (성북문화원, 2010).
이태희, “제국 일본의 공업시험연구체제와 1910년대 조선총독부 중앙시험소의 공업화 전략”, 『역사와 문화』 25 (2013).
이한섭, “근대어 성립에서 번역어의 역할: 일본의 사례”, 『새국어생활』 22-1 (2012).
이현정, “잊혀진 혁명: 중국 개혁개방시기 농촌 잔류여성의 삶”, 『한국여성학』 30-1 (2014).
이혜순, “고전 여성작가의 전기적 고찰”, 이혜순 외, 『한국 고전 여성작가 연구』 (태학사 1999).
이혜순, “고통을 발판 삼아 피어난 지성”, 규장각한국학연구원 편, 『조선여성의 일생』 (글항아리, 2010).
이호철, “농장과 소농민경영”, 『조선전기 농업경제사』 (한길사, 1986).
이호철, “조선후기 수도품종의 분화”, 『경제사학』 19 (1995).
이호철, “한국 식민지기의 농업기술 연구와 보급: 수전농법을 중심으로”, 『농업사연구』 4-1 (2005).
이흥기, “19세기 말 20세기 초 의약업의 변화와 개업의”, 『의사학』 19-1 (2010).
임치균, “조선 후기 소설의 전개와 여성의 역할”, 사재동 편, 『한국서사문학사의 연구 V』 (중앙문화사, 1995).

임형택, “17세기 규방소설의 성립과 ≪창선감의록≫”, 『동방학지』 57 (1988).
장경희, “조선후기 여성장인의 장색(匠色)과 직역(職役) 연구: 의궤(儀軌)의 분석을 중심으로”, 『여성과 역사』 20 (2014).
장주식, “한글 글자 조형의 원형과 미래”, 『새국어생활』 17-3 (2007).
전미경, “1900-1910년대 가정 교과서에 관한 연구 — 현공렴 발행 『한문가정학』, 『신편가정학』, 『신정가정학』을 중심으로”, 『한국가정과교육학회지』 17-1 (2005).
전미경, “식민지시대 ‘가사교과서’에 관한 연구: 1930년대를 중심으로”, 『한국가정과교육학회지』 16-3 (2004).
정근식, “식민지 위생경찰의 형성과 변화, 그리고 유산 — 식민지 통치성의 시각에서”, 『한국사회사학회』 90 (2011).
정근식, “일제하 종연방적의 잠사업 지배”, 『사회와 역사』 2 (1986).
정근식·정진성·박명규·정준영·조정우·김미정, 『식민권력과 근대지식: 경성제국대학 연구』 (서울대학교출판문화원, 2011).
정병설, “한국고전여성소설; 연구사와 연구전망”, 『인문과학연구논총』 21 (2000).
정연태, “1910년대 일제의 농업정책과 식민지 지주제: 이른바 ‘미작개량정책’을 중심으로”, 『한국사론』 20 (1988).
정응봉, “농번기의 농가부인 생활”, 『조선농민』 (1929).
정인경, “일제하 경성 고등공업학교의 설립과 운영”, 『한국과학사학회지』 16-1 (1994).
정준영, “공업조선의 환상과 ‘학문 봉공(學問奉公)’의 현실: 경성제대 이공학부의 탄생”, 『한국과학사학회지』 37-1 (2015).
조경원, “대한제국 말 여학생용 교과서에 나타난 여성교육론의 특성과 한계 — 『녀자독본』 『초등여학독본』 『녀자소학수신서』를 중심으로”, 『교육과학연구』 30 (1999).
조선영, “가사문학에 나타난 유교이념과 그 표현미학 연구: 사대부가사와 규방가사를 중심으로” (동국대학교 박사학위논문, 1999).
조우현 외, “우리나라 근대 병원의 등장”, 『의사학』 11-1 (2002).
조형근·박명규, “식민권력의 식민지 재현전략: 조선총독부 기관지 『朝鮮』의 사진 이미지를 중심으로”, 『사회와 역사』 90 (2011).
조효숙·임현주, “20세기 치마·저고리의 소재 연구”, 『복식』 62-6 (2012).
조희진, “아지노모도의 현지화전략과 신문광고”, 『사회와 역사』 108 (2015).
주영하, “동아시아 식품산업의 제국주의와 식민지주의”, 『아시아리뷰』 5-1 (2015).
주윤정, “조선물산공진회와 식민주의 시선”, 『문화과학』 33 (2003).

차명수, "조선후기의 출산력, 사망 및 인구증가: 네 족보에 나타난 1700-1899년간 생몰 기록을 이용한 연구", 『한국인구학』 32-1 (2009).
최주희, "16세기 양반관료의 선물관행과 경제적 성격", 『역사와 현실』 71 (2009).
하정옥, "일상의 변동, 그리고 전/근대-식민/제국의 지식생산과 성별분업: 식민지기 『언문 가정보감』의 출판과 확산", 『페미니즘연구』 17-1 (2017).
한소윤, "한글 궁체의 변모 양상에 관한 연구" (원광대학교 박사학위논문, 2013).
한지원. "1920년대 경무국 위생과 조서보고서를 통해 본 의료민속 연구", 『역사민속학』 42 (2013).
함희진, "『만보전서언해(萬寶全書諺解)』의 서지적 고찰과 그 언어적 특징", 『어문논집』 59 (2009).
홍금수, "일제시대 신품종 벼의 도입과 보급", 『대한지리학회 학술대회논문집』 (2002년 11월).
홍세영, "조선시대 의녀의 정체성 고찰", 『민족문화』 34 (2010).
홍순권, "일제 초기의 면 운영과 '조선면제'의 성립", 『역사와 현실』 23 (1997).
황상익, 기창덕, "조선말과 일제강점기동안 내한한 서양선교의료인의 활동 분석", 『의사학』 3-1 (1994).

3. 단행본

Conner, Clifford D., *A People's History of Science: Miners, Midwives, and "Low Mechanicks"* (New York: Nation Book, 2005).
Jane Peterson, *Sexual Revolutions: Gender and Labor at the Dawn of Agriculture* (Walnut Creek, CA: AltaMira Press, 2002).
Judy Wajcman, *Technofeminism* (Polity Press, 2004).
Londa Schiebinger, *Gendered Innovations in Science and Engineering* (Stanford: Stanford University Press, 2008).
Michael Adas, *Machines as the Measure of Men: Science, Technology, and Ideologies of Western Dominance* (Ithaca: Cornell University Press, 1989).
Minerva L. Guthapfel, *The Happiest Girl in Korea* (Fleming H. Revell Company, 1911).
Oudshoorn, N. E. J., and T. J. Pinch (eds.), *How Users Matter: The Co-construction of*

Users and Technology (Massachusetts: MIT Press, 2003).
Sandra Harding, *The Science Question in Feminism* (Ithaca: Cornell University Press, 1986).

二瓶精一,『精米と精穀』(地球出版社, 1941).

강정택, 박동성 옮김,『식민지 조선의 농촌사회와 농업경제』(서울: YBM Sisa 2008).
고동환,『조선시대 시전상업 연구』(지식산업사, 2013).
고부자,『우리생활 100년—옷』(현암사, 2001).
국립대구박물관, 이원진·박승원,『여성 한복 근대를 만나다』(주자소, 2018).
국립문화재연구소,『국역 호산청일기』(민속원, 2007).
국립한글박물관·박부자 외,『도록: 한글이 걸어온 길』(국립한글박물관, 2014).
국사편찬위원회,『광고, 시대를 읽다』(두산동아, 2007).
국역『정부인안동장씨실기』부록 (국역 정부인안동장씨실기 간행소, 1999).
권영철,『규방가사 I』(한국정신문화연구원, 1979).
권영철,『규방가사-신변탄식류』(효성여대출판부, 1985).
권영철,『규방가사연구』(이우출판사, 1980).
권태억,『한국근대면업사연구』(일조각, 1996[1989]).
규장각한국학연구원 편,『조선여성의 일생』(글항아리, 2010).
김근배,『한국 근대 과학기술인력의 출현』(문학과지성사, 2005).
김동욱,『한국복식사연구(韓國服飾史硏究)』(아세아문화사,1979).
김명환,『모던 씨크 명랑—근대 광고로 읽는 조선인의 꿈과 욕망』(문학동네, 2016).
김성배,『주해가사문학전집』(민속원, 1961).
김수정,『한국미용100년』(동서교류, 2005).
김수진,『신여성, 근대의 과잉: 식민지 조선의 신여성담론과 젠더정치, 1920-1934』(소명출판, 2009).
김신근,『한국의약사』(서울대학교출판부, 1987).
김영진·이은웅,『(조선시대)농업과학기술사』(서울대학교출판부, 2000).
김영희·임영희,『한국전통식품』(효일출판, 2007).
김용숙,『조선조 궁중풍속 연구』(일지사, 1987).
김태영,『조선전기 토지제도사 연구』(지식산업사, 1983).

김향숙, 김의환, 박경래, 지명순, 충북대학교 생활과학연구소, 『반찬등속 연구와 청주의 향토음식 발굴과 재현』 (청주시, 2013).
남궁억, 『가정교육』 (유일서관, 1914).
덕, 라빈니아, 이세벨 스튜어트, 『간호사』 (조선간호부회, 1933).
로잘도 외, 권숙인·김현미 역, 『여성·문화·사회』 (한길사, 2008).
미스, 마리아·반다나 시바, 손덕수·이난아 옮김, 『에코페미니즘』 (창작과비평사, 2000).
미야지마 히로시, 『양반: 역사적 실체를 찾아서』 (강, 1996).
민숙현·박해경, 『한가람 봄바람에: 이화 100년 야사』 (지인사, 1981).
민족문화추진회 편, 『국역 산림경제 1』 (한국학술정보(주), 2007).
민족문화추진회 편, 『국역 산림경제 2』 (한국학술정보(주), 2007).
박문수 외, 『역주 약방등록, 내의원식례』 (Pubple, 2015).
박병천, 『한글궁체연구』 (일지사, 1983).
박선미, 『근대 여성, 제국을 거쳐 조선으로 회유하다: 식민지 문화지배와 일본유학』 (창비, 2007).
박성래, 『한국 과학기술자의 형성 연구 2: 미국유학편』 (한국과학재단, 1999).
박윤재, 『한국 근대의학의 기원』, (혜안, 2005).
박인순, 『혜민서연구』 (교육아카데미, 2014).
박정동 역, 『신찬가정학(新撰家政學)』 (우문관, 1907).
박형우, 『조선 최초의 근대식 병원 제중원』 (몸과마음, 2002).
방신영, 『朝鮮料理製法』 (광익서관, 1921).
백두현, 『음식디미방 주해』 (글누림, 2006b).
백두현, 『현풍곽씨언간 주해』 (태학사, 2003).
빙허각 이씨 저, 정양완 역주, 『閨閤叢書』 (보진재, 2008).
사주당 이씨 저, 이수경·홍순석 역, 『태교신기』 (한국문화사, 2010).
사주당 이씨 저, 최삼섭·박찬국, 『역주 태교신기』, (성보사, 1991)
사토오(佐藤剛藏) 저, 이충호 역, 『조선의육사』 (형설출판사, 1993).
사회과학원 력사연구소, 『조선전사』 8 중세편 리조사 1 (과학·백과사전출판사, 1979).
사회과학원 력사연구소, 『조선전사』 9 중세편 리조사 2 (과학·백과사전출판사, 1980).
사회과학원 력사연구소, 『조선전사』 10 중세편 리조사 3 (과학·백과사전출판사, 1980).
서문석, 『고급기술자들의 구술을 통해 본 한국 면방직공업의 발전』 (국사편찬위원회, 2006).

서울대학교병원 병원역사문화센터, 『사진과 함께 보는 한국근현대 의료문화사 1876-1960』 (웅진지식하우스, 2009).
서울대학교병원 병원역사문화센터, 『한국근현대의료문화사』 (웅진지식하우스, 2009).
숙명여대 아시아여성연구소 편, 『한국여성문화사』 (숙명여대 출판국, 2004).
시바, 반다나, 강수영 옮김, 『살아남기: 여성, 생태학, 개발』 (솔, 1998).
신동원, 『호열자, 조선을 습격하다』 (역사비평사, 2004).
신동원, 『조선의약생활사』 (들녘, 2014).
에이더스, 마이클, 김동광 옮김, 『기계, 인간의 척도가 되다: 과학, 기술, 그리고 서양 우위의 이데올로기』 (도서출판 산처럼, 2011).
에이비슨 저, 에이비슨 기념사업회 역, 『구한말 비록(하)』 (영남대출판부, 1984).
여인석 등, 『한국의학사』 (KMA 의료정책연구소, 2012).
연세대학교 의학사연구소, 『한의학, 식민지를 앓다』 (아카넷, 2008).
오노 타모츠(大野保), 조승연 옮김, 『조선 농촌의 실태적 연구(朝鮮農村の實態的研究)』 (민속원, 2016[1941]).
오스미 가즈오(大隅和雄), 임경택 옮김, 『사전, 시대를 엮다: 사전으로 보는 일본의 지식문화사』 (사계절, 2014).
오호성, 『일제시대 미곡시장과 유통구조』 (경인문화사, 2013).
옥성득, 『한국간호역사자료집 1』 (대한간호협회, 2013).
와이즈먼, 주디, 박진희·이현숙 옮김, 『테크노페미니즘: 여성, 과학 기술과 새롭게 만나다』 (궁리, 2009).
요시무라 치즈(吉村千鶴), 『실지응용 가사교과서 상』 (동경: 개성관, 1935).
유수경, 『한국여성양장변천사』 (일지사, 1990).
유중림 저, 민족문화추진회 편, 『山林經濟 I』 (솔, 1985).
유희경, 『한국복식사연구』 (이화여자대학교출판부, 1980).
이꽃메, 『한국근대간호사』 (한울, 2002).
이문건 저, 이상주 역주, 『양아록—16세기 한 사대부의 체험적 육아일기』 (태학사, 1997).
이복규, 『묵재일기에 나타난 조선전기의 민속』 (민속원, 1999).
이성우, 『한국요리문화사』 (교문사, 1985).
이수귀 저, 신동원·오제근·이기복·전종욱 역, 『역시만필—조선 어의 이수귀의 동의보감 실전기』 (들녘, 2015).

이영춘, 『강정일당』 (가람기획, 2002).
이영춘, 『임윤지당: 국역 윤지당유고』 (혜안, 1998).
이영학, 『한국 근대 연초산업연구』 (신서원, 2013).
이정옥, 『영남내방가사』 (국학자료원, 2003).
이한길, 『삼척시립박물관 조사연구총서9—삼척의 삼베문화』 (민속원, 2010).
이헌창, 한국고문서학회 엮음, 『조선시대 생활사』 (역사비평사, 1996).
이헌창, 한국고문서학회 엮음, 『조선시대 생활사 2』 (역사비평사, 2000).
이혜순 외, 『한국 고전 여성작가 연구』 (태학사, 1999).
이훈석 편. 『한국의 여훈』 (대원사, 1990).
임기중, 『한국가사문학주해연구』 (아세아문화사, 2005).
정길자, 『규방가사의 사적 전개와 여성의식의 변모』 (한국학술정보, 2005).
정명현, 민철기, 정정기, 전종욱 외, 『임원경제지』 (씨앗을뿌리는사람, 2012).
정병설, 『완월회맹연 연구』 (태학사, 1998).
정주리·시정곤, 『조선언문실록』 (고즈윈, 2011).
정창권, 『고전문학과 콘텐츠』 (도서출판 월인 2013).
정창권, 『한국 고전여성소설의 재발견』 (지식산업사, 2002).
조선기술발전사편찬위원회, 『조선기술발전사 4 이조후기편』 (과학백과사전종합출판사, 1996).
조선총독부, 신종원·한지원 옮김, 『조선위생풍습록(朝鮮衛生風習錄)』 (민속원, 2013).
조전환, 『한옥 전통에서 현대로』 (2008, 주택문화사).
조혜정, 『한국의 여성과 남성』 (문학과지성사, 1988).
주양자 외, 『우리나라 근현대 여성사에서 여의사의 활동과 사회적 위상』 (대한의사협회, 2002).
주영하, 『식탁 위의 한국사』 (휴머니스트, 2013).
청주시·김향숙·박경래·지명순·김의환, 『반찬등속』 (청주시, 2013)
최재석, 『한국가족제도사』 (일지사, 1983).
최태호, 『교주내방가사』 (형설출판사, 1980).
코너, 클리퍼드, 김명진·안성우·최형섭 옮김, 『과학의 민중사: 과학기술의 발전을 이끈 보통 사람들의 이야기』 (사이언스북스, 2014).
통계청, 『통계로 본 개화기의 경제사회상』 (1994).
풍양 조씨 저, 김경미 역주, 『여자, 글로 말하다—자기록』, (나의시간, 2014).

한국고문서학회, 『의식주, 살아있는 조선의 풍경—조선시대 생활사 3』 (역사비평사, 2006).
한식재단, 『조선 왕실의 식탁』 (한림출판사, 2014).
허준 저, 안상우 역, 『의성허준저작집 5—국역 『언해구급방』, 『언해태산집요』, 『언해두창집요』』. (보건복지부, 2014).
홍윤표, 『한글이야기 1: 한글의 역사』 (태학사, 2013).
홍윤표, 『한글이야기 2: 한글과 문화』 (태학사, 2013).
홍희유, 『조선중세수공업사연구』, (과학·백과사전출판사, 1979).

〈찾아보기〉

Contents in English

Women and the History of Science and Technology in Korea: From the Joseon Dynasty to the Early Modern Era

by Kim Young-hee

Professor, School of Humanities and Social Sciences, KAIST

Kim Soo-jin

Senior Curator, The National Museum of Korean Contemporary History

Yi Ggod-me

Professor, Department of Nursing, Sangji University

Lee Soon-gu

Former Researcher, National Institute of Korean History

Ha Jung-ok

Senior Curator, The National Museum of Korean Contemporary History